Sección de Obras de Historia

LAS MILICIAS DEL REY DE ESPAÑA

Sociedad, política e identidad en las Monarquías Ibéricas

JOSÉ JAVIER RUIZ IBÁÑEZ

(coordinador)

Las milicias del rey de España

*Sociedad, política e identidad
en las Monarquías Ibéricas*

Primera edición, 2009

Ruiz Ibáñez, José Javier (coord.)
  Las milicias del rey de España. Sociedad, política e identidad en las Monarquías Ibéricas / coord. e introd. de José Javier Ruiz Ibáñez. – Madrid : FCE, Red Columnaria, 2009.

  546 p.: maps., gráfs., tablas; 23 x 16 cm – (Colec. Historia)
  ISBN 978-84-375-0625-8

  1. España – Historia militar 2. España – Historia – Siglos XVI – XVII I. Ser. II. t.

LC DP76   Dewey 355.009 46 R677m

Este libro se publica con el patrocinio de la Fundación Séneca-Agencia de Ciencia y Tecnología de la Región de Murcia dentro de su Programa de Investigación en Humanidades y Ciencias Sociales y en el marco del II Plan de Ciencia y Tecnología.

Diseño de portada: Leo G. Navarro
Ilustración de portada: Denis van Alsloot, *Procesión del Ommeganck en Bruselas en 1615*
© V&A Images/Victoria and Albert Museum, Londres

D. R. © 2009, de la presente edición:
FONDO DE CULTURA ECONÓMICA, S.L.
Vía de los Poblados, 17, 4° - 15; 28033 Madrid
www.fondodeculturaeconomica.es
editor@fondodeculturaeconomica.es

FONDO DE CULTURA ECONÓMICA
Carretera de Picacho-Ajusco, 227; 14200 México, D.F.
www.fondodeculturaeconomica.com

ISBN: 978-84-375-0625-8
Depósito Legal: M-45020-2009

Impreso en España

SUMARIO

Introducción: las milicias y el rey de España 9
   JOSÉ JAVIER RUIZ IBÁÑEZ

Primera parte
LOS TERRITORIOS DE LA MONARQUÍA

   I. *Palencia y Ayora: de la caballería a la infantería.* JOSÉ LUIS
      VILLACAÑAS BERLANGA (Universidad de Murcia)   41
  II. *Las milicias en Castilla: evolución y proyección social de un*
      modelo de defensa alternativo al ejército de los Austrias.
      ANTONIO JIMÉNEZ ESTRELLA (Universidad de Granada)   72
 III. «...A su costa e minsión...». *El papel de los particulares en*
      la conquista, pacificación y conservación de la Nueva Espa-
      ña. JUAN CARLOS RUIZ GUADALAJARA (El Colegio de San
      Luis, A.C.) 104
  IV. *La defensa del reino frente a la amenaza indígena. La ex-*
      pedición de Vilcabamba (1572). MANFREDI MERLUZZI (Uni-
      versità degli Studi Roma Tre).. 139
   V. *La milicia, el rey y la guerra: la Corona de Portugal y el*
      caso del Brasil meridional (siglos XVI-XVIII). ANDRÉ ALE-
      XANDRE DA SILVA COSTA (Universidade de Lisboa).......... 162
  VI. *Huestes, ejércitos y lealtades en la Corona de Aragón (si-*
      glos XVI y XVII). JUAN FRANCISCO PARDO MOLERO (Uni-
      versitat de València).. 192
 VII. *Las fuerzas no profesionales en los reinos de Sicilia y de Nápoles*
      en los siglos XVI-XVII: la nuova milizia *y la* milizia del battaglio-
      ne. VALENTINA FAVARÒ (Università degli Studi di Palermo) y
      GAETANO SABATINI (Università degli Studi Roma Tre).......... 223
 VIII. *Las milicias del Estado de Milán: un intento de control social.*
      DAVIDE MAFFI (Università di Pavia).............................. 245
  IX. *Defender la patria y defender la religión: las milicias ur-*
      banas en los Países Bajos españoles, 1580-1700. MANUEL
      HERRERO SÁNCHEZ (Universidad Pablo de Olavide de Sevilla)
      y JOSÉ JAVIER RUIZ IBÁÑEZ (Universidad de Murcia) 268

Segunda parte
LA MILICIA COMO INSTRUMENTO DE ANÁLISIS

X.   *La milicia burguesa parisina en el siglo XVI: una antro-
        pología muy política.* ROBERT DESCIMON (EHESS)   299

XI.   *Milicia cívica y política urbana en Holanda: Leiden, si-
        glos XVII y XVIII.* MAARTEN PRAK (Utrecht University) .   330

XII.   *«Indios amigos» y movilización colonial en las fronteras
        americanas de la Monarquía católica (siglos XVI-XVII).* CHRIS-
        TOPHE GIUDICELLI (Université Paris III)   349

XIII.   *Repúblicas movilizadas al servicio del rey. La Guerra del
        Mixtón y el Levantamiento de las Alpujarras desde una
        perspectiva comparada.* ANA DÍAZ SERRANO (Universidad
        de Murcia)   378

XIV.   *Soldados armados, comunidades armadas: los presidios es-
        pañoles de Toscana en los siglos XVI y XVII.* SIMONE MAR-
        TINELLI (Università di Roma, La Sapienza)   404

Tercera parte
LA EVOLUCIÓN DE LAS MILICIAS

XV.   *¿Disciplinadas o republicanas? El modelo ilustrado de
        milicias y su aplicación en los territorios americanos (1750-
        1826).* FEDERICA MORELLI (Università di Torino)   417

XVI.   *Las milicias urbanas del siglo XVIII: Compañías de re-
        serva y paisanaje.* CARMEN CORONA MARZOL (Uni-
        versidad Jaume I Castellón)   437

XVII.   *Las milicias nacionales en la construcción del Estado-
        Nación en España e Hispanoamérica, siglo XIX: hacia
        un balance historiográfico.* VÍCTOR GAYOL (Centro de
        Estudios históricos. El Colegio de Michoacán, A.C.) ...   460

XVIII. *Por el Estado/contra el Estado: las milicias políticas en
        el primer tercio del siglo XX.* CARMEN GONZÁLEZ MAR-
        TÍNEZ (Universidad de Murcia) y SANDRA SOUTO KUS-
        TRÍN (CSIC)   481

XIX.   *La representación de las milicias urbanas en la Monar-
        quía Hispánica: ¿una ausencia elocuente?* CONCEPCIÓN
        DE LA PEÑA VELASCO (Universidad de Murcia)   516

Epílogo: *Pervivencias del ritual miliciano en rituales festivos ac-
        tuales: una línea de trabajo abierta.* LIBORIO RUIZ MO-
        LINA (Dtor. Casa Municipal de Cultura de Yecla)........   535

INTRODUCCIÓN: LAS MILICIAS Y EL REY DE ESPAÑA

José Javier Ruiz Ibáñez
Universidad de Murcia

Ciudadanos en armas e historia política

Sorprende que en los trabajos sobre el poder en la Edad Moderna ibérica las referencias a las milicias son reducidas, por no decir escasas. La gran narrativa histórica, la que se encargaba de analizar la llamada «alta política», en muchos casos simplemente las ignoró, prefiriendo reflexionar sobre los grandes ejércitos profesionales o la implantación de la burocracia territorial en lo que se ha llamado el *estado moderno*. Sin embargo, aquí y allá, y generalmente de forma abrupta, el reflejo de los ciudadanos armados irrumpe en estos discursos, bien para ser arrollados por los ejércitos regios, bien para defender tal o cual ciudad, bien para sublevarse y derribar gobiernos. Las milicias surgen como si se tratara de una entidad latente cuya manifestación era accidental, confusa, sólo visible por reacción. En un mundo que era aún asumido como el de los grandes reyes y los grandes territorios, el estudio de los pequeños hechos de armas o la defensa cotidiana del orden público parecía para algunos historiadores un objeto mezquino, digno de ser tratado por los eruditos locales quienes pueden reafirmar y estar orgullosos de que en *su* pueblo en tal año unos vecinos mal armados repelieran una incursión norteafricana, o francesa, o neerlandesa, o inglesa, o mapuche, o chichimeca, u otomana... La desconexión en el estudio de la práctica política entre los trabajos de naturaleza global y la historia local tuvo esos inconvenientes, ya que si la autodefensa fue generalizada en la mayor parte de las fronteras de las Monarquías Ibéricas (tanto en Europa como más allá) su análisis sigue siendo considerado demasiadas veces como una antigualla propia de la *pequeña* historia que se consideraba que poco o nada había de decir a la comprensión de fenómenos globales. Mucho ha avanzado desde hace unas décadas el estudio del poder, pero el esfuerzo en incorporar a sus análisis a los civiles armados ha sido generalmente menor, sino decepcionante.

La renovación de la historia política acaecida a finales de la década de 1980 no ha atraído demasiado la atención sobre el que una gran parte de los *ciudadanos* que vivieron en las fronteras de las Monarquías debían ese estatuto precisamente a ejercer como soldados ocasionales. La historia de raíz institucional y la del pensamiento político han prestado menos atención a la práctica de lo que hubiera sido deseable. Con todo, los avances han sido muy notables en las dos líneas de trabajo que han centrado el protagonismo historiográfico en los últimos años: la crítica al estado moderno como construcción intelectual contemporánea y no como realidad histórica[1] y la persistencia en Europa de una herencia *republicana*[2]. Unos avances que pueden contribuir a insertar a esas milicias en un marco global, y, de paso, incorporar una realidad histórica que ayude a comprenderlo mejor. La primera de estas orientaciones cuestionaba, con toda razón, que los entramados políticos establecidos en el siglo XVI no eran espectrales estadios imperfectos, y no deben ser entendidos desde esa perspectiva, de las entidades políticas que se construyeron en el siglo XIX. La monopolización del ejercicio de la violencia legítima que persiguió el estado liberal no podía ser un objetivo en el XVI. Aunque uno de los autores que más ha atraído la atención de esta historiografía, Max Weber, haya hecho un notable hincapié en estudiar la gestión de la violencia como medio de comprender la construcción política[3], dicha inquietud aparece poco reflejada en la historiografía sobre el estado. Esta carencia también está presente en el debate sobre la existencia de un *republicanismo* en Europa, donde no se ha producido una reflexión en profundidad sobre el significado político de la pervivencia hasta bien entrado el siglo XVII de corporaciones armadas que tenían un fuerte sentido político de dependencia municipal y a través de las cuales la sociedad se

---

[1] Es el conocido debate sobre el desarrollo del estado moderno, del que sobresalen los trabajos de CLAVERO, 1987; DE DIOS DE DIOS, 1987; HESPANHA, 1989; FERNÁNDEZ ALBALADEJO, 1990; y SCHAUB, 2001.

[2] Para la reflexión sobre la pervivencia del *republicanismo*, sus orígenes y desarrollo en el mundo ibérico, v. GIL PUJOL, 2002; el mismo autor amplia y desarrolla este texto en la versión española, publicada en *Estudis*, 2008.

[3] Ciertamente Weber no hace una reflexión explícita sobre el sentido de la milicia (del ciudadano urbano armado) como expresión central del hecho político, pero ésta subyace en muchas de sus reflexiones, sobre todo en la de la autonomía y la organización urbana, y especialmente en el capítulo «La ciudad en Occidente» (1944, vol. II, pp. 955-975), además resulta muy esclarecedor lo expuesto en pp. 990, 1002-1003, 1010-1011, 1014-1015: «Cuando culmina la autonomía política de las ciudades las características de éstas se mueven, con una gran riqueza de formas, en las siguientes direcciones: 1) Autonomía política, en parte una política exterior propia, de suerte que el régimen de la ciudad dispone de un poder militar propio [...]. Muchas de ellas [las ciudades] han mantenido soldados propios [...] o han poseído una milicia ciudadana –y ésta era la regla– apoyada en la obligación de defensa de los habitantes que defendía sus murallas y que, a veces, tenía fuerza para, en alianza con otras ciudades, imponer la paz, allanar castillos de salteadores y tomar partido en las luchas internas del país [...]. 2) Establecimiento autónomo del derecho por la ciudad y, dentro de ella, a su vez, por los gremios y las guildas» y p. 1032. Respecto a la milicia como expresión de la obligación militar a favor del príncipe (que para el presente volumen se puede identificar de forma utilitariamente restrictiva con la milicia territorial), vol. II, pp. 766 y 769.

definía. Es cierto que abundan las aproximaciones a las afirmaciones de los teóricos políticos renacentistas, con Maquiavelo a la cabeza[4], sobre que un ciudadano sólo lo es plenamente si conserva su capacidad de autodefensa, y una ciudad sólo es *libre* si la mantiene también[5]; pero el estudio de las prácticas no ha gozado del mismo interés.

¿Esta ausencia nace de ser un objeto menor o sin interés? Parece ser que no: su amplitud fue enorme, ya que la protección de gran parte de las fronteras de las Monarquías Ibéricas dependió de estas milicias y su significado tampoco parece menor, pues resultaban decisivas (al encuadrar a gran parte de la población) en los diversos equilibrios entre poderes establecidos sobre el territorio, además, a través de su evolución se redifinieron de forma decisiva los medios de inserción de muchas entidades políticas locales y regionales en la dominación monárquica. No es que no haya habido estudios sobre las milicias urbanas, aunque no tantos como hubiera sido deseable, ni sobre los sistemas de defensa, sino que dichos trabajos parece que tienen una gran dificultad para integrarse, o ser incorporados, en una interpretación político-institucional del pasado, y para superar, como medio de análisis, los estrechos espacios locales y regionales. Pese a la aproximación entre lo que se ha venido en llamar *nueva* historia militar y la *nueva* historia política, aún queda mucho camino por recorrer, dando la impresión en demasiadas ocasiones que la autonomía de ambas líneas de trabajo ha contribuido, y no poco, a arrinconar como una subespecialidad de la primera al análisis de las milicias. No es difícil constatar que por parte de los historiadores que han enfocado una visión global de la Monarquía no ha habido un interés excesivo hacia las fuerzas no profesionales y su significación política[6]. Por el contrario ha primado el análisis de las tropas de dependencia regia y los sistemas financieros o los discursos políticos y jurídicos producidos en el contexto urbano, sin detenerse en exceso en los mecanismos de disciplina, identidad o poder desarrollados en torno a las milicias como reguladoras de la vida de las personas.

A este déficit ha contribuido la pluralidad nominativa y, en muchos casos, la compleja tangibilidad documental de las milicias locales. Es sig-

---

[4] Son de sobra conocidos, y utilizados, sus comentarios en los capítulos XII y XIII de *El Príncipe* sobre la inutilidad, y la peligrosidad, de los ejércitos profesionales extranjeros. Sobre la organización militar florentina en la Baja Edad Media, v. WALEY, 1968; sobre el contexto en torno a la recuperación de la milicia clásica en Florencia en 1506, v. HÖRNQVIST, 2002.

[5] Siguiendo, obviamente, una herencia ciceroniana según la cual el verdadero ciudadano debía implicarse en los asuntos de la urbe desde tres ángulos complementarios: la participación en el gobierno o en los cuerpos representativos, la educación cívica de la comunidad y, por supuesto, la defensa de la Patria; v. TILSMANS, 2002, pp. 110-111.

[6] Por supuesto, es de notar el epígrafe dedicado a la milicia en THOMPSON, 1981, pp. 151-163; y el meritorio trabajo de CONTRERAS GAY, 1992.

nificativo que sí se cuenta con una mayor producción, que tampoco es muy abundante, sobre los intentos regios de establecer *nuevas* milicias a partir de mediados del siglo XVI, posiblemente porque los historiadores se han sentido más cómodos analizando planificaciones formales, aunque de limitado éxito, que la realidad cotidiana del poder a escala local. El recurso a la documentación de la administración regia para reconstruir la historia política ha contribuido a ocultar la realidad de la defensa de las fronteras y de la organización político-militar de sus poblaciones, poco visible en dichos depósitos. La razón es bien conocida: esta documentación sólo tiende a referir lo extraordinario o lo novedoso; por el contrario, lo cotidiano y lo normal se suelen dar por sabido, por automático. Ésta es una ocasión más para recordar que las fuentes son muy importantes por lo que cuentan, pero también por lo que ocultan. Y si la presencia militar profesional y dependencia regia se ha concentrado sólo en puntos muy concretos de las fronteras de la Monarquía, ha sido porque, mal que bien, el resto era cubierto por los propios habitantes. Cierto, en cada localidad, en cada reino, en cada principado había una nomenclatura diferente y una realidad variable para estos cuerpos armados, pero en el fondo eran lo mismo: habitantes en armas que gozaban de privilegios y deberes hacia su *patria natural* entre los que se incluía, y no como el menor, el uso de las armas. Es preciso tanto una visión global de este fenómeno, como su utilización instrumental para comprender mejor el desarrollo político moderno.

La reconstrucción de estas prácticas defensivas sobre el territorio implica la recuperación de la cotidianidad política, social, cultural y militar, una historia que, es bien sabido, sólo a medias ha sido desarrollada. Ciertamente los problemas para interpretar el significado político moderno *desde* las milicias son complejos. Por su propia naturaleza no existía una real homogeneidad ni en las formas de funcionar ni en las de organizarse. La pluralidad nominal ha contribuido a ocultar en muchos casos realidades muy próximas en la práctica. Lo que, por otra parte, no podía ser de otra manera existiendo una cultura política urbana de origen común que se expandió con la colonización europea[7].

La propia evolución del concepto de *bourgeois*-ciudadano-vecino y su definición por el servicio de las armas reclamado por su patria (natural, nacional, estatal) es central para la comprensión de las formas políticas. De igual manera que lo son el ritual, la simbología, los artefactos culturales, la gestión del espacio urbano y rural, el mantenimiento del orden público, la generación de sociabilidades y las solidaridades construidas en torno a ellas. La comprensión de estos fenómenos en cada caso

---

[7] Se remite a la bibliografía presentada en el volumen colectivo de GELDEREN/SKINNER, 2002.

concreto refuerza o cuestiona, pero siempre enriquece, la visión de conjunto planteada originalmente en estas páginas. Se hace imperativo volver a la historia local y reintegrarla en una interpretación de conjunto. Las milicias evolucionaron en muchos casos más a través de la práctica (o desinterés cotidiano) que de las grandes reformas. Estas instituciones sobrevivieron allá donde eran útiles y donde la administración real no pudo, no supo o no quiso crear alternativas de presencia militar o policial. Si bien el poder no sólo es fuerza, no hay que olvidar que la coacción (activa o latente) tiene un papel muy importante en su desarrollo. Las milicias se constituyeron a diversas escalas en un elemento central del ejercicio, reproducción y construcción del poder y el orden social; al mismo tiempo fueron un importante medio para la formación y difusión de la cultura política local. A diferencia de otras instituciones más reducidas en componentes, como los ayuntamientos, la amplitud del servicio en las milicias hizo que éste se constituyera, allí donde sobrevivían, en el principal mecanismo de disciplina política. Las obligaciones personales de disponer de armas, realizar guardias, acudir a alardes, participar en el ceremonial municipal, contribuir a las festividades religiosas o correr al rebato, podían resultar onerosas, pero también eran ocasiones honrosas para mostrar la pertenencia a un yo colectivo y incorporarse físicamente a él. Las representaciones que se cuenta de las milicias recalcan la separación de quienes no pertenecen a la milicia, reducidos a la función de meros espectadores o ausentes, y sus integrantes que desfilan, se preparan para hacer una ronda o disfrutan de comidas en torno a una mesa común. En estos marcos se creaban lealtades personales, afectos y relaciones de clientela.

Los habitantes con derechos de cientos de ciudades en Europa y América se encargaron cada día de asegurar la defensa de las murallas de sus ciudades, de garantizar la seguridad de sus alfoces y de vigilar el mantenimiento del orden público. Para hacerlo tuvieron que tener un mínimo, en ocasiones muy mínimo, entrenamiento militar que se realizó como una proyección administrativa del poder municipal. Cumplir con estas obligaciones era expresión de la plena integración en la sociedad política, por supuesto una integración fuertemente condicionada por el origen de cada persona: de si era o no noble, de su capacidad económica, de su procedencia geográfica, del contexto jurídico de cada localidad y de su naturaleza étnica. No iba a formar parte de la misma manera de los cuerpos de autodefensa un hidalgo que un pechero, de igual modo que habría diferencias por el color de la piel, al menos donde hubiera sido elevado a categoría social primaria. En todo caso, participar del ejercicio de las armas era proclamar la fiabilidad y la fidelidad, pues hay que recordar que se trataba de un deber, pero a la vez de un privilegio, ligado éste particularmente a la ciudadanía o vecindad. Incluso en las

sociedades donde el armamento era mayoritario (si no casi universal)
para la población había excepciones sobre quienes no tenían el deber,
ni el derecho de portar armas[8]. Cuando la ciudad debía de presentarse,
en el ritual urbano o en las entradas de los soberanos y visitantes notables, las milicias actuaban como la expresión primera de la urbe que
aparecía con sus ciudadanos armados, garantes de una *República* bien
ordenada.

En muchas partes de Europa los símbolos de una ciudad eran sus
murallas, sus fuerzas milicianas y las cadenas de las calles. Estos tres elementos formaban un todo: las fortificaciones separaban la urbe del
resto del mundo tanto social como jurídica y económicamente, las
segundas agrupaban a los ciudadanos, preferiblemente cabezas de familia y propietarios, que constituían el *real* cuerpo social y político liderado por el ayuntamiento, y las terceras permitían el control de las calles
por donde no podía correr a su antojo la caballería nobiliaria. El espacio
físico definía así una realidad política, construida y confirmadora de una
base jurídica muy compleja. Convertidas en la principal fuerza militar
dentro de la ciudad, salvo en aquéllas donde el príncipe se hubiera podido imponer a la comuna[9], entender estas orgullosas fuerzas urbanas es
un medio ideal para comprender la forma de imbricación de las entidades políticas heredadas de la Edad Media en las Monarquías modernas,
el desarrollo político a escala local o la evolución del peso relativo en la
conformación de la identidad política individual de dos de sus componentes más importantes: el ser vecino y, a la vez y no de forma contradictoria, ser súbdito.

Ésta es una vía de análisis poco explotada por la historiografía dedicada a los mundos ibéricos. Posiblemente esta carencia nazca de la falta
de estudios comparados sobre historia europea y del poco interés que
han recibido en la historiografía en español los trabajos sobre milicias de
Robert Descimon o de Maarten Prak. Lejos de tratarse de estudios de
historia militar, más o menos nueva, o de aproximaciones institucionales
a las milicias de «por sí», ambos historiadores –uno para el caso francés,
otro para el neerlandés– han mostrado hasta qué punto se puede comprender la sociedad y la política a través de una aproximación social y

---

[8] Como dejaron claro los estudios comparados sobre ciudadanía desarrollados a lo
largo de la década de 1990; destacando el volumen de 1995 de *Quaderni storici* y el volumen editado por Boone/Prak, 1996.

[9] La ruptura del espacio urbano con la construcción de una ciudadela significaba la
pérdida efectiva de autonomía por parte de la ciudad y la reducción de la milicia a un
complemento defensivo, perdiendo las milicias urbanas gran parte de su sentido militar.
Sin embargo, un estudio en profundidad de los sucesos militares ligados a la toma, al asedio o a la rebelión de ciudades con ciudadela muestra el importante grado de autonomía
de las milicia.

cultural a las milicias. El primero disecciona, en una serie de estudios clásicos –uno de los cuales se traduce en este volumen–, la Liga Católica como movimiento político a través de las formas de agregación y nominación de los oficiales de la poderosísima milicia parisina, cuyo potencial político, evidente entre 1588-1594, volvería a hacerse presente durante la Fronda[10]. El segundo se centra en el análisis comparado de las milicias en Europa y en la formación de un discurso programático que muestra cómo las agrupaciones militares constituyeron un espacio de sociabilidad y de disciplina decisivo no sólo respecto a las oligarquías municipales, sino también al poder central[11].

Si las milicias tuvieron una presencia tan significativa, resulta igualmente interesante ver cómo se transformaron o disolvieron, ya que a través de este proceso se evidencia la disolución política de un mundo de repúblicas en unas Monarquías que iban a redefinirse en el siglo XVIII. Una corporación armada era una entidad que se tenía que respetar, por muy molesto que les resultara, por parte de las autoridades regias, cuyo poder efectivo sobre el territorio seguía siendo particularmente frágil por falta de agentes que actuaran directamente a sus órdenes[12]. La organización militar urbana era un medio de participación indirecto de los vecinos de las ciudades en el entramado regio, pues defender a la ciudad era defender a la Monarquía... pero a través de las estructuras políticas, administrativas y sociales de la propia República local. La disciplina colectiva en la que se formaban estos ciudadanos implicaba anteponer su rol de ciudadanos a cualquier otro, salvo quizá a la esencia confesional[13].

---

[10] DESCIMON, 1982, 1990, 1993, 1995, 1996 y 2004; a ello se suma la constatación que las milicias fueron un espacio de formación de solidaridades políticas verticales y horizontales a los grupos políticos, solidaridades que iban a llevar a sus miembros incluso a tomar el camino del exilio; DESCIMON/RUIZ IBÁÑEZ, 2005, pp. 92 y 107-108. Sobre las milicias urbanas en Francia, dos visiones de conjunto recientes inciden en las líneas ya desarrolladas por este autor, las de SAUPIN, 2006 y COSTE, 2007.

[11] PRAK, 1997 y 2005. Además del excelente, y aún inédito texto, *Citizens in Arms in early Modern Europe*, por gentileza del autor.

[12] La debilidad de los entramados militares de la Monarquía queda clara si se considera el limitado número de combatientes profesionales que había bajo la autoridad directa de la administración regia para defender la Península Ibérica. Las cifras globales aparecen reflejadas en THOMSPON, 1981, apéndices; sería interesante comparar el número de soldados *movilizados* con el de fuerzas no profesionales *movilizables*, pero para realizarlo aún falta mucha investigación de base.

[13] Como formula acertadamente FERNÁNDEZ ALBALADEJO, 1997. El modelo de exclusión confesional de las milicias de los miembros que no pertenecían a la religión mayoritaria no fue universal, ya que en aquellas ciudades del Imperio o de Francia donde se lograron paces de religión o el ideal de humanismo urbano se impuso a la reestructuración confesional parece claro que los cuerpos armados pudieron incorporar a integrantes de las religiones en disputa.

Esto, por supuesto, no era contradictorio, sino todo lo contrario, con una visión corporativa de un orden político en el que la *soberanía* última correspondía al rey, pero donde cada corporación era soberana en su esfera de competencias. El conocido binomio pactismo *versus* autoritarismo quedaba así en gran parte obsoleto, dado que no se trataba sino de formas necesarias y complementarias de relación entre la autoridad soberana, quienes ejercían el poder sobre el territorio y la población. Los ejércitos reales se componían de las aportaciones de la nobleza y de las fuerzas profesionales que el soberano pudiera reclutar. A diferencia de los milicianos (padres de familia, propietarios y combatientes amateurs…), los profesionales eran reclutados entre los jóvenes que en principio no se habían insertado plenamente en la sociedad[14].

Desde luego no fue un mundo estático. Por diversas razones, sobre todo de necesidad defensiva, los reyes buscaron también entrar en relación directa con una población civil que en caso de urgencia podía ser llamada a las armas. La cuestión era quién tenía tal derecho: las respuestas dieron lugar a diversos modelos de hibridación que tuvieron efectos decisivos en la proyección armadas de las ciudades. La necesidad de recursos disponibles por los reyes sin pasar por la molesta negociación cotidiana con las ciudades dio lugar a la aparición de modelos de movilización puntual que ya no tenían dependencia urbana, sino que se organizaban en los distritos marcados por el soberano. No se pueden entender estos proyectos de milicia territorial fuera del contexto de redefinición del espacio que tuvo la política fiscal a lo largo del segundo siglo XVI y sobre todo del XVII. Pese a la poca efectividad que contaron estos arbitrios, en sí mismo significaron, y los contemporáneos fueron conscientes de ello, la irrupción abrupta y desordenada de la administración regia directamente sobre la población civil en su vertiente de activación militar. Las personas que antes podían ser llamadas como *ciudadanos*, ahora lo iban a ser como súbditos que debían una obligación a su señor. Los procesos de nombramientos de oficiales se externalizaron en parte de las sociedades locales (aunque siguieran recayendo en sus prohombres) y dentro de las Repúblicas surgieron cuerpos cuyo control en parte escapaba a las instituciones municipales. Desde luego, no se trata de recuperar una memoria *heroica* de las milicias territoriales, como sucediera a

---

[14] En la expresión acertada de BOYNTON, 1971, pp. 107-108 n. 1374. Los estudios sociales sobre la milicia muestran que a la hora de registrarse o de desfilar la función miliciana era ejercida por los padres de familia, aunque cuando se trataba de correr efectivamente a los socorros o realizar las guardias, el recurso a otros miembros subalternos del grupo familiar o incluso a reemplazos era más general. Es de notar el cambio de edad de los reclutados a través de los servicios de milicias operado a mediados del siglo XVII, lo que evidencia una clara transformación en la sociología de los integrantes y en la percepción social de significado institucional; RUIZ IBÁÑEZ, 2004, pp. 677-679.

principios del siglo XIX, contraponiéndolas como una forma de defensa más eficaz que las tropas profesionales: los testimonios son casi unánimes sobre su falta de eficacia y desde luego no eran rivales a las tropas de línea. De hecho, en muchos casos esta movilización terminó siendo conmutada por un servicio pecuniario o dando lugar a un verdadero ejército de reserva.

Sin embargo, las milicias territoriales iban a tener una larga posteridad y un efecto fue no despreciable sobre las otras formas de organización militar de los civiles. En primer lugar, su existencia contribuyó a devaluar la presencia de las milicias urbanas tradicionales (que siguieron subsistiendo en decadencia durante todo el período), aunque al mismo tiempo eran cada vez menos útiles para la defensa ante el incremento de los ejércitos regios[15], lo que permitió a los reyes no recurrir a unas fuerzas de las que, con toda razón, desconfiaban. Las grandes rebeliones modernas habían sido posibles gracias a la capacidad de movilización de las ciudades, por lo que es comprensible que, cuando la revolución fiscal del siglo XVII concentró más y más recursos en manos de los soberanos, éstos prefirieran apostar por el desarme de los cuerpos ciudadanos y por su sustitución por sus dependientes directos. Todos estos cambios significaron una decisiva profundización en el vínculo directo entre rey y súbdito reforzando esta línea y haciendo de esa característica personal el principal elemento de definición política[16]. Es obvio, esto reforzó el poder de los reyes en detrimento de las entidades locales, pero también creó el caldo de cultivo para pensar que el conjunto de los habitantes de un territorio, más allá de sus singularidades locales y jurídicas, constituían un, en realidad *el*, cuerpo político. La recuperación de la idea de una milicia *republicana* sólo podía nacer de la consideración de que era a la universalidad de los habitantes, como ciudadanos de una *República* nacional, a quienes correspondía su autodefensa. La ciudadanía se afirmó a principios del siglo XIX así, al menos en la teoría, como la expresión de una soberanía popular que reclamaba el monopolio de la violencia justificada. La antigua república urbana fundada en la ciudadanía particular había dado paso, paradójicamente a través de la imperfecta afirmación de las Monarquías absolutas, a un estado que se proclamaba expresión de una *nación* de ciudadanos iguales[17]. No era una simple traslación nominal: de ciudadanos a súbditos y, ahora, de súbditos a ciudadanos; sino que estos cambios tenían un sentido verdaderamente revolucionario por la

---

[15] PARKER, 1990, cap. 1.

[16] Un tema desarrolado por extenso en mi trabajo de 1996 recogido en la bibliografía.

[17] Dos libros recientes reúnen trabajos sobre la evolución de las fuerzas armadas y su protagonismo en la evolución del Antiguo Régimen y la construcción de los estados nacionales; ORTIZ ESCAMILLA, 2005 y CHUST/MARCHENA, 2007.

mutación de sentido de las palabras. En todo caso, el nuevo ciudadano se iba a definir, y ahí sí hubo una clara continuidad, por el control de la violencia como expresión del monopolio legislativo que reclamaban las instituciones liberales. La milicia urbana clásica se contraponía radicalmente a las milicias de carácter más territorial, fueran éstas de dependencia regia o nacional, y es en la comprensión de cómo se produjo esta evolución donde se puede aportar mayor luz al desarrollo político moderno.

La reflexión historiográfica de los últimos años viene insistiendo en la necesidad de superar los viejos cuadros de las historiografías nacionales para comprender fenómenos previos a la consolidación del estado nación que tuvieron un desarrollo mucho más amplio que los espacios políticos actuales. En ese sentido, este volumen apuesta por una comprensión del fenómeno miliciano como una realidad histórica y cómo un medio de aproximación eficaz a la evolución política. Ya se ha indicado que el estudio de las fuerzas no profesionales que sostuvieron y construyeron las Monarquías modernas no ha contado hasta el presente con excesiva fortuna, al menos en la historiografía que trata sobre las Monarquías Ibéricas (española y portuguesa) en la Edad Moderna, siendo este presente libro el primer esfuerzo conjunto de su interpretación. «Las milicias *del* rey de España» y «Las milicias *y* el rey de España» son dos fórmulas que tienen mucho de complementario y que invitan a analizar la organización militar de la población civil desde una óptica que incluya todas sus complejidades y contradicciones. El grado de autonomía militar de las ciudades y territorios es un buen punto de vista para estudiar hasta qué punto existió una naturaleza necesariamente paccionada en las relaciones entre el poder central y las autoridades territoriales; pero este punto de vista no debe hacer olvidar que esas mismas milicias locales se consideraban como expresión coactiva del poder de la propia Monarquía a escala inmediata. Las formas de integración, control y estructura de las milicias (locales, territoriales, nacionales) son elocuentes del tipo de administración que se construyó desde el siglo XVI al XVIII, una administración donde el ejercicio fáctico de la violencia legítima no siempre fue monopolio de la administración soberana, aunque ya desde el siglo XIX ésta lo reclamara e hiciera desaparecer los restos de las milicias locales allí donde habían sobrevivido. No se trató de un estado que se estaba perfeccionando, sino de maneras diferentes de comprender el ejercicio de la soberanía sobre las que se construyeron discursos políticos pero también una serie de prácticas cotidianas del poder.

Enfrentar una temática tan compleja sólo se puede hacer desde la apuesta decidida a estudiarla como una forma de práctica política, institucional, cultural y, obviamente, social que va más allá de la mera acumulación de casos. La propia dimensión global del fenómeno urbano, impone una visión amplia de su proyección miliciana. Para ello ha sido preciso federar diversas líneas de trabajo y aprovechar, para superarla, la tradición de las historiografías nacionales; bases necesarias para reflexionar sobre fenómenos históricos comunes a los ámbitos de las Monarquías Ibéricas. Ésa es precisamente la vocación de Red Columnaria, cuyas *Segundas Jornadas Internacionales de Historia de las Monarquías Ibéricas* están en la base de esta publicación. Este Seminario celebrado en Yecla del 9 al 11 de noviembre del 2006, fue organizado junto a Red Columnaria, por el Excmo. Ayuntamiento de Yecla y la Universidad de Murcia y contó con el apoyo financiero de la Fundación Séneca en su Programa de Apoyo a la Investigación en Humanidades y Ciencias Sociales. No se trata por supuesto de unas actas, sino de un volumen colectivo resultado de una discusión común, que fue enriquecida por las contribuciones de los autores que firman los trabajos, por la de otros participantes y los relatores de cada una de las sesiones: Pedro Cardim (Universidade Nova de Lisboa), Tamar Herzog (Stanford University), Oscar Mazín (El Colegio de México), Gaetano Sabatini (Università Roma Tre) y Jean-Paul Zúñiga (EHESS). Éste es el primer texto editado como resultado de una actividad Red Columnaria (*Red Temática de investigación sobre las fronteras de las Monarquías Ibéricas en los siglos XVI al XVIII*) y hay mucho en él del espíritu que la anima. Columnaria nació en el 2004 como consolidación del proceso de internacionalización de la investigación sobre las Monarquías Ibéricas que era plenamente palpable en la década anterior. El fin es generar un espacio de discusión que supere los límites, temáticos y académicos, de las historiografías nacionales y cree la masa crítica suficiente para enfocar de forma global fenómenos de esa naturaleza. Las milicias son un buen ejemplo. Frente a las historias nacionales (o a aquellas que reducen el estudio de la Monarquía Hispánica al binomio Península-América) se ha podido reintegrar los diversos territorios que las compusieron aprovechando las ricas herencias de esas historiografías, pero no permaneciendo prisioneros de sus taras.

Este libro permite, por primera vez, adentrarse en el estudio de los cuerpos milicianos de las Monarquías Ibéricas desde una visión compleja que incluye sus diversos señoríos: los que componían la Corona de Castilla (los reinos peninsulares, Nueva España, Perú...), la Corona de Aragón, Portugal, los reinos del Sur de Italia, la Lombardía y los Países Bajos. Además se cuenta con trabajos puntuales sobre las formas de integración de las tropas no profesionales en la defensa más allá de los territorios inmediatos y de las relaciones de éstas con las guarniciones profesionales. Para seguir la genealogía de las fuerzas no profesionales y permitir una reflexión de tiempo largo sobre su significado en relación con el estado se ha incluido estudios sobre su evolución, *racionalización* y pervivencia en el siglo XVIII, su renacer en el XIX, su reaparición con la crisis del estado liberal y, como epílogo, los vestigios que hoy día pueden quedar de las milicias locales, tanto en el arte como en las fiestas y rituales.

Todo ello por lo que se refiere a lo que fue la Monarquía Hispánica y su posteridad, lo que se refuerza con la incorporación de dos trabajos que amplían el marco analítico al espacio francés y neerlandés, que además permiten concebir otras posibilidades de aproximación a través de las milicias: el estudio socio-cultural del poder y la evolución del mismo. Esto es algo particularmente importante, dado que, como verá el lector, la orientación de la mayor parte de los trabajos sobre la Monarquías Ibéricas ha insistido más en la función militar de las milicias y en su proyección hacia cuerpos semiprofesionales de dependencia regia que en las posibilidades de análisis social. Esto muestra bien las herencias historiográficas de donde se proviene, por lo que los dos trabajos referidos contribuyen a señalar nuevos caminos de investigación y perspectiva para esos estudios; al tiempo de activar un diálogo entre historiografías que se vislumbra particularmente fértil.

Más allá de la singularidad jurídica de cada uno de los territorios y ciudades que se analiza en este volumen, se impone una lectura común del mismo. Las formas de organización, el efecto que la gestión militar local tuvo sobre la sociedad, la cronología de su evolución o los medios de autoafirmación muestran notables semejanzas que invitan a una lectura global del Antiguo Régimen desde sus particularidades. Una pesquisa abierta de las milicias permite captar esa realidad global también desde una perspectiva micro de lo social, cultural, religioso y político. Así, el estudio a escala reducida de las milicias escapa a cualquier forma de historia local para servir de nexo de una historia que es a la vez irrenunciablemente global e irrenunciablemente erudita. El camino por recorrer es, evidente y afortunadamente, largo, pero con este trabajo colectivo se logra una visión política e institucional de conjunto, se definen cronologías y se supera la mera adscripción del hecho miliciano al nicho al que parecía relegado. Quedan abiertas así nuevas líneas de análisis hasta ahora no atendidas por la historia desarrollada sobre las Monarquías Ibéricas. Desde luego, no se busca con este volumen cerrar el tema de las milicias; cada uno de los textos muestra tanto lo que la historiografía ha avanzado en cada dominio, como lo que aún queda por preguntarse. Gran parte de las ciudades mayores de la Monarquía no cuentan con trabajos definitivos sobre su organización militar y el déficit de investigaciones respecto a la actuación y composición concreta de las milicias locales o territoriales sigue siendo enorme. Lo mismo se puede decir de los estudios sobre las formas culturales desarrolladas en torno a la milicia, la defensa urbana de los privilegios argumentando la contribución al sostenimiento de la Monarquía[18] o del análisis de la lucha política, la formación de clientelas y la disciplina social. Por supuesto, temas como la decadencia de las milicias, las sociedades sin milicia o su memoria son importantes canteras de trabajo sólo a medias explotadas hasta ahora. Pero dichos planteamientos serán sólo posibles si se cuenta con una reconstrucción articulada del hecho miliciano, precisamente lo que ofrece este volumen. Desde los textos en él integrados se puede dar ya una visión de conjunto que puede ayudar al lector a situarse en esa visión de conjunto, las páginas que siguen nacen de la lectura de estos mismos textos y adelantan, sobre el trabajo de sus autores, las tendencias que aparecen descritas de forma puntual en ellos.

La pervivencia y evolución de las milicias en las Monarquías Ibéricas

El reforzamiento del poder de los reyes a principios del siglo XVI (bien por conquista o por el final de las guerras civiles tardomedievales) se tradujo en la acumulación de las fuerzas coactivas y en un relativo desarme de los cuerpos intermedios (nobleza y ciudades). Allá donde el éxito de los nuevos príncipes se había hecho contra la población, los cuerpos milicianos quedaron próximos a la desaparición o a la inacción (Milán y, en cierto sentido, Nápoles), pero éste no fue un caso universal. Ni siquiera en los escenarios donde las tropas profesionales estaban presentes la guerra se limitaba a sus acciones. Junto con las tropas de ocasión (la caballería feudal francesa, el servicio de lanzas en Castilla…), se consideró que la defensa de la ciudad y su territorio correspondía a las entidades políticas locales o regionales, al menos si éstas resultaban políticamente fiables. La presencia de conflictos de limitada intensidad en el Mediterráneo, los Pirineos, la frontera chichimeca o mapuche en América o en los mismos Países Bajos, hizo que en estos ámbitos las ciudades mantuvieran una importante organización cívico-militar para rechazar posibles agresiones contra ellas y sus territorios. Las potencialidades defensivas iban más allá de las propias murallas e incluían la defensa solidaria del conjunto territorial (algo claro para Portugal, Sevilla, Murcia, Valencia, Cataluña, Cerdeña, Sicilia y, con restricciones, los

---

[18] Una retórica de valorización de la función de la ciudad que no es difícil encontrar en aquellas villas que tenían una responsabilidad directa en la defensa de las fronteras tanto en el Mediterráneo, los Pirineos o en el norte de Europa o América; por supuesto, dicha argumentación política buscaba justificar un trato fiscal de favor, dado que la confusión entre defensa local y defensa de la Monarquía implicaba a los ojos de los poderosos locales, y de los habitantes, que una parte del servicio debido al rey ya estaba satisfecho.

Países Bajos). Esta defensa solidaria implicó dos elementos: que el ejercicio de la violencia legítima, aunque no su justificación, escapaba en gran parte de los reyes y que éstos debían negociar de forma continuada con los poderes urbanos. En realidad los reyes no podían pensar en obrar de otra forma tanto por cuestiones operativas (no disponían de los medios para imponerse o reemplazar a las fuerzas locales), como por la base contractual que sustentaba la formación de las nuevas Monarquías. Sólo los tiranos de origen que surgieron en algunas ciudades-estado italianas o los conquistadores de territorios buscaron desarmar a las poblaciones para evitar la oposición política directa o la posibilidad de ser reemplazados por algún líder militar urbano. Las milicias locales así aparecen como una realidad institucional que vertebró en gran parte la dominación política de la Edad Moderna temprana.

El ideal tipo de fuerza municipal en la Alta Edad Moderna es el de una corporación armada que depende generalmente de la autoridad última del rey, pero que es movilizada por la ciudad. Es muy significativo que sea a la urbe (en ocasiones a los gremios) a quien corresponda la convocatoria a las armas y la organización de los ciudadanos en unidades que generalmente tenían una articulación territorial (por barrios o calles) o profesional. Los burgueses no podían de *motu propio* tomar la iniciativa de organizarse, lo que muestra bien cómo el proceso de institucionalización política estaba ya claramente consolidado. Generalmente las banderas (instrumento que transformaba a una masa desordenada en la expresión armada de una comunidad) las conservaban celosamente las instituciones políticas que encarnaban a la ciudad y el acto de entrega mostraba la dependencia directa de la voluntad orgánica de la misma. Las fuerzas municipales controlaban el perímetro defensivo de la ciudad, realizaban las guardas de las calles (el famoso *guet*) y las murallas (en caso que éstas siguieran siendo operativas) y garantizaban el orden público. No hay que olvidar que en la mayor parte de las villas europeas las tropas de los reyes no sólo no tenían derecho a entrar[19], sino que

---

[19] Era una prerrogativa propia de algunas ciudades que sobrepasaba con mucho su evidente carácter simbólico. A fin de cuentas, la introducción de tropas profesionales intramuros ponía en cuestión desde dos ángulos diferentes la autocefalia militar de la ciudad y su autonomía política. Por un lado, las tropas reales en la práctica podían influir en las decisiones de la burguesía, por otro, su posesión de un fuero específico implicaba que dentro de la ciudad, el espacio vecinal por excelencia, se construía *islas* (personales o físicas –posadas, casa del rey y ciudadelas–) que escapaban en diverso grado a la jurisdicción ordinaria municipal; dados los frecuentes conflictos entre civiles y soldados este último punto no era algo menor. Por supuesto, había una general conciencia del sentido político-administrativo de esta exclusión de las fuerzas regias, ya que reforzaba la dependencia del rey hacia la *lealtad* y el *afecto* de sus súbditos, erigiéndose así la municipalidad en el intermediario necesario para gestionar su dominación. Caso extremo de esta lucha por determinar quién controla el espacio fue la *Journée des*

incluso la llegada de los príncipes en las villas no solía verse acompañada de unidades profesionales. Los recibimientos extramuros por parte de la ciudad armada y la entrega de llaves era una clara expresión de orgullo ciudadano nacido de la autonomía militar. La relación afectiva de *confianza* entre rey y república se traducía por la expresión de la asunción por el soberano de la capacidad de autodefensa y de auxilio que el armamento de la ciudad representaba. La conquista americana en las zonas fronterizas también implicó el reconocimiento de derechos a aquellos vecinos que contribuían a repeler los ataques de la población hostil o a defender las costas de las cada vez más frecuentes incursiones corsarias[20].

Estas repúblicas urbanas se veían, en un sentido a la vez clásico y contemporáneo, a sí mismas como corporaciones armadas. Gran parte del ritual municipal de las ciudades reposaba sobre la movilización de los ciudadanos en armas. Pues, efectivamente, la posibilidad y la obligación de defender a las repúblicas estaban en el centro de la definición del derecho de *burguesía* en Europa y, en aquellas partes donde seguían siendo activas las milicias y del de *vecindad* en España e Indias[21]. De esta forma, la agrupación militar-cívica desbordaba el puro sentido defensivo. La participación en ella implicó un fuerte componente de formación y disciplina sociopolítica, de formación de identidades y de activación de sistemas de inclusión-exclusión social. Así pues, las fuerzas locales no se limitaban a ser simples complementos defensivos a las tropas de los reyes. En muchos casos, fueron el mecanismo central de definición y redefinición política de los habitantes en la corporación territorial y en la articulación de las

---

Barricades en París en 1588 (DESCIMON, 1990), pero desde luego no fue el único: las barricadas y las cadenas eran los mecanismos (extraordinario y ordinario) para reforzar el control burgués de las calles frente a la ingerencia armada exterior y estuvieron presentes en los diversos motines urbanos europeos. Esta retórica del espacio político, era bien entendida por los príncipes y los burgueses, por lo que se tuvo que buscar diversas acomodaciones. Resulta muy instructiva la carta enviada por Alejandro Farnesio a Felipe II para informarle que se iba a dejar una guarnición de 2.000 alemanes y 500 franceses «para poder asegurar tanto mejor a Paris, pues faltava tanta gente de aquella villa combenia meter alguna mas guarniçion en ella para su custodia y defensa de la que se avia pensado y se concluyo, pero no sin deçir que *lo que no havian podido acavar con aquel pueblo sesenta y tantos reyes antepasados que lo pretendieron y dessearon lo acavava el puro çelo del serviçio de Dios y de su s^ta fe* pero protestaron que ni havian de dalles de comer ni dinero», AGS E 598 nº 142, 19 de noviembre de 1590. Las reflexiones sobre la superposición de un ideal católico a un ideal urbano a que invita este texto son múltiples, pero igual de interesante resulta considerar que para colocar la guarnición había sido preciso un acuerdo con la propia burguesía parisina.

[20] MARCHENA, 1992, caps. II y III, pp. 103-104.

[21] No hay que olvidar que conceptos como «ciudadano», «burgués», «vecino» o «natural» también circularon en los ámbitos ibéricos, aunque contaron con una importante capacidad adaptativa; sobre este tema, v. ARANDA PÉREZ/SANZ CAMAÑES, 2003, y, especialmente, HERZOG, 2003.

relaciones entre república y soberano. La variedad de nomenclatura de las diversas fuerzas municipales era consecuencia de la multiplicidad jurídica y de la casuística de la que provenían y de la diversa base social sobre la que se sustentaban[22]. En algunas zonas, la pervivencia de los sistemas de organización gremial estructuraba profesionalmente la defensa, al tiempo que concentraba los medios coactivos en estratos sociales muy determinados[23]. En otras, se había heredado de la Edad Media una organización pecuniaria de la defensa, con la división de las responsabilidades defensivas según el patrimonio de los ciudadanos. En general hubo un proceso de simplificación en el siglo XVI dando lugar a un modelo binario en el que se puede distinguir entre una organización de base que agrupaba a toda la población con derecho y obligación a portar armas (la ciudadanía) y que se organizaba por distritos (parroquias o barrios) junto a cuerpos específicos que gozaban de privilegios concedidos por los reyes. Éstos podían tenerlos por: a) cumplir una función particular como confraternidades o compañías juramentadas (*serments*, *guildes*, *gildes*) formadas por voluntarios que se comprometían a mantener un armamento moderno (armas de fuego, ballestas, arcos...), mayor disponibilidad y un entrenamiento más habitual; b) contar con recursos suficientes para disponer de medios de guerra especiales (los caballeros de cuantía y en general los restos de la caballería villana); o c) estar exentos del servicio militar obligatorio a la ciudad. Estos últimos incorporaban a la nobleza (que se esperaba que contribuyera voluntariamente a la defensa), el clero, sus dependientes y los agentes reales. Fuera del servicio de

---

[22] Lo cual no quiere decir que dichas denominaciones o la propia organización quedara como inmutable. Hay a lo largo del siglo XVI una paulatina permeabilidad y una mímesis nominativa y organizativa de las unidades milicianas respecto de las tropas regulares, la denominación de cuyos rangos tiende a «contaminar» a las fuerzas urbanas, en parte por las reformas emprendidas por las autoridades centrales, en parte por la presencia de veteranos del ejército en la oficialidad de los milicianos. Respecto a la organización en sí de los milicias urbanas se puede hacer una distinción genérica respecto a su nivel de dependencia en relación al ayuntamiento; algunas estaban organizadas directamente por él y sus oficiales pertenecían a los magistrados municipales, otras conservaban una mayor autonomía (siempre conflictiva) fundada en su organización territorial o profesional. Parece innegable que los conflictos desarrollados sobre a quién correspondía el control de la milicia tenían un sentido mucho más político (y sociológico) de lo que a primera vista se pueda considerar; DESCIMON, 1990; RUIZ IBÁÑEZ, 1995, pp. 273-284.

[23] La organización militar de dependencia corporativa profesional dotaba a los gremios de un importante poder en las ciudades, lo que les permitía bien controlar los ayuntamientos (como sucedió en algún momento en los Países Bajos), bien tener una gran capacidad política y un potencial insurreccional notable (como muestran algunas ciudades de la Corona de Aragón). Una comparación entre ambos casos y la aplicación del análisis basado en el análisis de la gran y la pequeña tradiciones insurreccionales (BOONE/PRAK, 1995) a la realidad de este último territorio parece extremadamente prometedora.

armas estaban aquellos que no podían formar parte plenamente de la comunidad: habitantes que no eran vecinos o que no podían alcanzar el derecho de burguesía, por ser considerados como grupos peligrosos o no fiables.

En las Germanías, en las Comunidades, en la Rebelión de Flandes, en la Liga católica, en la Fronda o en los motines urbanos de Leiden, las milicias mostraron su potencial político dentro de las ciudades, por lo que es fácil de comprender que, por la propia deriva institucional y administrativa, los reyes vieran con desconfianza a estas instituciones. Un elemento muy característico de la evolución político-administrativa entre los siglos XVI al XVIII es el paulatino desarme tanto de la población como de las entidades políticas que no dependían directamente del poder soberano. No sólo se trataba de un proceso de civilización que concentraba los medios coactivos en el estado y disciplinaba a los habitantes a formas complejas de interiorización de la violencia[24], sino que éste implicó también una verdadera revolución administrativa de la que, en gran parte, escaparon aquellas sociedades donde la administración central fue débil y no pudo imponerse a las instituciones locales y regionales, siendo la Revolución Americana el verdadero paradigma. La afirmación de un pleno absolutismo pasó no sólo por lograr la sumisión siempre conflictiva de la administración que había consolidado de forma venal desde el siglo XVI (los *parlements* en Francia o los ayuntamientos en Castilla), sino por privar a instituciones aún más tradicionales de los medios de defensa activa contra la autoridad de los reyes. Fue una tendencia general que afectó a gran parte de Europa y que vio la desaparición de los arsenales municipales, la prohibición del uso de pólvora por los cuerpos no dependientes directamente del rey y, cuando no la simple disolución, la desmovilización paulatina de los cuerpos militares municipales; aunque éstos siguieran desarrollando a lo largo de todo el siglo XVIII funciones de policía y orden público en zonas sensibles de la Monarquía. Es en este contexto donde hay que situar la aparición, un poco anterior, de las *milicias territoriales*.

El propio término *milicias* es en sí mismo problemático[25], ya que las agrupaciones militares de base corporativa, gremial o cívica que se suelen identificar bajo este calificativo raramente se definieron a sí mismas así, salvo cuando se latinizó su denominación. De hecho, la polisemia del término invita a ver continuidades ilusorias (por ejemplo entre las milicias tardomedievales y las milicias burguesas del siglo XIX) o introduce

---

[24] MUCHEMBLED, 1988.
[25] Sebastián de Covarrubias se limita a indicar: «Milicia: Lat. Militia, quae bellum et rem militarem significat» (2006, p. 1284), una explicación suficientemente ambigua para un término polisémico dotado de notable flexibilidad.

confusiones entre formas bien diferentes de organización con sentido
político-administrativo diverso lo que ha dificultado, y no poco, su estudio. Los contemporáneos entendían muy bien las diferencias entre los
distintos tipos de formaciones militares, por lo que el rigor terminológi-
co parece central para cualquier tipo de aproximación.

Ya se ha indicado la diferencia entre *milicias locales* (termino utilita-
rio que indica tropas de dependencia de las instituciones tradicionales
que podían tener todo tipo de denominaciones) y *milicias territoriales*
(de dependencia del rey, fundadas bajo una concepción política y espacial novedosa). Resulta necesario destacar que la aparición de las segundas tuvo una cronología muy concreta que se puede situar entre 1560 y
1630. Un proceso que ahondaba la tendencia de por sí natural por parte
de los soberanos de reforzar su control sobre las fuerzas municipales,
algo perceptible en la primera mitad del siglo XVI. Las reformas emprendidas, o apoyadas, por los reyes tendieron a reforzar la doble legitimidad de los comandantes de las compañías en que se organizaban las
huestes municipales. A partir de entonces, quedaba claro que éstos eran
nombrados por la autoridad municipal, pero confirmados por los privilegios regios o los agentes del soberano[26]. La casuística es muy amplia,
pero primó la decisión de afirmar, al menos por los órganos de dependencia regia, que la gestión de la violencia era en origen una regalía trans-
ferida en su ejercicio a la ciudad. No era un debate menor, sino que en
él se buscaba decidir la significación de la autonomía militar urbana y
los límites políticos efectivos de las repúblicas. Fueron muy frecuentes los
conflictos institucionales por parte de las diversas instancias que integraban el entramado político urbano por apropiarse del control de los
nombramientos de oficiales, por lo que su judicialización ante los tribunales regios implicó el reconocimiento por las partes no sólo de la capacidad arbitral del príncipe, sino, en última instancia, de su autoridad última
y privativa sobre el asunto. Los muy frecuentes conflictos de jurisdicción sobre a quién correspondía organizar, levantar y comandar a las
fuerzas municipales entre las autoridades urbanas y las reales, no han de

---

[26] Esta confirmación podía tener diversas expresiones dependiendo del carácter
directo o no de la misma. Si en unos casos el rey (o su gobernador) podía otorgar patente confirmatoria de una compañía urbana siempre que en una ciudad determinada éstas
fueran con carácter vitalicio *a persona*, en otros era ante los tribunales regios donde se
resolvían los conflictos sobre a qué institución correspondía el ejercicio de las capitanías,
por lo que, a la postre, ligar la dependencia del ejercicio militar a la justicia regia era convertir estos cargos en vehículos de su dominación. Hay que indicar que los rangos militares en milicias urbanas, a diferencia de las territoriales, no definían a las personas, no
eran verdaderos oficios, ya que quienes los ejercían sólo tenían una función, y una apelación, militar mientras durase esta asignación, terminada la misma perdían tanto las prerrogativas como la designación.

ser vistos sólo como una traducción más de las fricciones habituales que la precedencia generaba en el Antiguo Régimen[27]. Aunque en muchos casos el origen y el desarrollo de los mismos procediera de cuestiones personales, éstos tenían una profunda carga política e institucional que vehiculaba la existencia de diversas culturas administrativas más o menos explícitas, más o menos asumidas en su integridad por los contemporáneos[28]. Los choques sobre el rol de sus hombres en armas, en el fondo, implicaban la discusión sobre la posición de la ciudad, de cada ciudad, en la Monarquía. Es significativo que estos conflictos no se resolvieran sistemáticamente a favor de una solución más *absolutista*, lo que una vez más debe hacer reflexionar sobre el carácter no necesariamente lineal del tiempo histórico.

La omnipresencia de las fuerzas defensivas regionales y locales en el siglo XVI en los espacios fronterizos implicó una forma de gobierno de la guerra que no casaba bien con las crecientes necesidades de las grandes potencias europeas. Esto explica que por parte de los gobiernos a lo largo del siglo XVI se intentara organizar militarmente a la población civil directamente, sin pasar a través de las molestas instituciones tradicionales. No se trataba de reemplazar las fuerzas locales, sino de superponerles cuerpos privilegiados cuya organización, mando y dependencia fueran exclusivamente del poder soberano o al menos estuvieran centralizados en una sola institución. Se contaba con diversos antecedentes: las compañías privilegiadas en Europa (cuyo modelo se intentó importar a algunas ciudades ibéricas en la década de 1550). Pero lo que se iba a intentar ahora iba a ser en una escala verdaderamente nueva, y para ello se iba a generalizar, con sus diversas variantes, un término dotado de contenidos igualmente novedosos: *milicia* cuya base *territorial* implicó una nueva forma de organización y dependencia. El objetivo era poder contar con una población armada, entrenada, móvil y disponible para actuar como refuerzo de las tropas regias caso que éstas lo necesitaran. Es lo que en el siglo XVI y XVII se conocía como *milicia*, aunque bajo diversas acepciones dependiendo del territorio. En teoría consistía en un cuerpo organizado desde el poder central en el que los que se alistaban, generalmente de forma voluntaria, recibían una serie de privilegios personales que les colocaban a medio camino del fuero militar, todo ello a condición de tener un entrenamiento puntual en armas modernas y estar dispuestos a servir a los reyes en casos concretos, generalmente en defen-

---

[27] THOMPSON, 1981, pp. 54-62; SCHAUB, 2001, caps. VI y VIII; RUIZ IBÁÑEZ, 1995, cap. III-4.
[28] La recuperación del análisis de la cultura política de la elites locales es una de las vías de trabajo más estimulantes en el momento presente: v. GIL PUJOL, 2007.

sa del territorio propio; los oficiales eran nombrados por el rey y se establecía una administración que cubría o que organizaba el territorio (en sargentías mayores en Castilla e Italia del Sur). Por supuesto, se trataba de civiles que sólo ocasionalmente tomaban las armas y se integraban en cuerpos privilegiados de envergadura necesariamente reducida. A un coste muy bajo esto reforzaba, siempre en la teoría, notablemente la disponibilidad efectiva del rey de contar con tropas de movilización inmediata y ampliaba su capacidad de redistribución (tanto entre la elite local como entre los veteranos del ejército profesional)[29].

La puesta en marcha de estas milicias territoriales trajo consigo un importante costo político resultado de la fricción de los agentes regios con las autoridades locales que, generalmente, se opusieron decididamente a su establecimiento. Los poderosos veían, sin que les faltara razón, que su capacidad de interlocución con el rey podía verse disminuida y que una parte de la población escapaba a su control, amparados en los nuevos privilegios que les había concedido el rey. Hacía falta mucha voluntad política, recursos suficientes y una coyuntura que hiciera evidente la necesidad de aceptar esta fuerza cívico-militar por las autoridades locales. A fin de cuentas, como queda bien claro en los textos que forman este volumen, si en muchos casos se pudo llevar a término el establecimiento de las milicias fue tras haber alcanzado acuerdos más o menos explícitos con alguna de las facciones que se disputaban el poder en las ciudades o en los territorios. Por un lado, era una cesión de la Corona, por otro (menos recalcado por la historiografía) era una forma de ampliar la base clientelar del rey.

Hubo frecuentes proyectos desde la década de 1550. Sin embargo, no fue hasta las décadas de 1580 y 1590, en plena aceleración de la conflictividad europea, que los gobiernos de los diversos territorios tradujeron las múltiples iniciativas anteriores en el establecimiento efectivo de cuerpos milicianos. Desde luego, no hubo un plan general de establecimiento de las milicias territoriales en la Monarquía, pero sí la influencia de los diversos ensayos a través de la circulación de los modelos administrativos. Algo que, por cierto, no era monopolio en la Monarquía Hispánica, otros poderes (Inglaterra[30] o Saboya) hicieron lo posible por movilizar a sus civiles ante el incremento de la posibilidad de sufrir invasiones. 1596

---

[29] A primera vista, los casos conocidos muestran una preferencia, cuando las condiciones locales lo hacían posible, a situar a veteranos de guerra en los cargos de responsabilidad militar urbana; pero aún está por hacer un estudio estadístico del efecto, si es que lo hubo, que sobre la clientela regia tuvo esta presencia de hombres del rey en puestos de responsabilidad. Las investigaciones de Domingo Centenero de Arce sobre la circulación de veteranos contribuirán, sin duda, a enriquecer un campo de trabajo hasta el presente sólo a medias abierto.

[30] BOYNTON, 1971, caps. V y VI.

fue en muchos aspectos el punto culminante de esta movilización: la conquista angloneerlandesa de Cádiz, las amenazas aliadas sobre las islas Canarias y la reaparición de las armadas otomanas en el centro del Mediterráneo alertaron de peligros reales o ficticios a los delegados regios y la urgencia facilitó la colaboración de las elites locales. Para entonces la milicia ya contaba con una larga historia de ensayos, abandonos y planificaciones. En 1596-1598 parece que, por fin, se iniciaron acciones concretas para establecer una milicia *general* en Castilla, casi al mismo tiempo se puso en pie la *milicia efectiva* en Valencia, en 1595 el conde de Olivares había intentado reactivar la *nuova milicia* en Sicilia que databa de mediados del siglo XVI, mientras en Nápoles existía desde hacía algunas décadas la *milizia del battaglione* y en el Portugal filipino el gobierno llevaba una política un tanto errática para activar las *Ordenanças*. Este frenesí implicó también la activación de las compras de armas, que se tradujo en una modernización general de los arsenales municipales y privados. El objetivo era contar con civiles armados disponibles para la defensa de la Monarquía ante agresiones cada vez más frecuentes y contundentes; si esto se podía hacer formando cuerpos de dependencia regia, mejor, pero si no se encontraba el suficiente consenso con las elites, había que buscar alternativas que pasaban por el recurso creciente a las fuerzas locales tradicionales, como pasó en Cataluña o en el propio Flandes[31].

La reducción de la conflictividad militar en Europa Occidental y el Mediterráneo posterior a 1598 hizo que estas medidas de remilitarización de la sociedad parecieran cuando menos excesivas, pese a que las planificaciones siguieron un tiempo más. Los debates fiscales en las cortes y parlamentos que se dieron en los primeros años del siglo XVII tomaron el relevo a la guerra. En este contexto, es fácil comprender que las reformas emprendidas se frenaran, limitaran su desarrollo a las zonas sensibles (las costas) o simplemente se suprimieran. Los medios faltaban y los privilegios comprometidos para los milicianos no se cumplían ante la resistencia de las autoridades locales, con lo que el panorama de un

---

[31] La década de 1590 resultó un laboratorio ideal para comprobar la existencia, funcionalidad y peso de las milicias en la proyección de la Monarquía Hispánica; bien fuera garantizando la protección de las fronteras contra enemigos hostiles cuando la administración regia ya no podía cubrir todos los frentes, bien protagonizando rebeliones urbanas que mostraban la afinidad de la población católica de los territorios septentrionales hacia el modelo político de Felipe II. Algo más importante aún es la existencia de similitudes entre los diversos territorios de la Monarquía, lo que permite superar el tradicional (aunque sólo a medias desarrollado) estudio comparado e intentar una análisis general de la Monarquía a través de la negociación establecida con las elites y los ciudadanos para implicarlos en la defensa o para generar nuevas instituciones territoriales. Una visión global de la década se puede seguir en mi trabajo de 1997, mientras que aproximaciones puntuales en los de 1995, pp. 85-90, y 2003, cap II.

cuerpo privilegiado se alejaba más y más de la realidad. Los veinte años siguientes vieron cómo las unidades de milicia territorial sólo sobrevivían en aquellos espacios donde las necesidades militares las hacían necesarias, complementando o descargando a las instituciones municipales o regionales de una obligación defensiva que cada vez pesaba más. Donde, por la reducción de la beligerancia, no había necesidad de sufrir la presencia de una nueva corporación a fin de cuentas privilegiada, las milicias territoriales fueron disueltas o no llegaron a formarse. Con el retorno de la guerra en la década de 1620, los gobiernos reactivaron las milicias e incluso les dieron una organización más estable, más próxima al fuero militar, según las necesidades de soldados se iban haciendo más perentorias. La transformación se completaría los dos decenios siguientes: originariamente eran cuerpos privilegiados constituidos en elites defensivas territoriales, ahora se transformaron en formas encubiertas de reclutamiento de tropas de segunda calidad. La sociología de sus integrantes también cambió de manera brutal, de ser formadas por padres de familia-propietarios que se incorporaban voluntariamente, los hombres que las iban a componerlas eran cada vez más jóvenes, conscientes ellos y la sociedad de la que provenían que su función no iba a ser de civiles armados al servicio del rey, sino un vehículo para formar un ejército de reserva.

A finales del siglo XVII el modelo parecía transformado. Existía ya un ejército más o menos profesionalizado de base territorial que se podía completar con una milicia que era una fuerza de apoyo, cuyo origen fiscal pronto quedó claro por su apelativo de milicia *provincial*. Era el caso de la Francia de Luis XIV[32], pero también iba a ser el de la España de los Borbones. En ambos ejemplos, la organización militar tradicional, las milicias locales, siguieron existiendo donde la implantación del poder regio no se hizo de forma violenta, reduciendo a casi nada los privilegios locales o regionales. Desde luego, ahora que los reyes contaban con una administración directa el recurso a estos cuerpos tradicionales parecía ocioso e incluso dañino para una buena *policía*, sobre todo cuando las fuerzas locales mostraban una creciente obsolescencia táctica. La decadencia iba más allá: las elites locales hacía tiempo que estaban desertando hacia la administración regia donde podían obtener una mayor promoción social, mientras que para la población el servicio de armas a la ciudad ofrecía poco o ningún aliciente, considerando que los derechos que implicaban respecto al conjunto de los habitantes eran cada vez menos significativos, mientras que el gasto y las molestias eran crecientes. Poco a poco, las obligaciones militares, bien se olvidaron, bien se desviaron hacia poblaciones asalariadas y subsidiarios. Con todo, por

---

[32] V. la bibliografía citada en JOBLIN, 2003.

razones de tradición, necesidad o pura deriva institucional las fuerzas locales siguieron sobreviviendo, reducidas en muchos casos a su componente más ritualizado.

En los reinos americanos el desarrollo de las formas defensivas siguió una pauta parecida a la de los territorios europeos, aunque con una cronología no necesariamente coincidente. Las conquistas se hicieron mediante tropas no profesionales o semiprofesionales que se vieron reforzadas por aliados indígenas, quienes movilizan sus huestes a partir del principio de pertenencia; los aliados (mexicas, tlaxaltecas, texcocanos, incas...) gozaban de un estatuto propio privilegiado que les diferenciaba de las poblaciones conquistadas. Esta contribución en combatientes ocasionales de las poblaciones sometidas, en tanto que instituciones tradicionales, recuerda las formas de defensa europeas. La conquista del centro de México con colonias de españoles, mestizos, mulatos e indígenas procedentes del Altiplano Central, se hizo sobre la base de la simetría de obligación entre derechos de poblamiento y defensa del territorio contra las incursiones de los *chichimecas*. Al exportar su modelo urbano, los españoles también trasladaron el sentido de los vecinos de pleno derecho como defensores de la tierra a las otras fronteras. Quizá esa plenitud jurídica en una sociedad desigual se deba mirar en primer lugar por el derecho a portar armas o montar a caballo. Las fuerzas locales tuvieron una función parecida a la de sus parientes europeas. En las zonas de frontera (el norte de México, Chile, el Caribe) sostuvieron sobre todo la defensa contra las incursiones de enemigos del rey. En el interior su vida fue mucho más precaria y su aparición esporádica obedecía al mantenimiento del orden público, algo que unos virreyes carentes de recursos militares profesionales apenas si podían lograr. En el siglo XVIII hubo una clara evolución: la administración regia se hizo más presente mediante la formación y el envío de cuerpos profesionales y el estímulo de la creación de milicias bajo estatuto real[33].

Al igual que en Europa, la decadencia de la organización militar, específicamente local, iba de la mano del debilitamiento de la propia autonomía política de las ciudades y los territorios. El Antiguo Régimen alcanzaba su plenitud, pero disolvía su zócalo plurijurisdiccional. Precisamente en este largo siglo XVIII, los rituales militares de base municipal se vieron cada vez más identificados con su sentido religioso o puramente conmemorativo en detrimento de su función política o militar. Hasta ese

---

[33] Por supuesto, el concepto de «plenitud jurídica» siempre se aplica teniendo en cuenta las limitaciones que a ella imponía, o más bien determinaba, la inclusión en otras corporaciones; sobre todo las referidas a la nobleza y la etnia o casta. La historiografía ha tratado con especial atención la formación y desarrollo de milicias de pardos y mulatos; v., por ejemplo, los primeros trabajos reunidos en el volumen coordinado por ORTIZ ESCAMILA, 2005; CONTRERAS CRUCES, 2006; ZÚÑIGA, 2006; BELMONTE POSTIGO, 2007.

momento, tanto las fuerzas ordinarias de las ciudades como las compañías privilegiadas habían constituido en torno a una devoción parte de su identidad y de su sociabilidad. La unión entre alarde de armas y festividad religiosa constituía un todo lógico, pero ante la decadencia y la infrecuencia del primero, el segundo elemento iba a terminar por definir las actividades festivas y conmemorativas. Así, de ser un elemento de justificación para la constitución de la corporación armada, la festividad religiosa terminó por reemplazarla plenamente, amparada por una legislación ilustrada que restringió más y más el uso de la pólvora. Para principios de la centuria siguiente las pervivencias de los cuerpos municipales eran meras sombras de su pasado, reducidas en el mejor de los casos a simples reuniones ritualizadas bajo una advocación religiosa, cuerpos complementarios para la policía *regia*, o asociaciones dedicadas a la realización de concursos de tiro cada vez más identificadas con espacios de sociabilidad burguesa y menos con una obligación militar. Sin embargo, el viejo *ethos* cívico-militar había conservado su potencia en el imaginario político occidental e iba a estar muy presente en la sustitución del Antiguo Régimen por un mundo autoproclamado como liberal basado en ciudadanos armados.

Cuando la Monarquía se desagregó en las primeras décadas del siglo XIX, la disolución de las estructuras político-administrativas en medio de grandes conflictos dejó un notable vacío que fue a medias ocupado por los proyectistas liberales o por ejércitos, cada vez más dotados de un sentido político. Las milicias que se formaron en los dos primeros tercios de la centuria tenían un sentido que poco o nada recordaba al de las viejas milicias locales[34]. A diferencia de aquellas, símbolo e instrumento de la autonomía local, éstas, según el modelo de la *Garde nationale*[35] revolucionaria tenían una proyección, una intención, claramente *nacional*. En realidad eran un instrumento de construcción de la nación a través de la formación de un nuevo estado; basado éste en un monismo político; y las milicias que pugnaban por definirlo comulgaban de ese sentido. Absolutistas, moderadas o progresistas, estas milicias insistían en su carácter genérico frente al autonomismo republicano municipal. La retórica construida sobre las milicias nacionales recuperó parte de la que había caracterizado a las viejas milicias locales, pero dando un sentido diferente. La fuerte afirmación por la ciudadanía reposaba en el componente nacional y lo mismo se podría decir de su naturaleza republicana. La milicia protegía a la nación de los enemigos externos, de los estamentos privilegiados... y de los grupos subalternos, fueran éstos revolucionarios

---

[34] CHUST/MARCHENA, 2007.
[35] CARROT, 2001.

o reaccionarios. A fin de cuentas, la participación en la milicia estaba, como el voto, restringida bien por orientación política, bien por nivel de renta. Ante la erosión de los consensos políticos del Antiguo Régimen las milicias cumplieron dos funciones bien definidas: colaborar a la toma del poder por la orientación política que sostenían y, sobre todo, dar medios coactivos a un estado cuya administración seguía siendo enormemente débil.

No fue, *grosso modo*, hasta la segunda mitad (e incluso el último tercio) del siglo XIX que el estado liberal lograra desarrollar unos instrumentos militares propios y una administración territorial suficiente para defenderse a sí mismo. Para entonces las agrupaciones civiles armadas parecían más un obstáculo que un instrumento para la afirmación del *progreso* y la constitución de un estado neutro. La apuesta por la administración frente a la política fue un instrumento para proceder a desarmar a una población que, tampoco hay que olvidarlo, estaba cansada de los continuos vaivenes y de las luchas civiles. El estado liberal que emergió, con todas sus carencias, después de 1871 y sobre todo hacia 1875-1878, no podía tolerar la pluralidad de fuerzas militares. Las milicias desaparecieron en nombre del monopolio del ejercicio de la violencia que reclamaba el estado que habían ayudado a crear. La defensa del orden público, la estabilidad política y el orden social correspondía ahora a las policías militarizadas y al ejército basado en el servicio militar *universal* (esto último muy matizable para los países latinos). La crisis del estado liberal en el primer tercio del siglo XX tuvo como consecuencia la reaparición del fenómeno miliciano. El fracaso que trajo la incapacidad por incorporar al conjunto de la población, las desigualdades sociales y la aparición de proyectos antiliberales o autoritarios hizo que ya no se tratara de controlar a un estado, sino de construir otro contra el ya existente. Los estados debilitados y deslegitimados por la guerra exterior, el conflicto civil o las tensiones sociales fueron vistos más como enemigos que como árbitros. Frente al monopolio del ejercicio de la violencia, los diversos partidos, movimientos y sindicatos crearon milicias armadas, más o menos organizadas y bajo dirección militar. El mito del pueblo en armas como fuente de soberanía iba a estar presente en casi todos estos movimientos que, en muchos casos de forma inconsciente, eran herederos directos de las milicias decimonónicas. En ocasiones, y la Francia de Vichy es un buen ejemplo, las milicias surgieron con la tolerancia, sino el estímulo, del estado para encargarse de aquellas tareas *extraordinarias* para las que la vieja administración no estaba preparada... o no tenía estómago. Más ejecutivas, autolegitimadas y sin límites jurídicos a sus atribuciones, su actuación podía resultar particularmente contundente. Tras 1945 las milicias han reaparecido en aquellos lugares donde el estado resultaba particularmente débil, autoritario o contestado, basculando la definición de estas milicias en representarse como la expresión armada del pueblo o como un instrumento de represión alegal.

* * *

Se abren múltiples frentes de investigación del significado político de las milicias que ya han sido evocados en estas páginas, tanto hacia la historia social, como hacia la historia cultural o militar; pero una parte del camino queda desbrozado por los textos que siguen a continuación. El lector de este volumen podrá hacerse una idea de los conocimientos actuales sobre las milicias, no sólo en un ámbito determinado, sino en un conjunto que se extiende más allá de Océanos y Continentes, también podrá reconstruir sus cronologías y comprender mejor las sociedades que las sostuvieron. Éstas fueron una realidad que afectó a amplias zonas de los espacios controlados por el rey católico y con ellas evolucionó la Monarquía y su relación con los individuos: unos ciudadanos que fueron cada vez más súbditos para volver a reclamarse como ciudadanos. La historia de las milicias evoca mucho más que la fría evolución administrativa o la planificación de los gobiernos, está hecha de pugnas por el control de la violencia, de acuerdos y pactos, de reclamación de derechos por parte de una población armada, de la exclusión de quienes no eran considerados dignos de tener el estatuto de vecino, de la formación y difusión de una cultura política y de la defensa de una Monarquía imperial que recaía en manos de los propios habitantes. Muchos civiles con sus arcabuces en las Canarias, en Sicilia, en Flandes, en Portugal, en Nueva España, en Chile, en Cataluña, en Galicia, en Brasil, en Castilla, en Nápoles… y en tantos otros lugares, contribuyeron de forma más o menos consciente a la política global del rey de España con un esfuerzo cotidiano que les resultaba molesto e incómodo, pero que valía la pena, pues en él se jugaba su definición social. No se puede comprender ni la extensión, ni la duración de esa Monarquía sin tenerlos en cuenta y entender que fue ahí, en la capacidad de aunar voluntades, donde residió su fortaleza y su debilidad. Ciertamente es un mundo que ya periclitó y que nos resulta extraño, pero comprenderlo y valorar sus vestigios permiten entender mejor la historia de las personas que los vivieron, y, en parte, entendernos mejor a nosotros mismos.

Yecla, 8 de diciembre del 2008.

Abreviatura utilizadas

AGS E: Archivo General de Simancas, Estado.

Bibliografía

ARANDA PÉREZ, Francisco José y SANZ CAMAÑES, Porfirio, «Burgueses o ciudadanos en la España moderna: una revisión historiográfica», ARANDA PÉREZ, Francisco José (ed.), *Burgueses o ciudadanos en la España moderna*, Cuenca, Ediciones de la Universidad de Castilla-La Mancha, 2003, pp. 21-67.

BELMONTE POSTIGO, José Luis, «El color de los fusiles. Las milicias de pardos en Santiago de Cuba en los albores de la revolución haitiana», CHUST, Manuel y MARCHENA, Juan (eds.), *Las armas a la nación. Independencia y ciudadanía en Hispanoamérica (1750-1859)*, Madrid-Frankfurt am Main, Iberoamericana-Vervuert, 2007, pp. 37-52.

BERNAND, Carmen y STELLA, Alessandro (eds.), *D'esclaves à soldats. Miliciens et soldats d'origine servile, XIIIᵉ-XXIᵉ siècles*, París, L'Harmattan, 2006.

BIANCHI, Paola, «La riorganizzazione militare del Ducato di Savoia e i rapporti del Piemonte con la Francia e la Spagna. Da Emanuele Filiberto a Carlo Emanuele I», GARCÍA HERNÁN, Enrique y MAFFI, Davide (eds.), *Guerra y Sociedad en la Monarquía Hispánica. Política, estrategia y cultura en la Europa Moderna (1500-1700)*, Madrid, Ed. Laberinto-Fundación Mapfre-CSIC, 2006, vol. I, pp. 187-214.

BOONE, Marc y PRAK, Maarten (eds.), *Statuts individuels, statuts corporatifs et statuts judiciaires dans les villes européennes (Moyen Âge et Temps Modernes). Actes du colloque tenu à Gand les 12-14 octobre 1995 – Individual, Corporate and Judicial Status in European Cities (Late Middle Ages and Early Modern Period). Proceedings of the Colloquium Ghent, October 12th-14th 1995*, Lovaina-Apeldoorn, Garant, 1996.

CARROT, Georges, *La garde nationale: une force politique ambiguë*, París, L'Harmattan, 2001.

CLAVERO, Bartolomé, *Tantas personas como estados. Por una antropología política de la historia europea*, Madrid, Tecnos, 1987.

CONTRERAS CRUCES, Hugo, «Milicianos negros, mulatos y zambos en Santiago de Chile en la segunda mitad del siglo XVIII», *Cuadernos de Historia*, 1-2, pp. 97-117.

CONTRERAS GAY, José, «Las milicias en el Antiguo Régimen. Modelos, características generales y significado histórico», *Chronica Nova*, 20, 1992, pp. 75-103.

COSTE, Laurent, «Les milices bourgeoises en France», POUSSOU, Jean-Pierre (dir.) con la colaboración de Philippe EVANNO, *Les sociétés urbaines au XVIIᵉ siècle: Angleterre, France, Espagne*, París, Presses de l'Université Paris-Sorbonne, 2007, pp. 175-190.

COVARRUBIAS OROZCO, Sebastián de, *Tesoro de la lengua castellana o española*, ARELLANO, Ignacio y ZAFRA, Rafael (eds.), Madrid-Frankfurt am Main, Iberoamericana-Vervuert, Biblioteca Áurea Hispánica, 2006.

CHUST, Manuel y MARCHENA, Juan (eds.), *Las armas a la nación. Independencia y ciudadanía en Hispanoamérica (1750-1859)*, Madrid-Frankfurt am Main, Iberoamericana-Vervuert, 2007.

DESCIMON, Robert, «Les capitaines bourgeois des quartiers Saint-Séverin et Sainte-Geneviève durant la Ligue (1588-1594): le partage politique de la Rive Gauche», *La Montagne Sainte-Geneviève et ses Abords*, n° 246, 1982, pp. 59-70.

— «Solidarité communautaire et sociabilité armée: les compagnies de la milice bourgeoise à Paris (XVIᵉ-XVIIᵉ siècles)», *Sociabilité, pouvoirs et société (Actes du colloque de Rouen, novembre 1983)*, Ruán, Publications de l'Université de Rouen, 1987, pp. 599-610.

— «Les Barricades de la Fronde parisienne. Une lecture sociologique», *Annales ESC*, 1990, pp. 397-342.

— «Milice bourgeoise et identité citadine à Paris au temps de la Ligue», *Annales ESC*, 1993, pp. 885-906.

— «Corpo citadino, corpi di mestiere e borghesia a Parigi nel XVI e XVII secolo. La Libertà dei borghesi», *Quaderni storici*, XXX-2, 1995, pp. 417-444.

— «Le corps de ville et le système cérémoniel parisien au début de l'âge moderne», BOONE y PRAK, 1996, pp. 73-128.

— «Réseaux de famille, réseaux de pouvoir?: les quarteniers de la ville de Paris et le contrôle du corps municipal dans le deuxième quart du XVIᵉ siècle», RUGGIU, François-Joseph, BEAUVALET, Scarlett y GOURDON, Vincent (eds.), *Liens sociaux et actes notariés dans le monde urbain en France et en Europe*, París, Presses de l'Université de Paris-Sorbonne, 2004, pp. 153-186.

— y RUIZ IBÁÑEZ, José Javier, *Les ligueurs de l'exil. Le refuge catholique français après 1594*, Seyssel, Champ Vallon, 2005.

— y SCHAUB, Jean Frédéric y VINCENT, Bernard (dirs.), *Les figures de l'administrateur: institutions, réseaux, pouvoirs en Espagne, en France et au Portugal, 16ᵉ-19ᵉ siècles*, París, Éditions de l'École des Hautes Études en Sciences Sociales, 1997, pp. 19-28.

DE DIOS DE DIOS, Salustiano, «El Estado Moderno, ¿un cadáver historiográfico?», RUCQUOI, Adeline. (ed.), *Realidad e imágenes del poder en España a fines de la Edad Media*, Valladolid, Ámbito, pp. 389-408.

DUMONS, Bruno y ZELLER, Olivier, *Gouverner la ville en Europe. Du Moyen Âge au XXᵉ siècle*, París, L'Harmattan, 2006, pp. 73-89.

FERNÁNDEZ ALBALADEJO, Pablo, *Fragmentos de Monarquía*, Madrid, Alianza, 1992.

— «Católicos antes que ciudadanos: gestación de una política española en los comienzos de la Edad Moderna», FORTEA PÉREZ, José Ignacio (ed.), *Imágenes de la diversidad: el mundo urbano en la Corona de Castilla (s. XVI-XVIII)*, Santander, Universidad de Cantabria, 1997, pp. 103-127.

GARCÍA HERNÁN, Enrique y MAFFI, Davide (eds.), *Guerra y Sociedad en la Monarquía Hispánica. Política, estrategia y cultura en la Europa Moderna (1500-1700)*, Madrid, Ed. Laberinto-Fundación Mapfre-CSIC, 2006, 2 vols.

GELDEREN, Martin van y SKINNER, Quentin (eds.), *Republicanism. A Shared European Heritage*, Cambridge, Cambridge University Press, 2002, 2 vols.

GIL PUJOL, Xavier, «Republican Politics in Early Modern Spain: The Castilian and Catalano-Aragonese Tradition», GELDEREN y SKINNER, 2002, vol. I, pp. 263-288.

HERZOG, Tamar, *Defining Nation: Immigrants and Citizens in Early Modern Spain and Spanish America*. New Haven-Londres, Yale University Press, 2003.

HESPANHA, Antonio Manuel, *Vísperas del Leviatán: instituciones y poder político (Portugal, siglo XVII)*, Madrid, Taurus, 1989.

— «Las categorías de lo político y de lo jurídico en la Época Moderna», *Ius Fugit, Revista Interdisciplinar de Estudios Histórico-jurídicos*, nos 3-4, 1994-1995, pp. 63-100.

— «Paradigmes de légitimation, aires de gouvernement, traitement administratif et agents de l'administration», DESCIMON, SCHAUB, VINCENT, 1997, pp. 19-28.

HÖRNQVIST, Mikael, «Perché non si usa allegare i Romani: Machiavelli and the Florentine Militia of 1506», *Renaissance Quarterly*, 55-1, 2002, pp. 148-191.

JOBLIN, Alain, «Les milices provinciales dans le Nord du Royaume de France à l'époque moderne», *Revue du Nord*, 85-350, abril-junio de 2003, pp. 279-296.

MARCHENA FERNÁNDEZ, Juan, *Ejército y milicias en el mundo colonial americano*, Madrid, Editorial Mapfre, 1992.

MUCHEMBLED, Robert, *L'invention de l'homme moderne*, París, Fayard, 1988.

ORTIZ ESCAMILLA, Juan (ed.), *Fuerzas militares en Iberoamérica: siglos XVIII y XIX*, México-Zamora, El Colegio de México-El Colegio de Michoacán-Universidad Veracruzana, 2005.

PARKER, Geoffrey, *El Ejército de Flandes y el Camino Español, 1567-1659. La logística de la victoria y la derrota en las guerras de los Países Bajos*, Humanes, Madrid, Alianza, 1986. [*The Army of Flanders and the Spanish Road*, Cambridge, Cambridge University Press, 1972.]

POUSSOU, Jean-Pierre (dir.) con la colaboración de Philippe EVANNO, *Les sociétés urbaines au XVIIe siècle: Angleterre, France, Espagne*, París, Presses de l'Université Paris-Sorbonne, 2007.

PRAK, Maarten, «Burghers into citizens: Urban and national citizenship in the Netherlands during the revolutionary era (c. 1800)», *Theory and Society*, 26, 1997, pp. 403-420.

— *The Dutch Republic in the Seventeenth Century*, Cambridge, Cambridge University Press, 2005.

RIZZO, Mario, RUIZ IBÁÑEZ, José Javier, SABATINI, Gaetano (eds.), *Le forze del principe. Recursos, instrumentos y límites en la práctica del poder soberano en los territorios de la Monarquía Hispánica*, Murcia, Universidad de Murcia, 2003, 2 vols.

RUBINSTEIN, Nicolai (ed.), *Florentine Studies: Politics and Society in Renaissance Florence*, Evanston, Northwestern University Press, 1968.

RUGGIU, François-Joseph, BEAUVALET, Scarlett y GOURDON, Vincent (eds.), *Liens sociaux et actes notariés dans le monde urbain en France et en Europe*, París, Presses de l'Université de Paris-Sorbonne, 2004.

RUIZ IBÁÑEZ, José Javier, *Las dos caras de Jano. Monarquía, ciudad e individuo. Murcia, 1588-1648*, Murcia, Universidad de Murcia, 1995.

— «Sujets et citoyens: les relations entre l'État, la ville, la bourgeoisie et les institutions militaires municipales à Murcie (XVIᵉ-XVIIᵉ siècles)», BOONE/PRAK, 1996, pp. 129-156.

— «Monarquía, guerra e individuo en la década de 1590: el socorro de Lier de 1595», *Hispania*, LVII/1, 195, 1997, pp. 37-62.

— *Felipe II y Cambrai: el consenso del pueblo. La soberanía entre la práctica y la teoría política (Cambrai, 1595-1677)*, Rosario, Prohistoria, 2003.

— «Tiempo de guerra, tiempo de cambio. Resistencias, realidades y representaciones en los comienzos de la transición al pleno absolutismo en el reino de Murcia (1642-1669)», RIZZO, RUIZ IBÁÑEZ y SABATINI, 2003, vol. II, pp. 633-696.

SCHAUB, Jean-Frédéric, *Le Portugal au temps du Comte-Duc d'Olivares (1621-1640). Le conflit de Juridictions comme exercice de la politique*, Madrid, Casa de Velázquez, 2001.

SAUPIN, Guy, «La milice bourgeoise? Relais politique fondamental dans la ville française d'Ancien Régime. Réflexions à partir de l'exemple de Nantes», DUMONS y ZELLER, 2006, pp. 73-89.

THOMPSON, I. A. A., *Guerra y decadencia. Gobierno y administración en la España de los Austrias, 1560-1620*, Barcelona, Crítica, 1981.

TILMANS, Karin, «Republicanism Citizenship and Civic Humanism in the Burgundian-Habsburg Netherlands (1477-1566)», GELDEREN y SKINNER, 2002, vol. II, pp. 107-126.

WALEY, D., «The army of the Florentine Republic from the Twelfth to the Fourteenth century», RUBINSTEIN, Nicolai, 1968, pp. 70-108.

WEBER, Max, *Economía y Sociedad. Esbozo de sociología comprensiva*, México, FCE, 1944, 2 vols.

ZUÑIGA, Jean-Paul, «Africains aux Antipodes. Armée et mobilité sociale dans le Chili colonial», BERNAND/STELLA, 2006, pp. 115-132.

Primera parte

LOS TERRITORIOS DE LA MONARQUÍA

I. PALENCIA Y AYORA:
DE LA CABALLERÍA A LA INFANTERÍA

José Luis Villacañas Berlanga
Universidad de Murcia

La evolución de la idea de la milicia, y la consiguiente transformación de la comprensión del sujeto que debe realizar la guerra, constituye una de las piedras centrales de la evolución de las sociedades de finales del siglo XV y principios del siglo XVI. En este sentido, en el oficio militar, con la misión de dar muerte o de sufrirla, siempre se concretan los problemas de integración de una sociedad en su historia, la ampliación de derechos ciudadanos y la formación de sentimientos de pertenencia. En realidad, la ordenación de la guerra parece siempre relacionada con la cuestión de la ciudadanía activa y el modelo del ejército ha presionado siempre en una dirección concreta la formación de un régimen político y social. Sin embargo, cuando se trata de una realidad histórica organizada para la guerra, como la sociedad castellana primomoderna, estos problemas se tornan agudos, centrales e imperativos. Podemos decir, por tanto, que la transformación del oficio de la milicia se eleva a un lugar estructural en el que se registran las pulsiones y problemas fundamentales de la sociedad castellana. Ante todo, por la conciencia de la crisis de la caballería clásica, organizada alrededor de la idea de nobleza señorial. Luego, por la necesidad de oponer a esta caballería privada de los señores un régimen público de la guerra diseñado para obstaculizar su poder expansivo, que amenaza tanto al rey como a las ciudades. Por fin, por la aguda conciencia de que las disponibilidades de integración social en Castilla dependían de la eficacia de la guerra expansiva fuera de la Península y la necesidad de transformar la milicia para adaptarla a esta tarea, inédita en la historia castellana. Estos tres puntos, que corresponden a tres momentos históricos relacionados –el de Enrique IV, el de los Reyes Católicos antes de la toma de Granada y el de la expansión africana e italiana de primeros del siglo XVI–, serán los que veamos en este ensayo, que finalizará con una breve referencia a Palacio Rubios, que ya anticipa el destino de Carlos V. Para ello, analizaremos primero la aguda conciencia de la crisis de la caballería clásica en Alonso de Palencia. A su vez, Palencia es el más firme defensor de las milicias urbanas que posteriormente obtendrán forma en la Santa Hermandad. Estas ideas serán cuestionadas por Ayora, que exigirá una transformación de la milicia y una profesionalización de la misma para hacer frente a la expansión imperial castellana. Sus ideas, procedentes de Italia, se probarán en Salses y en el norte de África y, en cierto modo, ofrecerán la base teórica al ejército español del Gran Capitán y al ejército que venza en Pavía[1]. Pero curiosamente, Ayora será un comunero vencido y su fracaso dará paso en el interior de Castilla a un intento ideológico de renovación del prestigio de la caballería por parte del jurista Palacio Rubios.

Palencia contra la nobleza castellana

Alfonso de Palencia es un hombre de Alonso Carrillo, el arzobispo de Toledo que, primero, defendió al partido alfonsino contra Enrique IV y, luego, apoyó a Isabel casándola con el heredero de la corona de Aragón. Cuando leemos a Arévalo, un servidor de Enrique IV, nos damos cuenta de las necesidades de legitimidad de la realeza española y de su mayor enemigo: la melancolía, de la que el rey padece hasta abrumar a sus súbditos. Cuando leemos a Alfonso de Palencia, por el contrario, descubrimos la necesidad más perentoria del reino, la de rebajar las pretensiones de una nobleza que ha perdido todo sentido de su función social. Podemos imaginar que la doctrina oficial de Carrillo reúne las viejas ilusiones de la Iglesia de Toledo, el «primado de las Españas»[2], que se juega su hegemonía religioso-política tradicional frente a otras sedes arzobispales como la de Sevilla o la de Santiago. Es lógico que Carrillo pretendiera por una parte atraerse a las órdenes de caballería, como la de Calatrava, a su partido. Así lo hizo con Fernando de Guzmán, comendador que fuera de esa Orden. Y era natural que quisiera hacer fuerte su partido con las ciudades. Alfonso de Palencia, de forma paralela, fomentó la formación de una gran hermandad de ciudades para defenderse de los nobles. Sabemos que su posición era más radical que la del propio Alfonso Carrillo, a quien acabará abandonando. Palencia sabía que no había posibilidad alguna de obstaculizar la amenaza privatizadora de los nobles sin contar con la fuerza del rey. Carrillo siempre pensó en el rey de Castilla como el protegido de la iglesia nacional castellana organizada desde Toledo.

De hecho, el tratado *De la perfección del triunfo militar* escrito por Palencia en 1459, constituye el alegato más fuerte que tenemos contra la nobleza de la época de Enrique IV. No era el primero. El *Doctrinal de Caballeros* de Alonso de Cartagena[3], en relación siempre con el marqués

---

[1] Para este período nuestro mejor estudio sigue siendo el clásico de DÍEZ DEL CO-RRAL, 1976, v. sobre todo pp. 195-215.

[2] PALENCIA, 1959, p. 345.

[3] CARTAGENA, 1995.

de Santillana, era su antecedente más directo. También del oficio de caballero había escrito Pedro Martínez de Osma[4], en el mismo sentido de recomponer la vieja idea ética del *milites* romano entregado a su función pública ciudadana. Alonso de Palencia actualiza las exigencias de la generación anterior y las hace llegar hasta la época de los Reyes Católicos. Ya en el primer prólogo de su obra, Palencia deja clara su valoración del presente: «este lloroso tiempo», lo llama[5]; también habla de «la lástima de los tiempos»[6]. Respecto de los nobles, al inicio ya lo ha dicho todo: «en estos nuestros días ha quedado mayor parte del nombre que del merecimiento». Sin embargo, Palencia no va a dejarnos en este libro una crónica o una historia, sino una fábula. En este extraño género literario, un noble castellano, Exercicio, anhela el triunfo, una actuación exitosa y gloriosa que calme su aspiración a la fama. Este caballero andante, que ya es una anticipación de otras fábulas, se lamenta de que «en la más estendida España» no existan muestras dignas de su condición ni merecedoras de las alabanzas de los caballeros[7].

El caballero desea resolver este enigma en su viaje, en el que a veces reconocemos el que realizara don Diego de Valera por toda Europa, un hombre cercano al partido de Palencia. En el camino, como es lógico, nuestro caballero encuentra una serie de personajes que le iluminarán sobre la esterilidad de la nobleza castellana. Y la primera que le habla es una «vejezuela» que lleva por nombre Experiencia. Su hija Discreción vive en Italia y ella podría darle cuenta de las razones de su enigma. Y allá va el caballero, hacia Italia, cuando se encuentra unos aldeanos cazando. Palencia recuerda sin duda la obra de Arévalo, que reservaba estas actividades para los nobles y reyes, y entabla de forma implícita un debate polémico con él, en el que reparte las suertes de tal manera que los aldeanos, que buscan «el provecho», se oponen conscientes a los nobles, que sólo siguen «lo pomposo». Sorprendido por la contestación sensata de los aldeanos[8], el altivo Exercicio, noble castellano, reclama exclusividad en el disfrute de la caza. Su razón es la oficial de Arévalo: los grandes, al cargar con tantas tareas, todas ellas llenas de «amargura de axenxos», quieren ocultar a todos sus rostros tristes, «arredrarse del concurso del pueblo e pensar en negocios cuando parecen estar más ociosos»[9]. La misma auto-

---

[4] MARTÍNEZ DE OSMA, Pedro, *De officio militis*, transcripción, José Labajos Alonso; traducción, Pablo García Castillo; edición para la Biblioteca Saavedra Fajardo.

[5] PALENCIA, 1959, p. 345.

[6] *Ibid.*, p. 346.

[7] *Ibid.*, p. 347.

[8] Muchas veces este pasaje recuerda el famoso diálogo entre el aldeano y el rey en el *Libro de los pensamientos variables,* BNM, ms. 6642, que se puede ver en PEREA RODRÍGUEZ, 2002.

[9] PALENCIA, 1959, p. 349.

conciencia de Arévalo, que reconoce «las innumerables enfermedades de espíritu»[10] que asaltan al poderoso, se abre paso aquí, desde luego, y procede de Cicerón, quien decía que nunca se ocupaba mejor de los negocios que cuando estaba ocioso. Pero una nueva conciencia aflora en las contestaciones de los aldeanos, que responden una a una con toda seriedad a las argumentaciones tradicionales de Exercicio y que reclaman «el uso del derecho curso del razonar». Se trata de un primer apunte de la sensibilidad que luego brotará en Guevara, con su alabanza de aldea ya de efectos plenamente ideológicos: «no menosprecies la rústica contradicción, ca otra cosa es bevir en aldea e otra ser escurecido por rústica inorancia». La razón es muy precisa: ante la vida llena de crímenes de las ciudades, la opción por la aldea es voluntaria y fundada.

Los culpables de estos crímenes de las ciudades son sin duda los nobles. El aldeano recoge los detalles que la legitimidad oficial otorga a la aristocracia y se los devuelve con escepticismo al Exercicio, mediante preguntas retóricas, para concluir que sería demasiado largo describir «la corrupción» de «la fingida nobleza de nuestros tiempos», «porque tomando todo lo contrario de lo que existe, en una sola palabra puedo concluir»[11]. Con aire triunfal, el aldeano quiere indicar al caballero que ya ha descubierto el *arcanum* de la dominación nobiliaria. No tenemos aquí la serenidad de quien conoce la verdad de las cosas. Hay, antes bien, plena conciencia de la superioridad moral del aldeano, la irritación extrema del humilde, la ira que pide el milagro. Y así, el aldeano le dice al caballero que antes de labrador fue ciudadano. Este detalle, aparentemente sin relevancia, es el testimonio de una terrible inversión del proceso moderno que en Castilla se nos ha conservado de una forma clara, una clave muy precisa de la regresión de los tiempos. El desplazamiento del ciudadano al campo es consecuencia de la irrupción del noble en la ciudad. La privatización de recursos públicos urbanos por parte del noble implica la pérdida de espacio económico y moral para los ciudadanos. Palencia, como se ve, contempla el tiempo presente y lo eleva a plena conciencia.

Hay mucho de ira bíblica en este discurso, con el que el aldeano justifica refugiarse en la aldea y salir de la ciudad. «Porque qualquier que aborrece el fedor, procura estar lexos del montón de la basura, e qualquiera cibdad está assí llena de maldad, que la quantidad de la malicia sin medida no consiente que estén mesclados cibdadanos de buen deseo; et aunque lo consistiese, se acrecentaría a los justos varones no pequeña pasión, acrecentándose los daños más cada día, sin alguna melezina. E –pues la natural razón quiere, e los siglos antepasados nos han

---

[10] *Ibid.*, p. 350.
[11] *Ibid.*, p. 351.

sido en exemplo que los semejantes delitos se suelen purgar con caída e perdimiento– ayan las primeras partes del daño los que cometieron los mayores e más crudos errores.»[12]

Se divisa un nuevo mundo en esa apelación a «la razón natural e universales tiempos», a los casos de los antepasados, a ese destino que sin ninguna duda promete caída y perdimiento a los principales actores de la desgracia. Hay en este texto una especie de proto-estoicismo, desde luego, que mira a lo lejos y ve la consecuencia y procura apartarse del caos ya indomable, con la última esperanza de que el propio caos castigue a los malvados. Pero, sobre todo, hay plena conciencia de la mayor dignidad moral de ese gesto de no querer vivir en la basura de las ciudades. Una conciencia temporal precisa, que sabe de la historicidad de la virtud de la nobleza, de la desproporción entre el nombre y la realidad, de los ascensos y descensos de los hombres, se nos presenta en estas páginas. El mundo histórico ahora se rige por esa ley del movimiento social, que puesta en boca de un aldeano le otorga una superioridad intelectual nueva, ya un anticipo de un final deseado, anhelado. El dolor moral le hace decir que «acompañará a la tal fabla el lloro, e mientras fablare no se partirá mi garganta un nudo de amargura»[13]. Es desde luego un daño moral insufrible, extremo, agravado por el sencillo hecho de que el obsceno noble haya dado con él, que ya estaba retirado en el campo precisamente para no padecer estos encuentros y tener que escuchar sus legitimaciones mentirosas. «¡O desaventurado de mí, que en tal sazón nascido so costreñido veer estas cosas e oír de ti lo suso recontado, ya estando encerrado entre peñas, aviéndome, por mi voluntad, apartado del trato de los cibdadanos!», concluye el aldeano antes de perderse en la noche.

Este aldeano ya está instalado en la actitud apocalíptica, desde luego. El caballero, por su parte, asume el encuentro y, bien dispuesto al aprendizaje, comienza a identificar por qué el triunfo y la gloria han abandonado «esta provincia». Sin embargo, el camino de este caballero nos ofrece todavía importantes aventuras y novedades. El camino y la investigación de las causas no han concluido. El trabajo a la búsqueda de discreción no ha hecho sino empezar. Y así, se nos cuenta que Exercicio llega a «una cibdad de Cataloña, muy más rica que las otras cibdades de aquella provincia»[14]. Se trata de Barcelona, sin ninguna duda. Y así va describiendo sus templos y lonjas hasta dar con un mercader honorable que «conosció que venía de camino extranjero» y que se dispuso a hablarle al descubrir que se maravillaba de las cosas de su ciudad. Todas

---

[12] *Ibid.*, p. 351.
[13] *Ibid.*, p. 352.
[14] *Ibid.*, p. 353.

las ambigüedades de las relaciones de España y Cataluña se dan en este cuento de mediados del siglo XV. «Yo soy español de la más extendida España», dice el caballero Exercicio, que se confiesa admirado al contemplar por primera vez «provincias e costumbres de otras naciones»[15]. La complicación verbal llega al límite cuando añade, no obstante lo anterior, que «vosotros los catalanes con razón poseedes nombre de españoles». El castellano, por tanto, se siente extranjero en Cataluña, la considera otra nación, pero a pesar de todo entiende que los catalanes son españoles. La diferencia se apunta entre la «más extendida España» y Cataluña, una manera de sugerir que la España propiamente dicha, en sentido estricto, es la de aquende el Ebro, aunque la otra no lo es menos. Decididamente, Alfonso de Palencia no ha sabido qué hacer en este asunto, mientras los contemporáneos, como sabemos, tenían que sufrir los intentos de Luis XI de Francia de hacerse con Navarra y Cataluña hasta el Ebro.

La diferencia de perspectivas entre Exercicio y el ciudadano catalán nos sorprenden. Lo que al primero le parece abundancia, comparado con Castilla, al segundo le parece decadencia, comparado con la anterior historia de esplendor del Principado. A pesar de esta diferencia de valoración, existe un acuerdo respecto a las causas de la diferencia entre Castilla y Cataluña: «las loables costumbres de los moradores causaron abundancia a nuestra cibdad e a todo su señorío»[16]. Más adelante, reconocerá la clave de la riqueza catalana en la «sola industria». Nos habla Palencia, por boca del ciudadano catalán, de la crisis de la época de Alfonso el Magnánimo, crisis que posteriormente se reflejaría en la guerra de las Remensas, y que proféticamente anuncia como «enfermedad a la que amenaza la muerte». Y sin embargo, el Exercicio no puede reprimir la melancolía y la envidia al pensar en su Castilla natal: confiesa que cuanto más hacia oriente viaja, menos corrupción de la república ve y por ello recomienda, quizás por primera vez en la historia de Castilla, salir del terruño para diluir la cazurrería, la vanagloria y el chovinismo. Entonces Exercicio, ya en monólogo, pensando en el «tiempo tumultuoso de la más extendida España», da en proponernos el primer pasaje de la conciencia desdichada española, un pasaje que transcribo por extenso para que pueda mantener intacta su capacidad de sugerir y de interpelar a su presente, primer fruto de la conciencia crítica castellana: «Et de verdad me fago más cierto, que a los nuestros nobles sería muy provechosa esta peregrinación, los quales nunca se partiendo de España, afirman ser la vida de todos muy desventurada, salvo de los españoles, como no ayan experimentado en cosa alguna las muy buenas costumbres de las otras

---

[15] *Ibid.*, p. 354.
[16] *Ibid.*

naciones. Assí que se faze un mundo de la su opinión ciega, que todos los hombres bivan en error, e solamente ellos possean pechos muy varoniles, e que todos ellos sean prudentes, industriosos, cautelosos e amigos de cualquier virtud. ¡O quand poco prudentes, e dignos de ser perder por su merecimiento!»[17]. Y cuando el Exercicio tiene que interpretar el lamento del ciudadano, por no estar la ciudad a la altura que tuvo en otros tiempos, reconoce que esa nostalgia del pasado se funda en la «sed de bien administrar; más nosotros, demonios muy oscuros, demandamos guirlanda de loor biviendo en espesura de aire corrompido e porfiamos perder todas las cosas que nos dio complideras la natura piadosa, desdeñando los enxenplos de los antepasados e aviendo por escarnio lo que es manifiesto».

Y así va pasando Exercicio por la industriosa Cataluña y la alegre Francia hasta llegar a Toscana, donde se supone que florece la Discreción, la hija de la Experiencia, en la que el Exercicio espera encontrar la medicina para curar la infertilidad de sus obras. Y allí, en una tierra que debía tener a Florencia como referente fundamental, Exercicio escucha que, aunque los «españoles son muy dados a lo militar»[18], y aunque sean esforzados y sufridos, osados y valientes, todo ello no garantiza el éxito de las acciones. La Discreción habla de que todavía falta algo principal para que las obras fructifiquen. Y eso fundamental, que se basa en la razón y no en el azar, en la naturaleza de las cosas y no en la fortuna, es «seguir el deber», llevar adelante «la contienda de la virtud»[19]. Se trata de tener algo más que medios. Se trata de atender a los fines oportunos y entre ellos la bondad y «administrar la cosa pública»[20]. Más allá de la disciplina técnica militar se trata de la disciplina moral y política, con todas sus letras.

Alfonso de Palencia ha participado de la idea, que los escritores del siglo XIV pusieron en marcha, de que Florencia era la verdadera heredera de Roma[21], toda vez que la ciudad santa goza ya sólo del nombre[22]. La Discreción que habita en la Toscana, de hecho, no hace sino narrar el ejemplo arquetípico de Roma, de cuyo saber se ha apropiado. El relato alegórico entonces no es sino una historia de los grados de su grandeza y de las causas de su decadencia. Roma se asentó en el ejército, pero era un ejército de caballeros –por ser uno de cada mil se llamaron *milites*– sometido a un orden y mantenido en el valor fundamental de la Obediencia,

---

[17] *Ibid.*, p. 355.
[18] *Ibid.*, p. 364.
[19] *Ibid.*, p. 365.
[20] *Ibid.*
[21] *Ibid.*, p. 371.
[22] *Ibid.*, p. 373.

una virgen de las sabinas. La decadencia de este sistema tuvo lugar en la época de Constantino, que al dar entrada al lujo dejó embarazada a la Obediencia, pariendo el furor y la obediencia exclusivamente militar. Con ello, el diagnóstico de Alfonso de Palencia queda aclarado: sin orden y obediencia no existen obras fecundas. Pero la obediencia no debe tener como principal jefe al orden militar, sino al orden político de la *res publica*. Y éste es el problema: que en España, para Alfonso de Palencia, «los cabdillos e los guerreros» no han tenido «prefeta oservancia de la disciplina»[23]. El relato cuenta en su clave alegórica el mal de Castilla y lo hace coincidir justamente con la relajación de costumbres políticas que lanzó sobre Roma el hombre que hizo de ella la ciudad del trono para la nueva religión cristiana: Constantino. Los límites de la alegoría alcanzan a este detalle. Constantino queda desmitificado, en tanto origen de los males de Roma, como el gran auxiliar de Alfonso el Magnánimo –Lorenzo Valla– deseaba demostrar, por estas y otras razones en la misma época. De hecho, la descripción de los males de España sólo halla tintes más oscuros cuando se trata de describir la corrupción de Roma. La ciudad eterna, para este Alfonso de Palencia, ya es una ruina. Muy curioso resulta, cuando acabamos este breve relato, que España y Roma sean las realidades de la caída, y que el caballero quiera conocer la raíz de los vicios de una y de otra para remediarlos.

Todo el punto se concentra entonces en la cuestión de dirigir la milicia según orden, disciplina y obediencia. De ese negocio «depende la libertad humana e peso de la vida»[24]. Una vez más, se trata de la cuestión de la caballería y de la ordenación de la nobleza como estamento supremo. El problema sigue intacto. ¿A quién obedecer? ¿Quién es el germen del orden? ¿Quién debe ser el último elemento del poder? ¿Dónde debemos situar la magistratura última? En último extremo: ¿quién es el soberano? Alfonso de Palencia sólo habla del «muy claro cabdillo» y desde luego nunca habla del rey, aunque se supone. A la búsqueda de ese caudillo militar, de nombre Gloridoneo, atraviesa Exercicio Italia. Pero la alegoría de repente cambia el curso de las comparaciones y, tras hechos menores, se concentra en la cuestión de cuál de estas virtudes será la soberana, la que podrá elevarse a lo más alto de la interna relación con el Triunfo –Dios renacentista por antonomasia– en la medida en que sea la más precisa imitación «del soberano Dios»[25]. Así que cada uno –Orden, Obediencia y Exercicio– debe hacer un discurso para defender su primacía. Al final, el Triunfo sentencia que las tres virtudes son necesarias, pero que el Orden debe figur como el capitán. Con ello, sin la unidad de

---

[23] *Ibid.*, p. 369.
[24] *Ibid.*
[25] *Ibid.*, pp. 380 *ss.*

mando, no puede existir la obediencia ni el ejercicio puede producir aprendizaje. Esa unidad de mando es lo que impide «las culpas de nuestros poderosos», concluye el libro, antes de ofrecerlo en dedicatoria al marqués de Santillana.

Alfonso de Palencia, como por una premonición, ha entendido que en Italia estaba el triunfo que habría de dar fruto al ejército de España. Pero no sólo eso. Aliado del arzobispo de Toledo, contrario en todo a Arévalo y a Enrique IV, no ha seguido ni a la nobleza española, ni a este rey, ni a su Papa, su aliado fundamental. Agente de Fernando de Aragón, ha extendido la necesidad de la milicia popular y las Hermandades por toda la Castilla violenta y feroz de la guerra civil. Feroz crítico del Papado, de las indulgencias, de las bulas, de la curia romana, es el primer teórico que ha entrevisto la posibilidad de una iglesia nacional española, bajo el predominio de Toledo, sostenida por una restitución de los órdenes militares a su obediencia primitiva, en directa dependencia de la jerarquía de la iglesia militante y de las ciudades. Ahí, en la defensa de una milicia popular que dé poder a la comunidad cristiana unida, al cuerpo místico de la *res publica christiana* de cristianos viejos y cristianos nuevos se hacen coherentes todas sus apelaciones: su desprecio de Roma, su alabanza de Florencia, de Toscana, su sentido plural de España. Palencia, en el fondo, ha prefigurado las ilusiones de los mejores y ha visto que sólo ese nuevo sentido de la jerarquía y de la obediencia podía lograr movilizar de nuevo a Castilla hacia la única salida que podía imaginar: llevar la guerra fuera para curarse de la guerra de dentro. Esa expansión tenía un nombre en 1478: Granada. Para ella se debía disciplinar la nobleza y se debían militarizar las ciudades y así generar un cuerpo de milicia obediente a su rey.

Palencia sobre la Hermandad

La única solución frente a esta nobleza, que aspiraba a introducirse en el espacio urbano y destruir su orden político tradicional, era la Hermandad. Es muy curioso, y muy significativo, que ya Enrique llamase a las hermandades populares en su defensa. La orden la dictó Barrientos para el territorio de su influencia, alrededor de Cuenca[26]. Pero no debemos hacernos ilusiones. La Hermandad no era para él un ejército popular con sentido del reino, opuesto al sentido del linaje de los nobles. Puede defender al rey, desde luego, pero la Hermandad era sobre todo un protector del orden público y del patrimonio real, y su función sólo alcanza al territorio propio de su ciudad. Este hecho nos ofrece una indi-

---

[26] SUÁREZ FERNÁNDEZ, 2001, p. 283.

cación de la falta de percepciones comunes en Castilla en el tiempo de Enrique IV. En realidad, nadie se encargaba de producirlas. En aquellas condiciones, las hermandades podían haberse unificado desde la reunión de Cortes. Estaba en manos del rey hacerlo. El Consejo real, sin embargo, dominado por los nobles, no se atrevía a este expediente, que dejaría a la realeza en manos de las ciudades. La reunión de septiembre de 1464 no logró tales objetivos y se quedó en un mero *ayuntamiento*, porque el rey quiso invitar a ciudades leales, aunque no tuvieran derecho de voto en Cortes. Así que el rey constituía sólo un partido y en estas condiciones no podía ganar. El asunto se entregó a las componendas y a los pactos, que se dieron con generosidad en octubre de 1464. Las ciudades se enterarían del hecho consumado por informes[27].

En este mismo tiempo, en Galicia, la pequeña nobleza se lanzó contra el arzobispado de Santiago, mientras los *irmandiños* comenzaban por su cuenta la revuelta anti-señorial, arrasando cuantas fortalezas pudieron[28]. El reino se partió en dos. Por ambas partes, los bandos esquilmaron el patrimonio del reino[29]. El proceso de conversión del realengo en señorío se aceleró. Por todas partes las Hermandades florecían como único refugio del orden. Enrique IV pretendió convertirlas en iniciativa regia y preparó una junta general en Tordesillas. Envió a su cronista y agente Del Castillo para organizarlas según el modelo de la Hermandad Vieja de Toledo. Dividiría el reino en ocho distritos y un consejo de ocho diputados que las dirigiría. Sería una especie de consejo de orden público[30]. Pero no debemos suponer que las hermandades locales se plieguen a la dirección regia. Sometidas a las oligarquías locales, siguen su destino político, a veces variable. En general, la Hermandad se declaró neutral. El orden público era cosa de su competencia, la lucha por el poder les era ajena[31]. Entonces dejó clara su falta de sentido político, sentido que era justo el que sólo podía darle el prestigio de un rey. Pero éste no existía. Todo estaba controlado por Pacheco, que presionaba al rey Enrique para convencerle de que él, y no Beltrán de la Cueva, controlaba la situación. De ella podría sacarle si volvía a confiar en sus gestiones. Mientras no aceptara este principio, Pacheco apretaría, incluso hasta ir demasiado lejos. Pronto, Pacheco obtiene aquello que más desea: ser maestre de Santiago. Era septiembre de 1467 y ya todas las partes sólo aspiraban a una cosa: consolidar el botín adquirido en las aguas turbulentas de Castilla[32].

---

[27] *Ibid.*, pp. 285-295.

[28] V. LÓPEZ CARREIRA, 1992.

[29] SUÁREZ FERNÁNDEZ, 2001, p. 355.

[30] HAEBLER, 1886.

[31] Así lo declararon en la Junta General de septiembre de 1467. Para hermandades todavía es útil PUYOL, 1913.

[32] SUÁREZ FERNÁNDEZ, 2001, pp. 385-386.

Es inútil detenernos en los meandros del caos. Una idea, sin embargo, se percibe. El único recurso era la Hermandad popular, pero ahora constituida sobre bases más amplias, «asegurándose el concurso de los caballeros, del estado llano y del clero»[33]. Los consejeros del rey no ocultan, y Palencia lo dice expresamente, que la medida era necesaria porque los recursos económicos de los reyes no permitían mantener la guerra contra el rey de Portugal, contra el rey de Francia y, a la vez, contra «las fortalezas atestadas de ladrones». Era por tanto una medida excepcional, consecuencia de una constelación en la que los enemigos se habían concertado de manera decisiva. Sin embargo, se trataba de algo más, de un movimiento fundado también desde cierto punto de vista político. Era el cristalizado apropiado de una política popular que Fernando venía contemplando como único medio de detener la violencia endémica de los Grandes, cuyas actividades eran indistinguibles del crimen organizado y cuya política brindaba siempre apoyo a reyes extranjeros, sea de Portugal o de Francia, siempre y cuando implicase la pérdida de poder del propio rey. Palencia, el ideólogo de la medida, la defendió bajo el refrán de que «lo que el pueblo quiere, Dios lo quiere». Por eso, era una medida que para algunos debía hacerse valer «perpetuamente». Se formaría así una caballería experta y escogida, sustentada por las ciudades que «víctimas de incalculables daños, habían de preferir disfrutar de libertad y de paz a costa de algunos dispendios, a perder cuanto poseían víctimas de vergonzosa esclavitud». Como se ve, es la única medida antes de abandonar la ciudad, como hace el aldeano del *Triunfo militar*. En realidad, era una medida que expropiaba a los nobles de los recursos de las ciudades, obtenidos de forma violenta e injusta, para fundar una fuerza militar propia. En lugar de votar un subsidio en Cortes para entregarlo a la administración de los nobles, dominante en las decisiones del Consejo real, la Hermandad libraba la milicia de este molesto intermediario y entregaba directamente a las ciudades la recaudación y el gasto militar, formando sus propias fuerzas militares. Como tal, era tanto una fuerza de orden público como de intervención militar. Obedecía al rey de forma directa y para ello tenía que cortocircuitar el viejo Consejo real. Como se ve, será la estrategia de Fernando en las cortes de Toledo de 1480.

Las protestas de los nobles no tardaron en surgir. No estaban dispuestos a contribuir a los gastos de la milicia «en unión de los populares». La concepción del mundo de la nobleza se puso en marcha. Ellos eran amantes de su rey, no sus servidores, por lo que no se podía exigir a la nobleza un tributo, testimonio de una obligación y una obediencia. En su lenguaje, el tributo era un yugo y ellos eran la fortaleza del reino.

---

[33] PALENCIA, 1973, vol. II, p. 241.

En ellos la lealtad era un movimiento espontáneo de su honor, en modo alguno una obligación legal. Para estos tiempos, la ideología del caballero estaba gastada y era una impostura, pero sus argumentos calaron hondo en el espíritu del rey, de tal manera que «angustiaron su ánimo». Palencia no nos presenta a un rey firme, decidido, sino lleno de amargura y de pesar, incapaz de resolver, irascible. «No quería oír hablar de semejante cosa», dice. Sus consejeros quedaron decepcionados y, desde luego, las ciudades también. El joven rey Fernando estaba donde lo querían tener los Grandes, en una situación de debilidad extrema. «Entonces cundió la voz entre los naturales de que los Grandes habían seducido al rey para eterno daño de los pueblos, mientras ellos trataban de aliviar su prolongada desventura. No había por tanto que consultar más con él acerca de la libertad común, cuando así se olvidaba de su propio interés»[34].

Palencia es radical: el interés del rey era constituir la libertad común. La relación amigo-enemigo estaba clara: o el dominio de los Grandes o la libertad común, incluida la del rey. Cuando Palencia dice que «no había por tanto que consultar más con él [Fernando]» aquella medida, en modo alguno quiere decir que se abandonase. Toda la *Crónica* está atravesada de indicaciones acerca de cuál era la política adecuada para el tiempo presente. Sin embargo, en ningún sitio fue tan explícito como en el Prólogo a la *Década* III, en un momento muy central de su relato, cuando planteando de forma escatológica la batalla política, como lucha del mal contra la virtud, dijo que la muerte de Enrique IV significaba la «esperanza de la segunda nobleza y el pueblo de que el fin del rey inicuo señalara el exterminio de todos los malvados»[35]. Inmediatamente señala que los enemigos eran los Grandes. Ahora vuelve a su asunto principal. Los consejeros del rey defensores de la Hermandad, «trataron luego con el clero y los caballeros». Tenemos aquí la segunda nobleza urbana, la pequeña nobleza de caballeros capaces de vincularse con los caballeros villanos de *quantía*, ahora pagados no por su propio dinero, sino por el dinero de las ciudades. Por primera vez tenemos noticia de una relación de fuerzas políticas: «Anulados por este ingenioso recurso los argumentos de los Grandes, de nuevo acudieron al rey, ya penetrado de las falsas argucias de los que pretendían disuadirle, y prometió juntamente con la Reina, prestarles toda su autoridad real».

No es un azar que la Hermandad se estableciera en 1475 en Burgos, la ciudad de Alonso de Cartagena, y que allí se dieran las primeras reglas. Desde Castilla, Fernando la llevaría a Sevilla, donde chocó con la hostilidad del duque de Medina Sidonia, quien movilizó «a algunos corifeos de la plebe». Sin embargo, un predicador, Enrique de Mendoza, y Diego

---

[34] *Ibid.*, p. 241.
[35] *Ibid.*, p. 159.

de Morales, movilizaron la ciudad para adoptar aquella institución. Palencia marchó a Sevilla para preparar a los ánimos. Medina Sidonia intentó el movimiento oportuno: convenció a los conversos de que la Hermandad «equivalía a su exterminio». En realidad, la Hermandad en Burgos era dirigida por conversos, de la estirpe de los Cartagena. Sabemos que cuando Fernando mande refuerzos a Navarra en 1477, dirigía la hermandad de la capital de Castilla Gonzalo de Cartagena[36]. Así que nada más lejos de la intención de esa fuerza armada. Sin embargo, como dijimos, los conversos andaluces se sintieron espantados y se pusieron con el Duque en contra de la Hermandad[37]. Toledo era la otra ciudad que debía instaurarla, pues estaba sometida a todo tipo de desmanes, impulsados por los seguidores de Carrillo, ahora a favor de Alfonso de Portugal. Aquí, los conversos se opusieron frontalmente a la medida. En otros sitios, los Grandes, como el conde de Cifuentes y Juan de Ribera, usaron de otra estrategia. Palencia dice que alteraron y corrompieron las ordenanzas y lograron que se nombraran como capitanes y caballeros a hombres que no tenían nada que ver con la profesión de las armas, con lo que la gente se negaba a pagar la cuota. «Sólo tenían el vano nombre de Hermandad sin la verdadera provisión de las plazas.»[38] Luego se extendió a Bilbao y a Vizcaya[39]. Los magistrados de Córdoba la secundaron[40].

La guerra contra el rey Alfonso de Portugal dio un giro importante en todos sus frentes. La eficacia de la milicia de la Hermandad para una guerra sobre el propio terreno fue indiscutible. La fortaleza de Burgos fue asaltada de nuevo y Zamora se rebeló contra Alfonso. Los andaluces desde Badajoz entraban en Portugal y desde Galicia se asediaba la tierra portuguesa[41]. Francia no logró tomar la gran fortaleza de la frontera, Fuenterrabía, pues los milicianos vizcaínos sabían utilizar la marea con maestría, aislando muchas veces a los sitiadores y obligándoles a luchar en circunstancias adversas[42]. Tanta fue la eficacia de esta milicia que los Grandes intentaron lograr una paz y atraerse a las ciudades. Palencia nos informa de ello: «Quisieron entablar otras negociaciones con los pueblos, que los rechazaron con burlas». El juego por una vez era explícito y los actores conocían las intenciones de los rivales: «los ciudadanos y los populares pusieron empeño en manifestar sus secretas intenciones

---

[36] *Ibid.*, p. 13.
[37] *Ibid.*, p. 303.
[38] *Ibid.*, p. 304.
[39] *Ibid.*, p. 312.
[40] *Ibid.*, p. 251.
[41] *Ibid.*, p. 247.
[42] *Ibid.*, p. 256.
[43] *Ibid.*, p. 249.

por medio de juegos y regocijos públicos»[43]. El cristalizado de fuerzas, el único que podía sacar a Castilla de la barbarie, y vencer en todos los frentes al enemigo, parecía ganar la partida. Pronto, Alfonso de Portugal no contaría sino con su refugio de Toro.

En efecto, el 12 de enero de 1476 Isabel salía de Valladolid para dirigirse a Burgos, que se rendía el 2 de febrero. Fue un golpe duro para Francia y para Portugal y para sus íntimos aliados, el partido de los Grandes castellanos hostil a Fernando e Isabel. Luego, las milicias con los nobles leales y afines, los Mendoza y los Enríquez, se dirigieron al alcázar de Zamora. Portugal tuvo que reaccionar y envió refuerzos a su rey por medio de su hijo, el príncipe Juan[44]. Pero las posibilidades de liberar a Zamora de su cerco eran mínimas. Alfonso intentó ganar tiempo con una solicitud de paces, que no se llevaron a cabo. Una completa derrota de Alfonso le impidió liberar el castillo de Zamora, que quedó aislado para rendirse en marzo de 1476. Reducido su poder a Toro –caería en octubre de este año–, Fernando pudo enviar refuerzos a Fuenterrabía, donde finalmente pudieron aliviar el cerco, derrotando a los franceses en un encuentro[45]. En mayo de este año el frente vasco, y en general, el del norte, estaba tan seguro que se pudieron ver en Vitoria Juan II y su hijo Fernando. Los reyes de Portugal y de Francia decidieron también verse, para unir sus esfuerzos, que habrían de conducir a la vieja meta de romper la corona de Aragón y de Castilla, creando un dominio francés hasta el Ebro y dejando el reino de Aragón y de Valencia, junto con Castilla a la conquista del rey de Portugal[46]. Sin embargo, para Luis XI, el rey Alfonso o ya no era un aliado solvente o eran más urgentes los asuntos de la guerra con Carlos de Borgoña. El caso es que el largo viaje del rey portugués a Tours apenas mereció la atención de un día del rey francés, quien dio excusas para marchar del encuentro. La entrevista de Fernando con Juan II se realizó en agosto, como estaba previsto en Vitoria, y el rey Católico aprovechó las buenas relaciones con los guipuzcoanos para jurar sus fueros bajo el árbol de Gernika y, según Palencia, lo reconocieron como rey[47].

Este giro de la guerra se debe explicar por el refuerzo que significó para la causa de los reyes la milicia de «los caballeros de la Hermandad». Desde luego, en Zamora, en Toro, en Burgos, fueron decisivos. Por este tiempo de 1476 tuvo su auge. En la villa de Dueñas tuvo lugar entonces una reunión general para que los capitanes de la milicia redactaran sus ordenanzas. Cada 150 ciudadanos mantendrían a un hombre de armas y

---

[44] *Ibid.*, pp. 265 *ss.*
[45] *Ibid.*, p. 276.
[46] *Ibid.*, p. 311.
[47] *Ibid.*, p. 316.

cada 100 a un jinete. Se reglaron las armas y los caballos y se definieron los servicios. Todos los habitantes debían contribuir a ella sin excepción, «equitativa y proporcionalmente a sus recursos al sostenimiento de todos sus gastos»[48]. Por primera vez leemos estas palabras en la historia de Castilla. Por primera vez distinguimos otros sujetos, «los hombres honrados, los padres de familia». Por primera vez reconocemos otros valores: la libertad de la patria. Por primera vez avistamos un fin: la paz de los reinos. Por primera vez apreciamos un efecto: «general asentimiento». Por primera vez, un medio se impone: contribución proporcional. Lo que el reino de Francia se había conseguido hacía mucho tiempo, por fin se avistaba en Castilla.

Nadie debe pensar que las milicias de la Hermandad no dejaban un espacio a la nobleza. Nadie discutía su capacidad de dirección militar y así vemos a los Mendoza dirigir las tropas populares en auxilio de Navarra. Sin embargo, lo que se quebraba era la pirámide señorial. Los capitanes no eran vasallos de los nobles, sino hombres de las ciudades. La forma de mando cambiaba de manera clara, por cuanto los nobles no tenían una vinculación personal con los capitanes. Se trataba de otro tipo de vínculos, por los que debía pasar la orden del rey y la capacidad de dirección de los nobles, acreditada de manera libre y efectiva ante sus capitanes. Una dimensión profesional, y ya no vasallática, determinaba los ánimos. Para que esta institución funcionase, los nobles tenían que asumir la obediencia común al rey, pero también aceptar el punto de vista de las ciudades. Fernando estaba dispuesto a ir hasta el final: o la nobleza se convertía en cortesana y a su servicio, y se integraba en una idea de reino en la que las ciudades eran importantes, o se habrían de ir a sus tierras, como nobleza del campo y ajena a toda dimensión militar. La milicia era la del rey. Esto parecía imponer la política de Fernando y de la Hermandad, que donde dominaba un castillo lo arrasaba hasta los cimientos. Así nos dice Palencia de Navas que «diseminaron las piedras de aquella mole para que no quedase de ella memoria»[49]. Sabemos que fue una decisión de los capitanes de la Hermandad, apoyada por Fernando. La nobleza habría de ser o cortesana o palaciega, pero no de castillos.

Éste era el mensaje cuando, a primeros de 1477, Palencia llegó a Sevilla con las ordenanzas aprobadas en Dueñas, a fin de que la Hermandad se impusiera en las tierras andaluzas. Antes se impusieron en Ocaña, lugar significativo por ser el centro de la Orden de Santiago, lo que simbólicamente venía a decir que el tiempo de los frailes militares, tiempo de cruzada y de frontera, había pasado. Por doquier, el bajo clero

---

[48] *Ibid.*, p. 313.
[49] PALENCIA, 1973, vol. III, p. 14.

apoyaba la creación de la Hermandad y por doquier los grandes atemo-
rizaban a los conversos con su creación. En Sevilla, Medina Sidonia
plantó cara de forma radical, armó a los conversos a su favor y amenazó
con ahorcar a los comisarios regios, Juan Ravón y Pedro de Algaba, que
tuvieron que refugiarse en el monasterio de San Pablo. Al final, las cosas
no llegaron a mayores y el Duque acabó por aceptarla[50].

Sin embargo, los Grandes no cejaron. Una embajada les llegó a los
reyes en Madrid. En ella le ofrecían acatamiento al trono, se arrepentían
de haber militado a favor de Portugal y solicitaban el perdón a cambio
de futura fidelidad. Esta especie de nuevo inicio implicaba mantenerlos
en sus privilegios. Para ello, tenía que desaparecer la Santa Hermandad,
«grandemente hostil a la nobleza»[51]. Ahora los Grandes garantizaban el
orden público por su propio acuerdo y concordia. La Hermandad
sobraba. Además, los nobles querían que se repusiese el Consejo de los
Grandes, frente al nuevo consejo que los reyes consortes interpretaban
como mero «consejo de los hombres del rey». De otra manera, los
nobles amenazaban con marchar a sus casas, con lo que eso implicaba de
violencia indómita. El rey Fernando se mostró tajante: la Hermandad no
estaba en juego. Antes perdería la «amistad de todos los Grandes». Por
lo demás, los nobles eran libres de seguir en la corte o de marchar a sus
casas, pero Fernando les avisaba de que no desacataran la «majestad
real». El consejo sería de ministros, de instrumentos del señor soberano,
no de gobernadores adjuntos al rey[52]. Los nobles, por una vez, parecían
oír una palabra apropiada. Entonces se retiraron a Cobeña donde empezaron a conspirar. Fernando les ofreció un plazo para prestarle fidelidad
bajo prohibición de entrar en la corte si no lo hacían.

A partir de ese momento, la política de los reyes fue implacable. Las
demoliciones de fortalezas se sucedieron. Las ligas de nobles empezaron
de nuevo a funcionar. No hay duda de que esa política de destruir las
casas fuertes era popular. Con ellas desaparecía la violencia endémica, el
crimen y el bandolerismo. Palencia nos informa de que «en gran número acudieron las gentes» para derribar las fortalezas «y en su afán por
arrasarlas parecían ensañarse con las mismas piedras»[53]. Sin duda, era
una vieja rabia, una vieja hostilidad, una vieja impotencia la que hallaba
su expresión en aquel gesto, por el que muchas gentes pensaban escapar
de una pesadilla de atropellos e injusticias. La operación de limpieza dis-
currió por Castilla, se dirigió a la frontera de Portugal, donde la guerra
civil, como siempre, había degenerado en puro bandolerismo, y debía

---

[50] *Ibid.*, p. 21.
[51] *Ibid.*, p. 25.
[52] Palencia habla como si realmente estuviera reproduciendo la respuesta del rey.
[53] PALENCIA, 1973, vol. III, p. 40.

descender hacia Andalucía, el punto negro del reino, la sociedad de frontera caótica, desordenada, frenética, bulliciosa, mucho más sometida a
los grandes señores y cuyas claves no eran las mismas que la más sobria
y asentada sociedad castellana. Allí, las noticias de la lejana guerra del
norte se magnificaban, se propalaban según los intereses de los bandos.
Alfonso, que ya estaba en manos de Luis XI, prácticamente preso, se disponía a invadir Castilla. Los reyes no podrían hacer nada por detenerlo.
Así, los Grandes andaluces se daban ánimos para resistir. Todos sabían
de qué iba el juego. La política de los reyes, dice Palencia, iba «encami-
nada a privar a los Grandes y a todos los caballeros andaluces de la antigua intervención en la administración pública» de las ciudades[54]. Éste es
el punto: los Grandes deberían o irse al campo y atender sus asuntos
económicos, o irse a la corte al servicio del rey; pero no podían poner su
mano en el gobierno de las ciudades. Se trataba sencillamente de «excluir
del gobierno de las ciudades y las villas a los Grandes andaluces y a los
alcaides de la guarda de las fortalezas»[55]. Ésta era la batalla: echar a
Medina Sidonia fuera de Sevilla, al Marqués de Cádiz fuera de esta ciudad y de Jérez, a los Aguilar fuera de Córdoba, a los Portocarrero fuera
de Écija, a los Godoy fuera de Carmona.

Andalucía no era Castilla, ésa era la evidencia que obraba en poder de
quien conocía bien las dos tierras, nuestro Palencia. La fina astucia de los
nobles andaluces, su capacidad para penetrar las debilidades de las gentes, pondría a prueba el coraje y la decisión de los reyes. Toda la narra-
ción de la *Crónica* adquiere entonces el aspecto de un anti-clímax, como
si las cosas del reino se dirigieran hacia el peor de los pronósticos. La tre-
menda severidad moral de Palencia se introduce en este combate como
el decisivo, el que alcanza la suma expresividad de los enemigos enfrentados, el bien y el mal, la perversión de los corazones frente a la ingenuidad ilusa de la reina. Es una escena muy elaborada. Isabel, «de sin par
hermosura», se introduce en la compleja e insondable sociedad sevillana,
preparada para deslumbrar y para embaucar, para seducir y corromper.
La impresionante ciudad, con el fascinante alcázar, con su opulento
comercio, con su dinero fácil y ágil, opera como un cáncer moral que
contagia de manera fulminante los ánimos. Los oficiales de la corte de la
reina no están dispuestos a ver correr ese dinero con la indiferencia del
puritano Palencia. Quieren su parte de ese impresionante botín. La función real de la justicia es el camino abierto para hacerse con un buen
bocado. Pronto, los jueces regios del séquito de Isabel asumen «la antigua astucia de los jueces sevillanos». La variedad de las corruptelas nos
impresionan. Faltas que son apuntadas en registros fiscales y cuyas cau-

---

[54] *Ibid.*, p. 45.
[55] *Ibid.*

sas se activan para cobrar chantajes, cohechos a la parte víctima y a la parte acusada, venta de sentencias, citaciones imprevistas, declaraciones en rebeldía que aumentaban las costas y los chantajes. «Castigaba a pocos, pero dejaba exhaustas muchas bolsas», dice Palencia[56]. Los jueces no estaban sedientos de sangre, sino de dinero, sin que las protestas de los ciudadanos aterrorizados pudieran lograr nada. Sociedad de frontera perenne, Sevilla era un caos multicolor y bullicioso. La corte, que debía imponer algo de orden, se dejó llevar por el desorden y pronto fue contemplada como un grupo de oportunistas. La propia realeza cayó en las garras de la codicia. En una ciudad que estaba en medio de una rica campiña, que desde antiguo exportaba trigo, el comercio del cereal era un monopolio seguro para el rey. Daba igual que en la ciudad escaseara y alcanzara altos precios. Si se autorizaba la exportación a Cataluña y a Italia, la corona ingresaba rentas directas. Los vascos, que reclamaban auxilio para sus poblaciones en guerra con Francia, podían esperar, porque sin duda no podían ser gravados como los extranjeros. Atender su hambre no daba a la corona tantos beneficios. Las protestas de los sevillanos subieron de tono. Las de los vascos, que inútilmente esperaban en los puertos, también. Palencia lo ve claro: «el lucro que la mayor parte de los cortesanos sacaba de aquella perniciosa corruptela impedían a la Reina perseverar en sus buenos propósitos»[57].

Isabel se entregó. Ella no podía poner orden en aquel ingente mar de inquietudes. Llamó a su esposo. Cuando el rey llegó a Sevilla, Palencia le dio los mismos consejos. Iba a entrar en la cueva de los leones y estaría solo, observado por todos, penetrado por todos los finos ojos de los sevillanos, prestos a lanzarse sobre su debilidad. No podía ceder, porque de gobernar bien Andalucía dependía hacerse con Castilla entera. El triunfo o el fracaso de la monarquía dependía de si Fernando podía dominar aquella ciudad. Fernando claudicó. El comercio de granos era un monopolio suculento. Se dio permiso a Venecia y a Génova para comerciar. Incluso los propios reyes parecen que participaron en el negocio. «Lo mismo hacían los reyes, con desprecio del decoro de la Corona y de las Ordenanzas establecidas, llegando descaradamente hasta exigir derechos a los fieles vascongados por la licencia de llevar los mantenimientos comprados a su tierra, condolidos de ver la extrema necesidad que padecía»[58]. ¿Tenían necesidad los vascos? Podían comprar trigo andaluz, pero pagando como extranjeros. Los vascos quedaron indignados con Fernando «a quien acusaban de avaricia por exigirles derechos»[59]. No hay que olvidar que la

---

[56] *Ibid.*, p. 48.
[57] *Ibid.*, p. 49.
[58] *Ibid.*, p. 56.
[59] *Ibid.*, p. 57.

razón de la penuria no era otra que la guerra que se mantenía contra Luis XI, el enemigo de Castilla. Mientras ellos resistían en guerra, los cortesanos y los reyes les hacían comprar el trigo a precio de oro. Mientras ellos resistían en Fuenterrabía, se les extraían sus riquezas para darse una vida regalada en Sevilla. Las tensiones entre la ciudad y la corte iban así en aumento. Por lo demás, nadie pensaba en hacer justicia. Los Grandes lo vieron claro: era el momento de incendiar la ciudad con el fuego de la discordia, que los trastornos no hacían sino alentar. Los primeros disturbios fueron una llamada de atención. Fernando se disculpó ante la ciudad y prometió atender al gobierno. Eran las aspiraciones de los populares las que una y otra vez quedaban decepcionadas. Los reyes habían venido a Andalucía para librar a las ciudades de la presencia de los Grandes, «para recobrar su libertad». Para ello, debían entregar los puestos de gobierno y las fortalezas a las gentes del rey. Sin embargo, ello implicaba atender las justas reclamaciones de las gentes, que acusaban a los Grandes. Las quejas eran tantas que, abrumados, los reyes no vieron posible hacer justicia ni mantener audiencias. Los Grandes se dieron cuenta de que si se quería mantener el orden, ellos eran imprescindibles. Los reyes no iban a ponerse del lado de aquellas masas populares cuyos agravios eran ingentes. «Todo parecía encaminado a la total ruina», dice Palencia, que comprende que la bandera de los reyes, la liberación de las ciudades del yugo de la nobleza, no se iba a llevar a efecto. «La incuria del rey» entregó de nuevo los ánimos a los bandos. Si el rey no los protegía, era preciso buscar acomodo en alguno de los Grandes. El Marqués volvió a Jérez, el Duque a Sevilla. Las coplas populares, única expresión de los ánimos, denunciaban que los reyes podían ganar las fortalezas, pero perdían el corazón de los vasallos[60]. ¿Qué había pasado en el rey que tan firme se había comportado en Zaragoza, en Segovia, en Salamanca, en toda Castilla? Palencia es como siempre elusivo, pero al menos nos deja ver su dolor. El rey por el que había luchado desde siempre, arriesgando la vida, corriendo mil peligros, por quien siempre había acudido en diligente servicio, se había transformado en aquella tierra de frontera, tan necesitada de una esperanza. Él nos ha hablado de «faltas menos públicas del rey», pero no sabemos a qué faltas se refiere. El caso es que Fernando era «desconocido por completo hasta para sus más íntimos desde su llegada a Andalucía, donde su conducta cambió desfavorablemente, y sin cuidarse para nada de aquellas prendas que en tan gran Príncipe se admiraban, como sumido en un sueño provocado por filtro venenoso, no ejecutaba nada de lo que su mente concebía»[61]. Palencia se refiere a la avaricia, desde luego. Ésta es la razón de que vuelva a conce-

---

[60] *Ibid.*, p. 63.
[61] *Ibid.*, p. 64.

der «inhumanos permisos» para exportar trigo, sabiendo que sumía a la gente en el hambre, y de que hacía pagar a los sevillanos los gastos de la campaña contra Utrera. La nueva actitud del rey corrió como la pólvora. La Hermandad se relajó. La discordia civil regresó en los sitios en que parecía aplastada. Al ser ineficaz, los nobles y los clérigos levantaron la voz contra la Hermandad. Cuando los reyes dieron el consentimiento de que Alfonso de Cárdenas fuese maestre de Santiago, la hostilidad de los Grandes se hizo expresa. Era una grave ofensa[62]. La corte, con todos sus oficiales y consejeros, rodeó a los reyes como un parapeto y filtró las noticias, determinando «como por artes mágicas» su percepción de la realidad. «La verdad no podía abrirse camino y la pública tristeza de los empobrecidos vasallos leales era júbilo para los infieles usureros» cortesanos[63]. Así estaban las cosas en el año 1477. Cuando Alonso de Palencia comenzó a escribir su *Crónica de la guerra de Granada*, iniciada en 1480, pudo decir que «con los infortunios de nuestros compatriotas, una nube de tristeza lo cubría todo.»[64]

Sin embargo, sabemos que las cortes de Toledo significaron la constitución de la Hermandad, su definición jurídica, su impulso decisivo. Con ello se transformó el sistema fiscal de Castilla y se dejó a la corona con un servicio militar más eficaz, capaz de perseguir desde luego el crimen, pero sin recursos financieros. Todo funcionó bien mientras que se propuso el objetivo en el que iban a colaborar las hermandades y los nobles bajo la firme dirección regia: la toma de Granada. Pero esta última cruzada en suelo hispano era una guerra sobre el terreno, de asedio de pequeños núcleos defensivos y grandes núcleos urbanos, que permitía la retirada, la rotación, el regreso de refresco, y que se sostenía sobre la escasa posibilidad de grandes encuentros armados, por una parte, y la asistencia de un territorio amigo en retaguardia, por otra. Estas dos condiciones hicieron de las milicias urbanas auxiliares eficaces de la toma de Granada. Sin embargo, la incorporación del último territorio musulmán implicó el aumento de la población morisca y profundizó el problema de su integración. Éste fue el momento en que un caballero, que había aprendido discreción en Italia, como sucedía en la fábula de Alonso de Palencia, propuso la clara idea de que la milicia urbana de la Santa Hermandad no era eficaz para la expansión sobre el norte de África. Pero con claridad vio que la expansión era necesaria para aumentar la capacidad de integración de Castilla y favorecer con ello la posibilidad de que las poblaciones moriscas mostraran su fidelidad a la corona y encontraran su acomodo en la política del reino.

---

[62] *Ibid.*, p. 70.
[63] *Ibid.*, p. 71
[64] *Ibid.*, p. 77.

Ayora y la ordenanza de la infantería

La figura de Gonzalo de Ayora[65] merece una revisión, pues su destino vital constituye uno de los casos más significativos de la transición de la época de los Reyes Católicos a la España imperial. Cronista desde 1501 al menos, hombre de confianza de Fernando, hasta el punto de confiarle la capitanía de su guardia personal de alabarderos tras el atentado de Barcelona, Gonzalo de Ayora de hecho había participado en la campaña que, tras la toma de Granada, se había presentado como la más importante para la monarquía, la reconquista del Rosellón de las manos francesas. Como en el caso de Granada, se percibía que aquella campaña recuperaba lo que era propio. Sin embargo, pronto se vio que, a pesar de todo, era distinto y que las poblaciones civiles del Rosellón no estaban ni muchos menos tan implicadas en la operación militar como las castellanas en el

---

[65] Sus obras son la traducción al castellano de Petri Montis, *De diagnoscendis hominibus, libri IV, interprete ex hispanico G. Ayora Cordubensi*, Mediolani, per Antonium Zarotum, 1492, en folio, sin paginación. Al parecer estaba dedicada al príncipe D. Juan, hijo de los Reyes Católicos. Del mismo autor tradujo el libro *De Conceptione Inmaculata*, Mediolani, 1492, en folio, que dedicó al cardenal de Nápoles Oliverio, obispo de Sabina. Además, sus cartas fueron editadas por Gabriel Vázquez, *Cartas de Gonzalo de Ayora, Cronista de los Reyes Católicos, primer capitán de la guardia real, primer coronel de infantería española é introductor de la táctica de las tropas de á pie en estos reinos. Escribíalas al rey D. Fernando en el año 1503, desde el Rosellón, sobre el estado de la guerra con los Franceses.* Dálas á luz D. G. V. Madrid, en la imprenta de Sancha, 1794, en 4º, 88 páginas y una lámina del fuerte de Salsas. Están reimpresas por D. Eugenio de Ochoa en el *Epistolario español*, tomo XIII de la Biblioteca de Autores Españoles de Rivadeneyra. No publicó la carta del 16 de julio de 1507, que fue encontrada por el Sr. Cat en los tomos de Salazar en que están las otras del Rosellón. Además utilizaremos la *Relación de la toma de Mazalquivir*, carta escrita por Gonzalo de Ayora al rey con fecha 15 de septiembre de 1505. Está publicada en el tomo XLVII de la *Colección de documentos inéditos para la Historia de España*. Luego escribió el libro *Ávila del Rey. Muchas hystorias dignas de ser sabidas que estavan ocultas; sacadas y ordenadas por Gonçalo de Ayora de Cordova; Capitán y Cronista de las Catholicas Majestades*, Salamanca, Lorenço de Liom de dei, 1519. Se reimprimió con título diferente de *Epílogo de algunas cosas dignas de memoria, pertenecientes a la ilustre e muy magnifica e muy noble ciudad de Ávila por el Capitán Gonzalo de Ayora, Cronista de los Reyes Católicos*, segunda edición, publicada por Antonio del Riego, Madrid, 1851, imprenta de Andrés y Díaz. Por último tenemos la *Crónica de los Reyes Católicos*, que iría desde la guerra de Granada hasta la muerte de D. Fernando el Católico en 1516. Es posible que hiciera la *Crónica de las Comunidades de Castilla* y Danvila vio la carta a Juan de Padilla en la que Gonzalo de Ayora dice que «como escritor cuidadoso del bien común piensa dejar la memoria de Padilla inmortal y lo mismo pensaba hacer de todos los otros que en obras semejantes se empleaban». Pero su manuscrito se ha perdido. En todo caso, el manuscrito de la Biblioteca Nacional atribuido a Ayora no es de su autoría, como demostró Manuel Danvila en su trabajo «Manuscrito atribuido a Gonzalo Ayora», publicado en el *Boletín de la Real Academia de la Historia*, tomo XXVIII, febrero de 1896, pp. 97-135, aquí 104.

caso de Granada. Aunque no se puede decir que las tropas hispanas contaran con la hostilidad de los habitantes de la Cataluña norte, sí hay noticias que avalan una cierta indiferencia generalizada. Por lo demás, como había observado Maquiavelo al respecto, la retrotierra de Rosellón estaba tan despoblada y tan pobre que el ejército que se desplazara a Perpiñán o Salses debía encontrar muchas calamidades hasta llegar y tenía poco segura la retirada, en caso de peligro. Así que la campaña del Rosellón ya implicaba enfrentarse a realidades completamente diversas de Granada. Por último, la infantería del ejército francés, desde hacía tiempo, recurría a los suizos y éstos tenían una manera de combatir que no podía compararse con el peonaje castellano. Todo este cúmulo de circunstancias fue observado con agudeza por Ayora y por eso llegó a comprender la necesidad de cambiar la estructura misma del ejército.

En las cartas que escribió al secretario Almazán desde el sitio de Salses, Ayora percibió las nuevas necesidades. La milicia castellana siempre había jugado con la retrotierra a favor y poblada. En Salses, jugaba con un espacio atrás semidesierto, como la Junquera[66]. Frente a la caballería ligera de los musulmanes, ahora se enfrentaba a la caballería pesada de los franceses. Y frente a un peonaje indisciplinado y flexible de los granadinos, ahora tenían delante tropas suizas, con su disciplina militar, sus largas picas y su cohesión. Eran las realidades europeas las que se destacaban en el horizonte y si España quería tener un lugar en el nuevo escenario, debía hacerse cargo de ellas. Ya desde Salses, el 16 de septiembre, Ayora escribe a Almazán sobre las diferencias con el duque de Alba «acerca del ordenar y armar de los peones». Indudablemente, ni el indisciplinado peonaje castellano, ni las tropas de milicias de las ciudades tenían posibilidad alguna de resistir ante la disciplinada infantería suiza. Al parecer, dado el sentido de la carta, estas nuevas disposiciones se habían considerado antes de empezar la campaña. Sin embargo, la ruda obstinación de Alba las bloqueó. Tanto fue así que Ayora se negó a seguir hablando con el duque[67].

No se debe pensar que Ayora tenía un concepto rígido de la guerra. Encargado de observar el campo francés, y de proponer las operaciones que podían mejorar la posición de Salses, nuestro cronista comprende que un ejército ha de disponer de alternativas y que su virtud más importante sería la flexibilidad. Por ejemplo, comprende que la «caballería morisca» es imprescindible para incursiones rápidas, por sorpresa, capa-

---

[66] «Convenía proveer las Junqueras de manera que no se despueble, que está muy al canto de ello, porque las gentes que vienen fallen algún recaudo y abrigo en ella; pues traen tanto trabajo y tan poco sueldo, que a lo menos no mueran de fambre», AYORA, 1945, p. 63.

[67] AYORA, 1945, p. 63.

ces de rodear a la caballería pesada y de penetrar en campo enemigo para impedir la construcción de trincheras y otras defensas[68]. Sin embargo, nada tenía Castilla que pudiera enfrentarse a los suizos. Así que Ayora optó por lo más rápido: intentar que se pasaran al campo español[69]. Era la primera opción para aprender sus técnicas sin sufrir sus fuerzas. De hecho, pronto fueron imitados. En un momento en que se pudo presentar batalla, Ayora dice que los peones «estaban tan ordenados como si puramente fueran suizos»[70]. Sin embargo era una apariencia. Las posibilidades de ordenar el peonaje sin una estructura de mando firme y constante eran mínimas. Las formas de entender el mando de la infantería por parte de la alta nobleza no caminaba en esa dirección. Como teniendo en poco el valor de estas fuerzas, Alba le adscribe capitanes diversos y sin especializar. Como era lógico, en un momento, hace su capitán al tesorero Luis Sánchez[71]. Así Ayora se queja de «en el ordenar de los peones, que fasta aquí muy poco lugar ha habido». Con esta infantería ha de ir siempre «la artillería menuda», ambas protegidas por la caballería a la *gineta*, esto es, a la morisca[72]. No hay dudas de que muchos de estos peones eran moriscos, a los que Ayora llamada «de Lanjaron, aunque había muchos de mi tierra»[73]. En otra ocasión recuerda que son «cristianos nuevos de Granada» que se integran con el peonaje de los «vizcaínos y catalanes» y «gallegos y asturianos»[74]. Por lo que una medida indispensable era la definición de un mando estable, basado en la radical confianza. Esto es lo que pide Ayora: «que el Rey me ficiese por su carta cabo de colunela de su peonaje, mandando a los capitanes de él que fagan lo que yo ordenare»[75]. Y esto porque «tienen mucha mayor confianza conmigo que con ningún hombre de los que acá han visto». La infantería, en la necesidad de encontrarse en el cuerpo a cuerpo, se basa en virtudes morales de confianza recíproca, necesaria si el cuerpo ha de mantenerse tenso y cohesionado.

Donde Ayora extrajo las consecuencias de Salses fue, sin embargo, en la toma de Mazarquivir en 1505. Allí ya figura como capitán de orde-

---

[68] «Con cincuenta caballeros moriscos cada hora morirían franceses a lanzadas y se prenderían hombres de su real», AYORA, 1945, p. 64.

[69] «Anoche fice con el Sr. Duque que me diese cargo para apretar el trato con los suizos: esperanza tengo en Dios que si podemos darles seguridad de algún galardón, que los habremos. Pero estas cosas alguna liberalidad quieren y aun más autoridad los que las tratan», AYORA, 1945, p. 64.

[70] *Ibid.*, p. 65.

[71] *Ibid.*, p. 70.

[72] Ésta es la disposición que prevé Ayora para dominar el real de los franceses en Salses. *Ibid.*, p.72.

[73] *Ibid.*, p. 68.

[74] *Ibid.*, p. 71.

[75] *Ibid.*, p. 70.

nanza, como figura en los documentos de Contaduría[76]. Desde allí escribió al rey con tono triunfal: «Loores a Dios, el Mazarquivir es de Vuestra Alteza». La experiencia de la toma fue relatada por Gonzalo de Ayora con la perspicacia acostumbrada. Es una lástima que no se hayan conservado los dibujos pormenorizados que Ayora hace de todos los sitios que ve y que podrían conformar un buen archivo visual de lugares estratégicos, realizado por testigos presenciales, que mejoraría las noticias que se tenían por información[77]. En todo caso, desde el desembarco, en Mazarquivir se pudo ver la eficacia de la ordenanza del peonaje. Las condiciones de esta campaña representaban un grado más respecto a la campaña de Rosellón: la hostilidad del entorno era ahora total, la lejanía respecto de bases propias absolutas, y la necesidad de cohesión de los cuerpos militares se presentaba como incondicional, si se quería mantener la posibilidad de eficacia. En estas condiciones, la ordenanza de la infantería de marina parecía la apuesta imprescindible. Por fin se tiene en boca de Ayora la palabra que habrá de acompañar a las tropas españolas en el extranjero: «se vieron en tanto aprieto que hobieron de soltar la mitad del escuadrón de las banderas adelante y herir en los moros con extrema desesperación»[78].

El juego del estado de necesidad comienza así a determinar la forma de lucha de la milicia hispánica. En el momento de la desesperación, sin embargo, la ordenanza funcionó y «salieron con tanta rezura, y silencio y orden que pluguiera a Dios que V. A. lo viera para que jamás hiciera caudal en sus huestes de otra manera de peonaje». Ayora está alborozado. Por fin ha mostrado que la ordenanza, de la que es capitán, ha probado su indiscutible superioridad para combatir en situaciones adversas, como un desembarco en tierra extraña. Su orden compacto –rezura– fue decisiva en el cuerpo a cuerpo y desarticuló con rapidez y facilidad el peonaje musulmán indisciplinado e individualista. «La hermosura de su pelea y sufrimiento» fue tal que «toda la armada se detuvo en mirarlos más que en socorrerlos»[79].

En el relato de Ayora, sin embargo, lo decisivo reside en la comparación que de continuo se establece entre los hombres de ordenanza y los hombres de las milicias urbanas de la Hermandad. Aquí se abre paso lo

---

[76] AYORA, 1865, p. 536.

[77] En el desembarco de Mazarquivir, esta falta de información verdadera estuvo a punto de ser decisiva. Al no poder acercarse las barcas a la costa salvo en tres canales estrechos, el desembarco se hizo de forma dificultosa y tardía, y muchos hombres tuvieron que ganar la costa a nado o con el agua al pecho, donde podrían haber sido víctimas de un ataque. Afortunadamente, ciento y ochenta hombres se pudieron poner en ordenanza. *Ibid.*, p. 538.

[78] *Ibid.*, p. 538.

[79] *Ibid.*, p. 539.

importante. Cuando se tiene que tomar un cerro, los de ordenanza organizan disciplinadamente la defensa –«la albarrada»–, de tal manera que los musulmanes no pueden al día siguiente asaltarlos y son rechazados con facilidad. Sin embargo, ven a los de las milicias urbanas de Córdoba y Jerez, que pelean «con más osadía que cordura», y comprenden que ésa es «la gente con quien ellos solían pelear». Como es natural, identifican en ellos el flanco débil y así «a dos o tres vueltas los moros los traían desbaratados»[80], por lo que tienen que enviar a pedir socorro «a la ordenanza, de capitán en capitán». La única solución fue desalojarlos de la posición, que fue tomada por el enemigo, e integrarlos en la infantería de Ayora. La posición de la sierra, sin embargo, era decisiva, pues cubría el desembarco de la totalidad de la fuerza. Así que, finalmente, la situación se estabilizó con las dos defensas, una de la ordenanza y la otra tomada por los musulmanes. Al llegar la noche, y frente a la costumbre de mudar la guarda de la sierra, «como en las otras guerras que ellos [los musulmanes] habían visto», la tropa de ordenanza cerró un baluarte defensivo que impedía el ataque de la caballería, a cargo de Gerónimo Vianelo. Cuando a la mañana se preparó el ataque, los musulmanes descubrieron que la caballería era impracticable y el asalto directo muy difícil, por lo que pensaron en atacar directamente al real de la playa. Sin embargo, desde la posición de la sierra se podía dominar el puesto de mando con la artillería ligera y se amenazó directamente la capitanía de Mezuar. La clave era que «nuestra gente ya confiaba de la ordenanza y de sus capitanes»[81]. En realidad, allí se mostró la capacidad de la infantería ligera de adaptarse al terreno y de defender posiciones que la caballería no podía ni soñar. Por eso, desde el real cristiano, siempre anclado en la estructura del pensamiento nobiliario que concede la centralidad a la caballería, y dada la imposibilidad de auxiliar la sierra, se determinó que los infantes de ordenanza bajasen a la playa de nuevo. Ayora se negó a este movimiento suicida[82]. Desde la sierra lograron amenazar a la ciudadela y capturar un enemigo. Éste contó que los infantes habían matado al alcaide con un tiro de espingarda el día antes y que nadie estaba al mando realmente de Mazarquivir. Fue fácil en estas condiciones la rendición.

Luego, Ayora pondera el valor de Mazalquivir para la campaña de África y aconseja acerca del ejército que debe impulsarla. Y entonces introduce la plena conciencia de que lo que sirvió para tomar Granada en modo alguno puede servir ahora para tomar el norte del continente africano. Y entonces se nos describe la estructura de un ejército profe-

---

[80] *Ibid.*, p. 542.
[81] *Ibid.*, p. 545.
[82] «Los de arriba en modo alguno quisieron desamparar la sierra», *ibid.*, p. 546.

sional específico para esta campaña, formado por cuatro mil hombres de ordenanza a la suiza, sin ballestas, más dos mil peones «los más lijeros posibles de cuerpo y hábito», apoyados por cuerpos de ballesteros, espingarderos, honderos, lanzas ligeras, todos de quinientos efectivos y siempre armados con espadas para poder llegar al cuerpo a cuerpo. Y esto es así, dice Ayora con rotundidad, porque «questos capitanes de las cibdades son la cosa del mundo más perdida y desconcertada». Luego, avanzado el informe, y tras narrar otro encuentro de la caballería musulmana con la infantería, vuelve a la carga: «Conviene questa gente de ordenanza no sea de cavadores y segadores de los pueblos como es ésta, porque los que allí resistieron y esperaron con sus capitanes, no era ninguno destos»[83]. La milicia urbana de la Hermandad había tenido su momento, servía para Granada, pero no para los planes expansivos e imperiales sobre el norte de África. El resto del contingente debería ser de caballería, pero en mayor proporción la caballería ligera con espingardas y ballestas que «hombres de armas» al estilo antiguo[84]. Luego la tropa de especialistas, pormenorizadamente descrita. Por fin, todo ello embarcado en una flota que oblige a los musulmanes a desconocer el lugar de desembarco cristiano y así fuerce a desconcentrar las tropas disponibles de la costa. «Sin dubda yo sería de parescer que con un ejército desta manera que toda África se conquistaría con poca resistencia por las grandes discordias de los moros y por la manera de su guerrear en que claramente confiesan su flaqueza y poco saber»[85]. El imaginario de un enemigo inferior, sobre todo en el arte de guerrear, que pronto se aplicará a los indígenas americanos, se forjó en el norte de África. Como los mexicanos o los incas, los musulmanes con facilidad «pierden la esperanza de vencer y aun de pelear»[86].

Es curiosa la trayectoria futura de este Gonzalo de Ayora. Enfrentado al rey Fernando en el año 1506 y 1507 por cuestiones de la Inquisición, representante de Córdoba en el encuentro tirante con el rey, suspendido del oficio de cronista y de capitán de su guardia[87], fue restituido en su cargo de tal en enero de 1510[88]. Al parecer fue desterrado una segunda vez en el año 1512, aunque se le volvió a reponer en agoto de 1512[89]. A pesar de todo, no acudió a la guerra de Navarra. Desde luego, por esta época se ocupó en escribir su obra sobre la ciudad de Ávila.

---

[83] *Ibid.*, p. 554.
[84] *Ibid.*, p. 550.
[85] *Ibid.*, p. 551.
[86] *Ibid.*
[87] FERNÁNDEZ DURO, 1890, pp. 438-439.
[88] *Ibid.*, p. 439.
[89] AYORA, 1865, p. 560.

Luego, cuando apostó por los comuneros, se enfrentó al césar Carlos, que lo condenó a muerte y secuestró sus bienes[90]. Pedro Mártir de Anglería dice de él, y a su favor, que procuró la conciliación sobre la base de la defensa de la constitución mixta. Su relación la ha publicado Sandoval y la he analizado en otro lugar[91].

Al parecer huyó de España hacia Portugal y desde allí todavía lo vemos en 1536 marchar a Francia para servir al rey luso. A su paso de regreso por Zaragoza, entre el 20 de enero y el 3 de febrero, tuvo una entrevista con el duque de Alburquerque a quien engañó, al decirle que venía de Valencia y de Monserrat. Una entrevista con capitanes de Perpiñán hizo saber al duque de Alburquerque que en realidad había estado en Francia. Ayora confesó que había ido a Dijon para celebrar tratos de la boda del Delfín con la hermana del rey de Portugal. Así que Alburquerque mandó un informe al emperador donde dejó conocer el concepto común que la corte tenía del viejo militar. Amparado en el fuero aragonés, confiesa que no lo pudo prender, pero sobre todo se excusa en que no parecía que algo grave tramase este hombre acabado. «Podría ser que para sacar tres escudos mas dijese otras cient vanidades de las suyas, que tiene hartas, para sembrar en Francia y en Castilla».[92] Pero todavía Carlos se acordaba de él. Cuando el informe llegó al consejo de Estado, se dictaminó que fuera hecho preso «y se sepa la verdad deste viaje que hizo y de otras cosas». Pero del puño y letra del emperador se dice que «Muy bien será». El emperador no creía que viviese en Portugal, y en todo caso consideraba que no se le debía dar crédito alguno. Tenía una buena razón, en su opinión: «por haber sido comunero liviano y un gran belleco»[93].

¿Qué hizo a este defensor del ejército profesional a la europea apostar por el movimiento de las comunidades, si como él mejor que nadie sabía no se podía confiar en la potencia militar de las Hermandades y sus milicias urbanas y si conocía de primera mano que la técnica militar de los alemanes del emperador era desproporcionadamente superior a las rudas formas de la milicia urbana castellana? Sin duda, su visión política y su apuesta por una constitución del reino al modelo romano, sobre la idea reguladora de una constitución mixta. Tal constitución mixta era imposibilitada por la Inquisición y por eso fue hostil a ella hasta el final. Pero siempre supuso que sólo una política expansiva e imperial, al modo romano, podría dar cohesión a una base popular tan heterogénea como la hispana. Sólo si se llevaba la guerra fuera, las diferencias hispanas no estallarían en una guerra dentro. Esa política expansiva debía

---

[90] *Ibid.*, p. 562.
[91] VILLACAÑAS BERLANGA, 2008.
[92] AYORA, 1865, p. 572.
[93] *Ibid.*, p. 574.

basarse en un ejército plural con importante presencia de la infantería –la fuerza democrática básica de cualquier ejército– y de la caballería ligera. En el fondo, la estructura misma del ejército era la pura representación de la estructura de la constitución mixta, en la que cabían a la vez los elementos aristocráticos y democráticos. La condición para ello era la integración de los cristianos nuevos y el cese de la política exclusivamente represora sobre ellos.

Por eso el ideario de Ayora se comprende de forma perfecta en la carta al secretario Almazán de 16 de julio de 1507, donde jamás deja de llamar a Juana reina de Castilla frente al mero papel de Fernando como gobernador. Allí reconocía que en esta difícil situación iba a usar «de su oficio con la lybertad que suelo»[94]. Entonces propuso las tres medidas que a su parecer resultaban indispensables para producir un consenso en la población castellana. La primera, «que la ynquisicion se hyziesse como debya y que procediendo con derechura no afloxase». La segunda es perfectamente presumible: «que se hyziese alguna guerra a los moros de allende», ya que de todas maneras se tenían que guardar las costas de ellos. La tercera, que se «hyziesse alguna suelta o relaxación a los pueblos que estaban muy afligidos y fatigados». Sin duda, de forma subliminal, Ayora propone que esto es inviable sin dejar en paz a los conversos, pues alude a Roboam que «por menospreciar el buen consejo que le fue dado, perdyó los dyez tribus y medio de Israel»[95].

De todo este programa, sólo se cumplió Mazarquivir, asegura Ayora. Todo lo demás se incumplió. E incluso aquello se hizo mal, pues, en lugar de ofrecer el norte de África como solución para mejorar el destino económico de los pueblos, se respondió con «confiar tanto del S. Arçobispo de Sevilla [Diego de Deza] y de Luzero y Juan de la Fuente, con que infamaron estos reynos y destruyeron gran parte dellos syn dios y sin justicia, matando y robando y forzando doncellas y casadas en gran vituperio y escarnio de la Religión Christiana». Por fin, respecto de aflojar la presión fiscal de los pueblos, nada se ha hecho, sino «dexarlos obligados a toda la subjection» y en pago de ello dejarlos «syn lumbre y syn gobernación». Por eso se impugna la dirección política de Fernando y por eso justifica Ayora su vieja confianza en don Felipe, pero en realidad lo habría hecho en cualquiera que se hubiera presentado en Castilla: «qualquier principe vezino que tomara la tutela de estos pueblos bastara a echar al Rey nuestro Señor destos Reynos»[96].

Sabemos así lo que quiere decir Ayora cuando asegura usar de su oficio con libertad. Pero, a pesar de todo, ejerce la reserva y no se atreve a

---

[94] FERNÁNDEZ DURO, 1890, p. 446.
[95] *Ibid.*, p. 447.
[96] *Ibid.*, p. 448.

poner en la carta lo que se escucha muchas veces, tanto en público como en secreto. «Desciende por aquí la cosa tan baxamente que non lo oxo poner en carta.»[97] En suma, lo más ligero que se dice es que Fernando se vuelva a sus reinos. Este mismo esquema de política interior, que debía conducir a la constitución verdadera del reino, defendió Ayora en 1520. Pero todavía viejo seguía pensando que sólo una política imperial, capaz de otorgar su valor a todas las poblaciones hispanas, podría dar cohesión a lo que de otra manera no podría escapar a la violencia y al derramamiento de sangre. Hasta el final de su vida siguió en ello y así nos lo sugiere la última noticia que de él se nos ha conservado. Sabemos que el día 7 de julio de 1537, el juez de residencia de Palencia escribió al emperador que toda la ciudad se hallaba presta a tomar parte en la jornada contra Barbarroja, pero que la gente de la ciudad deseaba que fuera su capitán Gonzalo de Ayora, por ser la persona más preparada en la técnica de la guerra a seguir en el norte de África. Así que, al parecer, Carlos lo perdonó y logró asentarse de nuevo en la ciudad de su esposa[98]. Esto nos sugiere que, a pesar de todo, la vida de las ciudades castellanas seguía su curso con cierta estabilidad y en continuidad con sus elites desde la época de los Reyes Católicos. Pero ahora ya sin esperanzas de ver alterada la constitución política del reino.

Conclusión

Y en realidad, los tiempos en que se podía defender un equilibrio entre los estratos populares y aristocráticos de la sociedad castellana ya habían pasado. Ahora, la corte nueva del emperador, atravesada por una ideología caballeresca y épica, valoraba más los ideales heroicos, por mucho que en los campos de batalla, como se demostró en Pavía, las victorias siempre cayeran del lado de los ejércitos construidos sobre una apropiada y equilibrada infantería, la misma que iba a dar al ejército de Flandes su estructura. De ella estarían excluidos los cristianos nuevos y los moriscos, como había soñado Ayora. En realidad, la presencia de alemanes y suizos fue la decisiva en esta forma de hacer la guerra. Los castellanos, entonces, se entregaron a un sueño en el que seguía dominante el imaginario de la caballería, propio de una sociedad que se construía sobre inmensas oportunidades imperiales para la gran nobleza de los Alba y de los Enríquez. No es un azar que, en este paso de la época final de los Reyes Católicos a la del emperador Carlos, siempre triunfasen los hombres que habían auxiliado a Fernando en la construcción de sus rela-

---

[97] *Ibid.*, p. 449.
[98] DANVILA, 1986.

ciones con los grandes nobles y que estos mismos hombres, al final de su vida, ya en la época de Carlos, apostasen por aquellos valores aristocráticos y caballerescos. El más representativo de todos ellos es el jurista Palacios Rubios, que sirvió a Castilla con tres actuaciones decisivas: primero, elaboró de forma paradigmática las leyes de Toro, que permitieron un encuentro de Fernando con la alta nobleza y que significaron la formación del mayorazgo como innovación específica de la aristocracia castellana; segundo, definió la fórmula del *Requerimiento*, por la cual las costumbres y las prácticas señoriales castellanas se proyectaron sobre la nueva tierra de las Indias con la conciencia de implicar una guerra justa. Pues bien, este mismo jurista que había consolidado a la nobleza castellana y que había dado a la dominación sobre el suelo americano su tono y aspecto neofeudal, fue el que escribió el *Tratado del esfuerzo bélico heroico*, impreso de manera póstuma en Salamanca en 1524, justo en el tiempo en que la derrota de las Comunidades implicaba la primacía de la alta nobleza sobre Castilla. Sin duda, Palacios Rubios, al escribir ese libro a su hijo Gonzalo Pérez de Vivero, le sugería el tipo de valores que serían dominantes en su época y el sentido de la promoción social que debía tener quien, aunque procedía de un padre jurista, ahora hacía valer por encima de esa herencia su vieja estirpe de caballero[99]. Ahora su saber de jurista lo ponía al servicio de rehabilitar a Vegecio y la defensa de la tesis de que «los imperios, por el ejercicio de las cosas, eran ejercitados en la virtud»[100]. Para ello, no era necesario que el esfuerzo heroico se hiciera por el bien de la *res publica*[101], con tal de que tuviese un adecuado «adversario o contrapugnador»; y no habría de buscar el bien común, sino la fama y la gloria[102]. Era el final de la cultura de Palencia y también de Ayora. La apertura que había significado el otoño de la Edad Media, se cerraba definitivamente.

Bibliografía

AYORA, Gonzalo de, *Cartas de...*, *Epistolario Español*, Madrid, Atlas, vol. I, 1945.
— *Documentos relativos a...*, *Cronista de los Reyes Católicos*, Madrid, 1865, CODOIN, XLVII, pp. 533 *ss.*

---

[99] «Te hizo alcalde de la fortaleza de la Coruña, como antes lo habían sido Vasco Pérez de Bivero, tu abuelo, y Fernando de Vivero, tu tío, caballeros muy honrados, cuerdos y esforzados". LÓPEZ DE PALACIOS RUBIOS, 1941, p.5.

[100] LÓPEZ PALACIOS RUBIOS, 1941, p. 32.

[101] *Ibid.*, p. 91.

[102] PALACIOS RUBIOS, 1941, p. 103.

CARTAGENA, Alonso de, *Doctrinal de los cavalleros*, FALLOWS, Noel (ed.), *The Chivalric Vision of Alonso de Cartagena, Study and Edition of the «Doctrinal de los cavalleros»*, Newark, Juan de la Cuesta, 1995.

DANVILA, Manuel, «Manuscrito atribuido a Gonzalo Ayora», *Boletín de la Real Academia de la Historia*, tomo XXVIII, febrero de 1896, pp. 99-100

DÍEZ DEL CORRAL, Luis, *La Monarquía Hispánica en el pensamiento político europeo: de Maquiavelo a Humboldt*, Madrid, Revista de Occidente, 1976.

FERNÁNDEZ DURO, Cesáreo, «Noticia de la vida y obras de Gonzalo de Ayora y fragmentos de su crónica inédita», *Boletín de la Real Academia de la Historia*, tomo XVII, 1890, pp. 433-475.

HAEBLER, Konrad, «Die Kastilianische Hermandades zur Zeit Heinrichs IV (1454-1474)», *Historisches Zeitschrift*, LVI, 1886, pp. 40-49.

LÓPEZ CARREIRA, Anselmo, *Os Irmandiños: textos, documentos e bibliografia*, Vigo, Edicions A Nosa Terra, 1992.

LÓPEZ DE PALACIOS RUBIOS (VIVERO), Juan, *Tratado del esfuerzo bélico heroico* [Salamanca, 1524], Madrid, Revista de Occidente, 1941

PALENCIA, Alonso de, *De la perfección del triunfo militar*, en *Prosistas castellanos del siglo XV*, Madrid, Atlas, Biblioteca de Autores Españoles, 1959.

PEREA RODRÍGUEZ, Óscar, «La utopía política en la literatura castellana del siglo XV», *eHumanista: Journal of Iberian Studies*, vol. 2, 2002, pp. 23-62.

PUYOL, Julio, *Las hermandades de Castilla y León*, Madrid, Imprenta de la Suc. de M. Minuesa de los Ríos, 1913.

SUÁREZ FERNÁNDEZ, Luis, *Enrique IV de Castilla*, Barcelona, Ariel, 2001.

VILLACAÑAS BERLANGA, José Luis, *¿Qué imperio?: un ensayo polémico sobre Carlos V y la España imperial*, Córdoba, Almuzana, 2008.

II. LAS MILICIAS EN CASTILLA: EVOLUCIÓN Y PROYECCIÓN SOCIAL DE UN MODELO DE DEFENSA ALTERNATIVO AL EJÉRCITO DE LOS AUSTRIAS

Antonio Jiménez Estrella[1]
Universidad de Granada

Introducción

Durante el proceso de Reconquista las tropas concejiles fueron auspicia-das por los monarcas en época bajo-medieval y utilizadas por aquéllos como una fórmula eficaz de contrarrestar el peligroso poder armado de la nobleza[2]. Creadas en el contexto de una sociedad «organizada para la guerra»[3], llegaron a jugar un papel muy importante como parte de los ejércitos que durante la primera mitad del siglo XIII hicieron posible la conquista de la Baja Extremadura, Andalucía y Murcia[4]. A partir de 1250, el margen de autonomía y control sobre las tropas concejiles por parte de los municipios se acrecentó y su actividad se concentró funda-mentalmente en la fijación y protección de la frontera con los reinos musulmanes, junto a otras fórmulas de participación militar ciudadana como las caballerías de cuantía, reactivadas por Alfonso XI en Murcia y Andalucía[5], para más tarde ejercer un marcado protagonismo como fuerzas auxiliares en las huestes que intervinieron en las campañas de la conquista de Granada[6]. Estas formas tradicionales de movilización ciu-dadana fueron quedando marginadas en los municipios del interior de Castilla, pero continuarían desempeñando un papel activo en la defensa de aquellas zonas que todavía durante los siglos XVI y XVII mantuvieron una posición fronteriza, complementando la labor de los dispositivos de

---

[1] Investigador del Programa de Retorno de Investigadores de la Junta de Andalu-cía, adscrito al Departamento de Historia Moderna y de América de la Universidad de Granada.

[2] AGUDELO HERRERO/JIMÉNEZ AGUILAR, 1993, p. 243.

[3] La expresión remite al título del estudio clásico sobre las milicias urbanas medie-vales de POWER, 1998.

[4] GONZÁLEZ JIMÉNEZ, 1993, p. 227.

[5] *Ibid.*, p. 232 ss.

[6] Es el caso, por ejemplo, de las milicias concejiles sevillanas, estudiado en profundi-dad por diversos autores, entre los que cabe citar a TENORIO, 1907, y SÁNCHEZ SAUS, 1987.

defensa profesionales desplegados por la Corona y, en algún caso, actuando como los únicos aparatos de defensa articulados en la zona.

No obstante, y de acuerdo con las cada vez más crecientes necesidades militares de la Monarquía, las tropas locales se antojaron una fórmula de participación militar inadecuada a la nueva situación política e incapaz de movilizar fuerzas de intervención en áreas alejadas de su radio de acción «natural» –entendiendo por ésta el espacio del alfoz municipal–. A fines del XVI, y tras algunos sonados fracasos, la Corona se replanteó su política defensiva y la necesidad de iniciar un programa de reformas a fin de sustituir el complicado «mosaico» de las antiguas fórmulas de defensa y movilización locales de base ciudadana por un modelo de milicia territorial dirigido y controlado desde el centro del imperio. Por un lado, los diferentes proyectos de milicia general respondían a un plan coordinado de defensa territorial cuyos frutos no fueron los esperados. Por otro, el nuevo sistema ponía de manifiesto la transformación de la política real y su nueva proyección sobre el territorio, por cuanto la milicia aspiraba a apuntalar aún más el proceso de centralización y control de la violencia legitimada por parte de la Monarquía, con el concurso de las oligarquías municipales como intermediarios entre aquélla y el cuerpo social, responsables últimas de la administración, reclutamiento y adiestramiento de las compañías de milicias y grandes beneficiarias de los grados de la oficialidad.

En las páginas que siguen se aborda la evolución de ambos modelos, milicias locales y milicia territorial, así como el complicado proceso de implantación de la última como base para la constitución de un ejército semiprofesional que nunca llegó a cuajar del todo y que acabaría derivando, más que en fórmula alternativa a las tropas locales, en una nueva imposición fiscal y vivero habitual de fuerzas de reserva para los ejércitos reales que operaban en escenarios como Portugal o Cataluña.

La iniciativa local en la defensa del territorio: algunas especificidades regionales

A pesar de constituir territorios de importancia estratégica y defensiva muy desigual, con unos condicionantes geográficos y una evolución histórica muy diferentes, así como con marcadas particularidades en su organización institucional, política y defensiva, Galicia, Navarra, País Vasco, Murcia y Granada presentaban un denominador común: se trataba de enclaves que por su localización fronteriza o costera poseían un nivel de militarización y de participación ciudadana en la defensa local más que considerable, en claro contraste con otras zonas del interior peninsular, prácticamente desmilitarizadas.

Galicia, durante los primeros ochenta años del XVI, todavía no desempeñaba un papel estratégico en el marco atlántico, de modo que la falta de una financiación regular destinada al mantenimiento de tropas profesionales determinó que el recurso a la nobleza y a las ciudades se revelase como la única forma de asegurar la costa[7]. La configuración de una verdadera estructura defensiva no se desarrolla hasta la década de 1590, coincidiendo con la nueva situación creada tras la anexión de Portugal. El vacío dejado por las tropas reales fue cubierto por las locales durante el tiempo en que el reino quedó prácticamente desprovisto de fuerzas profesionales, registrándose un proceso que María del Carmen Saavedra ha calificado como de dejación de responsabilidades en manos de los concejos, ya que, en su opinión, las tropas concejiles en Galicia adolecían de importantes defectos. Primero, porque fue habitual el rechazo de los ayuntamientos a prestar servicios más allá de su alfoz. Segundo y más importante, se trataba de cuerpos armados de escasa preparación y limitada operatividad para campañas de cierta envergadura. Así pues, durante la primera mitad del siglo XVI, las aportaciones gallegas a las empresas militares de la Monarquía se limitarían a la recluta por iniciativa nobiliaria de contingentes de voluntarios para algunas operaciones aisladas, sobre todo con motivo de las disputas fronterizas con Francia[8].

La incorporación de Portugal significó un cambio crucial en la posición estratégica de Galicia y el inicio de un intenso proceso de militarización en la zona que implicaba un necesario cambio en la estructura defensiva, a tenor de los deficientes resultados cosechados por las tropas concejiles durante la participación gallega en la campaña portuguesa. La necesidad de introducir al ejército real se hizo mucho más urgente cuando los dos ataques sucesivos de Drake en 1585 y 1589 vinieron a demostrar que la capacidad de movilización de las fuerzas concejiles no resultaba efectiva en situaciones de emergencia. En su lugar se apostó por incrementar considerablemente el número de soldados de guarnición, con el consiguiente aumento del gasto militar[9]. Durante la década de los noventa, el nuevo giro estratégico de la política de Felipe II hacia el Atlántico convirtió a Galicia, y más concretamente a La Coruña, en un centro de formación de armadas, de organización y aprovisionamiento de expediciones militares de primer orden, lo cual conllevó el impulso decisivo a la política de financiación militar en la zona, la creación de nuevos puestos de la oficialidad y la potenciación del papel desempeñado por el gobernador y capitán general.

---

[7] SAAVEDRA VÁZQUEZ, 1996, p. 23.
[8] SAAVEDRA VÁZQUEZ, 1999, p. 126.
[9] *Ibid.*, p. 131.

El notable incremento experimentado en la actividad militar gallega durante el siglo XVII tuvo consecuencias importantes sobre la región. Primero, porque se vio afectada la realidad social y económica de ciudades como La Coruña –fuerte implicación de los militares en la vida mercantil–[10]. Segundo, porque la política belicista de Olivares hizo que se elevasen hasta cotas desconocidas en la zona los niveles de contribución financiera y de reclutamiento, así como el capítulo de gastos militares, que se disparó tras el estallido de la rebelión portuguesa[11]. Las limitaciones financieras de la Monarquía obligaron a un aumento de la presión fiscal, arbitrando nuevos recursos extraordinarios y pactos de colaboración entre rey y reino, con objeto de mejorar la defensa del litoral[12], derivando la mayor parte del presupuesto de guerra al capítulo de levas y dejando en un segundo plano, cada vez más acusado, la financiación de las guarniciones de infantería cuyo cometido era defender el territorio gallego[13]. Es cierto que procuraron reactivar antiguas fórmulas de participación militar ciudadana a través de una mejora del adiestramiento de las tropas concejiles por medio de caballeros y miembros de la nobleza local. Sin embargo, los resultados no pasaron de ser mediocres[14].

A diferencia del reino gallego, los cuerpos de defensa de base ciudadana gozaron de un mayor desarrollo y eficacia en territorios como Navarra o Guipúzcoa, donde presentaban una larga tradición desde época bajo-medieval. En Navarra, Carlos V llevó a cabo un importante despliegue militar y una política de construcción y restauración de fortalezas destinada a evitar cualquier invasión por sorpresa desde Francia[15]. Durante el Quinientos se estableció entre rey y reino un pacto de colaboración militar, basado en el principio, recogido en el Fuero General, de que los navarros no estaban obligados a prestar servicios militares fuera de sus fronteras y que sólo podían ser movilizados por el monarca en situaciones de peligro para la integridad de su territorio. A partir de esta premisa, y salvo algunas excepciones, a lo largo del siglo XVI Navarra contribuyó con armas y hombres para labores de defensa fronteriza, construcción de fortificaciones, concesión de alojamiento y aprovisionamiento de víveres[16] y, merced a la consecución de un donativo anual de 16.000 ducados, costearon un contingente de 4 compañías

---

[10] Un análisis pormenorizado de las mismas en SAAVEDRA VÁZQUEZ, 1996.

[11] SAAVEDRA VÁZQUEZ, 2004, pp. 435 ss.

[12] En octubre de 1624 Galicia concede un servicio de 100.000 ducados para la construcción de una escuadra real a imagen y semejanza de la vizcaína, a cambio de la concesión de un anhelado voto en Cortes. *Ibid.*, p. 445.

[13] *Ibid.*, p. 444.

[14] SAAVEDRA VÁZQUEZ, 1999, p. 134.

[15] FLORISTÁN IMÍZCOZ, 1991, pp. 95 y 101.

[16] *Ibid.*, pp. 96 y 151.

permanentes[17], todo ello dentro de los límites del reino. Por otro lado, la verdadera iniciativa en la defensa fronteriza de los valles pirenaicos navarros correspondió a las compañías locales de vecinos que, dirigidos por alcaldes facultados como capitanes a guerra, protagonizaron numerosas escaramuzas con fines defensivos, pero también económicos, ya que velaban por sus intereses ganaderos y por el control de los pastos montañeses[18].

El esquema del pacto de auto-defensa encabezado por las elites y representantes del reino, que, siempre que pudieron, defendieron férreamente los privilegios forales y la no intervención de fuerzas navarras en el exterior, quedó trastocado cuando la Monarquía necesitó nuevos recursos militares, muy especialmente con motivo de la guerra con Francia. A partir de 1635 Felipe IV exigió una colaboración mucho más intensa al reino en hombres y armas. En 1638 se envió un contingente de 4.000 soldados para levantar el sitio francés a Fuenterrabía, visto como una acción de defensa del reino[19]. Otra cosa era la obligación de enviar tropas al frente catalán a partir de 1640[20]. En esa misma fecha se desplazaron dos tercios de 2.000 efectivos, no sin que se produjese una oleada de deserciones[21]. Dos años después, las Cortes se negaron a prestar el mismo servicio y tras largas negociaciones acabaron concediendo 1.300 hombres bajo condiciones muy estrictas: la recluta no debía verse como una imposición sino como un servicio voluntario al rey, imposibilidad de reemplazo, servicios exclusivamente en Cataluña y dirección del alistamiento sólo por oficiales locales[22]. En años sucesivos la tónica dominante fue la tensión en las negociaciones y la fijación de duras condiciones en la concesión de contingentes cada vez más reducidos para los frentes catalán y portugués[23], o bien la sustitución de las levas por un servicio pecuniario que cumpliese escrupulosamente con las «libertades» forales[24].

Factores muy parecidos a los señalados para Navarra, a los que hay que sumar su localización costera, determinaron en Guipúzcoa que guerra y defensa fuesen dos constantes en este período. Como ha demostrado Susana Truchuelo, desde fechas muy tempranas la Provincia asumió la obligación de acarrear con el coste de la defensa, bajo la premisa medieval del *auxilium regio* que todo vasallo debía al monarca. Durante el período alto-moderno la dirección de los asuntos militares quedó

---

[17] COLOMA GARCÍA, 1995, p. 168.

[18] FLORISTÁN IMÍCOZ, 1991, p. 153.

[19] MARTÍNEZ ARCE, 2002, pp. 21 y 34; COLOMA GARCÍA, 1995, p. 173.

[20] Al respecto, v. GARCÍA MIGUEL, 1987; FLORISTÁN IMÍCOZ, 1984.

[21] COLOMA GARCÍA, 1995, p. 175.

[22] *Ibid.*, p. 177.

[23] MARTÍNEZ ARCE, 2002, pp. 49 *ss.*

[24] En 1654 se otorgaron 20.000 ducados, dirigidos a la financiación de un tercio de 500 soldados comandados por oficiales navarros.

repartida entre dos entidades. Por un lado, el capitán general, que mandaba las fuerzas profesionales de los presidios y las plazas fuertes de San Sebastián, Hondarribia y del resto del territorio guipuzcoano. Por otro, la Provincia, institución articulada en torno a las corporaciones locales y con una serie de prerrogativas militares: autoridad para reclutar guipuzcoanos y formar compañías defensivas, así como capacidad para negarse a prestar levas para los ejércitos reales sin que precediese el pago de un sueldo acordado y una petición directa del rey.

Sobre el papel, las atribuciones de cada institución estaban bien definidas. Sin embargo, no siempre hubo acuerdo entre ambas. Fueron frecuentes los conflictos jurisdiccionales[25] y en determinadas coyunturas el capitán general trató de extender su autoridad más allá de las guarniciones de los presidios, inmiscuyéndose en la dirección de las tropas de naturales y entrando en disputa sobre cuál era el procedimiento que debía seguirse cuando se produjesen llamamientos a guerra desde la Corte. La cuestión no era baladí, ya que, al igual que ocurría en Navarra, la Provincia reivindicó ante el rey –algo que acabaría logrando– que el general se dirigiese a los guipuzcoanos en esos casos utilizando la vía del *aviso*, es decir, no en forma de mandato, sino de petición de un servicio voluntario que la Provincia otorgaba[26]. La cesión a la Provincia del mando directo sobre las tropas locales y todo lo concerniente a la defensa permitió al monarca liberarse de las cargas financieras que podía suponer el sostenimiento de un dispositivo permanente en el territorio, siempre que las necesidades defensivas mínimas quedasen cubiertas, aun a costa de conceder importantes privilegios políticos a la Provincia[27]. El sistema propiciaba que el esfuerzo bélico en el territorio recayese fundamentalmente sobre las espaldas de las corporaciones locales, ya que éstas eran las encargadas de la organización de las tropas concejiles, del reclutamiento entre los miembros de la comunidad, la supervisión de la disciplina, el aprovisionamiento, el nombramiento de los mandos, así como la realización de los alardes[28].

---

[25] TRUCHUELO GARCÍA, 2006 (agradezco a la autora que me haya facilitado una copia de este trabajo inédito).

[26] A fines del XVI, los conflictos fueron especialmente virulentos durante el mandato de don Juan de Velázquez, al que se reclamaba que en las cartas de llamamiento utilizase el verbo «requerir» y no «mandar» u «ordenar». A pesar de que el capitán general era respaldado por el Consejo de Guerra, Felipe II sancionó el 16 de septiembre de 1597 el procedimiento del *aviso* como única fórmula válida; TRUCHUELO GARCÍA, 2004, pp. 50-54.

[27] TRUCHUELO GARCÍA, 2004, pp. 41 y 42; TRUCHUELO GARCÍA, 2006 (inédito).

[28] La organización de los alardes estuvo presidida por importantes tensiones entre las aldeas pequeñas y las villas mayores, cabezas de jurisdicción –Hondarribia, San Sebastián, Tolosa, Ordizia y Segura–. El conflicto sacaba a la luz las aspiraciones de las corporaciones pequeñas de alcanzar una anhelada independencia jurisdiccional y recortar así el poder de las villas mayores en las Juntas; TRUCHUELO GARCÍA, 2004, pp. 70-71.

La Provincia estaba colocada en un nivel jerárquico superior al de los concejos a través de la Diputación a Guerra, que con el paso del tiempo fue reforzando su poder de supervisión sobre el conjunto de las tropas concejiles, gracias a la potestad de proveer los cargos de coronel y sargento mayor. En casos de amenaza, la Diputación ordenaba la *levantada general*, fijaba el número de soldados que debían repartirse proporcionalmente entre los gobiernos locales y, a continuación, los alcaldes ordinarios se encargaban de organizar la leva en su jurisdicción, componiendo compañías cuyos capitanes y suboficiales se colocaban bajo el mando del coronel[29]. No obstante, la autoridad de la Provincia fue cuestionada cuando, a fines del XVI, muchos caballeros e hidalgos trataron de obtener exenciones y librarse de acudir a las levantadas generales bajo bandera de las villas, lo cual desembocó en un verdadero pulso entre la Provincia y numerosos particulares que pretendían levantar compañías a su costa y, de ese modo, obtener rangos y honores a cambio del ofrecimiento de hombres y dinero a los ejércitos del rey. Arropados por el Consejo de Guerra, muchos de estos reclutadores, miembros de las familias y linajes locales más señalados, pretendieron la confirmación de las exenciones de servicio en la milicia local y convertir éstas en instrumentos de diferenciación social, aun a costa de chocar con la Provincia, que veía en las peticiones de exención un ataque directo contra sus prerrogativas y competencias militares, las libertades y privilegios «constitucionales» de Guipúzcoa, el mismo principio de hidalguía universal y, en definitiva, contra toda una tradición defensiva en manos de las corporaciones locales[30].

El sistema aquí descrito permitió a Guipúzcoa instrumentalizar la defensa, al objeto de definir sus prerrogativas de autogobierno, afirmar sus libertades, derechos y costumbres, en relación directa con los servicios militares prestados al rey[31], y desarrollar toda una serie de competencias militares que quedaron normalizadas en las recopilaciones de privilegios y ordenanzas de 1583 y 1696[32]. Sin embargo, la situación cambió a partir de la ruptura de hostilidades entre Francia y España durante la Guerra de los Treinta Años. El incremento del peligro sobre la frontera guipuzcoana dio carta blanca a Olivares para elevar el nivel de exigencia de servicios militares a la Provincia y la capacidad del capitán general para inmiscuirse en el gobierno de tropas concejiles. La vulneración de las libertades de las corporaciones municipales, a las que se exigió la participación de sus tropas fuera de Guipúzcoa con especial intensidad a partir de

---

[29] TRUCHUELO GARCÍA, 2004, pp. 61-63.
[30] *Ibid.*, pp. 74-78.
[31] Se desarrolla ampliamente esta idea en TRUCHUELO GARCÍA, 2006 (inédito).
[32] *Ibid.*, 2004.

1639[33], dio lugar a importantes tensiones en las relaciones con el monarca, quien, siempre que fue preciso superar el estrecho marco territorial de actuación de las fuerzas concejiles, apeló a su potestad extraordinaria para solicitar el auxilio de sus súbditos en caso de peligro y al argumento de que si se hacía, era porque se trataba de acciones dirigidas a la protección del territorio guipuzcoano. Bajo esta premisa, sólo entre 1636 y 1638 alrededor de 11.700 guipuzcoanos fueron movilizados tanto para servir en la defensa interna de la Provincia como para actuar en el exterior[34], no sin que la Provincia tratase de utilizar estos servicios como moneda de cambio para obtener una afirmación de sus privilegios, usos y costumbres.

La realidad de las milicias locales fue algo distinta en otros territorios de frontera castellanos. Quizá uno de los que ha sido mejor estudiado y sobre el que más datos conocemos sea el reino de Murcia, zona fronteriza, de costa, marcada por la constante amenaza del corso y la piratería turco-berberisca. Al igual que ocurrió en determinadas coyunturas en territorios como Galicia o Guipúzcoa, una de las características más importantes del reino fue la falta de un verdadero sistema de defensa profesional, organizado y financiado por la Corona. Este vacío tuvo que ser cubierto por los cuerpos de defensa locales, cuyo protagonismo fue patente en el día a día de los socorros y rebatos costeros, sobre todo los organizados desde aquellas localidades que tenían una mayor cercanía a la costa, en los que los mecanismos de movilización eran mucho más rápidos y eficientes que en aquellas ocasiones en las que se tenía que movilizar todo el Adelantamiento de Murcia[35]. Buena parte del dispositivo de tropas concejiles y de socorro costero se orientó al auxilio de uno de los enclaves más importantes del territorio, la ciudad de Cartagena, que por su posición estratégica albergaría desde fines del siglo XV la Proveeduría de Armadas y Fronteras, centro principal de aprovisionamiento de las Galeras de España y de envío de tropas y víveres a Italia y norte de África. La defensa de Cartagena se limitaba a la guarnición de una fortaleza de titularidad regia del siglo XIII, un reducido cinturón de guardas costeras y el cuerpo de tropas concejiles, verdadero sostén de la defensa[36].

El papel de estas últimas fue potenciado en el último cuarto del siglo XVI, cuando se registró un considerable aumento en el número de hombres que nutrían las tres compañías concejiles, de los 605 del año 1550 a los 1.251 de 1575. Sin embargo, aquéllas no fueron suficientes para arrostrar los posibles ataques sobre el puerto, por lo que se recurrió

---

[33] TRUCHUELO GARCÍA, 2006 (inédito).
[34] Cifras en TRUCHUELO GARCÍA, 2004, pp. 220-231 y 251.
[35] RUIZ IBÁÑEZ, 1995, p. 85.
[36] GÓMEZ VOZMEDIANO/MONTOJO MONTOJO, 1993, pp. 318-319.

a distintos procedimientos a fin de reforzar su defensa. La acción del corso y la piratería fue contrarrestada por un corso de iniciativa privada. Primero, la de las oligarquías locales, que financiaron pequeñas escuadras corsarias[37] dedicadas a la vigilancia costera y la captura de pequeñas embarcaciones norteafricanas. Después, a partir del siglo XVII, la de las grandes compañías mercantiles de capital extranjero que operaban en la ciudad y que financiaron un corso de mayor envergadura, auspiciado por la Monarquía y utilizado por ésta como un instrumento más de su política defensiva en el Mediterráneo[38]. Por otro lado, la ciudad necesitó del apoyo permanente de las tropas concejiles de aquellos municipios que estaban situados a menos de 20 leguas, mucho menos activos, menos acostumbrados a los rebatos, pero obligados por el principio de auxilio armado que las localidades del interior debían prestar a las del litoral. Éstos, a pesar de su cercanía, nunca llegaron a superar el nivel de implicación y colaboración de la «lejana» ciudad de Murcia, erigida en el verdadero centro de reclutamiento de tropas locales de socorro para Cartagena en las ocasiones de peligro más acuciantes[39].

El caso de Murcia ha sido ampliamente estudiado por Ruiz Ibáñez. La composición de las tropas locales murcianas, como en el resto de Castilla, partía de una base bajo-medieval en la que se mostraba perfectamente la composición social urbana. El cuerpo privilegiado de la ciudad estaba integrado por los hidalgos en armas y los caballeros de cuantía. Los primeros constituyeron la caballería hidalga, la parte de la sociedad menos comprometida con el servicio armado, al menos en las ocasiones en que se debió contar con su concurso, siempre solicitado como servicio y nunca como una imposición, ya que no estaban obligados a acudir a los alardes ni a ser reclutados[40]. Los caballeros de cuantía, por su parte, pertenecían a una institución de origen bajo-medieval que sólo operaba en el Reino de Murcia y en Andalucía[41], y que aglutinaba al sector de aquellos pecheros hacendados que superasen una determinada de renta –100.000 mrs–, obligado al mantenimiento de armas, armadura y caballo, así como a acudir a alardes periódicos, recibiendo a cambio la prác-

---

[37] Sus dimensiones fueron mucho más reducidas que las de las escuadras de corso de pabellón español que actuaron en otros escenarios como el Cantábrico, cuyo análisis ha sido abordado por OTERO LANA, 1999.

[38] Un pormenorizado estudio de la evolución de este tipo de corso, así como del papel jugado por las compañías mercantiles de origen extranjero –en su inmensa mayoría con fuerte presencia de capital y personal genovés–, en RUIZ IBÁÑEZ/MONTOJO MONTOJO, 1998, especialmente las pp. 136 ss.

[39] GÓMEZ VOZMEDIANO/MONTOJO MONTOJO, 1993, p. 321.

[40] RUIZ IBÁÑEZ, 1995, p. 235.

[41] Sobre los cuantiosos consúltese el estudio general de HELLWEGUE, 1972, así como los trabajos de GUZMÁN REINA, 1952; TORRES FONTES, 1964; y GONZÁLEZ FUERTES, 2000.

tica asimilación a la baja nobleza[42]. Sin embargo, una vez desaparecida la antigua frontera con los musulmanes, los cuantiosos trataron por todos los medios de eludir sus obligaciones militares. A pesar de que en 1562 Felipe II intentó reformar y reactivar la institución a través de un estrechamiento del control sobre los caballeros de cuantía por medio de libros de alardes, del nombramiento directo de los capitanes y de un proceso de homogeneización de sus privilegios en todas las ciudades de Andalucía y Murcia[43], el proyecto acabó fracasando. Al igual que ocurriera con otros cuerpos armados similares como los caballeros de alarde de Madrid, desaparecidos a mediados de siglo[44], los cuantiosos conformaron un grupo de «cuasi-hidalgos», mucho más preocupados por borrar todo rastro de su no ascendencia nobiliaria –los alardes eran el principal testimonio delator de dicha condición– que por cumplir con sus obligaciones militares, entrando en un marcado proceso de decadencia que arrastrarían hasta su asimilación total con las oligarquías ciudadanas y su disolución definitiva en 1619.

Al margen de los estratos más privilegiados de la comunidad urbana, la verdadera responsabilidad de la defensa recayó sobre las espaldas de los cerca de 1.500 pecheros que podían llegar a movilizarse en las compañías parroquiales. Organizadas a partir de las 11 parroquias de Murcia, las compañías eran repartidas y reclutadas por los jurados del cabildo municipal, que a su vez ejercían como capitanes con potestad para nombrar suboficiales, aspecto, este último, que dio lugar a importantes fricciones con los regidores, para quienes esa costumbre medieval debía ser desterrada en aras de hacerse con el control de los oficios de mando[45]. A pesar de su deficiente adiestramiento y de la falta de experiencia militar de sus mandos, las tropas parroquiales llenaron el hueco dejado por la escasez de tropas profesionales en solar murciano y, en opinión de Ruiz Ibáñez, constituyeron, al menos hasta la implantación de la fuerza semiprofesional de las milicias generales en 1598, el principal cuerpo armado de socorro y defensa para la costa murciana.

El análisis regional de los cuerpos de defensa locales aquí propuesto debe cerrarse con un territorio que durante mucho tiempo fue frontera. El reino de Granada, a diferencia de Guipúzcoa, Navarra o Murcia, gozó de un sistema defensivo permanente y profesional desde fechas muy

---

[42] Por ejemplo, en ciudades como Córdoba, los cuantiosos ocupaban un puesto intermedio entre los hidalgos y los hombres «buenos pecheros», participaban en el gobierno de la ciudad, se les otorgaban varas de alcaldes ordinarios y de Hermandad, y gozaban de ciertos privilegios como el de aparecer en los padrones con la calificación de hijosdalgos; Guzmán Reina, 1952, p. 21.

[43] González Fuertes, 2000, pp. 131-133.

[44] Meneses García, 1961.

[45] Ruiz Ibáñez, 1995, pp. 235-238.

tempranas. Durante el período en que se mantuvo la convivencia entre moriscos y cristianos viejos hubo un importante contingente militar en el territorio, cuya dirección se confirió a la familia de los Mendoza, quienes lograron perpetuarse en el cargo por espacio de tres generaciones, hasta el fin de la rebelión morisca, y alcanzar competencias fiscales, políticas, jurisdiccionales y de mando similares a las de un virreinato[46]. A pesar de sus carencias y defectos –debilidad secular del cinturón de vigías costeras, absentismo practicado por los alcaides de fortalezas[47]–, el granadino era, posiblemente, el cinturón defensivo permanente más sólido y mejor estructurado de toda la Península. Ello se debió a que en época morisca no dependió para su financiación de largos procesos de negociación con los representantes políticos del reino. El sistema en su mayor parte se costeaba con los 32.500 ducados anuales –servicios o fardas mayores– que los moriscos pagaban a cambio de mantener sus costumbres, tradiciones y señas de identidad, cifra a la que había que sumar los 6.450 ducados de la farda costera, destinada al sostenimiento de las atalayas y torres de vigilancia. En este contexto, el lugar ocupado por las compañías concejiles no llegó a ser tan determinante como en Guipúzcoa o Murcia. A excepción de Málaga, que desde la conquista asumió la responsabilidad de su propia defensa mediante la organización de una activa milicia concejil[48], las tropas locales desempeñaron más bien un papel auxiliar y de apoyo a los algo más de 1.700 integrantes de las compañías de infantería y jinetes que estaban apostadas en la costa, mucho más acostumbradas, mejor adiestradas y pertrechadas.

El sistema aquí descrito quedó totalmente trastocado tras la rebelión morisca. Por un lado, la salida de los Mendoza de la Capitanía General supuso un marcado proceso de reducción de competencias y de atribuciones, así como la devaluación política de la institución[49]. Por otro, la desaparición de la población morisca permitía que se fijase la frontera en la línea de costas y que el reino fuese perdiendo valor estratégico en la política defensiva de la Monarquía. Los antiguos servicios moriscos fueron sustituidos por una nueva fuente de financiación a partir de los bienes confiscados a los moriscos expulsados y cuyos frutos se canalizarían a través de la Renta de Población que, sobre el papel, debía asegurar una

---

[46] Analizo la cuestión en JIMÉNEZ ESTRELLA, 2004.
[47] JIMÉNEZ ESTRELLA, 2007.
[48] Junto con el mantenimiento y conservación de la muralla a partir de fuentes de financiación arbitradas por el cabildo, la principal atribución en materia militar del ayuntamiento fue la organización de sus tropas parroquiales, a cambio de importantes privilegios y exenciones; RUIZ POVEDANO, 1991, pp. 348-352 y 356-358; PEREIRO BARBERO, 1985, p. 368.
[49] Analizamos el proceso detenidamente en JIMÉNEZ ESTRELLA, 2004, pp. 201 ss.

consignación anual de 60.000 ducados destinada a sostener el sistema defensivo. El nuevo modelo no tardaría mucho tiempo en «quebrar» debido, en gran medida, al creciente deterioro por el que pasaría la Renta de Población, ya patente desde fines del XVI pero cada vez más sangrante durante el siglo XVII, en que el déficit arrastrado en el sueldo de la tropa así como el abismo existente entre el reparto real y teórico de efectivos irían creciendo hasta alcanzar cifras escandalosas[50].

Pero sin duda, el problema más grave derivó de la propia expulsión, ya que el vacío demográfico iba a ser difícilmente recuperable. Una de las premisas fundamentales del Consejo de Población fue que la repoblación con cristianos viejos corriese pareja a la reestructuración defensiva. A diferencia del período anterior, se abogó por una política favorable a la militarización de la población civil por medio de la concesión de exenciones y franquezas fiscales a repobladores a los que se obligaba a mantener un cupo de armas en buen estado, a levantar o reparar fortificaciones y a residir permanentemente en los lugares donde se les concedían las suertes[51]. Al mismo tiempo, se incentivó la presencia de oficiales y soldados con experiencia militar, a los que se concedieron importantes ventajas, con objeto de que llenasen áreas especialmente despobladas como la Alpujarra y la costa de Almería[52] –concentró más de un 75% de los efectivos–. Los resultados de visitas e inspecciones posteriores evidenciaron que el modelo de defensa civil planteado no funcionaba según lo previsto[53] y que los repobladores-soldados, lejos de cooperar activamente en la defensa, suponían en muchos casos una carga para la hacienda real[54].

No obstante, la nueva situación creada a fines del XVI sirvió para potenciar el papel de las compañías locales de socorro costero. La división del reino en siete partidos o distritos defensivos a cargo de la Capitanía General de la Costa permitió la articulación de un sistema de

---

[50] En 1584, la diferencia entre efectivos reales y dotación teórica –1.885 soldados– alcanzaba los 747 efectivos. En 1594, el déficit arrastrado en la financiación de la defensa era de 32.000 ducados; JIMÉNEZ ESTRELLA, 2004, p. 241. El déficit alcanzaría en el XVII cifras astronómicas, ya que en 1621 la deuda se calculaba en 320.000 ducados y en 1656 alcanzaría nada menos que los 800.000; CONTRERAS GAY, 2000a, p. 166.

[51] SÁNCHEZ RAMOS, 1994, pp. 381-383.

[52] Por ejemplo, en julio de 1588 Almería solicita repetidamente que se otorguen mercedes y exenciones mucho más atractivas para repoblar la ciudad y su alfoz; AGS GA leg. 225-237.

[53] Visitas como la de 1576 al sector de la Alpujarra almeriense revelaban porcentajes medios de desarme entre los repobladores superiores al 50%, evidenciando un incumplimiento flagrante de las condiciones impuestas por el Consejo de Población; SÁNCHEZ RAMOS, 1993, pp. 145-147. Sobre esta cuestión, véanse también los trabajos de SÁNCHEZ RAMOS, 1997 y BRAVO CARO, 1998.

[54] BRAVO CARO, 1995, p. 60.

asistencia escalonado que, en caso de ataques de envergadura, se debía poner en marcha para asistir a la tropa profesional mediante la movilización de unos 16.000 efectivos disponibles, según datos aportados por Rodríguez Hernández en un estudio reciente[55]. A pesar de que la cifra debe ser corregida muy a la baja, es de por sí suficientemente indicativa y única en territorio peninsular. Estas compañías, bajo la responsabilidad de los sargentos mayores de cada partido, pasaban revista dos veces al año y gozaban de un nivel de adiestramiento superior al del resto de las milicias castellanas. A cambio de salir a los rebatos, disfrutaban de privilegios, tales como la jurisdicción militar y, lo más importante de todo, la exención de ser reclutados para otros frentes. Lo más relevante es que, como hemos tenido ocasión de comprobar para otros territorios castellanos, esta última circunstancia varió significativamente a partir de 1652, cuando la imparable demanda de hombres para los ejércitos reales determinó que, aprovechando su dilatada experiencia, se les requiriese en más de una ocasión para acudir a conflictos como el catalán, aunque con carácter esporádico. El cambio más significativo se produjo en 1658, cuando se creó el Tercio de la Costa de Granada y las fuerzas no profesionales, dedicadas exclusivamente a la defensa de su propio terruño y exentas de prestar servicios en el exterior, se convirtieron en fuente regular de hombres para escenarios tan lejanos como Portugal[56] o Cataluña[57], junto con el Tercio del Casco de Granada, fundado sólo un año antes.

La milicia general y su difícil implantación en Castilla

El análisis regional propuesto en páginas precedentes nos permite constatar cómo, en aquellas zonas fronterizas donde fue necesario, los gobiernos municipales trataron de arbitrar cuerpos de defensa de base ciudadana en aras de garantizar la protección del territorio, allí donde la Corona era incapaz de hacerlo. Este nivel de implicación de la población en la defensa del propio terruño contrastaba con el elevado grado de desmilitarización en que se encontraban las poblaciones del interior peninsular, donde el nivel de preparación y capacidad de movilización de las fuerzas locales era muy inferior o apenas inexistente. No obstante, la existencia y pervivencia de tropas concejiles que obedecían a diferentes tradiciones seculares y que, no hay que olvidarlo, sirvieron para afirmar libertades y privilegios de la comunidad local, constituían un modelo de

---

[55] RODRÍGUEZ HERNÁNDEZ, 2007.
[56] *Ibid.*
[57] ESPINO LÓPEZ, 1992.

defensa cuyas carencias y limitaciones operativas se evidenciaban cuando el rey trataba de movilizarlas más allá del radio de acción del municipio, en territorios que formaban parte de la Monarquía Hispánica, pero que para las oligarquías locales e instituciones forales eran «empresas exteriores».

En la línea del proceso de monopolio y control de la violencia no debe extrañar que uno de los objetivos de la Monarquía fuese soslayar la limitación arriba apuntada. La primera fuerza que se intentó desplegar como dispositivo de defensa móvil capaz de operar en cualquier punto de la Península fueron las guardas viejas de Castilla, un cuerpo de compañías profesionales, fijas y pagadas por la Corona, creadas en 1493 a partir de las antiguas guardas reales de los Reyes Católicos. Sometidas a sucesivas reestructuraciones hasta el reglamento definitivo de 1525[58], su número se fijó en 26 compañías de hombres de armas, y otras 16 de lanzas jinetas –caballería ligera–. A pesar de que los trabajos de René Quatrefages[59] y Enrique Martínez Ruiz[60] han arrojado luces sobre la estructura y el marco normativo de este cuerpo en época de los Austrias, y de que contamos con un interesante artículo de José Contreras Gay sobre su papel en el contexto de la renovación militar del siglo XVI[61], no deja de resultar paradójico que la única fuerza profesional financiada por la Corona para la defensa de Castilla no goce todavía de un estudio definitivo que vaya más allá de su estructura normativa, que indague en las verdaderas causas del fracaso del modelo, el modo en que influyó el proceso de patrimonialización de estas compañías por sus titulares y la utilización de sus plazas como prebendas otorgadas a individuos incapaces. En fin, el conjunto de condicionantes que pudieron mermar la capacidad operativa de las guardas viejas, hasta su desaparición definitiva en 1703.

Los defectos y limitaciones de las milicias locales y de las guardias viejas hicieron necesario articular una alternativa de defensa territorial que implicase el paso de un modelo de defensa de base ciudadana bajo control local a una milicia general capaz de plasmar el poder de la Monarquía en el territorio. No obstante, el problema radicó en que a lo largo del XVI los intentos de llevar a cabo un proyecto de milicia territorial viable, capaz de comprometer a toda la población castellana de manera activa, fracasaron uno tras otro. Fracasó Cisneros cuando en 1516 intentó la implantación de una milicia general integrada por 31.800 hombres, a pesar de introducir incentivos como la concesión de privile-

[58] QUATREFAGES, 1996, pp. 288 ss. MARTÍNEZ RUIZ/PI CORRALES, 1999.
[59] QUATREFAGES, 1993; QUATREFAGES, 1996.
[60] MARTÍNEZ RUIZ, 1998; MARTÍNEZ RUIZ/PI CORRALES, 1999; MARTÍNEZ RUIZ, 2001.
[61] CONTRERAS GAY, 2000b.

gios y exenciones fiscales a los reclutados[62]. Clonard señaló que la razón principal de dicho fracaso fue la oposición de la nobleza a un proyecto que podía ser utilizado por la Corona para contrarrestar su poder. Conviene, sin embargo, tomar en cuenta otros factores, como los problemas generados por los milicianos o la reacción contraria de las oligarquías ciudadanas, para las que era inviable que los ayuntamientos tuviesen que afrontar la financiación de las armas[63]. Tampoco puede desecharse el peligro que podía suponer el armamento general de la población en semejante coyuntura. No en vano, la base armada de las ciudades comuneras fueron las tropas concejiles y no obedece a la casualidad que algunos de los capitanes encargados del reclutamiento en 1516, como Juan Bravo en Segovia, fuesen destacados cabecillas de la Comunidad[64].

Después del intento de 1516, fracasaron también los de 1552, en que se concibió la posibilidad de crear una milicia de 34.000 soldados cuya organización correría a cargo de las ciudades[65], el de 1562, que proyectaba la creación de una milicia de 69.000 infantes y 7.900 jinetes[66], o el de 1565, a pesar de introducir incentivos para las oligarquías locales como la cesión de un mayor grado de control sobre el nombramiento de suboficiales, el reclutamiento y la organización de las compañías[67]. Hasta después de la guerra de rebelión morisca no volvió a plantearse seriamente la urgencia de una milicia general. La revuelta supuso un verdadero trauma para la administración real porque evidenciaba las carencias y defectos de las milicias concejiles como fuerzas de intervención en una campaña de envergadura. Durante la primera fase del conflicto se hicieron llamamientos a numerosas ciudades de las dos Castillas, Andalucía y Reino de Murcia[68], entre otras. Sin embargo, la escasa disciplina y preparación de las fuerzas enviadas, así como el elevado número de deserciones y desórdenes registrados en el seno de las compañías, determinaron la entrada de tropas del tercio en la primavera de 1570, comandadas por don Juan de Austria[69]. Las

---

[62] Sobre la estructura, organización, composición y cuadros de alistamiento del proyecto de 1516, véase la abundante documentación manejada por CLONARD, 1851-1859, vol. III, pp. 136-155.

[63] MEXÍA, 1945, p. 64; QUATREFAGES, 1996, pp. 260-261.

[64] PÉREZ, 1977, p. 89.

[65] THOMPSON, 1981, p. 157; SANTOS ARREBOLA, 2000, p. 123.

[66] Todo lo referente al proyecto y cédulas enviadas a las ciudades, puede consultarse en CLONARD, 1851-59, vol. III, pp. 430-434.

[67] PEREIRO BARBERO, 1985; SANTOS ARREBOLA, 2000, p. 126.

[68] Sobre el bajo nivel de respuesta de las milicias murcianas, v. CALDERÓN DORDA/LÓPEZ LÓPEZ, 1993.

[69] Para una descripción exhaustiva de las campañas militares de la rebelión, así como del papel ejercido por las tropas locales que participaron en la contienda, consúltese la obra de MÁRMOL DE CARVAJAL, 1946. Menos detalles pero juicios de valor sobre aquéllas también encontramos en HURTADO DE MENDOZA, 1994.

secuelas dejadas por el conflicto morisco hicieron que se plantease la necesidad de reorientar la política defensiva de la Monarquía. Fruto de esa inquietud fue la investigación realizada por el doctor Velasco sobre el nivel de preparación militar de la sociedad castellana, que arrojó datos desesperanzadores. En su opinión era necesario reorganizar la defensa del territorio a partir de la iniciativa nobiliaria local, proponiendo la creación de cofradías armadas bajo la advocación de algún santo, a cambio de privilegios y honores para sus miembros. En agosto y septiembre de 1572 se mandaron sendas cédulas reales por las que se reclamaba la colaboración de la nobleza urbana castellana. Sin embargo, la respuesta de las ciudades fue fría, cuando no abiertamente opuesta a las pretensiones del Consejo de Guerra, sobre todo porque la medida se vio como un intento de descargar el peso de la defensa sobre las economías concejiles. La mayoría antepuso las dificultades para financiar la iniciativa, así como la falta de hidalgos y escuderos económicamente capacitados para mantener caballo y armas[70]. Algunas como Úbeda o Lorca temían que las cofradías radicalizasen aún más las banderías y parcialidades aristocráticas[71]. Otras como Antequera o Andújar no deseaban que se convirtiesen en un trampolín de promoción social para ciertos sectores[72]. Y aun en el caso de aquellas ciudades que, como Soria o Sevilla, secundaron la iniciativa, la experiencia no llegó a consumarse por la firme oposición de aquellos sectores del patriciado urbano que veían en las cofradías un peligroso instrumento de exclusivismo social[73].

No cabe duda de que el debate sobre la instauración de una milicia general castellana estuvo presente en las sesiones del Consejo de Guerra desde la década de los setenta. Los asaltos de Drake en 1585 y 1587 a Vigo y Cádiz respectivamente, así como el saqueo de la Coruña en 1589, sirvieron para acelerar la adopción de medidas. El 25 de marzo de 1590 se emitían las primeras ordenanzas para la constitución de una milicia general en Castilla. Se pretendía el reclutamiento de 60.000 hombres en Castilla con edades comprendidas entre los 18 y 40 años, bajo la figura de un comisario general, a cambio de la ya consabida –e imprescindible– concesión de privilegios a los milicianos. El nuevo intento fracasó debido, principalmente, a la tibia respuesta de la mayoría de las ciudades y señores, que en sus respectivas jurisdicciones apenas habían logrado enganchar pecheros[74]. A pesar de las pretensiones del Consejo de Guerra

---

[70] SOBALER SECO, 1992, pp. 13-14; MARTÍNEZ RUIZ, 2000, pp. 101-103.

[71] SOBALER SECO, 1992, p. 14.

[72] MARTÍNEZ RUIZ, 2000, p. 98.

[73] SOBALER SECO, 1992, pp. 16, 29 y 28.

[74] Por ejemplo, a mediados de 1591 Granada alegaba estar agotada en hombres y recursos, y avisaba del peligro de que la milicia se convirtiese en un refugio de vagos y

de superar los escollos y reactivar el proyecto por lo mucho que «importa que aya gente armada y exercitada que pueda acudir prontamente a qualquier ocassión que se ofrezca»[75], nada se avanzó. Hubo que esperar a que los asaltos de Essex y Howard a Cádiz en junio de 1596[76] pusiesen de manifiesto la debilidad del sistema defensivo peninsular y a que en 1598, por fin, se emitiesen nuevas instrucciones para el establecimiento de la milicia territorial[77]. El objetivo era, como en ocasiones anteriores, levantar 60.000 hombres con edades comprendidas entre los 18 y 50 años. Para dirigir el reclutamiento se nombraron 13 comisarios reales a los que se asignaría un distrito específico, en colaboración con los corregidores y las autoridades locales, con el fin de reclutar 1/10 de la población masculina en edad de servir con armas. Las instrucciones de 1598 recuperaban todas las disposiciones concernientes a financiación de armamento por parte de los municipios, elaboración de libros de milicias como base para la realización de los alardes, el adiestramiento y la movilización de los milicianos y, muy importante, el nombramiento de capitanes entre los aspirantes propuestos por las ciudades y los cabos de escuadra, un elemento fundamental en la negociación con las oligarquías locales, que iban a servir de intermediarios imprescindibles entre la Corona y el reino a la hora de articular la milicia territorial. Por último, se detallaban los privilegios y exenciones para los integrantes de la milicia, recogidos –con algunas modificaciones– en anteriores proyectos[78]. Tampoco en esta ocasión la iniciativa prosperó.

En 1602 el Consejo de Guerra trató de nuevo la cuestión del establecimiento de la milicia general, sin éxito[79]. En 1609 parecía ver la luz el proyecto definitivo con la promulgación de un decreto para su instauración en toda Castilla, respetando las exenciones y privilegios recogidos en disposiciones anteriores y encargando el reclutamiento a sargentos mayores, aunque con un grado de participación y control mucho más elevado por parte de corregidores y señores. Pero no hubo resultados. Incluso la cuestión llegó a ser objeto de debate entre tratadistas y arbitristas, para los que había que recuperar la idea de un armamento general de la sociedad. Algunos proponían reformas centradas sobre la instrucción en las armas de la población joven y la mejora en las condiciones socioeconómicas de los milicianos, incentivándolos con sueldo y

---

malhechores, al abrigo de las exenciones y privilegios otorgados, AGS GA leg. 337-33. Las respuestas de los nobles pueden consultarse en AGS GA leg. 337-34.

[75] AGS GA leg. 338-13.

[76] Algunas relaciones del ataque a Cádiz en ABREU, 1996; DE CASTRO, 1858, pp. 388 ss.; ANTÓN SOLÉ, 1971.

[77] Las mismas pueden consultarse en CLONARD, 1851-1859, vol. III, pp. 440-445.

[78] CLONARD, 1851-1859, vol. III, p. 445.

[79] GARCÍA HERNÁN, 2003, p. 134.

pagas de jubilación e invalidez dignas, así como posibles programas de repartimiento de reclutas con base en las pilas bautismales parroquiales[80]. Los menos «realistas», como Rafael de la Barreda, abogaban por un proyecto de armamento general que integrase a todos los reinos peninsulares para reclutar nada menos que 150.000 soldados y 35.000 jinetes repartidos en 6 provincias, la recuperación del papel militar de la nobleza a cambio de cederle los puestos de mando y la progresiva sustitución de los millones por una contribución fiscal-militar que permitiese la creación de su particular *Batallón*, en el que algún autor ha visto un precedente de la Unión de Armas de Olivares[81].

Al margen de ditirámbicos arbitrios como los aquí señalados, conviene advertir que la idea de revitalizar los proyectos de milicias territoriales iniciados durante el reinado de Felipe II estuvo siempre presente en los órganos de la administración militar. No obstante, la implantación de la milicia general de Castilla constituyó un proceso largo, complejo y lleno de obstáculos, entre ellos la falta de preparación y la escasez de armamento entre los reclutados. En 1632 los 20 partidos de milicias debían juntar 43.541 hombres, de los que sólo 12.476, es decir, un 28,65% de los efectivos, estaban aprestados y con armas. La situación era especialmente escandalosa en los partidos del interior de Castilla, donde el porcentaje de armamento entre los milicianos rondaba entre el 0,5% y el 12%, lo cual mostraba su elevado grado de desmilitarización[82].

Las cifras evidencian que la milicia no tuvo el éxito ni la aceptación que muchos deseaban. ¿Cuáles fueron los factores que intervinieron en ello? Hasta la década de los noventa la Monarquía había podido nutrir sus ejércitos por medio de la concesión de patentes de enganche a capitanes facultados por la Corona para levantar soldados voluntarios. Sin embargo, el estancamiento demográfico, así como el proceso de descrédito sufrido por la profesión miliar, hicieron cada vez más difícil el reclutamiento voluntario y se introdujeron nuevas fórmulas de alistamiento en las que actuaron como agentes intermedios la nobleza local, las ciudades y los asentistas particulares. Los planes de instauración de la milicia desde fines de la década de 1580 se guiaron por esa necesidad urgente de hombres, que se antojaría más intensa entrado el XVII. El problema estribaba en que el nivel de colaboración de los municipios, de las oligarquías locales y de los señores en sus jurisdicciones no fue siempre el esperado. Las ciudades pusieron toda suerte de trabas referentes a la falta

---

[80] Varios ejemplos de esa tratadística reformista partidaria de la instauración de la milicia, en GARCÍA GARCÍA, 1993, pp. 209 *ss.*

[81] Al respecto, v. GARCÍA HERNÁN, 2003.

[82] CONTRERAS GAY, 1980, p. 23.

de propios y arbitrios para hacer frente a los costes, las nefastas consecuencias que se derivarían de otorgar privilegios y exenciones a delincuentes y vagos que se acogerían a la jurisdicción militar, así como las
dificultades que planteaba elaborar una lista de milicianos sorteables en
aquellas ciudades que, bien gozaban de exenciones de reclutamiento,
bien no contaban con listados de hidalgos y pecheros. A ello se sumaban dos problemas añadidos. Primero, las pretensiones de las oligarquías locales de reclamar, en contrapartida por los gastos que iba a
ocasionar, un mayor grado de autonomía y control sobre la milicia
territorial, especialmente sobre la provisión de los nombramientos de
oficiales, uno de los pasteles más jugosos que los miembros de los cabildos municipales podían repartirse. Segundo, el escollo de la modalidad
de reclutamiento. Los escasos resultados cosechados con el alistamiento voluntario motivaron el recurso a la introducción de un cupo obligatorio, fijado en una décima parte de la población masculina en edad
de guerrear. De esta guisa, las milicias, que en origen debían responder
al modelo de una fuerza semiprofesional dirigida a la defensa del territorio castellano, acabarían convirtiéndose en una forma encubierta de
fiscalidad indirecta sobre la población[83], un medio de reclutamiento
forzoso bajo la dirección y organización de las autoridades locales, con
el fin de completar los cupos no cubiertos en las levas ordinarias y
sometida a los mismos problemas que a lo largo del XVII, muy especialmente en la segunda mitad, iban a aquejar al reclutamiento de hombres
para el ejército real[84].

Los cupos obligatorios de milicias constituyeron una carga demasiado pesada para los municipios. Entrado el siglo XVII el agotamiento
demográfico hizo cada vez más difícil, costoso e impopular el procedimiento del reclutamiento forzoso y esa dificultad tuvo que traducirse,
inevitablemente, en un profundo cambio de orientación de los primitivos planes de instauración de la milicia general. En lugar de consolidar-
se como un proyecto de defensa estable dirigido desde arriba y llamado
a sustituir a las tradicionales compañías de defensa local, la milicia fue
sustituida por otras fórmulas que abogaban más por la creación de un
ejército profesional financiado por los municipios que por un modelo
puramente miliciano. En 1637 se emitieron las primeras instrucciones
para la formación de los Tercios Provinciales. La idea original era organizar un ejército de defensa peninsular compuesto por fuerzas permanentes, mejor financiadas y más eficaces que las compañías de milicias.

---

[83] THOMPSON, 1998.

[84] Al respecto, v. RODRÍGUEZ HERNÁNDEZ, 2006. Para la problemática acaecida por
las cargas del reclutamiento en algunas regiones de Castilla, v. CORTÉS CORTÉS, 1985;
FERNÁNDEZ-PACHECO SÁNCHEZ GIL/MOYA GARCÍA, 2004; SÁNCHEZ BELÉN, 1999.

El proyecto no acabó de cuajar hasta 1663[85], cuando se estableció la planta definitiva de cinco tercios de 1.000 hombres cada uno, divididos en 16 compañías, cuya financiación correría a cargo de las ciudades en la que se reclutaban, en función de su peso demográfico y económico[86].

Paralelamente a la constitución de los Tercios Provinciales se introdujo un nuevo procedimiento estrechamente ligado a los problemas generados por el agotamiento demográfico castellano: la composición de milicias. El objetivo era sustituir el cupo obligatorio de soldados que correspondía a cada circunscripción territorial por una carga fiscal o «composición» que serviría para financiar a los ejércitos que operaban en las campañas de Cataluña y Portugal[87]. La muestra más palpable de ello fue que las sargentías mayores de milicias empezaron a ser coordinadas por superintendentes encargados del cobro y administración de una nueva derrama, utilizando como base los viejos listados de milicias. La sustitución del servicio armado por uno pecuniario fue una opción elegida en principio por la mayoría de las circunscripciones castellanas[88], lo cual revelaba las preferencias de los municipios por sufragar un impuesto directo antes que perder brazos y cargar con la responsabilidad de un procedimiento de reclutamiento cada vez más engorroso. No obstante, el hecho de que con el tiempo la composición deviniese en una imposición fiscal ordinaria que afectaba a toda la población –y no sólo a los hombres entre 18 y 50 años– motivó que las ciudades protestasen y presionasen para que a partir de 1664 el servicio bajase casi a la mitad de la cifra original –32 escudos por soldado–[89]. Lo más interesante es que a partir de 1669 la composición, denominada desde entonces «Servicio de milicias», quedó fijada como un servicio ordinario destinado exclusivamente a la financiación de los cinco Tercios Provinciales que operaban en Castilla, hasta su disolución definitiva a principios del XVIII, precipitada, en gran medida, por el déficit crónico que el servicio fue acumulando desde su implantación[90].

A pesar de que tradicionalmente se ha considerado a los Tercios Provinciales como una evolución del sistema de milicias, partiendo de la base de que se trató de una forma negociada de servicio militar con las mismas circunscripciones castellanas que se encargaban de cubrir los cupos de milicias, lo cierto es que ni sus componentes eran milicianos, ni su procedimiento de reclutamiento, ni su sistema de financiación, ni su

---

[85] CONTRERAS GAY, 2003a, pp. 138-143.
[86] Ibid., p. 143.
[87] Al respecto, v. RIBOT GARCÍA, 1986; CONTRERAS GAY, 2003b.
[88] Una muestra de ello es el mapa que aparece en RIBOT GARCÍA, 1986, p. 71.
[89] CONTRERAS GAY, 2003b, p. 110.
[90] Ibid., pp. 111-114.

forma de operar en las campañas correspondían a las de una milicia territorial. Si se impulsó su instauración fue precisamente porque se quería
contar con un nuevo cuerpo defensivo regularmente financiado, integrado por oficiales y soldados profesionales veteranos, libres de los defectos que aquejaban a los milicianos. La misma adopción de un sistema de
«composición», que se solapaba a las sargentías mayores y que sustituía
el reclutamiento por el pago de una cuota de financiación provincial dirigida al sostenimiento de fuerzas profesionales, constataba el fracaso de
aquel modelo de defensa de base ciudadana que se había concebido en el
último cuarto del siglo XVI para toda Castilla.

La milicia y el papel de las oligarquías locales

Desde el trabajo pionero para las milicias provinciales en época borbónica de Johann Hellwege[91], pasando por autores como José Contreras[92],
Paloma de Oñate[93] o Enrique García Hernán[94], el análisis de las milicias
castellanas se ha planteado en términos de complementariedad y eficacia
en relación a las tropas profesionales, reservándose a aquéllas una finalidad netamente defensiva, de auxilio, de fuerzas secundarias y de apoyo
a las tropas regulares, allí donde éstas, por la falta crónica de recursos
financieros de la Monarquía, no podían llegar. En la relación establecida
entre ejército profesional y milicia, solemos partir de la premisa de que
el nivel de adiestramiento, disciplina, eficacia y armamento de estos
cuerpos no profesionales estaría muy por debajo de los ejércitos reales.
No obstante, en estas páginas hemos visto cómo no todas las situaciones
en las que actuaron las tropas concejiles estuvieron marcadas por esa
falta de eficacia y disciplina, ni todas las zonas donde se activó fue el
complemento de un dispositivo defensivo profesional. Muy al contrario,
en Guipúzcoa, Navarra o Murcia, los cuerpos de defensa de base ciudadana contaban con una larga tradición y fueron la única fuerza que
aseguraba la protección del territorio, cosechando unos niveles de
eficiencia más que aceptables cuando se trataba de operaciones de corto
y medio alcance. Incluso en el reino de Granada, donde se articulaba el
mejor sistema de defensa permanente y profesional de la Península,
hubo situaciones como la de Málaga, donde había un fuerte arraigo de la

---

[91] HELLWEGE, 1969. En el mismo, el autor realiza un análisis en profundidad sobre
los cuerpos de milicias provinciales desde la reorganización de 1734 hasta su reforma en
1766.
[92] CONTRERAS GAY, 1980, 1992 y 1997.
[93] OÑATE ALGUERÓ, 2003.
[94] GARCÍA HERNÁN, 2003.

milicia concejil desde la conquista de la ciudad y que fue la única fuerza defensiva que actuó en su jurisdicción.

La realidad de la milicia general fue distinta. Se trataba de comprometer en un programa de defensa general a poblaciones del interior que desde hacía demasiado tiempo habían perdido esa tradición militar, todavía presente en el día a día de los territorios del litoral, donde el nivel de armamento y preparación de la población era muy superior. En Jaén, por ejemplo, la implantación de la milicia territorial estuvo marcada por las difíciles relaciones entre el sargento mayor y el gobierno de la ciudad[95]. En Carmona y Écija, el proceso de reclutamiento de sus milicias dio lugar a numerosos conflictos con las autoridades locales, sobre todo en lo concerniente a la financiación de las compañías y a su alojamiento[96]. En Granada hubo un largo proceso de negociación con las oligarquías locales desde 1598, fecha de las primeras encuestas para su establecimiento. La ciudad se opuso entonces a la instauración de la milicia, alegando que suponía un atentado contra el privilegio de exención de levas y armadas otorgado por los Reyes Católicos, que ya contaban con un elevado porcentaje de población adiestrada y armada, que la leva forzosa contradecía una tradición secular de participación voluntaria en los socorros costeros y, por último, que al no haber en la ciudad padrones de pecheros e hidalgos se podía provocar «gran confussión y ocasión de ynquietudes y pleitos yntroduçir en ellas esta Miliçia forçada y la distinçión de estados que tanto temen, afrentando a los que fueren nombrados sin su voluntad para ella como pecheros»[97]. Hasta 1612 no se logró la instauración definitiva del Batallón de Milicias de Granada, convertido a partir de 1640, al igual que el Tercio de la Costa, en una fuerza de reserva y auxiliar para el servicio en conflictos externos, pero menos eficaz que aquél[98].

Al contrario que en los casos anteriormente citados, en Murcia, donde ya existía una larga tradición de tropas parroquiales, las negociaciones no fueron especialmente difíciles y se instauró finalmente la milicia territorial como una superación lógica de las fórmulas tradicionales de defensa ciudadana. En 1600 la compañía de milicias, integrada en teoría por 300 soldados, ya estaba completamente organizada. Una muestra evidente del grado de compromiso de la población con la milicia general y, en definitiva, de que el caso murciano pudo constituir un ejemplo de funcionamiento y eficacia poco frecuente en Castilla, es el hecho de que, en 1632, el reino de Murcia era el único de los 20 partidos de milicias en

---

[95] Coronas Vida, 1988, pp. 60-62.
[96] De la Calle Gotor/Castilla Romero/Kalas Porras, 2004.
[97] AGS GA leg. 514-133. Véase también el AGS GA leg. 537-48.
[98] Contreras Gay, 1980, pp. 32 ss.; Rodríguez Hernández, 2007.

que más del 96% de sus componentes estaban bien armados, acercándosele tan sólo el partido de Llerena, con un 90%[99]. La rapidez con que la milicia fue aceptada se debió, fundamentalmente, a la estrecha colaboración prestada por las oligarquías murcianas como intermediarios entre la Corona y el reino, especialmente interesadas en hacerse con su control. Prueba de ello es que, a partir de 1640, todos los capitanes de milicias eran provistos entre los regidores murcianos[100].

Sin duda, la clave del éxito o fracaso del nuevo modelo radicó en este último aspecto. Más que plantear la cuestión en términos de eficacia o ineficacia, conviene reparar en el papel desempeñado por las oligarquías urbanas como pieza imprescindible de un sistema en el que rey necesitaba de aquéllas como correa de transmisión de su proyecto de defensa territorial. Es cierto que factores como la resistencia a servir al rey en territorios ajenos y la falta de brazos en una comarca determinada deben tomarse en cuenta. Pero no lo es menos que la llave del éxito del reclutamiento y del adiestramiento y, por ende, de la milicia, dependió en gran medida del nivel de colaboración de las elites como agentes intermedios entre rey y reino. Desde fines del XVI, ya lo hemos visto, factores como el agotamiento demográfico, el incremento de la amenaza exterior y las mayores necesidades defensivas en los reinos castellanos determinaron la sustitución del sistema de reclutamiento directo por otro en el que el papel de los intermediarios y reclutadores privados fue decisivo. Ello derivó en lo que Thompson ha denominado «refeudalización» del ejército, el traspaso de buena parte de las responsabilidades de la administración y organización militar interna a las oligarquías municipales y a los señores, el control por parte de los poderes locales de los puestos militares intermedios y su posterior patrimonialización[101]. Ahora bien, el nuevo sistema permitía explotar el papel de los poderes locales, de sus redes clientelares y de fidelidad, así como de su capacidad de allegar recursos para levantar compañías y colocarlas allí donde eran necesarias con mayor rapidez, con las consecuencias que sobre los sistemas de promoción y ascenso social ello conllevaba. En efecto, como se ha puesto de manifiesto en recientes estudios que abren una nueva vía de investigación, los procedimientos de reclutamiento, en los que intervenían intermediarios y asentistas que se comprometían a vestir, armar y financiar unidades militares completas a cambio de la entrega de todas

---

[99] CONTRERAS GAY, 1980, p. 23.
[100] RUIZ IBÁÑEZ, 1995, pp. 255-261.
[101] Sobre los problemas del agotamiento del sistema de reclutamiento directo o administrativo, véanse los trabajos de THOMPSON, 1981, 1998 y 1999. Críticas, matizaciones y aportaciones a las tesis planteadas por el historiador británico, en RIBOT GARCÍA, 1983, pp. 174 ss.

las patentes de oficiales en blanco, se vinculaban con procesos de enajenación, venalidad y patrimonialización de oficios del ejército, utilizados como moneda de cambio para particulares que deseaban, no sólo los sueldos anejos a los cargos, sino también los honores y privilegios que los mismos podían reportarles para medrar en la pirámide social[102].

Así, pues, el concurso de las elites locales como intermediarios entre rey y reino era imprescindible para hacer viable el proyecto de la milicia territorial. La organización de los listados parroquiales, de las levas y alardes, del adiestramiento y armamento de la población para su posterior movilización, estuvo en manos de los miembros del gobierno municipal, de quienes dependió en última instancia el éxito o el fracaso de los planes reclutadores de la Monarquía. El ejemplo murciano, como muestra del proceso de acaparamiento y control de los cargos de mando de la milicia por parte de ciertas familias[103], puede extrapolarse fácilmente a otros escenarios. En Guipúzcoa, las compañías concejiles constituyeron un instrumento más en poder de los linajes locales, que bajo la pátina del reforzamiento de los privilegios, usos y costumbres guipuzcoanas salvaguardaron sus propios intereses y fortalecieron su posición en la Corte. Los mandos de las compañías coincidían básicamente con los miembros más sobresalientes de las oligarquías locales, fuese cual fuese su grado de preparación militar, y eran los representantes de las casas más linajudas los que ocupaban el cargo de coronel de milicias[104]. En este contexto, la presencia de las elites locales facilitó enormemente los procedimientos de reclutamiento y adiestramiento de las milicias locales guipuzcoanas.

El reino de Granada es otra muestra ilustrativa de ello. En Málaga, la organización de las tropas concejiles y de la milicia territorial fue un fiel reflejo de la jerarquía social, ya que los regidores se repartieron los cargos de la oficialidad, produciéndose desde fecha muy temprana una clara coincidencia ente los puestos militares más elevados y las principales familias de origen cristiano viejo que gobernaban la ciudad desde los primeros tiempos de ocupación[105]. En Granada, la instauración definitiva del Batallón de Milicias en 1612 sólo se logró tras una larga negociación y, por supuesto, previa cesión del control de la milicia a los capitulares. El verdadero mando recaía sobre el Sargento Mayor, elegido por el concejo de entre una terna, y los 8 capitanes de milicias, todos ellos provistos

---

[102] Abordamos la cuestión para la época de los Austrias en JIMÉNEZ ESTRELLA, 2007c (inédito). Para el siglo XVIII, el mejor análisis es el realizado por ANDÚJAR CASTILLO, 2004.

[103] El caso más paradigmático es el de los Aliaga Monzón, fieles agentes de los Vélez, que se hicieron con el control de una de las compañías de milicias murcianas, RUIZ IBÁÑEZ, 1995, pp. 258-260.

[104] TRUCHUELO GARCÍA, 2004, p. 59.

[105] RODRÍGUEZ ALEMÁN, 1987, p. 29.

entre los mismos caballeros veinticuatros[106]. En Vélez Málaga, las capitanías se elegían entre una terna de aspirantes que estaba compuesta exclusivamente por los miembros de la oligarquía concejil, logrando perpetuarse así ciertos linajes en los cargos hasta bien entrado el siglo XVIII[107].

Si incluyésemos más ejemplos, comprobaríamos cómo en todos los municipios el denominador común fue el deseo de las oligarquías ciudadanas de adquirir y controlar los principales cargos de la milicia e instrumentalizar ésta como un órgano de poder político y jurisdiccional al servicio de sus propios intereses. Pero el deseo de controlar oficios como el de capitán de milicias no sólo obedecía a un fin político. Formar parte de la milicia entrañaba gozar de un estatuto social y jurídico privilegiado. Lo era para todos aquellos pecheros que por medio del enganche a las compañías de milicias buscaban disfrutar de un buen número de exenciones y privilegios jurisdiccionales que, al menos durante el tiempo que durase la campaña, podían equipararles a los integrantes del estamento militar. Y, por supuesto, lo era para aquellos que obtenían rangos de oficiales. Ser capitán de milicias podía otorgar honor y a aquellos que lo ejercían les confería prácticamente un estatuto de nobleza, del mismo que ocurrió con otros oficios militares y de elevado prestigio que en época de los Austrias, en contra de lo tradicionalmente admitido por la historiografía, fueron sometidos a procesos de patrimonialización y venalidad[108]. No hace falta insistir en que el ejército, como ha puesto recientemente de manifiesto Francisco Andújar para el siglo XVIII, se erigió en una de las más importantes vías de promoción y ascenso social para todos aquellos que estuviesen dispuestos a desembolsar el dinero que la Corona y aquellos particulares que se hicieron con patentes de reclutamiento en blanco exigieron como precio a pagar por la adquisición de rangos y honores[109].

Todo lo aquí expuesto viene a reafirmar que la colaboración y la capacidad de movilización de las elites urbanas como intermediarios políticos entre rey y reino fue crucial para el buen desarrollo y funcionamiento de los proyectos de milicia general desplegados por la Corona. Si se quería contar con una fuerza de reserva operativa en toda Castilla, esa colaboración era fundamental, aun a costa de entregar los cargos de la milicia a regidores poco o nada experimentados en el arte de la guerra, pues, como ponía de manifiesto la ciudad de Granada en 1597: «quando

---

[106] CONTRERAS GAY, 1980, pp. 30-31.

[107] PEZZI CRISTÓBAL, 2004, pp. 361 ss.

[108] Para el caso de las alcaidías de fortalezas regias, vendidas por la Corona a precios más que considerables desde mediados del XVI, lo demostramos por extenso en JIMÉNEZ ESTRELLA, 2004b. En cuanto a los procesos de patrimonialización y venalidad acaecidos con los oficios militares en el reino de Granada, véase JIMÉNEZ ESTRELLA, 2007b.

[109] ANDÚJAR CASTILLO, 2003 y 2004.

se pussieran los ojos en nombrar capitanes fuera de este ayuntamiento, aunque fueran más soldados que algunos de los que esta çiudad a nombrado, no fueran tan a propósito, porque la gente no les acudiera y siguiera con la voluntad que a los veinteyquatros»[110]. Dicha colaboración sólo sería prestada a cambio del reparto de los puestos de decisión y la provisión de los cargos de la oficialidad como instrumentos de poder militar, político y, no hay que olvidarlo, como palancas de ascenso social.

Abreviaturas utilizadas

BNM: Biblioteca Nacional de Madrid.
AGS: Archivo General de Simancas.
GA: Guerra Antigua.
AAlhGr: Archivo de la Alhambra de Granada.

Bibliografía

ABREU, Pedro de, *Historia del saqueo de Cádiz por los ingleses en 1596*, ed. de Manuel Bustos Rodríguez, Cádiz, Universidad de Cádiz-Servicio de Publicaciones, 1996.

AGUDELO HERRERO, Joaquín y JIMÉNEZ AGUILAR, María Dolores, «Las milicias del concejo de Sevilla en el contexto del ejército medieval», *La organización militar en los siglos XV y XVI*, Málaga, Cátedra General Castaños, 1993, pp. 243-248.

ANDÚJAR CASTILLO, Francisco, «La privatización del reclutamiento en el siglo XVIII: el sistema de Asientos», *Studia Histórica. Historia Moderna*, 25, Salamanca, 2003, pp. 123-147.

— *El sonido del dinero. Monarquía, ejército y venalidad en la España del siglo XVIII*, Madrid, Marcial Pons, 2004.

ANTÓN SOLÉ, Pablo, «El saqueo de Cádiz por los ingleses en 1596 y la Casa de Contratación de las Indias de Sevilla», *Archivo Hispalense*, t. LIV, 166, 1971, pp. 219-232.

BRAVO CARO, Juan Jesús, *Felipe II y la repoblación del reino de Granada. La Taha de Comares*, Granada, Universidad de Granada, 1995.

— «Frontera y repoblación: una coyuntura crítica tras la guerra de las Alpujarras», *Chronica Nova*, 25, 1998, pp. 173-211.

CALDERÓN DORDA, Alberto y LÓPEZ LÓPEZ, Trinidad Luis, «La ciudad de Murcia ante la sublevación morisca de las Alpujarras», *La organización militar en los siglos XV y XVI*, Málaga, Cátedra General Castaños, 1993, pp. 137-142.

---

[110] AGS GA leg. 483-81.

COLOMA GARCÍA, Virginia, «Navarra y la defensa de la monarquía en los reinados de Felipe III y Felipe IV (1598-1665)», *Príncipe de Viana*, 204, 1995, pp. 163-182.

CONTRERAS GAY, José, *Problemática militar en el interior de la Península Ibérica durante el siglo XVII. El modelo de Granada como organización militar de un municipio*, Madrid, Fundación Juan March, 1980.

— «Las milicias en el Antiguo Régimen. Modelos, características generales y significado histórico», *Chronica Nova*, 20, 1992, pp. 75-103.

— *Las milicias provinciales en el siglo XVIII. Estudio sobre los regimientos de Andalucía*, Almería, Instituto de Estudios Almerienses, 1993.

— «La defensa de la frontera marítima», ANDÚJAR CASTILLO, Francisco (ed.) *Historia del reino de Granada*, vol. 3: *Del siglo de la crisis al fin del Antiguo Régimen (1630-1833)*, Granada, Universidad de Granada-Fundación El Legado Andalusí, 2000, pp. 145-177.

— «El sistema militar carolino en los reinos de España», *El emperador Carlos y su tiempo: actas IX Jornadas Nacionales de Historia Militar, Sevilla, 24-28 de mayo de 1999*, Madrid, Deimos, 2000, pp. 339-359.

— «La reorganización militar en la época de la decadencia española (1640-1700)», *Millars*, XXVI, 2003, pp. 131-153.

— «Las milicias pecuniarias en la Corona de Castilla (1650-1715)», *Studia Historica. Historia Moderna*, 25, 2003, pp. 93-121.

CORONAS VIDA, Luis, «Milicia, sociedad y religiosidad en Jaén a comienzos del siglo XVII», *Boletín del Instituto de Estudios Giennenses*, 134, 1988, pp. 59-76.

CORTÉS CORTÉS, Fernando, *El Real Ejército de Extremadura en la Guerra de Restauración de Portugal (1640-1668)*, Cáceres, Servicio de Publicaciones de la Universidad de Extremadura, 1985.

DE CASTRO, Adolfo, *Historia de Cádiz y su provincia desde los remotos tiempos hasta 1814*, Cádiz, Imprenta de la Revista Médica, 1858.

DE LA CALLE GOTOR, Juan Ramón, CASTILLA ROMERO, Noberto y KALAS PORRAS, Zsafer, «Las milicias: formación e incidencia en el ámbito rural. La respuesta de Écija y Carmona como ejemplos de las estructuras de defensa de la Corona», ARANDA PÉREZ, Francisco José (coord.), *La declinación de la Monarquía Hispánica en el siglo XVII: actas de la VIIª Reunión Científica de la Fundación Española de Historia Moderna*, Cuenca, Universidad de Castilla-La Mancha, 2004, vol. 1, pp. 407-417.

ESPINO LÓPEZ, Antonio, «Las tropas de Granada en las Guerras de Cataluña, 1684-1697: una visión social», *Chronica Nova*, 20, 1992, pp 129-151.

FERNÁNDEZ-PACHECO SÁNCHEZ GIL, Carlos y MOYA GARCÍA, Concepción, «La fiscalidad de las cargas militares en la Mancha del siglo XVII», ARANDA PÉREZ, Francisco José (coord.), *La declinación de la Monarquía Hispánica en el siglo XVII: actas de la VIIª Reunión Científica de la Fundación Española de Historia Moderna*, Cuenca, Universidad de Castilla-La Mancha, 2004, vol. 1, pp. 419-431.

FLORISTÁN IMÍZCOZ, Alfredo, «Repercusión de la rebelión y guerra de Cataluña en Navarra. Las cortes de Pamplona de 1642», *Primer Congreso d'Historia Moderna de Catalunya*, 2, Barcelona, 1984, pp. 181-187.

— *La monarquía española y el gobierno del reino de Navarra, 1512-1808*, Pamplona, Gobierno de Navarra-Departamento de Educación, Cultura y Deporte, 1991.

GARCÍA GARCÍA, Bernardo José, «Orden, seguridad y defensa de la Monarquía: modelos para la organización de una milicia general (1596-1625)», *La organización militar en los siglos XV y XVI*, Málaga, Cátedra General Castaños, 1993, pp. 209-216.

GARCÍA HERNÁN, Enrique, *Milicia General en la Edad Moderna. El «Batallón» de don Rafael de la Barreda y Figueroa*, Madrid, Ministerio de Defensa-Secretaría General Técnica, 2003.

GARCÍA MIGUEL, Virginia, «Navarra y la crisis de la monarquía hispánica a través de las Cortes Navarras de 1642», *Congreso de Historia de Euskal Herria*, vol. 3: *Economía, sociedad y cultura durante el Antiguo Régimen*, San Sebastián, Editorial Txertoa Argitaldaria, 1987, pp. 63-70.

GÓMEZ VOZMEDIANO, Aureliano y MONTOJO MONTOJO, Vicente, «El elemento humano en la defensa de Cartagena durante el siglo XVI y principios del XVII», *La organización militar en los siglos XV y XVI*, Málaga, Cátedra General Castaños, 1993, pp. 317-329.

GONZÁLEZ FUERTES, Ángela Rosario y GONZÁLEZ FUERTES, Manuel Amador, «La reforma de los caballeros de Cuantía de 1562: un intento fracasado de crear una milicia ciudadana», MARTÍNEZ RUIZ, Enrique (dir.), *Madrid, Felipe II y las ciudades de la Monarquía*, vol. 1: *Poder y dinero*, Madrid, Actas, 2000, pp. 129-141.

GONZÁLEZ JIMÉNEZ, Manuel, «Las milicias concejiles andaluzas (siglos XIII-XV)», *La organización militar en los siglos XV y XVI*, Málaga, Cátedra General Castaños, 1993, pp. 227-241.

GUZMÁN REINA, Antonio, «Los caballeros cuantiosos de la ciudad de Córdoba», *Boletín de la Real Academia de Córdoba*, XXIII, 68, 1952, pp. 217-223.

HELLWEGE, Johann, *Die spanischen Provinzialmilizen im 18. Jahhundert*, Boppard am Rhein, H. Boldt, 1969.

— *Zur Geschichte des spanischen Reitermilizen. Die Caballería de Cuantía under Philipp II und Philipp III (1512-1619)*, Wiesbaden, Steiner, 1972.

HURTADO DE MENDOZA, Diego, *Guerra de Granada*, Madrid, Castalia, 1994.

JIMÉNEZ ESTRELLA, Antonio, *Poder, ejército y gobierno en el siglo XVI. La Capitanía General del reino de Granada y sus agentes*, Granada, Universidad de Granada, 2004.

— «El precio de las almenas: ventas de alcaidías de fortalezas reales en época de los Austrias», *Revista de Historia Moderna. Anales de la Universidad de Alicante*, 22, 2004, pp. 143-172.

— «Linajes y alcaides en el reino de Granada bajo los Austrias. ¿Servicio militar o fuentes de enriquecimiento y honores?», JIMÉNEZ ESTRELLA, Antonio y ANDÚJAR CASTILLO, Francisco (eds.), *Los nervios de la guerra. Estudios sociales sobre el Ejército de la Monarquía Hispánica (siglos XVI-XVIII): nuevas perspectivas*, Granada, Comares, 2007, pp. 89-120.

— «Militares y oficiales de la administración militar: estrategias de ascenso social e integración en las elites del reino de Granada durante el siglo XVI», GÓMEZ GONZÁLEZ, Inés y LÓPEZ-GUADALUPE MUÑOZ, Miguel Luis (eds.), *La movilidad social en la España del Antiguo Régimen*, Granada, Comares, 2007, pp. 193-221.

— «Mérito, calidad y experiencia: criterios volubles en la provisión de cargos militares bajo los Austrias», ponencia presentada al Seminario Internacional *Oficiales reales. Los servidores del rey en la Monarquía Hispánica, siglos XVI-XVIII*, celebrado en la Universidad de Valencia el 12 de noviembre de 2007 (inédito).

MÁRMOL DE CARVAJAL, Luis del, *Historia del rebelión y castigo de los moriscos del reino de Granada*, BAE, t. XXI, Madrid, Atlas, 1946, pp. 123-365.

MARTÍNEZ ARCE, María Dolores, *Navarra y el Ejército en el conflictivo siglo XVII*, Pamplona, 2002.

MARTÍNEZ RUIZ, Enrique, «La reforma de un "ejército de reserva" en la monarquía de Felipe II: las guardas», *Las sociedades ibéricas y el mar a finales del siglo XVI*, s.l., Pabellón de España, 1998, vol. II, pp. 497-511.

— «Felipe II y la defensa de la Monarquía: las ciudades», MARTÍNEZ RUIZ, Enrique (dir.), *Madrid, Felipe II y las ciudades de la Monarquía*, vol. 1: *Poder y dinero*, Madrid, Actas, 2000, pp. 89-105.

— «Política y milicia en la Europa de Carlos V: la Monarquía hispánica y sus Guardas», CASTELLANO CASTELLANO, Juan Luis y SÁNCHEZ-MONTES GONZÁLEZ, Francisco (eds.), *Carlos V. Europeísmo y Universalidad. La organización del poder*, Madrid, Sociedad Estatal para la Conmemoración de los Centenarios de Felipe II y Carlos V, 2001, vol. II, pp. 369-387.

— y PI CORRALES, Magdalena de Pazzis, «Un ambiente para una reforma militar: la ordenanza de 1525 y la definición del modelo de Ejército del interior peninsular», *Studia Histórica. Historia Moderna*, 21, 1999, pp. 191-216.

MENESES GARCÍA, Enrique, «Documentos sobre la caballería de alarde madrileña», *Hispania*, XXI, 1961, pp. 323-341.

MEXÍA, Pedro, *Historia del Emperador Carlos V*, Madrid, Espasa-Calpe, 1945.

OÑATE ALGUERÓ, Paloma, *Servir al Rey: la milicia provincial (1734-1846)*, Madrid, Ministerio de Defensa, 2003.

OTERO LANA, Enrique, *Los corsarios españoles durante la decadencia de los Austrias. El corso del Atlántico peninsular en el siglo XVII (1621-1697)*, Madrid, Editorial Naval, 1999.

PEREIRO BARBERO, María Presentación, «Absolutismo, ejército y privilegios locales», *Baética: Estudios de Arte, Geografía e Historia*, 8, 1985, pp. 367-376.

PÉREZ, Joseph, *La revolución de las Comunidades de Castilla (1520-1521)*, Madrid, Siglo XXI de España, 1977.

PEZZI CRISTÓBAL, Pilar, «La milicia local en la jurisdicción de Vélez-Málaga: provisión de cargos y reparto de privilegios», *Baética: Estudios de Arte, Geografía e Historia*, 26, 2004, pp. 353-368.

POWER, James F., *A Society Organized for War. The Iberian Municipal Militias in the Central Middle Ages, 1000-1284*, Berkeley, University of California Press, 1998.

QUATREFAGES, René, «La organización militar en los siglos XV y XVI», *La organización militar en los siglos XV y XVI*, Málaga, Cátedra General Castaños, 1993, pp. 11-16.

— *La revolución militar moderna. El crisol español*, Madrid, Ministerio de Defensa-Secretaría General Técnica, 1996.

RIBOT GARCÍA, Luis Antonio, «El ejército de los Austrias. Aportaciones recientes y nuevas perspectivas», *Temas de Historia Militar: ponencias del Primer Congreso de Historia Militar, Zaragoza, 1982*, Madrid, Servicio de Publicaciones del EME, 1983, vol. 1, pp. 157-203.

— «El reclutamiento militar en España a mediados del siglo XVII. La "composición" de las milicias de Castilla», *Cuadernos de Investigación Histórica. Seminario Cisneros*, 9, 1986, pp. 63-89.

RODRÍGUEZ ALEMÁN, Isabel, «La función militar desarrollada por Málaga a lo largo de los siglos XVI y XVII», *Jábega*, 56, 1987, pp. 29-44.

— *El puerto de Málaga bajo los Austrias*, Málaga, Servicio de Publicaciones-Diputación Provincial de Málaga, 1984.

RODRÍGUEZ HERNÁNDEZ, Antonio José, «El reclutamiento de españoles para el Ejército de Flandes durante la segunda mitad del siglo XVII», GARCÍA HERNÁN, Enrique y MAFFI, Davide (eds.), *Guerra y sociedad en la Monarquía Hispánica. Política, estrategia y cultura en la Europa Moderna (1500-1700)*, Madrid, Ed. Laberinto-Fundación Mapfre-CSIC, 2006, vol. 2, pp. 395-434.

— «La contribución militar del reino de Granada durante la segunda mitad del siglo XVII: la formación de los Tercios de Granada», JIMÉNEZ ESTRELLA, Antonio y ANDÚJAR CASTILLO, Francisco (eds.), *Los nervios de la guerra. Estudios sociales sobre el Ejército de la Monarquía Hispánica (siglos XVI-XVIII): nuevas perspectivas*, Granada, Comares, 2007, pp. 149-189.

RUIZ IBÁÑEZ, José Javier, *Las dos caras de Jano. Monarquía, ciudad e individuo. Murcia, 1588-1648*, Murcia, Universidad de Murcia, 1995.

— y MONTOJO MONTOJO, Vicente, *Entre el lucro y la defensa. Las relaciones entre la Monarquía y la sociedad mercantil cartagenera (comerciantes y corsarios en el siglo XVII)*, Murcia, Real Academia Alfonso X el Sabio, 1998.

RUIZ POVEDANO, José María, *El primer gobierno municipal de Málaga (1489-1495)*, Granada, Universidad de Granada, 1991.

SAAVEDRA VÁZQUEZ, María del Carmen, *Galicia en el camino de Flandes.*

Actividad militar, economía y sociedad en la España noratlántica, 1556-1648, La Coruña, Ediciós do Castro, 1996.

— «Galicia al servicio de la política imperial: levas y armadas en el transcurso del siglo XVI», *Semata, Ciencias Sociais e Humanidades*, 11, 1999, pp. 115-134.

— «La financiación de la actividad militar en Galicia y sus repercusiones fiscales durante la primera mitad del siglo XVII», ARANDA PÉREZ, Francisco José (coord.), *La declinación de la Monarquía Hispánica en el siglo XVII: actas de la VIIª Reunión Científica de la Fundación Española de Historia Moderna*, Cuenca, Universidad de Castilla-La Mancha, 2004, vol. 1, pp. 433-450.

SÁNCHEZ BELÉN, Juan Antonio, «La aportación de la provincia de Álava a la contienda hispano-portuguesa en los años finales del reinado de Felipe IV (1663-1665)», *Espacio, Tiempo y Forma. Serie IV, Historia Moderna*, 12, 1999, pp. 249-273.

SÁNCHEZ RAMOS, Valeriano, «Un ejército de campesinos. La repoblación de Felipe II en la Alpujarra Almeriense y la Militarización de la sociedad civil», *La organización militar en los siglos XV y XVI*, Málaga, Cátedra General Castaños, 1993, pp. 143-149.

— «Repoblación y defensa en el Reino de Granada: soldados campesinos y campesinos soldados», *Chronica Nova*, 22, 1994, pp. 357-388.

— «El Reino de Granada. Una repoblación de frontera», SEGURA ARTERO, Pedro (coord.), *Actas del Congreso La frontera oriental nazarí como sujeto histórico (s. XII-XVI): Lorca-Vera, 22 a 24 de noviembre de 1994*, Almería, Instituto de Estudios Almerienses, 1997, pp. 663-669.

SÁNCHEZ SAUS, Rafael, «Las milicias concejiles y su actuación exterior: Sevilla y la guerra de Granada (1430-1439)», *La ciudad hispánica durante los siglos XII al XVI*, Madrid, Universidad Complutense, 1987, pp. 595-651.

SANTOS ARREBOLA, María Soledad, «La formación de milicias urbanas durante el reinado de Felipe II», MARTÍNEZ RUIZ, Enrique (dir.), *Madrid, Felipe II y las ciudades de la Monarquía*, vol. 1: *Poder y dinero*, Madrid, Actas, 2000, pp. 123-127.

SOBALER SECO, María de los Ángeles, «"La Cofradía de nobles caballeros de Santiago" de Soria (1572): un intento frustrado de corporativismo nobiliar», *Investigaciones Históricas: Época Moderna y Contemporánea*, 12, 1992, pp. 11-29.

SOTTO, Serafín María de (conde de CLONARD), *Historia orgánica de las armas de infantería y caballería españolas desde la creación del ejército permanente hasta el día*, t. III, Madrid, Imprenta de D. B. González, 1851-1859.

TENORIO Y CERERO, Nicolás, «Las milicias de Sevilla», *Revista de Archivos, Bibliotecas y Museos*, vol. II, 1907, pp. 222-223.

THOMPSON, I. A. A., *Guerra y decadencia. Gobierno y administración en la España de los Austrias, 1560-1620*, Barcelona, Crítica, 1981.

— «La movilización de los recursos nacionales y las tesis de Downing. La guerra y el Estado en España a mediados del siglo XVII», MARTÍNEZ RUIZ,

Enrique y Pi CORRALES, Magdalena de Pazzis (dirs.), *España y Suecia en la Época del Barroco (1600-1660)*, Madrid, Comunidad Autónoma de Madrid-Consejería de Educación y Cultura-Encuentros Históricos España-Suecia, 1998, pp. 279-306.

— «Milicia, Sociedad y Estado en la España Moderna», VACA LORENZO, Ángel, *La Guerra en la Historia*, Salamanca, Ediciones Universidad de Salamanca, 1999, pp. 115-133.

TORRES FONTES, Juan, «Dos ordenamientos de Enrique II para los caballeros de cuantía de Andalucía y Murcia», *Anuario de Historia del Derecho Español*, XXXIV, 1964, pp. 463-478.

TRUCHUELO GARCÍA, Susana, *Guipúzcoa y el poder real en la Alta Edad Moderna*, San Sebastián, Diputación Foral de Gipuzkoa-Gabinete del Diputado General-Dirección General de Cultura, 2004.

— «Controversias en torno a las milicias guipuzcoanas en el período altomoderno», *IX Reunión científica de la Fundación de Historia Moderna*, Málaga, 7-9 de junio de 2006 (inédito).

III. «...*A SU COSTA E MINSIÓN...*». EL PAPEL DE LOS
PARTICULARES EN LA CONQUISTA, PACIFICACIÓN
Y CONSERVACIÓN DE LA NUEVA ESPAÑA

Juan Carlos Ruiz Guadalajara[1]
El Colegio de San Luis, A.C.

[...] porque con las armas se defienden las repúblicas, se conservan los
reinos, se guardan las ciudades, se aseguran los caminos, se despejan los
mares de corsarios, y, finalmente, si por ellas no fuese, las repúblicas, los
reinos, las monarquías, las ciudades, los caminos de mar y tierra estarían
sujetos al rigor y a la confusión que trae consigo la guerra el tiempo que
dura y tiene licencia de usar de sus privilegios y sus fuerzas [...].

Don Quijote de la Mancha, cap. XXXVIII

[...] Tienen obligación los Encomenderos, y vezinos domiciliarios á la
defensa de la tierra, [...] que deven acudir en las ocasiones, que se ofre-
cieren de nuestro Real servicio, como buenos vasallos, que gozan de los
beneficios de nuestra merced, y liberalidad [...].

Cédula de Felipe II, diciembre 1 de 1573

Presentación: los *bellatores* en la tradición hispánica

Las actividades milicianas o guerreras que desarrollaron los particulares
españoles en el proceso histórico de conquista, expansión, pacificación y
preservación de los dominios americanos de la monarquía deben ser
explicadas en función de una serie de prácticas sociales y concepciones
jurídicas que hunden sus raíces en la tradición castellana del siglo XII, y
que hicieron de la guerra un hecho dominante en el horizonte social de
la Península Ibérica. Como sociedad de frontera y sobre todo bajo la
herencia jurídica de las antiguas instituciones romanas, los castellanos de
aquel siglo mantuvieron una clara conciencia del vasallaje con base en la
idea del *imperium* y del reconocimiento y obediencia al poder de los
príncipes cristianos[2]. La guerra contra los enemigos internos y externos,

---

[1] Mi agradecimiento a Sergio Serrano por varias referencias documentales de gran
utilidad.
[2] Rucquoi, 2000, pp. 247-248; García Fitz, 1998, p. 26; Lourie, 1966, pp. 54-60.

sobre todo en contra de los musulmanes, permitió consolidar una lógica de ascenso y movilidad social basada en los servicios al monarca y por lo tanto a Dios, dentro de una concepción providencialista de la historia. Ya en el siglo XIII las *Siete Partidas* de Alfonso X consignaron las formas de señorío presentes en aquella sociedad, definiendo como la mayor y la primera de ellas la que tiene el rey sobre todos sus señores y vasallos, *merum imperium*, y que implicaba la facultad plena de mandar y juzgar a los habitantes de su tierra. Dichos atributos funcionaron en un ámbito de reciprocidades por el cual el monarca estaba obligado a proteger, reconocer y premiar los servicios de sus vasallos, quienes a su vez tenían la misión de honrar, amar y servir al príncipe. La figura del vasallaje implicaba, por tanto, la del gran deudo, haciendo del monarca la fuente última de legitimidad y de la guerra el escenario ideal de servicio y obtención de recompensas[3].

El peso de la guerra y las necesidades organizativas que implicaba estimularon en la Península Ibérica la estructuración de las comunidades y la consolidación de la tradición urbana de raigambre latina. El ejemplo más representativo fue el de las huestes concejiles o milicias urbanas, cuyos contingentes eran reclutados por dirigentes y señores locales entre la población de las ciudades y sus jurisdicciones con base en las necesidades de defensa a que estaban obligados los vecinos, las cuales aparecen consignadas y reguladas en fueros, cartas pueblas y diversos ordenamientos[4]. Las ciudades fueron, por tanto, los únicos escenarios posibles para la organización de la defensa territorial y de la ayuda económica en situaciones de conflicto, principalmente en el ámbito de la reconquista. De ahí que el estatuto de nobleza como aspiración individual de los señores se haya extendido también a las ciudades en función de los servicios prestados al monarca, quien evaluaba y sancionaba la calidad moral de sus súbditos para repartir privilegios, así como la capacidad de las ciudades para dominar sus términos territoriales y dotarlas en consecuencia de fueros. El acceso de los particulares al privilegio de nobleza estuvo asociado a la obligatoriedad del llamado de las armas, costumbre proveniente de los servicios castellanos de los siglos XI y XII y que involucró una escala de valores inherente a los tres órdenes de la sociedad medieval. Esta concepción, basada en la idea teológica de los tres estados que implantó Dios para el mantenimiento del mundo, a saber, los *oratores*, los *laboratores* y los *bellatores*, dividía de forma tripartita la sociedad y le daba preeminencia a estos últimos por su carácter de defensores de todo el conjunto social. El mismo Alfonso X estableció en sus *Par-*

---

[3] ALFONSO X, Partida IV, tit. 25: «Vasallaje es otrosí un gran deudo y muy fuerte que tienen aquellos que son vasallos con sus señores, y otrosí los señores con ellos».

[4] GARCÍA FITZ, 1998, p. 41.

tidas que en los *bellatores* o defensores concurrían el esfuerzo, la honra
y el poderío, por ello, «los hombres que tal obra han de hacer tuvieron
por bien los antiguos que fuesen muy escogidos»[5].

La guerra, además, trajo consigo el desarrollo de códigos y leyes que
marcaron los principios fundamentales de aquella actividad en términos
de justicia, honor y beneficios. Las mismas *Partidas* de Alfonso el Sabio
establecieron como premisa de una guerra justa la razón y el derecho, y
definieron dos maneras concretas de hacerla: por un lado, en contra de
los enemigos «que están dentro del reino» y que enferman a los hombres; por el otro, en contra de los enemigos «que están fuera del reino».
Para ambos casos, las *Partidas* señalan la relevancia de la figura del caudillo, imagen jurídicamente reconocida en la época y clara representación de la importancia que los servicios de los particulares tenían en
la actividad bélica, principalmente los señores: «acaudillamiento según
dijeron los antiguos es la primera cosa que los hombres deben hacer en
tiempo de guerra»[6]. El caudillo, como encarnación de la iniciativa y las
virtudes de un individuo en la dirección de la guerra, se complementaba
además con las figuras del caballero hijodalgo y del gentilhombre como
defensores de la tierra, los bienes y el honor.

Todos estos significados y sus prácticas asociadas, desarrollados a
plenitud por siglos en el contexto de la expansión castellana sobre los
territorios musulmanes de la Península Ibérica, encontraron un nuevo
horizonte de realización a principios del siglo XVI en el ámbito americano. Sin embargo, conforme avanzó el proceso de integración de buena
parte de este territorio a la órbita imperial, las formas tradicionales del
servicio de las armas por los particulares se vieron gradualmente modi-
ficadas en función de múltiples necesidades, adaptaciones y experiencias.
Para el caso de la Nueva España y sus reinos subordinados, podemos
establecer una primera etapa marcada por el proceso de conquista y
expansión en la cual predominó el carácter y aspiraciones señoriales de
los particulares en sus esfuerzos por lograr riqueza y títulos por parte
del monarca. Este proceso comenzó a cambiar con la promulgación de
las Leyes Nuevas y el interés de la monarquía por acotar y posteriormente suprimir las encomiendas; con ello se percibe el arranque de una
segunda etapa que podemos ubicar entre 1542 y 1640, y que estuvo marcada por los saldos de la Guerra del Mixtón, el prolongado conflicto con
los nómadas aridamericanos en la denominada Guerra de los Chichimecas y el desplazamiento del escenario de conflicto hacia el septentrión
remoto de la Nueva España. A partir de 1640 y prácticamente hasta
mediados del siglo XVIII, predominó el interés regalista y las prácticas de

---

[5] ALFONSO X, Partida II, tit. 21.
[6] *Ibid.*, tit. 23.

autodefensa concejil de los pueblos, villas y ciudades, sin que desaparecieran las formas de organización miliciana sustentadas en particulares que mantuvieron la actividad defensiva y expansionista en las fronteras septentrionales del imperio español en América.

Dios, el rey y el interés privado

Las empresas milicianas españolas organizadas con el objetivo de explorar, someter e integrar los territorios mesoamericanos a la Corona fueron encabezadas y en muchos casos improvisadas por particulares que, con sentido de la oportunidad, impulsaron la formación de huestes que se movieron bajo el ideal del enriquecimiento por la vía de las recompensas. Las bases jurídicas de la acción de estos particulares han sido ya definidas por Silvio Zavala en su estudio sobre *Los intereses particulares en la conquista de la Nueva España*, en el cual establece que las tres tareas desarrolladas por el español en Indias, a saber, conquista, pacificación y poblamiento, estuvieron supeditadas al interés del señor natural por exigencias jurídicas de vasallaje y servicio a cambio de recompensas y gratificaciones. De acuerdo con Zavala, las tradiciones jurídicas establecidas en los diferentes ordenamientos de la época marcaban que las costas o gastos de la actividad guerrera estuvieran a cargo de los particulares y no del monarca[7]. Lo anterior posibilitó un amplio marco de acción individual en el ámbito americano para que los particulares se integraran por iniciativa propia a la actividad miliciana.

Existieron, sin embargo, dos modalidades principales para este tipo de servicios. Por un lado, la organización de expediciones a partir de contratos y capitulaciones con la Corona, es decir, mediante una base contractual que definía las recompensas a obtener por parte del particular en caso de lograr los objetivos planteados. Por el otro, el desarrollo de una lógica de servicios a Dios y al rey por parte de los particulares a cambio de posteriores mercedes y repartimientos tras la certificación y reconocimiento de los méritos personales. El primer caso fue muy esporádico. Lo encontramos desde las primitivas empresas de exploración y descubrimiento a partir de capitulaciones que siguieron para América el modelo utilizado por Castilla en las expediciones previas sobre las islas Canarias[8]. El ejemplo principal son las capitulaciones colombinas por las cuales Cristóbal Colón fijó mediante contrato sus recompensas en bienes y privilegios frente a los patronos de su empresa, los Reyes Católicos. Se trataba de una inversión sujeta a riesgos aunque, de ser exito-

---

[7] ZAVALA, 1991, pp. 21-28.
[8] DIEGO FERNÁNDEZ, 1987, p. 74.

sa, con un amplio margen de potenciales ganancias para ambas partes y con la participación de un conjunto de particulares involucrados en el intento.

De esta forma, las capitulaciones, como contratos, significaron en primer término la obtención de los recursos financieros necesarios para la expedición que, a manera de compañía, formalizaba los señalamientos específicos en torno a los derechos y garantías de los concertantes. La capitulación generaba, por tanto, un caudal de convenios y contratos ante escribano público entre el particular responsable o adelantado y los particulares que prestarían los servicios a la expedición. Colón, por ejemplo, estableció desde su primer viaje contratos diversos que abarcaban desde la renta de las naves hasta la contratación de artesanos, cirujanos, clérigos y soldados, entre otros. Mas la naturaleza expansionista de las empresas colombinas y de las que le siguieron en los descubrimientos trasatlánticos implicaron no sólo obligaciones de tipo mercantil, sino también políticas, religiosas y militares en cuanto a la posibilidad de integrar nuevos territorios y vasallos a la Corona. Dicha integración podía ser pacífica o consumada mediante el sometimiento vía la guerra. Así, el conjunto de los individuos involucrados en estas primeras empresas organizadas con base en capitulaciones tuvieron clara conciencia de sus posibles funciones milicianas[9]. De hecho, el modelo de la capitulación fue seguido con posterioridad por algunos españoles quienes, tras haber explorado y reconocido diversos territorios americanos, negociaron directamente con la Corona su sometimiento, así como el título de adelantados. Los casos quizá más importantes en el siglo XVI los encontramos en las capitulaciones negociadas hacia 1526 por Francisco de Montejo para la conquista de Yucatán y las tratadas por Luis de Carvajal en 1579 para conquistar tierras del septentrión novohispano y fundar el Nuevo Reino de León.

El segundo caso, esto es, la lógica de servicios particulares a Dios y al rey a cambio de posteriores recompensas, permite dimensionar la relevancia del miliciano español no profesional en el espacio novohispano, es decir, el papel de los particulares como conquistadores, pacificadores, pobladores y defensores. Fue precisamente esta modalidad la que predominó en el período posterior al establecimiento de las instituciones y poblaciones castellanas en las Antillas. La razón fue simple: la consolidación del descubrimiento del Nuevo Mundo en su etapa insular abrió un amplio horizonte de acción hacia la tierra continental ubicada al occidente. Una revisión de los mecanismos de conformación de las primeras tres expediciones que salieron de Cuba hacia lo que sería la Nueva España nos muestra cómo los españoles residentes en aquella isla idearon y ejecutaron de forma organizada, pero sobre todo en su carácter de

---

[9] DIEGO FERNÁNDEZ, 1987, pp. 66-67.

particulares, empresas de exploración y poblamiento bajo el doble sentido del enriquecimiento personal y de los servicios al monarca. Bernal Díaz del Castillo, por ejemplo, al comienzo de su *Historia verdadera*, describe su salida de Castilla y su vida de soldado «en compañía» del gobernador Pedro Arias de Ávila. Para la época, el término *compañía*, además de su acepción jurídico-mercantil como convenio o contrato, mantenía un predominante «sentido de sociedad y participación común è igual, de bienes y males entre dos ò mas personas, que se juntan para algúna operación o efecto»[10], ya fuera en empresas comerciales o militares. En dicha compañía y bajo la personalidad de soldado contratado por un particular, Díaz del Castillo llegó a Nombre de Dios, donde permaneció aproximadamente un año en el cual presenció el sometimiento de Vasco Núñez de Balboa por parte de Pedro Arias.

Ante las noticias sobre la pacificación de Cuba por Diego Velázquez y la falta de actividad bélica «porque no había qué conquistar [...] acordamos ciertos hidalgos y soldados, personas de calidad» pasar a dicha isla. Ya en Cuba, el gobernador les hizo la promesa de que recibirían indios de los primeros que vacasen. Sin embargo, para 1517, ante la falta de indios y por no haber hecho «cosa ninguna que de contar sea», Bernal decidió involucrarse en un concierto o acuerdo con otros 110 soldados que aguardaban recompensas e ir a descubrir nuevas tierras. De esta compañía y por concertación de sus miembros surgió la expedición capitaneada por Francisco Hernández de Córdoba, hidalgo «que era hombre rico y tenía pueblos de indios en aquella isla». En su discurso historiográfico, Díaz del Castillo hace explícitas una serie de motivaciones que fueron comunes a todas las empresas semejantes que en esos años desarrollaron los particulares en América: buscar y descubrir nuevas tierras, «emplear nuestras personas » y lograr repartimiento[11]. Todo el proceso de integración de la empresa implicó, además, el permiso del gobernador Velázquez, condición necesaria para la legalidad de todos los actos jurídicos de posesión de nuevas tierras en nombre del rey. Bernal resume así, en su persona, la situación y aspiraciones del soldado en el contexto de la temprana expansión hispánica sobre América: estamos ante el ejercicio de las armas no en función de un aparato profesional organizado por el Estado, sino a partir de los servicios al rey mediados por el interés privado.

La tercera expedición que partió de Cuba a Tierra Firme y que fuera encabezada por Hernán Cortés es uno de los casos más representativos de los afanes que movieron a los particulares en su carrera expansionista y miliciana en Indias. Como letrado y capitán nombrado por el gober-

---

[10] *Diccionario de la lengua castellana*, 1969, vol. II, p. 444.
[11] DÍAZ DEL CASTILLO, 1991, pp. 3-5.

nador Velázquez para el nuevo intento de conquista, Cortés realizó una combinación de acciones organizativas dirigidas a cubrir eficazmente los aspectos armados y jurídicos de la expedición, siempre pensando en el monarca como la fuente que legitimaría sus acciones. El mismo Bernal describe los prolegómenos de la empresa y muestra a un Cortés dedicado a obtener préstamos y asociados, todo bajo contratos que especificaron las potenciales formas de pago en función de los beneficios que se esperaba obtener en el rescate de metales preciosos y en el repartimiento de indios de la Tierra Firme tras su conquista y pacificación. Buena parte de los preparativos se concentraron en integrar el mayor número de expedicionarios mediante la promesa de grandes beneficios:

> [...] y luego [Cortés] mandó dar pregones y tocar sus atambores y trompetas en nombre de su majestad, y en su real nombre por Diego Velázquez: para que cualesquier personas que quisiesen ir en su compañía a las tierras nuevamente descubiertas a las conquistas y poblar, les darían sus partes de oro, plata y joyas que se hubiese, y encomiendas de indios después de pacificadas[12].

En cuanto a la guerra como característica central de dicha expedición de conquista y poblamiento, Cortés dirigió enormes esfuerzos a obtener todo tipo de armas y pólvora a lo largo y ancho de la isla de Cuba, además de haber cuidado con mucha diligencia la confección de estandartes y banderas con las armas reales y con diversos mensajes que exaltaban la fe cristiana y el servicio a Dios. De todo ello dejaron constancia varios cronistas, los cuales coinciden en que una parte del avío fue dado por Cortés «a su costa e minsión», señalamiento que se volvió común en todo tipo de relaciones que los particulares involucrados en las tareas de conquista y poblamiento enviaron al monarca en busca de su reconocimiento y compensación[13].

Más allá de que los españoles de esa época estuviesen obligados al servicio y sostenimiento de las armas para defender la tierra y, por ende, la Cristiandad, en el caso de expediciones de descubrimiento y conquista como las emprendidas por Cortés, Montejo, Olid y otros, la aportación de los particulares funcionó bajo el más claro sentido de inversión privada. La Corona no sólo estuvo limitada en recursos para gestionar y financiar la expansión trasatlántica, sino que dejó en manos de los inte-

---

[12] DÍAZ DEL CASTILLO, 1991, p. 49.

[13] En su primera carta de relación (10 de julio de 1519), Cortés fue muy cuidadoso en señalar a Carlos V el hecho de haber sido designado como capitán de la nueva expedición por tener «mejor aparejo que otra persona alguna en dicha isla, por tener entonces tres navíos suyos propios y dineros para poder gastar», CORTÉS, 1979, p. 11.

reses e iniciativa de adelantados la organización de las actividades guerreras sobre los territorios por descubrir y someter. De hecho, el soldado
español que participó en la conquista y fundación de la Nueva España
orientó sus acciones por el derecho de presas, vigente por siglos en los reinos cristianos de la Península Ibérica y con una serie de reglas, usos tradicionales y preceptos que establecieron la relación entre lo que aportaba el
soldado para la guerra y los premios que podía obtener. Estaba definida
también la jerarquía de las compensaciones en función de lo aportado, de
ahí que las posibilidades de ganancia tuvieran fuertes variaciones entre el
soldado de a pie y el soldado de a caballo[14]. Por lo tanto, fue el estímulo
de amplias posibilidades de enriquecimiento lo que en buena medida
explica el sentido de participación de los particulares como milicianos en
las tareas de conquista. A lo largo de sus cartas, por ejemplo, Cortés narra
sus constantes pesquisas con los indios para ubicar minas de oro, o bien
para registrar poblaciones abundantes y tierras de calidad.

Los beneméritos de la Nueva España: de la encomienda a la merced

Las empresas que derivaron en la fundación de la Nueva España propiciaron, además, un temprano campo de definiciones jurídicas en torno a la
naturaleza de los derechos generados por los servicios de particulares al
monarca, principalmente los realizados en acciones bélicas. Más allá de
normas y tradiciones hispánicas que definían de forma general la dinámica de las recompensas, los servicios al rey por parte de particulares no
facultaron a éstos para reclamar o pelear en tribunales la compensación.
Ésta dependió, a lo largo de todo el período novohispano, de principios
que apelaban a la magnanimidad, liberalidad y justicia del buen príncipe
como señor natural y fuente de toda merced[15]. Por ello, los apetitos económicos de los primeros conquistadores y pacificadores de la Nueva
España y en general de todos aquellos que les siguieron, se manifestaron a
través de argumentos políticos, épicos y de códigos inmersos en la retórica del vasallaje, la lealtad y el servicio a las dos potestades supremas: Dios
y el rey. Aunada a las aspiraciones de enriquecimiento y de ascenso social
de los particulares-milicianos españoles encontramos también muy presente la lógica del posible ennoblecimiento de todos aquellos que encabezaron las tareas de conquista. En la primera etapa que hemos ubicado
entre 1517 y 1542, dicha aspiración se manifestó en términos de objetivos
señoriales a partir de la institución de la encomienda indiana y sus peculiaridades en la etapa continental de poblamiento.

[14] ZAVALA, 1978, p. 69.
[15] ZAVALA, 1991, p. 119.

Si bien la encomienda surgió como una forma de repartimiento en la etapa insular de la expansión hispana en América, ya en el continente se convirtió en una institución muy compleja y productiva, así como en la recompensa más buscada por los milicianos que habían participado en las huestes conquistadoras[16]. Quienes las detentaron vieron con ello retribuidos sus servicios como milicianos, además de que los indios de repartimiento y el derecho de cobrar tributos y prestaciones personales estimularon el poblamiento y la evangelización. Con las encomiendas en manos de los primeros conquistadores de la Nueva España el monarca y sus funcionarios también resolvieron una primera etapa de control político, militar y tributario sobre los cientos de señoríos indígenas que fueron integrados al imperio español. Ante el escaso número de pobladores españoles y la ausencia de una estructura burocrático-administrativa, los grandes encomenderos de las primeras dos décadas novohispanas ejercieron el señorío incluso en tareas de justicia. Así, el señorío implicó no sólo un estatuto de prestigio sino una condición de amplio poder jurisdiccional sobre el territorio y la población encomendados. En términos reales, la encomienda en los orígenes de Nueva España preservó rasgos feudales en tanto que el monarca delegaba en el encomendero parte de la soberanía a cambio de la obligación de proteger a los indios, evangelizarlos, cobrar tributos y, sobre todo, habitar y defender las provincias donde fueren encomendados, preservando las funciones milicianas de los particulares ahora como pobladores y defensores de sus respectivos territorios y bienes[17].

Personajes como Cortés, Bernal Díaz o Vázquez de Tapia buscaron el reconocimiento de sus empresas desde una perspectiva señorial que legitimara su jerarquía por haber ganado la tierra con las armas y «a su costa e minsión»[18]. Sin embargo, la visión jerárquica que imperó entre los mismos conquistadores, sus profundas rencillas y enemistades, así como un desigual acceso al botín, recompensas y prestigio, hicieron que muchos particulares que se enrolaron como soldados de huestes conquistadoras en busca de ventura y fortuna terminaran, a la vuelta de unos años, mal recompensados, maltrechos y pobres[19]. Muchos milicianos, sin renunciar a su hidalguía, se dedicaron incluso al despojo de indios para compensar su mala situación y en espera de nuevas expediciones[20].

---

[16] José Miranda establece que las primitivas encomiendas otorgadas en Nueva España a miembros de las huestes conquistadoras desarrollaron procesos similares al de la empresa capitalista. MIRANDA, 1965, pp. 5-15.

[17] SOLÓRZANO y PEREYRA, 1979, vol. I, p. 233.

[18] Por ejemplo, a lo largo de su relación de méritos, el conquistador Bernardino Vázquez de Tapia reiteró hacia 1544 el haber servido al rey «sin recibir sueldo ni acostamiento ninguno», VÁZQUEZ DE TAPIA, 1972, pp. 24 y 26.

[19] BOSCH GARCÍA, 1987, pp. 52-54.

[20] *Ibid.*, p. 45.

Fue a partir de 1531, durante el gobierno de la segunda Audiencia, y más específicamente con el inicio del gobierno del primer virrey Antonio de Mendoza en 1535, cuando las autoridades encaminaron sus esfuerzos a organizar la administración virreinal y asegurar mediante la pacificación y el poblamiento los territorios conquistados. Con ello se inició una transición política dirigida a debilitar el ideal señorial y el enorme poder de los encomenderos con miras al fortalecimiento del regalismo, es decir, la autoridad del rey. Dichos esfuerzos contaban ya con antecedentes desde 1528, cuando surgieron las primeras limitaciones y regulaciones a los encomenderos, las cuales les prohibieron exigir oro o esclavos a los indios encomendados. Para 1536 el virrey abolió el estatuto de perpetuidad de la encomienda y limitó su sucesión a dos vidas. Fue en 1542 con la promulgación de las Leyes Nuevas cuando se estableció la supresión de nuevas encomiendas, y cuatro años después la Corona revocó parcialmente la facultad de los encomenderos para administrar justicia[21].

A la par de este proceso de organización regalista las autoridades novohispanas definieron las nuevas necesidades de poblamiento, entre otras, la fundación de asentamientos españoles y el estímulo a la figura del poblador o vecino domiciliario. Esto implicó el fortalecimiento de la calidad militar de todo vecino y la consolidación del reparto estable de recompensas en función de los méritos particulares en la defensa y conservación de la tierra. Esta nueva estrategia de reparto reconocía la existencia de un grupo de primitivos conquistadores que comenzaron a cohabitar la Nueva España con los españoles que migraron para integrarse al proceso poblacional. Sin embargo, el contexto que había marcado las empresas de conquista había cambiado drásticamente en unos cuantos años, no sólo por el avance acelerado de la baja demográfica indígena, sino también por la definición de territorialidades, jurisdicciones y mecanismos de poblamiento de índole hispánica. Hacia 1535, los ámbitos de conquista se habían diversificado y los españoles enfrentaban la tarea de explorar y ensanchar los territorios del nuevo reino mediante negociaciones y guerras con otros grupos autóctonos. Sin haber desaparecido el influjo de las recompensas para los milicianos españoles en nuevas empresas particulares de conquista, principalmente hacia el noroeste y sureste del territorio novohispano ya asegurado, ahora se imponía el repartimiento de la tierra, su defensa y conservación mediante el fortalecimiento de la merced, mecanismo de retribución de bienes que comenzó a utilizar la monarquía con los pobladores para premiarlos con tierras, pensiones, salarios y oficios de acuerdo a sus servicios, méritos y calidad.

La monarquía, a través de la Audiencia Gobernadora y del virrey Mendoza, se hizo eco de la nueva realidad y estableció, mediante diver-

---

[21] ZAVALA, 1978, pp. 99-100; MIRANDA, 1965, pp. 11-15.

sos ordenamientos, una clasificación del tipo o grados de «beneméritos» españoles en las Indias, nombre legal que fue utilizado para referirse a los particulares «de buenas partes y servicios, idóneas, temerosas, y zelosas del servicio de Dios nuestro Señor, y bien de la causa pública, limpias, rectas, y de buenas costumbres»[22]. La calidad de benemérito significaba la dignidad de ser atendido y estimado por las obras realizadas: «siempre supone persona que haya merecido»[23]. La correspondencia entre el mérito y el beneficio estuvo nutrida por los antiguos preceptos del privilegio y del orden jerárquico de las personas también en función de su calidad. Sin embargo, los criterios para repartir comenzaron a ser controlados por el rey o bien por sus representantes, principalmente el virrey, facultado para otorgar mercedes. De acuerdo a los nuevos criterios, fueron considerados como beneméritos de las Indias, en primer lugar, los descubridores y conquistadores, sus hijos y descendientes; en segundo lugar, los pobladores; y en tercer lugar, los pacificadores[24]. Desde la cédula real de 1528 sobre el tema hasta diversos ordenamientos que se establecieron en los años subsecuentes, la monarquía asumió una postura que intentó conciliar los méritos diferenciados, aunque igualmente necesarios, de los españoles novohispanos que enfrentaban la consolidación del reino. Sin evadir la necesidad de remunerar los servicios antiguos, la autoridad real comenzó a plantear como indispensable el beneficiar a los pobladores, por ser éstos quienes llevaban la tierra y la conservaban. Lo mismo ocurrió con los pacificadores, definidos como aquellos particulares que en sediciones o disturbios seguían el pendón real o que hacían servicios dignos de premio en contra de enemigos internos o externos por mar, tierra o en otra forma[25]. Cualquiera de las tres categorías de benemérito establecidas en las leyes implicó para los particulares el ejercicio de las armas en calidad de milicianos[26].

Por lo tanto, las actividades relacionadas con el dominio, pacificación, defensa, poblamiento y sometimiento de indios rebeldes, o incluso de españoles acusados de deslealtad, fueron de servicio al rey, diversificándose y fortaleciéndose en la segunda mitad del siglo XVI en la Nueva España bajo el esquema de la merced real. Dichas actividades y la variedad de posibles premios involucraron a todos los españoles en su calidad de vecinos domiciliarios obligados a acudir con sus armas en la defensa

---

[22] *Recopilación de leyes de los reynos de las Indias*, 1987, vol. II, p. 4.

[23] *Diccionario de la lengua castellana*, 1969, vol. I, p. 549.

[24] SOLÓRZANO Y PEREIRA, 1979, vol. I, p. 271.

[25] *Ibid.*, p. 271.

[26] El término *milicia* significó en la época el arte de hacer la guerra ofensiva o defensiva, o bien los cuerpos de soldados o de vecinos de algún país o ciudad que se alistan para la defensa cuando lo pide la necesidad. *Diccionario de la lengua castellana*, 1969, vol. IV, pp. 568-569.

del joven reino. Hacia 1540, con el paulatino proceso de debilitamiento de los encomenderos y bajo el claro proyecto de consolidación de la autoridad central del monarca en Nueva España a través de su burocracia, el interés privado de los pobladores y migrantes españoles fue estimulado con la posibilidad de adquirir por méritos y servicios, principalmente a través de las armas, desde tierras y solares hasta rentas, oficios e indios de servicio, entre otros premios que si bien fueron efectivos en términos de las necesidades de expansión, también generaron un caudal de abusos que prolongarían por décadas el escenario de enfrentamiento con grupos autóctonos en las zonas de frontera, principalmente en la franja septentrional del virreinato, más allá del Río Grande.

El proceso no tardó mucho: para 1541 los indios caxcanes y sus aliados se rebelaron en la zona del Mixtón, provincia de Xalisco, en contra de los abusos que padecieron a raíz de la penetración hispano-indígena en su territorio, protagonizando uno de los alzamientos más difíciles para el naciente reino. El virrey Mendoza hubo de organizar y encabezar un ejército de milicianos españoles y aliados indígenas para someter a los caxcanes y garantizar la sobrevivencia del virreinato. Preocupado también por revertir el miedo generado por la rebelión del Mixtón e incentivar el flujo de colonos españoles hacia la tierra de los grupos nómadas denominados chichimecas, el virrey otorgó a particulares una buena cantidad de mercedes de tierra y estancias de ganado en dicha zona entre 1543-1544, con la intención de que los españoles fundaran pueblos y ejercieran las tareas de dominio y defensa territorial. Éste fue el preámbulo de otro escenario de prolongado conflicto con los nómadas guamares, guachichiles y zacatecos, el cual se vio fuertemente estimulado con el descubrimiento de las minas de Zacatecas en 1546 y de las minas de Guanajuato en 1554. Nos referimos a lo que los españoles dieron en llamar, desde su perspectiva occidental, como la guerra de los chichimecas.

Indios amigos, indios milicianos

Las estrategias de avasallamiento de los indígenas por parte de las huestes españolas generaron una decisiva participación miliciana de aquellos a favor del monarca católico en las primeras décadas de conquista y expansión. Los caudillos y adelantados lograron la adhesión y, sobre todo, el auxilio de hombres y armas autóctonos, sin los cuales no se explica la caída del orden político del México antiguo. La integración de los indios a la dinámica de la guerra ocasionada por la irrupción de los cristianos en sus territorios estuvo marcada por condiciones históricas específicas. Por ejemplo, la fragmentación político-territorial que caracterizaba a Mesoamérica hacia 1519 determinó buena parte de la estrategia militar de negociación de Cortés en sus tareas de conquista, principalmente en lo relacionado al temprano vasallaje y ayuda militar que obtuvo de diversos señoríos indígenas en su camino hacia Tenochtitlan. Este proceder, seguido por muchos españoles en sus posteriores campañas expansionistas, implicó negociaciones particularizadas con los linajes gobernantes de cada jurisdicción para garantizar su sumisión y lealtad a Dios y al rey, aspectos que se sintetizaron en crónicas y documentos bajo el término de «indios amigos». Dichas negociaciones hicieron extensiva la lógica castellana de ofrecer recompensas y privilegios a todos aquellos señores y caciques que aportaran auxilios, principalmente militares, a las expediciones de los particulares españoles, promesas que no siempre fueron ratificadas por el monarca. La opción para los indios que se negaron al vasallaje y colaboración fue, simple y sencillamente, su sometimiento por vía de la violencia. De hecho, el vasallaje y alianza con los españoles implicaba en un primer plano meramente formal la renuncia explícita a los denominados «falsos dioses» y la aceptación de la «verdadera religión», es decir, la sumisión formal a Dios y al rey más allá de conversiones religiosas objetivas. Esto provocó en algunos casos la inconformidad y resistencia de sectores indígenas en contra de la docilidad de sus caciques y señores para con los españoles, incrementando el escenario de conflicto.

A lo largo de sus cartas enviadas a Carlos V y bajo la retórica del vasallaje, Cortés quiso dejar constancia del grado de colaboración que obtuvo de diversos señores principales o caciques tras haber aceptado éstos el ofrecimiento de futuras mercedes y protección de la Corona. Mediante este recurso, del aprovechamiento de las divisiones y conflictos preexistentes entre señoríos, así como de las contrastantes impresiones y reacciones que los cristianos generaron en los indios, Cortés logró desde Cozumel hasta Cholula la ayuda material y, sobre todo, la asistencia militar de diversos linajes en el contexto de iniciales enfrentamientos[27]. El mismo proceder observamos en Tlaxcala. De acuerdo a Diego Muñoz Camargo, los señores de las cuatro parcialidades tlaxcaltecas decidieron aceptar la religión católica y la autoridad del monarca castellano después de una serie de negociaciones con Cortés que incluyeron el inmediato apoyo de Tlaxcala en contra de los mexicas a cambio de futuros privile-

---

[27] Un ejemplo de la retórica del vasallaje consignada por Cortés lo encontramos en el pasaje de la primera carta de relación donde narra su enfrentamiento con los indígenas que le salieron al paso en las costas aledañas a la desembocadura del río Grijalva: «dijo [Cortés a los indios] que supiesen que de allí adelante habían de tener por señores a los mayores príncipes del mundo, y que habían de ser sus vasallos y les habían de servir, y que haciendo esto vuestras majestades les harían muchas mercedes, y los favorecerían y ampararían y defenderían de sus enemigos», CORTÉS, 1979, p. 15.

gios[28]. Con ello los españoles se hicieron de un poderoso aliado militar que aportaría, a cambio de diversas promesas de mercedes y concesiones reales, numerosos milicianos para campañas bélicas y colonizadoras a lo largo del siglo XVI.

Para cuando Cortés emprende finalmente su camino en contra de México-Tenochtitlan, su hueste conquistadora incluía nutridos contingentes milicianos de indios de Cempoala, Tlaxcala, Cholula, Huejotzingo, Chalco, Xochimilco y Texcoco, además de algunos otomíes «que se vinieron a ofrecer y dar por vasallos de vuestra majestad, rogándome que les perdonase la tardanza»[29]. En algunos casos, principalmente el tlaxcalteca, la aportación indígena a la hueste española incluyó en esta etapa guerreros especializados. El mismo Diego Muñoz rescató hacia 1580 una lista de capitanes tlaxcaltecas «famosos y muy diestros en la guerra que llevó Fernando Cortés a la guerra de México»[30]. El peso de estos indios amigos fue definitivo en las campañas militares que colapsaron el *statu quo* del Altiplano Central Mexicano y determinaron, por la vía de los privilegios y mercedes, la sobrevivencia y continuidad política de muchos señoríos indígenas ahora bajo la órbita del imperio español y de la evangelización.

La experiencia acumulada en la empresa de Cortés por parte de los capitanes españoles para la negociación e integración de indios amigos a sus campañas expansionistas, fue una constante, aunque con resultados diferentes de acuerdo a las regiones por someter. Consumada la caída de Tenochtitlan, los milicianos que habían participado en ella se lanzaron por diversos rumbos para ganar nuevos territorios para el monarca. Lo hicieron a veces bajo las instrucciones de un encumbrado Cortés, pero también en ocasiones por propia iniciativa en busca de honores y fortuna. Lo cierto es que a partir de este momento los capitanes españoles, además de repartirse el botín, contaron con el auxilio de milicianos indígenas aliados para reproducir la experiencia inicial de conquista en lejanas regiones. Por ejemplo, el capitán Pedro de Alvarado fue enviado por Cortés con una hueste hispanoindígena a recorrer y someter los señoríos de la provincia de Guatemala entre 1523 y 1524. La negativa de los principales de esa zona a rendir vasallaje y venir de paz llevó a Alvarado hacia Atitlán, de donde sacó alrededor de seiscientos indios soldados para fortalecer su campaña contra los señores de Tecpán Guatemala y finalmente conquistarla[31]. Similar a lo sucedido en el Altiplano Central Mexicano, Alvarado aprovechó la situación de fragmentación político-

---

28 ACUÑA, 1984, p. 247.
29 CORTÉS, 1979, pp. 138-139.
30 ACUÑA, 1984, p. 276.
31 ACUÑA, 1982, p. 82.

territorial y de guerra que a su llegada prevalecía entre los caciques y señores de Atitlán, Tecpán Guatemala y Tecpán Utlatlan[32].

Yucatán nos muestra otro caso de las dificultades que los españoles enfrentaron y de las estrategias que siguieron para hacerse de aliados. Tras haber negociado para sí con el emperador el título de Adelantado y la conquista de Yucatán, Francisco de Montejo regresó a Indias en 1527 para encontrar una férrea oposición al vasallaje por parte de diversos señoríos mayas de la península. Montejo intentó tomar posesión del territorio en nombre de la Corona; negoció con los Cheles la fundación de un pueblo en la zona de Chichén Itzá para iniciar desde este punto la conquista de los otros señoríos, «lo cual hizo fácilmente porque los de *Ah Kin Chel* no le resistieron y los de *Tutu Xiu* le ayudaron»[33]; obtuvo indios de servicio y comenzó a repartir los pueblos entre su hueste. Fue entonces que los naturales decidieron rebelarse y obligaron a Montejo a retroceder hasta Campeche. Años después Francisco de Montejo hijo regresó a la zona tras haber participado al lado de Cortés en la expedición a California y ser nombrado gobernador de Tabasco. Desde aquí y utilizando vías fluviales penetró a Champotón y Campeche donde hizo muchos indios amigos, «que con su ayuda y la de los de Champotón acabó la conquista prometiéndoles que serían remunerados por el rey por su mucha fidelidad»[34]. Para 1542 Montejo se encontraba con sus milicias hispano-indígenas en *Tihó*, donde fundó la ciudad de Mérida, punto desde el cual mandó a sus capitanes en diversas direcciones para continuar la conquista y sofocar los levantamientos que aún resistían el avance de los cristianos. Para 1547 la zona peninsular de Yucatán estaba sometida e integrada a la Corona española.

Otro caso interesante de «indios amigos» y por lo tanto de milicias hispano-indígenas lo encontramos justo después de la caída de México-Tenochtitlan, cuando Cortés envió a Michoacán un ejército de aproximadamente doscientos españoles de a caballo y de a pie, acompañado, según las crónicas, de cinco mil indios aliados, todos al mando del capitán Cristóbal de Olid. Meses antes el cazonci Zuanga había recibido una embajada que Moctezuma le envió para buscar la ayuda de los tarascos en contra del sitio que mantenían los españoles sobre la ciudad lacustre de Tenochtitlan. De acuerdo a *La relación de Michoacán*, los embajadores informaron a Zuanga que los españoles habían matado ya a muchos mexicas, que «vienen los de Tascala con ellos, como había días que teníamos rencor unos con otros, y los de Tezcuco. Y ya los hubiéramos

---

[32] *Ibid.*, p. 88.
[33] LANDA, 1978, p. 23.
[34] *Ibid.*, p. 26.

muerto si no fuera por los que los ayudan »[35]. En posteriores pasajes la misma relación narra la llegada de Olid a Taximaroa con huestes de nahuas y otomíes encabezadas por muchos señores principales. Si bien las fuentes disponibles permiten afirmar que los capitanes tarascos preparaban una dura resistencia, lo cierto fue que los principales, incluido el cazonci, recibieron de paz a los españoles y a sus «indios amigos» y entregaron Michoacán al vasallaje sin mayor resistencia. Para julio de 1522 la expedición de Olid se encontraba ya con el dominio de Tzintzuntzan, la cabecera político-religiosa de los michuaques, y desde este sitio partieron diversos capitanes españoles a continuar las conquistas.

En dichas campañas hacia territorios del norte, occidente y la Mar del Sur, los españoles integraron a sus huestes contingentes tarascos en calidad de guerreros y de indios auxiliares, quienes por su nueva condición de vasallos estuvieron obligados a asistir. Por ejemplo, hacia 1524 el capitán Antonio de Carvajal salió de Tzintzuntzan y se dirigió hacia la Tierra Caliente del sur para conquistar sin resistencia alguna Sirándaro; después de tres días partió hacia la villa de Zacatula «y algunos de los indios fueron con él cargados hasta la dicha costa, que es a la Mar del Sur, treinta leguas de este pueblo».[36] El mismo Cortés describió cómo uno de sus capitanes se había trasladado de Zacatula a Colima dispuesto a conquistarla sin su permiso y con ayuda «de los amigos de aquella provincia de Mechuacán».[37] Se refería muy probablemente al capitán Juan Rodríguez de Villafuerte, quien por órdenes de Cortés sustituyó a Olid en la organización del gobierno español en Tzintzuntzan. A Rodríguez de Villafuerte se le atribuía la conquista de Zacatula, lo que abrió paso a Cortés para la formación de un astillero indispensable para la posterior exploración de las costas de la Mar del Sur[38]. Así, el sometimiento del extenso territorio michoacano proporcionó años más tarde amplios recursos materiales y de indios milicianos tarascos para las expediciones que se organizaron hacia las provincias que formarían el reino de la Nueva Galicia. El caso más ilustrativo lo encontramos en la conquista de Xalisco y en la fundación de Culiacán que realizó Nuño de Guzmán entre 1529 y 1531. Según fray Antonio Tello, cuando Nuño llegó al occidente michoacano, ya contaba con una fuerza de diez mil indios mexicanos y otros diez mil de tarascos y otras naciones, muchos de ellos reclutados mediante presiones y amenazas[39].

[35] ALCALÁ, 1988, p. 290.
[36] ACUÑA, 1987, p. 262.
[37] CORTÉS, 1979, p. 176.
[38] ACUÑA, 1987, p. 451.
[39] TELLO, 1968, pp. 92-93.

Más allá de la posible exageración, lo que resulta claro es que en esta etapa los particulares españoles tuvieron capacidad de aprovechar a los indígenas como milicianos en sus proyectos de expansión y defensa. Sin embargo, en algunos casos persistió la negociación entre autoridades españolas y caciques para obtener ayuda en contra de indios insumisos, e inclusive en conflictos suscitados entre facciones españolas. Esta capacidad quedó probada en 1541 cuando el entonces virrey Mendoza se vio en la necesidad de formar una gran fuerza militar para sofocar la rebelión de los caxcanes y sus aliados en la provincia de Xalisco, episodio conocido como la Guerra del Mixtón. Las dimensiones de aquella sublevación encabezada por Tenamaxtle, señor de Juchipila y Nochistlán, y sobre todo el peligro que representó para la sobrevivencia de toda la Nueva España, requirió de la colaboración de muchos señoríos nahuas, tarascos y otomíes, quienes enviaron milicias indígenas para conformar un ejército que las crónicas calculan en cincuenta mil guerreros. En la relación que sobre este conflicto nos dejara Francisco de Sandoval Acazitli, señor de Tlalmanalco, se menciona la participación de principales, guerreros y mandones de las parcialidades y pueblos de Tlaxcala, Huejotzingo, Huaquechula, México, Tezcoco, Chalco, Xilotepec, Meztitlán y Michoacán, quienes pelearon al lado de varios centenares de españoles, todos encabezados por el mismísimo virrey[40].

Acazitli consignó en su relación el haberse presentado voluntariamente ante Mendoza para ofrecer su apoyo a los españoles contra Tenamaxtle. También registró al final del documento las palabras de agradecimiento que el virrey le dirigió como deudo al terminar la campaña, y en las que recordó los grandes servicios que los chalcas habían hecho a Cortés en la conquista y pacificación del reino[41]. Dicho testimonio fue utilizado durante décadas por los de Tlalmanalco para probar a las autoridades españolas los grandes servicios que sus ancestros habían realizado al monarca y negociar diversos privilegios, lo que demuestra una temprana y efectiva integración de los indios a la lógica castellana de los méritos y las recompensas. Un proceso similar encontramos en el caso de los tlaxcaltecas, quienes por la vía de procuradores o de embajadas se encargaron de hacerle llegar al monarca sus relaciones de servicios, principalmente militares, en busca de privilegios para su república. Por este medio lograron, por ejemplo, el título de Muy Noble y Muy Leal para la ciudad de Tlaxcala, otorgado en 1563 por Felipe II, o bien escudos de armas para algunos señores principales tlaxcaltecas[42]. Los casos de gratificación a la colaboración militar indígena no fueron iguales. Los taras-

---

[40] GARCÍA ICAZBALCETA, 1980, vol. II, p. 311.
[41] *Ibid.*, p. 331.
[42] GIBSON, 1991, p. 161.

cos, por ejemplo, denotan cierta pasividad y una concentración de privilegios para la descendencia reconocida del cazonci, no obstante los nutridos contingentes que aportó a diversas expediciones españolas hacia el norte y occidente. Su papel fue más importante en el contexto de la colonización de los llanos de los chichimecas, al norte del río Grande, a partir de 1543 y en el contexto del poblamiento que de esas tierras fomentaron las autoridades del virreinato.

A partir de este año y como parte del proceso de control regalista que inició la monarquía, la colaboración de los indígenas en labores de defensa y auxilio estaría regulada por la autoridad del virrey en su calidad de capitán general de la Nueva España. Ahora el objetivo era lograr una colonización efectiva de la tierra nómada de la Gran Chichimeca y asegurar la frontera septentrional del reino. Tanto los encomenderos como los españoles migrantes que obtuvieron mercedes de tierra al norte del río Grande se vieron en la necesidad de organizar y cofinanciar campañas punitivas para perseguir, durante décadas, a los nómadas considerados salteadores y que opusieron una resistencia sistemática a la colonización hispana de sus territorios.

Caudillos y capitanes a guerra en las fronteras del rey

El consistente avance hispano-indígena sobre la tierra nómada a partir de 1543, con miras a consolidar una primera frontera a través del poblamiento, enfrentó a los colonos hispanos con una realidad muy diferente, a saber, las culturas del desierto. A esto se agregaba la precaria estabilidad política comprometida por los conflictos, pleitos y disputas entre los mismos españoles, sector que iba en aumento principalmente por la migración[43]. Dichos conflictos se dieron en todos los niveles e involucraron a buena cantidad de los llamados beneméritos de la Nueva España, en un contexto en el cual la monarquía estaba incapacitada económicamente para crear una fuerza militar de Estado. Con el inicio de la explotación minera en Zacatecas en 1546 y posteriormente en Guanajuato, se sentaron las bases económicas de un primer impulso de urbanización de los denominados llanos de los chichimecas blancos[44]. Dichas minas fueron el estímulo más importante del avance hacia lo que José Miranda denominó como la otra Nueva España, es decir, la Provincia Chichimeca y la Tierra Adentro, en medio de la creciente resistencia de los nómadas. Con ello se abrió un vasto y complicado horizonte de expansión y sujeción hispánica hacia el norte a través de una tierra deno-

---

[43] BOSCH GARCÍA, 1987, pp. 55-60.
[44] *Ibid.*, 1987, p. 45.

minada de frontera, de «un continente inacabable y enigmático, en donde, de pronto, lo mismo podía surgir la riqueza que la muerte»[45].

La incursión en tierra de indios «indómitos» estuvo rodeada de numerosos elementos nuevos que, en la época, adquirieron significado desde una perspectiva occidental. Uno de ellos tuvo que ver con la definición de un territorio de frontera a partir de la relación entre el proceso de expansión de la Cristiandad y el conflicto con los habitantes del lugar, en este caso las etnias del semidesierto asimiladas por los hispanos como bárbaros. Dado que se dio un enfrentamiento entre nómadas y sedentarios hispanos e «indios amigos» que llegaron bajo la idea de ensanchar la monarquía, idea claramente mediada por los intereses particulares de quienes se integraron a la colonización, la comprensión actual de este episodio, y sobre todo de la crueldad y crudeza que implicó, es muy compleja. Desde una perspectiva antropológica, podemos plantear que los pueblos nómadas de la Gran Chichimeca «modelaron culturalmente sus territorios manejando los efectos que el medio ambiente producía en la sociedad»[46], y desarrollaron una vocación histórica con respecto al territorio semidesértico y sus recursos que fue desintegrada por las consecuencias desadaptativas que les trajo la expansión castellana. El entendimiento de las respuestas diferenciadas que establecieron los nómadas con respecto a los colonizadores y éstos con respecto a aquéllos implica pensar en el enfrentamiento del expansionismo español con economías políticamente no organizadas, y con formas de reproducción social y organización política sustentadas en linajes y jefaturas.

Desde la perspectiva del nómada, el desplazamiento a que fue sometido por parte de los españoles representó la enajenación de sus recursos estacionales; desde la perspectiva del colonizador, la economía y organización de los nómadas fueron ubicadas en el terreno del salvajismo y sus costumbres en el ámbito de la naturaleza humana depravada, generando con ello la legitimación de una «guerra justa» jamás declarada. En todo este proceso es importante no perder de vista el conflicto por el establecimiento de nuevas relaciones sobre la territorialidad, elemento

---

[45] MIRANDA, 1962, pp. 93-94.

[46] FÁBREGAS PUIG, 2003, pp. 63-79. Este autor señala la necesidad de estudiar las interacciones y especificidades etnohistóricas de las fronteras entre sedentarios y nómadas, como paso previo al análisis de la influencia que dichas condiciones objetivas tuvieron sobre los éxitos y fracasos militares, de colonización y de dominio territorial que tuvieron los castellanos sobre la tierra chichimeca. La economía aleatoria basada en la recolección y la cacería, las estructuras políticas basadas en el sistema de jefaturas y la organización de la vida nómada a partir de la movilidad y explotación estacional del territorio constituyeron la realidad de base sobre la cual se desarrolló el esfuerzo de dominio y el proceso de transculturación encabezado por los españoles y sus aliados indígenas.

central de la dinámica de frontera desde la perspectiva hispana. En tierra chichimeca todo ello se tradujo en la implantación de la agricultura y la ganadería organizadas en unidades productivas distribuidas en torno a congregaciones y pueblos españoles que funcionaron como sede de las instituciones jurídicas, tanto temporales como espirituales, y que articularon las capacidades de conservación del territorio con base en la función de los particulares como defensores de la tierra en calidad de pobladores y empresarios. La mayoría de estos particulares pertenecieron a una generación que buscó méritos y recompensas bajo los mismos parámetros y significaciones que sus antecesores, los primitivos conquistadores de la Nueva España, aunque en un contexto muy diferente de construcción de fronteras[47].

La asimilación de lo chichimeca como bárbaro por parte de los españoles y sus implicaciones directas tanto en la significación del territorio septentrional como tierra de frontera, cuanto en la orientación de la actividad miliciana de particulares, respondió a que los múltiples usos prehispánicos que tuvo el término chichimeca tan sólo coincidían en el hecho de establecer un origen geográfico común para los grupos así designados, a saber, las tierras ubicadas al norte del Río Grande y al oeste del Señorío de Xilotepec. Con ello el concepto chichimeca adquirió para los españoles no sólo un sentido barbarizante aplicado a una diversidad de grupos nómadas y seminómadas, sino también un sentido topográfico y espacial que definió como «bárbara» toda la inmensa territorialidad norteña, carente de referentes fronterizos en función de límites político-territoriales asequibles al ojo occidental. Esta construcción de la «Gran Chichimeca» como una conjunción de hombres y territorio bárbaros se encuentra presente, por ejemplo, en el agustino fray Vicente de Santa María, autor de la descripción más completa que ha llegado hasta nosotros sobre las costumbres de los diferentes grupos chichimecas. En una carta escrita en 1580 Santa María informaba que «[p]or estas vastísimas regiones y eferatas gentes, tienen los españoles gruesas haciendas de minas, estancias y labores, y se van llegando a Cibola, Quiuira y a la Florida, de lo cual estas bárbaras naciones están turbados y escandalizados »[48].

[47] Al respecto cabe mencionar los planteamientos de Cecilia Sheridan en sus esfuerzos por repensar los territorios del noreste novohispano y sus fronteras desde la antropología histórica. Establece que los últimos estudios sobre la denominada «frontera norte» de México se orientan hacia la revisión de los viejos paradigmas que concebían ese extenso territorio de frontera como un espacio indefinido caracterizado históricamente por epopeyas y fracasos, tierra de misión y de conquista sobre grupos indómitos susceptibles de ser civilizados desde la perspectiva europea. Ahora los estudios se encaminan a la comprensión de las transformaciones de las sociedades indígenas, mayoritariamente nómadas, sus esfuerzos por resistir la invasión hispana y su final occidentalización en medio de complejos mestizajes y de nuevas formas de territorialización. SHERIDAN PRIETO, 2004, p. 447.
[48] ACUÑA, 1987, p. 369.

Más allá de las características reduccionistas que tuvo la significación hispana del término chichimeca en el ámbito del siglo XVI, es importante señalar que detrás del mismo existía una taxonomía básica fundamentada objetivamente en las diferencias culturales entre nómadas y sedentarios. Sin embargo, dicha base histórica padeció un proceso de síntesis en el imaginario español que tuvo por consecuencia una división rígida y monolítica entre indios sedentarios y salvajes como antagonistas históricos, reflejo de la antigua dicotomía civilización/barbarie[49]. Las imágenes que los españoles se hicieron desde muy temprano sobre el mundo chichimeca respondieron, por tanto, a una lectura de matriz occidental que influyó determinantemente en los criterios y discusiones en torno a la guerra y a la esclavitud de los indios nómadas, todo ello en función de los intereses expansionistas españoles justificados por la cristianización y civilización de los bárbaros. La prueba más antigua de dicho proceso la encontramos en Hernán Cortés, quien en 1526 informó a Carlos V en su quinta carta de relación que:

> Entre la costa del norte y la provincia de Mechuacán, hay cierta gente y población que llaman chichimecas; son gentes muy bárbaras y no de tanta razón […] envío ahora sesenta de caballo y doscientos peones, con muchos de los naturales nuestros amigos, a saber el secreto de aquella provincia y gentes. Llevan mandado por instrucción que si hallaren en ellos alguna aptitud o habilidad para vivir como estos otros viven, y venir en conocimiento de nuestra fe, y reconocer el servicio que a vuestra majestad deben, que trabajen por todas las vías posibles los apaciguar y traer al yugo de vuestra majestad, y pueblen entre ellos en la parte que mejor les pareciere; y si no lo hallaren como arriba digo, y no quisieren ser obedientes, les hagan guerra y los tomen por esclavos[50].

Hasta antes de la Guerra del Mixtón los chichimecas guamares, guachichiles y zacatecos «no eran conocidos ni su tierra tratada de españoles ni poblada con estancias de ganado»[51]. Fue gracias a las incursiones misioneras de fray Juan de San Miguel que, en 1542, se logró fundar un primer pueblo de chichimecas con aliados otomíes de Xilotepec y tarascos de Michoacán en un punto cercano al actual San Miguel de Allende. Este asentamiento adquirió importancia estratégica cuatro años después con el descubrimiento de Zacatecas y la necesidad de trazar una ruta directa entre las minas y la ciudad de México. Entre 1543 y 1546 los estancieros españoles comenzaron a tomar posesión de tierras mercedadas por el virrey Mendoza al norte del Río Grande, cultivando e intro-

[49] V. SAHAGÚN, 1989, vol. II, pp. 656, 658-659.
[50] CORTÉS, 1979, p. 282.
[51] SANTA MARÍA, 1999, p. 219.

duciendo ganado en sus alrededores. Algunos encomenderos, como Juan de Villaseñor en Puruándiro y Hernando Pérez de Bocanegra en Acámbaro, mantenían de tiempo atrás extensiones en ambas bandas del río y se disputaban con los nuevos propietarios españoles, y con pueblos tarascos y otomíes, el control de los recursos hídricos.

De acuerdo a fray Guillermo de Santa María, en estos primeros años los guamares y guachichiles «se mostraron conversables»[52] con los nuevos colonos y sus indios aliados. Conforme avanzó la apropiación de la tierra y las necesidades de la minería, la invasión de ganado fue en aumento, a lo que se sumó la apertura de caminos necesarios para el flujo de bastimentos hacia Zacatecas. En contraste con los territorios que ocupaban los grupos sedentarios del sur, las enormes extensiones que se abrían hacia la Gran Chichimeca no tenían, desde la perspectiva hispana, linderos ni propietarios legítimos; tampoco albergaban señoríos ni linajes que pudiesen reclamar o negociar derechos; no había señales de agricultura ni de repúblicas establecidas, es decir, ni cultura ni civilización, sólo «bárbaros». De ahí que el agustino fray Alonso de la Veracruz concluyera hacia 1554:

> [...] que los que poseen pastos en territorios de los que llaman chichimecas, como tales tierras no fueron poseídas o fueron abandonadas, y como no hay en ellas habitantes ni pueblos que tengan sus linderos definidos, los poseen lícitamente, sobre todo cuando estos chichimecas nómadas viven a la manera de los brutos y no cultivan la tierra, pues ninguna injusticia se les hace con que los ganados y las bestias de los españoles pazcan las hierbas[53].

En este contexto y con la plata por estímulo, españoles migrantes y descendientes de los primeros conquistadores fueron beneficiados con mercedes y comprometidos a labrar la tierra e introducir ganados[54]. La mayoría de estos españoles construyeron redes de poder, diversificaron sus intereses empresariales y ligaron sus propiedades a la minería y al comercio de granos y carne. Personajes como Cristóbal de Oñate, Diego de Ibarra, Alonso de Villaseca, García de Morón o el mismo virrey Mendoza a través de su hijo Francisco iniciaron enormes proyectos que les darían grandes riquezas a la vuelta de unos cuantos años[55]. Debido en

---

[52] *Ibid.*, 1999, p. 219.

[53] VERACRUZ, 2007, p. 33.

[54] Hacia 1580 «hay hombre que hierra cada año trece mil becerros, y aun ha habido algunos que han llegado a quince y dieciocho mil», SANTA MARÍA, 1999, p. 219.

[55] RUIZ GUADALAJARA, 2004, p. 174; O'GORMAN, 1970, pp. 150, 151, 175, 193, 224 y 238.

buena parte a este florecimiento de actividades económicas y a raíz de nuevos descubrimientos minerales en la sierra de Comanja, la penetración en tierra nómada se aceleró hacia 1550 incrementando la apertura de caminos y el flujo de bastimentos a las minas desde la Provincia de Michoacán. Así, los objetivos del virrey Mendoza en cuanto a estimular el poblamiento de la tierra nómada y delegar su preservación y defensa en los particulares españoles comenzó a funcionar, sobre todo ante la necesidad de los estancieros por garantizar sus proyectos empresariales.

Fue en el transcurso de 1550-1551 cuando los zacatecos, guachichiles y guamares comenzaron a reaccionar violentamente ante el desplazamiento del que eran objeto. Para esos años se reportan ataques a recuas dirigidas por tarascos que llevaban mercancías a Zacatecas, muchas de ellas propiedad de Oñate e Ibarra, con resultado de muertes y robos[56]. Poco después se reportaron al virrey ataques de copuzes y emboscadas que sugerían un tipo de acción organizada y confederada entre grupos chichimecas en contra de los españoles. Para 1551 la promisoria tierra chichimeca se empezó a convertir en altamente peligrosa, sobre todo por la forma sorpresiva de los ataques nómadas y el tipo de castigos que aplicaban a sus víctimas. Ante la inexistencia de un ejército profesional novohispano, los particulares españoles, sobre todo aquellos que tenían sus intereses en la zona, fueron los responsables de organizar y en gran parte sustentar las expediciones punitivas y pacificadoras. Lo hicieron en apego a la tradición castellana y bajo la premisa de defender a Dios y a su rey a manera de milicias, pero también en defensa de sus intereses y con la posibilidad de obtener privilegios y honra por parte del monarca; en ocasiones actuaron como pobladores que organizaron persecuciones, en otras lo hicieron bajo instrucciones del virrey. Esta última modalidad fue común a lo largo de los primeros veinte años de conflicto y dotó a muchos españoles del título de capitán.

Por ejemplo, el nuevo virrey Luis de Velasco echó mano de encomenderos de la zona y vecinos prominentes de la ciudad de México para organizar expediciones de castigo a los chichimecas salteadores. En septiembre de 1551 y en el marco de los primeros ataques de los nómadas, Velasco expidió un mandamiento dirigido al alcalde mayor y al gobernador indígena de Michoacán para que juntaran hasta mil indios tarascos, «aderezados y a punto de guerra», para ir a castigar las muertes, delitos, excesos y robos que los chichimecas habían cometido en el camino a Zacatecas. La hueste quedaría bajo el mando del encomendero de Acámbaro, Hernán Pérez de Bocanegra, y de Gonzalo Hernández de Rojas en calidad de capitán, a quien se le otorgaron facultades de justi-

---

[56] SANTA MARÍA, 1999, pp. 220-222.

cia. Velasco se comprometía a gratificar sus servicios al capitán y a pagar de la Real Hacienda 40 soldados españoles de a caballo; el sostenimiento de la hueste indígena correría por cuenta del gobernador de Michoacán, don Antonio Huitzimengari, quien un mes después también fue nombrado juez-capitán[57]. Los nombramientos de capitanes tuvieron vigencia por el período que duraba la expedición. Asimismo, el sostenimiento compartido de las expediciones ante los escasos recursos provenientes de la Real Hacienda, originó un incremento en las posteriores solicitudes de recompensa por parte de los particulares, así como crueles excesos en la obtención de botín. La mayoría de quienes encabezaron estas acciones milicianas, o bien los españoles que participaban en ellas, anotaron puntualmente sus personales aportaciones en hombres, armas y caballos, con el objetivo de buscar en su momento la correspondiente gratificación real por haber acudido «a su costa e minsión».

A lo largo de su período de gobierno, el virrey Luis de Velasco apoyó diversas estrategias para intentar pacificar la Gran Chichimeca. Las campañas punitivas formadas por milicias encabezadas por particulares españoles o principales indígenas se mantuvieron, no obstante los resultados adversos que provocaron ante las atrocidades realizadas con los chichimecas. También se estimuló el poblamiento a partir de congregaciones de indios aliados y de españoles para una mejor organización de la defensa del territorio con vecinos domiciliarios. El caso de San Miguel de los Chichimecas es un buen ejemplo. En 1554 esta población indígena que funcionaba como venta para recuas en el camino de México a Zacatecas fue aniquilada por los nómadas. Un año después Velasco ordenó la refundación de San Miguel, ahora como una Villa de Españoles para mantener la seguridad del camino. A dicha Villa se integrarían un barrio de otomíes con chichimecas pacificados y otro de tarascos, cada uno con su gobernador indígena. En su calidad de población hispana, los vecinos del nuevo San Miguel estarían obligados a acudir con sus armas en defensa de su república[58].

Entre San Miguel y las tierras de Apaseo fueron congregados otomíes para fundar en 1561 el pueblo de Chamacuero y asegurar un paso estratégico. Para 1562 y con ayuda de los franciscanos, fueron congregados indios tarascos en torno a una nueva villa española bautizada como San Felipe. Su ubicación también fue estratégica para intentar controlar el paso hacia el denominado Gran Tunal, territorio de los fieros guachichiles[59]. En todos estos esfuerzos se aprecia la intención de integrar en poblados a indios aliados con chichimecas pacificados. Cabe mencionar

---

[57] PAREDES MARTÍNEZ, 1994, pp. 76-77, 82.
[58] WRIGHT CARR, 1998, pp. 75-76.
[59] RUIZ GUADALAJARA, 2004, pp. 115-118.

que en esta etapa tuvieron un papel importante como milicianos diversos caciques otomíes del señorío de Xilotepec, quienes participaron en acciones de colonización defensiva e incluso realizaron a su costa campañas que permitieron la captura de caudillos chichimecas. Caciques como Nicolás de San Luis Montañez, Pedro Martín del Toro o Juan Bautista Valerio de la Cruz se distinguieron por sus aportaciones guerreras y obtuvieron honores y títulos de capitanes por parte del virrey[60].

A pesar de los avances en la colonización, la falta de una solución efectiva a la hostilidad de los chichimecas había provocado importantes gastos para la Real Hacienda y sobre todo para mineros, hacendados y comerciantes, españoles todos afectados por «la guerra». Ni las audiencias de México y Guadalajara, ni el nuevo virrey marqués de Falces, encontraron salidas adecuadas. A la urgente pacificación y a la falta de recursos, se agregaba desde hacía tiempo la necesidad de poblar y beneficiar los nuevos y extensos territorios que los adelantados y misioneros españoles encontraban al norte de la Nueva Galicia. Por ejemplo, en una carta enviada en 1552 al rey por un grupo de franciscanos, entre los cuales se encontraba fray Jacobo Daciano, los frailes afirmaban haber descubierto tierras nuevas de muchos indios, «tanto que dicen que es otra Nueva España»[61]. En otra misiva escrita en 1559, Pedro de Ahumada le recomendaba al monarca como medida pacificadora el facilitar la migración de españoles y el incremento de las mercedes a todos aquellos que quisiesen venir a poblar los territorios septentrionales de la Nueva España:

> [...] la mayor seguridad que la tierra puede tener para adelante, que es lo que siempre se ha de mirar, es que en ella haya personas cuantiosas, y mayorazgos aventajados en títulos y en honores de los de más, porque los tales como más nobles y a quien más les va tendrían siempre más respeto, y por el propio interés serían los más firmes pilares en que se sostuviese [...] que demás de asegurar con sus personas la parte de los naturales, todo el mayor interés que Vuestra Magestad tiene es de parte de los españoles[62].

Hasta antes de la llegada del virrey Enríquez en 1568, los gastos de la defensa y pacificación de la Gran Chichimeca eran compartidos entre la Real Hacienda y los españoles afectados. No había existido una organización fiscal o fondo especial para sustentar la lucha, y las retribuciones a capitanes y soldados españoles se pactaron según las circunstancias[63].

---

[60] POWELL, 1977, pp. 83-85; WRIGHT CARR, 1998, pp. 60-63 y 108-127.
[61] AGI, Guadalajara 65, nº 3, fol. 1r.
[62] AGI, Guadalajara 34, nº 7, fols. 5v.-6r.
[63] POWELL, 1977, pp. 129-131.

Los alcaldes mayores que comenzaron a surgir en la zona de conflicto detentaron en su mayoría el título de «capitanes a guerra en las fronteras de Su Majestad», con facultades para convocar a las armas a los vecinos de sus jurisdicciones. El problema de los recursos no era menor a ojos de los virreyes, siempre interesados en ahorrarle gastos al monarca. Con la experiencia defensiva de la Villa de San Felipe, Enríquez decidió iniciar una nueva estrategia basada en la construcción de fuertes y presidios a cargo de compañías de soldados pagadas por la Real Hacienda. Estos soldados de presidio eran reclutados generalmente entre pobladores, aventureros y mercenarios que conocían la zona, y no representaron una solución al problema, sobre todo por el aumento de los abusos y venganzas que aplicaban tanto a indios rebeldes como a indios de paz que fueron tomados muchas veces como esclavos y botín. El sistema de presidios se focalizó en un principio por el camino a Zacatecas, y se reprodujo hasta 1585 en diversos puntos estratégicos de la Nueva Vizcaya, la Nueva Galicia y la Provincia del Pánuco hasta llegar a más de veinte[64]. Resultaron un complemento de los poblados defensivos ya existentes y de otros que se fundaron en este período con el apoyo del virrey, como Celaya (1571), Santa María de los Lagos (1571), Aguascalientes (1575) y León (1576).

Además de los presidios y de la especialización de soldados de tiempo completo que vivieron en ellos, Enríquez dio impulso en el contexto de la guerra chichimeca a formas más estructuradas de organización militar con base en particulares, sin que esto representara la formación de una fuerza de estado. Como capitán general de la Nueva España, Enríquez repartió esta función en tenientes de capitán general, uno para Nueva Galicia y otro para Nueva España, nombramientos que recayeron en las personas de españoles acaudalados o funcionarios de importancia[65]. Estos tenientes administrarían la guerra, aportarían recursos propios y tendrían facultades para nombrar capitanes[66]. No obstante, hacia 1580 y antes de dejar su cargo, el virrey Enríquez reconoció el fracaso en sus esfuerzos de pacificación, recomendando a su sucesor, el conde de la Coruña, el aumento de la guerra a sangre y fuego[67]. Mas el incremento en los gastos de la guerra y por lo tanto en el número de compañías de soldados mercenarios sólo generó mayor violencia. Muchas de estas compañías formadas por aventureros españoles y criollos se habían con-

---

[64] *Ibid.*, 1977, pp. 149-164; FOIN, 1978, pp. 18-19.

[65] Algunos lograron un gran prestigio como defensores de la frontera, a otros no parece haberles ido tan bien, sobre todo por los recursos que aportaron de su hacienda para sostener la actividad bélica en contra de los chichimecas. Tal es el caso de Baltasar Temiño de Bañuelos, descubridor de Zacatecas. AGI, Guadalajara 35, nº 16, 3r.

[66] POWELL, 1977, pp. 125-128.

[67] DE LA TORRE VILLAR, 1991, vol. I, p. 182.

solidado en la ruda vida de los presidios y eran acaudillados por capitanes que pactaban contratos anuales con el virrey. Algunos, como Luis
de Carvajal y Miguel Caldera, habían nacido y crecido en la frontera de
guerra, lo que los convirtió en capitanes sumamente experimentados y
útiles. Caldera, por ejemplo, era mestizo, había servido en presidio
desde muy joven y hacia 1582 encabezaba como capitán una compañía
de veinte soldados, entre criollos y peninsulares, que recorrían grandes
distancias entre la Nueva Galicia y la frontera con la Provincia del
Pánuco en tareas de defensa y pacificación. En ese año cada soldado era
retribuido con 450 pesos anuales de la Real hacienda.[68]

No fue sino hasta 1585 con la llegada del virrey marqués de Villa-
manrique cuando las estrategias comenzaron a dar un giro importante hacia una política de paz por compra. Dichas estrategias, consoli-
dadas hacia 1590 gracias al virrey Luis de Velasco el mozo, consistieron en crear un fondo especial de Real Hacienda para sustentar con
víveres y bastimentos y atraer a la paz a los chichimecas, quienes serían
puestos bajo la administración de capitanes protectores de indios. A ello
se agregó la campaña de migraciones inducidas de tlaxcaltecas hacia
diversos puntos del norte con fines de aculturamiento y sedentariza-
ción de los nómadas, así como una mayor presencia de misioneros
franciscanos. Esta política dio resultados importantes con el aseguramiento de toda la Gran Chichimeca hasta Saltillo. En tan sólo cinco
años, entre 1590 y 1595, surgieron como producto de la paz 10 nuevos
asentamientos al norte del Gran Tunal, con un proceso acelerado de
colonización hispana potencializado por el descubrimiento que el
capitán Caldera y sus hombres hicieran de yacimientos de oro y plata
en el Descubrimiento del Apóstol San Pedro Cerro de Potosí de la
Nueva España en 1592.

Consecuencia del hallazgo fue la fundación en ese mismo año de un
primer pueblo de españoles en el Valle de San Luis, conocido posteriormente como San Luis Minas del Potosí. La presencia de este asentamiento en el contexto de la paz permitió la conformación de una alcaldía mayor con base en una república de españoles encargada, a manera
de vecinos domiciliarios, del aseguramiento de la zona, dinámica que
había probado ser la más efectiva en la preservación de los territorios.
Por ejemplo, en noviembre de 1595, el alcalde Juan López del Riego
ordenó por pregonero que todos los vecinos, mercaderes, mineros y
cualesquier persona que residiese en el pueblo de San Luis y sus minas «estén apercibidos de arcabuces, pólvora y municiones y otras armas
ofensivas y defensivas para cuando convenga acudir al dicho efecto y
ministerio [...] mando que mañana en todo el día todas las dichas perso-

---

[68] POWELL, 1980, pp. 351-357.

nas las manifiesten ante el dicho alcalde mayor»[69]. De los 52 pobladores que acudieron a manifestar sus armas, resultó que San Luis contaba en ese momento con un modesto arsenal integrado por 27 arcabuces, 1 pistolete, 46 espadas, 22 dagas, 13 cotas, 1 lanza, 3 rodelas, 7 cueras, 1 alabarda y 1 zaraguel[70].

Asimismo, Velasco y su sucesor, el conde de Monterrey, integraron una red de al menos 19 capitanes como protectores de indios que operaron hasta 1603 la estrategia de paz por compra en Santa María, Mazapil, Río Grande, San Luis Potosí, Mezquitic, Zacatecas, Chalchihuites, Saltillo, Valparaíso, San Marcos, Santa Catalina y San Luis de la Paz. Esto nos habla de un enorme territorio ahora administrado por muchos milicianos particulares como gestores y proveedores de los indios chichimecas de paz, encargados sobre todo de protegerlos en contra de los abusos y agravios que recibían de españoles, mestizos, negros, mulatos e indios de raigambre mesoamericana. Como capitanes, estos protectores ejercieron tareas de justicia y tuvieron facultades para convocar a las armas a los vecinos de cualquier pueblo y calidad[71]. Con la paz en la Gran Chichimeca, la fundación de poblados y el descubrimiento de nuevas minas, el escenario de conflicto con las naciones indias se desplazó hacia el norte de la Nueva Vizcaya a lo largo del siglo XVII. La paz generó también un nutrido conjunto de peticiones que los particulares, milicianos y colonos hicieron al rey en busca de honores y recompensas, principalmente rentas, indios y oficios, y siempre bajo el argumento de los gastos que hicieron en la pacificación y poblamiento. No todos corrieron con la misma fortuna.

En el caso de Miguel Caldera y su determinante participación en la guerra, encontramos que su condición de mestizo y su temprana muerte no le permitieron acceder a recompensas acordes a sus méritos[72]. En contraste, otros españoles que se integraron tardíamente al proceso de frontera lograron beneficios importantes. Gabriel Ortiz de Fuenmayor, por ejemplo, aparece entre 1586 y 1591 como poblador de sus estancias en el valle de San Francisco. En una cédula real dirigida a Luis de Velasco el mozo así como en la relación de méritos de Ortiz escrita en 1604,[73] se habla de sus entradas a tierra chichimeca y de la fundación de pueblos a su costa[74]. En el contexto del descubrimiento del Cerro de San Pedro

---

[69] AHESLP, Alcaldía Mayor, Causa Civil, A 43.1595, exp. 24, fol. 1r.
[70] AHESLP, Alcaldía Mayor, Causa Civil, A 43.1595, exp. 24, fols. 2r.-11v. Conteo proporcionado por Sergio Serrano.
[71] AGI, Contaduría 851, fols. 1r.-28v.
[72] AGI, México 220, n° 30.
[73] AGI, Patronato 83, n° 4, R. 2.
[74] AGI, Guadalajara 4, n° 11.

Potosí, Ortiz de Fuenmayor estableció ingenios de metal y entre 1590 y 1609 se desempeñó como capitán protector de indios y como justicia mayor de San Luis: si bien fue beneficiado con oficios y algunas rentas, aspiró a rentas vitalicias e incluso a un escudo de armas que no le fue concedido[75]. Otro caso tardío de un español miliciano que en 1621 pidió en merced oficios es el de Pedro Arizmendi Gogorrón, quien, después de haber sido minero y comerciante en Zacatecas, se desempeñó como capitán y justicia mayor en la frontera de chichimecos, «en que gastó más de cinco mil pesos de lo cual consta por los papeles»[76]. Ejemplos como éstos provenientes de Nueva Galicia, Nueva Vizcaya y la chichimeca se multiplicaron en las primeras tres décadas del siglo XVII, incluso por parte de viudas de milicianos que pidieron compensaciones económicas y de descendientes que esperaban algún oficio en recompensa. Sin embargo, la actitud que la monarquía tuvo en los reinados de Carlos V y Felipe II con respecto a los beneméritos y caudillos novohispanos comenzó a cambiar en el inicio del siglo XVII. Las posibilidades de mercedar tierras en zonas asequibles se habían casi agotado, el repartimiento de indios se había modificado y la mayoría de los oficios reales eran oficios vendibles para generar ingresos a la Real Hacienda. Esto coincidió también con la disminución de las conquistas y, por tanto, de las oportunidades de lograr honor y fortuna por la vía de las armas.

A manera de conclusión

Los servicios que los particulares españoles prestaron a Dios y al rey durante las múltiples conquistas que en el siglo XVI desarrollaron en el ámbito americano, o bien las tareas de pacificación y poblamiento, tuvieron como característica común el ejercicio de las armas desde un ámbito ajeno al concepto de milicias profesionales. A lo largo de dos siglos y medio, la autoridad monárquica logró funcionar en Nueva España sin una fuerza militar de Estado. Esto no significó la ausencia de la figura del soldado o bien la inexistencia de grados de tipo militar. De hecho, los virreyes detentaron el título de capitán general del reino y, como pudimos ver en una etapa del conflicto con los nómadas chichimecas, llegaron a nombrar tenientes de capitán general. Sin embargo, este tipo de organización respondió a una tradición castellana que había hecho del poblador cristiano el principal responsable en la defensa del territorio y de su monarca, todo en la lógica del vasallaje. Así, el vasallo estaba obligado a dar vida y hacienda por su señor natural en contra de enemigos

---

[75] URQUIOLA PERMISÁN, 2004, XIII-XXXIII.
[76] AGI, Guadalajara 4, nº 71; AGI, Patronato 87, nº 3, R. 1.

internos y externos, y con ello salvar su honor y linaje. Los hombres que exploraron e iniciaron las campañas de sujeción en lo que sería la Nueva España se movieron bajo el estímulo de estas significaciones, muy especialmente bajo la idea de obtener fortuna y premios de su rey, pero también de labrar hacienda y de preferencia encontrar minas. Sobre los particulares y sus servicios milicianos recayó el grueso de la exploración, conquista y sobre todo conservación de la tierra: la consolidación y defensa de los intereses particulares era la defensa del interés del monarca. A esta dinámica también respondió el interés jurídico de todas las acciones de los particulares. Los actos de posesión y sobre todo las negociaciones para obtener vasallaje involucraban a las nuevas tierras e indios en el proceso de los servicios obligatorios hacia el rey y en las deudas que éste contraía con sus nuevos vasallos. Todo pasaba a formar parte del real haber, pues, como señalaban los particulares en aquella época, «sólo el rey da», y sólo en su voluntad cabía la gracia de las reales mercedes.

Con el aseguramiento de la Nueva España, de la Nueva Galicia y de la Nueva Vizcaya, las actividades milicianas se trasladaron hacia otros escenarios y bajo otras modalidades. Colonizada la tierra y garantizada la sobrevivencia de pueblos, villas y ciudades, las actividades de defensa en situaciones de conflicto (sediciones, rebeliones indígenas, invasiones) quedaron bajo la responsabilidad de las repúblicas de españoles, es decir, de los particulares organizados desde sus ayuntamientos. Podemos tomar de nuevo el caso del pueblo de españoles de San Luis Minas del Potosí: a raíz de una serie de sublevaciones indígenas ocurridas en territorios de la Nueva Vizcaya entre 1644 y 1645, y ante el peligro de que éstas se extendieran hacia naciones chichimecas pacificadas de tiempo atrás, el entonces alcalde mayor de San Luis y teniente de capitán general en las fronteras de chichimecas, León de Alza, con autorización del virrey, convocó en junio de 1645 a los pobladores de San Luis, San Pedro Cerro de Potosí, Armadillo, Monte de Caldera, Pozos, Valle de San Francisco y otras poblaciones menores de su jurisdicción a manifestar sus armas «así de fuego como de otro género». Consciente además de las pocas prevenciones y defensas que habían tenido los españoles afectados en sus bienes y personas por la sublevación, León de Alza gestionó «para la guarda, custodia y seguridad de los vasallos de esta jurisdicción casas y hacienda», la formación de dos compañías de infantería y una de caballería, integradas por vecinos voluntarios o milicianos sin sueldo y por lo tanto sin costa alguna para la Real Hacienda[77].

A la par de esta organización miliciana local que se activaba en situaciones consideradas de peligro en los contextos urbano-españoles, el

---

[77] AHESLP, Alcaldía Mayor, 1645(2).

virreinato desarrolló un aparato militar muy incipiente que aplicó los modelos de compañías de soldados de presidio para resguardar los principales caminos, así como los puertos de las posibles invasiones de piratas ingleses, franceses y holandeses. Algunas plazas estratégicas como Acapulco y San Juan de Ulúa contaban con fortalezas a manera de castillos, y requerían para su gobierno de españoles, ya fuera de capa y espada o bien letrados, que ocuparan los empleos de «Castellano, Alcalde Mayor y Capitán a Guerra»[78]. El mismo Juan de Palafox llegó a sugerir al monarca en 1644 que, para una mejor defensa y auxilio del puerto de Veracruz, se dieran las alcaldías mayores del obispado de Puebla a beneméritos y caballeros que fueran soldados «porque con eso podrían ejercitar a los soldados de milicia y conducirlos con mayor brevedad al puerto». Al poderoso obispo de Puebla y visitador de la Nueva España le preocupaba sobremanera la posibilidad de invasiones portuguesas y sobre todo el ocio y la paz en que las provincias cercanas a Veracruz habían vivido por años, «que si llegasen los enemigos y echasen cuatro mil mosquetes en tierra, fácilmente tomarían sitio donde nos pusiesen en gran cuidado y confusión»[79]. En otros ámbitos geográficos encontramos maeses de campo y tenientes de capitanes. Tanto el resguardo de los principales puertos como la vigilancia de algunas rutas lejanas que conectaban a reales mineros en la Tierra Adentro fueron actividades patrocinadas por la Real Hacienda a través de plazas o puestos militares que ocupaban españoles con mayor o menor experiencia en las armas. Sin embargo, en zonas tan alejadas como la Tarahumara o las Californias, prevaleció el modelo aplicado en la segunda mitad del siglo XVI en el conflicto con los chichimecas, es decir, la responsabilidad compartida entre las autoridades y caudillos españoles que como particulares organizaron milicias e intentaron someter aquellas lejanas regiones.

A lo largo del siglo XVII encontramos también diversas regiones internas de la Nueva España caracterizadas por una precaria estabilidad. Casos como el de Tehuantepec en el obispado de Oaxaca, o bien la Sierra Gorda al norte de Querétaro, representaron constantes retos a los españoles para su sometimiento. Casi todas las variantes de actividad miliciana que surgieron en la Nueva España al calor del siglo XVI sobrevivieron en menor medida y en regiones de difícil control durante el siglo XVII e incluso en el XVIII. Mas la constante fue la activación de las milicias y de las huestes concejiles de los contextos urbanos en función de contingencias específicas y de cara a posibles enemigos externos. La efectividad de organización de estas milicias urbanas no profesionales fue muy limitada en motines o disturbios. El caso más representativo lo

---

[78] AGI, México 5.
[79] PALAFOX Y MENDOZA, 1946, pp. 134-136.

encontramos en la mismísima ciudad de México, cuando el 8 de junio de 1692 la plebe arremetió contra el palacio virreinal y lo quemó, ante la mirada de la república de españoles y la ineficacia de la pequeña y mal entrenada Compañía de Palacio, encargada de resguardar al virrey. Los disturbios dejaron ver la capacidad de algunos sectores de la población para organizar, aunque tardíamente, la defensa de la ciudad. Tal fue el caso de los comerciantes, quienes formaron una milicia de 700 hombres para recuperar la plaza mayor, o bien la compañía de voluntarios de los mercaderes de la ciudad[80]. En episodios semejantes sucedidos en otros contextos urbanos de importancia lo común fue el repliegue de los asustados vecinos españoles y una organización tardía de la milicia.

No obstante estas deficiencias, patentes en ocasiones como la de 1692, el Consejo de Indias mantuvo por décadas su postura de considerar como un gasto dispendioso para la Real Hacienda la formación y el crecimiento de nuevas compañías permanentes. Frente a esta realidad, llama la atención el papel que jugó la Nueva España como zona de reclutamiento de soldados para Filipinas al menos durante el siglo XVII. Por ejemplo, contamos con los registros de diversos capitanes españoles que llegaron a San Luis Potosí entre 1629 y 1661 en quince ocasiones para ofrecer plazas de soldados en sus compañías para ir a servir a las Islas Filipinas. Este sistema estaba apoyado con fondos de la Real Hacienda y permitió que muchos niños y jóvenes, algunos de ellos permutando penas de la justicia ordinaria, se integraran como soldados a sueldo. En 1658, por ejemplo, el capitán José Álvarez Biñuelas reclutó a «Salvador Manrrique de Lara [...] de edad de 12 años, pequeño de cuerpo, moreno de rostro carirredondo, ojos grandes y pelo negro»; en 1660 el capitán Gaspar de Angora reclutó a «5 ynfantes que se condujeron en dicha ciudad de San Luis Potosí» para las Islas Filipinas. San Luis era sólo un punto en medio de una ruta mayor de reclutamiento hacia otras poblaciones antes de salir con la milicia al puerto de Acapulco.

Las variedades de participación miliciana que se muestran a lo largo de este ensayo, sus adaptaciones, transformaciones y significados asociados involucraron, todo el tiempo, la participación de los pobladores en su condición de vasallos con intereses privados: desde los caudillos y beneméritos hasta los vecinos domiciliados, desde los indios amigos hasta el soldado de presidio, desde el miliciano de campaña hasta el niño soldado a Filipinas. Esta multiplicidad de formas y espacios de participación de particulares en las tareas de defensa del reino y a manera de milicias no profesionales, así como su proceso histórico, constituyó la realidad de base que se intentó suprimir con el proyecto y creación del ejército profesional de la Nueva España durante el reinado de Carlos III.

[80] SILVA PRADA, 2007, pp. 98-103.

En medio de una intención de modernidad administrativa, la integración de los nuevos regimientos provinciales permitió la continuidad de muchos de los antiguos valores y significados que el servicio de las armas representaba en la tradición novohispana, e introdujo novedades de la modernización que los ejércitos en Europa experimentaban de tiempo atrás.

Abreviaturas utilizadas

AGI: Archivo General de Indias, Sevilla.
AHESLP: Archivo Histórico del Estado de San Luis Potosí.

Bibliografía

Acuña, René (ed.), *Relaciones geográficas del siglo XVI: Guatemala*, México, UNAM, 1982.
— *Relaciones geográficas del siglo XVI: Tlaxcala. Tomo I*, México, UNAM, 1984.
— *Relaciones geográficas del siglo XVI: Michoacán*, México, UNAM, 1987.
Alcalá, fray Jerónimo de, *La relación de Michoacán*, ed. de Francisco Miranda, México, Secretaría de Educación Pública, 1988.
Alfonso X el Sabio, *Las Siete Partidas del Sabio Rey D. Alfonso el nono, copiadas de la edición de Salamanca del año de 1555, que publicó el señor Gregorio López*, Valencia, 1758, 7 vols.
Bosch García, Carlos, *Sueño y ensueño de los conquistadores*, México, Instituto de Investigaciones Históricas-UNAM, 1987.
Cortés, Hernán, *Cartas de Relación*, ed. de Manuel Alcalá, México, Ediciones Porrúa, 1979, 11ª ed.
De la Mota y Escobar, Alonso, *Descripción geográfica de los reinos de Nueva Galicia, Nueva Vizcaya y Nuevo León*, prólogo de Antonio Pompa y Pompa, Guadalajara, Universidad de Guadalajara, 1993.
De la Torre Villar, Ernesto (comp.), *Instrucciones y memorias de los virreyes novohispanos*, ed. de Ramiro Navarro de Anda, México, Ediciones Porrúa, 1991, 2 vols.
Díaz del Castillo, Bernal, *Historia verdadera de la conquista de la Nueva España*, ed. de Carmelo Sáenz, México, Alianza Editorial, 1991.
Diccionario de la lengua castellana, en que se explica el verdadero sentido de las voces, su naturaleza y calidad, con las phrases o modos de hablar, los proverbios o refranes, y otras cosas convenientes al uso de la lengua, ed. facsimilar de la de 1726-1739, Madrid, Gredos, 1969, 3 vols.
Diego Fernández, Rafael, *Capitulaciones colombinas (1492-1506)*, Zamora, El Colegio de Michoacán, 1987.
Dougnac Rodríguez, Antonio, *Manual de historia del derecho indiano*, México, UNAM, 1994.

FÁBREGAS PUIG, Andrés, *Reflexiones desde la Tierra Nómada*, Guadalajara, Universidad de Guadalajara-Colegio de San Luis, 2003.

FOIN, Charles, *Rodrigo de Río de Losa, 1536-1606?*, San Luis Potosí, Academia de Historia Potosina, 1978.

GARCÍA FITZ, Francisco, *Ejércitos y actividades guerreras en la Edad Media europea*, Madrid, Arco Libros, 1998.

GARCÍA ICAZBALCETA, Joaquín, *Colección de documentos para la historia de México*, ed. facsimilar de la de 1866, México, Ediciones Porrúa, 1980, 2 vols.

GERHARD, Peter, *La frontera norte de la Nueva España*, trad. de Patricia Escandón, México, UNAM, 1996.

GIBSON, Charles, *Tlaxcala en el siglo XVI*, México, FCE, 1991 (1ª ed. en inglés de 1952).

LANDA, fray Diego de, *Relación de las cosas de Yucatán*, introducción de Ángel María Garibay, México, Ediciones Porrúa, 1978.

LOURIE, Elena, «A Society Organized for War: Medieval Spain», *Past and Present*, nº 35, 1966, pp. 54-76.

MIRANDA, José, *España y Nueva España en la época de Felipe II*, México, UNAM, 1962.

— *La función económica del encomendero en los orígenes del régimen colonial (Nueva España. 1525-1531)*, México, UNAM, 1965.

O'GORMAN, Edmundo (coord.), *Guía de las actas de cabildo de la ciudad de México. Siglo XVI*, México, FCE, 1970.

PALAFOX Y MENDOZA, Juan de, *Ideas políticas*, prólogo y selección de José Rojas Garcidueñas, México, UNAM, 1946.

PAREDES MARTÍNEZ, Carlos (ed.), *«Y por mí visto...»: mandamientos, ordenanzas, licencias y otras disposiciones virreinales sobre Michoacán en el siglo XVI*, Morelia, Universidad Michoacana, 1994.

POWELL, Philip W., *La guerra chichimeca (1550-1600)*, trad. Juan José Utrilla, México, FCE, 1977.

— *Capitán mestizo: Miguel Caldera y la frontera norteña. La pacificación de los chichimecas (1548-1597)*, trad. de Juan José Utrilla, México, FCE, 1980.

Recopilación de leyes de los reynos de las Indias, 1681, ed. facsimilar de la de 1681, prefacio de José Luis de la Peza, México, Miguel Ángel Porrúa, 1987, 5 vols.

RUCQUOI, Adeline, *La historia medieval de la Península Ibérica*, Zamora, El Colegio de Michoacán, 2000.

RUIZ GUADALAJARA, Juan Carlos, *Dolores antes de la independencia. Microhistoria del altar de la patria*, Zamora, El Colegio de Michoacán, 2004, 2 vols.

SAHAGÚN, fray Bernardino de, *Historia general de las cosas de Nueva España*, ed. de Alfredo López Austín y Josefina García Quintana, México, CONACULTA-Alianza Editorial Mexicana, 1989, 2 vols.

SANTA MARÍA, O. S. A., fray Guillermo de, *Guerra de los Chichimecas (México 1575-Zirosto 1580)*, ed. de Alberto Carrillo Cázares, Zamora, El Colegio de Michoacán, 1999.

SEGO, Eugene B., *Aliados y adversarios: los colonos tlaxcaltecas en la frontera septentrional de Nueva España*, trad. de Armando Castellanos, San Luis Potosí, Colegio de San Luis, 1998.

SHERIDAN PRIETO, Cecilia, «Territorios y fronteras en el noreste novohispano», SALAS QUINTANAL, Hernán y PÉREZ-TAYLOR, Rafael (eds.), *Desierto y fronteras. El norte de México y otros contextos culturales*, México, UNAM, 2004, pp. 447-467.

SILVA PRADA, Natalia, *La política de una rebelión. Los indígenas frente al tumulto de 1692 en la ciudad de México*, México, El Colegio de México, 2007.

SOLÓRZANO Y PEREIRA, Juan de, *Política indiana*, facsimilar de la edición madrileña de 1776, México, Secretario de Programación y Presupuesto, 1979, 2 vols.

TELLO, fray Antonio, *Crónica miscelánea de la Sancta Provincia de Xalisco*, prólogo de José Luis Razo Zaragoza, Guadalajara, Universidad de Guadalajara, 1968, 3 vols.

URQUIOLA PERMISÁN, José Ignacio, *Documentos sobre el capitán y justicia mayor Gabriel Ortiz de Fuenmayor*, San Luis Potosí, Colegio de San Luis, 2004.

VÁZQUEZ DE TAPIA, Bernardino, *Relación de méritos y servicios del conquistador Bernardino Vázquez de Tapia*, ed. de Jorge Gurría Lacroix, México, UNAM, 1972.

VERACRUZ, fray Alonso de la, *De dominio infidelium et iusto bello. Sobre el dominio de los infieles y la guerra justa*, ed. de Roberto Heredia Correa, con la colaboración de Olga Valdés, México, UNAM, 2007.

WRIGHT CARR, David Charles, *La conquista del Bajío y los orígenes de San Miguel de Allende*, México, FCE, 1998.

ZAVALA, Silvio, *Ensayos sobre la colonización española en América*, México, Ediciones Porrúa, 1978, 3ª ed.

— *Estudios indianos*, México, El Colegio Nacional, 1984.

— *Los intereses particulares en la conquista de la Nueva España*, México, El Colegio Nacional, 1991.

IV. LA DEFENSA DEL REINO FRENTE A LA AMENAZA INDÍGENA. LA EXPEDICIÓN DE VILCABAMBA (1572)

MANFREDI MERLUZZI
Università degli Studi Roma Tre

En este trabajo trataremos de abordar el tema de las milicias americanas en la temprana época colonial, un período para el que faltan estudios específicos sobre las milicias. Por el contrario, la historiografía americanista ha proliferado en estudios sobre este tema para los siglos XVIII y XIX, centrando su atención en su estructuración articulada, durante la etapa reformista de los Borbones, y en su momento de mayor influencia militar y política, durante las guerras de Independencia[1]. Delimitaremos necesariamente nuestro análisis al mundo andino y al arco cronológico entre las décadas de 1530 y 1580, en el que la Nueva Castilla presenta elementos de originalidad respecto a la etapa sucesiva y a otros territorios de la Monarquía, bien por los antecedentes ligados a la conquista o bien por el alto grado de conflictividad. Intentaremos señalar cómo los mismos mecanismos de la conquista y de la primera colonización influyeron en la formación de milicias y cuerpos militares locales, a través del análisis de la expedición contra los Incas de Vilcabamba (1572), considerándolo un caso representativo de la reacción militar frente a una consistente amenaza indígena y contextualizándolo dentro del marco del gobierno del virrey Francisco de Toledo. Hablamos del resultado tanto de los eventos «bélicos» de la conquista como de la forma en la que se había articulado la empresa americana de la Monarquía, quedando establecido en la legislación que cada súbdito de la Corona debía acudir a la defensa del territorio en caso de necesidad, y no sólo aquellos vinculados por medio de la encomienda[2]. Si consideramos que los vecinos y moradores españoles se vinculaban al territorio americano a través de su pertenencia a las ciudades[3], parece lógico afirmar que las unidades responsables de una primera e inmediata articulación defensiva fueron los cabildos.

---

[1] Véase en este mismo volumen el trabajo de Federica MORELLI y MORELLI, 2005.

[2] Cedulario de ENCINAS, III, 5, p. 25; Rec. Ind., II, 4, p. 12. Véase SUÁREZ 1984, pp. 8 y 80.

[3] Véase GARCÍA GALLO, 1987.

El contexto: especificidades y peculiaridades de las Indias

En un virreinato como el de la Nueva Castilla, en el cual el control del monopolio de la violencia por parte de la Corona no resultó tan inmediato como tal vez se podría imaginar, sino que constituyó el fruto de diversas décadas de esfuerzos políticos y militares, el tema de la defensa de los intereses del rey de España frente a las múltiples amenazas resulta importante. En el territorio americano, desde los primeros años del siglo XVI, se estableció un sistema de defensa que era a la vez un sistema de explotación de los recursos del territorio, incorporando las relaciones entre el soberano y los conquistadores, y luego vecinos, en el sistema de la encomienda. Institución de origen medieval, la encomienda fue desarrollada durante la Reconquista, en una sociedad en la que la guerra y la frontera eran dos elementos constitutivos[4]. La encomienda ha sido detenidamente estudiada por los historiadores[5], razón por la cual vamos simplemente a recordar que a cargo del encomendero recaía, entre otras obligaciones frente al rey, la defensa del territorio. Este sistema permitía a la Corona recortar el gasto del envío y del mantenimiento de tropas en un contexto geográfico amplísimo, cuyo tamaño, distancia y factores geográficos hubieran implicado un elevado gasto para la Monarquía. Al lado de los encomenderos se encontraban, como hemos dicho, las milicias organizadas por los cabildos, compuestas por vecinos y moradores.

Esta línea estratégica puede ser considerada coherente con las dinámicas y estructuras de la misma exploración y conquista, según la cual se siguió un modelo que consideró la financiación de particulares como motor económico de la empresa. Por tanto, desde el principio en América la presencia militar organizada centralmente, por parte de la Corona o a través de agentes y militares profesionales, no tuvo un lugar privilegiado, limitándose los esfuerzos de la Corona principalmente a la financiación de las Armadas que aseguraban la «carrera de Indias» y alguna presencia territorial en guarniciones situadas en lugares de particular valor estratégico (por ejemplo, Portobelo, Cartagena de Indias, la Española), dejando a la defensa local un papel prioritario respecto a la articulación de un sistema regional o continental[6]. Esta elección estratégica parece diferenciarse tanto del sistema defensivo más integrado, en el cual cada provincia o reino tenía sus funciones, que, según la historiografía, la misma Monarquía actuaba en Europa y el Mediterráneo[7], como por el

---

4 POWER, 1998.

5 ZAVALA, 1973 y 1979; GARCÍA GALLO, 1987; BELAUNDE GUINASSI, 1945.

6 MARCHENA FERNÁNDEZ, 1992, p. 49; SUÁREZ, 1984.

7 Me refiero a los estudios que analizan la Monarquía Católica como «sistema imperial», una extensa producción historiográfica que ha sido bien sistematizada y analizada por MUSI (2005); a los que se focalizan sobre el aspecto más estratégico (PARKER, 1998);

sugerido por Thompson[8]. Respecto al primero, si por un lado podemos hablar del papel de los encomenderos como miembros de los cabildos americanos, en la movilización armada para la defensa del territorio en un área que no cabe duda podríamos considerar de frontera, por el otro cabría señalar la ausencia tanto de la nobleza como de las fuerzas armadas del Rey.

La elevada presencia de «hombres en armas» en Nueva Castilla

La ausencia de una fuerza militar directamente dependiente de la Corona no debe sugerirnos la ausencia de fuerzas militares en el virreinato peruano. Desde la década de 1530 hasta la de 1580, el mundo andino es un mundo donde los conflictos estallan con violencia, alimentando rebeliones y guerras civiles. Las modalidades de adquisición de estos territorios por la Corona, así como las sucesivas guerras civiles entre los españoles que los habían conquistado (desde 1537 hasta 1542), que se sobreponen a la continua amenaza de una rebelión indígena (recordamos la del 1536-1539), justifican una importante presencia de hombres armados. Tenemos constancia de un elevado número de «hombres en armas» en relación a la pequeña presencia, en términos absolutos, de españoles en el virreinato (Spalding calcula alrededor de 2.000 en la segunda mitad del siglo XVI, entre los cuales había unos 450-500 encomenderos). La mayoría de ellos eran considerados criados o clientes de los encomenderos, a sueldo como fuerzas personales para la defensa tanto de los indígenas como de los otros españoles (se ve en la larga fase de las guerras civiles). Su proveniencia se puede identificar en los antiguos conquistadores a los que se añadían los supervivientes de las guerras civiles, con diversa fortuna, se trataba de aventureros que esperaban tener alguna ocasión de emprender expediciones de conquista, de enriquecerse a través de nuevas entradas en territorios de frontera.

La Corona temía los riesgos que pudiera comportar esta elevada presencia de hombres armados, cuya fidelidad se inclinaba más hacia los miembros de la naciente elite local y ciudadana que hacia el soberano, sus agentes y representantes. A este respecto, figura en varios memoriales de gobierno, entre otros los del licenciado Castro y del virrey Toledo, la necesidad de reducir este significativo número de hombres armados, peligrosos para el orden social y la «paz del reino». Castro escribe con cínica conciencia al soberano sobre la necesidad de «desangrar la tierra»,

---

y a los de la nueva historia militar, entre los que destacamos el de GARCÍA HERNÁN y MAFFI, en particular el «Ensayo bibliográfico» (2006, vol. II, pp. 885-900).

[8] THOMPSON, 1999, pp. 115-33. Véase también THOMPSON, 1981 y 1998.

enviando a una parte de ellos a las incursiones en los territorios no sometidos por la autoridad de la Corona, y pidiendo al rey la autorización para conceder licencias para estas «entradas». Sin embargo, y paradójicamente, la Corona necesitó del apoyo de estos hombres armados, organizados por los cabildos municipales y los encomenderos, para la defensa de sus territorios. De modo que, si bien la Corona en América no se encontró con la necesidad de pactar con la nobleza y sus «mesnadas», sí hubo de tener en cuenta a conquistadores y colonos, por un lado, como refuerzos militares y, por otro, como amenazas para la seguridad y el control del territorio.

Si en Europa la Monarquía debía apoyarse en las organizaciones tradicionales, como las fuerzas nobiliarias o las tropas organizadas por las municipalidades, en el Perú el contexto se presentó todavía más complejo por la suma de una serie de factores: la tardía implantación de formas de control por parte de la Monarquía y sus agentes, dado que el primer virrey Blasco Núñez Vela y la primera Audiencia de Lima se instalaron en el virreinato no antes de 1543 (en la capital a partir de mayo de 1544); la presencia de una «frontera interior», representada por el mundo indígena; la dudosa fidelidad de muchos de los encomenderos; y la dificultad de mantener un control efectivo sobre provincias cuya extensión alcanzaba una escala desconocida en Europa y, además, con una delimitación todavía inexacta, lo que no sólo dificultó la definición de las fronteras, sino sobre todo la de los espacios de influencia de las diferentes unidades jurídicas, eclesiásticas, administrativas y de gobierno. Los reinos del Perú se encontraban en una condición de diversidad y alejamiento respecto a Castilla, tanto por los factores geográficos, que determinaban una particular orografía, densidad y distribución demográfica y de las entidades urbanas, como por la población indígena, sometida pero no completamente sumisa. Por todos estos factores, al menos durante el siglo XVI, resulta bastante complejo identificar nítidamente ejemplos de gestión cívica de la defensa frente a la gestión «estatal» del ejército «moderno». Además hay que tener en cuenta también toda una serie de especificidades políticas que habían conformado la historia reciente de la Nueva Castilla:

a) Las guerras civiles que vieron contrapuestos bandos de los mismos conquistadores (pizarristas contra almagristas) en momentos en los que no se había consolidado una estructura de gobierno que pudiera levantar un ejército profesional o semi-profesional de dimensiones cercanas a las de las fuerzas militares movilizadas por la Monarquía en Europa.

b) Las guerras de conquista contra los indígenas y en contra de los levantamientos de indígenas capitaneados por el Inca Manco a mediados de la década de 1530, así como los esfuerzos de penetración en otros territorios fronterizos, como Chile y la Amazonía.

c)   La necesidad defensiva frente a otras potencias europeas, prolongación ultramarina de los enfrentamientos entre la Corona española y sus competidores europeos, concretizada en la acción de los corsarios, que alcanzará su mayor expresión con Francis Drake, en los años 1570.

Dada la complejidad de la situación examinada, nos detendremos en esta ocasión en el análisis de un caso específico, sin formular definiciones conceptuales, sino reconstruyendo algunos elementos de referencia que puedan ser confrontados con los demás textos de este volumen. El tema que proponemos es la evaluación de la capacidad fáctica de atracción de la Corona frente a las elites locales, con las cuales se había enfrentado, en algunos casos abiertamente, hasta la década de los 1550, para movilizar recursos humanos y militares en un momento concreto de la estructuración del poder de la Monarquía Hispánica en el virreinato de la Nueva Castilla. Si la limitación financiera y político-administrativa de la Monarquía hacía que su capacidad para movilizar recursos fuera siempre reducida, y, consecuentemente, las fuerzas profesionales que podían disponer no bastaran para garantizar la defensa de sus fronteras, en el caso de los dominios americanos esta tendencia se radicalizó, ya que la Monarquía sumó a sus limitaciones financieras habituales el fuerte gasto que podía acarrear el envío y sustento de ejércitos y tropas en los virreinatos novohispano y peruano. La peculiaridad del mundo americano, que ha sido en muchos aspectos y por varios autores subrayada desde los primeros años después del descubrimiento y de la conquista, se tiñe así de otros matices. Si la empresa de la conquista del Nuevo Mundo ha sido fundada principalmente sobre capitales financieros e iniciativas particulares, también la defensa de estos dominios se centrará en dinámicas que se diferencian ampliamente de los territorios europeos de la Monarquía Hispánica.

Nos ocuparemos en este trabajo del virreinato peruano, el cual presenta unas condiciones propias que diferencian del caso novohispano. En particular destaca la turbulencia política del virreinato, las guerras civiles entre los diferentes bandos de españoles, ya desde la época de la misma conquista, y una larga y sufrida etapa de revueltas. A la inestabilidad causada por el elemento «hispánico» de la sociedad peruana, hay que añadir el factor indígena. No vamos a detenernos en la resistencia que los pueblos andinos mantuvieron por largas décadas, en particular los araucanos en Chile, los chiriguanos unas cincuenta leguas al este de la ciudad de Chucuisaqua, sino que queremos subrayar el caso que simbólicamente nos aparece más interesante, porque, como hemos señalado antes, significa la sobrevivencia de una frontera interna al mismo virreinato. Una frontera sensible, que hubiera podido aislar una parte económicamente y políticamente importante del nuevo reino. Se trata del fenómeno llamado por Kubler «el estado Neo-Inca de Vilcabamba»[9].

Una amenaza política y militar: el estado «Neo-Inca»

Tras el fracaso de la gran revuelta de 1536 liderada por el Inca Manco, los incas que sobrevivieron aislados en la región de Vilcabamba pudieron crear un territorio casi autónomo, donde Titu Cusi estableció su nueva Corte. En cualquier caso hay que tener en cuenta, como hemos podido ver en los estudios de Luis Millones y Carlos Sempat Assadourian sobre las etnias indígenas, que el mundo indígena se había desgajado por completo, tanto es así que algunas tribus, como las de los cañari, los chachapoya y los huanca, se oponían a los Incas y apoyaban a los españoles[10]. Se produjo, por tanto, una fractura en el mundo peruano en general y en el indígena en particular. Por un lado, había una formación política independiente, regida por el Inca que resistía materialmente contra los invasores españoles, con su importante carga simbólica y de referencia para los nativos, y, por otro, un poder español basado en la colaboración de otros sectores y de los *ayllu* del antiguo imperio. En la cúspide simbólica y política del primero estaba el Inca, mientras que en el mundo hispanizado los líderes eran Carlos Inca –un Inca fantoche que había abrazado la causa de los invasores– hijo de Paullu, y el representante del poder español, el virrey, además de las elites locales compuestas por los kurakas de las diferentes etnias.

Riesgos y estrategias

El intento de una solución negociada

La situación cambió radicalmente bajo el gobierno del quinto virrey del Perú, don Francisco de Toledo, que administró el virreinato desde 1569 hasta 1581. Su gobierno marcó una etapa fundamental por el asentamiento del poder de la Corona en el área andina bajo diferentes aspectos, sobre los cuales no vamos a detenernos ahora[11]. En un principio Toledo parecía estar dispuesto a aceptar la línea seguida anteriormente por Felipe II y el Consejo de Indias y que se basaba en negociaciones con los Incas de Vilcabamba y en el mantenimiento del Inca fantoche,

---

⁹ KUBLER, 1947, pp. 189-203.
¹⁰ Por ejemplo, ESPINOZA SORIANO, 1972, y MILLONES, 1987.
¹¹ MERLUZZI, 2003.

resolviendo la situación por vías diplomáticas. Mantuvo correspondencia con el Inca Titu Cusi durante todo el período inicial de su gobierno, entre 1570 y 1571. Además, a principios de 1572 aceptó ser el padrino en el bautizo del hijo de Carlos Inca, consciente del valor simbólico de su gesto. Sin embargo, después de que el Inca se hubo «rebelado y alzado contra el servicio de V. M.», la amenaza militar y simbólica que significaba el estado Neo-Inca se convirtió en un auténtico centro desestabilizador, una «ladronera adonde se iban a recoger los delincuentes del reino y una cabeza de lobo que todos los indios temían, con que estaban inquietos y alborotados», que ponía en peligro la seguridad. En aquella provincia los indios, «con tanto escándalo y miedo» de los colonos, perpetraban asaltos con mucha frecuencia y atracaban a quienes se dirigían a Cuzco imposibilitando las conexiones con otras zonas del interior[12]. La presencia en el virreinato de un enclave indígena fuertemente militarizado que reivindicaba su continuidad respecto al Imperio Inca, derrotado hacía poco tiempo, constituía un potente desafío al poder de la Corona. Toledo señalaba que este obstáculo era un estorbo ya que los indígenas no apartaban la mirada de él[13]. Desde la capital escondida de Vitcos, el Inca capitaneaba la resistencia contra los españoles, y de forma más o menos directa siempre estaba implicado en los intentos de rebelión, como el que fue descubierto en 1560. El recuerdo de la invasión de Cuzco en mayo de 1536, cuando los conquistadores corrieron el peligro de ser totalmente aniquilados, y también el de Lima, en agosto de ese mismo año, cuando en una acción de defensa fueron perseguidos hasta la orilla del mar, aún seguía vivo en la memoria de todos los españoles residentes en Perú.

Toledo no tenía una buena opinión de la anterior gestión del virreinato. En una carta dirigida al soberano, en la que trazaba un esbozo del «estado de la tierra», se expresaba en términos negativos respecto a sus antecesores[14]. No vaciló pues en reaccionar oponiéndose decididamente a la política de sus antecesores, culpables, a su juicio, de haber adoptado una actitud demasiado «blanda» con esta cuestión, considerando que su política de negociaciones con el soberano Inca respecto a la cesión de sus derechos había resultado ser contraproducente. De hecho, por esta vía la soberanía del Inca había sido realmente reconocida y, consecuentemente, legitimada. En una carta al cardenal Espinosa, Toledo se quejaba de las acciones emprendidas por su antecesor, el gobernador Castro, en

---

[12] TOLEDO, 1921, pp. 78-79.

[13] La cita de Toledo se encuentra en HEMMING, 1975, p. 407. Se refiere a una carta de Toledo al soberano, fechada en Cuzco, 25 de marzo de 1571, GP, vol. III, pp. 452-453.

[14] Contenido en una carta al soberano, fechada 8 de febrero de 1570, en CDIAO, vol. XCIV, pp. 234 ss.

relación al soberano Inca; en los primeros meses de 1571, cuando las encuestas se encontraban en pleno desarrollo, el virrey se sentía dolido por la capitulación, ratificada y refrendada por el propio Felipe II, que el licenciado Castro había pactado con el Inca. Toledo consideraba que la entrega al Inca de un documento tan significativo, confirmado por el rey de España, configuraría un grave error político[15]. Tanto es así que en una carta al presidente del Consejo de Indias, escrita en Cuzco el 11 de mayo de 1571, manifestaba que los consejeros habían procedido de forma errónea: «Yo un cargo hiciera a vuestra merced ques haber confirmado con poca de testigos de autoridad el dominio y señorio deste reino en los Ingas y en los caciques». El rey había firmado personalmente «de su nombre en la confirmación de la capitulación quel Licenciado Castro hizo con este Inga», ante lo cual Toledo manifestó su consternación: «Yo prometo a vuestra merced que he tenido confusión de leerla». Lo que había asombrado al virrey al leer la capitulación firmada por Titu Cusi y por el licenciado Castro fue sobre todo la solicitud de Felipe II al Inca de que renunciara a sus derechos de soberanía: «le pide que le renuncie el derecho del señorio»[16], considerando que se trataba del abierto reconocimiento de los presuntos derechos del Inca. Puesto que en estas negociaciones con el Inca un tal «fraile agustino» había desempeñado las funciones de mediador, Toledo arremetió no sólo contra la capitulación y el «derecho original» de los Incas, sino también contra las interferencias indebidas de los religiosos en materia de gobierno. Consideraba además que debía adoptar medidas severas contra este fraile mediador «a quien yo he estado por enviar a esos reinos». El virrey preveía pues el exilio o la repatriación para aquellos religiosos que se entrometieran en los asuntos de gobierno. Toledo tenía mucho cuidado en evitar estas injerencias que quería impedir a toda costa y que habían sido particular objeto de debate en la Junta Magna[17]. Se sentía molesto por la interpretación en virtud de la cual el único título incontrovertible del dominio español era la cesión voluntaria de la soberanía sobre sus territorios por parte de los Incas.

La reafirmación de la soberanía de la Corona: legitimar los derechos

García Gallo, estudiando las Indias en el reinado de Felipe II, destaca como elemento característico de este período la «solución del problema

---

[15] Carta de Toledo al presidente del Consejo de Indias, s.d., 1571, en GP, vol. III, p. 449.

[16] Carta de Toledo al presidente del Consejo de Indias, Cuzco, 11 de mayo de 1571, GP, vol. III, p. 530.

[17] Sobre el clero disidente, en particular en las deliberaciones de la Junta, en ABRIL STOFFELS, 1997, p. 142.

de los justos títulos»[18]. No es pertinente ahora recorrer el amplio debate que se abrió con la denuncia de Fray Domingo de Montesinos en 1511 y que parece haberse cerrado sólo hacia los años setenta y ochenta de ese siglo, puesto que la historiografía se ha dedicado a un estudio detallado de la cuestión incluso en época reciente[19]. Al respecto nos interesa subrayar cómo la reafirmación de la soberanía de la Corona fue una cuestión medular de la acción política del virrey Toledo. En muchas ocasiones trató este asunto en su correspondencia con Madrid y de esta voluntad dejó una profunda huella en la acción de reforma. La «libertad y mano» con las que los núcleos de poder constituidos en las distintas provincias podían interactuar con la gestión de los asuntos peruanos, anteponiendo los intereses personales a los de la Corona y de sus agentes y representantes, además de crear desórdenes y fracturas en el seno de la sociedad colonial, en la práctica debilitaban enormemente la autoridad de la Corona y, por consiguiente, la del virrey. Toledo vio en seguida la necesidad de intervenir con mano firme para demostrar que la autoridad regia era un poder incuestionable y que no pactaba tan fácilmente con los distintos núcleos locales de poder. El caso de la expedición militar contra el Inca y su enclave en Vilcabamba representa una significativa exención y por este aspecto lo hemos elegido como *case study*.

Afirmar la soberanía de la Corona significaba intervenir en distintos ámbitos que abarcaban desde el control de la legalidad al control de la disidencia política y al monopolio de la violencia legitimada. El virrey entonces diseñó una estrategia política que se articulaba en tres planos: contra los adversarios internos, representados principalmente por los religiosos *lascasianos*, pero también por los núcleos de poder constituidos; contra los Incas que resistían en Vilcabamba, cuya eliminación fue clave para la consecución de la conquista o pacificación; y, por último, contra los pueblos indios fronterizos que amenazaban los asentamientos españoles y las rutas comerciales. A su llegada al virreinato de Nueva Castilla, en mayo de 1569, la figura institucional del virrey se encontraba debilitada a causa sobre todo de la escasa *autoridad* con la que la mayor parte de sus predecesores gobernaron y se enfrentaron a las sanguinarias guerras civiles entre españoles. La autoridad virreinal llegó a las simas más profundas el 18 de enero de 1546 con la infame ejecución del virrey Blasco Núñez Vela, tras la batalla de Añaquito. A estos acontecimientos hay que añadirles algunas revueltas indígenas a menudo apoyadas por el superviviente «estado Neo-Inca» de Vilcabamba, cons-

---

[18] GARCÍA GALLO, 1972, pp. 130 *ss.*
[19] Para un mejor conocimiento de estas temáticas, véanse, entre los otros, HANKE, 1957; CLARK, 1975; RAMOS PÉREZ/GARCÍA y GARCÍA/PÉREZ 1984; y PEREÑA, 1992.

tante amenaza política y militar en el corazón del Virreinato[20]. La situación de desestabilización iba acompañada del proceso de descomposición política que comenzó bajo el virrey conde de Nieva y que culminó con el deterioro de la autoridad del gobernador Castro[21]. Esto dio origen a algunas consecuencias negativas: una progresiva degeneración de la administración del estado (que tuvo inevitables repercusiones en el sector financiero tanto por lo que respecta a la «recaudación de tributos», como a la «fiscalidad pública»), y paralelamente una proliferación de intereses particularistas favorecidos por una negligencia a nivel general o corruptela de los funcionarios.

Las *Informaciones*, la *Historia índica* y el *Parecer de Yucay*[22] forman un eje fundamental en el diseño político de Toledo, ya que ofrecen las premisas necesarias para la obra de revisión historiográfica e ideológica sobre la que se basó el virrey a la hora de apaciguar «y dar asiento»[23] al virreinato. La censura se convirtió en un instrumento para la defensa de la verdad, pero a la vez se impuso –sin que nadie le otorgara dicho rol– como defensora de los derechos de la Corona sobre el gobierno de las Indias y de la legitimidad de la sumisión de españoles e indios a la autoridad real[24]. Nos hemos detenido sobre estos aspectos para poner en evidencia como el virrey opinaba que el señorío constituía la piedra angular sobre la que se sustentaba todo el edificio del poder de la Corona en las Indias y ponerlo en tela de juicio significaba minar su autoridad y perpetrar un atentado contra la seguridad del reino[25]. Por tanto, la preparación de la opción militar y su sucesiva elección no fueron una mera ocurrencia, una reacción a los acontecimientos, a un *casus belli* por parte de los Incas (como la historiografía muchas veces ha entendido), sino que formaban parte de una estrategia política del agente de la Corona cuyo objetivo era fortalecer el poder político del virrey como agente del poder real.

La elección de la opción militar: el fortalecimiento del poder político del virrey

Como hemos podido ver, la incertidumbre motivada por el debate jurídico-teológico sobre la soberanía de la Corona se amplificaba a causa de la escasa capacidad de control efectivo sobre el crispado virreinato perua-

---

[20] HEMMING, 1975, pp. 322 *ss.*
[21] BAKEWELL, 1989, pp. 43-47.
[22] Sobre Las Casas y sus teorías hay una inmensa bibliografía, entre otros, recordamos HANKE, 1968; BATAILLON/SAINT-LU, 1971.
[23] Carta de Toledo al presidente del Consejo de Indias, Cuzco, 25 marzo 1571, en GP, vol. III, p. 443.
[24] CANTÙ, 1992, pp. 156-158; HANKE, 1968, p. 163.
[25] Carta de Toledo a Felipe II, La Plata, 20 marzo 1574, en GP, vol. V, p. 405.

no. Los organismos y los centros de poder en algunos aspectos eran muy independientes y a menudo actuaban impulsados por objetivos personales internos que no siempre se correspondían con los intereses ni con las directrices de la Corona. Un importante centro de poder lo constituían las audiencias, tribunales con funciones consultivas además de judiciales, que en los casos en que el cargo de virrey estaba vacante, éstas asumían la regencia, como en el caso del virrey Blasco Núñez Vela, cesado por los oidores de la Audiencia de Lima en septiembre de 1544 y enviado a España[26]. La situación de la justicia en el virreinato era realmente crítica, como afirma Toledo cuando explica lo «poco temida y respetada y con falta de ejecución» que se encontraba. Los condicionamientos de los núcleos de poder tenían demasiado peso «porque el rico y poderoso le parecía que para él no debía haberla». Los súbditos pobres que demandaban justicia contra los poderosos no tenían ninguna esperanza de conseguirla. Destaca en el análisis del ministro del rey el apoyo mutuo entre los jueces de las audiencias y los miembros de la elite local, concretamente los encomenderos, que también recibían el apoyo de los cabildos, a los que pertenecían como miembros por ser ciudadanos residentes o vecinos. Con estos centros de poder los virreyes se vieron obligados a pactar para gobernar y también para no correr el riesgo de ser eliminados físicamente –como le ocurrió al conde de Nieva– o ver estallar revueltas que podrían haber desembocado en guerras civiles.

Autoridad civil y poder militar: la guardia personal del virrey

Consciente de todo ello, Toledo consideraba necesaria una ampliación de sus poderes como capitán general, bien por tener mayores posibilidades de mantener un control eficaz sobre el orden público o bien para dirigir posibles operaciones militares: «Vuestra Magestad sea servido de mandar por su çedula que pueda hazer lo mismo en los levantamientos de los naturales o otras personas que trajeren el daño y perjuiçio a estos Reynos». La seguridad y la paz del reino se veían amenazadas por insurrecciones y mantener el control de un territorio tan enorme había resultado ser, en un pasado, una dura empresa. El virrey advertía la presencia de peligrosos solivantadores que de un momento a otro habrían podido desencadenar una rebelión: «que vemos que podria traer de cada dia si no se les cortase el hilo del crédito y de los animaos que van cobrando y mandar vuestra magestad dar poder en esta parte a su ministro para lo que yncube a ofiçio de capitan general»[27]. Este detalle fue especialmente

---

[26] HEMMING, 1975, pp. 256-257.
[27] Carta de Toledo a Felipe II, Lima, 8 de febrero de 1570, en GP, vol. III, pp. 398-409.

considerado por los consejeros reunidos en la Junta Magna y en las instrucciones dadas al virrey Toledo[28]. La Corona se encontró ante la decisión de mantener una adecuada presencia militar directamente bajo las
órdenes de su representante, o de reducirla recortando gastos. Finalmente
fue asignada como guardia personal para el virrey-Capitán General, «de-
mas de la dicha guarda de las 100 lanças y 50 arcabuzes, ha parescido que
no se puede escusar que el Virey tenga cinquenta alabarderos y que a cada
uno se de 300 pesos, y este es menor número del que tuvieron el Marqués
y el Conde»[29]. Si las claras referencias a los virreyes de Nueva Castilla
antecesores –el marqués de Cañete y el conde de Nieva– por un lado
ponen de manifiesto la singularidad del caso peruano, por otro evocan los
incómodos antecedentes del exceso de gastos en perjuicio de la Hacienda,
que se deseaban y se debían evitar a toda costa[30].

Como veremos más adelante, no se trató sólo de una cuestión de
prestigio personal del virrey, de representación simbólica de su *status*,
sino de un problema central en la búsqueda de un fortalecimiento efectivo de la autoridad virreinal frente a las efectivas amenazas militares y a
la necesidad de adquirir por parte de la Corona un mayor control sobre
la gestión de las fuerzas militares, mayoritariamente compuestas por ciudadanos de los cabildos. Además, Toledo temía alejar con otras misiones
a su propia guardia personal, que él consideraba indispensable para su
seguridad y para poder ejercer su autoridad como virrey: «Las guarniçiones que vuestra magestad me a mandado conservar no entiendo que
por ausençia se pueda entender la utilidad que tienen y la necesidad que
de ellas ay en la tierra y los efectos que se entiende que haran en la quietud y llaneza de estas provincias para los movimientos dellas y en el
autoridad y fuerça que en la paz daran a la execuçion de la justiçia». A
través de la guardia del virrey se podía mantener la paz y cumplir con las
disposiciones de gobierno y de «justicia»: «que es verdad que no ay exe-
cutor ni alcalde que le paresca que puede sacar delinquentes graves de la
yglesia ni prendellos ni tenellos en custodia sino con la guarda hordina-
ria del virrey». Según Toledo, el debilitamiento del poder de la Corona
en el virreinato tenía su origen en la falta de una fuerza militar efectiva
directamente dependiente del virrey, ya fuera por su carácter simbólico
y ceremonial o como fuerza efectiva: «La autoridad de la guarda, aunque
pareçe ser en reputaçion de los virreyes yo prometo a vuestra magestad
que no entiendo ninguna cosa de mayor necesidad de serviçio espeçial-
mente en el estado en que esta tierra estava». Se dedicó pues a equipar y
reestructurar adecuadamente las compañías que formaban su pequeño

---

[28] Abril Stoffels, 1997, p. 189, n. 163.
[29] *Ibid.*, p. 189.
[30] Sánchez Bella, 1970, pp. 139-172.

contingente militar, que en los años anteriores se habían ido disgregando por la negligencia de sus predecesores, llegando a perder incluso el estandarte real. Así: «De las primeras pagas que se hizieron a las dichas guarniçiones se les començaron a hazer comprar armas y cavallos para ylles reduciendo y començando a hazer sus muestras con su estandarte que de ninguna cosa de estas avia rastro en ellas»[31]. Contando con «la autoridad de la guarda» Toledo pudo afrontar la reacción inevitable de los intereses constituidos frente a un fortalecimiento de la dignidad y autoridad virreinal y por ende de la Corona. Fueron unas medidas indispensables para poder poner en práctica libremente y sin los temidos «levantamientos» las reformas que le encargaron la Junta y el soberano. Por lo demás, con la experiencia militar de Toledo acumulada al cabo de tantas campañas al lado del emperador, cabe creer que sus preocupaciones estaban justificadas por ciertas necesidades de gobierno, más que por miedos de carácter personal. A pesar de su escasa composición numérica, el virrey utilizó su guardia, no sólo para su defensa personal, sino también para ejercer la presión necesaria para plegar a los súbditos más recalcitrantes bajo su voluntad, especialmente a los cabildos formados básicamente por encomenderos, que deseaban mantener el mayor control posible sobre los aspectos de la administración urbana[32].

La organización de la campaña militar

La campaña militar contra Vilcabamba

En muchas ocasiones se constató que, a pesar de la inferioridad tecnológica –desventaja que por otro lado iba reduciéndose a medida que se utilizaban las armas arrebatadas a los españoles–, cuando los indígenas tenían un buen líder eran capaces de poner en jaque a los europeos. Bajo las órdenes de Manco Inca y de sus generales, los indios estuvieron a punto de volver a expulsar a los españoles de sus territorios, borrando así los frutos de la intrépida empresa de conquista capitaneada por Pizarro y Almagro. Por otro lado, la diferencia numérica entre españoles e indígenas era tan grande que ya de por sí constituía una seria amenaza. Si, por un lado, los indígenas temían a los castellanos –en una primera fase habían atribuido la superioridad tecnológica a orígenes divinos, pues acogieron a muchos de ellos como si fueran *Viracochas*, es decir, divinidades, y también como libertadores de los conquistadores

---

[31] Carta de Toledo a Felipe II, Lima, 8 febrero 1570, en GP, vol. II, pp. 398-409.

[32] Para los enfrentamientos con los *arrendadores de minas* y los *vecinos* de Huamanga, véanse ZIMMERMAN, 1968, pp. 92 *ss.*, MERLUZZI, 2003, pp. 237-252; sobre fortalezas, v. pp. 235-337.

incas–, por otro, una gran parte del pueblo reconocía en la soberanía del Inca a una autoridad política y religiosa superior. El Inca era considerado hijo del Sol, principal divinidad del *panteón* andino, en él se encarnaba la tradición de sus ancestros, que para los indios revestía un valor fundamental, y en él culminaba el sistema de reciprocidad andino[33]. Si en el pasado los españoles tuvieron que recurrir a la colaboración de soberanos «fantoche», desde Manco a Sayri Túpac, para mantener el control del pueblo, tras la muerte de éste la situación se hizo cada vez más difícil. Las negociaciones para llevar al Inca disidente fuera de los límites seguros e inaccesibles de Vilcabamba, lugar donde se había refugiado, no fueron nada fáciles para los predecesores de Toledo, en particular para el Gobernador Castro. Se creía que trasladando al soberano Inca a Cuzco iba a ser más fácil controlarle. Además dos expediciones militares contra Vilcabamba, capitaneadas por hábiles y expertos caudillos militares que habían militado con los primeros conquistadores de Perú, como Rodrigo Ordóñez y Gonzalo Pizarro, fracasaron estrepitosamente. Vilcabamba parecía inexpugnable y su influencia entre los indios crecía por momentos, como confirman el extendido movimiento de resistencia indígena, en particular con el Taqy Onqoy y, los intentos insurreccionales fallidos de los años 1560[34]. Como hemos podido observar, Toledo se quejaba de las acciones emprendidas por su predecesor, el gobernador Castro, sobre el soberano Inca. En los primeros meses de 1571 el virrey lamentó la capitulación que Castro estipuló con el Inca, ratificada por el propio Felipe II, gesto poco honorable, un grave error político del rey: «confesando S. M. en la capitulación que pertenece a ese indio el derecho deste reino y pidiéndole que se le renuncie y por medios y personas que esto se ha tratado y autorizado, es cosa de harta confusión»[35]. En opinión de Toledo, la política de negociaciones con el soberano Inca de Vilcabamba para la cesión de sus derechos en cuanto descendiente de los Incas era contraproducente. Es interesante notar que en febrero de 1570 Toledo no estuviera seriamente preocupado por los incas en Vilcabamba; en su correspondencia con el rey, aquél daba muestras de confiar en la palabra del «inga», que al fin y al cabo «se ha bauptizado», y de su capacidad de control sobre la situación: «En los andes aunque an roto los caminos y muerto algunos españoles los yndios del ynga y sus capitanes despues que el aora se baptizo y algunos dellos estan entretenidos con la esperança de que se cumplira con ellos la capitulaçion que esta confimada por vuestra magestad como digo en el memorial de govierno»[36].

---

[33] MURRA, 1980.
[34] CANTÙ, 1992, pp. 195-216; HEMMING, 1975, pp. 323-336.
[35] Carta de Toledo al presidente del Consejo de Indias, s.d., 1571, GP, vol. III, p. 449.
[36] Carta de Toledo a Felipe II, Los Reyes, 8 de febrero de 1570, en GP, vol. III, p. 399.

Si en un primer período Toledo parecía seguir la política de negociaciones y concesiones con los incas emprendida por sus predecesores, su postura cambió definitivamente tras conocer el contenido de las informaciones sobre el origen del gobierno de los incas que mandó hacer entre noviembre de 1570 y febrero de 1572. Mientras proseguía su labor de revisión ideológica e historiográfica en defensa del poder de la Corona, la voluntad de recorrer un camino de afianzamiento y estabilización de la autoridad regia –con respecto a la política hacia los incas disidentes– hacía necesaria una solución urgente al problema originado por el estado neo-inca de Vilcabamba. Al leer las cartas escritas por el virrey en febrero de 1570 podemos comprobar que su nueva postura no fue un pretexto, sino que responde a la evolución tanto de su pensamiento como de los acontecimientos políticos[37]. En sus relaciones al rey de febrero de 1571, Toledo hace notar la diferencia entre su postura y la de su predecesor, Castro, así como el dato de que las fuerzas del Inca no sobrepasaban las 500 unidades, teniendo como principales defensas los factores geográficos: las selvas y montañas que escondían la nueva capital incaica, además del río Apurimac[38]. Toledo aprovechó entonces el asesinato del emisario del virrey, amigo personal y socio en los negocios del Inca, Atilano de Anaya, en marzo de 1572, para encontrar un pretexto con el que dar un cambio en sentido militar a sus relaciones con Vilcabamba. El asesinato del emisario real ofreció el *casus belli* para que la actitud frente al estado de Vilcabamba pudiera mudar hacia el conflicto. Según refiere el cronista Antonio Bautista de Salazar, para proceder de manera adecuada, se trató de descubrir por todos los medios la magnitud de las fuerzas del Inca. Para ello fueron interrogados todos aquellos que tuvieran algún tipo de relación con Vilcabamba y que pudieran conocer los secretos y los recursos estratégicos, así como los posibles aliados entre las distintas tribus indígenas[39]. No teniendo en su guarda personal una fuerza militar suficiente para enfrentarse con las necesidades de la campaña contra Vilcabamba, el virrey consultó al cabildo, es decir, a los ciudadanos más importantes y prominentes del Cuzco, y el 14 de abril se decidió mover una «guerra de fuego y sangre» contra el Inca[40].

---

[37] ZIMMERMAN, 1968, pp. 115-120.
[38] Carta de Toledo a Felipe II, Cuzco, 25 de marzo de 1571, en GP, vol. III, p. 452.
[39] SALAZAR, 1886, p. 271.
[40] HEMMING, 1975, p. 414.

La capacidad de atraer las elites locales: fuerzas españolas
y fuerzas indígenas

Hasta ese momento varias expediciones militares contra Vilcabamba, aunque capitaneadas por conquistadores y hombres de armas expertos, habían siempre fracasado. Ahora el desarrollo de una verdadera campaña militar contra el Inca presuponía una adecuada preparación, tanto a nivel logístico como político. Se trataba de conjugar bajo las enseñas reales una serie de fuerzas militares, correspondientes a las «milicias ciudadanas locales» (si así les podemos considerar), formadas por vecinos, soldados pagados por los encomenderos que no podían o no querían participar directamente en la expedición, además de un conspicuo contingente de fueras indígenas, pertenecientes a diferentes etnias. La magnitud exacta de las fuerzas bajo el control del Inca era desconocida, y posiblemente fue sobreestimada por los españoles. Se trataba de vencer una resistencia indígena potencialmente tenaz, en tierras completamente desconocidas y con una campaña cuya prolongación era imprevisible.

La campaña se planificó realizando un censo de todos los militares presentes entonces en Cuzco, además del conteo de las armas y municiones disponibles[41] en el momento en que se había logrado la aprobación del cabildo para la empresa bélica mediante la hábil maniobra política del virrey. Fueron movilizados todos los vecinos que tenían encomiendas, y los que resultaban enfermos o inhábiles debieron pagar el mantenimiento de uno, dos o tres militares, según sus beneficios y rentas; lo mismo ocurrió con las mujeres que tenían encomiendas a su nombre[42]. Rápidamente Toledo consiguió reunir a un contingente de 250 españoles, entre ciudadanos-encomenderos y militares muy bien equipados, como refiere el cronista Martín de Murúa[43]. Las tropas salieron del Cuzco lideradas por el doctor Gabriel Loarte, oidor anciano de la Audiencia de Lima, y por el capellán de Toledo Pedro Gutiérrez, recién nombrado miembro del Consejo de Indias. Llegados al puente sobre el río Apurimac, que marcaba la frontera efectiva entre el territorio controlado por la Corona y el territorio bajo el control del Inca, el mando fue asignado a Martín Hurtado de Arbieto, vecino y magistrado de la ciudad del Cuzco, veterano de las guerras civiles contra Gonzalo Pizarro y Hernández Girón. La importancia de la participación del elemento urbano era marcada también por la inusual presencia de tres personalidades de especial relevancia en la sociedad cuzqueña: Mancio Sierra de Leguizamo,

---

[41] AGI, Lima, 28 B, Libro IV, fols. 269-374, carta de Toledo al rey, s.f. (posiblemente 1572).
[42] TOLEDO, 1921, p. 81.
[43] MURÚA, 1962, p. 248.

Alonso de Mesa y Hernando Solano. Se trataba de «consejeros de guerra», ya entrados en una edad demasiado avanzada para el combate, pero extremamente expertos siendo los últimos sobrevivientes entre los «primeros conquistadores del reino». Bajo sus órdenes había varios capitanes, entre ellos, Martín de Meneses, Antonio Pereyra (portugués) y Martín García de Loyola, caballero de Calatrava, veterano de las campañas europeas y capitán de la guardia personal del virrey. Loyola tenía a su mando 28 soldados considerados excelentes, hijos de «ciudadanos y conquistadores deste reyno»[44]. Había también un cuerpo de artillería bajo el capitán Ordoño de Valencia. El capitán Antón de Gatos era el sargento mayor. La logística dependía del capitán Julián de Humarán.

A las tropas españolas se les unieron contingentes indígenas importantes: don Francisco Cayo Topa mandaba mil quinientos guerreros de diferentes etnias provenientes del «área alrededor del Cuzco» y don Francisco Chilche mandaba 500 cañaris. Las etnias que tomaron parte a la expedición mantenían una antigua rivalidad con los incas, considerados como dominadores y rivales. Su participación a la campaña fue fruto de una negociación con el virrey: para compensar sus servicios les fueron asegurados un trato privilegiado y exenciones tributarias en las sucesivas ordenanzas de indios que el virrey Toledo dictó.

Con la seguridad que le dispensaba la legitimación de los derechos de la Corona, y aprovechando el estallido de la crisis política del 14 de abril de 1572, el fraile Domingo de Ramos le declaró la guerra al «apóstata, homicida, rebelde y tirano Inca»[45]. La campaña militar contra los últimos incas fue rápida y finalizó el 24 de junio de ese mismo año[46].

Consecuencias políticas: ¿hacia una «pacificación del reino»?

El último Inca, Túpac Amaru, fue capturado, encadenado y conducido al Cuzco ante el virrey[47]. Tras un breve juicio, siendo acusado de traición, apostasía y de haber matado a todos los españoles que en los últimos dieciocho meses habían sido asesinados, el último Inca fue condenado a muerte. La región interior donde se encontraba Vilcabamba fue sometida a la Corona «llana y sujeta» y se estableció un asentamien-

---

[44] *Ibid.*, 1962, p. 249

[45] SALAZAR en CDIAO (1886), cap. XXIX, p. 271; v. AGI, Lima 28A, Libro IV, fols. 305-305v., carta de Toledo al Consejo «sobre remedio para terminar la guerra con los *indios*», Cuzco, 10 de junio de 1572.

[46] AGI, Lima 28 B, Libro IV, fols. 349-350v., carta de Toledo a Espinosa «sobre la guerra de Vilcabamba», Chiacacopi, 19 octubre 1572.

[47] HEMMING, 1975, pp. 430-444.

to fortificado español y un gobernador para vigilar la zona[48]. Pese a las críticas procedentes de varios sectores dentro de la sociedad española en Perú, Toledo pareció no haberse arrepentido de la decisión política de declararle la guerra y ajusticiar al último Inca. En una carta a Felipe II del 30 de noviembre de 1573 ponía de manifiesto la preocupación de asegurar la estabilidad y la pacificación del reino y recordaba cómo había actuado en este sentido en los años anteriores poniendo al descubierto la tiranía de los Incas: «Dicho he en otros despachos y en éste a V. M. lo que importaría y que importó asegurar la opinión que en éste reino había, tan falsamente introducida, del derecho y sucesión de los ingas señores por tiranía que fueron deste reino, y envié a V. M. la información tan bastante y copiosa que en vuestro real consejo se había visto»[49].

La guerra contra Vilcabamba había sido una acción política consecuencial de la Corona, además de esencial desde un punto de vista de la seguridad: «después de lo cual y de hecha la guerra y allanada aquella provincia de Vilcabamba, a los rebeldes y apóstatas dellos que quedaron con esta pretensión [pretensión de los descendientes de los Incas, por tanto a la sucesión al trono], aunque trasversales, a quien no se cortaron las cabezas los mandé desterrar y sacar deste reino a todos los varones dellos que allaron en la dicha provincia los que fueron a hacer aquella guerra y castigo». Había sido necesario decapitar al último Inca para alejar el peligro de una rebelión indígena, pero sobre todo para evitar la reaparición de incómodos pretendientes y la repetición de situaciones políticamente peligrosas: «porque la experiencia de lo pasado y presente mostró, demás de su culpa, que nunca tenía verdad ni seguridad la conversión destos naturales ni el reino quedaría sin peligro de su tiranía e infidelidad sino se desarraigaba esta raíz»[50]. Según Steve Stern, tan sólo con la guerra de Vilcabamba Toledo habría tenido la posibilidad de alejar definitivamente la amenaza de una revuelta masiva de los indios en el virreinato. Esto fue posible no sólo por el éxito militar en sí, sino porque a los indígenas se les privó de su dirigente carismático y, por ende, de su referente simbólico y político[51]. La campaña militar contra Vilcabamba tuvo un efecto importante en la estrategia de pacificación de las provincias: «y con haber cortado la cabeza al Inca [...] quedaron todo los del reino pacíficos, y los caminos asegurados, y puerta abierta para por allí tener paso a los Manavis, Pilcocones e Iscaisingas, que son provincias continuadas y vecinas con la de Vilcabamba». Los nativos que vivían en esas regiones, por fin, establecieron una comunicación con el

---

[48] TOLEDO, 1921, p. 80.
[49] Carta de Toledo a Felipe II, La Plata, 30 de noviembre de 1573, GP, vol. V, pp. 216-218.
[50] Carta de Toledo del 1574, sin fecha ni destinatario explícito, en GP, vol. V, pp. 314-354.
[51] STERN, 1982, p. 77.

mundo de los conquistadores: «han salido y salen a comunicar y comerciar con los españoles»[52].

La pacificación del reino

En su notable obra sobre el mundo iberoamericano entre el siglo XVI y XIX, felizmente titulada, en la edición en lengua española, *Orbe indiano*, David Brading dedica un capítulo entero (de los 23 que hay en total, en una obra de amplio espectro) al virrey Toledo y a su gobierno. El investigador británico comienza su análisis con la ejecución del último Inca al término de la campaña de Vilcabamba de 1572. Por lo que señala Brading, un parecer que, por otro lado, es compartido por una gran parte de la historiografía reciente, fue la ejecución del último «monarca indio, consumada con tan simbólica solemnidad», lo que marca el final de la época de la primera conquista, en la que Perú, como hemos podido ver, fue «gobernado por una incoherente alianza de encomenderos y *kurakas*»[53]. Hay que tener en cuenta que la «solemnidad simbólica» a la que se quiso recurrir intencionadamente para ejecutar públicamente a Túpac Amaru causó una profunda impresión en la opinión pública, tanto para los españoles como para los indios. La descripción que nos ofrece Garcilaso es intensa y conmovedora[54]. El objetivo de la ejecución era el de asestar un duro golpe al mundo indígena, pero también a cuantos habían adoptado posturas disconformes –especialmente entre los religiosos– con respecto a las del representante de la Corona.

La inflexibilidad a la hora de aplicar una justicia extremadamente rigurosa conllevaba un mensaje simbólico el conjunto de los súbditos del virreinato. No era posible tolerar ningún poder que pudiera competir con la soberanía de la Corona[55], por lo cual el virrey optó por intervenir para enfrentar la «poca paz y mucha inquietud que en aquel reino había casi en todas las partes y lugares»[56]. Durante su largo gobierno, Toledo reaccionó pues tanto contra la oposición constituida por los indígenas «no pacificados» como contra los españoles. Éstos podían ser controlados y sometidos a la autoridad virreinal mediante los poderes de Patronato del virrey siempre que fueran religiosos, o bien a través de la

---

[52] TOLEDO, 1921, pp. 79-80.

[53] BRADING, 1993, p. 149.

[54] El *cronista* ha dedicado un capítulo entero a este acontecimiento, véanse sus *Comentarios Reales*; VEGA, 1965, Libro VIII, cap. XIX.

[55] AGI, Lima 28 B, Libro IV, fols. 426-427v., «Relación de tres cartas del virrey a S. M.», cit., Cuzco, 2, 8, 31 mayo 1572.

[56] TOLEDO, 1921, p. 78.

Inquisición, aunque a veces fue necesario enfrentarse a ellos militarmente como ocurrió en los casos en que estallaron algunas revueltas urbanas. Estas circunstancias merecerían ser analizadas en profundidad pues, en mi opinión, pueden ser significativas respecto a otro de los intereses de este volumen, como es la pervivencia de los ideales del *republicanismo urbano* y su relación, como incorporación (o disolución), en el servicio regio o en la construcción estructural de los poderes políticos.

Nuevos equilibrios entre Corona, elites indígenas y elites españolas: persistencias y cambios

Volviendo a la política del virrey Toledo, su línea de acción respondía a un diseño global de centralización del poder en manos de la Corona y de su representante, el virrey. Éste contemplaba una doble articulación: por un lado, la defensa de la autoridad regia, su reajuste en la relación con las elites locales indígenas y españolas y, por otro, la defensa de los indios, ambas dirigidas hacia la optimización del sistema productivo y a la integración de los pueblos indígenas en este contexto de «extracción de la excedencia»[57]. La guerra contra el estado Inca de Vilcabamba y las expediciones contra los indios fronterizos, sobre todo en Chile, encontraron su justificación ideológica y política como acción por la defensa de los títulos de la Corona. En la óptica de una política de fortalecimiento de la Corona era imposible tolerar la existencia de un poder soberano paralelo, sobre todo por el gran valor simbólico que ejercía el Inca disidente sobre los indios[58].

A nivel general podemos afirmar que, en la expedición contra Vilcabamba, la cooperación entre las fuerzas municipales, los aportes particulares, las tropas indígenas y sobre todo el logro de la victoria y la «reducción» del Inca representan un momento de síntesis entre los diferentes ánimos del virreinato tal como iban a reflejarse en las reformas toledanas, en el momento en que representaba una condición de ventaja para todos los agentes involucrados. Como hemos visto, si en Europa la Monarquía debía apoyarse en las organizaciones tradicionales como las fuerzas nobiliarias o las tropas organizadas por las municipalidades, en el Perú el contexto se presentaba todavía más complejo, sea por la recién implantación de formas de control por parte de la Monarquía y sus agentes, sea por la presencia de una «frontera interior», sea por la dificultad de efectivo control de territorios cuya superficie sobrepasaba las dimensiones habitualmente manejadas en Europa, cuyos límites geográficos no eran todavía exactamente conocidos.

---

[57] STERN, 1982, p. 189.
[58] AGI, Lima 28 B, fols. 1-6v., carta de Toledo del 1 de marzo de 1570.

Abreviaturas utilizadas

AGI: Archivo General de Indias, Sevilla.

CDIAO: *Colección de documentos inéditos relativos al descubrimiento, conquista y colonización de las colonias españolas de América y Oceanía*, Madrid, 1864-1884, XLII vols.

GP: LEVILLIER, Roberto (ed.), *Gobernantes del Perú, cartas y papeles, siglo XVI. Documento del Archivo de Indias*, Colección de publicaciones Históricas de la Biblioteca del Congreso Argentino, Madrid, Sucesores de Rivadaneyra, 1921-1926, XIV vols.

Rec. Ind.: MANZANO Y MANZANO, Juan (ed.), *Recopilación de leyes de los Reynos de Indias* (1791), I-IV; reedición de Madrid, Ediciones Cultura Hispánica, 1973, con prólogo de Ramón Menéndez Pidal.

Bibliografía

ABRIL STOFFELS, Miguel J., «Junta Magna de 1568. Resoluciones e instrucciones», ABRIL CASTELLÓ, Vidal y ABRIL STOFFELS, Miguel J., *Francisco de la Cruz, Inquisición, Actas*, Madrid, CSIC, 1997, pp. 129-194.

ANDERSON, Matthew S., *War and Society in Europe of the Old Regime, 1618-1789*, Leicester, Leicester University Press, 1988.

BAKEWELL, Peter J., «La maduración del gobierno del Perú en la década de 1560», *Historia Mexicana*, XXXIX, 153, 1989, pp. 41-70.

BATAILLON, Marcel, y SAINT-LU, André, *Las Casas et la défense des Indiens*, París, Julliard, 1971.

BELAUNDE GUINASSI, Manuel, *La encomienda en el Perú*, Lima, Ediciones Mercurio Peruano, 1945.

BRADING, David, *Orbe indiano. De la monarquía católica a la república criolla, 1492-1867*, México, FCE, 1993.

CAMPBELL, Leon G., *The Military and Society in Colonial Peru*, Filadelfia, American Philosophical Society, 1978.

CANTÙ, Francesca, *Coscienza d'America. Cronache di una memoria impossibile*, Roma, Edizioni associate, 1992.

CLARK, Stephen R. L., *Aristotle's Man. Speculations upon Aristotelian Anthropology*, Oxford, Clarendon Press, 1975.

ELLIOTT, John H. «The Spanish Conquest and Settlement of America», BETHELL, Leslie (ed.), *Cambridge History of Latin America*, Cambridge, Cambridge University Press, 1984, vol. 1, pp. 149-206.

ENCINAS, Diego de, *Cedulario indiano, recopilado por Diego de Encinas*, reproducción facsimilar, estudio e índices por Alfonso García Gallo, Madrid, Ediciones Cultura Hispánica, 1945-1946 (1ª ed. de 1596).

ESPINOZA SORIANO, Waldemar, «Los huancas, aliados de la conquista. Tres informaciones inéditas sobre la participación indígena en la conquista del

Perú», *Anales Científicos de la Universidad del Centro del Perú*, 1, Huancayo, 1972, p. 3-407.

GARCÍA GALLO, Alfonso, «Las Indias en el Reinado de Felipe II: la solución del problema de los justos títulos», *Estudios de historia de derecho indiano*, Madrid, Instituto Nacional de Estudios Jurídicos, 1972, pp. 425-472.

— *Los orígenes españoles de las instituciones americanas. Estudios de derecho indiano*, Madrid, Real Academia de Jurisprudencia y Legislación, 1987.

GARCÍA HERNÁN, Enrique, y MAFFI, Davide (eds.), *Guerra y sociedad en la Monarquía Hispánica. Política, estrategia y cultura en la Europa Moderna (1500-1700)*, Madrid, Ed. Laberinto-Fundación Mapfre-CSIC, Madrid, 2006, 2 vols.

HANKE, Lewis, *The Spanish Struggle for Justice in the Conquest of America*, Filadelfia, University of Pennsylvania Press, 1949.

— *Colonisation et conscience chrétienne au XVIe siècle*, París, Plon, 1957.

— *Estudios sobre fray Bartolomé de Las Casas y la lucha por la Justicia en la conquista española de América*, Caracas, Universidad Central de Venezuela, 1968.

HEMMING, John, *The Conquest of Incas*, Nueva York, Harcourt, 1970, *La fine degli Incas*, tr. it. Furio Jesi, Milán, Rizzoli, 1992.

KUBLER, George, «The Neo-Inca State (1537-1572)», *Hispanic American Historical Review*, 27, 1947, pp. 189-203.

LOCKHART, James, *Spanish Peru, 1532-1560*, Madison, University of Wisconsin Press, 1968.

— *The Men of Cajamarca. A Social and Biographical Study of the First Conquerors of Peru*, Austin, University of Texas Press, 1972.

MARCHENA FERNÁNDEZ, Juan, *Ejército y milicias en el mundo colonial americano*, Madrid, Editorial Mapfre, 1992.

MERLUZZI, Manfredi, *Politica e governo nel Nuovo Mondo. Francisco de Toledo Viceré del Perù (1569-1581)*, Roma, Viella, 2003.

MILLONES, Luis, *Historia y poder en los Andes Centrales. Desde los orígenes al siglo XVII*, Madrid, Alianza, 1987.

MORELLI, Federica, *Territorio o Nación. Reforma y disolución del espacio imperial en Ecuador, 1765-1830*, Madrid, Centro de Estudios Políticos y Constitucionales, 2005.

MURRA, John V., *Formaciones económicas y políticas del mundo andino*, Lima, Instituto de Estudios Peruanos, 1975.

— *Formaciones económicas y políticas en el mundo andino*, IEP, Lima, 1975, tr. it. Angelo Morino, *Formazioni politiche ed economiche del mondo andino*, Turín, Einaudi, 1980.

MURÚA, Martín de, *Historia general del Perú, origen y descendencia de los Incas (1690-1611)*, Madrid, 1962-1964, 2 vols.

MUSI, Aurelio, «Sistema imperiale spagnolo e sottosistemi: alcune verifiche da studi recenti», *L'Acropoli*, 4, julio de 2005, pp. 406-422.

OTS CAPDEQUÍ, José María, *El Estado Español en las Indias*, Buenos Aires, FCE, 1965.

PARKER, Geoffrey, *The Grand Strategy of Philip II*, New Haven, Yale University Press, 1998.

PEREÑA, Luciano, *La idea de justicia en la conquista de América*, Madrid, Editorial Mapfre, 1992.

POWER, James F., *A Society Organized for War. The Iberian Municipal Militias in the Central Middle Ages, 1000-1284*, Berkeley, University of California Press, 1998.

RAMOS PÉREZ, Demetrio, GARCÍA Y GARCÍA, Antonio y PÉREZ, Isacio, *La ética en la conquista de América: Francisco de Vitoria y la Escuela de Salamanca*, Madrid, CSIC, 1984.

SALAZAR, Antonio Bautista de, *Relación sobre el período de gobierno de los virreyes don Francisco de Toledo y don García Hurtado de Mendoza*, 1867 (1ª ed. de 1596).

SÁNCHEZ BELLA, Ismael, «El Consejo de las Indias y la Hacienda indiana en el siglo XVI», *El Consejo de las Indias en el siglo XVI*, Valladolid, Universidad de Valladolid, 1970, pp. 139-172.

STERN, Steve J., *Peru's Indians People and the Challenge of Spanish Conquest. Huamanga to 1640*, Madison (Wisconsin)/Londres, University of Wisconsin, 1982.

SUÁREZ, Santiago-Gerardo, *Las Fuerzas Armadas venezolanas en la Colonia*, Caracas, Academia Nacional de la Historia, 1979.

— *Las milicias: instituciones militares hispanoamericanas*, Caracas, Academia Nacional de la Historia, 1984.

THOMPSON, I. A. A., *Guerra y decadencia. Gobierno y administración en la España de los Austrias, 1560-1620*, Barcelona, Crítica, 1981.

— «La movilización de los recursos nacionales y las tesis de Downing. La guerra y el Estado en España a mediados del siglo XVII», MARTÍNEZ RUIZ, Enrique y PI CORRALES, Magdalena de Pazzis (dirs.), *España y Suecia en la Época del Barroco (1600-1660)*, Madrid, Comunidad Autónoma de Madrid-Consejería de Educación y Cultura-Encuentros Históricos España-Suecia, 1998, pp. 279-306.

— «Milicia, Sociedad y Estado en la España Moderna», VACA LORENZO, Ángel (ed.), *La Guerra en la Historia*, Salamanca, Ediciones Universidad de Salamanca, 1999, pp. 115-133.

TOLEDO, Francisco de, *Memorial que diò al Rey Nuestro Señor, del estado en que dejò las cosas del Perú (1582)*, BELTRÁN Y ROZPIDE, Ricardo (ed.), *Colección de las memorias o relaciones que escribieron los Virreyes del Perú acerca del estado en que dejaban las cosas generales del reino*, vol. I, Madrid, Imprenta del Asilo de Huérfanos del S. C. de Jesús, 1921, pp. 71-107.

VEGA, Inca Garcilaso de la, *Obras completas*, Madrid, Atlas, Biblioteca de Autores Españoles, 1965.

ZAVALA, Silvio, *La encomienda indiana*, México, Ediciones Porrúa, 1973.

— *El servicio personal de los indios en el Perú (extractos del siglo XVII)*, vol. II, México, 1979.

ZIMMERMAN, Arthur F., *Francisco de Toledo, Fifth Viceroy of Perú, 1569-1581*, Nueva York, Greenwood Press, 1968.

V. LA *MILICIA*, EL REY Y LA GUERRA: LA CORONA DE PORTUGAL Y EL CASO DEL BRASIL MERIDIONAL (SIGLOS XVI-XVIII)[1]

ANDRÉ ALEXANDRE DA SILVA COSTA
Universidade Nova de Lisboa

Introducción

El inspirador trabajo de Geoffrey Parker, *The Army of Flandres and the Spanish Road*[2], publicado a principios de la década de 1970, abrió el camino a la investigación sobre las repercusiones sociales de la guerra y de la formación de los ejércitos en la época moderna. A través de la bella metáfora histórica con que inicia su obra –el príncipe Felipe recibiendo en 1614 una colección de «soldados de juguete»–, Parker subrayó la importancia de las relaciones entre el *ethos* del poder regio y la capacidad de movilizar la fuerza, abriendo una serie de pistas innovadoras para la historia política de los reinos ibéricos. Desde entonces, estudios sobre la movilización militar, la negociación de apoyos logísticos y financieros entre el rey y las poblaciones o sobre la regulación del mando militar y la selección de oficiales han ampliado el conocimiento de las relaciones entre la formación de los ejércitos y los sistemas de poder[3].

En los últimos años, un renovado interés por el papel de la violencia en la época moderna ha estado en la base de importantes investigaciones sobre la emergencia de ejércitos profesionales y milicianos en los reinos ibéricos[4]. Con todo, y a pesar de esta apertura de nuevas perspectivas, el

---

[1] Este trabajo ha sido realizado en el marco de una investigación sobre la administración de la Corona de Portugal en las fronteras de los Imperios Ibéricos (en la Región de la Plata) coordinada por Nuno Gonçalo Monteiro, proyecto «Nas Franjas dos Impérios: dinâmicas de expansão e ocupação territorial na Região Platina, 1580-1808», financiado por la Fundação para a Ciência e a Tecnologia (Ministério da Ciência, Tecnologia e Ensino Superior - Portugal) y por el Instituto Camões, a través del Programa Lusitânia (PLUS/HAR/50286/2003). Quiero expresar mi gratitud a Pedro Cardim, Leonor Freire Costa, Mafalda Soares da Cunha y Nuno Gonçalo Monteiro, por sus valiosas indicaciones en el curso del mismo.

[2] PARKER, 1972.

[3] CORVISIER, 1976; THOMPSON, 1981.

[4] RUIZ IBÁÑEZ, 1995; FERNÁNDEZ ALBADALEJO, 1998; COSTA, 1998; THOMPSON, 1999; MARTÍNEZ ARCE, 2002; WHITE, 2003; JIMÉNEZ ESTRELLA, 2004; ANDÚJAR CASTILLO, 2004; COSTA, 2004b; THOMPSON, 2007.

estudio de las tropas milicianas ha suscitado también dificultades. Geoffrey Parker, en el prefacio a la edición inglesa de su clásico trabajo sobre el ejército de Flandes, destacó la fluidez de la frontera entre tropas profesionales regulares (muchas veces mal equipadas y escasamente remuneradas) y la utilización de fuerzas civiles al servicio del rey (en diversas ocasiones muy agresivas y bien pertrechadas)[5].

Teniendo en cuenta el carácter fluido de las milicias, el trabajo aquí presentado busca reconstruir la evolución de las tropas en la Corona de Portugal entre los siglos XVI y XVIII. La identificación del «servicio miliciano» se hace a partir de las normas que la Corona de Portugal estableció, durante ese período, para el servicio de las armas. Más allá de la descripción del marco general del derecho regio que reguló la participación de las poblaciones en el esfuerzo militar, este texto procura igualmente caracterizar las principales resistencias a la recluta de tropas (profesionales y milicianas) en el conflicto más largo que la Corona lusitana enfrentó en el siglo XVII: la guerra posterior a la rebelión de 1640 contra Felipe IV. La revuelta, liderada por parte de la aristocracia portuguesa, condujo al duque de Bragança al trono y provocó la ruptura institucional con la corte de Madrid, dando paso a una larga guerra de fronteriza entre el reino de Portugal y la Monarquía Católica entre 1640 y 1668. De forma más puntual, y para mostrar la complejidad del fenómeno, se analizará el caso de la región meridional de Brasil, con atención a Río de Janeiro y su amplio espacio de influencia que llegaba a extenderse hasta la zona del Río de la Plata. Una descripción de la evolución militar en la región sur de la de América portuguesa (Río de Janeiro y Colonia de Sacramento[6]) ilustrará las formas de organización en una frontera del Imperio.

Es importante señalar que este análisis se inscribe en las recientes aportaciones historiográficas que procuran relacionar la administración imperial de la Corona de Portugal con la actuación de los grupos de poder local[7]. El enfoque aquí desarrollado busca tanto describir las resistencias a las instrucciones militares del poder regio, como identificar las formas de actuación de la Corona. Por ello, se va a incidir en tres ejes diferentes: la respuesta a las necesidades locales de defensa; la selección y actuación de los oficiales de guerra, y, finalmente, la negociación de las aspiraciones de las oligarquías urbanas de esta parte de América[8].

---

[5] PARKER, 1972, pp. 1-2.

[6] Plaza fundada en 1680 y que estuvo en el centro de los conflictos hispano-portugueses en Sudamérica a lo largo de los siglos XVII y XVIII.

[7] FRAGOSO, 2000; FRAGOSO/BICALHO/GOUVÊA, 2001; BICALHO, 2003.

[8] La legislación citada se puede encontrar a través de una búsqueda por título en «Ius Lusitaniae - Fontes Históricas do Direito Português», web coordinada por Pedro Cardim, www.iuslusitaniae.fcsh.unl.pt. Además se han utilizado las cartas de don João IV, rey de Portugal, para los «Governadores das Armas», los responsables militares de las Pro-

Es importante clarificar, antes de nada, el marco conceptual utilizado en la época. La escasez de estudios en profundidad sobre la organización militar de la Corona de Portugal dificulta cualquier trabajo previo de identificación tipológica. En la documentación contemporánea, las tropas profesionales se designan genéricamente a través de dos criterios mayores –nombre del lugar de origen o del oficial al mando (por ejemplo, «Infantaria do Rio de Janeiro», o «tropas do Mestre de Campo Francisco Ribeiro»)–, que priman sobre las formas institucionales (Compañías, Tercios y Regimientos). En otras palabras, dentro de la cultura institucional de la época moderna, la designación de la fuerza militar pasaba por la referencia a fidelidades localizadas (a una región, un oficial, una ciudad, un oficio, un grupo étnico), siendo las distinciones de tipo genérico algo escasas e imprecisas. La distinción utilizada con más regularidad simplemente remite al tipo de armas utilizadas (infantería, caballería, artillería).

La participación de las poblaciones en el servicio regio en tiempo de guerra se articulaba en contingentes calificados por la legislación como *Ordenanças*[9]. Según aparece en el más importante diccionario portugués del siglo XVIII, el concepto de «Ordenança do exército» tiene origen en la «ordenança» de las batallas, esto es, en el «modo com que os esquadroens, batalhoens, & todas as mais cousas se ordenão, assim para marchar, como para combater». Las llamadas «ordenanças militares» se desarrollaron a partir de la raíz semántica de *orden*: «ordenar, todos armados a seu modo, & em tão boa ordenança», o, en una perspectiva general, de la «ordenação dos movimentos de guerra»[10]. Como veremos con más detalle, estas *Ordenanças* correspondían *grosso modo* a un reclutamiento hecho a partir de levas municipales de vecinos. Estos grupos tenían una fuerte inserción local y una proyección defensiva igualmente local, no pudiendo ser desplazados de su espacio de origen, aunque no siempre se respetó esta costumbre. Así pues, estas *Ordenanças* constituían el núcleo del servicio miliciano[11].

Después de la rebelión de Portugal en 1640, el nuevo rey de Portugal, don João IV, buscando aumentar sus fuerzas, formó un cuerpo militar

---

vincias [CGA], además de un conjunto de misivas, también de don João IV, escritas a diversas autoridades del reino [CDJIV]. Para el Brasil meridional, se ha utilizado la *Chancelaria Régia*, principal archivo de la Corona, en lo que respecta a privilegios y mercedes, y la correspondencia administrativa entre la Corte y los Gobernadores de Río de Janeiro.

[9] En la Monarquía Católica, el término *Ordenanzas* denominaba la legislación en sentido genérico. Los cuerpos legislativos del rey recibían en Portugal la designación de *Ordenações*.

[10] BLUTEAU, 1720, pp. 106-107.

[11] COSTA, 2004b, pp. 71-72.

intermedio entre tropas profesionales y tropas milicianas. Esta nueva fuerza reunía al tradicional servicio de las *Ordenanças*, de base municipal, con elementos de tropas profesionales. De esta mezcla surgieron en 1646 las llamadas *Tropas Auxiliares*. Estas fuerzas, formadas por los excluidos del reclutamiento profesional, tenían un estatus genérico y podían ser convocadas para cualquier lugar de conflicto a fin de complementar los ejércitos reales. De una forma general, su organización copiaba los modelos profesionales, reservando el mando a oficiales de carrera[12]. Las *Tropas Auxiliares* tenían una composición social peculiar al incorporar poblaciones sin práctica de guerra. No sorprende que sean abundantes los testimonios coetáneos sobre la poca eficacia de los *Auxiliares*, considerándolos tan ineficaces como los milicianos.

Pero, ¿qué se entendía por «milicia»? En el lenguaje político del Quinientos este término se usaba para designar de forma genérica el servicio en la guerra. En esta acepción confluía la tradición medieval del *miles* (caballero vasallo de otro que vive de la profesión de las armas) y la memoria romana de *militia*, significando la dedicación a las armas y la propia carrera del soldado[13]. Para el siglo XVI es sabido que las tropas que se podían identificar con la segunda situación, las tropas a sueldo, eran muy limitadas en número, siendo denominadas por su técnica de guerra (ballesteros, artilleros, peones, jinetes...). Por su parte, las *Ordenanças* respondían a la necesidad de generalizar el servicio de las armas en caso de urgencia, pero su falta de eficacia en tiempos de «guerra viva» impuso, de forma gradual, la necesidad de generar una organización más profesional y remunerada.

En realidad el esfuerzo de generalizar el servicio de las armas a todos los súbditos no produjo los resultados esperados. Así, con la sistematización de las carreras de los soldados y la tipificación del servicio de guerra, la expresión «gente miliciana» comenzó a ser utilizada para identificar el servicio de individuos no-profesionales. Con todo, incluso después de 1640 se mantuvo aún el uso genérico del término «milicia», a pesar de que el sector militar había comenzado a sufrir profundas modificaciones. Durante las guerras emprendidas por la Corona de Portugal, el término «milicia» se siguió aplicando tanto a los *Auxiliares* como a las tropas de *Ordenanças*. En 1643 la Corona hizo un llamamiento a los «soldados de Ordenanças» de la Comarca de Santarém. Como fueron enviados a las fronteras del Alentejo, se les pagó una remuneración por esa deslocalización. Realmente, el término *milicia* podía servir par denominar tanto el servicio no remunerado, las tropas sin sueldo, como la movilización de hombres con remunera-

---

[12] SALGADO, 1985, p. 98.
[13] MATTOSO, 1993, pp. 165-174.

ción, siempre que estos cuerpos tuvieran carácter ocasional ante amenazas en zonas de frontera[14].

A partir de mediados del siglo XVIII una nueva distinción comenzó a surgir: el servicio miliciano se identificó cada vez más sólo con «os soldados de Ordenança, sapateiros, alfayates, y outros oficiais mecânicos»[15]. El proceso de profesionalización del servicio militar y la consecuente burocratización de la guerra (al tiempo que la emergencia de la racionalidad política estatalista) iban a resultar decisivos para dictar una separación más nítida entre milicia y ejército profesional pago[16].

Los fundamentos jurídicos del servicio en la guerra

Más allá de las designaciones, un análisis más detallado de las formas jurídicas producidas por la Corona permite comprender, con más profundidad, de que manera el rey modeló el servicio de sus vasallos en las acciones bélicas. Con todo, una interpretación de la legislación de la Corona de Portugal debe tener en cuenta que el ordenamiento jurídico del Antiguo Régimen significó un esfuerzo que no siempre alcanzó sus objetivos. Así, la descripción que sigue tiene presente los límites del derecho regio en los siglos XVI a XVIII[17].

El perfil de la legislación militar dependió de las preocupaciones defensivas y de los escenarios de guerra viva[18]. Más allá de las necesidades de defender las plazas y fortificaciones, la creciente actividad normativa del rey respecto al servicio de las armas incluyó otra pretensión: complementar la escasa capacidad bélica de la tropa regular a sueldo del rey a través de una fuerza menos gravosa y que reforzara los lazos de fidelidad entre los *povos* y el poder regio. Fue así como surgió el dispositivo de las *Ordenanças*[19].

---

[14] Si se tiene en cuenta que los soldados eran sistemáticamente pagados con retraso y que no era infrecuente que los profesionales tuvieran que mendigar, resulta más difícil definir las fronteras exactas entre unos y otros; MARQUES, 1989.

[15] BLUTEAU, 1716, p. 487

[16] Como consecuencia de esta estatalización del ejército, a partir de 1796, las tropas Auxiliares pasaron a designarse formalmente como Regimientos de Milicias.

[17] La más completa información sobre la actuación jurídica de la Corona de Portugal y sus límites en HESPANHA, 1994, pp. 471-522.

[18] GOUVEIA/MONTEIRO, 1993.

[19] Con la estructura miliciana de las *Ordenanças* la Corona de Portugal pretendió substituir la antigua organización de reclutamiento característico del feudalismo tardío. Éste consistía en primer lugar en el servicio nobiliario que juntaba elementos del tradicional vasallaje con pagas proporcionales al número de lanzas que se hubiera podido juntar. A éste se añadía el servicio municipal, de mesnadas reunidas por los concejos en tres tipos de fuerza: los «Aquantiados» (conjunto de vecinos obligados a tener armas y caba-

Este esfuerzo por incorporar los municipios y los señoríos en la defensa de los territorios puede ser entendido en el contexto de un movimiento más general de influencia castellano-aragonesa sobre las formas de gobierno en el reino de Portugal[20]. En efecto, la tendencia a emancipar el ejército de su dependencia de las tropas señoriales, reforzando su control por el rey, comenzó a ser desarrollada por los Reyes Católicos al final del siglo XV[21]. Como muestra, entre otros, María José Rodríguez-Salgado, décadas más tarde, Carlos V negoció una serie de pactos para garantizar el servicio de defensa de cada reino y optimizar recursos[22]. Por su parte, Felipe II inició el proceso de creación de la milicia general en 1562, aunque con éxito relativo[23]. Estas formas de defensa reforzaron los lazos con el poder central, redujeron sus gastos y abrieron el servicio de la guerra a grupos de poder emergentes[24].

En Portugal, en el reinado de don João III (1521-1557), se organizó una movilización, ordenada y dependiente del rey, de tropas compuestas por vecinos. A través de la Ley del 7 de agosto de 1549, se estipuló que todos los vasallos de entre veinte y sesenta y cinco años deberían prestar servicio militar, ordenándose también a cada municipio[25] la elaboración de registros para este efecto[26]. Estos cuerpos de base local debían efectuar entrenamientos militares regulares y permanecer listos para la defensa de sus localidades. Estas primeras *Ordenanças* rebelaron desde luego que la intención del rey transcendía la motivación defensiva. De facto la riqueza permitía la participación en la movilización en el servicio de la guerra, algo que la calidad social de origen no permitía necesariamente, lo que

---

llos de acuerdo con la «quantia» que poseían); los «besteiros do conto» (número regular de ballesteros por localidad); los «besteiros de cavalo» (número más restringido y distinto de *besteiros* de «elite»), MONTEIRO, 1998, pp. 31-78. Sobre los antecedentes medievaless de la organización militar ver también *Ordenações Afonsinas,* Lib. 1, Títulos LI a LXIII.

[20] HESPANHA, 1989; CUNHA, 2006. Hay que notar que los privilegios señoriales portugueses, desde el punto de vista militar, no tenían la misma amplitud que el régimen señorial castellano.

[21] Los Reyes Católicos sentaron el embrión de una fuerza defensiva del reino deslocalizada y de dependencia directa con la formación en 1493 de la *Guarda vieja de Castilla,* MARTÍNEZ RUIZ, 2001.

[22] RODRÍGUEZ-SALGADO, 1988.

[23] MARCHENA FERNÁNDEZ, 1992. Las *Ordenanzas* de esta *milicia general* fueron publicadas en 1590.

[24] THOMPSON, 1981 y 1999; RUIZ IBÁÑEZ, 1995; MACKAY, 1999; PARDO MOLERO, 2007.

[25] Con las debidas reservas, se puede considerar que tanto Municipio como *Câmara* corresponden al *Cabildo* castellano. Una buena síntesis en MAGALHÃES, 1994.

[26] Es interesante recordar que en el reinado anterior, el de don Manuel, también habían sido redactadas normas sobre las *Ordenanças* (1508) y una ley de armas, aunque esta legislación se destinó sobre todo a la protección de la corte, MORAIS, 1954, pp. 161-169.

abrió el acceso de las oligarquías municipales a posiciones de mando. Al ampliar la posibilidad de acceso a estos cargos, el rey consagraba una vía posible de ascenso social a través de la guerra[27].

A pesar de todo, estas *Ordenanças* no funcionaron como se había previsto, en parte por la escasez de oficiales regios que asegurara su cumplimiento[28]. No fue hasta 1569 cuando el sobrino de Filipe II[29] y rey de Portugal, don Sebastião, publicó la *Lei de las Armas*, en el contexto de un conjunto de reformas efectuadas en el inicio de su reinado (1568-1578)[30]. Dentro del espíritu de generalización del servicio militar, esta ley se complementó ulteriormente por otros importantes elementos normativos: el *Regimento de las Companhias* de 1570, *Regimento de los Capitaens-mores* de 1570, la *Provisão sobre os oficiais de fazer limpar e guarnecer armas* de 1571, la *Lei de como hão-de andar armados o navios* también de 1571, y la *Provisão sobre as Ordenanças* de 1574[31]. Mediante estas normas, la Corona procuró que en todas las localidades del reino se desarrollaran ejercicios de caballos y armas. Estos alardes debían ser liderados por el *capitão-mor* del lugar, el señor o el *alcaide-mor* (antiguo título de jurisdicción militar sobre un castillo o fortificación local). Si el señor o alcaide estaban ausentes, debía ser realizada en la *Câmara* una elección circunscrita a las «pessoas principaes» que contaran con la «qualidade» para el cargo[32]. La elección de los capitanes también se reservaba para las *Câmaras*. El *capitão-mor* debía así en adelante controlar un contingente de población (del lugar y su término) y llevar su registro («por escrivão da Câmara em livro»)[33].

El nuevo espíritu de esta legislación buscó que los privilegios señoriales fuesen encuadrados mediante un juramento en el que el señor, actuando como *capitão-mor*, fidelizaba su posición como una autoridad de dependencia regia. La función de *capitão-mor* pasaba por estabilizar

---

[27] Una breve introducción al papel de las *câmaras* en la movilidad social en COELHO/ MAGALHÃES, 1986.

[28] MAGALHÃES, 1997, pp. 103-109.

[29] Se adoptará «em diante» para los reyes Habsburgo su titulación portuguesa: D. Filipe I de Portugal para Felipe II, D. Filipe II para Felipe III y D. Filipe III para Felipe IV.

[30] Don Sebastião fue aclamado rey a los tres años de edad, pero sólo comenzó a reinar a partir de 1567. Entre 1557 y 1567 el reino fue gobernado por la reina doña Catarina, viuda de don João III y por el cardenal don Henrique.

[31] Para un amplio análisis de estas normas, FEIO, 2003, pp. 49-83.

[32] Sobre el problema del poder político de estas elites, v. HESPANHA, 1986 y MONTEIRO, 2003.

[33] El que estas normas correspondieran a ua nueva lógica organizativa (cada compañía tenía apenas 250 hombres, dependiendo la nominación de *capitães-mores* y de capitanes de compañía del número total de habitantes) creó innumerables protestas, pues, para la cultura política dominante, la honra de los cargos militares estaba relacionada con el número de hombres bajo su mando, FEIO, 2003, p. 77.

la naturaleza de las relaciones políticas en su territorio, teniendo siempre a los habitantes prontos para el servicio de las armas, acatando las órdenes de los oficiales del rey (sus justicias) y estando disponible para hacer la guerra según el rey lo ordenase. Por otro lado, la Corona buscó conferir una naturaleza más *comisarial* a estos nuevos cargos. Como fácilmente se desprende, estos aspectos generaron una enorme resistencia de la nobleza al establecimiento de las *Ordenanças*[34].

Más allá de esta intención de disciplinar a la nobleza territorial, la organización militar de la población pretendía reforzar la protección de las costas. La legislación procuró ir más allá en la elaboración de una defensa permanente que pudiese resistir los ataques marítimos, previendo la colaboración de los navíos de la Corona e imponiendo la contratación de «gente de guerra» para las respectivas tripulaciones[35]. Los puertos de mar exigían especiales cuidados durante todo el verano (y en invierno, caso que el tiempo fuera bueno) ante los frecuentes ataques de las armadas corsarias. Para ello, se ordenó que durante el día los pobladores debían vigilar la costa desde atalayas próximas al mar y de noche los puertos u otros puntos donde pudiesen desembarcas tropas enemigas.

Con el tiempo hubo que regular más en detalle algunos aspectos de la defensa. Las tentativas de levantar y fiscalizar las compañías evidenciaron a la Corona diversas dificultades e imprecisiones que buscó corregir. Así, la *Provisão* de las *Ordenanças* de 1574[36] procuró dar respuesta a un problema creciente: la multiplicación de los candidatos a *capitão-mor* y, sobre todo, a capitanes de compañía. En una cultura política donde el *ethos* de la guerra tenía un fuerte peso, el «capital de honra» de estos oficios de armas, atraía poderosamente a las elites de los municipios y, a pesar de el servicio en las *Ordenanças* no era pagado, hubo una gran demanda por obtener tales cargos[37].

Más allá de la regulación del número de capitanes, la Corona subrayó la necesidad que todos los habitantes contaran con armas (aspecto fiscalizado por el *capitão-mor* y, a partir de 1696, por el *Juiz de Fora*[38]), y que se entrenaran regularmente. Estos alardes debían celebrarse cada domingo bajo la supervisión de los oficiales de compañías, corriendo el gasto en munición a cargo de las *Câmaras*. En todo caso, sólo en situa-

---

[34] COSTA, 2004b, pp. 71-75.

[35] FEIO, 2003, pp. 73-76.

[36] Las *Provisões* servían justamente para regular una legislación ya en vigor y para ampliar su conocimiento a todo el reino.

[37] MONTEIRO, 1998, pp. 288-293. Sobre la valoración del valor pecuniario de estos oficios, v. HESPANHA, 1994, pp. 188 *ss.*

[38] El *Juiz de Fora* asumía el derecho del rey ante las poblaciones. Para la evolución historiográfica respecto a la compleja actuación de estos *Juízes de Fora* en los procesos de la expansión política de la autoridad regia, v. HESPANHA, 1994, pp. 196 *ss.*

ción de amenaza directa la militarización tuvo efectos tangibles. Fue lo que sucedió en 1580 cuando las incertidumbres respecto a la sucesión de la Corona llevó a los *povos* a pedir a los gobernadores que se procediese sin demora a reparar las fortalezas y plazas de defensa y dotarlas con capitanes y soldados[39].

Con la integración de la Corona de Portugal en la Monarquía Católica en 1581, además de un esfuerzo por la fortificación de la costa, cuyas guarniciones más importantes fueron constituidas ocasionalmente por tropas profesionales, las autoridades regias continuaron apostando por la implantación efectiva de las *Ordenanças*, aunque fuera con reservas[40]. En 1623, siguiendo la tradición del reino, el Consejo de Portugal ordenó al *Desembargo do Paço* la reimpresión del *Regimento de los Capitaens-mores* y de la *Provisão de Ordenanças*, a partir de los textos originales de 1570 y 1574[41].

De forma general, el gobierno de los Filipes procuró introducir una mayor eficacia en la administración militar, como lo muestra la reedición de *Ordenanças* y, más tarde, el esfuerzo por crear un ejército regular con capacidad de movilidad regional. La disponibilidad era particularmente importante dado el desigual desarrollo geográfico de las fuerzas milicianas, con una clara preponderancia en la orla litoral al sur del reino, lo que dejaba sin defensa a amplias zonas. Parte de este esfuerzo de movilización de fuerzas de defensa marítima no remunerada pretendía completar las acciones de la armada de costa y de las compañías de *guarda-marinha*, primera estructura de defensa profesional creada desde 1618 en el reino, de Lisboa a Setúbal[42].

En el tiempo de incorporación de Portugal a la Monarquía de los Habsburgo, el escaso impacto de las reformas defensivas fue un argumento en la lucha política. Desde la aristocracia se criticaba la ineficiencia de las *Ordenanças*, censurando también la inexistencia de entrenamientos militares regulares. La politización de estos temas permitió articular una doble argumentación: por un lado, se impedía que los portugueses defendiesen su reino si era atacado y, por otro, esta hipotética inactividad debilitaba a las poblaciones[43]. Fueron comunes los sermones pidiendo la restaura-

---

[39] VELOSO, 1956, p. 10.

[40] Para los aspectos contradictorios de la política regia de don Filipe I con relación a las *Ordenanças* de Portugal, v. BOUZA ÁLVAREZ, 2005, pp. 161-170.

[41] Este respeto por la tradición del reino era sobre todo el respeto a la tradición jurídica y «constitucional». Desde las Cortes de Tomar en 1580, la nobleza y las localidades pedían la extinción de los alardes y oficios de *Ordenanças* invocando el peso que significaban para la población, HESPANHA, 1994, p. 188.

[42] *Ibid.*, p. 191.

[43] En este sentido, la historiografía nacionalista pretendía que hubo un vaciado intencional de las *Ordenanças*, sugiriendo que las armas del reino habían sufrido un fuer-

ción de los ejercicios militares, el adiestramiento de los soldados en las escuelas de esgrima, la sustitución de las fiestas, las comedias y los bailes por torneos y alardes[44]. También la guarnición extranjera de los presidios profesionales se convirtió en uno de los tópicos centrales contra el gobierno de Madrid, invocando el pago de estas tropas una violación a la *Patente de Mercês*, el documento «constitucional» de integración de Portugal en la Monarquía Católica, negociado por D. Filipe I en 1580, donde expresamente se había pactado que debían ser tropas portuguesas las que mantuvieran los presidios del reino[45].

Hoy día se conoce bien el importante papel de las elites portuguesas en la resistencia a los «planos militares gerais» de la corte de Madrid[46]. No debe extrañar, por lo tanto, la influencia de estos factores en la ruptura del reino con la Monarquía Católica[47]. A partir de la revuelta de 1640, liderada por el duque de Bragança, el más influyente aristócrata portugués, el derecho regio procuró disciplinar, de forma más incisiva, la participación de las elites en el servicio de las armas, tanto en la conducción de tropas profesionales como en el levantamiento de las milicias[48].

---

te abandono entre 1580-1640. En realidad el gobierno de Madrid hizo un esfuerzo por difundir las *Ordenanças*. En 1641, tras la ruptura de D. João IV, fueron publicadas en Lisboa las *Ordenanças Militares para disciplina da milicia Potugueza*, traducción de las que instituyó en Flandes el príncipe de Parma, texto ya muy difundido en el ejército portugués durante el período de la Monarquía Católica. Conviene, no obstante, aclarar que en la producción de caballos, tecnología básica de guerra, sí hubo un notable abandono, que llevó a la nobleza y a las localidades a presentar al rey en 1641 diversas propuestas para extender las yeguadas, GUIMARÃES, 1941, pp. 19-26.

[44] Junto con las críticas por el abandono militar del reino, coexistieron las que se oponían a la «tiranía» de la aplicación de la *Unión de Armas*, MARQUES, 1989, pp. 278-280. Esta argumentación, marcada por la necesidad de reconstruir el orden político, aprovechó el endurecimiento del servicio militar por el conde-duque de Olivares en la década de 1630. Esta forma de servicio de armas, servicio regular y en cualquier frontera de la Monarquía Católica, repugnaba las costumbres de defensa local; v. ELLIOTT, 1991 y GIL PUJOL, 1991. A pesar de todo, algunas voces defendían la política del gobierno central. D. Francisco Manuel de Melo, un influyente arbitrista portugués con experiencia en la guerra de Cataluña, afirmó que no sería correcto negar a la corte de Madrid tener le magisterio «da nova sciencia militar», SEPÚLVEDA, 1902, p. 29.

[45] BOUZA ÁLVAREZ, 1987, pp. 361-369.

[46] Significativamente, entre los rebeldes que condujeron a la ruptura del 1 de diciembre de 1640 se encontraba un número importante de *Alcaides-mores*. Éstos, hay que recordar, eran por naturaleza, según la legislación de las *Ordenanças*, los *capitães-mores* de las milicias, VALLADARES, 2006, pp. 271 *ss.*

[47] HESPANHA, 1993.

[48] A título de ejemplo, se puede recordar que la nobleza pidió con insistencia en las Cortes de 1641 que la caballería fuera organizada por en medio de un asiento que subsidiaba a los capitanes para que levantasen sus compañías. Sobre la nobleza en las reuniones de cortes en el siglo XVII, v. HESPANHA, 1991 y CARDIM, 1998.

En un primer momento, las necesidades de la guerra iniciada en 1640 hicieron que el derecho regio abriese camino a nuevas oportunidades de carrera en los cuadros superiores del ejército. El *Regimento das Fronteiras* de 29 de agosto de 1645 respondió a esta necesidad de profesionalización del servicio armado. Surgieron nuevos oficiales en el ámbito de las finanzas y de la burocracia militar[49], para lograr un mejor control político y una más refinada tecnología administrativa. Los ministros de la Corona multiplicaron los registros de los diferentes tipos de servicio militar[50] y la prestación de servicios pasó a ser cuidadosamente anotada[51] a fin de evitar fraudes en los pagos. Además, la experiencia de guerra convenció a la Corona sobre la necesidad de atender los aspectos técnicos del servido militar. De este modo, la experiencia y el conocimiento de las «artes da guerra» pasaron a figurar en este *Regimento das Fronteiras* como elemento preponderante para la nominación de oficiales[52]. Pese a la apuesta por movilizar profesionales, la escasez de medios, agravada por las dificultades financieras, forzó a un nuevo esfuerzo de levantamiento miliciano. El *Alvará* de 13 de mayo de 1646 estableció que las fronteras debían ser defendidas por soldados de oficio, pero también por *Auxiliares*[53]. Estas compañías juntaban elementos del servicio miliciano a las estructuras profesionales. De este modo, las *Ordenanças* pasaban a figurar en la legislación regia como último recurso de movilización.

A través de este esfuerzo legislativo, en el que la guerra jugó un papel altamente potenciador, la Corona de Portugal procuró definir las carreras militares, disciplinar los procesos de decisión, mejorar la *qualidade* de las tropas, alargar el reclutamiento y vigilar la concesión de oficios[54]. Esta profesionalización iba a provocar enormes diferencias entre el modelo de organización militar impuesto por la Corona a partir de 1640 y el servicio tradicional. En 1650 surgió la formalización normativa de los *Governadores das Armas*, la principal autoridad de guerra actuando sobre una «Provincia», que eran oficiales que ejercían funciones desde

---

[49] Esta burocratización buscaba controlar las atribuciones de sueldos, impidiendo el pago a los oficiales superiores que no presentasen la Carta Patente dada por el rey.

[50] Listas de todos los oficiales, ministros de sueldo y hacienda, de todas las personas que servían en la guerra o pertenecían a los tercios y compañías, de los oficiales mayores de cada tercio, de los oficiales de compañía, de los oficiales mayores y de las compañías de caballería.

[51] Hojas de servicio, origen y evolución de la carrera, filiación, rasgos fisonómicos, estatura y edad.

[52] Se prohibió la elección de capitanes que no hubieran tenido seis años de servicio efectivo como soldados o por lo menos tres como alféreces, también se dio un control semejante para los cargos subalternos (alférez y sargento).

[53] Los privilegios de estas milicias ya se habían consagrado por el *Alvará* de 24 de noviembre de 1645.

[54] COSENTINO, 2005, pp. 189-190.

1642-1643. La Corona pretendió que las tropas evolucionaran sobre una lógica de servicio permanente, a través de estructuras regulares de control logístico, financiero y jurídico[55]. En su clásico trabajo sobre las instituciones y el poder político en la Corona de Portugal en el siglo XVII, António Hespanha subrayó el «carácter revolucionário» de esta legislación, bien patente ante la protesta que los nuevos poderes originaban entre los *povos*[56]. Entre 1650 y 1668, fecha del final de la guerra, la Corona continuó este esfuerzo jurídico de jerarquización del servicio militar cada vez más regulado y tipificado.

Ya en tiempo de paz, a través del *Regimento* de 1 de junio de 1678 –el cual representa, de facto, una nueva estructuración de los dos poderes de los *Governadores das Armas*–, la Corona procuró moderar la tensión entre los municipios y los oficiales regios. Según el referido *Regimento*, los *Governadores* no debían interferir en las elecciones de los oficiales de las *Ordenanças*. En efecto, la Corona había asumido que el poder comisarial del *Governador das Armas* no debía sobreponerse a la legitimidad de los oficiales de las *Ordenanças*[57]. Esta interferencia podía generar más dificultades a la hora de movilizar poblaciones hacia las fronteras, si se privaba a las autoridades locales de todo el poder de reclutamiento. El problema era delicado, pues los *Governadores das Armas* pretendían evitar que las *Câmaras* eligiesen a los oficiales a sus «criaturas», esto es, individuos comprometidos con las posiciones de los locales que en ocasiones podían carecer de toda competencia militar.

Este conflicto en torno a la nominación de los oficiales nacía de la antigua necesidad de jerarquizar la cadena de mando del ejército, una necesidad que se hacía más urgente aún frente a la revolución en la técnica militar. Sin embargo, la cultura tradicional de la guerra chocaba con este *ethos* profesional. En este sentido, es patente la función de disciplina del derecho regio, a través del que la Corona procuró controlar la promoción de oficiales, su número y su formación. Sirva como ejemplo la carta Real de 2 de marzo de 1689 que impuso una minuciosa regulación del número de los oficiales por compañía de las *Ordenanças*, adecuada al número de moradores. Otro buen ejemplo es el decreto publicado el 25 de agosto de 1703 que ordenaba ejecutar los exámenes para los oficiales que querían ascender a sargento mayor o ayudante. En 1707 este rigor se extendió a los capitanes de compañías, para que se averiguase su capacidad de desempeñar tales cargos.

---

[55] Reglamento de 1 de enero de 1650, HESPANHA, 1994, pp. 188-190.
[56] Regimento de 13 de marzo de 1654, HESPANHA, 1994, p. 189.
[57] De igual forma, los soldados no podían ser obligados por la *Câmara* a servir cargos en la «república». Con todo, en lo referido a la esfera militar, las *Câmaras* debían obedecer al *Governo das Armas*.

Al establecer un conjunto de reglas para evaluar la capacidad y el conocimiento militar, la Corona buscó que su maquinaria bélica fuera más eficaz, al tiempo que daba cuerpo a su voluntad de controlar mejor los procesos de promoción social a través de mecanismos que dependían de sus propios oficiales (exámenes y consultas «curriculares»). Al mismo tiempo la Corona siguió intentando potenciar, de forma paralela, el servicio miliciano. A través del *Alvará* de 15 de noviembre de 1707 se retomó el proyecto de reclutamiento global no remunerado. A esta iniciativa se dio el nombre de *Novas Ordenanças*, que seguirían la misma estructura legislativa generada a finales del siglo XVI. En el ámbito de relación con los Concejos hubo además una alteración significativa respecto a la designación del mando: la *Lei para a eleição dos Capitães mor de «Ordenanças»*, de 1709, en materia militar. La participación de Portugal en la Guerra de Sucesión Española forzó a tomar nuevas medidas en su organización militar, sobre todo orientadas a endurecer la selección de los oficiales. La Corona consideró que las elecciones de los *capitães-mores* no eran siempre realizadas de acuerdo a la legislación regia (donde se privilegiaba la competencia militar). Los ministros regios veían esto como un crecimiento de la «rebeldía» del poder municipal. Así pues se puso fin a «as eleições dos postos de milicia» y se decidió que la designación del *Capitão-mor* de cualquier villa o ciudad estaba sujeta a los oficiales reales[58]. Se prohibió expresamente la formación de nuevos puestos sin permiso del rey o su confirmación a través de su *Provisão* por la burocracia regia a través del *Conselho de Guerra*, lo que reforzaba el control sobre las nominaciones y la expansión de los sueldos militares[59].

A pesar de esta evolución del derecho regio reforzando la profesionalización de una estructura regular militar, los resultados continuaron siendo contradictorios. No obstante el control de las promociones de oficiales, la disciplina continuó siendo un problema mayor. En 1710,

---

[58] La legislación aclara que «as pessoas dignas de ocupar os postos militares» no serían necesariamente «aquellas com mais poder e sequito». Para evitar abusos de los *Capitães-mores* sobre las nominaciones a capitanes de compañía, un capitán podía, si estimaba la denegación de su petición de «pouca justiça», recurrir al gobernador. La importancia de esta posibilidad de recurso preveía incluso que el *Capitão-mor* compareciera ante el Consejo de Guerra a explicar su decisión. En realidad, los cargos subalternos, a pesar de ser poco notados socialmente, eran muy importantes por razones técnicas, y en torno a ellos se podían originar conflictos entre *Capitães-mores*, deseosos de colocar a sus clientes y las escuelas de *Capitães de Companhia*, fundamentadas para una estructura más eficiente de escuadras, SALGADO, 1985, p. 106.

[59] Los nombres de los elegidos en las respectivas justificaciones serían verificados por los representantes del poder regio, que posteriormente los elevarían al *Conselho de Guerra*, en Lisboa que escogería un nombre que el rey confirmaría.

D. João V aprobó 42 artículos de guerra, una regulación penal militar que buscaba unir disciplina, servicio de armas y fidelidad al rey y jerarquizar de una vez las cadenas de mando[60].

En suma, todo el derecho regio se centró en un esfuerzo triple: ampliación y *regulación* del servicio miliciano, burocratización y profesionalización de las carreras del servicio regular y, finalmente, mayor control sobre los oficiales designados. Con todo, la realidad política de la guerra de Antiguo Régimen y la existencia de una cultura política fuertemente jurisdiccionalista, contribuyeron al desarrollo de conflictos continuos a los que dedicaremos las siguientes páginas.

La guerra en el reino: la formación de ejércitos y las resistencias sociales

En conjunto, el derecho regio iba más allá de la organización miliciana para buscar unas estructuras más regulares. El cruce de las fuentes jurídicas con las de otro tipo –como la correspondencia del rey y sus oficiales de armas o los memoriales de quejas presentados por los *povos* en las Cortes– revela una realidad mucho más compleja, más aún si se toma como ejemplo una situación de «guerra viva» donde se encuentra todo tipo de resistencias, como sucedió con el más largo conflicto desarrollado por Portugal en el siglo XVII.

La rebelión del 1 de enero de 1640 encabezada por D. João IV[61], duque de Bragança, rompió los lazos con la Monarquía Católica, estableció una nueva dinastía en el trono y desencadenó una larguísima guerra. Esta ruptura obligó al nuevo rey a poner en pie una fuerza militar capaz de defender sus dominios. ¿Cuáles fueron las principales resistencias que encontró la Corona a este esfuerzo entre 1640 y 1668? La primera dificultad era la falta de veteranos de guerra. Hacía más de un siglo que la Corona no había conducido ninguna operación militar en Europa. A pesar de la amenaza corsaria, siempre presente en las costas portuguesas, la Corona no había desarrollado unas milicias propias, sino que dependía de las organizadas por los poderes locales para garantizar su defensa. Esta ausencia de guerra explica la conflictividad que supuso las nuevas formas de servicio militar y la debilidad de los ejércitos municipales. Después de la ruptura, el gobierno de D. João IV se encontró ante la inexistencia de dispositivos logístico, tropas preparadas para la guerra[62]. Es lógico que, en un primer momento, la Corona se basara en las

---

[60] BEBIANO, 2001; HESPANHA, 2004a.

[61] Para una interpretación actualizada de la ruptura de 1640, v. CUNHA/COSTA, 2006.

[62] CGA, vol. II, p. 7, Carta de 9 de febrero de 1642.

Ordenanças, por permitirle tal medida organizar una defensa amplia y barata. Los primeros años de guerra mostraron que estas tropas no profesionales no eran una opción eficaz de defensa. Los oficiales profesionales fueron siempre muy críticos hacia ellas. Uno de los principales problemas era la falta de movilidad: incluso cuando había un conjunto numeroso de tropas milicianas en una villa, escaseaban los recursos para transportarlas a otros puntos distantes[63]. Por esta razón los *Governadores das Armas*, solían solicitar que las *Ordenanças* se encargasen de la guardia de los presidios[64], lo que liberaba a las tropas profesionales para las operaciones militares. Las fuerzas milicianas en combate tampoco eran particularmente eficaces y en campaña las deserciones eran muy abundantes.

La repugnancia hacia el reclutamiento venía en parte por las durísimas condiciones de vida: marchas forzadas, trabajos de asedio y fortificación, dramática situación higiénica, falta de servicios de asistencia... que invitaban ciertamente a las tropas de *Ordenanças* a la deserción[65]. Este problema no tenía una solución fácil, dada la dificultad de la Corona por controlar la atribución de los comandantes[66] para formar y disciplinar las tropas[67]. En un contexto de «economía de gracia», los capitanes no siempre eran nombrados por una razón puramente de eficacia militar, llegando incluso a recibir su sueldo sin tener formada su compañía[68].

Otro problema era la forma de movilización de los ejércitos. Los oficiales nombrados al efecto aprovechaban, en su beneficio, la oposición al servicio militar haciéndose pagar por exentar de la recluta, enriqueciéndose «como se voltassem das Indias»[69] y realizando transacciones con las poblaciones que estaban al otro lado de la frontera[70]. Estas prácticas fragilizaban la formación de las tropas y vaciaban los cofres del rey para conseguir el dinero que permitiera contratar hombres, alimentando un círculo vicioso: las famosas «levas» –el reclutamiento forzado como me-

---

[63] CGA, vol. II, p. 52, Carta de 12 de agosto de 1644 y CGA, vol. II, p. 73, Carta de 14 de septiembre de 1644.

[64] CGA, vol. II, p. 56, Carta de 22 de agosto de 1644, 55-56 y CGA, vol. II, p. 54, Carta de 13 de agosto de 1644.

[65] Sobre los niveles de deserción entre 1640 e 1668, tanto en Portugal como en la Monarquía Católica, v. CORTÉS CORTÉS, 1990 y COSTA, 2002.

[66] CGA, vol. II, p. 15, Carta de 25 de junio de 1642. Sobre la disputa de los mandos de guerra, v. MONTEIRO, 2001, pp. 957 *ss.*

[67] CGA, vol. II, pp. 17-18, Carta de 29 de junio de 1642.

[68] CGA, vol. II, p. 24, Carta de 13 de mayo de 1643. Sobre la economía de la gracia y la lógica del nombramiento de los oficiales, v. HESPANHA, 1994, pp. 297 *ss.* y OLIVAL, 2001.

[69] Como escribió Francisco Manuel de Melo, las «levas» originaban «hum negocio tão corrente, como o de qualquer licita comutação, & mercancia de gados transferidos, de hum termo a outro», v. MELO, 1660, pp. 359-360.

[70] COSTA, 2004b, p. 41.

dio para obtener soldados y conducirlos a la guerra por un oficial dotado de una orden regia[71]. La Corona osciló entre nombrar oficiales externos a las localidades o designar a aquellos que tuvieran suficiente prestigio social local para minimizar las resistencias al reclutamiento.

Por la «opressão» provocada por el reclutamiento, en 1659, la Corona decidió imponer medidas rigurosas, regulando jurídicamente las «levas». Con todo, el «terror» permaneció y la deserción se mantuvo a gran escala. Los consejeros del rey recomendaban que los desertores no fuesen nuevamente incorporados a filas, para evitar fugas constantes[72]. Sin embargo, la mayor parte del reclutamiento se hizo como reconducción de desertores, dada la mayor facilidad de conducirlos a la frontera so pena de prisión. De ahí que el mantenimiento del ejército se convirtió en una «guerra dentro da guerra», obligando a continuas razias en busca de soldados[73].

La cuestión financiera fue otro elemento decisivo para la formación de los ejércitos. En 1641 las Cortes de Portugal aprobaban valores de tributación que un año después se confirmaron como insuficientes. Como señaló Fernando Dores Costa, a partir de 1642 luego estallaron conflictos internos (entre oficiales regios, grupos de militares privilegiados y los *povos*). Surgió la desconfianza que los tributos no fueran bien gestionados y que la guerra fuera prolongada por los grupos militares directamente dependientes del servicio regio[74]. Los *povos* resistieron a la movilización de las milicias argumentando que el aumento de la tributación destinada a los profesionales, era una razón inequívoca de conmutación de otras formas de participación en la guerra[75].

El problema se agudizó ante las quejas presentadas por las ciudades y villas de Portugal en las Cortes de 1645-1646 contra el comportamiento de los oficiales del rey, alegando que éstos imponían a habitantes y labradores el servicio como profesionales en las fronteras. El servicio tenía repercusiones en la producción agrícola, lo que afectaba a la política impositiva y reducía el margen de maniobra de los ministros de D. João IV. Los *povos* buscaban redimir sus obligaciones militares mediante el pago a las tropas regulares[76]. Esta resistencia de las *Câmaras* al servicio militar fue un problema mayor, sólo superado por la relación directa con el rey y la

---

[71] Si el oficial era externo a la localidad había que procurar que su prestigio social redujera la oposición a la recluta; COSTA, 2004b, pp. 24-28.

[72] *Regimento das Levas* de 7 de mayo de 1659, COSTA, 2003.

[73] CGA, vol. II, p. 18, Carta de 9 de junio de 1642.

[74] Los individuos de menos «qualidade» social procuraban promocionar a través de «prezas feitas ao inimigo e das extorsões aos povos», MATOS, 1939.

[75] COSTA, 2004b, p. 35.

[76] CDJIV, p. 37.

promesa de mercedes[77]. También fue fuente de problemas la participación de los *Auxiliares* y las *Ordenanças* en los proyectos de guerra.
Los *Auxiliares* abandonaban la campaña en los períodos de mayor intensidad de trabajo agrícola, regresando a sus localidades. Sin el incentivo
monetario las «pátrias locais» relegaban a segundo plano la lealtad al rey.
Como escribió un *Governador das Armas* durante la guerra, antes querían «estar em sua terra» que sirviendo al rey en las fronteras[78]. En 1648,
los *Auxiliares* eran calificados como indisciplinados, demasiado jóvenes
o demasiado viejos, apenas habituados «à enxada»[79]. Estas tropas creadas como apoyo de las unidades *regulares* eran vistas incluso como
menos eficaces que las *Ordenanças*.

A todo ello se añadía el habitual enfrentamiento entre poblaciones civiles y tropas. Este problema era agudizado porque las poblaciones sabían que los disturbios, generalmente tolerados por los oficiales, difícilmente podían ser juzgados, ya que la justicia regia tenía poco efecto en
zona de guerra. El rey D. João IV llegó a advertir a las poblaciones, para
evitar asesinatos o violaciones, que no recibiesen a las tropas. Las innumerables peticiones presentadas por las *Câmaras* en las diferentes cortes
del reino a lo largo del siglo XVII, referidos a los desórdenes provocados
por oficiales y por la prepotencia de los *capitães-mores*, rebelan que iba a
ser un problema de larga incidencia[80]. Estas prácticas se debían tanto a las
tropas regulares como a los milicianos. Los hombres mal equipados y sin
pagas sobrevivían a la población gracias a sus depredaciones (mobiliario,
paños, ropa, caballos) que incluían los edificios municipales. Los habitantes rechazaban sistemáticamente dar cama y cobijo a las tropas, lo que
llevó a la Corona a ordenar a los hidalgos que alojaran a los oficiales[81].

La paz de 1668 entre Portugal y la Monarquía Católica trajo la desmovilización automática de los ejércitos. Los *povos* mantuvieron un discurso de extrema repugnancia a la presencia de soldados en tiempos de
paz. El nuevo conflicto peninsular, a partir de 1703, aceleró las tendencias de estructuración al servicio del rey, aunque las resistencias contra
éstas permanecieron a lo largo del siglo XVIII.

---

[77] CDJIV, p. 136, Carta de D. João IV de agosto de 1646, prometiendo a la *Câmara*
de Beja merced, por la buena conducción de la leva de caballería e infantería con «quie-
tação e suavidade». CDJIV, p. 486, Carta de D. João IV de mayo de 1648, para que las
Câmaras dejasen a los ministros del rey la conducción de las tropas a la Provincia del
Alentejo.

[78] CGA, vol. II, pp. 11-12. Una buena introducción a los particularismos regionales
de la Corona de Portugal y el problema de la identidad nacional en SILVA/HESPANHA,
1993, pp. 19-29.

[79] CGA, vol. II, p. 152.

[80] CARDIM, 1998, pp. 150-153.

[81] FREITAS, 2007, pp. 155-165 y 260-272.

El sur de Brasil: milicias, poderes municipales y pago de tropas

Vistas las tendencias generales en la organización de la defensa en el ámbito metropolitano, corresponde ahora analizar su proyección al Imperio ultramarino. La limitación de espacio hace que se haya preferido centrar la atención sobre una parte meridional de la América portuguesa: una región polarizada en torno a la ciudad de Río de Janeiro, desde donde partían una serie de lazos comerciales que la unían con Lisboa, la costa africana y, al sur, el Río de la Plata[82]. La arquitectura político-jurídica de la América portuguesa reposaba sobre el «governo das armas»[83]. Desde el primer impulso de «conquista», organizado por la Corona en la década de 1530, los gobernadores de las *Capitanias do Brasil* contaban con jurisdicción militar, a fin de movilizar esfuerzos de defensa contra los ataques de los poderes europeos competidores[84]. La importancia del modelo de gobierno militar resultó también de las constantes guerras con los diferentes grupos indígenas que se opusieron al avance de la Corona de Portugal.

La primera fase de gobierno de las *Capitanias* –unidad territorial sometida a jurisdicción de un *Capitão-mor*– estuvo asentada sobre una concesión de tipo señorial. Después de 1549 la Corona estableció un *Governo Geral do Brasil*, en la ciudad de San Salvador de Bahía. A partir de 1552 se enviaron expediciones al sur para fortificar y artillar posiciones defensivas[85]. Los *Regimentos* de los gobernadores generales entre 1548 y 1588 contenían diversas instrucciones sobre la organización militar, ordenando, por ejemplo, que las poblaciones fortificasen las unidades de producción de azúcar, los «ingenios», y aprendiesen a manejar piezas de artillería, al tiempo que todos los moradores debían tener armas propias.

Así, en el ámbito de las reformas militares atrás referidas, también vieron la aplicación de las *Ordenanças* publicadas entre 1570 y 1574, aunque los resultados fueron aún más pobres que en el reino. La integración de Portugal en la Monarquía Católica, al crear una *Repartição do Sul*, invirtió recursos político-administrativos en toda la región meridional do Brasil[86]. A pesar de haber sido efectuado un esfuerzo considera-

---

[82] ALENCASTRO, 2000 y COTTA, 2007.

[83] HESPANHA, 1997 y 2001.

[84] SALDANHA, 2001.

[85] COUTO, 1997, pp. 254-256.

[86] Autonomía consagrada entre 1572 y 1577. Entre 1608 y 1612, se volvieron a dar poderes a un *Governador do Sul*. En una nueva coyuntura de guerra, en 1659, se nombró como *Governador e Capitão General da Repartição do sul*, a Salvador de Sá e Benevides, indicando que las atribuciones que le eran dadas frente al *Governo Geral* de Bahía debían valer «somente nos tempos de guerra», COSENTINO, 2005, p. 158. Para un estudio en profundidad del asunto, v. BOXER, 1973.

ble, las *Ordenanças* siguieron siendo un expediente muy poco efectivo. El impulso de control político-administrativo sobre el sur de Brasil, dependiente de la capacidad económica de la región, no llegó a desarrollar sistemas eficaces de defensa[87].

En Río de Janeiro, los gobernadores informaban regularmente de la falta de infantería regular y de fortalezas degradadas[88]. Ante este escenario, el *Conselho Ultramarino*, creado en 1643 como órgano central para organizar las «conquistas», inició diversas tentativas para implicar a la *Câmara* de Río de Janeiro en la defensa militar de la región[89], pero ésta no se mostró interesada en contribuir financieramente a los gastos militares. Los gobernadores, por su parte, buscaban aplicar nuevos tributos para pagar a las tropas y reforzar las fortificaciones[90]. Con una retórica próxima a la de las ciudades y villas del reino durante la guerra de 1640-1668, la *Câmara* de Río de Janeiro criticaba las altas contribuciones que se le solicitaban[91].

En 1650 las *Câmaras* convencieron a los gobernadores para que se formaran compañías más pequeñas, reduciendo los gastos de infantería y limitando el número de capitanes tanto de servicio como reformados[92]. En cuanto a las *Ordenanças*, de partida una solución menos dispendiosa, apenas tenían sentido efectivo, más allá de la atribución de los puestos de mando que eran utilizados más como medio de distinción social que como elemento práctico para la guerra[93]. En octubre de 1659 se confirmó una aplicación generalizada del *Regimento das Fronteiras* al territorio brasileño, indicando que los gobernadores sólo podrían proveer oficios de guerra de acuerdo con lo estrictamente previsto[94]. Este dato indica que la desorganización continuaba siendo dominante, siendo proveídos los cargos de las *Ordenanças* entre las redes de poder informal más relevantes, sin que esto implicase un medio de organización de la población en la defensa, posesión de armas o entrenamiento regular. En 1677, un novo *Regimento* enviado al *governador-geral* Roque da Costa Barreto reafirmó la aplicación del sistema de *Ordenanças* al «Estado do Brasil». Este *Regimento* influyó desde entonces a las *instrucciones* dadas

---

[87] A pesar de la circulación de activos importantes implicados en la economía mundial, eso no supuso la disponibilidad para la formación de tropas, MARQUES, 2002 y 2005. Sobre las implicaciones políticas de la guerra en el Atlántico, v. BARROS, 2004. Una visión del crecimiento de Río de Janeiro y la dinámica imperial en BICALHO, 2003, pp. 176-195.

[88] FERREZ, 1972, p. 183.

[89] Una visión general sobre las *Câmaras* en el Imperio portugués en BICALHO, 1998.

[90] AHU, Río de Janeiro, cx. 2, doc. 42.

[91] AHU, Río de Janeiro, cx. 2, doc. 62.

[92] AHU, Río de Janeiro, cx. 3, doc. 95.

[93] AHU, Río de Janeiro, cx. 2, doc. 43.

[94] SILVA, 1994, p. 103.

a los diferentes gobernadores del sur de Brasil y configuró la organización de las tropas en todo el territorio, con la excepción de Río de Janeiro y Pernambuco[95] a cuyos gobernadores se concedía autonomía en esta materia[96]. A través de este *Regimento*, la Corona pretendió reforzar el carácter no remunerado de las *Ordenanças* y de los *Auxiliares,* intentando activar el desarrollo mensual de entrenamientos, la realización de muestras generales (el más completo ejercicio de guerra) cada tres años[97]. Además se prohibían la creación de nuevos puestos y los aumentos de sueldo (salvo en casos de guerra, y sólo con carácter provisional)[98]. Por otro lado, la Corona acentuó también la aplicación del *Regimento das Fronteiras*, privilegiando la experiencia de servicio en la guerra para la promoción de oficiales y sometiendo el control de estos requisitos a las autoridades del *Governo Geral* o a la propia Corte.

A pesar de estas medidas, las *Ordenanças* se constituyeron sólo esporádicamente, formadas por pobladores si experiencia de guerra y hombres que exploraban el territorio. En último extremo dejaban sus trabajos, lo que se traducía en una completa ineficacia militar en situaciones de conflicto[99]. Entre 1688 y 1689 el gobernador de Río de Janeiro recibió diversas cartas reales para que no se nombrasen oficios superiores de *Ordenanças* sin informar a la Corte y sin justificación[100]. En este período los gobernadores intentaron negociar de nuevo el establecimiento de tributos para formar los nuevos regimientos de infantería regular[101]. La preocupación de defender los circuitos comerciales del área meridional de Brasil también preocupaba enormemente a los consejeros regios[102].

Aún en el primer cuarto del siglo XVIII, la formación de un ejército en Brasil, al igual que para la América Española[103], no logró escapar a las debilidades administrativas del Antiguo Régimen. La incapacidad de asegurar los recursos materiales afectó a la movilización de los recursos humanos[104]. En los momentos de guerra, no habiendo tropas profesio-

---

[95] ALDEN, 1968, pp. 36-37; SODRÉ, 1979. Sobre el reclutamiento en el norte de Brasil en el siglo XVII, v. MELO, 1998 y PUNTONI, 2002.

[96] Sin embargo, no quedaron claras las distinciones, ya que, en 1699 el gobernador de Río de Janeiro solicitó al rey D. Pedro II algunas alcaraciones sobre su jurisdicción, AHU, Río de Janeiro, cx. 6, doc. 122.

[97] COSENTINO, 2005, pp. 155 *ss*.

[98] SILVA, 1994.

[99] AHU, Río de Janeiro, cx. 7, docs. 84 y 103. El gobernador de Río de Janeiro, D. Álvaro da Silveira e Albuquerque, ordenó que fuesen castigados los soldados de *Ordenanças* que hubieran vendido sus armas.

[100] SALGADO, 1985, pp. 108-109.

[101] AHU, Río de Janeiro, cx. 6, doc. 83.

[102] AHU, Río de Janeiro, cx. 6, docs. 103 y 107.

[103] GÓMEZ PÉREZ, 1992, pp. 34-36; ANDÚJAR CASTILLO, 2004.

[104] AGS E 7440; POSSAMAI, 2006, pp. 162-167.

nales, las posibilidades de defensa eran limitadas. Las continuas dificultades para formar las milicias se agravaban dado que los gobernadores
no apoyaron el sistema de *Ordenanças*. Cuando se elaboraban los estados de tropas sólo se incluyeron las unidades que no conllevaban *Ordenanças,* ya que los «ministros de guerra» las consideraban inútiles[105].
Con todo, la legislación regia buscó expandir este sistema de defensa al
territorio brasileño[106], pues el servicio miliciano, a diferencia de la infantería regular, seguía siendo menos dispendioso en la preservación del
orden y disciplina popular[107].

La incapacidad de movilizar fuerzas sufrientes para la defensa de las
plazas marítimas del sur se debía a la enorme extensión y a la poca y dis-
persa población del territorio. La jurisdicción de Río de Janeiro se exten-
día hasta la Colonia de Sacramento en el Río de la Plata[108]. La defensa de
esta región de frontera fue una fuente perenne de conflictos, el reclutamiento una tarea casi inalcanzable[109] y la capacidad de defensa de la plaza
verdaderamente precaria[110]. Respecto al nombramiento de oficiales superiores hay que recordar que, en 1713, que la Corona recomendó a los
Governadores das Capitanias de Brasil la vigilancia de la formación técnica de los militares[111]. Este esfuerzo de selección de los oficiales cono-
ció a partir de 1724 una nueva etapa, cuando la corona reafirmó su control sobre la elección del *Capitão-mor* y reforzó la necesidad de jerarquizar las cadenas de mando. Era una cuestión de mayor importancia,
dado que la falta de coordinación entre los oficiales superiores estaba en
el origen de la ineficacia de muchas operaciones[112]. Estas dificultades en
«funcionarizar» el ejército juntamente con la escasa población de aquellos territorios condujeron a la formación de compañías poco numerosas y de diversas dificultades logísticas[113].

Los gobernadores fueron presionados para que presentaran estados militares rigurosos y pormenorizados con información de los cargos

[105] AHU, Río de Janeiro, (1726-1727), cx. 17, doc. 1925.
[106] Provisión de 27 de agosto de 1725.
[107] AHU, Río de Janeiro, cx. 18, doc. 1.
[108] Para la más completa aproximación a la situación regional en el siglo XVIII,
v. ALMEIDA, 1973.
[109] ALMEIDA, 1982; POSSAMAI, 2006, pp. 177-181.
[110] Sobre la constitución de tropas en la Colonia de Sacramento, v. SILVA, 1748, pp. 45,
y SÁ, 1900, p. 154.
[111] AHU, Río de Janeiro, cx. 9, doc. 17. Sobre la selección de los gobernadores y
capitães-mores de Brasil, CUNHA, 2005 y MONTEIRO, 2005.
[112] Un maestre de campo del rey fue apresado por haber organizado una retirada
desordenada tras una ocupación provisional de la región de Montevideo; BNL, *Copia de
Carta...*, Cod. 8550. El maestre de campo se defendió ante el gobernador arguyendo la
falta de recursos militares, BNL, *Requerimento...*, Cod. 7991.
[113] AHU, Río de Janeiro, cx. 17, doc. 1925.

militares[114]. Esta tendencia de regulación de oficiales[115] se debía a la necesidad de controlar las nominaciones, impidiendo que las elites señoriales, los miembros de la *nobreza da terra*, nombrasen oficiales sin el consentimiento regio. Este tipo de disputa sobre la capacidad de nombrar las *Ordenanças* se verificó también respecto a las *Câmaras*. Éstas creaban puestos sin autorización de los gobernadores. Este tipo de equívocos resultaba de la autonomía de las elites locales. A título de ejemplo se puede indicar el de 1731: un *capitão-mor* creó nuevos puestos y compañías en los *Tercios de Auxiliares* de una de las localidades de su jurisdicción[116], pagando con sus recursos los gastos de las *Ordenanças*[117].

Frente al desorden de las nominaciones de los oficiales de guerra, en 1735 el *Conselho Ultramarino* discutió varias veces el debate entre las *Câmaras* y los oficiales regios sobre a quién le correspondía nombrar los oficios de *Ordenanças*. Por consiguiente, en 1739 se publicó una *Regulação dos Oficiais de Ordenança* con intención de hacer cesar la «multiplicidade de postos militares» y limitar el exceso de sueldos y oficiales subalternos.

A la par de esta tentativa de normalización jurídica, la Corona siguió negociando con las elites locales[118]. Como resultado, a partir de 1739 se evidenció aumento de la capacidad de movilizar fuerzas militares en el sur de Brasil[119], al tiempo que las tropas pasaron a estar compuestas mayoritariamente por naturales de la América portuguesa. El poder de los oficiales regios fue ampliado, procurando conferir al *Conselho Ultramarino*, al *Conselho de Guerra* y al gobernador un mayor control de la elección de capitanes[120]. A partir de ese momento las *Ordenanças* pasaron a tener una mayor dependencia del *Conselho de Guerra* y de la propia jerarquía militar. A pesar de los esfuerzos de concentración de poder y de depuración de personal capaz de desempeñar funciones de liderazgo, las *Ordenanças* no pasaron a depender de un mando coordinado y, mucho menos, unificado[121]. Continuó desarrollándose una situación idéntica al reino, con una multiplicidad de oficiales de *Ordenanças*, nombrados por motivos de «nobilitação» y prestigio social, sin que eso equivaliese a una efectiva eficacia en la guerra.

---

[114] AHU, Río de Janeiro, cx. 19, docs. 42, 88 y 93.
[115] AHU, Río de Janeiro, cx. 21, docs. 78 y 107.
[116] São Salvador da Paraíba do Sul.
[117] AHU Río de Janeiro, cx. 27, doc. 32.
[118] Sobre los aspectos políticos de esta negociación v. CARDIM, 2004; MELLO, 2006.
[119] FRAGOSO, 2003.
[120] SALGADO, 1985, p. 112.
[121] LOURENÇO, 2001, p. 61.

Conclusiones

A lo largo del siglo XVI, en la Corona de Portugal, la formación de milicias al servicio del rey (*Ordenanças* y *Auxiliares*) se debió a la necesidad de disponer, con poco gasto, de tropas defensivas, pero dependió también de la tentativa de potenciar los lazos políticos entre el rey y los vasallos. Es cierto que hasta mediados del siglo XVII estas fuerzas no fueron apenas utilizadas. Pero a partir de ese período todo cambió: la guerra posterior a 1640 forzó a la Corona a buscar una verdadera «profesionalización» de sus tropas. El rey y sus ministros tuvieron que enfrentar entonces innumerables problemas: venalidad en torno a los reclutamientos, deserciones, falta de articulación de las cadenas de mando, protestas contra las extorsiones de las tropas...

Desde el punto de vista de los *povos,* las *Ordenanças* –las milicias municipales– abrían perspectivas contradictorias. Por un lado, fueron un medio de ennoblecimiento de los concejos y permitieron oportunidades de ascenso social. Por otro, fueron una solución opresiva con graves consecuencias político-económicas para todo el territorio. Igual de contradictorias fueron las *Ordenanças* para la Corona, si bien parecían ser un instrumento del poder regio, en la utilización social de los oficios y para transferir los gastos del reclutamiento a las elites locales, se mostraron muy poco eficaces en la guerra de 1640-1668. Otro elemento mayor fue el problema del «gobierno» de los ejércitos. En lo que correspondía a los oficiales, la Corona enfrentó igualmente una tensión entre los modelos más tradicionales y más jerarquizados de servicio. A lo largo del siglo XVII los oficiales abandonaban las fronteras para negociar en la Corte la recompensa de sus servicios, provocando, en ocasiones, graves divergencias entre sus objetivos individuales y la estrategia de la Corona.

En el Brasil meridional, al igual que en el reino, el sistema de *Ordenanças* sirvió sobre todo como base de reclutamiento y mecanismo de distinción de las noblezas locales. La Corona procuró negociar la formación de ejércitos, creando una compleja cadena de relaciones entre las *Câmaras* y los gobernadores, donde no siempre prevalecían los deseos del rey. Las poblaciones se movilizaban con mucha dificultad para la defensa. Incluso en tiempo de guerra, no fue fácil obtener suficientes soldados o implicar a las elites locales. A partir del siglo XVIII, ante la persistente inoperatividad de los sistemas milicianos, la Corona procuró reformar la estructura militar, buscando que las *Câmaras* participasen de forma más activa en el pago de las tropas.

En síntesis, toda la evolución de los ejércitos (fueran profesionales o no, estuvieran en Portugal o fueran el resultado de su proyección al Brasil meridional) reveló esta tensión: la Corona intentó expandir la defensa del territorio mediante el control de la población, la jerarquiza-

ción y formación técnica de los oficiales de guerra de la misma forma que
buscó regular e integrar la participación política de la nobleza y la oligarquía municipal. Con todo, las resistencias periféricas obligaron al rey
a negociar. A cambio del mando militar, los oficiales obtuvieron una
cierta autonomía jurisdiccional. En realidad la Corona tuvo que
emprender en un mismo movimiento la construcción de una administración militar y de reconocimiento, sino concesión de esa autonomía
político-militar, a los municipios y a la «nobreza da terra».

Abreviaturas Utilizadas

AHU: Arquivo Histórico Ultramarino.
AGS: Archivo General de Simancas.
E: Estado.
BNL: Bilbioteca Nacional de Lisboa.
CGA: *Cartas dos Governadores do Alentejo*, vols. I, II y III, Lisboa, 1940.
CDJIV: *Cartas de D. João IV a diversas autoridades do reino*, Lisboa, Ed.
       Ática, 1940.
Requerimento...: *Requerimento do Mestre de Campo Manoel de Freitas da*
    Fonseca feito ao Governador do Rio de Janeiro por ocasião de ser preso, na
    volta de Monte Vidio para onde tinha sido mandado para fortificar para
    maior defesa da nova Colonia do Sacramento, 20 de Março de 1724 [BNL,
    Cod. 7991].
Copia da Carta...: *Copia da Carta que Ayres de Saldanha de Albuquerque*
    escreveu ao Secretário de Estado em 30 de Maio de 1724 [BNL, Cod. 8550].

Bibliografia

ALDEN, Dauril, *Royal Government in Colonial Brazil; with Special Reference*
    to the Administration of Marquis de Lavradio, Berkeley, University of
    California Press, 1968.
ALENCASTRO, Luiz Felipe de, *O trato dos viventes: formação do Brasil no*
    Atlântico Sul, São Paulo, Companhia das Letras, 2000.
ALMEIDA, Luís Ferrand de, *A Colónia do Sacramento na Época da Sucessão de*
    Espanha, Coimbra, Facultad de Letras da Universidade de Coimbra, 1973.
— «Origens da Colónia do Sacramento, *O Regimento de D. Manuel Lobo*
    (1678)», *Separata da Revista da Universidade de Coimbra*, vol. XXIX,
    Coimbra, 1982.
ANDRADE, Ivone de, «A resistência dos habitantes do Rio de Janeiro às invasões
    francesas de 1710 a 1711», *Bulletin des Études Portugaises et Brésiliennes*,
    1977-1978.

ANDÚJAR CASTILLO, Francisco, *El sonido del dinero. Monarquía, ejército y venalidad en la España del siglo XVIII*, Madrid, Marcial Pons, 2004.

BARROS, Edval de Souza, *Negócios de tanta importância. O Conselho Ultramarino e a disputa pela condução da guerra no Atlântico e no Índico (1643-1661)*, Río de Janeiro, 2004.

BEBIANO, Rui, «Organização, teoria e prática da guerra», MENESES, Avelino de Freitas de (coord.), *Portugal: da Paz da Restauração ao Ouro do Brasil*, vol. VII de *Nova História de Portugal*, Lisboa, Editorial Presença, 2001, pp. 130-147.

BICALHO, Maria F., «As Câmaras Municipais no Império Português: o exemplo do Rio de Janeiro», *Revista Brasileira História*, vol. 18, nº 36, 1998, pp. 251-580.

— «Centro e Periferia: pacto e negociação política na administração do Brasil colonial», *Leituras. Revista da Biblioteca Nacional*, nº 6, 2000, pp. 17-40.

— *A Cidade e o Império: o Rio de Janeiro no século XVIII*, Río de Janeiro, Civilização Brasileira, 2003.

BLUTEAU, Rafael, *Vocabulario portuguez e latino*, Coimbra, No Collegio das Artes da Companhia de Jesu, vol. 5, 1716 y vol. 6, 1720.

BOUZA ÁLVAREZ, Fernando, *Portugal en la Monarquía Hispánica (1580-1640): Felipe II, las cortes de Tomar y la génesis del Portugal Católico*, Madrid, Universidad Complutense, 1987, 2 vols.

— *D. Filipe I*, Lisboa, Círculo de Leitores-Centro de Estudos dos Povos e Culturas de Expressão Portuguesa, 2005.

BOXER, Charles R., *Salvador de Sá e a luta pelo Brasil e Angola, 1602-1686*, São Paulo, Compahnia Editora Nacional-Editora da Universidade de São Paulo, 1973.

CARDIM, Pedro, *Cortes e cultura política no Antigo Regime*, Lisboa, Edições Cosmos, 1998.

— «O governo e a administração do Brasil sob os Habsburgo e os primeiros Bragança», *Hispania*, LXIV/1, nº 216, 2004, pp. 117-156.

COELHO, Maria Helena da Cruz y MAGALHÃES, Joaquim R., *O Poder Concelhio: das origens às Cortes Constituintes*, Coimbra, Centro de Estudos e Formação Autárquica, 1986.

CORTÉS CORTÉS, Fernando, *Guerra e pressão militar nas terras de fronteira, 1640-1668*, Lisboa, Livros Horizonte, 1990.

CORVISIER, André, *Armées et Sociétés en Europe de 1494 à 1789*, París, Presses Universitaires de France, 1976.

COSENTINO, Francisco C. C., «As Instruções relacionadas com os assuntos militares e a defesa», *Governadores Gerais do Estado do Brasil (séculos XVI e XVII): ofício, regimentos, governação e trajectórias*, Tese de Doutoramento, Niterói, Universidade Federal Fluminense, 2005, pp. 189-190.

COSTA, Fernando Dores, «As forças sociais perante a guerra: as Cortes de 1645-46 e de 1653-54», *Análise Social*, Vol. XXXVI, n.º 161, 2002, pp. 1147-1181.

COSTA, Fernando D., «O bom uso das paixões: caminhos militares na mudança do modo de governar», *Análise Social*, 149, 1998, pp. 969-1017.

— «A participação portuguesa na Guerra de Sucessão de Espanha: aspectos militares», CARDOSO, José Luís (dir.), *O Tratado de Methuen, 1703: diplomacia, guerra, política e economia*, Lisboa, Livros Horizonte, 2003.

— *A Guerra da Restauração*, Lisboa, Livros Horizonte, 2004a.

— «Milícia e Sociedade», THEMUDO BARATA, Manuel y SEVERIANO TEIXEIRA, Nuno (dirs.), *Nova história militar de Portugal*, vol. 2, HESPANHA, António Manuel (coord.), Lisboa, Círculo de Leitores, 2004b.

COSTA, Leonor Freire y CUNHA, Mafalda Soares da, *D. João IV*, Lisboa, Círculo de Leitores, 2006.

COTTA, Francis Albert, «Estados-nacionais e exércitos na Europa Moderna: um olhar sobre o caso Português», *Revista de História e Estudos Culturais*, vol. 4, IV, n° 3, 2007, www.revistafenix.pro.br

COUTO, Jorge, *A construção do Brasil: ameríndios, portugueses e africanos, do início do povoamento a finais de Quinhentos*, Lisboa, Edições Cosmos, 1997.

CUNHA, Mafalda Soares da, «Governo e Governantes do Império Português do Atlântico (século XVII)», *Modos de governar: idéias e práticas políticas no Império Português, séculos XVI a XIX*, São Paulo, Alameda, 2005, pp. 68-92.

— «O Império Português no tempo de Filipe III. Dinâmicas Político-Administrativas», 2006 (en prensa).

ELLIOTT, John H., *El conde-duque de Olivares: el político en una época de decadencia*, Barcelona, Crítica, 1991.

FEIO, Gonçalo, *A problemática militar no reinado de D. Sebastião, instituição e reforma*, Dissertação de Mestrado, Lisboa, Faculdade de Letras da Universidade de Lisboa, 2003.

FERNÁNDEZ ALBALADEJO, Pablo, «"Soldados del rey, soldados de Dios": Ethos militar y militarismo en la España del siglo XVIII», *Espacio, Tiempo y Forma*, Serie IV, Historia Moderna, n° 11, 1998, pp. 303-320.

FERREZ, Gilberto, *O Rio de Janeiro e a defesa do seu Porto, 1555-1800*, Río de Janeiro, Serviço de Documentação Geral da Marinha, 1972.

FRAGOSO, João, «A nobreza da República: notas sobre a formação da primeira elite senhorial do Rio de Janeiro séculos XVI e XVII», *Topoi*, n° 1, 2000, pp. 45-122.

—, BICALHO, Maria Fernanda y GOUVÊA, Maria de Fátima (orgs.), *O Antigo Regime nos Trópicos: a dinâmica imperial portuguesa (séculos XVI-XVIII)*, Río de Janeiro, Civilização Brasileira, 2001.

FREITAS, Joaquim P. de, *O combatente durante a Guerra da Restauração. Vivência e comportamentos dos militares ao serviço da Coroa portuguesa, 1640-1668*, Prefácio, Lisboa, 2007.

GIL PUJOL, Xavier, «Centralismo e localismo? Sobre as relações políticas entre Capital e territórios nas Monarquias Europeias dos Séculos XVI e XVII», *Penélope: Revista de História e Ciências Sociais*, n° 6, 1991, pp. 119-144.

GÓMEZ PÉREZ, Carmen, *El sistema defensivo americano*, Madrid, Editorial Mapfre, 1992.

GOUVEIA, António C. y MONTEIRO, Nuno G., «A milícia», HESPANHA, António M. (coord.), *O Antigo Regime (1620-1807)*, MATTOSO, José (dir.), *História de Portugal*, Lisboa, Editorial Estampa, 1993, pp. 197-203.

GUIMARÃES, Victorino, *As finanças na Guerra da Restauração (1640-1668)*, Lisboa, ICGG, 1941.

HESPANHA, António M., «O Governo dos Áustria e a "Modernização" da Constituição Política Portuguesa», *Penélope: Revista de História e Ciências Sociais*, nº 2, 1989, pp. 50-73.

— «As cortes e o reino. Da união à restauração», *Cuadernos de Historia Moderna*, nº 11, Madrid, 1991, pp. 21-56.

— «Revoltas e Revoluções, a resistência das elites provinciais», *Análise Social*, vol. XXVIII (120), 1993, pp. 81-103.

— *As Vésperas do Leviathan. Instituições e poder político, Portugal, século XVII*, Coimbra, Almedina, 1994.

— «Os modelos institucionais da colonização portuguesa e as suas tradições na cultura jurídica europeia», *A União Ibérica e o Mundo Atlântico*, Lisboa, Ed. Colibri, 1997, pp. 65-71.

— «A constituição do Império Português. Revisão de alguns enviesamentos correntes», *O Antigo Regime nos Trópicos: a dinâmica imperial portuguesa (séculos XVI-XVIII)*, Río de Janeiro, Civilização Brasileira, 2001, p. 163-188.

— «Disciplina e Jurisdição Militares», THEMUDO BARATA, Manuel y SEVERIANO TEIXEIRA, Nuno (dirs.), *Nova história militar de Portugal*, vol. 2, HESPANHA, António Manuel (coord.), Lisboa, Círculo de Leitores, 2004a.

— «Introdução», THEMUDO BARATA, Manuel y SEVERIANO TEIXEIRA, Nuno (dirs.), *Nova história militar de Portugal*, vol. 2, HESPANHA, António Manuel (coord.), Lisboa, Círculo de Leitores, 2004b, pp. 9-16.

JIMÉNEZ ESTRELLA, Antonio, *Poder, ejército y gobierno en el siglo XVI. La Capitanía General del reino de Granada y sus agentes*, Granada, Universidad de Granada, 2004.

LOURENÇO, Ana P. M., «Estado e poderes», MENESES, Avelino de Freitas de (coord.), *Portugal: da Paz da Restauração ao Ouro do Brasil*, vol. VII de *Nova História de Portugal*, Lisboa, Editorial Presença, 2001, pp. 17-89.

MACKAY, Ruth, *The Limits of Royal Authority: Resistance and Obedience in Seventeenth-century Castile*, Cambridge, Cambridge University Press, 1999.

MAGALHÃES, Joaquim Romero, «Uma estrutura do império português, o município», *Portugal e o Oriente: ciclo de Conferências*, Lisboa, Quetzal, 1994, pp. 68-94.

— *O alvorecer da Modernidade*, vol. 3 de MATTOSO, José (dir.), *História de Portugal*, Lisboa, Editorial Estampa, 1997.

MARCHENA FERNÁNDEZ, Juan, *Ejército y milicias en el mundo colonial americano*, Madrid, Editorial Mapfre, 1992.

MARQUES, Fernando Pereira, *Exército e sociedade em Portugal: no declínio do Antigo Regime e advento do liberalismo*, Lisboa, Alfa, 1989.

MARQUES, Guida, «O Estado do Brasil na União Ibérica. Dinâmicas políticas no Brasil no tempo de Filipe II de Portugal», *Penélope: Revista de História e Ciências Sociais,* nº 27, 2002, pp. 7-36.

— «L'invention du Brésil entre deux monarchies. L'Amérique Portugaise et l'union ibérique (1580-1640), un état de la question», *Anais de História de Além-mar,* VI, 2005, pp. 109-137.

MARTÍNEZ ARCE, María Dolores, *Navarra y el Ejército en el conflictivo siglo* XVII, Pamplona, 2002.

MARTÍNEZ RUIZ, Enrique, «Política y milicia en la Europa de Carlos V: la Monarquía hispánica y sus Guardas», CASTELLANO CASTELLANO, Juan Luis y SÁNCHEZ-MONTES GONZÁLEZ, Francisco (eds.), *Carlos V. Europeísmo y Universalidad. La organización del poder,* Madrid, Sociedad Estatal para la Conmemoración de los Centenarios de Felipe II y Carlos V, 2001, vol. II, pp. 369-388.

MATOS, Gastão de M., *Um soldado de Fortuna do século* XVII, Lisboa, 1939.

MATTOSO, José (coord.), *A Monarquia Feudal, 1096-1350,* vol. 2 de MATTOSO, José (dir.), *História de Portugal,* Lisboa, Círculo de Leitores, 1993.

MELLO, Cristiane Figueiredo Pagano de, «Os Corpos de Ordenanças e Auxiliares: sobre as relações militares e políticas na América portuguesa», *História: Questões e Debate,* nº 45, 2006, pp. 29-56.

MELO, Evaldo Cabral de, *Olinda restaurada: guerra e açúcar no Nordeste, 1630-1654,* Río de Janeiro, Topbooks Ed. e Distrib. de Livros, 1998.

MELO, Francisco Manuel de, *Epanaphoras de varia historia portugueza,* Lisboa, Of. Henrique Valente de Oliveira, 1660.

MONTEIRO, João Gouveia, *A guerra em Portugal nos finais da idade média,* Lisboa, Editorial Notícias, 1998.

MONTEIRO, Nuno G., «Identificação da política setecentista. Notas sobre Portugal no início do período joanino», *Análise Social,* vol. XXXV, nº 157, 2001, pp. 961-988.

— «Monarquia, poderes locais e corpos intermédios no Portugal Moderno (séculos XVII e XVIII)», *Elites e poder: entre o Antigo Regime e o liberalismo,* Lisboa, ICS, 2003.

— «Governadores e Capitães-mores do Império Atlântico Português no século XVIII», *Modos de governar: idéias e práticas políticas no Império Português, séculos XVI a XIX,* São Paulo, Alameda, 2005, pp. 94-115.

MORAIS, A. Faria de, «Ordenanças e ginetes d'el-Rey», *Separata do Boletim do Arquivo Histórico Militar,* vol. 24, 1954.

OLIVAL, Fernanda, *Honra, mercê e venalidade, as ordens militares e o Estado Moderno em Portugal (1641-1789),* Lisboa, Estar Editoria, 2001.

PARDO MOLERO, Juan Francisco, «Gente de sueldo. La profesionalización de la defensa en la España mediterrânea del siglo XVI (Valencia, 1500-1550)», JIMÉNEZ ESTRELLA, Antonio y ANDÚJAR CASTILLO, Francisco (eds.), *Los nervios de la guerra. Estudios sociales sobre el Ejército de la Monarquía*

Hispánica (siglos XVI-XVIII): nuevas perspectivas, Granada, Comares, 2007, pp. 59-88.

PARKER, Geoffrey, *The Army of Flanders and the Spanish road (1567-1659)*, Cambridge, Cambridge University Press, 1972.

POSSAMAI, Paulo, *A vida quotidiana na Colónia do Sacramento*, Lisboa, Livros do Brasil, 2006.

PUNTONI, Pedro, *A Guerra dos Bárbaros, povos indígenas e a colonização do sertão nordeste do Brasil, 1650-1720*, São Paulo, Hucitec-Edusp, 2002.

RODRÍGUEZ-SALGADO, María José, *The Changing Face of Empire*, Cambridge, Cambridge University Press, 1988.

RUIZ IBÁÑEZ, José Javier, *Las dos caras de Jano. Monarquía, ciudad e individuo. Murcia, 1588-1648*, Murcia, Universidad de Murcia, 1995.

SÁ, Simão Pereira de, *História topográfica e bélica da nova Colónia do Sacramento do Rio da Prata*, Río de Janeiro, Typographia Leuzinger, 1900.

SALDANHA, António Vasconcelos, *As capitanias do Brasil: antecedentes, desenvolvimento e extinção de um fenómeno Atlântico*, Lisboa, Comissão Nacional para as Comemorações dos Descobrimentos Portugueses, 2001.

SALGADO, Graça (coord.), *Fiscais e Meirinhos: a administração no Brasil colonial*, Arquivo Nacional, Río de Janeiro, Editora Nova Fronteira, 1985.

SEPÚLVEDA, Cristovão Aires, *História orgânica e política do exército português*, Lisboa, Imprenta Nacional, 1902.

SILVA, Ana Nogueira da y HESPANHA, António M., «A identidade portuguesa», HESPANHA, António M. (coord.), *O Antigo Regime (1620-1807)*, MATTOSO, José (dir.), *História de Portugal*, Lisboa, Editorial Estampa, 1993, pp. 19-29.

SILVA, Beatriz Nizza da, «Organização militar», *Dicionário da história da colonização portuguesa no Brasil*, São Paulo-Lisboa, Verbo, 1994.

SILVA, Silvestre Ferreira da, *Relação do sitio que o Governador de Buenos Aires D. Miguel de Salcedo poz no anno de 1735 à Praça da Nova Colónia do Sacramento*, Lisboa, Officina de Francisco Luiz Ameno, 1748.

SODRÉ, Nelson W., *História militar do Brasil*, Río de Janeiro, Civilização Brasileira, 1979.

THOMPSON, I. A. A., *Guerra y decadencia. Gobierno y administración en la España de los Austrias, 1560-1620*, Barcelona, Crítica, 1981.

— «Milicia, Sociedad y Estado en la España Moderna», VACA LORENZO, Ángel, *La Guerra en la Historia*, Salamanca, Ediciones Universidad de Salamanca, 1999, pp. 115-133.

— «Consideraciones sobre el papel de la nobleza como recurso en la España Moderna», JIMÉNEZ ESTRELLA, Antonio y ANDÚJAR CASTILLO, Francisco (eds.), *Los nervios de la guerra. Estudios sociales sobre el Ejército de la Monarquía Hispánica (siglos XVI-XVIII): nuevas perspectivas*, Granada, Comares, 2007, pp. 15-36.

VALLADARES, Rafael, *A independência de Portugal: Guerra e Restauração, 1640-1668*, Lisboa, Esfera dos Livros, 2006.

VELOSO, José Maria de Queirós, *O interregno dos Governadores e o breve reinado de D. António*, Lisboa, 1956.

WHITE, Lorraine, «Guerra y revolución militar en la Iberia del siglo XVII», *Manuscrits: Revista d'Història Moderna*, nº 21, 2003, pp. 63-93.

VI. HUESTES, EJÉRCITOS Y LEALTADES EN LA CORONA DE ARAGÓN (SIGLOS XVI Y XVII)[1]

Juan Francisco Pardo Molero
Universitat de València

> A excitación del conde de Santa Coloma, que no cesaba de avisar del peligro que corría el principado si el Rosellón se perdía, avivóse el patriotismo de los catalanes, y ya que no de la Corte, de toda Cataluña acudieron socorros, dando la primera el ejemplo Barcelona, en defensa de la patria. En menos de un mes se juntó en Perpiñán un ejército de más de diez mil catalenes, todos animosos y entusiastas, pero jóvenes y bisoños los más, y que por lo mismo necesitaron ejercitarse en el manejo de las armas antes de poderse contar con ellos para batir al enemigo. Y, sin embargo, en el primer encuentro que con él tuvieron mostraron ya el reconocido arrojo y bélica actitud de aquellos naturales.

El historiador preferido del liberalismo español del XIX parece emocionarse al evocar el coraje de las tropas recién levantadas en Cataluña y los otros reinos de la Corona de Aragón para hacer frente al ejército invasor en 1639[2]. Aunque la realidad, más hecha de penurias y deserciones, no apuntara precisamente hacia la eficacia indiscutible de aquel ejército, el pasaje de Lafuente trae a colación no sólo la heterogeneidad de los cuerpos militares del siglo XVII, sino también el momento crítico que atravesaba la organización militar hispana en aquellos años. En efecto, entre la campaña de Fuenterrabía y la recuperación de Barcelona (1638-1652), el gobierno de la Monarquía se vio obligado a reunir recursos no ya en proporciones desusadas, sino recurriendo a todo tipo de sistemas de movilización. La combinación de tropas profesionales, levas muy poco voluntarias, cuerpos de milicias y huestes tradicionales ponía sobre el tapete todas las cartas de que disponía la Corona para juntar gentes de guerra.

Pero para analizar los distintos tipos de servicio e instituciones militares de entonces no basta con acudir a los criterios decimonónicos que

---

[1] Este trabajo se inserta en el proyecto de investigación del MEC «El Reino de Valencia en el marco de una Monarquía Compuesta: un modelo de gobierno y sociedad desde una perspectiva comparada», Código HUM 2005-05354, financiado con fondos FEDER.

[2] LAFUENTE, 1869, vol. XVI, pp. 149-150. Sobre la obra y el pensamiento del historiador palentino es imprescindible el trabajo de PÉREZ GARZÓN, 2002.

distinguían tajantemente la «milicia» del «ejército», entendido éste para la Edad Moderna como el ejército del príncipe[3]. Tanto o más que la profesionalidad o permanencia de las tropas, que no son rasgos necesarios del ejército real, interesan las vinculaciones socio-institucionales, las formas de movilización, la orgánica, el mando y la paga. Mejor que la oposición ejército permanente (profesional)/milicias, puede proponerse la dualidad entre tropas regulares, regladas, sometidas a fuero y administración militares y encuadradas en la dependencia del rey, y tropas de hueste, derivadas del servicio feudal y de los privilegios de concejos y barones[4]. Las situaciones intermedias no eran imposibles. La reorganización de las obligaciones militares tradicionales por parte de la Corona o la movilización de contingentes regulares por parte de las instituciones estamentales fueron normales en los siglos XVI y XVII. Las claves institucionales del servicio militar al rey fueron objeto de discusión y adaptación en aquellos siglos con, al menos, dos consecuencias extramilitares: el refuerzo de la relación directa entre la Corona y el individuo y la superación de marcos identitarios locales e, incluso, territoriales[5]. El desarrollo de este proceso en los reinos peninsulares de la Corona de Aragón reviste un interés especial, dado que la coexistencia entre el foralismo estamental y las tendencias absolutistas de la Monarquía se desarrolló, en buena medida, al filo de las exigencias de la guerra y la defensa[6].

La tradición de servicio

El 27 de septiembre de 1551 el príncipe Felipe ordenó al gobernador y virrey interino de Valencia, Joan Llorenç de Vilarrasa, que juntase a los oficiales reales para que averiguasen qué obligaciones militares pesaban sobre los habitantes del reino. Vilarrasa fue diligente en convocar a aquellos ministros «para que se dispusiessen a reconoscer los fueros y privilegios de este reyno y se alcançasse a qué tributos y servicios son obligados por dichos fueros los vassallos de Su Magestad en este reyno en tiempo de urgente necessidad de guerra». Con la misma diligencia, se remitió a la Corte un informe sobre la legislación foral relativa al servicio

---

[3] Significados que subsisten en AA. VV., 1907 *ss.*, y que había fijado ALMIRANTE, 1869; puede verse una interpretación acorde con los conceptos de Almirante en ALONSO BAQUER, 2002.

[4] Lo que recoge la distinción fundamental propuesta por Corvisier entre las obligaciones colectivas y las obligaciones individuales de servicio militar: CORVISIER, 1976, pp. 31 *ss.* He desarrollado alguna de estas ideas en PARDO MOLERO, 2004 y 2007.

[5] RUIZ IBÁÑEZ, 1996 y 1997.

[6] GIL PUJOL, 1992.

de armas[7]. No mucho más tarde el virrey de Cataluña, marqués de Aguilar, recibió un encargo similar. Trasladó la pregunta a los doctores de la Audiencia barcelonesa, y, tras examen de «processos y registros antiguos», y consultada la «opinión de pláticos del dicho Principado», remitió una relación sobre «lo que es obligado a servir el principado de Cataluña en tiempo de guerra»[8]. Idéntica consulta se hizo al virrey de Aragón, conde de Morata. El deseo de don Felipe de conocer las obligaciones militares de los reinos de la Corona de Aragón se derivaba en parte de la reanudación, a escala insólita, de las guerras en Europa y el Mediterráneo, pero también de su voluntad de saber y, por tanto, controlar los resortes político-institucionales de los territorios del imperio que estaba llamado a heredar: un hábito de aprendizaje ejercitado en profundidad en el largo viaje formativo del que acababa de regresar, que le había llevado por los dominios europeos de su padre[9].

En estos casos la demanda de información tenía que derivar hacia lo jurídico. Es más, el príncipe se interesaba por las obligaciones, lo que implícitamente aludía a las exenciones. La materia giraría alrededor de fueros, privilegios, constituciones y libertades, más que en torno a leyes coercitivas. Pero esto no había de restarle intención política. Aunque la respuesta de Aguilar iba con un erudito discurso elaborado por los doctores de la Audiencia, el virrey dio un tono voluntario a la carta con que lo remitió. No lo es tanto en el caso del «Memorial de los fueros y previlegios del reyno de Valencia y de los exemplos de guerra», enviado por Vilarrasa, en cuya redacción debió de ser grande el protagonismo de los oidores de la Audiencia, aunque también interviniesen los otros oficiales del reino[10], y el mismo virrey interino quisiese darle lecturas positivas. Pero el memorial no deja de ser una breve enumeración, redactada al estilo de los tratadistas de derecho foral, con las correspondientes referencias a los textos usados por los juristas del reino. La clave de los dos informes, sin embargo, es la misma, y orbita en torno a dos polos: la naturaleza feudal del servicio militar y las diferentes exenciones de que

---

[7] AGS GA, 41, fols. 104 y 105, Vilarrasa al príncipe, Valencia, 6 de octubre de 1551, con indicación de la fecha de la carta del príncipe; en otra carta al príncipe de la misma fecha, Vilarrasa se refiere al encargo: «La carta de Vuestra Alteza reçebí en la qual me manda que juntados los officiales deste reyno entienda en saber a qué son obligados los deste reyno hazer en servicio de Su Majestad y de Vuestra Alteza en todo lo que la carta contiene» (*ibid.*, Estado, Aragón, 307, fol. 376, misma fecha).

[8] *Ibid.*, Estado, Aragón, 308, fol. 6 y 306, fol. 10.

[9] CALVETE DE ESTRELLA, 2001. Sobre la situación internacional de 1551-1552, BRANDI, 1993, pp. 461-464; BRAUDEL, 1976, vol. II, pp. 338 *ss.*; RODRÍGUEZ-SALGADO, 1992, pp. 72 *ss.*; KOHLER, 2000, pp. 360-363; ESPINOSA, 2005, pp. 278-279. La consulta al virrey de Aragón en GIL PUJOL, 1989, p. 131.

[10] Según la carta de remisión de Vilarrasa, el asunto se comunicó «a los officiales reales, oydores de la Rotta, advogado fiscal y patrimonial»: AGS GA 41, f. 104.

gozaban los vasallos. Lo dejan bien claro los doctores de Valencia desde el arranque de su exposición, al remitir al Libro IX de los Fueros, en cuya rúbrica 13, *De feeltat e de sagrament de feeltat*, se contienen las obligaciones de los vasallos hacia el señor: en palabras de los oidores, *lo que los vassalls han y degüen jurar*[11]. El fuero, en realidad, contiene una lista de lo que no debe hacer el buen vasallo, pero los deberes positivos están implícitos y derivan de la tradición feudal importada por Jaime I al reino de Valencia. El vasallo debía prestar al señor servicio de *host i cavalcada* (*exercitum et cavalcata*), es decir, servicio de hueste. Pero sobre la obligación pesaban una serie de limitaciones desde tiempos de Alfonso III (1285-1291), que en 1286 renunció a esa prestación de la ciudad de Valencia (renuncia que no tardaría en extenderse al resto del reino) salvo en tres casos: cuando la convocatoria obedeciese a necesidad evidente dentro del reino, en caso de invasión de los reinos de la Corona o si el rey en persona atravesase las fronteras en busca de sus enemigos[12]. El resto de fueros y privilegios incluidos en el memorial eran meras confirmaciones o aclaraciones de esas exenciones, incluyéndose algún caso en que la Corona había debido revocar llamamientos hechos a sus vasallos por contravenir dichas exenciones[13].

Aún peor era la situación en Cataluña, donde las ciudades principales habían redimido el servicio de *host i cavalcada*[14]. Sin embargo, en el principado existía un precepto constitucional que permitió al marqués de Aguilar empezar con un tono positivo su informe: se trata del famoso *usatge Princeps namque*, en virtud del cual «paresce que Su Magestad, teniendo nueva que exércitos estrangeros y enemigos quieren entrar en el principado por ocuparse el principado o parte dél, o destruir o hazer daño en él, puede convocar todos los poblados del principado, aunque sean vassallos de barones, assý ecclesiásticos como seculares, para resistir a los enemigos»[15]. El *usatge*, por tanto, contenía la prerrogativa básica del rey de recibir el *auxilium* de sus vasallos, especialmente cuando aquel estaba en Cataluña y encabezaba personalmente la defensa del territorio. Pese a la insistencia de las instituciones catalanas en la necesidad de esa presencia para dar validez al llamamiento, Aguilar, consciente de lo controvertido del caso, era bastante optimista a la hora de justi-

---

[11] *Ibid.*, fol. 105. Véase el fuero en *Palmart, 1977*, p. 172, cols. a y b. Véase también la edición más moderna de COLOM/GARCÍA, 1980-2002, vol. VII, pp. 181-183.

[12] *Aureum opus*, 1972, p. 132: privilegio I del rey Alfonso I (III de Aragón), *De franquitate civitatis Valentiae ab omni questia, peyta et exactione, et ab omni exercitu et cavalcata et eorum redemptione, certis casibus exceptis*. Lo comenta MARTÍNEZ SANMARTÍN, 1998, p. 47.

[13] Partiendo del ordenamiento foral ya estudió las huestes municipales del reino QUEROL y ROSO, 1935.

[14] FERRO, 1987, p. 170.

[15] AGS, Estado, Aragón, 308, fol. 6, y 308, fol. 10, ya citados.

ficar, interpretando la información dada por los doctores, una convocatoria hecha por el rey desde fuera del principado y ejecutada por el virrey[16]. Peor solución tenía la coincidencia de la necesidad militar con el período de vigencia de un servicio aprobado en Cortes, pues el rey solía renunciar a convocar a sus vasallos mientras corriese el servicio[17]. Existía, no obstante, un mecanismo que permitía eludir todas estas trabas, el *sometent*. Según lo describía Aguilar:

> Otro remedio más seguro ay en Catalunia que se puede tener en tiempo de guerra y de urgente necessidad para que ayuden los del principado quando fuere necessidad urgente en el dicho principado, y es desta manera: que el lugarteniente general que reside en Catalunia por Su Majestad puede hazer sus convocaciones por virtud de una regalía que se llama *sometent* en Catalunia, y en latín *sonus emissus*, y es ésta una grande y especial prerogativa y regalía que tiene Su Magestad en Catalunia[18].

En realidad se trataba de una fórmula procesal («processo de regalía», anota Aguilar), cuya función era la persecución de malhechores por parte del rey o sus oficiales, contando con el respaldo armado de la población; pero en múltiples ocasiones fue empleada para reunir contingentes locales para la defensa del territorio[19].

---

[16] «Esta convocación puede hazer Su Magestad y, estando asuente Su Magestad de ausencia necessaria o enfermo, la dicha convocación se puede proseguir por su lugarteniente general que reside en el dicho principado por Su Magestad, o por el governador de Catalunia en su caso, pues el lugarteniente o governador tenga poder especial para ello; y aunque sobre esto ay muchas opiniones de doctores, la común opinión es que Su Magestad puede hazer dicha convocación de gentes aunque esté ausente y la pueda proseguir el lugarteniente y capitán general teniendo poder special de Su Magestad para ello» (*ibid*).

[17] «Otras vezes los moradores del dicho principado se concertavan con los predecessores de Su Magestad de hazer servicio de cierta quantidad por cierto tiempo y dento del dicho tiempo prometían los predecessores de Su Magestad de no hazer otra convocación. Y Su Magestad y Alteza han tenido esta orden en las Cortes, renunciando a dichas convocaciones durante el servicio» (*ibid.*). Ejemplos de esa renuncia ya en el siglo XIV en ESPINO LÓPEZ, 1994, p. 198. Véase también ESPINO LÓPEZ/SIMON I TARRÉS, 1993.

[18] AGS, Estado, Aragón, 308, fol. 6, y 306, fol. 10.

[19] Siguiendo el Discurso de la Audiencia, Aguilar citaba un par de ejemplos recientes: «Assí se hizo entrando los franceses el año 1521 por Puigcerdán y tomaron la Torre Cerdana, y el lugarteniente general hizo dicha convocación de *sometent* general y casi todos los del principado acudieron, y echaron los franceses del condado, y cobraron la dicha Torre Cerdana. Lo mismo hizo Su Magestad estando en Monçón el año 1542, quando los franceses sitiaron a Perpiñán, que casi todos acudieron y estavan apercibidos para resistir a los enemigos y echarlos del principado» (*ibid.*). Véanse también VIDAL PLA, 1986, pp. 109-111, y FERRO, 1987, pp. 67 y 77-80; este autor previene a propósito de la confusión frecuente entre la convocatoria del *Princeps namque* y del *sometent*; a este respecto véase también ESPINO LÓPEZ, 1994, pp. 198-199, que insiste en el carácter procesal de esta última institución.

Son este tipo de instituciones, de raigambre feudal y local, las que marcan la actividad militar en la Corona de Aragón: finalidad estrictamente defensiva y servicio canalizado a través del municipio o del feudo. En el siglo XVI numerosos testimonios dan fe de la vigencia de estos principios. Sobre Aragón, el informe del virrey, coetáneo a los de Valencia y Cataluña, apunta a los mismos principios. Sabemos que las movilizaciones de tropas que allí se realizaron en el Quinientos encajaban en el servicio de hueste, efectuado a través de las universidades. Ya fuese en respuesta al mandamiento directo de la Corona, para acudir a la defensa del reino, ya fuese en el marco de actuaciones promovidas por la Diputación para el mantenimiento del orden interno, la autoridad y gestión de los municipios eran incuestionables. En 1523 y 1524 la ciudad de Barbastro puso en marcha su hueste para atender las órdenes de la Corona encaminadas a promover la defensa del reino: el reparto de la recluta entre las diferentes circunscripciones administrativas, el nombramiento de capitán (que recae en el jurado en cap), la paga y el equipamiento, etc., todo quedaba en manos del gobierno municipal; lo mismo cabe decir de la organización de dos compañías de infantería en Zaragoza a requerimiento de la Corona en 1558[20].

En Cataluña las diversas convocatorias del *sometent*[21] y la actividad de las milicias urbanas atestiguan igualmente la vigencia de las instituciones de autodefensa, especialmente en la ciudad de Barcelona, cuya milicia se conocía desde 1544 como la «Coronela», al reconocerse al *conseller en cap* de la ciudad el mando de la fuerza con el cargo de coronel. En caso de necesidad, sus componentes podían ser reforzados por las huestes de una amplia zona. La institución se mantuvo bastante activa en el siglo XVI, efectuándose diversos procesos de rearme y de recuento de sus efectivos. También las fuerzas de otros municipios se movilizaron en diversas ocasiones, como en 1520 hizo la hueste de Lérida para reprimir un levantamiento popular contra los jurados. Es más, en virtud del denominado *privilegi de la bandera*, del *veïnatge* o *de la mà armada*, un buen número de ciudades catalanas tenían la facultad de movilizar sus huestes en caso de que juzgasen que se atacaba a sus derechos: así, en 1588, la ciudad de Barcelona movilizó una hueste de hasta seis mil hombres para atacar Tortosa, cuyas autoridades habían detenido al *conseller en cap* de la capital[22].

En Valencia existían instituciones muy arraigadas que no sólo servían a la posible defensa, sino que también tenían una importante carga sim-

---

[20] SOLANO CAMÓN, 2004, pp. 126-131; GIL PUJOL, 1989, p. 131.
[21] De las que VIDAL PLA, 1986, p. 111, ofrece algunos ejemplos (entre los que no están los citados por Aguilar en su relación).
[22] ESPINO LÓPEZ, 1994; VIDAL PLA, 1986, pp. 111-112.

bólica. Es el caso de la privilegiada compañía del Centenar de la Ploma, compuesta por ballesteros y jinetes, cuya misión era escoltar la Real Senyera[23], o también de las huestes de caballería de la gobernación de Orihuela, a las que estaban obligados a pertenecer los que entraban en las bolsas de insaculados para las magistraturas municipales[24]. En cierto modo la formación del ejército agermanado en 1519 podría considerarse el ejemplo más claro de la vitalidad de las milicias locales[25]. Pero no hay que olvidar que la participación de las huestes municipales se realizó en los dos bandos que lucharon en la guerra de las Germanías. Aunque la convocatoria virreinal de *host i cavalcada* promulgada por el virrey Diego Hurtado de Mendoza en 1520 no tuvo apenas éxito, cuando estalló abiertamente el conflicto bélico (1521-1522) los gremios de la ciudad de Valencia desplegaron una vigorosa organización militar, que consiguió victorias tan brillantes como la toma del castillo de Játiva o la derrota del ejército real en Gandía (julio de 1521), pero también en el bando real sirvieron las huestes de municipios leales a la Corona, como el de Morella, y muchos más conforme avanzó la reducción del reino[26].

El ejemplo de la guerra de las Germanías, aunque despertó lógicos recelos a propósito de la confianza que podía tenerse en las huestes locales[27], no desanimó a las autoridades reales a la hora de volver a llamarlas. En parte por falta de recursos y en parte por la imposibilidad de sustraer a las localidades las competencias militares, los cuerpos de milicias siguieron enormemente activos en Valencia, siendo muchas veces el elemento central en la defensa de la costa, como ya sucediera en 1503, con ocasión del ataque corsario contra Cullera, o en ocasiones bien poco

---

[23] SEVILLANO COLOM, 1966.

[24] La caballería orcelitana entroncaba con el pasado fronterizo medieval: v. FERRER I MALLOL, 1989, pp. 214-225. Los vecinos que participaban en la insaculación para acceder al gobierno municipal debían poseer monturas para formar parte de esa caballería. En 1526 Alicante y Orihuela reclamaron que se les restituyese el privilegio de insaculación, suspendido a raíz de las Germanías, argumentando las ventajas del sistema para, «si vienen turcos y moros a las costas de la mar, socorrer con la gente de cavallo donde hoviere mayor necessidat» (ARV, Real Cancillería, Diversorum Valentiae, 322, fols. 179r.-v. y 235v.-236r.). El privilegio fue restablecido, pero cuando en 1540 el rey ordenó la expulsión de las bolsas de insaculados de todos aquellos que no tuviesen un caballo de forma permanente, la medida afectó al cuarenta por ciento (BERNABÉ GIL, 1992, p. 507).

[25] VIDAL PLA, 1986, p. 112.

[26] VICIANA, 1972-1980, vol. IV, p. 317, col. a (véase también la edición crítica, con abundante aparato erudito, que viene realizando de esta obra Joan Iborra, y de la que ya contamos con el volumen correspondiente al Libro Cuarto, dedicado a las Germanías: Valencia, 2005, pp. 376-377). VALLÉS, 2001 y 2004.

[27] V. ESPINO LÓPEZ, 1994, p. 199.

lucidas, como en el desastroso socorro a Oropesa de 1536[28]. Ahora bien, la Corona intensificó sus mecanismos de control, aun en relación estrecha con las oligarquías locales. En 1533, por ejemplo, se determinó entre la Corona y el municipio de Valencia que se organizaría una guarda para la ciudad formada de un millar de hombres. La operación fue dirigida por el gobernador (en funciones de virrey), que reunió en su casa a los representantes de las parroquias para hacer la lista de la gente; se agrupó ésta en compañías y el gobernador nombró seis capitanes entre los tres estamentos dirigentes de la ciudad: dos nobles, dos caballeros y dos ciudadanos. En todo el proceso participaron dos de los jurados, que, celosos de sus precedencias, se sentaron uno a cada lado del gobernador. La imagen de la cooperación entre la Corona y el municipio no podía expresarse de manera más gráfica[29]. La estructura estamental del gobierno y la preeminencia urbanos afirmaba su autoridad sobre la hueste de la ciudad, pero al servicio del rey.

Esta armonía aparente reflejaba también el interés de la Corona por mantener una adecuada tensión defensiva en las fuerzas locales. Así, la iniciativa del gobierno real se dejó sentir en diversos procesos de rearme y en los estímulos dados para el adiestramiento de la población, según los diferentes momentos de la política regia. En 1515 Fernando el Católico, en consonancia con sus proyectos de reforma de las instituciones militares[30], ordenó la adquisición de armas «de ordenanza» por parte de los municipios valencianos, a fin de que sus huestes se equipasen adecuadamente y se ejercitasen en el manejo de las nuevas armas y de las técnicas de combate en escuadrón. El resultado fue paradójico, pues en 1521 las huestes agermanadas, rebeldes contra la Corona, demostrarían la asimilación de los nuevos modos de combatir. En los decenios siguientes el gobierno virreinal siguió velando por el rearme de los municipios y por el adiestramiento de sus milicias, aunque colocadas bajo capitanes nombrados por la Corona. En 1543, y ante la amenaza de ataque franco-turco, el virrey coordinó una compleja organización de rearme de las principales villas del reino, que visitó personalmente, revisando sus defensas y sus huestes[31]. Es posible que en Aragón las autoridades municipales continuasen manteniendo un mayor control en lo que atañe a sus arsenales, como sugiere la investigación que en 1570 promovieron los jurados de Zaragoza para averiguar en qué estado se encontraban «las personas y armas» que había en cada parroquia, «para que

---

[28] Remito a PARDO MOLERO, 2001, pp. 307-311, para el fallido socorro a Oropesa, y a DÍAZ BORRÁS, 1988, para el otro episodio.

[29] AMV, Lletres Missives, g³-47, fols. 66r.-v.

[30] Para los que remitimos a los cuatro primeros capítulos de QUATREFAGES, 1996.

[31] PARDO MOLERO, 2001, 2004 y 2007.

estén prevenidas y a punto en caso de necesidad»[32]. Lo mismo se puede decir de las fuerzas locales barcelonesas, para las cuales se realizaron a lo largo del siglo XVI abundantes adquisiciones de armamento moderno para mantenerlas adecuadamente equipadas[33].

Tal y como se desprendía de los fueros y constituciones que regulaban las obligaciones de guerra, las instituciones militares de los reinos de la Corona de Aragón se orientaban de manera casi exclusiva a la defensa. Sin embargo no era imposible la colaboración en la protección de otros reinos en caso de ser invadidos. Recordemos que la tercera de las circunstancias que facultaban al rey para convocar el servicio de hueste en Valencia era que alguno de sus territorios fuese invadido; según lo explicaba el correspondiente privilegio, la convocatoria era lícita *si alius rex, vel potestas regis, intrabat intra terram nostram, exercitu congregato, pro faciendo malo*[34]. El precepto parece haber funcionado igualmente en los otros territorios, aunque la invasión no la perpetrase una persona regia o, simplemente, se tratase de una amenaza lo suficientemente grave. Así, la formación de dos compañías de infantería en Zaragoza, a que se ha aludido más arriba, se hizo para prevenir ataques contra la costa catalana, y su destino era la ciudad de Barcelona. En realidad, la participación de las huestes aragonesas en la defensa de otros territorios, singularmente en la Corona de Aragón, no era excepcional. En 1534 el emperador ordenó poner en alerta el condado de Belchite y las comunidades de Teruel, Daroca y Albarracín para que acudiesen al socorro del reino de Valencia en caso de ataque turco y se pusiesen a las órdenes del virrey. Según éste recordó más tarde, «Su Magestad scrivió a las comunidades de Teruel, Daroca, Sancta María de Albarrazil [*sic*] y al conde de Belchite en Aragón que tuviessen la gente de aquellas aperçebida y puesta a punto de guerra para que siempre que yo les scriviesse acudiessen y viniessen bien en orden en este reyno, y hiziessen todo lo que yo les ordenasse y mandasse»[35]. En 1543, en el informe elaborado por el duque de Alba «de lo que parece se debe proveer» en la costa mediterránea para prevenir un ataque combinado franco-turco, se apercibió a las ciudades y nobles del reino de Aragón para que «acudan al socorro donde huviere la necesidad»: el virrey aseguró que «ha trabajado con Çaragoça que servirá con M hombres»[36]. También se podía establecer correspondencia con la

---

[32] Citado por SOLANO CAMÓN, 2004, p. 126.

[33] ESPINO LÓPEZ, 1994, pp. 199-200.

[34] *Aureum opus regalium privilegiorum civitatis et regni Valentiae*, ya citado, p. 132: privilegio I del rey Alfonso I, «De franquitate civitatis Valentiae ab omni questia, peyta et exactione, et ab omni exercitu et cavalcata et eorum redemptione, certis casibus exceptis».

[35] AGS, Estado, Aragón, 271, fol. 126, el duque de Calabria a la emperatriz Isabel, Valencia, 30 de septiembre de 1535.

[36] AGS, GA, Guerra Antigua, 38, fol. 160.

defensa de territorios ajenos al reino, incluso de más allá de la Corona de Aragón. Es el caso de las milicias de la gobernación oriolana, que podían traspasar en caso de necesidad la frontera del reino de Murcia, con algunas de cuyas ciudades podían establecerse lazos de solidaridad defensiva. Así era el caso con Yecla, a la que se dirigió el virrey de Valencia en 1529 pidiendo ayuda y advirtiendo sobre lo amenazada que se encontraba Alicante, «por donde conviene, por lo que toca al servicio de Dios y de la Cesárea Majestad, que la dicha ciudad sea socorrida por las ciudades y villas a ella comarcanas y que lo podrán hazer, pues la dicha ciudad todavía está presta de socorrer y ayudar a essa villa siempre que mester lo huviesse»[37]. O con Cartagena: en 1543 el duque de Alba recomendó que «se escriva a Oriüela para que haga muestra de la gente de pie y de cavallo con que podrían socorrer a Cartagena o Alicante, donde huviere necessidad»[38].

Decirlo era más fácil que hacerlo. Las huestes locales tenían como misión primordial la autodefensa. El socorro entre unas y otras, incluso en el interior del mismo reino, era normalmente asunto polémico, poco regulado por la legislación y peor aún por la tradición. Así, en Valencia estaba establecido que, a fin de causar la menor molestia posible a los municipios, sólo acudirían al socorro las huestes de los lugares próximos a la necesidad[39]. Un criterio que debía regir en los tres territorios: en 1522 el virrey de Cataluña ordenó a los vegueros de las comarcas próximas a la frontera pirenaica que organizasen a la población para socorrer, en caso necesario, los condados fronterizos[40]. Pero sucesos como el ataque a Oropesa de 1536 demostraron el poco entusiasmo de las poblaciones próximas, como Castellón o Villarreal, por cumplir con el servicio de hueste[41]. En general, no obstante, el principio de solidaridad tenía que imponerse. Más allá de su defensa inmediata, las autoridades de Barcelona solían preocuparse por la protección de la frontera pirenaica, especialmente en momentos de escasa presencia del aparato militar de la Monarquía[42]. Frente a la amenaza de 1543 a que nos hemos referido más arriba, se estimó que «en la ciudad [Barcelona] havrá VM hombres de pelea», los cuales, juntamente con las tropas regulares que se enviaban en refuerzo, habían «de aprovechar para socorrer

---

[37] AMA, Provisiones y Privilegios, Libro 9-1, fol. 158, el duque de Calabria a los jurados, regidores y concejo de Yecla, Valencia, 3 de diciembre de 1529.

[38] AGS, GA, 38, p. 272.

[39] PALMART, 1977, Cortes de 1403, Provisiones a súplica del brazo real, publicadas a súplica de toda la Corte, rúb. VIII (p. 433, col. a)

[40] CASALS MARTÍNEZ, 2000, p. 100.

[41] ARROYAS SERRANO, 1993.

[42] CASALS MARTÍNEZ, 2000, p. 99.

a todas partes», siempre que la ciudad quedase en condiciones de defensa, «porque haviéndose de guardar de armada de mar conviene que siempre esté aprecebida»[43].

En consecuencia, la afirmación de Jordi Vidal referida a Cataluña a propósito del mantenimiento y efectividad en los siglos XVI y XVII de las «formas de organización militar tradicional»[44], sigue conservando en buena medida su vigencia y puede extenderse al conjunto de los reinos peninsulares de la Corona de Aragón, al menos en lo relativo a la primera de las centurias. Pero debe matizarse. En lo referido a Aragón, si bien es cierto que las tradicionales huestes fueron movilizadas en más de una ocasión, también lo es que la supervisión de la Corona, las tentativas de actualización de cuadros de mando y arsenales o la formación de nuevos cuerpos, como la guarda del reino, dirigida por la Diputación y dedicada a la lucha contra el bandolerismo, modificaron visiblemente el equilibrio militar del reino, aun antes de las decisivas reformas de finales de siglo[45]. En el reino de Valencia, la creación de la guarda litoral, la fortificación y guarnición de castillos o la actualización de las milicias locales bajo control regio también introdujeron nuevos estilos con respecto a las prácticas anteriores[46]. Finalmente, en Cataluña, aunque las huestes sufrieran menos presión por parte de la Corona, no es menos cierto que, a partir de la reorganización de la defensa de los condados pirenaicos y la introducción de tropas regulares, que conocemos gracias a los trabajos de Àngel Casals, el panorama defensivo del principado dejó definitivamente de limitarse a las tradicionales formas de servicio militar[47]. En conjunto, estas transformaciones, además de implicar el asentamiento de cuerpos regulares (por limitados que fuesen), se orientaban hacia una mayor coordinación e integración de las fuerzas locales a fin de preparar con más eficacia la defensa territorial. Pero desde mediados del siglo XVI se advierte un esfuerzo de reflexión a fin de sistematizar todas las reformas que precisaban las fuerzas militares de la Monarquía. Uno de los frutos más significativos de esa reflexión serán los distintos proyectos conducentes a la creación de una nueva milicia, siendo la Corona de Aragón uno de los campos preferidos de experimentación.

---

[43] AGS, GA, 38, fol. 272.

[44] VIDAL PLA, 1986, p. 108.

[45] SOLANO CAMÓN, 2004.

[46] De lo cual traté de dar cuenta en PARDO MOLERO, 2001.

[47] Los trabajos de CASALS MARTÍNEZ a que nos referimos son, entre otros, 1996, 2001, y, sobre todo, 2000.

La nueva milicia

Los primeros tanteos para crear una milicia general parecen coincidir con la amenaza militar de los primeros años de la década de 1550[48], precisamente el momento en el que el príncipe Felipe solicitaba informes sobre las obligaciones militares de catalanes y valencianos. Es una constante de este tipo de proyectos, que reposan siempre en un esfuerzo por averiguar con la mayor exhaustividad posible las circunstancias institucionales y militares de cada territorio. Al mismo tiempo se acompaña de la tentativa de explorar y conocer el terreno, labor en la que destacaron los ingenieros militares. Una actitud y una práctica muy características del reinado de Felipe II, pero que se venía afirmando en el de Carlos V[49]. En el plano de la información y la reflexión habrían de mantenerse los proyectos relativos a la Corona de Aragón durante decenios. Pero relativamente pronto los avances sobre el papel, desde la Corte y referidos al territorio castellano, son significativos. Cuando, en la década de 1570, el doctor Martín de Velasco, miembro del Consejo de Castilla, plantee sus ideas sobre una nueva milicia se habrá avanzado sensiblemente en el recorrido teórico hacia nuevas formas de servicio militar. Las reflexiones de Velasco, formuladas en 1571 por encargo regio, proponían un diagnóstico de los problemas militares hispanos. La reciente Guerra de las Alpujarras había puesto de manifiesto la falta de adecuados efectivos militares en España. Según sus cálculos, de veinticinco mil infantes y once mil jinetes con que se contaba para la defensa de la costa mediterránea, tan sólo cinco mil eran regulares, a sueldo de la Corona, mientras que el resto dependía de los concejos locales. Suplir tal carencia incrementando la tropa profesional suponía un importante desembolso para la Hacienda, pero era necesario contar con tropas mejor preparadas que las huestes locales. La falta de voluntarios de calidad (hidalgos o vecinos con recursos) afectaba seriamente a estas fuerzas, que precisaban, al parecer, de contingentes de mayor confianza que los que tenían habitualmente. Asimismo se detectaba cierta falta de coordinación a la hora de repeler los ataques contra las costas. Para remediarlo, Velasco sugirió la institución de una milicia concebida a modo de hermandad, sobre el modelo de las cofradías, bajo una advocación conveniente y beneficiada por gracias espirituales y privilegios temporales; una milicia que habría de estructurarse en torno a circunscripciones o distritos, cada uno de los cuales estaría asignado al espacio de costa que debía defender[50]. La habi-

---

[48] THOMPSON, 1981, p. 157.
[49] CÁMARA MUÑOZ, 1998; HERNANDO SÁNCHEZ, 2000.
[50] THOMPSON, 1981, pp. 30 y 157-158. Véase también la contribución a estas páginas de Antonio Jiménez Estrella.

lidad de Velasco para combinar la dignidad de la nueva milicia con criterios de eficacia probablemente se derive de un profundo conocimiento
de los problemas de que adolecían los socorros en costas y fronteras,
adquirido en sus largos años de servicio en los tribunales y consejos de
la Monarquía. Pero también da fe de su perfecta comprensión de los
resortes de la sociabilidad de su tiempo. Es muy posible que su sugeren-
cia de plantear la nueva milicia a modo de cofradía y con una advocación
sagrada se deba al deseo de potenciar los lazos afectivos y religiosos entre los milicianos. Del mismo modo, la vinculación entre las áreas de
movilización y de socorro se hallaba mejor soldada mediante la combinación entre el servicio de Dios y el del rey.

Pese al escaso éxito práctico de la propuesta[51], el recurso a la doble
majestad evidenciaba posibilidades de intervención en el gobierno municipal, reorientando a favor de la Corona los resortes del control local. En
estas reflexiones pueden caber algunos pasos dados en la Corona de
Aragón. En Valencia, al calor de la ofensiva turca de mediados de la
década de 1570, el virrey marqués de Mondéjar y, sobre todo, su sucesor,
Vespasiano Gonzaga, reorganizaron las fuerzas locales particularmente
en torno a la capital del reino. Así, si el primero convocó un alarde extraordinario de las compañías de los gremios de la ciudad y su contribución
(desfilaron veinticinco compañías con un total de diez mil hombres), el
segundo instituyó un cuerpo de caballería para la guardia de la capital,
formado por una compañía en el recinto de la ciudad más otras cuatro
en los cuatro cuarteles extramuros, en las que debían integrarse los más
de dos mil propietarios de monturas que se censaron para la ocasión.
Asimismo Gonzaga reglamentó los socorros a la costa del reino, estableciendo los lugares que debían acudir a cada punto del litoral y el cupo
de hombres que debían aportar[52]. En Aragón se promovió una investigación en 1577 para averiguar qué gente útil había en el reino y con qué
armas se contaba para poner a punto una nueva milicia. Se pensaba establecer cuarteles o áreas de alistamiento de la gente, al frente de las cuales
se colocaría a un oficial, presumiblemente de elección real. El virrey
ostentaría el mando general de la milicia, cuyo carácter territorial y
novedoso queda bien a la vista. Pero, significativamente, el proyecto no
fue bien visto por algunas de las principales ciudades: al menos Zaragoza
y Huesca se negaron a aportar la información que se precisaba, lo que
animó a otras universidades a seguir su ejemplo. En cualquier caso, el
proyecto no salió adelante[53].

---

[51] *Ibid.*
[52] PÉREZ GARCÍA, 2004, pp. 140-141; GARCÍA MARTÍNEZ, 1980, pp. 114-115; BELCHÍ
NAVARRO, 2006, pp. 239 y 245-246.
[53] SÁNCHEZ MOLLEDO, 1996, pp. 478-479; SOLANO CAMÓN, 2004, pp. 128-129.

Será a raíz del ataque a Cádiz de 1596 cuando se reactiven todos los proyectos y se lleven a término algunos de ellos. En el reino de Valencia por instigación del virrey marqués de Denia (el futuro I duque de Lerma), se aprobó el ambicioso proyecto de la Milicia Efectiva. Como es bien sabido, se trataba de la creación de un cuerpo de voluntarios, distribuido por todo el reino, equipado y adiestrado adecuadamente para intervenir en caso necesario. Lo habían de formar diez mil hombres en total, encuadrados en compañías articuladas en torno a una serie de plazas de armas, y los correspondientes «tercios» o regimientos. Los oficiales serían nombrados por la Corona, y tanto ellos como los soldados gozarían de privilegios e inmunidades, incluyendo el fuero militar. No cobrarían sueldo más que cuando salieran a combatir. En tiempo de paz, además de adiestrarse, cada cual ejercería su oficio[54]. No se trataba ni de un ejército regular ni de una mera actualización de la hueste tradicional. Encaja plenamente en las nuevas estructuras milicianas que perseguía la Corona desde mediados de la centuria y que, como ha aclarado Ruiz Ibáñez, rebasan la relación institucional entre el rey y el municipio para proponer un vínculo directo entre la Corona y el individuo[55]. En efecto, pues los municipios se mantenían sólo como referencia para la cifra de soldados que debían alistarse, pero sus autoridades dejaban de tener protagonismo en el proceso, desde la movilización hasta el mando o la paga, abriéndose nuevas posibilidades de patronazgo e integración de las elites en el servicio regio. En esto, y en su sujeción al fuero y la disciplina militares, la Milicia Efectiva parecía adaptarse a los moldes regulares, pero sus soldados no eran perpetuos, sino vecinos con oficio o dignidad diferente de las armas, lo que los acerca a la hueste tradicional. A medio camino entre ambos modelos militares, la Milicia Efectiva se proyectaba a escala de todo el reino, y si bien perdía el horizonte municipal, el nuevo marco territorial no debía rebasarse. De manera tajante el cuerpo era presentado como exclusivamente defensivo, esto es «milicia prevencional, instituyda solamente para defensa y conservación del reyno»[56]. La reorientación de las condiciones inmediatas del servicio desde el ámbito municipal hasta el real parece clara. Como también la nueva dimensión territorial de la nueva institución armada. Pero, por otra parte, el mantenimiento de límites tradicionales, como la condición de los soldados o la vocación defensiva apuntaban a la conservación de los principios esenciales del servicio foral. La vigencia de la Milicia Efectiva, con diferentes

---

[54] La bibliografía fundamental para el conocimiento de este cuerpo está formada por los trabajos de GARCÍA MARTÍNEZ, 1980, pp. 199-201; VILA LÓPEZ, 1983; REQUENA AMORAGA, 1997, pp. 64-94 y, sobre todo, PÉREZ GARCÍA, 1992 y 2004.

[55] RUIZ IBÁÑEZ, 1996 y 1997.

[56] GARCÍA MARTÍNEZ, 1980, p. 200.

reformas, se extendería hasta el final de la época foral, y tuvo ocasión de intervenir no sólo en acciones defensivas, sino también en la represión de disidencias internas, en particular durante la expulsión de los moriscos y la agitación campesina de fines del siglo XVII[57].

Tentativas similares hubo en los otros reinos, sobre todo en Aragón. En este territorio, en 1589, se ensayó una «Unión de las universidades», concebida como instrumento para el mantenimiento del orden público frente a los «graves y enormes delictos, sedictiones y tumultos que de algunos años a esta parte se han cometido en la ciudad de Çaragoça y reyno de Aragón en grande deservicio de Dios y del rey nuestro señor». Se trataba de una liga entre todos los municipios, de realengo y de señorío, para perseguir a los delincuentes, sediciosos y bandoleros y aplicarles juicios sumarísimos. Se preveía el levantamiento de la hueste vecinal, que obligaba a los varones de dieciocho a cincuenta y cinco años a prestar su apoyo a los jurados y justicias locales. Ahora bien, la tropa movilizada quedaba sujeta, en el caso de desobediencias o indisciplinas, a las mismas penas que pesaban sobre los soldados regulares, y para garantizarlo el juez competente sobre ellos sería el presidente de la Audiencia real, con poderes de capitán de guerra[58]. No mucho se sabe sobre la vigencia de este proyecto; en cualquier caso los acontecimientos de 1591 trastocaron la situación general del país: la represión de las Alteraciones y las novedades legislativas de las Cortes de 1592, unidas a un notorio refuerzo de la presencia del ejército real en el reino[59], aplazarían nuevas reformas de las milicias. Pero ya en 1601 Felipe III anunció a la Diputación sus deseos de instituir una nueva milicia en el reino. Aseguraba que renunciaba a enviar un ejército regular de ocho mil a diez mil «hombres de guerra» a Aragón para evitar la «pesadumbre y molestia que sería para los de esse reyno». A cambio, esperaba valerse de la «gente de él» en el servicio de milicia que proponía. Al igual que en el caso de Valencia, la gente, que estaría repartida de manera equitativa entre ciudades y señoríos, debía estar preparada y armada, en sus casas, «hasta el día que fuere menester». Cobrarían sólo desde ese día, y sus mandos, que, a ser posible, debían ser soldados experimentados, serían propuestos por el virrey y los brazos al rey, que finalmente los nombraría de la lista que aquellos enviaran. Aunque su cometido esencial era «la defensa y seguridad del mesmo reyno», el deseo real era que estuviesen listos para «lo que más conviniere dentro y fuera dél». No parece que el proyecto se

---

[57] Para la participación de la Milicia en la expulsión, v. ESCOLANO, 1972, vol. VI, col. 1838-1995, y LOMAS, 2009, pp. 113-183; para la represión del movimiento campesino de 1693 conocido como «Segunda Germanía», v. GARCÍA MARTÍNEZ, 1991, pp. 269-277.

[58] SÁNCHEZ MOLLEDO, 1996, pp. 52-54.

[59] GRACIA RIVAS, 1992.

llevase a la práctica[60], sin embargo los deseos regios de homogeneizar las estructuras milicianas de Valencia y Aragón, aplicando similares patrones territoriales (en lo que se adivina la mano del duque de Lerma, impulsor de la Milicia Efectiva de Valencia) son evidentes. Por eso sorprende que en Cataluña no hubiese una tentativa de reorganización miliciana comparable, si bien parece que, al calor de la amenazante situación vivida por el litoral hispano a partir de 1595-1597, se pusieron a punto los mecanismos defensivos ya existentes, especialmente en torno a la milicia de Barcelona y su área de influencia[61]. No obstante, la progresiva pacificación de los frentes de guerra de la Monarquía tuvo el efecto de relajar las presiones y ansiedades para poner a punto instrumentos de milicia, de modo que la mayor parte de los proyectos quedaron en suspenso y, con pocas excepciones (entre ellas la Milicia Efectiva de Valencia), las milicias nuevamente levantadas acabaron disueltas o casi olvidadas[62].

Una nueva foralidad de las armas

La reanudación de la guerra a gran escala y, sobre todo, los proyectos reformistas de Olivares, volvieron a cuestionar en la década de 1620 los mecanismos de organización militar con mayor ímpetu que en tiempos de Felipe II. Para casi todo el segundo cuarto del siglo XVII, la política de la Monarquía frente a la Corona de Aragón se ha considerado desde el prisma del más famoso de los proyectos del conde-duque: la Unión de Armas[63]. No sin razón, pues los servicios aprobados a partir del planteamiento del proyecto en las Cortes de 1626 condicionan de forma decisiva la gestión militar de las autoridades de los reinos de Aragón y Valencia. Del mismo modo, la falta de acuerdo de las Cortes de aquel año en Cataluña, a causa del rechazo de la Unión de Armas, y las dificultades de Felipe IV y Olivares para integrar el principado en sus planes internacionales, que culminarán en la campaña de 1639, están detrás de la revuelta de 1640 y la Guerra de los Segadores.

Como recoge Elliott los proyectos reformistas de Olivares apuntaban a lograr la correspondencia entre los diferentes reinos del imperio hispá-

---

[60] SOLANO CAMÓN, 2004, pp. 140-141.
[61] RUIZ IBÁÑEZ, 1997, p. 57; véase también THOMPSON, 1981, p. 159.
[62] THOMPSON, 1981, p. 159.
[63] La exposición clásica del proyecto reformista de Olivares y, sobre todo, de la Unión de Armas (y, al mismo tiempo, de su frustrada aplicación en Cataluña), se debe a ELLIOTT, 1986, pp. 164-221; para Aragón hay que remitir a SOLANO CAMÓN, 1987, y a GIL PUJOL, 1989, pp. 564-640; y, para Valencia, LARIO MARTÍNEZ, 1986. Una exposición más reciente del proyecto en ELLIOTT, 1991, pp. 251 ss.; y un estudio del caso que suscitó el plan, en el trabajo de ESTEBAN ESTRÍNGANA, 2002.

nico, de forma que, anticipándose a los héroes de Dumas, «fuesen entre sí cada uno para todos y todos para cada uno»[64]. La búsqueda de una integración formal entre los miembros de la Monarquía Católica permitiría, en efecto, superar los múltiples desequilibrios que obstaculizaban el gobierno, singularmente en lo militar y hacendístico. En el fondo se trataba de recoger la misma filosofía política de raigambre aristotélico-organicista que desde la Edad Media servía para explicar la armonía de los cuerpos políticos[65]. Concebir los diferentes territorios como órganos de un solo cuerpo, en el que todos ellos actuaban animados por la misma causa y movidos hacia el mismo fin, no era más que aplicar al conjunto de la Monarquía, como hacían no pocos tratadistas, las metáforas corporativas que habían servido para explicar la estratificación estamental en el interior de los reinos. La diferencia estribaba en el alcance de la metáfora, que pasaba de territorial a global. Pero en uno y otro caso los lazos de fidelidad y afecto que fluían del rey a los vasallos debían garantizar el funcionamiento del sistema, por lo que no es casual que Olivares plantease su Unión de Armas como un medio de acabar con la «sequedad y separación de corazones»[66].

Una unión, por lo tanto, que no pretendía acabar con privilegios y constituciones de un plumazo, tal y como Olivares se esforzaba en dejar claro en sus papeles. La Unión de Armas, en el fondo, puede entenderse como algo muy parecido a una nueva milicia, que enlazaba con los proyectos anteriores. Aunque sus miembros tendrían que estar encuadrados y adiestrados, no estarían perpetuamente sobre las armas y en tiempo de paz ejercerían sus oficios. Hasta ahí el plan no difería demasiado de la milicia general, ni de su versión valenciana, la Milicia Efectiva; pero la novedad sustancial era convertirla en cuerpo expedicionario, con la inexcusable función de acudir a la frontera de la Monarquía donde hubiese guerra abierta. Pero había, al menos, dos novedades. La primera, la acentuación del componente territorial, al convertirse ahora los reinos o provincias en los elementos constitutivos del sistema, rebasándose la base local. La otra innovación venía dada por el carácter expedicionario de los nuevos cuerpos militares, al superponer a la solidaridad entre municipios una solidaridad entre territorios, que superase la «sequedad» o separación entre aquellos. Pero esto contravenía no sólo las prevenciones forales sobre la actuación de las huestes, sino también los más recientes reglamentos sobre las milicias. Asimismo el proyecto se planteaba como indefinido, lo cual no comulgaba demasiado bien con la naturaleza teóricamente excepcional y gratuita que tenía la concesión

---

[64] ELLIOTT, 1991, p. 251.
[65] MARAVALL CASESNOVES, 1973.
[66] ELLIOTT, 1991, p. 251.

de servicios al rey (por más que hubiese llegado a ser previsible y casi mecánica). En consecuencia, y pese a las seguridades que pretendía dar el conde-duque, los estamentos de los reinos de la Corona de Aragón difícilmente podían dar su consentimiento al proyecto tal y como les fue presentado, máxime encontrándose tranquilas sus fronteras[67].

El resultado de las Cortes de 1626, donde se propuso el plan a las respectivas asambleas de Aragón, Cataluña y Valencia, no pudo ser la incorporación de la Unión de Armas a los respectivos ordenamientos forales, sino más bien, en los casos aragonés y valenciano, la concesión de nuevos servicios financieros y militares que ni eran definitivos ni llegaban a las cifras y maneras que pretendían el monarca y su valido. En cuanto a Cataluña, el resultado fue el inicio de un grave distanciamiento con la Corona que culminaría en la rebelión de 1640[68]. La práctica de los servicios de los años posteriores a 1626 consistió en prestaciones militares y financieras a través tanto de las Cortes y sus instancias delegadas, como de las diputaciones o juntas estamentales, o de las ciudades, así como de nobles a título individual. En Aragón, prácticamente en todos los casos, los servicios de armas se concedían a través de los patrones de las huestes tradicionales. Son paradigmáticos los servicios realizados en 1638. La ciudad de Zaragoza y la Diputación organizaron sendos cuerpos de ejército; mientras el municipio buscaba sus contingentes a partir de los oficios y las circunscripciones urbanas, la Diputación hacía lo propio convocando a las universidades del reino. Sobre estas premisas seguiría funcionando la concesión del servicio militar en los años siguientes[69]. Igualmente en Cataluña, la campaña de 1639, aun con el rechazo a la aplicación de la convocatoria mediante el *Princpes namque*, supuso una extraordinaria movilización militar, con indiscutible protagonismo de Barcelona y de la Generalitat, que se sirvieron de los patrones de reclutamiento vecinal[70]. Al año siguiente la gigantesca agitación de los segadores (contra las funestas consecuencias de los alojamientos de soldados), que condujo al estallido de la guerra, se hizo con eficacia y pautas de movilización que recordaban al *sometent*. En las ciudades, singularmente en Barcelona, aunque las autoridades municipales llamaron a los cuerpos de hueste para controlar la rebelión, la insuficiencia de éstos (y su

---

[67] A diferencia del caso flamenco, donde el proyecto pareció conveniente y fue aceptado sin mayores problemas: ESTEBAN ESTRÍNGANA, 2002, pp. 60-66.

[68] Interpreta el efecto general del proyecto en la Corona de Aragón GIL PUJOL, 1992, pp. 57-58.

[69] SOLANO CAMÓN, 1987, pp. 70-93 y 100 *ss.*; GIL PUJOL, 1992, p. 59, ha subrayado la importancia del componente municipal y gremial de estos procesos de reclutamiento, «no sólo para las levas, sino también […] para el encuadramiento de unidades operativas».

[70] ESPINO LÓPEZ/SIMON I TARRÉS, 1993, p. 145; ELLIOTT, 1986, pp. 322-343; SERRA I PUIG, 1988, pp. 7-28.

casi connivencia con los rebeldes) precipitó los trágicos sucesos del Corpus de Sang[71]. En Valencia los procedimientos no fueron muy distintos. Desde la década de 1620, y paralelamente al pago de los servicios pecuniarios aprobados en Cortes, se produjeron sucesivas levas de voluntarios, con participación administrativa y económica de las instituciones territoriales, y protagonismo tanto de los municipios como de la nobleza señorial[72].

El estallido de la guerra de Cataluña generó transformaciones esenciales en los procedimientos de servicio de los reinos aragonés y valenciano, súbitamente convertidos en frontera de primer orden de la Monarquía. En Aragón se plantearían dos modificaciones sustanciales en la gestión de la movilización militar. Desde 1641 se fue abriendo camino la idea de reunir los contingentes localmente mediante sorteo entre los vecinos aptos para el servicio. El procedimiento no era ajeno a los planes de la Corona, pero fue readaptado por las instituciones representativas aragonesas. En la práctica podría anular la voluntariedad del servicio, no sólo del interesado, sino también de la universidad, que no podría alegar falta de medios o dificultades económicas o demográficas para cumplir con el cupo asignado. No es raro que el nuevo sistema, aunque fue aceptado en 1641 por tres de los cuatro brazos, encontrara la oposición del de caballeros e hijosdalgos, partidarios de mantener la libertad de las universidades para arbitrar los sistemas de recluta[73]. La posibilidad reapareció en las Cortes de 1645, pero finalmente se mantuvo la libertad municipal. Mayor trascendencia tendría la segunda de las modificaciones planteadas en esas mismas Cortes: la propuesta de renovar el censo del reino. Que a mediados del siglo XVII siguiera vigente el fogaje de 1495 no sólo tenía implicaciones puramente demográficas, sino también políticas. El mantenimiento de cifras de población de finales del siglo XV acarreaba lo que podemos denominar consecuencias «parajurídicas». En efecto, convertido en referencia canónica para calcular las cuotas de servicio de cada universidad, el fogaje favorecía a unas universidades mucho más que a otras. Su mantenimiento implicaba consolidar una situación de privilegio de hecho, de modo que al proponer una nueva fogueación del reino se abría la posibilidad de reorganizar por completo los principios del servicio. En consecuencia se propuso en las Cortes que, en lugar de repartir cupos fijos de soldados por número de fuegos a partir de una tabla escalonada según la categoría del municipio, se calculara globalmente el coeficiente entre el total de fuegos del reino y la cantidad de soldados que se había de reunir, coeficiente que sería

[71] TORRES SANS, 2006, pp. 80-103.
[72] FELIPO ORTS, 1988; VILA LÓPEZ, 1976 y 1979-1980, pp. 125-142.
[73] SOLANO CAMÓN, 1987, pp. 186-187 y 194.

aplicado universalmente[74]. El cambio es importante pues implicaba cierta superación de la base local del servicio y del privilegio para considerar de manera equitativa y uniforme el conjunto del reino.

En Valencia el proceso redundó en la intensificación del papel de las juntas estamentales en la gestión del servicio militar. Pese a la conservación y sistemática renovación de la Milicia Efectiva en el reino, el debate sobre la participación militar valenciana en las guerras de la Monarquía y, sobre todo, en la guerra de Cataluña, no se centró exclusivamente en torno a aquella institución. Si bien es cierto que las presiones de la Monarquía llegaron a conseguir que la Milicia, en contradicción con sus ordenanzas fundacionales, abandonase excepcionalmente el reino para participar en la recuperación de Tortosa, no lo es menos que el principal servicio militar se canalizaba a través de las levas efectuadas al margen de la Milicia. En efecto, la implicación de las instituciones representativas en las tareas de reclutamiento de tropas se hizo cada vez mayor hasta que alcanzó su plasmación institucional en las Cortes de 1645. Al igual que en Aragón, la propuesta de elaboración de un censo venía a recordar la urgencia de adecuar las prestaciones locales a las posibilidades reales. Por otra parte, la concesión de un servicio en hombres pagados y la creación de una Junta de Leva, integrada por representantes de los tres brazos del reino, para llevar a la práctica ese servicio suponía la regularización de la contribución armada del reino a la Monarquía, pero también la confirmación de la gestión del mismo en manos estamentales[75]. Es más, las juntas de los brazos canalizaron las relaciones con los municipios asignando cuotas a cada uno de ellos. Finalmente eran las administraciones locales las que se encargaban de los procedimientos concretos de la leva, lo que suponía, como en Aragón, la supervivencia de las obligaciones colectivas de servicio y de alguna de las prerrogativas municipales en materia militar, aunque canalizadas a través de una institución que por ser estamental (las juntas) no dejaba de implicar la dirección del proceso desde el centro político del reino, disputándose este protagonismo con la administración real. La presión militar no sólo redundaba en la expansión del aparato de gobierno de la Corona, sino también estimulaba el desarrollo de mecanismos de administración y actividad política en manos de los estamentos. Tan es así que los virreyes llegarían a proponer saltarse el trámite de las juntas estamentales para negociar directamente con los municipios. Como afirmó el virrey duque de Montalto en 1653, en el fondo los estamentos no eran quienes daban

---

[74] *Ibid.*, pp. 194 y 210-211.
[75] Sobre la Milicia, VILA LÓPEZ, 1983, pp. 154-161, y para los servicios a partir de la guerra catalana, VILA LÓPEZ, 1976 y GUIA MARÍN, 1984, con un largo y excelente estudio introductorio.

el servicio, «sino que solamente viene a ser una intercessión que hazen con las villas y ciudades»; es más, si triunfaba la negociación directa con las municipalidades «ya no serán menester los estamentos, que obran tan perniciosamente y todo lo que se quisiere obtener fuera de Cortes será más fácil por este camino». Finalmente, pese a las intenciones de Montalto, el servicio se tramitó a través de las juntas estamentales, dado que sólo ellas podían hacer que los lugares de señorío contribuyesen[76].

En definitiva, desde la década de 1620 la Corona trató de redefinir el pacto foral con los reinos de la Corona de Aragón, modificando a su favor las condiciones del servicio militar y financiero. La respuesta de las estructuras estamentales de aquellos reinos consistió en encauzar, en la medida de lo posible, las nuevas exigencias en los esquemas forales. La consecuencia fue, como se ha tratado de argüir, un incremento de las movilizaciones de las fuerzas locales en Aragón, Cataluña (antes de la rebelión) y Valencia, simultáneo a un desarrollo intenso de la actividad administrativa y militar de diputaciones y juntas estamentales. Las Cortes de 1645 consolidaron la situación en Aragón y plantearon nuevas modalidades de reclutamiento. En Valencia las Cortes de ese mismo año reforzaron el papel estamental, institucionalizando en juntas su capacidad de reclutamiento y de negociación con la Corona. En buena medida, en ambos reinos antes y después de las Cortes, las convocatorias mantuvieron vivos los resortes municipales para la reunión de efectivos. Éstos podían conservar muchos elementos de las tradicionales huestes, aun reunidas en un cuerpo «del reino» (como las que organizaba la Diputación de Aragón), el cual, en consecuencia, era muy reacio a salir del país. Pero también, aunque reclutada la gente en función de cuotas y poderes municipales, podían integrarse en un «tercio» con orgánica, mandos y misiones propias del ejército regular (el caso del Tercio de Valencia, destinado normalmente a servir en Tortosa: fuera, por tanto, del reino aunque en su inmediata defensa). La correspondencia en la defensa no se había conseguido en la medida que pretendiera Olivares, pues cada reino atendía sobre todo a su propia defensa, y era esto lo que movía a Aragón y Valencia a colaborar en la guerra de Cataluña. Pero, como ha señalado Xavier Gil, este interés no excluía al rey, cabeza del cuerpo político, sino todo lo contrario. Por ello desde la Corona la colaboración prestada por Aragón y Valencia podía leerse en función del valor que se trataba de difundir, la lealtad, lo que permitiría a Felipe IV en 1642 afirmar que, frente al «mal exemplo de Cataluña», tanto Aragón como Valencia habían «crecido en amor, lealtad y fineza en mi servicio»[77]. Una lealtad que, paulatinamente, superaba los marcos locales y territoriales.

---

[76] GUIA MARÍN, 1975, pp. 138 y 142.
[77] GIL PUJOL, 1992, pp. 54-60, cita en 64.

En Cataluña serían las condiciones de la posguerra las que renovaron el pacto[78]. La confirmación del orden constitucional realizada por Felipe IV después de la recuperación de Barcelona, se vería acompañada por una situación de ocupación militar, que se extendería más allá del final de la guerra hasta casi enlazar con las contiendas del reinado de Carlos II contra el imperialismo de Luis XIV. Una vez más Cataluña volvía a ser frontera de primer orden de la Monarquía y el ejército regular tendría un protagonismo notorio. Frente a él las viejas potestades urbanas en materia militar habían de verse afectadas, como en el caso de Barcelona, donde el control municipal de puertas y murallas se condicionó en los años finales del reinado de Felipe IV a la construcción de una ciudadela o, al menos, al acuartelamiento de un importante contingente regular en la ciudad, a manera de presidio[79]. Sin embargo, y a pesar de pareceres como el del marqués de San Germán, virrey de Cataluña para quien debían emplearse tropas profesionales en la defensa del principado «porque el esperar que los naturales se hayan de defender de ordinario sale al contrario», la movilización militar de catalanes, y a través de las instituciones catalanas, fue importante. Primero en la formación de tercios por parte de la ciudad de Barcelona y la Generalitat, pero sobre planta orgánica regular, y mediante procedimientos de reclutamiento que se apartaban de la asignación de cuotas a municipios, barrios o gremios, y se asemejaban a los del ejército real (bandera izada, comisarios y capitanes reclutadores, etc.). Ahora bien, el número de hombres y la duración de servicio solían ser negociados por el Consell barcelonés o la Generalitat, que además elegían a los oficiales (maestre de campo, sargento mayor, capitanes, cuyos nombramientos, eso sí, confirmaba el rey). El levantamiento de este tipo de cuerpos culminó en la guerra de los Nueve Años y, sobre todo, con la movilización a partir de 1695 de «tercios provinciales», reclutados directamente sobre los municipios. Por otra parte, y junto al uso de los poco regulares y temidos *miquelets* de la frontera, también se recurrió a menudo al somatén. Pese a los prejuicios contrarios a la utilización de los naturales en la defensa, el somatén fue convocado en numerosas ocasiones, pero se caracterizó por la brevedad en su uso y, sobre todo, por la inmediatez en el tiempo y el espacio del servicio que debían realizar las fuerzas locales así movilizadas[80].

---

[78] SÁNCHEZ MARCOS, 1983; GIL PUJOL, 2001, pp. 107-109.

[79] SIMON I TARRÉS, 2006, pp. 237-262.

[80] ESPINO LÓPEZ, 1999, pp. 248-273; la cita de San Germán en 269; del mismo autor, 2004, pp. 210-218. La pervivencia de las formas tradicionales de la defensa rebasaría incluso su teórica abolición, con la Nueva Planta, al reaparecer en la Guerra de la Convención: JIMÉNEZ SUREDA, 2006.

En esa misma época, en el reino de Aragón el argumento de la defensa propia como motor del servicio siguió funcionando. El servicio se consolidó en condiciones parecidas a las impuestas en las décadas de 1630 y 1640. Las presiones de la Corona a la Diputación, y también a municipios de manera individual, en busca de servicio militar, encontraron eco, aunque siempre se trataron de canalizar por los mecanismos forales. Pero el éxito de la Corona fue tal que, incluso, se vencieron los tradicionales recelos a la hora de que las tropas del reino sirvieran fuera de Aragón o de su frontera inmediata, hasta el punto de llegarse a enviar un tercio a Extremadura en el marco de las guerras con Portugal. Pero las nuevas reuniones de Cortes, en tiempos ya de Carlos II, posibilitaron la revisión de las condiciones de servicio[81]. Posibilidad que no existió en el reino de Valencia, donde se confirmaron los peores augurios. La asunción por parte de los estamentos de la aprobación de nuevos servicios dejó sin interés para la Corona la convocatoria de Cortes. Durante la segunda mitad del siglo XVII se mantuvieron las mismas condiciones del servicio, renovado invariablemente por las juntas estamentales. Al igual que en Aragón, se abrió la posibilidad de que el Tercio de Valencia sirviese en escenarios alejados del reino; asimismo, y como ocurría en Aragón y Cataluña, tal vez por mor de la continuidad del servicio, y pese a mantener viva su voz los interlocutores municipales, los procedimientos de recluta y reemplazo de soldados cada vez se asemejaban más a los del ejército real[82].

En conjunto el clima político del reinado de Carlos II fue calificado por Joan Reglà con el concepto de *neoforalismo*, que ha suscitado un mar de críticas. Si se despoja de la evocación de una poco verosímil voluntad de restaurar situaciones precedentes y, sobre todo, de las condiciones político-sociales en que Reglà formuló su propuesta interpretativa, el concepto puede ser útil a la hora de definir un nuevo equilibrio foral[83], que explicara la convivencia de un mayor grado de poder regio (o absolutismo) con un más acabado desarrollo de las capacidades estamentales. El análisis de las transformaciones militares y en particular de las instituciones y prerrogativas en materia de guerra y defensa de los municipios y entidades estamentales revela la tendencia hacia la consecución del monopolio de la violencia. Pero revela igualmente las ambigüedades del proceso, especialmente la pervivencia de fórmulas y prácticas tradicionales del servicio armado, así como la capacidad de las instancias estamentales para insertarse en la arquitectura de poder suscitada por la Corona. No creo que el crecimiento del «Estado real» impli-

---

[81] SANZ CAMAÑES, 1997; ESPINO LÓPEZ, 2004, pp. 218-234.
[82] GUIA MARÍN, 1975; GARCÍA MARTÍNEZ, 1991.
[83] GIL PUJOL, 2001, pp. 105-115; véase también para el debate conceptual, LÓPEZ I CAMPS, 2003, pp. 315-319.

que necesariamente el retroceso de las otras instancias de poder. Antes bien, el desarrollo de la actividad militar, en el marco de estructuras de servicio de raigambre local y estamental, desde mediados del siglo XVII, fue consecuencia del incremento de la presión de la Monarquía para obtener renovadas prestaciones de sus vasallos, pero también de la voluntad de éstos de no perder el control sobre aquellas. El crecimiento político, por lo tanto, no se haría en una sola dirección[84].

Las fuerzas del reino

El poderío militar en los siglos XVI y XVII suele relacionarse con la capacidad de los reyes para movilizar ejércitos, gracias a la disponibilidad de recursos bajo su control directo, o a la capacidad de extraer de sus vasallos esos recursos. En buena medida el debate constitucional en esa época giró en torno a ello, siendo el servicio, el impuesto, el ejército permanente, las preeminencias regias o el poderío absoluto algunos de los elementos centrales de ese debate. A la inversa, los derechos, fueros, constituciones y libertades de los vasallos se presentan como la otra cara del conflicto, clave de la resistencia de los «reinos» hacia las exigencias militares de sus «reyes»[85]. Esa contraposición entre el poder y el derecho se asumía por completo en la época, y se consideraba como una de las claves del desarrollo histórico de los reinos[86]. Jerónimo Zurita lo tiene bien presente al narrar los episodios que desembocaron en el siglo XIII en la formación de la Unión aragonesa contra Pedro III y al describir la actitud de los nobles: «Estuvieron en esto todos tan conformes que no procuraron más los ricos hombres y caballeros su preeminencia y libertad que los comunes e inferiores, teniendo concebido en sus ánimos tal opinión que Aragón no consistía ni tenía su principal ser en las fuerzas del reino sino en la libertad, siendo una la voluntad de todos que cuando ella feneciese se acabase el reino». La contraposición entre «fuerza» y «libertad», que no es más que una variante de la dicotomía lex/ius, se tiñe en la prosa de Zurita de contenido militar: en el mismo capítulo al referirse a la guerra a que había de hacer frente Pedro III se alude a la urgencia de defenderse «del poder y fuerzas del rey de Francia»[87]. El episodio, que acabará conduciendo a la concesión del Privilegio General (1283)

---

[84] Sin que ello implicara detrimento de uno u otro lado: como ha escrito HARRIS, 1993, p. 56, la autoridad política no era un pastel finito (*finite cake*) para repartir entre los actores de poder.

[85] DOWNING, 1992.

[86] BARUDIO, 1986.

[87] Ese mismo concepto de «fuerzas» o «poder» con el significado de poderío militar se utiliza ampliamente en los siglos XVI y XVII en la Corona de Aragón; por poner sólo

revela las claves del juego político en el negocio de la guerra: frente a las emergencias militares que imponen obligaciones extraordinarias, que acaban pretendiéndose «como cosa ordinaria»[88], los brazos de las Cortes prefieren la conservación de sus derechos como garantía de la conservación del reino. Es una concepción de la vida política que no se basa en el poder sino en la libertad, pero que no excluye las prestaciones militares. El servicio de armas se concede sujeto a condiciones, empezando por la confirmación de derechos y privilegios, y siguiendo por la voluntariedad y gratuidad con que se hace[89]. Es el marco definido por la hueste, regulado en los tres reinos peninsulares de la Corona de Aragón en un sentido parecido. Sentido que, en el fondo, no difiere demasiado de lo que imperaba en el resto de la Monarquía, incluida la vecina Corona de Castilla[90]. Sobre este marco los sucesivos gobiernos reales impulsaron un proceso de transformación de las fórmulas de servicio que culminó en la tentativa olivarista de redefinir las relaciones entre el rey y el reino, y que, pese a los cambios en la dirección de la Monarquía, se mantuvo con respecto a la Corona de Aragón durante todo el siglo XVII. Un proceso que implicaba la reorganización de los referentes del servicio, trascendiendo los tradicionales marcos locales hacia patrones territoriales e, incluso, supraterritoriales, apelando a la solidaridad orgánica del cuerpo de la Monarquía, y reforzando la implantación sobre el terreno de los poderes centrales, pero no sólo de los de la Corona. Frente a la voluntad regia hemos visto que la respuesta normal de los órganos estamentales de los reinos aragoneses no fue, salvo escasas excepciones (la más notoria la rebelión catalana), radical: ni una oposición tajante a nuevas fórmulas de servicio ni una sumisión total. Antes, al contrario, la redefinición de las propuestas de la Corona y, sobre todo, el control de su gestión a través de las instituciones representativas (no sólo las Cortes, sino también diputaciones y juntas de brazos) hizo posible el acuerdo entre el incremento de la lealtad de unos reinos que no dejaban de servir y las libertades que consideraban gratuito el servicio. Al

---

tres ejemplos: el virrey de Valencia, duque de Calabria, en carta de 13 de noviembre de 1529, refiriéndose al peligro padecido por las costas: «En el reyno no hay fuerças para resistir ni poner remedio a mal tamaño, como por nuestros peccados se offrece» (PARDO MOLERO, 2001, p. 251); los diputados de Aragón, al decidir, el 2 de agosto de 1639, su participación en el socorro de Salses «con la más gente que pudieren, según las fuerças y posibilidad deste reyno» (SOLANO CAMÓN, 1987, p. 100); y, finalmente, los jurados de Santpedor, el 16 de agosto de 1694, frente a las invasiones francesas, lamentando que «los catalans no tingam poder de posar en campanya un exèrcit que fos superior al exèrcit enemich per a traurer nostres germans de la esclavitud y deslliurar-los de las tiranias» (ESPINO LÓPEZ, 1999, pp. 272-273).

[88] ZURITA, 1967-1985, vol. II, pp. 135 y 140-141. Otro comentario del pasaje citado en GIL PUJOL, 1989, p. 101.

[89] A este respecto véase, por ejemplo, SOLANO CAMÓN, 2004, p. 110.

[90] THOMPSON, 1981, pp. 151-152.

mismo tiempo se descubría a los estamentos nuevos ámbitos de actuación política y administrativa y de proyección territorial de su poder.

De esta manera se resolvía la paradoja de Zurita: las *fuerzas del reino*, los recursos militares, se expresaban a través de las *libertades*, las facultades de participación de los estamentos. No es raro, pues, que los oficiales valencianos concluyesen en 1551 su poco esperanzador informe sobre los fueros y ejemplos de tiempo de guerra aduciendo que «a la necessidad presente no dexará la ciudad y reyno de servir a Su Magestad y Alteza, como bien tiene acostumbrado, con todas sus fuerças»; y que el gobernador Vilarrasa insistiera asegurando que «se tiene por cierto que, offreciéndose el caso, esta ciudad y reyno, con obligación y sin ella, entre tanto que fuerças tuvieren no dexarán de servir a Vuestra Alteza, y lo mismo se ha de confiar de los millitares por la experiencia que se tiene de sus servicios, los quales no han sido de menos consideración que los que buenos y fieles vasallos suelen offrescer a sus príncipes y señores»[91]. Así el reino no sólo se defendía, sino que también (aunque transformadas) conservaba sus prerrogativas y sus prácticas políticas.

Abreviaturas utilizadas

AGS: Archivo General de Simancas.
GA: Guerra Antigua.
AMA: Archivo Municipal de Alicante.
AMV: Archivo Municipal de Valencia.
ARV: Archivo del Reino de Valencia.

Bibliografía

AA. VV., *Enciclopedia Universal Ilustrada*, 72 vols., Madrid, Espasa-Calpe, 1907 *ss*.

AA. VV., *Fueros y milicia en la Corona de Aragón. Siglos XIV a XVIII*, Valencia, Ministerio de Defensa, 2004.

ALMIRANTE, José, *Diccionario militar, etimológico, histórico, tecnológico*, Madrid, Imprenta y litografía del Depósito de la Guerra, 1869.

ALONSO BAQUER, Miguel, «El Ejército real y la Milicia provincial en el reino de Valencia durante el reinado de Carlos IV», AA.VV., *Valencia en crisis. Antes y después de la invasión napoleónica*, Valencia, Ministerio de Defensa, 2002, pp. 1-14.

ARROYAS SERRANO, Magín, «La defensa de la costa y sus conflictos institucionales en Castellón de la Plana durante la primera mitad del siglo XVI», *Boletín de la Sociedad Castellonense de Cultura*, 1993, 69, pp. 219-233.

---

[91] AGS GA, 41, fols. 104,105.

Aureum opus regalium privilegiorum civitatis et regni Valentiae, Valencia, 1972 (edición facsímil de la de 1515).

BARUDIO, Günter, *La época del Absolutismo y la Ilustración, 1648-1779*, Madrid, Siglo XXI, 1986, 4ª ed.

BELCHÍ NAVARRO, María de los Peligros, *Felipe II y el virreinato valenciano (1567-1578): la apuesta por la eficacia gubernativa*, Valencia, Biblioteca Valenciana, 2006.

BERNABÉ GIL, David, «El control de la insaculación en los municipios realengos», *Dels furs a l'estatut: actes del I Congès d'Administració valenciana, de la història a la modernitat*, Valencia, Generalitat Valenciana, 1992, pp. 505-510.

BRANDI, Karl, *Carlos V: vida y fortuna de una personalidad y de un imperio mundial*, México, FCE, 1993.

BRAUDEL, Fernand, *El Mediterráneo y el mundo mediterráneo en la época de Felipe II*, 2 vols., México, FCE, 1976, 2ª ed.

CALVETE DE ESTRELLA, Juan Cristóbal, *El felicíssimo viaje del muy alto y muy poderoso príncipe don Phelippe*, ed. de Paloma Cuenca, estudio introductorio de José Luis Gonzalo Sánchez-Molero *et al.*, Madrid, Sociedad Estatal para la conmemoración de los Centenarios de Felipe II y Carlos V, 2001.

CÁMARA MUÑOZ, Alicia, *Fortificación y ciudad en los reinos de Felipe II*, Madrid, Nerea, 1998.

CASALS MARTÍNEZ, Àngel, «Estructura defensiva de Catalunya a la primera meitat del segle XVI: els comtats de Rosselló i Cerdanya», *El poder real en la Corona de Aragón (siglos XIV-XVI): Actas del XV Congreso de Historia de la Corona de Aragón*, Zaragoza, Gobierno de Aragón, 1996, t. I, vol. II, pp. 86-93.

— *L'emperador i els catalans. Catalunya a l'imperi de Carles V (1516-1543)*, Granollers, Editorial Granollers, 2000.

— «Instituciones catalanas y presencia militar», en CASTELLANO CASTELLANO/SÁNCHEZ-MONTES GONZÁLEZ, 2001, vol. III, pp. 123-143.

CASTELLANO CASTELLANO, Juan Luis y SÁNCHEZ-MONTES GONZÁLEZ, Francisco (eds.), *Carlos V. Europeísmo y Universalidad. La organización del poder*, Madrid, Sociedad Estatal para la Conmemoración de los Centenarios de Felipe II y Carlos V, 2001, 5 vols.

COLOM, Germà y GARCÍA, Arcadi, *Furs de València*, 9 vols., Barcelona, Barcino, 1980-2002.

CORVISIER, André, *Armées et Sociétés en Europe de 1494 à 1789*, París, Presses Universitaires de France, 1976.

DÍAZ BORRÁS, Andrés, «El asalto berberisco a Cullera en 1503 y Alzira en la defensa de La Ribera», *Al-Gezira. Revista d'Estudis Històrics-Ribera Alta*, 4-5, 1988, pp. 147-171.

DOWNING, Brian, *The Military Revolution and Political Change: Origins of Democracy and Autocracy in Early Modern Europe*, Princeton, Princeton University Press, 1992.

ELLIOTT, John H. *La rebelión de los catalanes. Un estudio sobre la decadencia de España (1598-1640)*, Madrid, Siglo XXI, 1986, 3ª ed.

— *El conde-duque de Olivares: el político en una época de decadencia*, Barcelona, Crítica, 1991, 6ª ed.

— et al., *1640: la Monarquía hispánica en crisis*, Barcelona, Centre d'Estudis d'Història Moderna «Pierre Vilar», 1992.

ESCOLANO, Gaspar, *Década primera de la Historia de Valencia*, Valencia, Universidad de Valencia, 1972, Libro X (edición facsímil de la de 1611), 6 vols.

ESPINO LÓPEZ, Antonio, «La organización militar en la Cataluña del siglo XVI», *La organización militar en los siglos XV y XVI: actas de las II Jornadas Nacionales de Historia Militar*, Málaga, Cátedra General Castaños, 1994, pp. 197-201.

— *Cataluña durante el reinado de Carlos II: política y guerra en la frontera catalana, 1679-1697*, Bellatera, Universitat Autónoma de Barcelona, 1999.

— «El esfuerzo de guerra de la Corona de Aragón durante el reinado de Carlos II, 1665-1700. Los servicios de tropas», *Revista de Historia Moderna. Anales de la Universidad de Alicante*, 22, 2004, pp. 209-249.

— y SIMON I TARRÉS, Antoni, «Les institucions i formes d'organització militars catalanes abans de la Guerra dels Segadors», *Pedralbes*, 13-I, 1993, pp. 143-150.

ESPINOSA, Aurelio, «The grand strategy of Charles V (1500-1558): Castille, war and dynastic priority in the Mediterranean», *Journal of Early Modern History*, 9, 2005, pp. 239-283.

ESTEBAN ESTRÍNGANA, Alicia, «Guerra y redistribución de cargas defensivas. La Unión de Armas en los Países Bajos católicos», *Cuadernos de Historia Moderna*, 27, 2002, pp. 49-98.

FELIPO ORTS, Amparo, *El centralismo de nuevo cuño y la política de Olivares en el País Valenciano: fiscalidad, control político y hacienda municipal (1621-1634)*, Valencia, Ajuntament de València, 1988.

FERNÁNDEZ ALBALADEJO, Pablo (ed.), *Los Borbones: dinastía y memoria de nación en la España del siglo XVIII*, Madrid, Marcial Pons, 2001.

FERRER I MALLOL, Maria Teresa, *Organització i defensa d'un territori fronterer: la governació d'Oriola al segle XIV*, Barcelona, Consell Superior d'Investigaciones Científiques, 1989.

FERRO, Víctor, *El dret públic català. Les institucions a Catalunya fins al decret de Nova Planta*, Vic, Eumo, 1987.

GARCÍA MARTÍNEZ, Sebastián, *Bandolers, corsaris i moriscos*, Valencia, E. Climent, 1980.

— *Valencia bajo Carlos II: bandolerismo, reivindicaciones agrarias y servicios a la Monarquía*, Villena, Ayuntamiento de Villena, 1991.

GIL PUJOL, Xavier, *De las alteraciones a la estabilidad. Fueros y política en el reino de Aragón, 1585-1698*, Tesis Doctoral, edición en microficha, Barcelona, 1989.

— «"Conservación" y "defensa" como factores de estabilidad en tiempos de crisis: Aragón y Valencia en la década de 1640», ELLIOTT et al., 1992, pp. 44-101.

— «La Corona de Aragón a finales del siglo XVII: a vueltas con el neoforalismo», FERNÁNDEZ ALBALADEJO, 2001, pp. 98-115.

GRACIA RIVAS, Manuel, *La invasión de Aragón en 1591: una solución militar a las alteraciones del reino*, Zaragoza, Diputación General de Aragón-Departamento de Cultura y Educación, 1992.

GUIA MARÍN, Lluís J., «Los estamentos valencianos y el duque de Montalto: los inicios de la reacción foral», *Estudis: Revista de Historia Moderna*, 4, 1975, pp. 129-145.

— *Cortes del reinado de Felipe IV*, vol. II: *Cortes valencianas de 1645*, Valencia, Universidad de Valencia, 1984.

HARRIS, Gerald, «Political society and the growth of government in late medieval England», *Past & Present*, 138, 1993, pp. 28-57.

HERNANDO SÁNCHEZ, Carlos José (coord.), *Las fortificaciones de Carlos V*, Madrid, Sociedad Estatal para la conmemoración de los Centenarios de Felipe II y Carlos V, 2000.

— «Saber y poder. La arquitectura militar en el reinado de Carlos V», HERNANDO SÁNCHEZ, 2000, pp. 21-91.

JIMÉNEZ ESTRELLA, Antonio y ANDÚJAR CASTILLO, Francisco (eds.), *Los nervios de la guerra. Estudios sociales sobre el Ejército de la Monarquía Hispánica (siglos XVI-XVIII): nuevas perspectivas*, Granada, Comares, 2007.

JIMÉNEZ SUREDA, Monserrat, *Girona, 1793-1795: Guerra Gran i organització política a la Monarquia dels Borbons*, Girona, Ajuntament de Girona, 2006.

KOHLER, Alfred, *Carlos V: 1500-1558, una biografía*, Madrid, Marcial Pons, 2000.

LAFUENTE, Modesto, *Historia general de España*, 30 vols., Madrid, Imprenta a cargo de D. Dionisio Chaulie, 1869, 2ª ed.

LARIO RAMÍREZ, Dámaso de, *El comte-duc d'Oliveres i el regne de València*, Valencia, E. Ciment, 1986.

LÓPEZ I CAMPS, Joaquim E., «València durant el regnat de Carles II. El neoforalisme a debat», *Estudis: Revista d'Historia Moderna*, 29, 2003, pp. 315-329.

MARAVALL CASESNOVES, José Antonio, «La idea de cuerpo místico en España antes de Erasmo», *Estudios de historia del pensamiento español. Serie primera. Edad Media*, Madrid, Ediciones Cultura Hispánica, 1973.

MARTÍNEZ SANMARTÍN, Luis Pablo, «La historia militar del reino medieval de Valencia: balance y perspectivas», *Militaria: Revista de Cultura Militar*, 11, 1998, pp. 29-75.

PALMART, Lambert, *Furs e ordinations fetes per los gloriosos reys de Aragó als regnícols del regne de València*, Valencia, Universidad de Valencia, 1977 (ed. facsímil de la de 1482).

PARDO MOLERO, Juan Francisco, *La defensa del imperio: Carlos V, Valencia y el Mediterráneo*, Madrid, Sociedad Estatal para la Conmemoración de los Centenarios de Felipe II y Carlos V, 2001.

— «La política militar», SÁNCHEZ, 2004, pp. 167-191.

— «Gente de sueldo. La profesionalización de la defensa en la España mediterránea del siglo XVI (Valencia, 1500-1550)», JIMÉNEZ ESTRELLA/ANDÚJAR CASTILLO, 2007, pp. 59-88.

PÉREZ GARCÍA, Pablo, «Origen de la Milicia Efectiva valenciana: las vicisitudes del proyecto del marqués de Denia para la creación, pertrecho y movilización de los tercios del reino de Valencia (1596-1604)», *Dels furs a l'estatut: actes del I Congès d'Administració valenciana, de la història a la modernitat*, Valencia, Generalitat Valenciana, 1992, pp. 199-211.

— «La Milicia Efectiva del reino de Valencia», AA. VV., 2004, pp. 133-161.

PÉREZ GARZÓN, Juan-Sisinio, *Modesto Lafuente, artífice de la Historia de España*, Pamplona, Ed. Urgoiti, 2002.

QUATREFAGES, René, *La revolución militar moderna. El crisol español*, Madrid, Ministerio de Defensa-Secretaría General Técnica, 1996.

QUEROL Y ROSO, Luis, *Las milicias valencianas desde el siglo XIII al XV*, Castellón, Sociedad Castellonense de Cultura, 1935.

REQUENA AMORAGA, Francisco, *La defensa de las costas valencianas en la época de los Austrias*, Alicante, Instituto de Cultura Juan Gil-Albert, Diputación Provincial de Alicante, 1997.

RODRÍGUEZ-SALGADO, María José, *Un imperio en transición: Carlos V, Felipe II y su mundo, 1551-1559*, Barcelona, Crítica, 1992.

RUIZ IBÁÑEZ, José Javier, «La milicia general, la Monarquía, la guerra y el individuo (Corona de Castilla, 1580-1640)», *Panta Rei*, 2, 1996, pp. 43-48.

— «Monarquía, guerra e individuo en la década de 1590: el socorro de Lier de 1595», *Hispania*, 57, 1997, pp. 37-62.

SÁNCHEZ MARCOS, Fernando, *Cataluña y el gobierno central tras la Guerra de los Segadores (1652-1679)*, Barcelona, Universidad de Barcelona, 1983.

SÁNCHEZ MOLLEDO, José María, «Poder real y organización militar en el reino de Aragón en el siglo XVI», *El poder real en la Corona de Aragón (siglos XIV-XVI). Actas del XV Congreso de Historia de la Corona de Aragón*, Zaragoza, Gobierno de Aragón, 1996, t. I, vol. II, pp. 475-484.

SÁNCHEZ, Jean-Pierre (coord.), *L'Empire de Charles Quint, 1516-1556*, Nantes, Édition du Temps, 2004.

SANZ CAMAÑES, Porfirio, *Política, hacienda y milicia en el Aragón de los últimos Austrias entre 1640 y 1680*, Zaragoza, Institución Fernando el Católico, 1997.

SERRA I PUIG, Eva, «Notes sobre l'esforç català a la campanya de Salses. Juliol 1639, gener 1640», *Homenatge al doctor Sebastià Garcia Martínez*, 2 vols., Valencia, Conselleria de Cultura, Educació i Ciència-Universitat de València, 1988, vol. II, pp. 7-28.

SEVILLANO COLOM, Francisco, *El Centenar de la Ploma de la ciutat de València, 1363-1711*, Barcelona, Dalmau, 1966.

SIMON I TARRÉS, Antoni, «L'estatus de Barcelona després de la Pau dels Pirineus, presidi o ciutadella?», *Estudis: Revista de Historia Moderna*, 32, 2006, pp. 237-262

SOLANO CAMÓN, Enrique, *Poder monárquico y estado pactista (1626-1652): los aragoneses ante la Unión de Armas*, Zaragoza, Institución Fernando el Católico, 1987.

— «Aragón en la administración de guerra de la Monarquía hispánica durante el siglo XVI», *Revista de Historia Moderna. Anales de la Universidad de Alicante*, 22, 2004, pp. 107-142

THOMPSON, Irving Anthony A., *Guerra y decadencia. Gobierno y administración en la España de los Austrias, 1560-1620*, Barcelona, Crítica, 1981.

TORRES SANS, Xavier, *La Guerra dels Segadors*, Vic, Eumo, 2006.

VALLÉS BORRÁS, Vicent, *La Germanía*, Valencia, Institució Alfons el Magnànim-Diputació de València, 2001.

— «La Germanía, 1519-1522. De milicia urbana a ejército popular», AA. VV., 2004.

VICIANA, Martín de, *Crónica de la ínclita y coronada ciudad de Valencia*, 5 vols., Valencia, Universidad de Valencia, 1972-1980 (ed. facsímil de la de 1564-1566, con estudio preliminar de Sebastián García Martínez).

VIDAL PLA, Jordi, «Les formes tradicionals de l'organització armada a la Catalunya dels segles XVI i XVII. Suggerències per a una investigació», *Manuscrits: Revista d'Història Moderna*, 3, 1986, pp. 105-116.

VILA LÓPEZ, Margarita, *Valencia durante el reinado de Felipe IV (1635-1645)*, Tesis Doctoral, Valencia, Universidad de Valencia, 1976.

— «La aportación valenciana a la guerra con Francia (1635-1640)», *Estudis: Revista de Historia Moderna*, 8, 1979-1980, pp. 125-142.

— *La reorganización de la milicia efectiva del reino de Valencia en 1643*, Valencia, Universidad de Valencia, 1983.

ZURITA, Jerónimo, *Anales de la Corona de Aragón*, ed. de Ángel Canellas López, 9 vols., Zaragoza, Institución Fernando el Católico, 1967-1985.

VII. LAS FUERZAS NO PROFESIONALES EN LOS REINOS DE SICILIA Y DE NÁPOLES EN LOS SIGLOS XVI-XVII: LA *NUOVA MILIZIA* Y LA *MILIZIA DEL BATTAGLIONE**

VALENTINA FAVARÒ
Università degli Studi di Palermo
GAETANO SABATINI
Università degli Studi Roma Tre

Los precedentes: milicias urbanas y milicias feudales

La aproximación a las fuerzas militares no profesionales de los reinos de Nápoles y Sicilia se debe insertar dentro de un análisis histórico complejo, político y social, que abarca la primera edad moderna, y relacionarla con la experiencia de otros territorios dependientes de la Corona de los Habsburgo, tanto los europeos como aquellos de ultramar. El fenómeno de la constitución de las nuevas fuerzas territoriales ha de tener en cuenta algunos elementos comunes fundamentales, por ejemplo, la necesidad de experimentar nuevas formas administrativas que permitieron afrontar una situación de guerra permanente y peculiar de la Europa Occidental del Quinientos, lo que requería implicar una notable cantidad de hombres y recursos y una preparación logística sin precedentes y, sobre todo, muy costosa. Se trataba, en otras palabras, de «una forma de hacer la guerra completamente ajena a las grandes cabalgatas feudales de la Edad Media»[1], una guerra que, además, difuminaba los límites entre las esferas militar y civil, puesto que implicaba en su gestión a la comunidad, que no sólo era sometida a los gravámenes fiscales y al peso de los alojamientos sino también llamada a participar con un número variable de hombres para la defensa del territorio.

Estos aspectos sociales y financieros constituyen una importante clave de lectura de la creación de las fuerzas no profesionales, principalmente en estas zonas consideradas, a mediados del siglo XVI, como estratégicas para la defensa de la unidad imperial, tanto política como reli-

---

* Valentina Favarò ha escrito los apartados 1 y 3 y Gaetano Sabatini los apartados 2 y 4, de forma conjunta han escrito el párrafo de conclusiones; los autores agradecen a José Javier Ruiz Ibáñez por sus útiles sugerencias sobre el texto.
[1] THOMPSON, 1981, pp. 8-9.

giosa. El intento de potenciar la defensa de las fronteras llevó a una rede-finición de los ejércitos en el intento de poder garantizar una ampliación sostenida de los contingentes con la que enfrentar las necesidades cre-cientes que traía consigo la implicación militar en diversos frentes de la Monarquía. Por ello se terminó previendo la formación de nuevas uni-dades que se superponían bien a las profesionales, tercios de infantería y caballería asalariada, bien a aquellas no profesionales ya existentes.

La práctica militar de los reinos de Nápoles y Sicilia incluía ya en la primera mitad del XVI un recurso ocasional a tropas constituidas de hombres normalmente dedicados a otros oficios y que solamente por un período limitado de tiempo habían debido armarse. En el caso de Sici-lia, por ejemplo, en 1528 –en el temor de un posible ataque, con consi-guiente invasión por parte de la flota otomana– el Parlamento se com-prometía a mantener doscientos caballeros «armati alla liggera»[2], mien-tras que en 1532 se decidía la creación de un contingente de diez mil infantes[3]; una década más tarde, en 1543, se había establecido que, por un período de seis meses, este contingente debía componerse de tres mil soldados, a los cuales, en caso de extrema necesidad, se unirían otros cinco mil infantes[4].

Las fuerzas de este tipo, tanto en el reino de Nápoles como en Sicilia, tenían sus precedentes en las compañías de vasallos, que prestaban ser-vicios a las órdenes de barones, y en las milicias urbanas de las ciudades demaniali, que habrían debido proveer a la defensa del propio territorio. Ni siquiera la formación de la nueva milicia y de la milicia de batallón llevó a la desaparición de las milicias de barones ni de las milicias urba-nas, que sobreviviría durante toda la Edad Moderna, si bien no puede afirmarse que su presencia nunca había garantizado una protección efec-tiva de los territorios en cuestión. Tradicionalmente, los barones napoli-tanos y sicilianos debían prestar al soberano el servicio de armar y adies-trar a compañías militares en el caso del inminente peligro de guerra o invasión[5]; se trataba sin embargo de un servicio totalmente ocasional, temporal, y, sobre todo, cuyos costos de mantenimiento recaían exclu-sivamente, aunque sólo por un breve período, sobre los barones. En Sicilia, trascurridos tres meses de la movilización de la compañía, el costo de su mantenimiento pasaba a cargo del erario, en la medida de un sueldo mensual, o gagium, de 7-8 ducados por hombre a caballo[6]. Estaba prevista la posibilidad para cada feudatario de recurrir a una composi-

---

2 Sesión del Parlamento de 23 marzo de 1528; MONGITORE, 1749, p. 172.

3 MONGITORE, 1749, p. 205.

4 Sesión del Parlamento del 6 marzo de 1543, MONGITORE, 1749, p. 227; se preveía en este caso un gasto de 60.000 escudos.

5 TESTA, 1743, p. 255.

6 RIBOT GARCÍA, 2002, p. 128.

ción, es decir, de convertir la prestación obligatoria de la preparación de una compañía por tres meses en el pago de una suma sustitutiva, o *adoa,* en la medida de diez escudos y quince *tarí* por cada hombre a caballo que se sabía que debía proveer. Conscientes de la escasa eficacia que las compañías preparadas de barones podían tener y, al mismo tiempo, del alivio que el pago del *adoa* habría podido dar a las cajas del erario, ya a la mitad del Quinientos, el virrey de Sicilia miraban con gran simpatía esta posibilidad.

La cuestión resultaba, sin embargo, extremadamente delicada: si de un lado se auspiciaba la composición monetaria, del otro las razones de oportunidad política empujaban a los virreyes a no declarar explícitamente esta preferencia para no disminuir el valor militar de los barones. Un claro ejemplo de este dilema se dio en 1674, cuando el marqués de Bajona, virrey interino de Sicilia, había requerido la formación de las compañías de los barones, revelando claramente a los feudatarios la intención de obtener el dinero: su iniciativa provocó una airada respuesta de la Diputación del Reino –cuyos miembros principales pertenecían precisamente a la nobleza feudal de la isla– con el resultado de que el marqués de Bajona fue obligado a modificar la convocatoria, haciendo personarse a la nobleza en Milazzo para la presentación efectiva de las armas[7]. No se trataba, obviamente, de un asunto puramente monetario. En más de una ocasión los virreyes sicilianos se encontraban delante de una contradicción: tras empujar a la nobleza isleña hacia el abandono de las propias atribuciones de mando y ejercicios de la armas, se vieron forzados ulteriormente a apelar a su orgullo y determinación al reclamarles el cumplimiento de los propios deberes en el socorro al soberano, previendo, en este caso, adecuados reconocimientos honoríficos y económicos[8].

También en el reino de Nápoles las prestaciones militares obligatorias sirvieron a la nobleza local como una vía de reconocimiento ante los ojos del soberano y, consecuentemente, un mecanismo de integración que se incorporaban a las estrategias familiares e individuales que buscaban conseguir honores, no sólo en el propio territorio de origen, sino en el conjunto de la Monarquía, tanto de los Trastámara como, ulteriormente, de los Habsburgo[9]. A diferencia del caso siciliano, la aristocracia napolitana en conjunto –salvo algunas figuras localizadas que protagonizaron la historia militar de la Monarquía hasta el siglo XVIII– parece haber perdido muy temprano la predisposición hacia las armas; ya en tiempos de Fernando el Católico el problema de las prestaciones milita-

---

[7] *Ibid.*, p. 129.
[8] LIGRESTI, 1993, pp. 659-60.
[9] Véase SPAGNOLETTI, 1997, pp. 445 *ss.*, y, sobre Nápoles al inicio de la Edad Hispánica, HERNANDO SÁNCHEZ, 2001.

res debidas al soberano se consideraba, sin demasiada dificultad, en términos puramente financieros[10].

Contrariamente a los precedentes soberanos aragoneses, Fernando el Católico recurrió a solicitar frecuentes donativos en el reino de Nápoles, como forma de contribución extraordinaria pero periódica, concedida por el Parlamento y repartida entre comunidades y barones. La cuota de los donativos repartida a los barones se elaboraba a partir del *adoa*[11]: en el Parlamento general del reino de Nápoles de 1504 se estableció que el monto del *adoa* equivaliera a 26,25 ducados por cada 100 ducados de renta feudal anual[12]. En el Parlamento general de 1507 Fernando se comprometió a que este tributo se pagaría sólo en caso de guerra, pero esta promesa fue pronto olvidada, aduciendo que la justificación de estado de guerra se entendía también si había otros territorios de la Monarquía afectados, y no sólo Nápoles[13].

Si las compañías levantadas por los feudatarios sicilianos y napolitanos no parecieron gozar nunca de mucha consideración por parte del gobierno español, lo mismo sucedía con las milicias urbanas, consideradas sustancialmente como ineficaces, como muestra su rarísima convocatoria, limitada a situaciones de extrema emergencia. Por otra parte, en las dos mayores posesiones española en Italia, la milicia urbana se limitaba casi exclusivamente a las grandes ciudades: Nápoles, Palermo, Messina, Catania, Siracusa, Trapani, Licata, Augusta y Milazzo[14]. No obstante su modesta capacidad de actuación –limitada a episodios muy concretos, más de salvaguarda del orden público que de la defensa de la ciudad–, la milicia urbana como institución jugaba un nada secundario papel en la estructuración de la identidad política local, tanto en Nápoles, como se verá más adelante en relación con la *milizia del battaglione*, cuanto en las ciudades sicilianas. En Palermo, por ejemplo, la defensa de la ciudad se encomendaba a un cuerpo de caballería, dividido en dos formaciones, y a otro de infantería, organizado en compañías (conocidas como *compagnie dei quartieri*) integradas por ciudadanos que se consideraban en condiciones de combatir, organizados y comandados por un capitán. Sin embargo, el papel principal en la defensa de la ciudad reposaba en los miembros de la Maestranza y de las *naciones* de extranjeros residentes en la ciudad, bajo el mando de sus respectivos cónsules[15]. En Messina, la propia ciudad nombraba a sus ca-

---

[10] SABATINI, 2004.
[11] BIANCHINI, 1971, pp. 250-251.
[12] *Ibid.*, pp. 174 y 252.
[13] *Ibid.*, p. 251; D'AGOSTINO, 1979.
[14] FAVARÒ, 2005, pp. 235-262.
[15] GENZARDI, 1891, pp. 193-194.

pitanes y oficiales –generalmente dieciocho nobles y un número semejante de ciudadanos de la Comuna– a cuyas órdenes estaban toda la
población de cada barrio, según el uso y disciplina militar, sin excepciones o privilegios[16].

La milicia territorial en los dominios de la Península italiana

El proyecto de formación de las milicias regnícolas que aparece a mediados del siglo XVI presentaba elementos de continuidad respecto a otras
reorganizaciones militares no profesionales ya existentes. Sin embargo,
también incorporaba significativas y sustanciales novedades, sobre todo
al buscar un desarrollo mucho más capilar hacia la comunidad y hacer
que el reclutamiento fuera mucho más sistemático y organizado. No se
trató, para el área italiana, de un fenómeno exclusivo de los territorios de
la Monarquía Hispánica. El ducado de Saboya y la república de Venecia,
entre otros estados regionales, también desarrollaron formas de movilización parecidas, dependientes, eso sí, de sus peculiaridades políticas[17].
La única excepción en este sentido, al menos desde el punto de vista de
la cronología, la representa el ducado de Milano, donde el proceso de
formación de la milicia territorial se retrasa hasta principios del siglo
XVII, sobre todo a causa de la posición de la nobleza lombarda que prefería ver a sus campesinos realizando sus labores agrarias que empuñan-
do un arcabuz[18]. Sólo en 1615, para hacer frente a la emergencia que
supuso la guerra del Monferrato, se buscó instituir en el país una milicia
territorial, dependiente de las comunidades e integrada por todos los
hombres válidos para el servicio de entre 18 y 60 años[19].

---

[16] GALLO/OLIVA, 1881, pp. 79-80.

[17] En la segunda mitad del siglo XVI Venecia contaba con una especie de milicia territorial, llamada *ordinanza rurale*, fuerte de 25-30.000 hombres armados; aunque en este
caso «nell'ottica dei rapporti fra Stato e società, essa assume un significato particolare. La
concessione di esenzioni fiscali ai miliziani creava un legame peculiare fra costoro e il
governo; analogamente, il privilegio di portare un'arma distingueva il miliziano da molti
altri sudditi. E inoltre la costituzione dell'ordinanza, voluta e sostenuta da Venezia, stava
fra l'altro a significare il notevole interessamento che i dirigenti lagunari manifestavano
verso il mondo rurale», PEZZOLO, 1998, p. 11.

[18] *Ibid.*, pp. 57-58. Mario Rizzo sostiene que el retraso se debió a las dudas de la
autoridad regia de entregar armas a súbditos de reciente adquisición, considerando sobre
todo «l'insidiosa vicinanza della Francia, nonché i delicati equilibri politico-territoriali
dell'area padana: due condizioni ben diverse rispetto al Mezzogiorno continentale, alla
Sicilia e alla Sardegna. Inoltre, l'istituzione delle milizie non appariva particolarmente
necessaria in un periodo relativamente tranquillo per lo stato di Milano», RIZZO, 1995,
pp. 161-162.

[19] MAFFI, 2007, p. 126.

En los otros territorios españoles de Italia la primera recomendación para la formación de la milicia territorial databa de la primera mitad del siglo XVI. En Cerdeña, durante el Parlamento de 1553-54, el obispo de Ampurias propuso la formación de una milicia de 6.000-7.000 arcabuceros a caballo, según el modelo adoptado en el Principado de Cataluña; más prudente en una relación sobre la defensa de la isla de 1575, el capitán de la plaza de armas de Iglesias, Marco Antonio Camos, esperaba poder destinar a la defensa de la costa unos 2.500 jinetes a los que se podrían sumar hasta 6.000 infantes[20]. En efecto, el número de los hombres reunidos en la milicia sarda muestra una gran variabilidad de un año a otro, aunque siempre manteniendo un mínimo capaz de garantizar, al menos en principio, la autosuficiencia militar del Reino en caso de invasión.

En Sicilia, el virrey Juan de Vega ya en 1548 proyectaba la creación de una *nuova milizia*, en la que serían enrolados como infantes los *naturales* de entre 18 y 50 años y como jinetes si contaban con un patrimonio personal superior a 300 onzas. A la formación de esta milicia contribuirían tanto las tierras *demaniali* como las de los barones, con un contingente proporcional al número de hogares; esto es, el número de núcleos familiares económicamente productivos de la comunidad. Las grandes ciudades –Palermo, Messina, Catania, Siracusa, Trapani, Licata, Augusta y Milazzo– quedaban exentas, ya que al disponer de las milicias urbanas podían, al menos en teoría, prevenir ellas mismas su defensa[21].

Respecto a Nápoles, una memoria redactada en 1559 por el noble Alfonso Piscicelli propuso por primera vez formar una infantería a la que habría que equipar, utilizar y pagar sólo en caso de necesidad. Buscando de esta forma reducir el excesivo gasto financiero virreinal, ya muy presionado por los gastos que conllevaba mantener en el reino tropas profesionales[22]. En 1561, el virrey duque de Alcalá elevó la propuesta de establecer un contingente de 2000 hombres y la comunicó a Felipe II. Dos años más tarde, en 1563, se creó institucionalmente la *milizia del battaglione*[23]. La *milizia* se estructuraba en compañías, cada una de las cuales tendría 200 arcabuceros y 100 coseletes; éstos serían suministrados y equipados por las comunidades a razón de cinco hombres por cada cien fuegos, con la única excepción de los «hombres que tuvieren ordenes clericales, ni otros que atendieran al estudio de las letras»[24].

---

[20] MATTONE, 1989, pp. 103-107.

[21] FAVARÒ, 2005, pp. 235-262.

[22] La memoria de Alfonso Piscicelli en AGS E 1046, fol. 219; sobre Piscicelli y el contexto de su memoria, v. FENICIA, 2003, pp. 2-6.

[23] El texto de las *Ordenanças de la milizia del reyno de Napoles*, emanadas del duque de Alcalá en Nápoles el 22 de abril de 1563, AGS E 1052, fol. 154.

[24] *Ibid.*

Tanto para Nápoles como para Sicilia, la formación de la milicia territorial respondía a la lógica de la movilización en masa: un número muy amplio de hombres, dotados de armas y relativamente bien adiestrados en las sofisticadas técnicas de la guerra moderna[25]. No por ello se debe atribuir a esta nueva milicia un carácter «popular»: su formación se situó en el delicado e inestable equilibrio político administrativo entre las elites regnícolas, los representantes locales del soberano y el poder central; un equilibrio que iba a evolucionar de forma diferente en ambos reinos[26]. En Nápoles, el mando de la milicia recayó en representantes de la aristocracia local, como también sucedió en Piamonte, donde el funcionamiento de la milicia fue dependiente de la nobleza clientelar del duque de Saboya. Por el contrario, en Sicilia, los cuerpos no profesionales tuvieron sus propios oficiales, generando la abierta hostilidad de los barones[27]. La dinámica de las relaciones entre poder virreinal y aristocracia local es fundamental para comprender la complejidad de la milicia no profesional en la mayor parte de los territorios de la Italia española.

La *nuova milizia* del reino de Sicilia

Con el virrey Juan de Vega, a principios de la segunda mitad del siglo XVI, se desarrolló un largo y complejo proceso que en algunos años llevó a implicar a un amplísimo segmento de la población siciliana en la responsabilidad de la defensa del Reino, a través de la puesta en pie de la *nuova milizia*, así definida para marcar la diferencia respecto a las otras *milizias* cuya creación había sido intentada previamente por los virreyes Pignatelli y Gonzaga. La institución de la *nuova milizia* territorial se desarrolló a través de una estructura fuertemente jerarquizada, que incluía, en primer lugar, 14 *capitani d'armi* destinados a la formación de las compañías de caballería e infantería en las diversas *terre* del Reino, y luego la agrupación de cada compañía en *sergenzie*, bajo un sargento mayor, generalmente de origen español, al mando. De estos últimos dependían los capitanes de infantería y caballería, que eran nombrados por el virrey; además debían supervisar el adiestramiento militar de las tropas: pasar revista dos veces al año en cada comunidad, organizar cada año una revista general, supervisar la situación de los milicianos y enviar una relación al virrey y al capitán general en los diez días posteriores a la revista general para señalar el estado de cada comunidad y

[25] DEL NEGRO, 2001, pp. 10-11.
[26] Sobre las consecuencias de la introducción de milicias no profesionales en la cohesión interna de los reinos de Nápoles y Sicilia, v. SABATINI/FAVARÒ, 2008.
[27] PEZZOLO, 1998, pp. 56-57.

hasta qué punto se cumplía la nueva ordenanza relativa a la formación de la milicia[28].

El modelo de organización de la milicia se fundaba sobre el de las tropas regulares y en la literatura militar, lo que de principio debía facilitar la colaboración entre los dos cuerpos. En realidad, la *nuova milizia* mostró claramente en su gestión concreta numerosas incongruencias y errores de procedimiento, además de acentuar los conflictos entre el poder central y el poder local, la nobleza y las comunidades. En efecto, la idea inicial de encomendar la responsabilidad de reclutar y organizar la milicia a tres *vicari-capitani d'arme ad guerram*, cada uno responsable de uno de los tres *valli* en que se subdividía administrativamente la Sicilia española, Mazara, Noto y Demone, pronto se reveló como logísticamente insostenible, haciendo necesario el nombramiento, como dicho, de otros 14 *capitani d'arme*, cuya poca disciplina e incompetencia fue uno de los principales motivos de la ineficacia de la *nuova milizia*. Además, la institución de la milicia enfrentó la antipatía de la aristocracia y de las comunidades. En apariencia, todos se lamentaban de lo mismo, protestando que la creación de la milicia no estaba justificada, ya que: «non è necessario che siano ascritti a detta militia, maggiormente che senza questo obligo per antiqua consuetudine tutte le città e terre del Regno in tempo di necessità sono tenuti a servire, dove più il bisogno richiedesse, e con maggior numero di gente di quello, che sono obligati alla militia». La constitución de la *nuova milizia* parecía poner en duda la «natural» colaboración del Reino, que, así se subrayaba, siempre había estado presto a participar en la defensa, sin poner ningún obstáculo o reclamación. Por supuesto, las motivaciones de la aristocracia y las comunidades para rechazar la milicia eran diversas: fiscales e institucionales –pues la comunidad donde se realizaba la muestra debía dar alojamiento a los soldados y oficiales sin que fuera posible obtener exenciones[29]–, económicas –por la obligación de abandonar el trabajo en el campo con consecuencias muy negativas en época de cosecha–, y político-administrativas –por los abusos que los *capitani d'arme*, *sergenti maggiori* y capitanes de la milicia cometían contra sus subordinados y los civiles[30].

A las quejas de los poderes locales, se sumaba la incapacidad de los infantes y jinetes reclutados para oponer una defensa eficaz a los desem-

---

[28] AGS E 1156, fol. 44; además de las funciones, las ordenanzas indicaban de forma precisa las remuneraciones correspondientes: el capitán de jinetes percibía 30 escudos al mes; el de infantes 25; los arcabuceros, escopeteros y ballesteros a caballo cinco escudos y seis taris; los lanceros cinco escudos; los arcabuceros, escopeteros y ballesteros de a pie cinco escudos; los piqueros dos scudos y seis taris; los alféreces de las compañías de infantería siete escudos, el sargento y los cabos de escuada –uno por cada 25 soldados– cinco escudos al mes.

[29] AGS E 1158, fol. 51.

[30] AGS Visitas de Italia, 383, fol. 6.

barcos de las tropas enemigas, lo que restaba mucha credibilidad a la *nuova milizia*. A pesar de los esfuerzos realizados por hacer más funcional su organización, después de veinte años desde su institución, el virrey marqués de Pescara consideraba que era necesario reformarla, sobre todo considerando que la experiencia mostraba que la milicia creada por De Vega no constituía un soporte real a las fuerzas regulares estacionadas en la isla[31].

Las reformas que se ejecutaron durante los virreinatos del duque de Terranova (1574) y de Enrique de Guzmán, conde de Olivares (1595), buscaron, por un lado, potenciar la eficacia militar de la milicia y, por otro, limitar las presiones ejercidas sobre las comunidades. En 1574 Martín de Garnica, nombrado revisor de la milicia real, tenía como misión verificar las modalidades de recluta, inspeccionar las sargentías y tomar nota de su adecuado funcionamiento. Antes de nada, Garnica debió consultar la descripción contenida en un libro conservado por el Tribunal del Real Patrimonio en el que estaban registrados como infantes quienes tenían una edad comprendida entre 18 y 50 años, según el reglamento de De Vega, y como jinetes quienes tenían una riqueza superior a 250 onzas en los valles de Mazara y de Noto, y a 350 onzas en el de Demone; la lista sólo consideraba exentos del servicio a los sacerdotes, clérigos y padres de doce hijos[32]. En este recuento se mostraba que la milicia estaba compuesta por 9.000 arcabuceros y 1.600 jinetes[33], de los cuales el duque de Terranova sostenía que «per essere mal disciplinati nell'arte militare, non si può far molto capitale»[34]; a menos que no se les ejercitara[35], para lo cual el duque quería nombrar un capitán general[36]. Pero lo cierto es que en 1580 el virrey Marco Antonio Colonna escribía al rey que Pompeo Colonna había partido de Palermo «para ver y reformar la milicia de a piè y de a cavallo de siette sergentias» (mientras que de las otras tres se había ocupado el capitán don Diego de Ibarra), lo que permite imaginar que los esfuerzos de Terranova no dieron grandes resultados[37].

---

[31] AGS E 1143, fol. 1.

[32] *Copia di le instructioni date al M.co Martin Garnica attorno alla revisione di la milicia*, AGS E 1141, fol. 2. Se encomendó a Garnica el encargo de revisar la milicia, pues se le consideraba «buon soldato et meritevole di essere adoperato e gratificato come huomo di buona intentione, et che ha servito lungamente e bene»; AGS E 1141, fol. 180.

[33] En diciembre de 1574 el duque de Terranova escribió que inicialmente se había previsto que hubiera 3.000 jinetes, número que fue reducido hasta 1.600 por los gastos que implicaba; AGS E 1141, fol. 184, 15 de diciembre de 1574, el duque de Terranova a Felipe II.

[34] *Parere del duca di Terranova sopra la militia del Regno di Sicilia*, AGS E 1142, fol. 102.

[35] *Copia dell'ordine generale dato per esercitarsi l'huomini di fatto, cavalli et giumente*, AGS E 1141, fol. 9.

[36] AGS E 1141, fol. 9.

[37] AGS E 1149, fol. 55, 22 de abril de 1580, Marco Antonio Colonna a Felipe II.

En 1595, el conde de Olivares, considerando que era precisa una actualización de la milicia, escribió a Felipe II informando sobre las disposiciones que consideraba más importantes para la reforma de las compañías[38]. Según la nueva instrucción la milicia mantenía sus efectivos de 9.000 arcabuceros y 1.600 jinetes, los primeros reclutados entre hombres hábiles de 18 a 44 años (no más de 50) y los segundos entre los ciudadanos más adinerados con edades superiores a los 18 años. Los jinetes podían buscar sustitutos, pero debían presentarse obligatoriamente en la revista general del mes de marzo. Al número de infantes se añadían 1.000 arcabuceros provenientes de la tierra de Jaci, repartidos en 4 compañías independientes, no agregadas a ninguna sargentía, con la obligación de defender su propio espacio costero y contribuir a la protección de Catania. Las grandes ciudades seguían exentas del servicio y se consideraba conveniente que los milicianos de un territorio no se desplazaran a otras zonas de la isla. En particular, se especificaba que los soldados de Termini, Cefalù, Patti, Taormina, Terranova, Sciacca, Marsala, Mazara, Monte San Giuliano, Carini y los infantes de Avola, en total 1.019 soldados y 267 jinetes, debían ser destinados esencialmente a la defensa de sus propias marinas, pero quedando bajo la autoridad de sus sargentos mayores que, sólo en caso de urgencia, podían movilizarlos hacia otros lugares[39]. La reforma también atendía a los aspectos administrativos de la milicia al establecer que cada sargento mayor no podía mantener el mando de su *sergenzia* por más de tres años, que cada compañía de caballos debía contar con un alférez y un trompeta y las de infantería con un alférez, un sargento y un cabo de escuadra por cada 25 soldados[40]. Finalmente se preveía que el cabo de escuadra tenía la obligación de residir en el lugar donde se guardaba el estandarte o bandera[41].

Una nueva tentativa de rehacer la organización de la milicia se produjo en marzo de 1601 cuando el parlamento propuso disolver la caballería ligera profesional (presente en el reino desde 1573 y constituida de cinco compañías con un total de 300 hombres) y dejar la defensa sólo a la caballería de la milicia y a la dependiente de los barones. Se proyectó

---

[38] *Istruzione della militia ordinaria del regno di Sicilia riformata dall'Illustrissimo e Eccellentissimo Signor don Enrique de Guzman Conte di Olivares Vicerè e Capitano Generale d'esso regno l'anno 1595*, AGS E 1158, fol. 51.

[39] AGS E 1158, fol. 58, 16 de junio de 1595, el conde de Olivares a Felipe II.

[40] Al final del trienio el sargento podía haber asumido el mando de otra sargentía.

[41] Para la elección se observaban las reglas siguientes: el sargento mayor, el capitán de justicia y el jurado del lugar donde residía el estandarte o la bandera de la compañía nombraban nueve personas (tres cada uno) que podrían recibir el cargo de alférez. Posteriormente se enviaban al virrey los nombres de los tres más votados, entre los que se elegía uno. Los sargentos y cabos de escuadra eran designados sistemáticamente por el capitán, los jurados y el alférez y, en ocasiones, también por el sargento mayor.

la formación de compañías constituidas de entre 40 y 70 hombres cuyos capitanes percibirían un salario mensual de 40 escudos para el teniente, de 20 para el alférez y de tres onzas y seis taris para los jinetes, con la obligación de prestar su servicio exclusivamente dentro del Reino. Debía haber un comandante, o maestre de campo, por cada *vallo*, que tendría su propia compañía compuesta por no menos de 60 efectivos y con un sueldo de 100 escudos al mes en caso de estar de servicio activo y de 60 en caso de estar movilizable. El elemento más importante de esta reforma fue que los sargentos mayores y maestres de campo debían ser naturales y elegidos, en el primer trienio, entre los nobles titulados del reino. Esta reforma no se llevó a término y en la primera mitad del siglo XVII la milicia siciliana mantuvo la estructura organizada en el último cuarto del siglo XVI, eso sí con una sustancial vinculación de las milicias a su territorio de origen, lo que era una de las demandas de las comunidades, ya que de esta forma no se obligaban a los habitantes a desplazarse a distancias significativas con el consiguiente abandono de las tareas agrícolas.

Con todo, persistió la hostilidad de la nobleza, no tanto contra la posibilidad de armar a los campesinos, sino por la convicción de que la *nuova milizia* era una potencial amenaza contra el rol hegemónico que jugaba por ser la única estructura militar de apoyo a los tercios españoles. Además, los adinerados pertenecientes a una compañía de jinetes no sólo podían disfrutar de importantes privilegios –como la exención del pago de donativos regios, la posibilidad de llevar armas prohibidas o de dar alojamiento a soldados– sino también utilizar los símbolos nobiliarios, como el caballo o la espada, propios de un estatus diferente al que habían tenido hasta ese momento. Muchos ricos mercaderes de trigo utilizaron este medio para alcanzar la nobleza[42].

La *nuova milizia* iba a tener, por lo tanto, una función que fue mucho más allá de la puramente militar, pues afectó a las relaciones entre los barones y la administración regia. Juan de Vega, el promotor del nuevo cuerpo armado, fue acusado de hacer «professione di battere la nobiltà et di favorire la plebe», e incluso en 1555, dos nobles sicilianos le denunciaron ante el entonces príncipe Felipe por su política antinobiliaria y obtuvieron su revocación a favor del duque de Medinaceli, seguramente más sensible a los deseos de la nobleza insular. Este último, de hecho, consintió que se realizara un debilitamiento de la milicia, apoyando un proyecto que relanzaba la identidad militar de los barones y que consistía en la creación de una potente flota que debía apoyar a los caballeros de Malta y contribuir a la ocupación de Trípoli y Túnez. Este plan no iba a pasar del papel: los barones multiplicaron los intentos de presionar a los sucesores de Medinaceli (el duque de Terranova, Marco Antonio Co-

---

[42] GIUFFRIDA, 2007, p. 287.

lonna y Olivares), pero sin éxito, ya que los nuevos virreyes buscaron reforzar y racionalizar la *nuova milizia*. Como ha indicado Giuseppe Giarrizzo «da Vega a Olivares la milizia ha conservato un preciso significato antibaronale, e il baronaggio isolano non ha mai nascosto la sua avversione per questa milizia "nazionale" e permanente, di cui ha cercato in tutti i modi di ottenere il formale scioglimento. Una avversione anche questa, rivelatrice dei ristretti limiti culturali e politici del 'nazionalismo' baronale, della sua naturale insufficienza a presentarsi come ideologia di un più vasto fronte di forze sociali isolane»[43].

Una de las consecuencias de esta difusa hostilidad fue que en la primera mitad del siglo XVII se intensificaron los intentos, si no de suprimirla completamente, al menos de debilitar la consistencia de la milicia, por ejemplo, reduciendo sus efectivos. Aunque tuvieron un efecto limitado, estos intentos testimonian también el progresivo abandono por las milicias de la defensa activa de la isla, en parte por las tensiones que generaba y otra por el intento constante de los grupos adinerados de ampliar los márgenes de las exenciones del reclutamiento como se expresa claramente en la siguiente cita: «se suplica que la milicia de a cavallo, a cuyo mantenimiento estan obligadas las Universitades, que consta de mil y seycentos cavallos sea servido se reduca a mil y dozientos, encluyendose en la baxa de los quatrocientos aquellos, de que algunas personas han comprado de la Regia Corte la exempicion: y que respecto de algunos, que han comprado effectos de la Corte, y hecho partidos con ella, han sacado, y pactado por via de alivio algunas de las dichas exemptiones, estas se ayen de revocar; y que los que las huvieren adquirido de dichos compradores, no tengan recurso alguno contra ellos; sino que devan padecer el dano de la dicha revocación»[44].

La *milizia del battaglione* en el Nápoles español

El caso de Nápoles permite una lectura particularmente interesante del significado institucional que tuvieron tanto la formación de un cuerpo no profesional como los costes consiguientes para las comunidades.

Resulta insólita la brevedad con que trata el tema Ludovico Bianchini en su monumental reconstrucción de la historia administrativa y financiera del reino: «In questo tempo, segnatamente nel 1572, il viceré Cardinale di Granvela poneva in effetti la così detta milizia fissa del battaglione instituita dal Duca di Alcalà suo predecessore [nel 1563]. La quale era una forza per l'interno del reame, e venne composta di soldati

---

[43] GIARRIZZO, 1989, p. 251.

[44] TESTA, 1743, p. 354.

a piedi ed a cavallo, che non avean soldo in tempo di pace e godevano certe franchigie. Per formarla furono obbligati i comuni di somministrare per ogni cento fuochi quattro uomini a piedi ed uno a cavallo. Era poi retta da capitani e altri ufficiali, ed ammontava sino a trentamila uomini, e quando i suoi soldati erano adoperati in tempo di guerra ricevevano stipendio. Né è da tacere che in talune congiunture inviata tale milizia, in qualche parte a guerreggiare in istraniere regioni, narrano i nostri storici che sempre si condusse con valore»[45].

Sorprende que Bianchini, muy escrupuloso en todos los aspectos relativos a la vida administrativa del reino, se refiera a la *milizia del battaglione* de una forma tan imprecisa, no sólo por sus omisiones, sino por las dos inexactitudes que incorpora. Para empezar, Bianchini no se detiene a comentar la anomalía que supone el largo lapso de tiempo, casi una década, entre la emisión de la ordenanza del duque de Alcalá y la organización efectiva de la milicia. Tampoco parece prestar atención a que una milicia destinada a la defensa del reino fuera empleada en el extranjero. Aún más, aunque las disposiciones del duque de Alcalá hacían referencia a cinco hombres por cada 100 fuegos, este autor habla de cuatro y con análoga –y es adecuado repetirlo, inusual– imprecisión se refiere a cerca de 30.000 hombres, mientras que en 1563 se hablaba de 18.148 efectivos[46], sin que tal incremento, de 2/5, se pueda considerar resultado del crecimiento demográfico ulterior.

Se podría objetar fácilmente que este historiador decimonónico de las finanzas no se detiene en exceso sobre la milicia, pues ésta no se sustentaba sobre la hacienda del Reino. No obstante, en su trabajo Bianchini siempre está extremadamente atento a las iniciativas del gobierno español de Nápoles, incluso aunque no tuvieran un efecto inmediato sobre las finanzas y el propio autor deja entrever, directa o indirectamente, los efectos económicos de instituciones como la *milizia del battaglione*. La explicación de las reticencias de Bianchini se encuentra precisamente en la conflictividad que la institución generó entre las comunidades, el gobierno central y la nobleza propietaria de feudos, ya que fue precisamente a causa de estos conflictos, de las cargas fiscales que su institucionalización comportó y de su nula utilidad que la milicia se transformó en una entidad misteriosa presente y ausente al mismo tiempo.

En efecto, los testimonios sobre el uso de la *milizia del battaglione* son escasísimos e indirectos. Naturalmente, esto también se debe a que hasta la Guerra de Sucesión española y la conquista austríaca del Reino no hubo ningún conflicto mayor en el territorio, siendo el acontecimiento bélico más importante la revuelta de la vecina ciudad de Messina

---

[45] BIANCHINI, 1971, pp. 295-296.
[46] ZILLI, 1990a, p. 80.

(1674-78). En otros episodios menores que afectaron a los equilibrios interiores del Reino (como la revuelta napolitana de 1647-48 o la represión contra el bandolerismo, en la que destaca la expedición del ejército napolitano al mando del virrey marqués del Carpio)[47], la *milizia del battaglione* o no aparece citada o lo es sólo de forma incidental.

En cada una de estas ocasiones, si se hace referencia al levantamiento de las milicias, éstas son calificadas de *popolari*, lo que probablemente hace referencia a las milicias urbanas, cuya convocatoria era alternativa a la *milizia del battaglione*. Esto es particularmente evidente en 1640 cuando el *Eletto del Popolo* de Nápoles, Giambattista Naclerio, frente a la amenaza de un desembarco francés en la capital del reino y con la premisa que las *Piazze* –es decir, la organización municipal– de Nápoles[48], instituidas como distritos para la defensa de la ciudad, propuso al virrey duque de Medina de las Torres la formación de un ejército *popolare* bajo el mando de oficiales *popolari* y sin exención para la nobleza[49]. El virrey aceptó la propuesta y decidió armar a 8.000 hombres guiados por comandantes populares, creando así la primera estructura de organización militar que posteriormente mostraría su fuerza en la insurrección de 1647-48[50]. Sin embargo, las *Piazze* que eran controladas por la nobleza se opusieron vehementemente a la formación de este cuerpo y enviaron a la corte como su representante al duque de San Giovanni. Por su parte, el virrey, con el fin de obtener la confirmación regia de su decisión envió a España a Ettore Capecelatro como embajador de la ciudad[51], el conflicto se prolongó durante un lustro por las contradicciones cortesanas para conciliar intereses divergentes: las aspiraciones populares, las prerrogativas nobiliarias o la capacidad de decisión del virrey. Sólo en 1645, ante la reaparición de la amenaza turca sobre la costa, se reafirmó la conveniencia de que los capitanes y oficiales de la milicia provinieran de las filas de la nobleza[52].

Este episodio, brevemente desarrollado, permite comprender hasta qué punto se diferenciaba la *milizia del battaglione* de la *nuova milizia* siciliana. Como se ha visto en esta última, los comandantes superiores eran españoles, mientras que en Nápoles esta posición se reservaba a los barones del reino y a la aristocracia buscando reforzar la relación con las

---

[47] SABATINI, 1997.
[48] TUTINI, 1754, pp. 288-290.
[49] MUSI, 1988, pp. 85-87. En un escrito que circuló anónimo en este período, pero que había sido redactado o inspirado por Giambattista Naclerio, se hacía una referencia explícita al papel de la milicia popular así constituida.
[50] VILLARI, 1976, p. 136.
[51] MUSI, 1988, p. 87; v. Biblioteca Casanatense de Roma, Ms. 2442, *Due istruttioni date ai deputati delle Piazze di Napoli ad Ettore Capecelatro etc.*, Nápoles, 1640.
[52] *Ibid.*, pp. 93-95.

tropas regulares, generalmente bajo oficiales procedentes del mismo grupo social. Por el contrario, cada vez que, sobre todo en situación de emergencia, se pretendía levantar las milicias *popolari*, en referencia al origen tanto de los comandantes como de los soldados, los señores territoriales y los barones se oponían con toda su fuerza ante el peligro de inestabilidad social que suponía armar a los campesinos y la amenaza de que su función hegemónica se viera discutida. Por razones diferentes a los señores feudales, pero análogas a las descritas para Sicilia, también las comunidades se opusieron a la formación de la milicia y en particular a la *milizia del battaglione*, que, según ella, se superponía a las sumas que ya se pagaban ordinariamente para la defensa militar del reino y que tendría como consecuencia disminuir la fuerza de trabajo en el campo.

Según los cálculos de Bianchini[53], la contribución media con que cada hogar debía contribuir a la administración regia en el período español fue fijada en 1505 por Fernando el Católico en 1,52 ducados y se mantuvo estable hasta 1542. En este año se añadieron otros 36 grana para mantener la guarnición española que defendía el reino en tiempo de paz. La progresión fiscal continuó: 12 grana más en 1544; 7,5 grana en 1550 para el mantenimiento de las tropas que perseguían a los bandidos; 17 grana en 1558 por el alojamiento de soldados[54]; 9 grana en 1559 para la construcción de caminos y puentes; 30 grana en 1566 para la erección de torres en la costa; 31 grana en 1606 para la construcción de presidios militares estables (aumento reducido en un cuarto para las comunidades que gozaban del privilegio llamado de la *camera riservata*, esto es, de no alojar tropas); 25 grana en 1607 a cambio de la cesión a las comunidades del control del pago de derechos sobre pesos y medidas; 12 grana en 1610 a cambio de la cesión a las comunidades de los derechos de aduana; 63,5 grana a cambio de no renovar el recuento de fuegos, además de otros 8 grana más para el mantenimiento de la infantería española en 1611; finalmente, entre 1617 y 1640, otros 4 grana para el equipamiento de la caballería, 20 grana para el armamento de los soldados y otros 60 grana por varios gastos de la milicia. Si se suman todos los incrementos en el período se alcanza un total de 4,87 ducados por fuego –cifra que da Bianchini para 1643–, o sea, que en un siglo de evolución alcista de la carga fiscal ordinaria –sin contar la extraordinaria– más de dos tercios de su crecimiento se debían directamente a los gastos de la defensa del Reino. Como se sabe, si bien el importe fue reducido a 4,2 du-

---

[53] BIANCHINI, 1971, pp. 254-255; v. además GALANTI, 1793-1794, pp. 352 *ss.*; ZILLI, 1990b, pp. 24-25.

[54] El impuesto fue inicialmente elevado en 1555 en 45 grana, pero en 1558 el incremento se redujo a 36 y 17 grana; BIANCHINI, 1971, p. 254.

cados por fuego tras la revuelta de Masaniello[55], la carga de las comunidades –siempre ligada a los gastos defensivos– volvió a crecer nuevamente a partir de 1654, como consecuencia del intento de desembarco francés en el puerto de Castellammare. En ese momento se añadieron a todas las comunidades otros 60 grana anuales para sostener tropas de caballería y un *grano* más al año siguiente por el mismo motivo. La tasa introducida en 1656 para el sostenimiento de las tropas que luchaban contra el bandolerismo tuvo un montante diferente dependiendo de las provincias[56].

Una de las últimas medidas fiscales adoptada en el período español en materia de impuestos ordinarios respondía al propio mantenimiento de la *milizia del battaglione*: en 1679 el marqués de los Vélez –el virrey que había liderado el tremendo esfuerzo militar del Reino en los años de la guerra de Messina[57]– transformó radicalmente las cargas que había supuesto la *milizia del battaglione* para las comunidades. A partir de ese año, el sostenimiento de esta milicia se computó entre los impuestos ordinarios de la comunidad de la siguiente forma: por cada cien fuegos tasados, un ducado por cada infante que no tuviera un equipamiento especial; 1,25 ducados por cada soldado armado de forma más compleja (al menos con un arcabuz); y 7,21 ducados por cada jinete[58]. La medida suponía una carga, y no pequeña, para la comunidad, pero también respondía a las demandas de la misma de no soportar a la vez los gastos monetarios y materiales de la milicia. Para comprender de forma adecuada esta demanda se puede reproducir el texto de un arbitrista napolitano anónimo de la primera mitad de la década de 1630, quien expone a Felipe IV, en un memorial titulado significativamente *El estado miserable del reyno*, algunos de los elementos de la situación política y económica de Nápoles que necesitaban la intervención urgente del soberano[59]:

> [Se] han obligado las comunidades a levantar a su costa cada cien fuegos un soldado a piè, y otro a' caballo, exorbitante imposicion, porque quisa el dinero y los hombres en el mismo tiempo.
>
> En que suplicamos Vuestra Magestad se sirva advertir dos circunstancias. La primera que haviendose hecho el repartimiento segun la numeracion, que hoy nò puede caminar por la falta dela mayor parte de

---

[55] BIANCHINI, 1971, p. 255.

[56] SABATINI, 1997.

[57] RIBOT GARCÍA, 2002; SABATINI, 2006.

[58] GALANTI, 1793-1794, p. 377; ZILLI, 1990a, p. 80.

[59] Biblioteca Nazionale di Napoli, Manoscritti Brancacciani, n. VI-A-15, fols. 555-569 (la cita en fol. 561); la memoria, aunque anónima y sin fecha, se puede datar, por las referencias que incorpora, en el comienzo del gobierno del conde de Monterrey en Nápoles.

los fuegos, nò tuvo justicia obligandose por muchos las universidades que estan reducida a pocos.

La segunda que qualquiera dellas pagò cada soldado quarenta ducados, denaro que bastava para tres, y nò quedarian vazias las comunidades de hombres, mas aptos a' la agricoltura y custodia de ganados que a' la milicia, y sin ciudadanos que paguen las colectas, reduzidos a' pocos por la muchedumbre de ecclesiasticos que es notoria.

Esta cobrança se ha hecho dos vezes, y assi los Tesoreros, y Perceptores Provincialès han cobrado, porque el dinero situado a los fiscales se convertiò en pagamentos de soldados, con que embian destruiendo las tierras, y van personalmente tornando la hazienda de cada uno sin distinction, y con todo esto nò cumplen la exaction por la impotencia, y solamente sacan millares de ducados por sus jornadas, y el fisco queda acrehedor.

El argumento central de la memoria era que la *milizia del battaglione* se había instituido sin ser considerada como una carga ordinaria, pero previendo que el gravamen por su sostenimiento debería ser una exigencia eventual por necesidades defensivas y sólo tendría vigencia durante el período de movilización; pero, al contrario, la fiscalidad española repetidamente había hecho recurso a la imposición de cargas: «¡el dinero y los hombres!». A ello se sumaba que el repartimiento de los costos se hacía según estimación de los fuegos, esto es, de la consistencia demográfica del reino. Sin embargo, con el paso de los años, la contradicción entre esta valoración y la realidad demográfica –ampliamente sobreestimada– sobre la que se calculaban las cargas fiscales se convirtió en un problema mayor que superaba las posibilidades reales de la población. El autor demandaba que el servicio consistiera sólo en armar un hombre a pie y otro a caballo (frente a la petición de armar cinco a pie prevista en la ordenanza del duque de Alcalá), además recordaba que la suma requerida por cada hombre, 40 ducados, era excesiva y bastaba para cubrir los gastos de tres soldados. Otro elemento importante es la referencia al «dinero situado a los fiscales», es decir la parte de la contribución impuesta a la comunidad que el fisco capitalizaba y cedía a los particulares como títulos de la deuda pública. El autor anónimo afirma que este impuesto –satisfecho por la comunidad a los particulares que adquirían títulos de deuda pública y que gozaban por lo tanto de una exención fiscal directa– destinado en principio a sostener los gastos militares y era pagado así dos veces por la población. Finalmente, el autor no olvidaba recordar los daños que traía a la población la distracción de los hombres de las tareas productivas y, sobre todo, los daños que traía la rapacidad de los comisarios y sus exacciones.

Conclusiones

La creación de la *nuova milizia* en Sicilia y de la *milizia del battaglione* en el reino de Nápoles tuvo un papel marginal en la organización de la defensa de ambos territorios. Su concepción, inserta en el proceso de modernización militar tendente a reequilibrar las necesidades logísticas de la frontera y a preservar la integridad de la hacienda regia, no llegó a cristalizar en una eficaz construcción institucional. Como ya se había revelado previamente por la acción de otras fuerzas «non regolari» presentes en el territorio (compañías baronales, milicia urbana), las nuevas milicias territoriales se manifestaron pronto como mal armadas, indisciplinadas y de escasa utilidad militar. Sobre un plano puramente defensivo representaron un intento fallido de implicar a la población en la salvaguarda del territorio, mientras que del punto de vista político-administrativo fueron fuentes de ásperos conflictos. Además, si en otros espacios de la Monarquía las milicias territoriales fueron vistas como una manifestación de la identidad territorial, en Nápoles y Sicilia nunca llegaron a ser plenamente aceptadas al ser consideradas como un simple instrumento de coerción por parte del poder central.

La milicia territorial creada exclusivamente por la Corona para reducir los gastos de las tropas profesionales, y no para organizar mejor los cuerpos no profesionales ya existentes, atrajeron la hostilidad de las comunidades que buscaron obstaculizar como bien pudieron su movilización. Las *ordenanzas* realizadas con extrema profesionalidad para programar un funcionamiento eficaz de las nuevas compañías fueron un completo fracaso en la práctica, sobre todo en Nápoles, donde las referencias a su acción, como ya se ha indicado, son escasas. Algo un tanto diferente se puede apreciar para Sicilia donde al menos se contaba con la milicia y se consideraba que había una cierta capacidad de deslocalización en el territorio en caso de invasión. Pero ni siquiera en este caso hay –en las relaciones que se enviaban puntualmente a Madrid– traza de una movilización general efectiva desde el momento de su formación. En fin, el intento de remodelar las fuerzas no profesionales en Nápoles y Sicilia no cambió la realidad militar de unos reinos de frontera donde el nervio de la estructura militar siguió siendo la presencia de los tercios españoles y de los cuerpos profesionales de caballería, las galeras y las torres defensivas de la costa.

Abreviaturas utilizadas

AGS: Archivo General de Simancas.
    E: Estado.

Unidades monetarias citadas en el texto

Sicilia

Onza = 30 tari = 600 grani.
Ducado = 10 tari.
Escudo = 12 tari.

Napoli

Ducado = 100 grana (singular: grano).

Bibliografía

BIANCHINI, Lodovico, *Storia delle finanze del Regno delle due Sicilie*, ed. de Luigi De Rosa, Nápoles, Ed. Scientifiche Italiane, 1971 (ed. orig. Nápoles, 1859).

D'AGOSTINO, Guido, *Parlamento e società nel regno di Napoli. Secoli XV-XVII*, Nápoles, Guida, 1979.

DEL NEGRO, Piero, *Guerra ed eserciti da Machiavelli a Napoleone*, Roma-Bari, 2001.

FAVARÒ, Valentina, «Dalla *Nuova Milizia* al *tercio* spagnolo: la presenza militare nella Sicilia di Filippo II», *Mediterranea. Ricerche storiche*, 4, 2005, pp. 235-262.

— y SABATINI, Gaetano, «Frontières externes, frontières internes. Implications politiques et sociales de l'institution des milices territoriales dans les royaumes de Naples et de Sicile», BERTRAND, Michel y PLANA, Natividad (eds.), *Les sociétés de frontière de la Méditerranée à l'Atlantique (XVIe- XVIIe siècle)*, 2009, en prensa.

FENICIA, Giulio, *Il Regno di Napoli e la difesa del Mediterraneo nell'età di Filippo II (1556-1598): organizzazione e finanziamento*, Bari, Cacucci, 2003.

GALANTI, Giuseppe Maria, *Della descrizione geografica e politica delle Sicilie*, Nápoles, Gabinetto Letterario, 1793-1794.

GALLO, Caio Domenico y OLIVA, Gaetano, *Gli annali della città di Messina*, Messina, 1881, 8 vols.

GENZARDI, Bernardo, *Il comune di Palermo sotto il dominio spagnuolo*, Palermo, Tip. del Giornale di Sicilia, 1891.

GIARRIZZO, Giuseppe, «La Sicilia dal Cinquecento all'Unità d'Italia», GALASSO, Giuseppe (ed.), *Storia d'Italia*, Turín, UTET, 1989, vol. XVI.

GIUFFRIDA, Antonino, «La fortezza indifesa e il progetto del Vega per una ristrutturazione del sistema difensivo siciliano», CANCILA, Rossella (ed.), *Mediterraneo in armi (secc. XV-XVIII)*, Palermo, Quaderni-Mediterranea. Ricerche storiche, 4, 2007, pp. 227-288.

HERNANDO SÁNCHEZ, Carlos José, *El reino de Nápoles en el Imperio de Carlos V: la consolidación de la conquista*, Madrid, Sociedad Estatal para la Conmemoración de los Centenarios de Felipe II y Carlos V, 2001.

LIGRESTI, Domenico, «L'organizzazione militare del Regno di Sicilia (1575-1635)», *Rivista Storica Italiana*, 105, 1993, p. 647-678.

MAFFI, Davide, *Il baluardo della corona. Guerra, esercito, finanze e società nella Lombardia seicentesca (1630-1660)*, Florencia, Le Monnier Università, 2007.

MATTONE, Antonello, «Le istituzioni militari», ANATRA, Bruno, MATTONE, Antonello y TURTAS, Raimondo, *Storia dei sardi e della Sardegna. L'età moderna. Dagli aragonesi alla fine del dominio spagnolo*, Milán, Jaca Book, 1989, vol. III, p. 65-108.

MONGITORE, Antonino (ed.), *Parlamenti generali del Regno di Sicilia dall'anno 1446 sino al 1748*, Palermo, 1749.

MUSI, Aurelio, *La rivolta di Masaniello nella scena politica barocca*, Nápoles, Guida, 1988.

PEZZOLO, Luciano, «Le "arme proprie" in Italia nel Cinque e Seicento: problemi di ricerca», FANFANI, Tommaso (ed.), *Saggi di Storia Economica. Studi in onore di Amelio Tagliaferri*, Pisa, Pacini, 1998, pp. 55-72.

RIBOT GARCÍA, Luis Antonio, *La Monarquía de España y la guerra de Mesina (1674-1678)*, Madrid, Actas, 2002.

RIZZO, Mario, «Istituzioni militari e strutture socio-economiche in una città di antico regime. La milizia urbana a Pavia nell'età spagnola», *Cheiron*, 23, 1995, pp. 157-185.

SABATINI, Gaetano, *Il controllo fiscale sul territorio nel Mezzogiorno spagnolo e il caso delle province abruzzesi*, Nápoles, Istituto italiano per gli studi filosofici, 1997.

— «Il processo fiscale. L'evoluzione delle finanze pubbliche napoletane tra la fine dell'età aragonese e l'avvio del governo di Pedro de Toledo», GALASSO, Giuseppe y HERNANDO SÁNCHEZ, Carlos José (eds.), *El reino de Nápoles y la monarquía de España: entre agregación y conquista (1485-1535)*, Madrid, Sociedad Estatal para la Conmemoración de los Centenarios de Felipe II y Carlos V, 2004, pp. 291-317.

— «Gastos militares y finanzas publicas en el reino de Nápoles en el siglo XVII», GARCÍA HERNÁN, Enrique y MAFFI, Davide (eds.), *Guerra y sociedad en la monarquía hispánica. Política, estrategia y cultura en la Europa Moderna (1500-1700)*, Madrid, Ed. Laberinto-Fundación Mapfre-CSIC, 2006, vol. II, pp. 257-291.

SPAGNOLETTI, Angelantonio, «L'aristocrazia napoletana nelle guerre del primo Seicento: tra pratica delle armi e integrazione dinastica», BILOTTO, Antonella, DEL NEGRO, Piero y MOZZARELLI, Cesare (eds.), *I Farnese. Corti, guerra e nobiltà in antico regime*, Roma, Bulzoni, 1997, pp. 445-468.

TESTA, Francesco Maria (ed.), *Capitula Regni Siciliae*, a cura di Andrea ROMANO, vol. II, Soveria Mannelli, Rubbettino, 1998 (ed. original Palermo, 1743).

THOMPSON, Irving A.A., *Guerra y decadencia. Gobierno y administración en la España de los Austrias, 1560-1620*, Barcelona, Crítica, 1981.

— «Los ejércitos de Felipe II: del tercio a la milicia», *Las sociedades Ibéricas y el mar a finales del siglo XVI*, Madrid, 1998, vol. II, pp. 477-496.

TUTINI, Camillo, *Dell'origine e fundatione dei seggi di Napoli*, Nápoles, 1754.

VILLARI, Rosario, *La rivolta antispagnola di Napoli. Le origini: 1585-1647*, Bari, Laterza, 1976.

ZILLI, Ilaria, *Carlo di Borbone e la rinascita del Regno di Napoli*, Nápoles, Ed. Scientifiche Italiane, 1990a.

— *Imposta diretta e debito pubblico nel Regno di Napoli, 1669-1734*, Nápoles, Ed. Scientifiche Italiane, 1990b.

VIII. LAS MILICIAS DEL ESTADO DE MILÁN: UN INTENTO DE CONTROL SOCIAL

DAVIDE MAFFI
Università di Pavia

Unos primeros pasos inciertos

Una mirada retrospectiva al siglo XVI nos permite definirlo, con justicia, como el siglo de la milicia. La rápida evolución del arte de la guerra se debió a las innovaciones tácticas –vinculadas, tecnológicamente, a la llamada «Revolución Militar»[1]–; al retorno de la infantería como fuerza predominante en el campo de batalla frente a la vieja caballería pesada feudal –gracias a las formaciones cerradas de piqueros y a la proliferación de las armas de fuego–; y, en último lugar aunque no menos importante, a la recuperación de los clásicos latinos que exaltaban el papel del ciudadano-soldado[2]. Todos estos aspectos fueron determinantes en el proceso de reorganización y revisión de las viejas milicias de origen medieval.

Estas razones de naturaleza política o estratégica deben completarse con otras de tipo económico. La creación de los ejércitos permanentes, formados por profesionales muy bien preparados, trajo consigo un incremento considerable de los gastos necesarios para pagar, equipar y

---

[1] Sobre la «Revolución Militar» y los rápidos cambios que experimentaron las sociedades europeas durante el siglo XVII, nos remitimos al clásico trabajo de PARKER, 1990. Sobre la evolución de la guerra en el Renacimiento, resulta fundamental el trabajo de HALE, 1987. Una revisión de algunos aspectos fundamentales que caracterizaron los importantes cambios que impuso la guerra a las sociedades europeas se encuentra en BLACK, 1991, 1994 y 2002; TALLET, 1992 y en los estudios reunidos por ROGERS, 1995.

[2] Se trata, especialmente, de los trabajos de Polibio y Vegecio que comenzaron a divulgarse a finales del siglo XV. La difusión y el análisis de estos textos y, en particular, del de Vegecio no sólo fomentaron las teorías sobre la defensa común y la exaltación de las virtudes cívicas, sino que llevaron a sostener que armar los propios ciudadanos fuese, en última instancia, una prueba de la confianza y la fidelidad que ya había alcanzado el Estado con respecto a su propia estabilidad política interna; v. BECKETT, 1991, p. 17 y HALE, 1983a, p. 383. Estas ideas ejercieron una profunda influencia en los escritores militares italianos y especialmente en Maquiavelo, uno de los principales defensores de las milicias; v. VIVANTI, 2002, pp. 359-363. Sobre la difusión de los tratados militares en la Italia del Renacimiento; v. HALE, 1983b, pp. 429-470.

mantener en armas la infantería mercenaria especializada en la guerra moderna[3]. Se trataba de un esfuerzo que muchos consideraban excesivo para las exiguas fuerzas de los soberanos del Renacimiento y que llevó a los monarcas europeos a estudiar otras formas de organización con las que se pudiesen limitar estos gastos siempre crecientes. La decisión de armar a los propios súbditos, organizarlos en milicias y proporcionarles una instrucción militar básica parecía la opción más lógica para contener el aumento de los gastos. Estos milicianos, que serían llamados a servir sólo en caso de emergencia, constituían una reserva militar barata –puesto que no era necesario pagarles y el coste de sus armas y equipamiento recaía en sus propias comunidades– que se podía añadir a las tropas regulares en caso de invasión del territorio.

Como es sabido, el desarrollo de este tipo de unidades también tuvo lugar en la Península italiana, donde las milicias habían sido desmanteladas en los siglos XIII y XIV y reemplazadas por ejércitos de mercenarios muy bien organizados a lo largo de la centuria siguiente[4]. Pero durante el siglo XVI se asistió a una considerable recuperación y renovación de las antiguas organizaciones comunales y a la formación *ex novo* de otras estructuras, hasta el punto de que a finales del siglo casi todos los estados italianos contaban con este tipo de instituciones[5]. Se trató de un proceso al que no fue ajena la Italia española, ya que en los reinos de Silicia

---

[3] El notable crecimiento de los gastos necesarios para dotarse de nuevo armamento, para construir las fortificaciones en bastión y para mantener en armas a millares de soldados profesionales se refleja de modo particular en las páginas de TALLETT, 1992, pp. 170 ss. y HALE, 1987, pp. 231 ss. Algunos aspectos del enorme incremento de los costes de los aparatos militares vinculado al desarrollo de un estado fiscal-militar son analizados también en GLETE, 2002.

[4] De hecho, el progreso de los estados territoriales y de las señorías había provocado el desarrollo precoz de nuevas organizaciones militares y la prematura desaparición de las antiguas milicias –que los nuevos señores consideraban una amenaza a su poder recientemente adquirido–, relegadas ya a tareas totalmente secundarias, como proporcionar peones o personal para conducir el bagaje; v. PIERI 1952; ANCONA, 1973, pp. 643-665; MALLETT, 1983; SETTIA, 1993; MAIRE VIGUEUR, 2004; GRILLO, 2007, pp. 233-237. Me remito a este último estudio para la bibliografía más destacada al respecto.

[5] Entre los primeros en dotarse de milicias se encuentran la república de Florencia, en 1505, y la república de Venecia, en 1508. Estas estructuras fueron pronto reorganizadas y mejoradas durante las décadas siguientes; v. HALE, 1990, pp. 188-209; PEZZOLO, 1983, pp. 59-80; ILARI, 1990, pp. 9-23; ANGIOLINI, 1986, pp. 21-24. El duque de Saboya creó una milicia campesina en 1560. Se trataba de una iniciativa ineludible para un soberano que había recuperado hacía poco tiempo la posesión de sus dominios gracias a la mediación española y que carecía de los recursos necesarios para mantener un ejército de profesionales; v. BARBERIS, 1988, pp. 5-63; DE CONSOLI, 1999, pp. 87-129; BIANCHI, 2006, pp. 201-208. Con respecto al Estado de la Iglesia, que se dotó de un cuerpo de milicias en tiempos de Pío IV, véanse BRUNELLI, 1995, pp. 105-129 y FIMIANI, 1996, pp. 95-136. Para una visión general sobre el problema de las milicias en Italia, véase PEZZOLO, 1998, pp. 55-72.

y Nápoles los virreyes procuraron dotarse pronto de organizaciones similares[6].

Frente a esta tendencia común a toda la Península, el caso lombardo resulta atípico. En el Estado de Milán, el proceso de formación de las milicias tuvo lugar de forma muy tardía. En los siglos XIII y XIV, al igual que sucedió en el resto de la Península, fueron desapareciendo las milicias comunales, debido, por una parte, a que las oligarquías urbanas y, más tarde, los Visconti, desconfiaban profundamente de que los ciudadanos desempeñasen sus obligaciones militares y, por otra, al reconocimiento de que el príncipe tenía que encargarse de la defensa del territorio[7]. Durante las largas guerras que sacudieron el Estado en la primera mitad del siglo XV, Milán no recurrió a las milicias, lo que constituye un signo inequívoco de que había triunfado el proceso de desarme de la burguesía urbana que había tenido lugar durante las décadas anteriores[8]. Esta ausencia se repitió, de nuevo, en las primeras décadas del siglo XVI, pues durante los conflictos que convulsionaron repetidamente el país no hubo nunca milicianos entre los bandos en lucha y los intentos de revitalizar las antiguas tradiciones militares por parte de algunos sectores de la elite milanesa fracasaron estrepitosamente[9]. Sólo en 1589 se dieron los primeros pasos para formar un cuerpo de estas características en el Estado. A partir del modelo proporcionado por otros estados italianos y, sobre todo, por Sicilia y Nápoles, se planteó la creación de un cuerpo de reserva de entre quince y diecisiete mil hombres encargado de guarnecer la ciudad y las plazas, lo que permitiría, de este modo, destinar las tropas del tercio y otras unidades regulares a las operaciones[10]. Sin

---

[6] En Sicilia, la reorganización de las milicias se inició en 1554; v. LIGRESTI, 1993, pp. 653-656; FAVARÒ, 2005, pp. 235-246. En el reino de Nápoles, el batallón de la milicia fue constituido en 1563; v. ASTARITA, 1994, pp. 137-139; FENICIA, 2004, pp. 39 ss. Debemos subrayar que, en ambos reinos, los barones recelaron pronto de los verdaderos fines de las milicias –a las que consideraban un instrumento de control en manos del poder central– y pidieron su inmediata disolución; véase PEZZOLO, 1998, p. 57.

[7] Las milicias aún se encontraban activas en los primeros años del siglo XIV, pero su importancia fue progresivamente decreciendo. El canto del cisne del ejército comunal milanés fue la batalla de Parabiago, en 1339; v. GRILLO, 2007, pp. 241-249.

[8] En el breve período de la República Ambrosiana hubo algunos experimentos tendentes a movilizar una milicia, pero con resultados un tanto decepcionantes. Faltan estudios sobre el problema de la desmilitarización de la sociedad milanesa que tuvo lugar durante el siglo XIV y, sobre todo, durante el XV, pues los pocos estudios dedicados al aparato militar ambrosiano apenas tratan esta cuestión; véanse COVINI, 1998, pp. 8-12 y GRILLO, 2007, pp. 249-250.

[9] No fue más allá de la formulación de algunos proyectos de tipo teórico; v. ARCANGELI, 2004, pp. 263-264.

[10] «Que las necessidades de aquí permitten que acude a cosa que es de tanto servicio de V. M. y pués el instituyr en este Estado una milicia ordinaria de gente natural como la ay en Nápoles y Sicilía, y en todos estos estados vezinos se juzga acá por muy conve-

embargo, esta propuesta no llegó a materializarse y fue necesario esperar hasta la publicación de la *grida* del 6 de febrero de 1615 para que se instituyesen, finalmente, las primeras milicias del Estado destinadas a reemplazar a las tropas regulares que luchaban contra el duque de Saboya en la guerra de Montferrato[11]. Pero tampoco ahora esta decisión fue aceptada sin problemas, puesto que generó fuertes resistencias. El marqués de Villafranca, recién nombrado gobernador del Estado, se opuso a la innovación planteada por su predecesor, el marqués de la Hinojosa, y solicitó con energía que se disolviese un cuerpo que consideraba inútil y perjudicial para los intereses del rey[12]. Estas dudas permanecían aún dos años después, como demuestra una consulta del Consejo de Estado[13]. La oposición y el rechazo continuaron, según parece, durante los años siguientes y provocaron que se retrasase la formación de un cuerpo estable de milicias hasta principios de la década de 1630. Fue entonces cuando se constituyeron los tercios de la milicia urbana de Milán (seis, uno por cada puerta de la ciudad, a los que se añadieron otros tantos reclutados en los *corpi santi*) y de la milicia territorial (ocho, uno por cada provincia del Estado)[14].

---

niente para la seguridad deste, y el tener en él un número de 15 o 17.000 hombres que con los soldados españoles y cavallería seria de gran importancia para resistir qualquier invasión»; v. AGS E 1265/43, el duque de Terranova al rey, 1 de noviembre de 1589. El duque subrayaba además que «en necessidades de levas para fuera se podrian levantar aquí soldados mejores y con más facilidad». En realidad, éste no era el primer intento de instituir las milicias en el Milanesado. En el año de 1577, una propuesta semejante había sido presentada en Madrid por parte de Orazio Muti, pero el soberano la había acogido con escepticismo; v. RIZZO, 1995, p. 182. Probablemente, durante las décadas precedentes se habían reclutado varias unidades de milicianos *ad hoc* para asegurar la defensa de algunas posiciones del Estado particularmente amenazadas; v. *ibid.*, 1995, pp. 158-161.

[11] BENDISCIOLI, 1957, p. 36. Debemos señalar que, al mismo tiempo que se crearon en Milán, en España se abrió un fuerte debate sobre la necesidad de reorganizar las milicias para garantizar una mayor seguridad a lo largo de toda la costa de la Península y para dotar a Castilla de una especie de ejército permanente; v. GARCÍA GARCÍA, 1996, pp. 131 *ss.*; GARCÍA HERNÁN, 2003, pp. 134-136.

[12] «Solo sirve de sembrar y cultibar la tierra menos y de dessacatarsse a la justicia con más fuerça para poderse salir con ello»; AGS E 1907/214, el marqués de Villafranca al rey, 28 de diciembre de 1615. Además, con respecto a los milicianos, refería que «cada día se matan unos a otros como vestias»; AGS E 1907/214, doc. cit.

[13] AGS E 1917/14, consulta del Consejo de Estado, 18 de julio de 1617.

[14] En las listas de las milicias eran inscritos todos los varones hábiles de entre los 18 y los 60 años. Sólo se excluía a los abogados, doctores y a todos aquellos que ocupaban oficios públicos. Los tercios de la milicia urbana de Milán se encontraban a las órdenes de un superintendente general de la milicia nombrado por el gobernador. Al mismo tiempo, éste expedía las patentes de nombramiento de los maestres de campo, de los sargentos mayores y de los capitanes de la milicia, así como las de los auditores, de los capellanes y de los otros oficiales menores. Los milicianos no percibían sueldo alguno. La real hacienda se limitaba a proporcionarles el pan de munición en caso de que fuesen utiliza-

No están claros del todo los motivos de esta pertinaz resistencia.
Según Mario Rizzo, esta organización no se impuso durante el siglo XVI
debido a que la corona recelaba de la lealtad de sus súbditos lombardos[15]. Para Luciano Pezzolo, el retraso debe atribuirse a la resistencia de
las elites locales, a las que no entusiasmaba ver a sus campesinos apartados de las labores agrícolas para jugar a la guerra[16]. Probablemente en las
decisiones de Madrid influyeron tanto los pareceres negativos de los
gobernadores, poco deseosos de dar armas a unos súbditos que se carac-
terizaban por una naturaleza mucho más belicosa e inclinada a la guerra
que la de los napolitanos o los sicilianos[17], cuanto la falta de una amenaza externa fuerte y tangible, como la que constituían los piratas berberiscos que devastaban impunemente las costas meridionales de la península, lo que hacía menos necesario dotarse de un cuerpo de reserva,
dado, además, que en el territorio estaba presente una poderosa guarnición permanente capaz, por sí sola, de asegurar la defensa en caso de
necesidad hasta que se pudiesen enviar refuerzos[18].

La prueba de fuego (1635-1660)

Una vez superadas las dificultades que habían retrasado la aparición de
este cuerpo, el verdadero campo de pruebas de las nuevas unidades fue

---

dos en campaña. Las ciudades y sus territorios debían comprar las armas y conservarlas
en depósito para poder equipar a los hombres cuando fuese necesario. Sobre el reglamento y organización de las milicias milanesas me remito a las páginas de DALLA ROSA,
1991; ASM Mil. p.a. cartella 205, *Capitoli accordati con Sua Eccellenza per l'istituzione
dell'urbana milizia*, 4 de junio de 1636. La fuerza de estas unidades variaba bastante; se
calcula que el Ducado podía reclutar 20.000 milicianos en caso de necesidad y en 1648 la
milicia urbana de Milán pudo contar con más de 10.000 infantes además de con seis compañías de caballería; AGS SP 1843/547, papeles de servicios del marqués Teobaldo
Visconti (sin fecha pero de los años cincuenta del siglo XVII).
   [15] RIZZO, 1995, pp. 161-162.
   [16] PEZZOLO, 1998, pp. 57-58.
   [17] AGS E 1907/214, doc. cit.
   [18] A partir de 1560 se dejó de guarnición en el Milanesado un tercio de infantería
española, con una fuerza teórica de 3.000 hombres, un cuerpo de caballería de más de
1.000 caballeros, a los que se unían otros 1.200-1.500 infantes encargados de defender
una serie de plazas fuertes diseminadas por todo el territorio del Estado; v. RIZZO, 1992,
pp. 325-327 y AGS E 1283/34, fuerza del presidio ordinario de Milán, 31 de octubre de
1610. Se trataba de un dispositivo nada despreciable si tenemos en cuenta que, en esos
mismos años, el rey de Francia disponía sólo de poco más de 15.000 soldados distribuidos por una infinidad de guarniciones para controlar un territorio considerablemente
más extenso y la República de Venecia, el más fuerte de los estados italianos independientes, podía contar sólo con 1 500-2 000 hombres para defender sus presidios en la tierra firme; véanse HALE, 1990, p. 225 y WOOD, 1996, p. 52.

el comienzo de la guerra contra Francia, en 1635. Durante los años siguientes, en los que el Estado experimentó la amenaza constante de una invasión de las armas enemigas, fue forzoso recurrir a las milicias para apoyar a las tropas regulares[19]. No podemos reconstruir aquí detalladamente la pesada carga impuesta a la población de este Estado para hacer frente a la amenaza, de modo que nos limitaremos a recordar algunos datos que proporcionan una idea de la contribución que se solicitó. Ya en el primer año de la guerra, las milicias participaron en numerosos combates en las fronteras[20]. Mayor fue el esfuerzo que se requirió al año siguiente, cuando en los días posteriores a la batalla de Tornavento se reclutaron más de 8.000 milicianos para la defensa de Milán, ahora amenazada por el avance enemigo[21], mientras que, casi al mismo tiempo, otros 4.000 fueron enviados a combatir contra el duque de Rohan que marchaba hacia Lecco desde la Valtelina[22]. En 1640, después de la derrota de Casale, cuando el ejército estaba ocupado en el infructuoso intento de socorrer Turín y los refuerzos esperados tardaban en llegar, el marqués de Leganés tuvo que reclutar 3.000 milicianos para poder guarnecer las plazas fuertes[23]. Particularmente significativa fue la participación de las milicias durante el asedio y recuperación de Tortona (1643)[24] y en los dos asedios de Cremona (1647 y 1648)[25]. También fue relevante su contribución en los años finales de la guerra, cuando el Milanesado sufrió una

---

[19] Sobre el desarrollo de la guerra en Lombardía durante esos años reenvío a MAFFI, 2006a, pp. 499-515, y 2007, pp. 12-63, así como a la bibliografía correspondiente. Sobre la fuerza del ejército asentado en el Milanesado, v. RIBOT GARCÍA, 1989, pp. 349-363. Más general, sobre la organización militar hispánica, véase MAFFI, 2006b, pp. 388-439.

[20] Los milicianos destacaron en la defensa de las posiciones en torno a Tortona cuando, en colaboración con las tropas regulares, abortaron varios intentos de penetración del enemigo; AGS E 3343/94, el marqués de Leganés al rey, 15 de enero de 1636.

[21] AGS E 3344/184, resumen de las cartas recibidas de Italia, 1 agosto 1636 (cita la carta de don Francisco de Melo del 14 julio).

[22] Estos hombres, unidos a las fuerzas regulares mandadas por el conde Giovanni Serbelloni, desempeñaron un papel primordial a la hora de cerrar el avance del duque y constreñirle a replegarse hacia sus posiciones de partida en Valtelina; AGS E 3344/164, don Antonio Briceño Ronquillo al rey, 6 de junio de 1636.

[23] AGS E 3453/130, el rey al cardinale Trivulzio.

[24] Aquí, las milicias fueron encargadas de las tareas de excavación en torno al castillo; AGS E 3357/115, el conde de Siruela al rey, 26 de febrero de 1643. En los primeros días de mayo, ante la amenaza francesa sobre Asti, las milicias prosiguieron solas, junto a los suizos, las tareas de bloqueo, lo que permitió a las tropas regulares dirigirse contra el enemigo; AGS E 3357/128, don Juan de Erasso al rey, 7 mayo 1643.

[25] Durante el asedio de 1647, al menos 1.500 milicianos del Cremonese participaron activamente en los combates; AGS E 3365/2, el condestable de Castilla al rey, 4 de octubre de 1647. Al año siguiente, el marqués de Caracena decidió enviar 1.000 milicianos; AGS E 3365/222, el marqués de Caracena al rey, 9 de junio de 1648. Durante el largo asedio, se reclutaron otros 5.000 milicianos para reforzar las inestables posiciones españolas.

serie de ataques concéntricos del duque de Modena, generalísimo del ejército francés. Se distinguió, de forma particular, en la defensa de Pavía (1655)[26], de Valenza (1656)[27], de Alessandria (1657)[28] y de la línea del Adda (1658)[29]. En algunas ocasiones, diversas unidades de milicianos fueron utilizadas en operaciones ofensivas fuera del territorio del Estado. Así ocurrió en 1636, cuando al menos 2.500 milicianos se unieron a las tropas de Carlo Della Gatta que estaban invadiendo el territorio del duque de Parma[30]. También fue particularmente valiosa su contribución durante el asedio de Nizza Monferrato (1647)[31].

Pero, a pesar de estas continuas y masivas movilizaciones, la opinión de las autoridades militares de la monarquía sobre las capacidades de combate de estas milicias era un tanto desalentadora. En más de una ocasión, los gobernadores se lamentaron de la mala cualidad de los milicianos, a menudo faltos de equipamiento y de armas[32], que se mostraban poco propensos a servir y que escapaban en la primera ocasión que se les presentaba[33]. En el mejor de los casos, servían sólo para guarnecer las

---

[26] Entre los cerca de 5.000 defensores de la ciudad destacaron de modo particular los 1.000 hombres de los tercios de la milicia de Pavía y del Ducado; AGS E 3372/59, el marqués de Caracena al rey, 1 de agosto de 1655.

[27] En el intento de socorrer la fortaleza participaron 1.000 milicianos; AGS E 3373/147, el conde de Fuensaldaña al rey, 19 de agosto de 1656. Además, otros centenares de milicianos fueron utilizados en la defensa de las otras plazas fuertes del Estado. Entre ellos recordemos los 200 hombres destinados a reforzar la guarnición de Tortona; AGS E 3373/109, el príncipe Trivulzio al rey, 18 de junio de 1656.

[28] Solamente la ciudad de Milán reclutó 4.000 milicianos para proteger las plazas y permitir así que el gobernador utilizase los soldados regulares en la campaña; AGS SP 2093/63, papeles de servicio de Teobaldo Visconti (sin fecha, pero seguramente posteriores a 1657).

[29] AGS E 3375/103, memorial de la ciudad de Milán, 6 de agosto de 1658. Recordó el valor que había demostrado la milicia urbana en los encuentros que tuvieron lugar durante varios días en el río contra los franceses.

[30] AGS E 3343/142, resumen de las cartas llegadas de Italia los días 9 y 11 de mayo de 1636.

[31] AGS E 3364/37, don Dionisio de Guzmán al rey, 31 de marzo de 1647.

[32] Así, por ejemplo, en 1636 se tuvieron que distribuir 6.000 armas de fuego sacadas del depósito del castillo de Milán para poder armar la milicia urbana; AGS E 3344/149, don Francisco de Melo al rey, 28 de junio de 1636. Asimismo, en 1648, la ciudad de Milán tuvo que hacerse urgentemente con 10.000 armas de fuego para armar a la milicia ciudadana; ASM Mil. p.a. cartella 165, *Giunta sopra le preventioni da farsi per la guardia dello Stato di Milano nelle presenti invasioni del nemico*, 30 de junio de 1648. A pesar de ello, en 1655 el marqués de Caracena tuvo que distribuir entre los milicianos armas procedentes de los almacenes del ejército; AGS E 3372/45, el marqués de Caracena al rey, 20 de julio de 1655.

[33] «Porque las milicias no pueden guarnecer solas plaza alguna, y deste numero de milicia que tuvo dicho tan poco se deve hacer quenta de tenerla cumplida por las dificultades que ha de juntarla, y por las fugas que hacen tan inremediables, y además desto

plazas fuertes. Por el contrario, su utilización en campaña resultaba muy arriesgada debido a su tendencia a disgregarse en cuanto entraban en conflicto con soldados profesionales[34]. Los ejemplos no faltan. En 1638, al final de la campaña de verano, el marqués de Leganés tuvo que reformar los seis tercios de la milicia, pues habían quedado reducidos a una fuerza global de menos de 1.000 hombres[35]. En 1643, de nuevo, se lamentaba de que los 1.000 milicianos reclutados por el conde Borromeo para reforzar la guarnición de Vercelli habían quedado reducidos, en diez días, a poco más de 200, puesto que el resto o había huido o se encontraba enfermo[36]. Finalmente, en 1658, el conde de Fuensaldaña señalaba que la milicia, mal preparada y adiestrada, era la responsable del desastre del Adda porque no había sabido resistir el asalto de las tropas regulares francesas[37].

Además de la preocupación, a menudo exagerada, que mostraban los mandos militares, el esfuerzo necesario para poder reclutar a los hombres provocó, en más de una ocasión, fuertes conflictos con las comunidades locales. En un territorio exhausto por las repercusiones de la terrible peste de 1630 y continuamente exprimido por las levas necesarias para reemplazar las unidades del ejército regular, esta nueva contribu-

---

advierto que es la menor gente, y la más tenue guarnición que se puede tener»; AGS E 3363/56, don Dionisio de Guzmán al rey, 4 de noviembre de 1646. El Consejo de Estado compartía esta opinión; AGS E 3363/123, consulta del 2 de mayo de 1647. La escasa confianza que despertaban los milicianos era, por otra parte, una constante en toda Europa: los hombres desertaban en masa apenas se planteaba su empleo lejos de sus provincias de origen y existía bastante preocupación sobre su capacidad para enfrentarse a las tropas regulares en el campo de batalla; v. HALE, 1987, pp. 64-65 y PEZZOLO, 1983, pp. 65-67. Según Jeremy Black, las milicias eran eficaces sólo si se las utilizaba en tareas estrictamente defensivas y si contaban con la ayuda de profesionales (BLACK, 2002, p. 15). Por su parte, Ian Beckett manifiesta serias dudas sobre la capacidad de las milicias isabelinas (BECKETT, 1991, p. 25). Las milicias del Palatinado fueron rápidamente derrotadas por los veteranos de Spínola en 1622 (WIJN, 1982, pp. 230-231). Además, las milicias suecas, que habían sido reclutadas con tantos problemas, no resistieron el ataque de las tropas regulares danesas (FROST, 2000, p. 34). Incluso en Piamonte, la milicia campesina fue, a menudo, más causa de preocupaciones que de gloria (DE CONSOLI, 1999, pp. 94 y 113).

[34] «Por costumbre o por desdicha se retiran los soldados dellas siempre que pueden y si les cierran las puertas de las villas se desesperan cassi sin ser de servicio»; AGS E 3360/225, el marqués de Velada al rey, 3 de julio de 1645.

[35] En su relación, el gobernador añadía además «que nunca ha sido posible sacar estas milicias de naturales del Estado y assí se deshaze muy facilmiente y se levantan con grandisimo travaxo y mayor gasto del pays»; AGS E 3843/36, relación de las unidades licenciadas en noviembre de 1638 (sin fecha).

[36] AGS E 3357/47, voto del cardenal Borja unido a los papeles de la consulta del Consejo de Estado, 20 de abril de 1643.

[37] AGS E 3375/80, el conde de Fuensaldaña al rey, 24 de julio de 1658. El conde Matteo Francesco Rosales fue acusado abiertamente del desastre y el gobernador lo recluyó en el castillo de Milán; v. SIGNOROTTO, 2001, p. 160.

ción resultó particularmente odiosa, mucho más que el servicio en el propio ejército regular[38]. A fin de cuentas, a este último podían destinarse los hombres sin trabajo o que vivían al margen de la sociedad civil, como los vagabundos o maleantes, mientras que a la milicia eran llamados aquellos que integraban los grupos productivos. El envío a la guerra de miles de campesinos en el período de la cosecha o la sustracción de artesanos y trabajadores de los talleres urbanos repercutía seriamente sobre la economía local. En más de una ocasión, las autoridades urbanas se opusieron a conceder de inmediato los hombres necesarios para el servicio y retrasaron, en varias ocasiones, la ejecución del reclutamiento[39]. Resistencias similares se producían también en los niveles más bajos por parte de los habitantes que no aceptaban de buen grado dejar sus actividades para participar en las campañas militares[40]. Se trata de una situación que presenta bastantes analogías con la castellana, donde tanto las comunidades locales como el pueblo se opusieron de varias formas y a veces con éxito al continuo drenaje de hombres que imponía la Corona[41].

En 1639, para evitar el reclutamiento de nuevas unidades de la milicia, la ciudad y los campesinos aceptaron proporcionar al marqués de Leganés el dinero necesario para la leva de un regimiento mercenario alemán[42]. El intercambio parecía ventajoso para ambas partes: el gobernador obtenía tropas profesionales, seguramente mucho más expertas en

---

[38] Sobre la contribución milanesa al esfuerzo bélico de la Monarquía, reenvío a MAFFI, 2003, pp. 391-401.

[39] En 1645, el marqués de Velada, desconsolado, señalaba que «de las milicias del Estado hasta oy no se ha podido sacar un hombre ni en cantidad ni en calidad las que solian porque el Ducado no sé por que razón recusa el darlos, las forma más tarde les embia poco numerosas»; AGS E 3360/225, doc. cit. Además, en 1655 el marqués de Caracena se lamentó amargamente de los subterfugios a los que recurrían las ciudades y los campesinos para no reclutar las milicias y advirtió que «las milicia aún no puestas en ser, porque aunque havía dias que yo havía dado las ordenes para ello una competencia entre los de las ciudades y los maestres de campo dellas havía occasionado que se dilatase la execución y que no huviesen aún formado requiriendo algun tiempo en hacerlo»; AGS E 3372/45, doc. cit.

[40] Según Enrico Dalla Rosa, la tenaz resistencia de las poblaciones a servir en las milicias habría sido la causa de la escasa eficacia de las unidades en el campo de batalla; DALLA ROSA, 1991, pp. 7-22 y 221-218.

[41] MCKAY, 1999, pp. 73-98 y 132 ss.

[42] Resulta oportuno subrayar que mientras que en Milán esta medida fue sólo temporal, en Castilla, después de 1646, las comunidades prefirieron transformar el servicio en la milicia en una contribución en dinero, que permitía a la corona reclutar tropas profesionales. Este cambio fue particularmente beneficioso para Madrid, dados los desastrosos resultados que habían obtenido las milicias; RIBOT GARCÍA, 1986, pp. 67-68; CONTRERAS GAY, 2003, p. 101. Sobre la escasa eficacia de estas unidades en la frontera extremeña, véanse WHITE, 1998, p. 167 y EADEM, 2003, p. 81. También en Piamonte, la milicia tendió a transformarse en una tasa para mantener gente de guerra; BARBERIS, 1988, p. 36.

la guerra que los pobres campesinos, mientras que las comunidades quedaban exentas de un peso que les resultaba ya insoportable. Pero la derrota de Casale llevó pronto a la movilización de tres tercios de la milicia. El Estado de Milán no tuvo más remedio que recurrir a la clemencia regia y pedir al monarca que fuesen licenciados los hombres en virtud de lo acordado en los pactos estipulados en su momento con el marqués[43]. Felipe IV aceptó esta petición y dio disposiciones para el licenciamiento de las unidades reclutadas en los meses inmediatamente sucesivos al desastre de Monferrato. Con el fin de prevenir futuras quejas, dio además precisas instrucciones para que no se agravase la ya triste condición de un territorio devastado a lo largo y ancho por los soldados con nuevas y asfixiantes levas de milicias. Sólo podrían reclutarse, pues, en caso de extrema emergencia y sin oprimir en exceso a los habitantes[44].

Sin embargo, pronto se demostró que este éxito de las comunidades era efímero. En 1643, en el Consejo de Estado, el cardenal Borja señaló que, a pesar de las precisas instrucciones relativas a esta materia, las levas habían continuado hasta hacerse particularmente gravosas con ocasión del asedio de Tortona[45]. Esta situación se repetiría reiteradamente a lo largo de los años sucesivos, hasta el punto que el soberano, en respuesta a nuevas y angustiosas súplicas, envió otra vez instrucciones detalladas al condestable de Castilla para que limitase, en la medida de lo posible, estas cargas que perjudicaban a la sociedad civil[46]. Pero estas disposicio-

---

[43] AGS SP 1805/171, consulta del Consejo de Italia, 31 de octubre de 1640. Con esta súplica, el Estado señalaba los graves daños sufridos por causa de esa imprevista movilización de las milicias «haviendo tocado solo al Ducado de Milán más de 1.200 [hombres] en tiempo de la mayor necessidad para la cosecha, de que resultan al dicho Estado daños irreparables».

[44] AGS SP 1805/171, doc. cit. El Consejo de Italia había avalado las peticiones de los lombardos y señalado que el licenciamiento de las unidades «conviene al bien público y a la observancia de lo capitulado».

[45] «Que para acudir a la ocasión de Tortona se intentó sacar las milicias dentro del mismo Estado y la parte que se ha conseguido ha sido con sumo gasto y esclamación que V. M. tiene mandado por reiteradas ordenes que se ha de dar esta molestia a sus vasallos y que se licensiasen los tercios de milicias que se formaron después del suceso de Casal»; AGS E 3357/47, doc. cit.

[46] «Se ha considerado que uno de los majores daños que recive este Estado i de las más relación se sigue a sus vasallos, en la leva y servicio de las milicias porque componiendose de gente de trabajo se falta a la cultura de las tierras que todo el berano se benefician en ese Estado por las aguas i nieves del ibierno i que perdiendo tanta gente de las casas y de las familiares todo el berano es major y más intolerable la carga del alojamiento del ibierno y que si bien la necessidad precisa de la defensa en las occasiones precede a todo se deve procurar quando fuera posible que faltando la precisión della falta también los cargos para aliviar a mis vasallos ya siempre que los aprietos los piden ayais de levantar el campo grande de milicias que este año, pero quando no fuere necesario para la precisa defensa del Estado lo aveis de escusar porque no solo este es el pretesto

nes estaban destinadas a quedar, como las precedentes, en letra muerta, debido a las exorbitantes peticiones de soldados que tuvieron lugar en 1647 y 1648[47].

Las continuas invasiones que sufrió el Estado durante los años sucesivos hicieron que el recurso a los medios de emergencia prosiguiese continuamente a pesar de las quejas de las provincias que siguieron enviando a Madrid continuas súplicas. En 1649, Felipe IV, como consecuencia de las nuevas protestas de Gerolamo Legnani, *oratore* de la ciudad de Milán, ordenó al marqués de Caracena que procediese con cierta moderación a la hora de utilizar las milicias debido a los grandes sacrificios que habían hecho los lombardos en el año anterior[48]. Sin embargo, según parece, el marqués siguió recurriendo a los servicios de este cuerpo, puesto que en 1654, tras nuevas súplicas de los milaneses, el rey tuvo que advertir otra vez a su general a que procediese con cierta moderación en las relaciones con unos súbditos que se encontraban exhaustos[49]. Pero las vicisitudes en que se vio envuelto el Estado durante los años sucesivos provocaron que las reiteradas órdenes regias fuesen frecuentemente desobedecidas, debido a las supremas exigencias de defensa.

Los defensores del sistema: las elites y las milicias

Durante el siglo XVII, no ocurrió lo mismo en el Milanesado que en los reinos de Nápoles y Sicilia, donde las autoridades españolas tuvieron que hacer frente a la resistencia opuesta por los barones a la formación de las milicias. En Milán, las propias elites, tanto urbanas como rurales, fueron los verdaderos defensores de esta institución y colaboraron activamente con la Corona para reclutar los hombres necesarios para la guerra. De hecho, desde el primer momento, la aristocracia lombarda había

---

pero también la raçón con que se justifica sacar los vasallos con precepto y sin su propria voluntad de sus casas y obligandole a yr a la guerra sin sueldo i sacando pagas de las comunidades sin forçosa necesidad»; AGS E 3363/125, el rey al condestable de Castilla, 5 de septiembre de 1646.

[47] El duque de Frías, al que se había ordenado que explicase sus actos, señaló que el recurso a las milicias resultaba necesario «para sacar a campaña tropas de mayor numero pués como las asistencias han faltado es forçoso aplicar este medio»; AGS E 3363/123, consulta del Consejo de Estado, 2 de mayo de 1647.

[48] ASM DR cartella 87, el rey al marqués de Caracena, 12 de noviembre de 1654. Contiene la referencia a las órdenes del 12 de mayo de 1649.

[49] «Y ahora de nuevo os ordeno, y encargo mucho que escuseis el llamarlas [a las milicias] sino es con muy precisa urgente necessidad por lo que conviene a la mayor satisfación dessos subditos que se haga assí»; ASM DR cartella 87, doc. cit.

mostrado su particular vocación guerrera que se encontraba aquí, por diversos motivos, mucho más arraigada que en los otros territorios peninsulares de la monarquía. El servicio de armas se había mostrado pronto como una magnífica ocasión para que el segundo estado ascendiese socialmente dentro de la jerarquía del Estado[50]. Así, el servicio en la milicia, junto al empleo en el ejército regular, resultaba uno de los medios más seguros para conseguir honores y recompensas[51]. Por otra parte, la presencia en las filas de la milicia de varios señores feudales y de patricios urbanos garantizaba la estabilidad política e institucional y la preservación de los delicados equilibrios de poder consolidados durante las décadas precedentes. De este modo, las milicias se transformaban en el baluarte del orden y en los defensores del sistema.

Las autoridades españolas conocían bien esta realidad y, a menudo, recurrieron a los grandes para poder reclutar rápidamente las milicias en situaciones de emergencia. Ya en mayo de 1635, ante las primeras amenazas de los franceses y de sus aliados, el cardenal Albornoz convocó a los:

> Signori Feudatarij, che mostrando la loro solita prontezza, valore, e devotione al servitio di S. M.tà & al interesse del bene pubblico, e proprio conforme la sua obligatione, & nella cui prontezza et divotione S. Em. molto confida, che stijno pronti, & apparechiati per uscire in tutto, & per tutto, conforme al sudetto ordine[52].

---

[50] Sobre el vínculo entre la aristocracia y las armas dentro de la sociedad lombarda, me remito a lo expuesto en los trabajos de SIGNOROTTO, 1997, pp. 367-396; RIZZO, 1998, pp. 734-743; MAFFI, 2000, pp. 214-221 y 224-227, y 2007, pp. 176-191. Sobre el papel de la carrera militar para conseguir la gracia regia, véase SPAGNOLETTI, 1996, pp. 179 ss. Sobre el impacto de la «Revolución Militar» en el empleo de los hijos de las clases privilegiadas, v. STORRS/SCOTT, 1996, pp. 1-41.

[51] Citaremos algunos ejemplos. Giovanni Guidobono Cavalchini, senador milanés, obtuvo en 1653 un título condal por haber participado en 1643 en la recuperación de la plaza de Tortona reclutando 800 milicianos en sus feudos (AGS SP lib. 1101 fols. 269v.-271, Consulta del Consejo de Italia, 25 de junio de 1653). Paolo Sormani, maestre de campo de un tercio de la milicia, que se distinguió en 1636 en la defensa de Lecco contra los hombres de Rohan, pidió y obtuvo el título de conde (AGS SP 1808/338, consulta del Consejo de Italia, 10 de abril de 1647). Giacomo Botta, que destacó en 1655 con sus vasallos en la defensa de Pavía, obtuvo una encomienda de valor de 600 escudos anuales (AGS E 3750 sin foliar, consulta del Consejo de Estado, 30 de octubre de 1660). Sobre el servicio en la milicia como medio para conseguir honores véanse RIZZO, 1994, pp. 475-477 y SIGNOROTTO, 1997, pp. 377-378.

[52] ASM Mil. p.a. cartella 164, el *podestà* de Pavia, 15 de mayo de 1635. Reproduce el bando del gobernador dirigido a los feudatarios del Estado. Entre los nobles que poseían feudos en el territorio pavese y a quienes se encargó reunir a sus hombres se encontraban el marqués d'Este, los marqueses Agostino Cusani, Paolo Pallavicino y Giovanni Beccaria, y los condes Carlo y Francesco Barbiano di Belgioioso.

Durante los años sucesivos se repitieron peticiones similares, hasta el punto de convertirse en costumbre. Así, en 1647[53], 1648[54], 1655[55] y 1658[56], los capitanes generales de Milán siguieron recurriendo a los Grandes para poder reclutar rápidamente las milicias y, visto los resultados obtenidos, no podemos decir que su confianza quedase defraudada. Citaremos sólo algunos ejemplos. Antonio Arcimboldi, nombrado maestre de campo de un tercio de la milicia en 1646, reclutó 2.000 hombres para el socorro de Cremona en 1648[57]. Teobaldo Visconti reunió 1.000 hombres en 1648 y 4.000 en 1657 y además colaboró en armar la milicia urbana de Milán en 1658[58]. Tolomeo Gallio participó en el asedio de Tortona con 2.000 milicianos[59]. Pero incluso feudatarios que podríamos considerar menores colaboraron activamente con sus vasallos, como Francesco Giorgio Vistarino, que en 1655 participó en la defensa de Pavía con 200 milicianos[60].

[53] ASM Mil. p.a. cartella 165, el condestable de Castilla, 12 de septiembre de 1647. Ante la invasión del Milanesado, el gobernador se dirigió directamente al príncipe Trivulzio, al marqués Teobaldo Visconti, a Paolo Sormani, a Bernabò Visconti, a Giulio Monti, a Giacomo Botta, a Carlo Geronimo Gattinara, a Francesco e Silvestro Bottigella, y a los condes Tolomeo Gallio, Ruggero Marliani, Ludovico Taverna, Giovanni Battista Serbelloni, Vitaliano Borromeo, Pirro Visconti y Bernardino Mandelli para conseguir los nombres necesarios para la defensa de la línea del Ticino.

[54] «Para yr al reparo de sus disiños con todo esfuerço, mientras nos llegan los socorros de gente que se aguardan de fuera, no es escusable el valerme de las ayudas y del zelo y fineza de Vestras Señorías en el servicio de Su Magestad»; ASM Mil. p.a. cartella 164, el gran canciller Quexada, 25 de junio de 1648. Para defender los pasos entre el Po y el Ticino, Quexada hacía referencia, particularmente, al marqués Teobaldo Visconti, a Bernabò Croce, al caballero Giuseppe Lampugnani, al marqués Francesco Maria Visconti, a Alfonso Castiglioni, al conde Ruggero Marliani, a Paolo Sormani, a Ottavio Cusani, al conde Serbelloni y al príncipe Trivulzio.

[55] ASM Mil. p.a. cartella 165, leva de milicias efectuada con ocasión del asedio de Pavía (sin fecha, pero de 1655). Entre otros, destacan el conde Ruggero Marliani, Antonio Corio, Costanzo Taverna, Giovanni Battista Rovida, Luigi Arconati, Benedetto Arese y Orazio y Ottavio Archinti, el caballero Agostino Caimi, Pietro Paolo Confalonieri, Giacomo Fagnani, Luigi Visconti, Tiberio Crivelli, Giorgio Trivulzio, Paolo Sormani, Filippo Sfondrati y Bernabò Visconti.

[56] ASM Mil. p.a. cartella 164, el gran canciller Zapata, 29 de junio de 1658. Para la defensa del Adda fueron convocados, entre otros, el conde Marcellino Airoldi, Angelo Trivulzio, Antonio Corio, Massimiliano Moroni, los condes Alessandro Panigarola, Giovanni Battista Durini, Paolo Sormani y Francesco Barbiano di Belgioioso, el marqués Scaramuzza Visconti y Franco Mandelli.

[57] AGS SP 1840/501, memorial del conde Giovanni Angelo Arcimboldi (sin fecha, pero de 1648).

[58] AGS SP 2093/63, doc. cit.

[59] AGS SP 1841/114 e 115, memorial del conde Tolomeo Gallio (sin fecha, pero de 1649).

[60] AGS SP 2088/176, papeles de servicio de Francesco Giorgio Vistarino, 30 de junio de 1657.

Por otra parte, resulta especialmente relevante la unión entre el servicio en el ejército regular y en la milicia, lo que significa casi una perfecta sintonía entre las dos instituciones. De hecho, en Milán son numerosos los casos que tenemos documentados de oficiales del ejército regular que pasaron a servir en las filas de la milicia. No se trataba sólo de militares que ya habían llegado al término de una larga y honrosa carrera y a los que se recompensaba, a menudo, con un cargo en las milicias para premiarles por los servicios prestados, como es el caso del conde Pietro Antonio Lonati –llamado a ser superintendente general de las milicias urbanas de Milán[61]–, sino incluso de capitanes y maestres de campo que, tras algunos años de servicio activo combatiendo por el rey en Flandes o en Italia, una vez retirados, eran utilizados para dirigir las unidades de milicianos, debido a la experiencia con que contaban. Entre otros muchos, señalaremos los casos de Teobaldo Visconti, que sirvió desde 1622 en Flandes (donde participó en el asedio de Breda), regresó a Italia en 1638 y llegó a ser consejero secreto (1640) y maestre de campo de la milicia[62]; del marqués Ottavio Cusani, capitán de caballería y, después, capitán de la milicia pavese[63]; de Tolomeo Gallio, maestre de campo, capitán de caballería y, desde 1642, maestre de campo de la milicia de Como[64]; de Alberto Visconti, capitán de una compañía de ordenanza durante nueve años y, después, maestre de campo de un tercio de la milicia urbana de Milán[65]; y, para terminar, de Francesco Landriani, capitán de infantería y más tarde maestre de campo de un tercio de la milicia urbana[66].

Sin embargo, el paso a las milicias no significaba abandonar definitivamente las posibilidades de carrera que ofrecía regresar a las filas del ejército regular. De hecho, algunos oficiales, cuando se les presentaba la ocasión y en una especie de camino inverso, pudieron regresar al ejército regular, reclutando un tercio o una compañía, y continuar así con la profesión que habían dejado momentáneamente. En algunas ocasiones, llegaron a contar con un currículo particularmente satisfactorio y a ocupar posiciones de especial relevancia dentro de la jerarquía militar. Un

---

[61] El conde había empezado a servir en 1602 en Flandes, donde había participado en el asedio de Ostende. Nombrado maestre de campo en 1625, había combatido en Nördlingen. Después de regresar a Milán, había sido nombrado capitán general de la artillería en 1635; AGS E 3718 sin foliar, consulta del Consejo de Estado, 30 de septiembre de 1637. Culminará su carrera como gobernador general de las milicias forenses hasta su muerte en 1646; RIZZO, 1994, p. 464.

[62] AGS SP 2093/63, doc. cit.

[63] El marqués terminó su carrera como *questore del Magistrato straordinario*; AGS SP 1843/417, papeles de servicio de Ottavio Cusani, 3 de mayo de 1657.

[64] AGS SP 2096/370, papeles de servicio de Tolomeo Gallio, sin fecha.

[65] AGS SP 1812/241, consulta del Consejo de Italia, 13 de abril de 1660.

[66] AGS E 3732 sin foliar, consulta del Consejo de Estado, 28 de marzo de 1648.

caso espectacular es el de Vercellino Maria Visconti, que sirvió de soldado en Flandes, regresó a Italia en 1627 y ascendió a capitán de infantería
en 1628 y a maestre de campo en 1640; en 1646 era oficial de las milicias,
pero regresó al ejército regular en 1648 como superintendente general de
las fortificaciones y alcanzó el vértice de su brillante carrera en 1678,
como maestre de campo general del ejército de Lombardía[67]. Junto a
Vercellino Maria, recordemos asimismo a Bernabò Visconti, que, tras un
largo período de servicio en Flandes y en Italia, como capitán y, después,
como maestre de campo, fue nombrado superintendente de las milicias
de la Gera d'Adda en 1644 y castellano de Como en 1650[68].

Al mismo tiempo, quedaba abierta la vía para que un oficial de las
milicias pudiese acceder a un puesto de mando dentro del ejército regular. No son pocos los casos de representantes de la cima de la elite lombarda que tras un período de «prueba» en este cuerpo fueron catapulta-
dos al mando de una compañía o de un tercio de profesionales. En 1643,
tras su óptimo comportamiento durante el asedio de Tortona, Paolo
Sormani obtuvo el mando de un tercio[69]. Asimismo Bonifacio Visconti,
que se había distinguido en el mando de las milicias de Novara en 1656,
fue nombrado capitán de una compañía del tercio de Renato Borromeo[70].

La última fase del dominio español (1660-1707)

La conclusión de la guerra contra Francia puso fin al período de emergencia y se cerró una época para las milicias. De hecho, a partir de 1660
éstas quedaron relegadas a un segundo plano, casi olvidadas. La reducción de las fuerzas armadas, que en poco tiempo pasaron de más de
16.000 hombres a poco más de 6.000, decidida en los meses inmediatamente posteriores al fin de los enfrentamientos para aliviar a los
exhaustos súbditos lombardos[71], acarreó también la supresión de una
serie de puestos de relevancia en la cadena de mando del ejército, lo que
terminó por afectar incluso a la propia estructura de las milicias. En
1660, Felipe IV, para ahorrar los 6.000 escudos de salario, decidió «reformar» al gobernador general de las milicias, un cargo que en ese momen-

---

[67] AGS SP 2087/160, papeles de servicio de Vercellino Maria Visconti, sin fecha.

[68] AGS SP 2095/574, papeles de servicio de Bernabò Visconti, sin fecha; AGS SP
1811/110, consulta del Consejo de Italia, 27 de agosto de 1650.

[69] AGS SP 1808/338, doc. cit.

[70] También su padre, Giovanni Visconti, había servido en la caballería antes de llegar
a ser, en 1638, maestre de campo de uno de los tercios de la milicia. El hermano, Hermes, era capitán de infantería; AGS SP 1844/321, papeles de servicio del barón Hermes
Visconti (sin fecha, pero de 1660).

[71] ÁLVAREZ-OSSORIO ALVARIÑO, 2001, p. 251; MAFFI, 2006c, pp. 133-134.

to desempeñaba el príncipe Ercole Teodoro Trivulzio[72]. Esta medida provocó la airada reacción del interesado, que se veía privado de un cargo prestigioso y, al mismo tiempo, bien remunerado, y pudo generar un peligroso conflicto con las elites lombardas, dispuestas a defender sus privilegios, entre los que se encontraba el puesto de superintendente, reservado siempre a un miembro de la cima de este grupo. Por ello, en 1664, el soberano decidió rectificar y confirmar a Trivulzio en el cargo[73].

De hecho, el mantenimiento de este oficio resultó especialmente importante a lo largo de las décadas sucesivas, dentro de la tradicional estrategia de los Habsburgo de atraer a las elites locales, concediéndoles honores y prebendas, para conseguir su activa colaboración. Por lo tanto, la decisión de suprimir definitivamente el cargo, adoptada por Felipe IV tras la muerte del príncipe[74] y reafirmada durante los años setenta por el Consejo de Estado[75], deseoso de atender las peticiones de la *Congregazione dello Stato*, que reclamaba se limitasen aún más los gastos militares, fue irrevocablemente abandonada durante los años ochenta, debido a la necesidad de compensar y atraer a los miembros del vértice del patriciado. En efecto, se gratificó al duque Antonio Renato Borromeo[76] y al marqués Cesare Visconti[77] con el nombramiento para el mando de las milicias.

---

[72] Hijo del cardenal Ercole, uno de los personajes más relevantes de la escena política milanesa de la primera mitad del siglo XVII, el príncipe se había distinguido en el servicio al rey en numerosas ocasiones reclutando unidades enteras de la milicia para socorrer al gobernador durante las invasiones de los franceses. A la muerte del conde Lonati, para recompensarle, se decidió encargarle el gobierno de las milicias; RIZZO, 1994, pp. 463-466. Sobre la figura del cardenal, nos remitimos a SIGNOROTTO, 2001, pp. 125-139. Sobre las órdenes relativas a la reforma del cargo, véanse AGS E 3378/31, el duca de Sermoneta al rey, 11 de noviembre de 1660 y SIGNOROTTO, 1996, pp. 72-73.

[73] AGS E 3765 sin foliar, consulta del Consejo de Estado, 27 de octubre de 1672.

[74] AGS E 3765, doc. cit.

[75] Que se opuso, en varias ocasiones, a los intentos del príncipe Antonio Teodoro Trivulzio de suceder a su padre en el cargo, «por ser este sueldo carga muy gravosa al estado y de ningun servicio el puesto»; AGS E 3767 sin foliar, consulta del Consejo de Estado, 19 de diciembre de 1674, y AGS E 3768 sin foliar, consulta del Consejo de Estado, 9 de abril de 1675.

[76] Hijo del conde Giulio Cesare, muerto en Vercelli en 1638, había destacado en el servicio al rey al mando de un tercio de infantería lombarda reclutado a su costa en 1655, con el que participó en el asedio de Pavía, en la batalla de Fontana Santa y en el socorro de Alessandria. Obtuvo el cargo de gobernador general de las milicias en 1681, gracias al apoyo del conde de Melgar, AGS E 3789 sin foliar, consulta del Consejo de Estado, 12 de febrero de 1682, y AGS SP 1826/88, consulta del Consejo de Estado, 23 de septiembre de 1681, y AGS SP 1826/90, patente de gobernador general expedida por el conde de Melgar a favor del duque Antonio Renato Borromeo (sin fecha, pero de 1681).

[77] Caballero del Toisón, obtuvo el cargo a la muerte de Borromeo en 1687; AGS SP 1826/81, consulta del Consejo de Italia, 26 de mayo de 1687.

En adelante, no hubo más reclutamientos, salvo con motivo de ceremonias especiales como la visita de la emperatriz en 1666[78], y pronto comenzaron a manifestarse serias dudas con respecto a la eficacia bélica de las milicias. En 1672, el duque de Osuna, en el contexto de una profunda actividad reformista que estaba afectando en esos años la estructura de las milicias de la Península Ibérica y de Europa occidental[79], puso en marcha un vasto programa de innovación destinado a dotar a este cuerpo de un carácter permanente, organizado, al igual que ocurría en el reino de Nápoles, en forma de batallones con una fuerza de 5.000 hombres[80]. Sin embargo, este proyecto provocó una fuerte resistencia y las enérgicas protestas de la *Congregazione dello Stato* –por otra parte enfrentada ya con el gobernador por lo que consideraba una gestión dispendiosa de las rentas del Estado– que recurrió inmediatamente a Madrid para impedirlo[81]. Según el organismo milanés, se trataba de una imposición ilegal y nueva, puesto que en este territorio nunca se habían organizado las milicias en forma de batallones, y que castigaba de manera muy fuerte un territorio desde hacía demasiado tiempo agobiado por las cargas militares puesto que, a diferencia de otras provincias de la Monarquía, ya mantenía un ejército permanente pagado íntegramente a sus expensas[82].

---

[78] ASM Mil. p.a. cartella 205, *grida* del 10 de mayo de 1666.

[79] En Castilla, en 1669, con la institución de Junta de milicias y tercios provinciales, el servicio en las milicias se convirtió en un tributo para permitir el mantenimiento de cinco tercios provinciales (Madrid, Toledo, Córdoba, Sevilla y Burgos); CONTRERAS GAY, 2003, pp. 112-115. En la Francia de los años sesenta se puso en marcha un vasto programa de reorganización de las milicias urbanas y provinciales, dentro de un largo proceso que culminaría en 1688 con la creación de un cuerpo uniforme de ámbito nacional, verdadero depósito de hombres para el servicio en el ejército regular; LYNN, 1997, pp. 381-393. En Inglaterra, el *Militia Act* de 1663 marcó el restablecimiento definitivo de las milicias después de la restauración de la monarquía; MILLER, 1973, pp. 659-661.

[80] «Declarando que se hayan de mantener en un pié fixo y regolado en forma de vatallón como dice el edicto que se practica en otros estados de Su Magestad para valerse delos en la ocasión de necesidad que puede ofrecerse para la defensa»; AGS SP 2012/44, la *Congregazione dello Stato* al conde de Peñaranda, 13 de abril de 1672.

[81] El gobierno del duque de Osuna se caracteriza por sus repetidos y constantes desencuentros con la *Congregazione dello Stato*, el organismo que aglutinaba a los representantes de la ciudad y de los *contadi* del Estado de Milán. Instituido en tiempos de Carlos V como caja de resonancia de las posiciones del territorio, en 1662 los poderes de este tribunal se habían visto notablemente aumentados con la creación del sistema del *remplazo* en virtud del cual el mantenimiento del ejército (alojamiento, pago del socorro y del pan de munición) recaía íntegramente bajo su responsabilidad, lo que le convertía en el organismo competente en todas las operaciones de carácter fiscal relativas a la administración de las tropas. Sobre los orígenes de la *Congregazione*, véase VISCONTI, 1911, pp. 160-164. Sus relaciones con el duque; ÁLVAREZ-OSSORIO ALVARIÑO, 2001, pp. 204-220.

[82] «Así por la desacostumbrada forma de quererse introducir un pié fixo de las milicias en forma de vatallón que jamás se ha practicado por lo pasado en este estado, el qual a diferencia de otro qualquiera de la Monarquía sustenta continuamente un exército

Estas sonadas protestas llevaron al Consejo de Italia a intervenir a favor de la *Congregazione*. Reconocida, de hecho, la buena disposición que habían mostrado siempre los súbditos lombardos a la hora de servir al rey y los sacrificios que habían realizado durante tantos años, decidió enviar disposiciones precisas al gobernador en las que le ordenaba abandonar su proyecto y tornar a la situación anterior[83].

Sólo volvió a tratarse de las milicias tras el estallido de la guerra de la Liga de Ausburgo. En 1690, fueron reclutadas por orden del conde de Fuensalida para sustituir a las unidades regulares que eran enviadas a combatir a Piamonte[84]. En 1690, el marqués Cesare Visconti pasó revista a las tropas reunidas en Abbiategrasso, pero, en su opinión, la mayoría de los hombres eran incapaces y carecían de equipamiento, mientras que muchos se habían resistido a participar, puesto que en los últimos años había caído en desuso el servicio en este cuerpo[85]. Pero, a pesar de estas denuncias, no parece que su utilización haya tenido los resultados dramáticamente negativos que caracterizaron la guerra de Messina[86], sobre todo porque aquí fueron utilizados sólo en tareas de vigilancia y de control de las fronteras para prevenir eventuales incursiones por parte de la guarnición de Casal[87]. La última ocasión en que las milicias empuñaron las armas fue cuando el duque de Saboya, que se había pasado al bando francés, comenzó la invasión del Estado con el asedio de Valenza. Con el fin de las hostilidades, en el mes de octubre de 1696, los diferentes tercios fueron desmantelados definitivamente. Los últimos años de dominio español se caracterizarían por la inactividad y, a pesar de un

------

pagado a su costa [...] que en 12 años de paz han contribuido inifinito oro en el sustento de la gente militar, y actualmente distribuien cada día 20.000 escudos [*sic*, en realidad lire imperiali] en un exército más copiosos de oficiales que consumen (la mayor parte) que de soldados»; AGS SP 2012/44, doc. cit.

[83] «Pero respecto de que no se ha estilado en las guerras pasadas deste Batallón, si no de otros medios que parecieron más a proposito seria mejor valerse dellos quando en aquellos subditos se reconoce tan buena disposición en contribuir a su defensa con sus vidas y haciendas»; AGS SP 2012/43, consulta del Consejo de Italia, 6 de mayo de 1672.

[84] Sobre las operaciones militares en Italia nos remitimos a LYNN, 1999, pp. 210 *ss.*, y STORRS, 1997, pp. 382 *ss.*

[85] «Haviendole tocado [al marqués] por lo atropellado y repentino de aquella ocasión la parte más penosa de juntar las milicias que en tantos años de paz se hallavan visoñas y renitentes al servicio»; AGS SP 1830/289, consulta del Consejo de Italia, 11 de agosto de 1694. El marqués había tenido que armar a los hombres a sus expensas, para que defendiesen la línea del Ticino.

[86] Aquí, los hombres de las milicias sicilianas y del batallón de Nápoles demostraron todos sus límites, hasta el punto de que se les consideró las peores unidades desplegadas en ese frente; RIBOT GARCÍA, 2002, pp. 206-207.

[87] AGS E 3415/49, consulta del Consejo de Estado, 4 de agosto de 1691. En algunas ocasiones, en colaboración con las fuerzas regulares, consiguieron incluso abortar los intentos de los franceses de enviar socorros a la plaza bloqueada.

intento de reforma llevado a cabo por el príncipe de Vaudemont a partir de 1697, quedaron reducidas a meros espectadores pasivos durante la Guerra de Sucesión española[88].

La relación entre el Estado de Milán y sus milicias no fue nunca clara y lineal, aunque se caracteriza por imprevistos entusiasmos seguidos de repentinos cambios de opinión. Parece ser que las milicias nunca llegaron a ganarse la plena confianza de los mandos militares del Estado: la relación continuó siendo ambigua e indefinida y dependió de los sucesos militares. Probablemente, en este juicio negativo influyó la escasa relevancia cuantitativa y cualitativa de las milicias, que no constituyeron nunca una parte importante del instrumento militar utilizado por la Corona en la Lombardía. De hecho, aquí no representaron más que 15-20% de la fuerza total del ejército, aunque generalmente su porcentaje era más bajo, en torno al 10%. Se trata de una proporción escasamente significativa para influir de modo decisivo en el desarrollo completo de las campañas, salvo quizás en algunas ocasiones determinadas, como en 1636. Por otra parte, los cambios que experimentó el arte de la guerra, con la adopción de sistemas de combate que requerían la presencia de tropas particularmente adiestradas y de oficiales dotados de cierto grado de preparación, pusieron de manifiesto que, a pesar de los éxitos conseguidos en algunas ocasiones[89], «the militias was trained amateurs, not professional soldiers»[90], ya anticuadas totalmente para afrontar las dificultades que suponía una guerra moderna.

Aunque no tuvieron especial relevancia desde el punto de vista estrictamente militar, sin embargo no debemos subestimar su importancia en la historia de la sociedad lombarda del siglo XVII como instrumento de poder y de control. De hecho, las milicias reflejaban los valores de la sociedad que debían defender y la alianza entre las elites y la Corona constituyó uno de los pilares del sistema, una pieza fundamental para fortalecer la colaboración entre el centro y la periferia. Por una parte, permitieron que la nobleza feudal y los patricios urbanos mantuviesen su poder y la estabilidad social contra cualquier intento de cambio y, por otra, proporcionaron a las autoridades españolas la activa colaboración de los grandes.

---

[88] STOYE, 1982, p. 937.

[89] Como en Cataluña, donde los *miquelets* destacaron por su óptimo comportamiento en las operaciones de guerrilla contra las columnas francesas de refuerzo; ESPINO LÓPEZ, 1999, pp. 264-268.

[90] FISSEL, 2001, p. 89.

Abreviaturas utilizadas

AGS: Archivo General de Simancas.
    E: Estado.
    SP: Secretarías Provinciales.
ASM: Archivio di Stato, Milano.
DR: Dispacci Reali.
Mil. p.a.: Militare parte antica.

Bibliografía

ÁLVAREZ-OSSORIO ALVARIÑO, Antonio, *Milán y el legado de Felipe II. Gobernadores y corte provincial en la Lombardia de los Austrias*, Madrid, Sociedad Estatal para la Conmemoración de los Centenarios de Felipe II y Carlos V, 2001.

ANCONA, Clemente, «Milizie e condottieri», ROMANO, Ruggero y VIVANTI, Corrado (eds.), *Storia d'Italia*, vol. V: *I documenti*, Turín, G. Einaudi, 1973, pp. 643-665.

ANGIOLINI, Franco, «Politica, società e organizzazione militare nel principato mediceo: a proposito di una "memoria" di Cosimo I», *Società e Storia*, 31, 1986, pp. 1-51.

ARCANGELI, Letizia, «Milano durante le guerre d'Italia (1499-1529): esperimenti di rappresentanza e identità cittadina», *Società e Storia*, 104, 2004, pp. 225-266.

ASTARITA, Tommaso, «Istituzioni e tradizioni militari», GALASSO, Giuseppe (ed.), *Storia del Mezzogiorno*, vol. IX: *Aspetti e problemi del Medioevo e dell'Età Moderna*, Roma, Ed. del Sole, 1994, pp. 121-156.

BARBERIS, Walter, *Le armi del principe. La tradizione militare sabauda*, Turín, G. Einaudi, 1988.

BECKETT, Ian F. W., *The Amateur Military Tradition 1558-1945*, Manchester, Manchester University Press, 1991.

BENDISCOLI, Mario, «Politica, amministrazione e religione nell'età dei Borromeo», *Storia di Milano*, vol. X: *L'Età della Riforma cattolica*, Milán, Fondazione Treccani degli Alfieri, 1957, pp. 1-350.

BIANCHI, Paola, «La riorganizzazione militare del Ducato di Savoia e i rapporti del Piemonte con la Francia e la Spagna. Da Emanuele Filiberto a Carlo Emanuele I», GARCÍA HERNÁN, Enrique y MAFFI, Davide (eds.), *Guerra y sociedad en la Monarquía Hispánica. Política, estrategia y cultura en la Europa Moderna (1500-1700)*, Madrid, Ed. Laberinto-Fundación Mapfre-CSIC, 2006, vol. I, pp. 187-214.

BLACK, Jeremy, *A Military Revolution?: Military Change and European Society, 1550-1800*, Atlantic Highlands (N.J.), Humanities Press, 1991.

— *European Warfare, 1660-1815*, New Haven-Londres, Yale University Press, 1994.

— *European Warfare, 1494-1660*, Londres-Nueva York, Routledge, 2002.

BRUNELLI, Giampiero, «Poteri e privilegi. L'istituzione delle milizie nello Stato pontificio tra Cinque e Seicento», *Cheiron*, 23, 1995, pp. 105-129.

CHAGNIOT, Jean, *Guerre et société à l'époque moderne*, París, Presses Universitaires de France, 2001.

CONTRERAS GAY, José, «Las milicias pecuniarias en la corona de Castilla (1650-1715)», *Studia Historica. Historia Moderna*, 25, 2003, pp. 93-121.

COVINI, Nadia Maria, *L'esercito del duca: organizzazione militare e istituzioni al tempo degli Sforza (1450-1480)*, Roma, Istituto Storico Italiano per il Medio Evo, 1998.

DALLA ROSA, Enrico, *Le milizie del Seicento nello Stato di Milano*, Milán, Vita e pensiero, 1991.

DE CONSOLI, Claudio, *Al soldo del duca: l'amministrazione delle armate sabaude (1560-1630)*, Turín, Paravia scriptorium, 1999.

ESPINO LÓPEZ, Antonio, *Catalunya durante el reinado de Carlos II. Política y guerra en la frontera catalana, 1679-1697*, Barcelona, Universidad de Barcelona, 1999.

FAVARÒ, Valentina, «Dalla *nuova milizia* al *tercio* spagnolo: la presenza militare nella Sicilia di Filippo II», *Mediterranea Ricerche Storiche*, 4, 2005, pp. 235-262.

FENICIA, Giulio, *Il Regno di Napoli e la difesa del Mediterraneo nell'età di Filippo II (1556-1598): organizzazione e finanziamento*, Bari, Cacucci, 2004.

FIMIANI, Enzo, «"Per servizio di nostro signore". Mestiere delle armi e organizzazione militare nell'area dei domini pontifici (1453-1646)», SIGNOROTTO, Gianvittorio (ed.), *La ricerca storica e l'opera di Bandino Giacomo Zenobi*, Urbino, QuattroVenti, 1996, pp. 95-136.

FISSEL, Mark C., *English Warfare 1511-1642*, Londres-Nueva York, Routledge, 2001.

FROST, Robert I., *The Northern Wars. War, State and Society in Northeastern Europe, 1558-1721*, Harlow-Nueva York, Longman, 2000.

GARCÍA GARCÍA, Bernardo José, *La Pax Hispanica. Política exterior del Duque de Lerma*, Lovaina, Leuven University Press, 1996.

GARCÍA HERNÁN, Enrique, *Milicia General en la Edad Moderna. El «Batallón» de don Rafael de la Barreda y Figueroa*, Madrid, Ministerio de Defensa-Secretaría General Técnica, 2003.

GLETE, Jan, *War and the State in Early Modern Europe: Spain, the Dutch Republic and Sweden Fiscal-Military States, 1500-1650*, Londres-Nueva York, Routledge, 2002.

GRILLO, Paolo, «"12.000 uomini, di cui 6000 con lance lunghe e 3000 con pancere e mannaie"». L'esercito milanese agli inizi del Trecento», *Società e Storia*, 116, 2007, pp. 233-253.

HALE, John Rigby, «War and Public Opinion in Renaissance Italy», *Renaissance War Studies*, Londres, Hambledon Press, 1983a, p. 359-387.
— «Printing and Military Culture of Renaissance Venice», *Renaissance War Studies*, Londres, Hambledon Press, 1983b, pp. 429-470.
— *Guerra e società nell'Europa del Rinascimento*, Roma-Bari, Laterza, 1987.
— *L'organizzazione militare di Venezia nel '500*, Roma, Jouvence, 1990.
ILARI, Virgilio, «La difesa dello stato e la creazione delle milizie contadine nell'Italia del XVI secolo», *Studi storico militari 1989*, Roma, 1990, pp. 7-70,
LIGRESTI, Domenico, «L'organizzazione militare del regno di Sicilia (1575-1635)», *Rivista Storica Italiana*, 105, 1993, pp. 647-678.
LYNN, John, *Giant of the Grand Siècle. The French Army, 1610-1715*, Cambridge, Cambridge University Press, 1997.
— *The Wars of Louis XIV, 1667-1714*, Londres-Nueva York, Longman, 1999.
MAFFI, Davide, «Potere, carriere e onore nell'esercito di Lombardia: 1630-1660», RIZZO, Mario y MAZZOCCHI, Giuseppe (eds.), *La espada y la pluma. Il mondo militare nella Lombardia spagnola cinquecentesca*, Viareggio, M. Baroni, 2000, pp. 195-245.
— «Milano in guerra. La mobilitazione delle risorse in una provincia della Monarchia, 1640-1659», RIZZO, Mario, RUIZ IBÁÑEZ, José Javier y SABATINI, Gaetano (eds.), *Le forze del principe. Recursos, instrumentos y límites en la práctica del poder soberano en los territorios de la Monarquía Hispánica*, Murcia, Universidad de Murcia, 2003, vol. I, pp. 345-408.
— «Un bastione incerto? L'esercito di Lombardia tra Filippo IV e Carlo II (1630-1700)», GARCÍA HERNÁN, Enrique y MAFFI, Davide (eds.), *Guerra y sociedad en la Monarquía Hispánica. Política, estrategia y cultura en la Europa Moderna (1500-1700)*, Madrid, Ed. Laberinto-Fundación Mapfre-CSIC, 2006, vol. I, pp. 499-534.
— «Il potere delle armi. La monarchia spagnola e i suoi eserciti (1635-1700): una rivisitazione del mito della decadenza», *Rivista Storica Italiana*, CXVIII, 2006b, pp. 388-439.
— «Nobiltà e carriere delle armi nella Milano di Carlo II (1665-1700)», DATTERO, Alessandra y LEVATI, Stefano (eds.), *Militari in età moderna. La centralità di un tema di confine*, Milán, Cisalpino, 2006c, pp. 127-169.
— *Il baluardo della corona. Guerra, esercito, finanze e società nella Lombardia seicentesca (1630-1660)*, Florencia, Le Monnier Università, 2007.
MAIRE VIGUEUR, Jean-Claude, *Cavalieri e cittadini. Guerra, conflitti e società nell'Italia comunale*, Bolonia, Il Mulino, 2004.
MALLETT, Michael, *Signori e mercenari. La guerra nell'Italia del Rinascimento*, Bolonia, Il Mulino 1983.
MACKAY, Ruth, *The Limits of Royal Authority: Resistance and Obedience in Seventeenth-century Castile*, Cambridge, Cambridge University Press, 1999.
MILLER, John, «The Militia and the Army in the Reign of James II», *Historical Journal*, XVI, 1973, pp. 659-679.

PARKER, Geoffrey, *La rivoluzione militare. Le innovazioni militari e il sorgere dell'occidente*, Bolonia, Il Mulino, 1990.

PEZZOLO, Luciano, «L'archibugio e l'aratro. Considerazioni e problemi per una storia delle milizie rurali venete nei secoli XVI e XVII», *Studi Veneziani*, 7, 1983, pp. 59-80.

— «Le "arme proprie" in Italia nel Cinque e Seicento: problemi di ricerca», FANFANI, Tommaso (ed.), *Saggi di storia economica. Studi in onore di Amelio Tagliaferri*, Pisa, Pacini, 1998, pp. 55-72.

PIERI, Piero, *Il Rinascimento e la crisi militare italiana*, Turín, G. Einaudi, 1952.

RIBOT GARCÍA, Luis Antonio, «El reclutamiento militar en España a mediados del siglo XVII. La "composición" de las milicias de Castilla», *Cuadernos de Investigación Histórica. Seminario Cisneros*, 9, 1986, pp. 63-89.

— «Milano piazza d'armi della Monarchia spagnola», *«Millain the Great». Milano nelle brume del Seicento*, Milán, Motta,1989, pp. 349-363.

— *La Monarquía de España y la guerra de Mesina (1674-1678)*, Madrid, Actas, 2002.

RIZZO, Mario, «Centro spagnolo e periferia lombarda nell'Impero asburgico tra Cinque e Seicento», *Rivista Storica Italiana*, CIV, 1992, pp. 314-348.

— «I cespiti di un maggiorente lombardo del Seicento: Ercole Teodoro Trivulzio e la milizia forese», *Archivio Storico Lombardo*, CXX, 1994, pp. 463-477.

— «Istituzioni militari e strutture socio-economiche in una città di antico regime. La milizia urbana a Pavia nell'età spagnola», *Cheiron*, 23, 1995, pp. 157-185.

— «Milano e le forze del principe. Agenti, relazioni e risorse per la difesa dell'impero di Filippo II», *Felipe II (1527-1598). Europa y la Monarquía Católica*, vol. I: *El Gobierno de la Monarquía (Corte y Reinos)*, Madrid, Parteluz, 1998, pp. 731-766.

ROGERS, Clifford J. (ed.), *The Military Revolution Debate*, Boulder (C.O.), Westview Press, 1995.

SETTIA, Aldo A., *Comuni in guerra. Armi ed eserciti nell'Italia delle città*, Bolonia, CLUEB, 1993.

SIGNOROTTO, Gianvittorio, «Aristocrazia italiane e monarchia cattolica nel XVII secolo. Il "destino spagnolo" del duca di Sermoneta», *Annali di Storia Moderna e Contemporanea*, II, 1996, pp. 57-77.

— «Guerre spagnole, ufficiali lombardi», BILOTTO, Antonella, DEL NEGRO, Piero y MOZZARELLI, Cesare (eds.), *I Farnese. Corti, guerra e nobiltà in antico regime*, Roma, Bulzoni, 1997, pp. 367-396.

— *Milano spagnola. Guerra, istituzioni, uomini di governo*, Florencia, Sansoni, 2001.

SPAGNOLETTI, Angeloantonio, *Principi italiani e Spagna nell'età barocca*, Milano, Mondadori, 1996.

STORRS, Christopher, «The Army of Lombardy and the resilience of Spanish Power in Italy in the Reign of Charles II (1665-1700)», *War in History*, 4, 1997, pp. 371-397.

— y SCOTT, Hamish M., «The Military Revolution and the European Nobility, c. 1600-1800», *War in History*, 3, 1996, pp. 1-41.

STOYE, John, «Gli eserciti e le flotte. Militari e civili», BROMLEY, J. S. (ed.), *Storia del Mondo moderno*, vol. VI: *L'ascesa della Gran Bretagna e della Russia 1688-1713/1725*, Milán, Garzanti, 1982, pp. 913-943.

TALLETT, Franck, *War and Society in Early-Modern Europe, 1495-1715*, Londres-Nueva York, Routledge, 1992.

VISCONTI, Alessandro, *La pubblica amministrazione nello Stato di Milano durante il predominio straniero (1541-1796)*, Pavía, 1911.

VIVANTI, Corrado, «"Iustitia et armi" nell'Italia di Machiavelli», BARBERIS, Walter (ed.), *Storia d'Italia. Annali*, vol. 18: *Guerra e pace*, Turín, G. Einaudi, 2002, pp. 337-365.

WIJN, J. W., «Le forze armate e la condotta della guerra», COOPER, J.P. (ed.), *Storia del mondo moderno*, vol. IV: *La decadenza della Spagna e la guerra dei Trent'anni (1610-1648/59)*, Milán, Garzanti, 1982, pp. 229-256.

WHITE, Lorraine, «Los tercios en España: el combate», *Studia Historica. Historia Moderna*, 19, 1998, pp. 141-167.

— «Estrategia geográfica y fracaso en la reconquista de Portugal por la monarquía hispánica 1640-1668», *Studia Historica. Historia Moderna*, 25, 2003, pp. 59-91.

WOOD, James B., *The King's Army. Warfare, Soldiers and Society during the Wars of Religion in France, 1562-1576*, Cambridge, Cambridge University Press, 1996.

IX. DEFENDER LA PATRIA Y DEFENDER LA RELIGIÓN: LAS MILICIAS URBANAS EN LOS PAÍSES BAJOS ESPAÑOLES, 1580-1700[1]

Manuel Herrero Sánchez
Universidad Pablo de Olavide de Sevilla
José Javier Ruiz Ibáñez
Universidad de Murcia

Introducción

En una detallada carta de 1596 el cardenal-archiduque Alberto de Austria escribió a su tío, el enfermo Felipe II, relatándole la recepción que le había dado la villa de Bruselas. Al llegar encontró «les serments de la dite ville et grande partie des bourgeois sortis aux champs en armes, enseignes déployées, faisant les salves et demostrations de joie accoustummés comme aussi fait le magistrat son devoir en la porte donnant l'artillerie et sonnant les cloches»[2]. Este recibimiento no resultaba ni ocioso ni extraño. El nuevo gobernador actuaba como representante del soberano de los Países Bajos, y consecuentemente duque de Brabante, por lo que su entrada en la ciudad actualizaba el momento en que el príncipe visitaba una urbe y reafirmaba los lazos con sus súbditos. Ya que en la *Joyeuse Entrée-Vlijde Inkomste* el príncipe juraba el respeto a los privilegios locales, la recepción adquiría un fuerte valor jurídico y también un alto significado simbólico. La ciudad literalmente se desplegaba para mostrar su sumisión desde la fuerza evocando una relación política que, aunque no era de igualdad, estaba fundada en la confianza mutua y el respeto de las diversas parcelas de poder[3].

---

[1] Por lo que respecta a José Javier Ruiz Ibáñez este trabajo se ha realizado en el marco del proyecto de investigación «"Par le ministère de la saincteté du pape & du Roy Catholique" Los católicos radicales franceses, la Liga y la Monarquía Hispánica (1585-1610)» (HUM2005-04125). Por lo que respecta a Manuel Herrero Sánchez el trabajo se enmarca en los estudios comparativos sobre republicanismo en la Edad Moderna insertos en el proyecto de investigación «Una república mercantil en una Europa de príncipes. Naturaleza y transformaciones del agregado imperial hispano-genovés (1528-1700)» (HUM2006-10206).

[2] AGR/AR A 205, marzo de 1596, Bruselas, el archiduque Alberto a Felipe II.

[3] Algunos ejemplos de las entradas del futuro Felipe II, aún príncipe, en las ciudades de los Países Bajos en LAGEIRSE, 1959; MEADOW, 1998; DEVLIEGHER, 1999. Fue sobre

La llegada de Alberto fue un buen momento para que las diversas instancias que se repartían el poder en el Flandes hispánico se hicieran presentes. La gran nobleza local con el duque de Arschot a la cabeza, los miembros de la administración *regia* liderados por el gobernador saliente conde de Fuentes y el magistrado municipal bruselense buscaron ocupar el lugar que les correspondía en una comitiva cuya variedad era una muestra elocuente de los múltiples poderes, apoyos y equilibrios que aunaba un régimen tan polícromo. La presencia de la milicia de Bruselas era cualquier cosa menos un simple hecho retórico o un vestigio de otros tiempos mejores de la vida municipal. La fuerza desplegada por los burgueses de Bruselas era considerable, tanto en lo que se refiere a su número como a la proporción respecto al total de la población de la urbe[4]. Se trataba de una ciudadanía armada que tanto el gobierno de la Monarquía como sus enemigos habían de tener en cuenta. Era una población disciplinada, y no sólo en sentido militar, en el seno de una sociedad urbana que, consciente de sus privilegios, reconocía al rey como su soberano, pero que distaba mucho de ser un mero espacio de conquista militar por parte del ejército de Flandes.

El tópico tradicional es que la vida urbana entró en decadencia política bajo un régimen de ocupación de los Países Bajos sometidos por las fuerzas profesionales del rey católico. Sin embargo, semejante planteamiento no resiste la imagen de las corporaciones militares municipales que seguían controlando sus ciudades y que, de hecho, jugaron un rol fundamental en la supervivencia del régimen en las décadas de 1590 y 1630. Al igual que en otras fronteras de la Monarquía Hispánica en los Países Bajos correspondió a las fuerzas locales, y provinciales, su propia autodefensa, por lo que fue preciso mantener, alimentar y desarrollar medios de relación entre la población local, las instituciones que las sustentaban y el poder soberano.

La atención prestada por la historiografía a la presencia del ejército profesional de la Monarquía en Flandes[5] ha reducido el interés por otras

---

todo con la llegada de Alberto e Isabel Clara Eugenia como soberanos, y con motivo del recorrido que hicieron de sus señoríos para ser jurados como príncipes, cuando las entradas recuperaron gran parte de su sentido identitario, véanse por ejemplo, HOUDOY, 1992 y RUIZ IBÁÑEZ, 2003, p. 40.

[4] La misma anécdota es contada por ROCO DE CAMPOFRÍO, 1973, pp. 80-81: «[Alberto] fue caminando la vuelta de la villa, y a poco trecho que anduvo halló un buen escuadrón de infantería de 15 vanderas, todas de la milicia ordinaria de Bruzellas, muy llenas y pobladas de soldados, que por lo menos tenía cada una más de doszientos. Repartiose este escuadrón en tres tropas muy luçidas de gala y plumages, que iban delante de su Alteza haçiendo grandes salvas de arcabuçería a que correspondía la de la artillería de la villa...»; este mismo autor consideraba que la villa de Bruselas contaba con entre nueve y diez mil casas.

[5] Desde la seminal obra de PARKER, 1986, p. 85, a los más recientes trabajos de ALBI DE LA CUESTA, 1999 o ESTEBAN ESTRÍNGANA, 2002 y 2005.

formas de participación militar más tradicionales, pero quizá no menos importantes. La persistencia de las milicias traslucía que el poder del rey católico, o de los Archiduques, no se fundamentó sólo en la conquista y la coerción, sino que radicó igualmente, y de manera fundamental, en la construcción de un medio político local favorable. En el fondo, los burgueses de Bruselas que franqueaban su ciudad al nuevo gobernador mostraban que Alberto, y el régimen que presidía, contaba con el apoyo activo de una población urbana que a través de un proceso muy complejo había llegado a identificar su propio orden político con la subsistencia del poder regio. Los procesos políticos –la Revuelta, la guerra civil y la Reconquista– que vivió el Flandes ibérico entre 1566 y 1590[6] forzaron, eso sí, a transformar las viejas fuerzas municipales, como las ciudades de las que dependían, en un nuevo sentido de urbe y de servicio que asumía tanto una preeminencia arbitral del soberano como la propia definición confesionalmente excluyente del cuerpo de ciudadanos[7]. Fue ahí, y en la articulación ulterior con la Monarquía de los Habsburgo, donde se terminó por re-definir un modelo septentrional de milicia urbana.

Países Bajos borgoñones... y católicos

La evolución de las milicias en el siglo XVI partía de la competente organización militar ciudadana existente en los territorios que se unieron bajo la autoridad de los duques de Borgoña a fines de la Edad Media[8]. Las grandes urbes, sobre todo pero no sólo del condado de Flandes, hicieron frente con variado éxito a los intentos de los reyes de Francia, de sus señores naturales y de la nobleza local por controlarlas. Al mismo tiempo, dentro de las propias ciudades existía una continua conflictividad entre los diversos estamentos y corporaciones por dominar la política local. Las rebeliones fueron hechos frecuentes: tanto cuando se organizaban contra el soberano (la *gran* tradición) como cuando tenían un componente de lucha por el poder municipal (la *pequeña* tradición)[9],

---

[6] Sobre el desarrollo político de los Países Bajos en el período de los Habsburgo españoles en castellano se cuenta con las síntesis de PARKER, 1989, ECHEVARRÍA BACIGALUPE, 1998, o HERRERO SÁNCHEZ, 2000 y 2005; y la reciente recopilación de trabajos de CRESPO SOLANA/HERRERO SÁNCHEZ, 2002.

[7] Los trabajos sobre la historia cultural de la Reconquista católica de Flandes (de los que quizá los más significativos son PASTURE, 1925, y LOTTIN, 1984) no han prestado un interés particular a la milicia como generadora de identidades tras la rebelión. Sin embargo, es preciso considerar la función de ésta dentro del marco genérico del desarrollo de una nueva forma de corporativismo urbano contrarreformista en el siglo XVII.

[8] AUTENBOER, 1993, p. 4; KNEVEL, 1994, pp. 18-24.

[9] BOONE/PRAK, 1995; BLOCKMANS, 1988, 1990 y 1998.

las revueltas se sustentaron en la capacidad para movilizar la suficiente fuerza militar. Para ello se activaban solidaridades fundadas en la pertenencia a corporaciones profesionales, en la proximidad de la residencia y/o en la existencia de culturas políticas propias que, al mismo tiempo que impulsaban un cierto republicanismo urbano[10], bloqueaban su desarrollo al insistir en la exclusividad de su representación.

En los Países Bajos el peso político de las ciudades fue particularmente importante. Tras la derrota de Carlos el Temerario en Nancy en 1477, las urbes, sobre todo Gante, pudieron imponer sus condiciones al débil gobierno de Maximiliano y María de Borgoña[11]. La normalización del gobierno de los Habsburgo y la inclusión de los Países Bajos en el entramado de la Monarquía Hispánica restó cierto protagonismo a las ciudades en la defensa del territorio durante la primera mitad del siglo XVI. Carlos V disponía de una gran capacidad financiera que permitió a sus ejércitos profesionales soportar el peso principal de la guerra. Este cambio de equilibrio entre el soberano y las ciudades también se hizo evidente en política interior. El gobierno del César apostó por apoyar el poder de los patriciados locales en detrimento de los más inestables gobiernos gremiales o populares[12] y estuvo en condiciones de reprimir sin contemplaciones la revuelta de Gante (1537-1540)[13]. De este modo, el monarca lograba ejercer un cierto control sobre los cada vez más poderosos Estados Provinciales que, como ha señalado Tracy, tuvieron un ritmo de convocatoria sin parangón entre el resto de los organismos representativos europeos en detrimento de los Estados Generales[14].

---

[10] Sobre los orígenes del republicanismo urbano en Flandes, v. BOONE, 1997 y TILMANS, 2002.

[11] POTTER, 1992, cap. 1. Jonathan Israel ofrece un interesante paralelismo entre dicho período revolucionario y la revuelta contra Felipe II a partir de 1566. En ambos casos, la fuerte presión fiscal para hacer frente al conflicto con Francia, la violación de los privilegios, los intentos centralizadores y la presencia de tropas extranjeras actuaron como catalizadores. Ahora bien, a finales del siglo XVI existían una serie de elementos diferenciadores que facilitaron el triunfo de la protesta: la difusión de la reforma religiosa sirvió de aglutinante; la revuelta contó con el apoyo de la elite nobiliaria y estuvo encabezada por una de las principales casas, la de los Nassau; por último, el protagonismo adquirido, a partir de 1572, por la más homogénea provincia de Holanda frente a los constantes altercados por el liderazgo existentes entre las ciudades de Flandes y Brabante que habían protagonizado los conflictos hasta el momento; ISRAEL, 1995, pp. 30-31.

[12] Un caso especialmente significativo es el de la villa de Tournai por ser nueva incorporación a los dominios de los Habsburgo. En 1521 tras un asedio por parte del ejército imperial del conde de Grave, la rendición de la plaza fue decidida por sus 36 *bannières* que aceptaron reconocer a Carlos V como señor a cambio del respeto de los privilegios municipales. Pese a esta sumisión colectiva, en la nueva carta de privilegios dada por el César se eliminó la presencia del artesanado en el ayuntamiento; HOCQUET, 1906, pp. 41-47 y 63 *ss.*

[13] BOONE, 2005, pp. 22-23.

[14] TRACY, 1985 y 1990; KOENIGSBERGER, 2001.

La búsqueda de estabilidad política se inscribía en el viejo deseo de los duques de Borgoña por reafirmar su presencia en las ciudades, para lo cual era necesario incrementar su derecho de injerencia dentro de las villas reduciendo el recurso a la violencia colectiva ejercida por las corporaciones o por los propios magistrados. Por ello, los príncipes reclamaron la autoridad última sobre la gestión urbana, y particularmente gremial, de la violencia. Tradicionalmente el conflicto se apoyaba en una serie de elementos simbólicos que afirmaban la autonomía organizativa de la burguesía, tales como el derecho a convocar a la milicia a rebato con campanas y la propiedad de los estandartes bajo los que se encuadraba (*bannières*)[15]. En estas circunstancias, más que ejercer el monopolio del uso de la violencia, lo que buscaron los soberanos fue restaurar su legitimación, afirmando que la acción de la burguesía armada sólo era legal como expresión de la voluntad eminente del soberano. A fin de cuentas, el emperador no estaba en condiciones de desconocer la importancia militar de las ciudades, ya que el entramado militar Habsburgo en Flandes, pese a la modernización de sus defensas[16] y a la presencia de las siempre inestables tropas reales, seguía dependiendo en gran parte de las posibilidades defensivas de la propia población. No hay que olvidar que detrás del escenario presidido por los grandes ejércitos, la guerra de la primera mitad del siglo XVI siguió teniendo un fuerte carácter de *guerre guerroyante*. Sobre todo en la zona de frontera, las devastadoras incursiones de tropas más o menos irregulares seguían siendo la norma[17] y el gobierno central carecía de los medios para hacer frente a tal inseguridad. Tanto la defensa de las villas como el control del campo reposaban en gran medida en los burgueses y campesinos armados para la ocasión.

La organización de las fuerzas municipales a mediados del siglo XVI se apoyaba en general en la prolongación de las formas organizativas de la Baja Edad Media. La base de la milicia solía consistir en una serie de compañías fundadas sobre la adscripción territorial (parroquias, barrios o, incluso, burgos) o profesional (gremios, *gilden* o *serments*). El ejercicio de las armas iba por lo tanto ligado al de los derechos de burguesía y era un potente instrumento para confirmar solidaridades corporativas preexistentes o construirlas desde abajo[18]. En este sentido, la organización territorial y la gremial mostraban dos formas de entender la ciudad como corporación política o corporación de corporaciones políticas.

---

15 BOONE, 2005, p. 33.
16 PARISEL, 2002.
17 POTTER, 1993, especialmente capítulo VI.
18 «The strength of the civil militias, therefore, did not reside primarily in the sphere of military defence or the maintenance of public order. The militias were, first and foremost, an expression of civic solidarity»; PRAK, 2005, p. 157.

Ante la importancia política que tenían, o podían llegar a tener, las milicias, las autoridades municipales se veían en la obligación de velar por garantizar que su composición las hiciera plenamente fiables. En suma, quien dispusiera de una fuerza armada competente podría mantener la hegemonía en la ciudad. Los conflictos violentos por el control del poder urbano en la Baja Edad Media delinearon bien el paralelismo, por lo demás clásico, entre servicio de armas y derecho de ciudadanía; del primero quedaron excluidos aquellos habitantes, del casco urbano o de su territorio colindante, que no fuesen reconocidos como *burgueses* y que podían ser vistos como una amenaza para la corporación urbana. Por supuesto, en caso de guerra y de refugio de poblaciones campesinas intramuros se podían formar unidades de complemento[19] aunque éstas eran posiblemente una forma de encuadrar –en general para tareas de reconstrucción de la muralla– y de disciplinar a una población en principio sospechosa.

El dispositivo defensivo de las villas se complementaba con la aparición de una serie de sociedades juramentadas de tiradores que en la práctica eran compañías privilegiadas, denominadas generalmente *serments*, *schuttersgilden* o, simplemente, *gilden*, sin que haya que confundirlas necesariamente con los gremios. Se trataba de unidades colocadas bajo una advocación determinada y con un número limitado de miembros. Sus integrantes, a cambio de gozar de exenciones, se comprometían a adquirir armamento moderno (arcos, ballestas y, posteriormente, armas de fuego) y a tener un grado de entrenamiento mayor del ordinario[20]. De esta forma se lograba, al menos en teoría, disponer de una elite de combatientes cuya relación con el príncipe era en teoría más próxima.

La obligación de estas milicias era mantener el control de las villas, proteger la muralla, vigilar las puertas y realizar la guardia de la ciudad (el *guet*). No hay que olvidar que en la mayor parte de las localidades no había guarniciones profesionales, salvo si se temía un ataque inminente o si la ciudad estaba excesivamente expuesta, por lo que se trataba de un sistema de autoprotección solidaria. Junto a ellas, las fuerzas del príncipe se limitaban, en la mayoría de los casos, a ocupar los castillos o las ciudadelas desde los que su señor vigilaba y protegía la ciudad[21]. Las obligaciones de las milicias no sólo se reducían a la cintura defensiva de

---

[19] RUIZ IBÁÑEZ, 2003, pp. 134-135.

[20] Ante las necesidades militares estas instituciones estuvieron en expansión, siempre limitada por su propia naturaleza privilegiada, a lo largo del siglo XV. La tabla que presenta KNEVEL, 1994, p. 34, para diversas localidades de Holanda muestra cómo el peso demográfico de los integrantes de las *schuttergilden* respecto al total de la población creció entre un 50% y un 100% durante este período. Tendencia que también se percibe en otros territorios de los Países Bajos como Cambrai; RUIZ IBÁÑEZ, 2003, pp. 38-39.

[21] VAN DEN HEUVEL, 2002.

sus ciudades sino que, en muchas ocasiones, debían hacerse también cargo de la guarnición de fuertes sobre el terreno o realizar acciones de apoyo a las tropas regulares[22].

Entre los múltiples factores de crisis de las grandes Monarquías católicas occidentales durante la segunda mitad del siglo XVI (la rebelión de Flandes y las guerras de Religión en Francia[23]) se encuentra el malestar acumulado en el seno de las elites urbanas ante la creciente intervención arbitraria de la autoridad real en la esfera local. Cuando el poder regio entró en descomposición, la reacción de los ayuntamientos se centró en el intento por recuperar el pleno control de la milicia restaurando la situación ideal que había precedido a la consolidación del poder bajo Carlos V[24]. Un control necesario para una época de desórdenes, ya que las milicias eran el principal instrumento de fuerza dentro de las villas.

Los desencuentros entre el gobierno central deseoso de perseguir la herejía y los patriciados locales se acumularon desde la década de 1540[25]. Entre 1564 y 1566, frente a la agitación iconoclasta, las fuerzas municipales se dividieron: en ciudades como Ypres, Tournai o Valenciennes los protestantes organizaron su propia fuerza paramilitar[26], mientras que otras se negaron a articular la represión contra los iconoclastas o a perseguir a los reformados[27]. Sólo en algunas ocasiones, como ocurrió en Nimega bajo el sólido liderazgo del jesuita Petrus Canisius[28], los católicos se movilizaron con éxito para resistir las agresiones contra sus templos. Las milicias –la burguesía armada– resultaron decisivas en los años que siguieron. Las autoridades municipales se apoyaron en general en ellas para declararse en contra del poder real y, a veces, las propias mili-

---

[22] RUIZ IBÁÑEZ, 1997, p. 60.

[23] Pese a las grandes posibilidades que existen para realizar una historia comparada o integral de los desórdenes políticos en ambos territorios, la producción sigue siendo, hasta el momento, limitada. Destacan trabajos como los editados por BENEDICT et al., 1999, sin olvidar la aproximación de POLLMAN, 2006, a los fenómenos de movilización católica a mediados de la década de 1560 que constituye una prueba del creciente interés sobre estas temáticas y sus posibilidades de interpretación.

[24] BOONE, 2005, p. 33.

[25] La represión de la herejía había dado buenos ejemplos de la disputa sobre el control de las milicias, y de las compañías privilegiadas, entre el poder central y las municipalidades. No se trataba de un asunto menor, ya que en el fondo se estaba discutiendo hasta dónde llegaba la autoridad regia dentro de las localidades; sirva de ejemplo el conocido caso del proceso del predicador Paul Chevalier en Lille en 1564, cuando, por un conflicto de jurisdicciones, el ayuntamiento ordenó a las confraternidades militares (de arcabuceros, ballesteros y arqueros) no prestar ayuda a las autoridades reales para mantener el orden público, comisión que fue revocada por la gobernadora Margarita de Parma; DUPLESSIS, 1991, pp. 39-40.

[26] MARNEF, 1999, p. 54.

[27] KNEVEL, 1994, cap. II.

[28] POLLMANN, 2006, pp. 105-106.

cias llegaron a provocar la sublevación derribando a un magistrado demasiado complaciente con la política del gobernador general y uniendo, de este modo, en su acción la «gran» y la «pequeña» tradición de las rebeliones[29].

En el conflicto con las tropas regias, las fuerzas movilizadas por los Estados Provinciales estuvieron compuestas por dos tipos bien distintos de combatientes. El ejército de campo lo conformaban regimientos de voluntarios extranjeros y de mercenarios reclutados en otras Provincias o en los territorios del Imperio. La defensa de las ciudades, por su parte, seguía estando encomendada a las milicias locales, purgadas, eso sí, de los elementos más sospechosos de fidelidad al rey, aunque, en ocasiones, contaron con el sostén de tropas capaces de asegurar la autoridad de los Estados[30]. Ni unos ni otros estaban a la altura de los profesionales del Ejército de Flandes, pero eran capaces de dotar al movimiento insurreccional de una fuerza de la que carecían los diversos gobernadores generales que no podían disponer, por su parte, de cuerpos armados desplegados en todo el territorio. Los milicianos podían ser unos mediocres combatientes en campo abierto, pero eran extremadamente eficientes a la hora de defender sus hogares y sus familias tras los sistemas de murallas y canales que protegían la práctica totalidad de las ciudades del extendido tejido urbano de los Países Bajos. La propia brutalidad de las fuerzas regias, y la tradicional emulación entre los profesionales y las poblaciones civiles, hizo que los burgueses en armas fuesen capaces de cerrar el paso a las tropas españolas. Si el ejército de Felipe II concentraba sus recursos contra una ciudad podía llegar a tomarla, pero sólo tras un largo y prohibitivo asedio y a costa de desatender otros frentes. Por el contrario, las fuerzas de los denominados *rebeldes* eran omnipresentes por la sencilla razón de que se trataba de los propios habitantes armados que luchaban por la defensa de su ciudad[31].

---

[29] GRAYSON, 1980, pp. 55-58; KNEVEL, 1994, pp. 82-87 ; MARNEF, 1999, pp. 61-63.

[30] Si en Bruselas el concurso de las tropas de los Estados fue necesario para inclinar la balanza a favor de éstos, en Amberes, donde la defensa de la ciudad correspondía a la guardia burguesa (*burguerwacht*) y a las *shuttersgilden,* el gobierno reformado de la ciudad reemplazó en 1579 a los capitanes católicos por protestantes; MARNEF, 1999, p. 67. Las milicias eran la expresión armada de una ciudad jerarquizada, por lo que su composición debía traslucir el proyecto de sociedad ideal que se estaba construyendo. En este sentido el caso de la villa de Tournai es elocuente. Bastión de los Estados del Sur ante el avance de Alejandro Farnesio, tres días después de que éste sitiase la ciudad en 1581 las milicias fueron purgadas de todo posible miembro católico y, *consecuentemente*, sospechoso de querer rendir la plaza. Del mismo modo, en la defensa contra las tropas reales destacaría Nicolas Plucquet, capitán de una compañía urbana y calvinista convencido; HOCQUET, 1906, pp. 236-239.

[31] Basta con citar un ejemplo entre tantos: el 4 de junio de 1572, una tentativa de las fuerzas reales por tomar Baupame concluyó, tras un feroz combate, con la muerte a

La década de 1572-1582 resultó especialmente dura y conflictiva. La prolongación del conflicto y las ambigüedades en el seno de las fuerzas que se oponían a los delegados reales repercutieron de forma dramática en los gobiernos locales. A un confuso marco político marcado por la existencia de múltiples fidelidades (orangistas, malcontentos, partidarios del archiduque Matías e incluso, algunos, del duque de Anjou) venía a sumarse el estallido de una tensión creciente entre calvinistas radicales y sectores católicos cada vez más alarmados por la rápida expansión de la Reforma. Ante la desintegración del poder real que se hizo evidente a partir de 1575-1576, en el campo de los Estados la rebelión contra el príncipe corrió en paralelo con un turbulento conflicto por el control del poder en el seno de las ciudades. Las minorías reformadas, mucho más firmes a la hora de mantener la insumisión con respecto a la corona, desconfiaban de malcontentos y católicos a quienes veían como poco fiables por lo que, en ciudades como Gante o Brujas[32], los desplazaron de los gobiernos municipales al tiempo que se instauraban verdaderas repúblicas calvinistas. La restricción del culto católico y la subversión del orden social fueron presentadas por las burguesías católicas del sur de los Países Bajos como un augurio del desolador futuro que les esperaba en caso de continuar la revuelta.

El desarrollo de la tensión social, la inestabilidad política y las desastrosas consecuencias de la guerra forzaron un cambio de situación en el que las milicias ejercieron de nuevo un papel protagonista. Los triunfos militares de Alejandro Farnesio y las crecientes deserciones hacia el campo realista incrementaron la tensión entre los coaligados. El desarrollo de las negociaciones entre el nuevo gobernador general y las Provincias del sur terminó por dar un tinte cada vez más confesional a la rebelión, al considerarse que tan sólo los reformados podrían ser fiables frente al gobierno central. Los sucesivos acuerdos logrados por Parma con las ciudades católicas, que cristalizaron en la Unión de Arras[33], se erigieron sobre profundas tensiones locales. Los representantes de los Estados intentaron bloquear la sumisión de las villas al rey derribando los gobiernos locales y argumentando que se trataba de una rebelión política y no de un movimiento de cariz confesional. Ahora bien, frente a ellos encontraron unos cuerpos municipales que, a diferencia de lo que había ocurrido durante la década de 1560, estaban ahora dispuestos a actuar por la salvaguarda de la vieja religión.

---

manos de la burguesía local encabezada por su *mayeur*, del capitán encargado de capturarla. Además, para reforzar la ciudad se envió desde Arras un fuerte contingente de milicianos; LANGLEBERT, 1883, p. 62; RODIÈRE, 1946, p. 118.

[32] MARNEF, 1999, pp. 65-67.

[33] WANEGFFELEN, 2002.

Era la reacción católica ante lo que se veía como una agresión protestante en toda regla[34].

En los procesos de sumisión al rey, y al igual que había ocurrido durante la rebelión contra Felipe II, el control de las milicias, la principal fuerza armada sobre el territorio, resultó decisivo. Para aquellos ayuntamientos que desconfiaban de los Estados los cuerpos de ciudadanos armados eran un contrapeso fundamental para ejercer un control efectivo sobre sus ciudades frente a las tropas profesionales orangistas, al menos hasta la llegada de los hombres del duque del Parma. Para que esto fuera posible era necesario que las magistraturas y los grupos sociales que las sostenían mantuvieran un contacto fluido con las compañías armadas, pues un magistrado fuerte sostenido por una población encuadrada resultaba un rival formidable. Como se puso de manifiesto cuando hubo que definirse a favor de los Estados o de la reconciliación con Felipe II, en caso de división política las milicias tenían un enorme potencial para decantar la situación hacia una u otra opción.[35]. Años después, en 1595, la capacidad de decisión de los cuerpos armados alcanzó su máxima expresión en Cambrai cuando las milicias expulsaron a la guarnición profesional y permitieron la entrada de las tropas españolas que asediaban la plaza dando comienzo a un proceso que culminó con la elección del rey de España como soberano[36].

Se trataba de un movimiento que trascendió al propio patriciado y que reposaba en la existencia de una población fiel a la fe romana articulada a través de una movilización cada vez más activa, sólo en parte clerical. Al disponer de la fuerza militar más capacitada para controlar el orden intramuros, las burguesías católicas se hicieron con la hegemonía en las ciudades con relativa facilidad y pudieron consumar sin problemas su nuevo pacto con el poder español[37]. De forma paradójica, las mis-

---

[34] Movilización urbana que buscaba la restauración de la unidad corporativa a través de la intolerancia religiosa activa (nacida de la defensa ante las agresiones protestantes en muchos casos de origen externo a la propia patria natural) y que requería la recuperación del control de las milicias. Esta tendencia fue similar y simultánea en todo el espacio urbano que abarcaba desde la zona de los Grandes Ríos hasta la cuenca del Sena e incluso más allá. Los ejemplos de París (DESCIMON, 1987 y 1993) o Amiens (CARPI, 2005, pp. 19ss., 77, 11, 129, 144, 171 y 183) son elocuentes. Estaríamos en presencia de un mismo fenómeno pero desarrollado en un contexto diferente al flamenco y con resultados inversos. Ante la imposibilidad de pactar con su rey, los radicales católicos franceses instrumentaron su hegemonía sobre las milicias no sólo para expulsar a los reformados o proteger sus ciudades sino también para sublevarse contra su monarca en lo que fue la fase final de las guerras de Religión.

[35] PARKER, 1989, pp. 186-187.

[36] RUIZ IBÁÑEZ, 2003, cap. 2.

[37] Uno de los casos más conocidos fue el golpe de mano de las milicias de Arras para garantizar la autonomía de la ciudad frente a las tropas de los Estados.

mas milicias que poco antes se habían opuesto a la autoridad de Felipe II eran ahora las encargadas de garantizar la preservación de su poder.

La organización de la milicia urbana tras la rebelión de Flandes y durante el gobierno de los Archiduques

Entre 1587 y 1594 se detuvo el avance militar español. El sur católico había sufrido una considerable pérdida de población por la migración voluntaria y por las expulsiones de reformados[38]. La tolerancia temporal hacia los protestantes tenía un sentido claramente táctico que no afectaba al designio político de buscar una homogeneidad religiosa[39]. Ser católico era oponerse a la expansión armada del protestantismo y al desorden social, y para hacerlo la única vía era la alianza con el rey de España.

Los veinte años que siguieron al fracaso de la Armada Invencible vieron muy comprometidas las posiciones reales. Los puestos que los holandeses conservaban en el sur (Ostende y Hulst) servían para que sus tropas o unidades irregulares (*vrijbuiters*)[40] corrieran el país. En 1600, Mauricio de Nassau desembarcó en Flandes y derrotó sin paliativos al ejército del archiduque Alberto en la batalla de Las Dunas. En la frontera meridional, la guerra con Francia entre 1595 y 1598 incrementó aún más la presión debida a las sucesivas incursiones de las tropas de Enrique IV y al recrudecimiento de la guerra irregular[41]. Pese a estas amenazas el régimen español salió bastante bien parado y, con muchas dificultades, logró mantenerse. No fue sólo un éxito político y militar para el rey de España, sino también para sus aliados locales. De hecho, si los Países Bajos católicos habían soportado la presión fue gracias a la participación activa de las instituciones militares tradicionales en la defensa. La nueva sociedad, que nacía como fruto de una guerra civil, se iba a enfrentar a invasores que ya no eran los soldados del rey católico, por mucho que sus extorsiones siguieran siendo muy molestas, sino los franceses (enemigos *hereditarios*[42]) y holandeses. Los saqueos de los *vrijbui-*

---

[38] Frihoof, 1998; Wanegffelen, 2002, pp. 63-67.

[39] Todo ello dentro del programa de persecución general de la herejía; v. Goosens, 1997, pp. 125 *ss.*

[40] Vos, 1957.

[41] Ruiz Ibáñez, 2002.

[42] *Recueil historique de Jean Hendricq, bourgeois de Saint-Omer, depuis l'an 1594 jusqu'à l'an 1605*, 3 vols., vol. I, BMStO, ms. 808. Desde el período borgoñón la identidad urbana de las villas del sur de los Países Bajos estaba construida en parte en su enfrentamiento contra los franceses. Es bien conocida la cita del diario de Simon Le Boucq sobre el sitio de 1656 referido a la nación francesa «ne gardait ni foi, ni loi, n'usant que de pur libertinage et vivant en athée»; Guignet, 1978, p. VI.

ters eran además la *prueba* elocuente de la naturaleza desordenada, agresiva y destructora de la nueva religión que había traído la división y la guerra al País Bajo[43].

La implicación activa de las poblaciones locales a través de sus milicias en la salvaguarda de sus propias ciudades era a la vez una expresión del miedo lógico a la conquista militar y una apuesta por mantener y prolongar el régimen español. Una participación más que necesaria, pues la defensa de gran parte de las villas recaía de manera exclusiva entre las manos de sus burguesías armadas. La resistencia frente a las diversas *sorpresas* intentadas era la prueba palpable del grado de funcionamiento, cohesión y eficiencia que aún conservaban los milicianos en defensa de su *patria natural*. El punto culminante se produjo en 1595 cuando las milicias de Amberes y Malinas fueron capaces de rechazar a las tropas profesionales holandesas que acababan de conquistar la villa de Lier[44]. Pero no se trató del único hecho destacado de las fuerzas urbanas: en 1594 rechazaron con éxito en Saint-Omer una escalada francesa sobre la villa[45] y, dos años después, la milicia de Arras pudo enorgullecerse de haber resistido al mismísimo Enrique IV en su intento de tomar la ciudad[46]. Ante el avance neerlandés en las campañas previas a la Tregua de los Doce Años las milicias de ciudades como Bois-le-Duc resultaron un aliado decisivo para el gobierno de Bruselas. Las villas además podían enviar a sus compañías milicianas a realizar toda una serie de tareas subalternas para el ejército, oponerse a las incursiones de los *vrijbuiters*[47] o garantizar puestos defensivos frente a los devastadores efectos de la guerra irregular. En otros casos, las ciudades, para ahorrar peligros a sus burgueses, contrataban unidades militares profesionales. El período de los Archiduques (1598-1621) terminó por consolidar la imagen que de sí mismas estaban construyendo las poblaciones como sociedades ordenadas en un corporativismo fuertemente ritualizado.

El gobierno era consciente de que tanto las potencialidades políticas de la milicia como las fuerzas militares reunidas en Flandes, por muy formidables y costosas que fueran, no resultaban suficientes para garantizar la seguridad del territorio. En términos puramente tácticos se esperaba que las fuerzas pagadas por las provincias (las milicias urbanas y los sistemas de autoprotección campesinos) garantizaran, como en las otras

---

[43] La presentación de una cronología de la agresión reformada en los Países Bajos es el centro del calendario conmemorativo de SAILLY, 1590, parte I; un libro construido precisamente para dar un fuerte sentido religioso a la guerra contra la herejía.

[44] RUIZ IBÁÑEZ, 1997.

[45] DESCHAMPS DE PAS, 1855.

[46] GUESNON, 1907.

[47] El ejemplo de la villa de Malinas en RUIZ IBÁÑEZ, 1997. Sobre los antecedentes políticos de su elite, v. MARNEF, 1984.

fronteras de la Monarquía, la defensa de las ciudades y aldeas frente a incursiones de pequeña y mediana escala, al menos el tiempo que las tropas reales acudieran a socorrerlas. A fin de cuentas, dentro de la lógica de delegación de la Monarquía, los privilegios de que gozaban estaban directamente relacionados con el servicio que debían dar. También se esperaba que las milicias actuaran como subalternas de las tropas regias protegiendo convoyes y reforzando, en caso necesario, al ejército. Debían asimismo garantizar la justicia real y el orden en el seno de las ciudades y velar contra posibles conspiraciones. En la práctica las milicias fueron la última, y en muchas ocasiones la primera, línea de defensa ante la inseguridad estructural desarrollada en un ámbito geográfico donde la paz fue la excepción. Territorios como el Franco Condado, donde la presencia militar española era especialmente débil, dependían, en caso de invasión francesa, de las escasas fuerzas que podían levantar las ciudades. Así ante la invasión de dicho territorio por parte de Tremblécourt y Jean d'Aussonville en 1595 el gobernador tan sólo pudo convocar a las milicias de los *bailliages* de Dôle y Aval[48].

Las autoridades españolas reconocieron que gran parte del ejercicio de la violencia cotidiana correspondía naturalmente a las instituciones locales. Poblaciones tan importantes como Saint-Omer o Lille[49] exigieron la prohibición de tropas profesionales en el interior de la ciudad sin el consentimiento de sus respectivos ayuntamientos[50]. En este proceso de recuperación del control político, Lille logró que el gobernador general aceptara que la ciudadela local, que había sido destruida durante la revuelta, no se volviera a erigir. Ni siquiera en aquellos lugares donde la rebelión se reprimió por la fuerza los delegados del rey se decantaron, salvo en determinados casos extremos, por suprimir las milicias urbanas, en gran medida porque carecían de los instrumentos necesarios para remplazarlas sin poner en peligro el mantenimiento del orden.

Las décadas que siguieron a la Reconquista de Farnesio mostraron hasta qué punto el gobierno central necesitaba del concurso de los milicianos, por mucho que desconfiara de sus capacidades militares[51] y aunque se vieran con disgusto los posibles acuerdos de salvaguarda alcanzados entre estas ciudades y los *vrijbuiters*[52]. La defensa frente a las incur-

---

[48] PERNOT, 2001, p. 15.
[49] DUPLESSIS, 1991, pp. 294-295.
[50] RUIZ IBÁÑEZ, 2003, pp. 120-123.
[51] AGR/AR A 1853 3², sn, 9 de noviembre de 1595 y 12 de agosto de 1596, Weert el gobernador du Bois al Consejo de Estado.
[52] AGR/AR A 1835-4, sn, 16 de julio de 1595, el Consejo de Estado a Idiáquez capitán de Dendermonde, min de desp; AGR/AR A 1865-1², sn, 30 de marzo de 1596, Bruselas, el Consejo a don Juan de Rivas.

siones enemigas se realizaba a diversa escala. En ocasiones las milicias urbanas realizaban de *motu propio razzias* en territorio enemigo bien para saquear, bien para inutilizar puestos hostiles; en otras, desde las ciudades se organizaban expediciones de socorro de aquellos pequeños burgos más amenazados por las agresiones del enemigo en las que participaban de forma indistinta las milicias o las fuerzas profesionales contratadas por la propia ciudad. Los sistemas de defensa nos recuerdan a los puestos en práctica en otros espacios de la Monarquía. Cuando había conciencia de la presencia del enemigo se ordenaba: «toucher arme par les lieux et places de leur jurisdiction... assez de tambour de cloches et . signal de feux»[53]. El rebato implicaba una construcción solidaria del espacio tanto en la obligación de prestar socorro como en la propia jerarquización defensiva estructurada en dos niveles. Por un lado, a las villas se les atribuía la función de organizar (y controlar) el *plat pays*[54] y garantizar el armamento, la disciplina y la disponibilidad defensiva de sus habitantes. Por otro, se les pedía que se hiciesen cargo de la organización de refugio para los campesinos ante una amenaza de mayor envergadura. La proyección territorial de la defensa se completaba con la puesta en marcha de otros sistemas que dependían generalmente del proceso de negociación entre el rey y los Estados Provinciales[55].

Las tensiones jurisdiccionales sobre el control último de las milicias, generalmente traducción práctica de conflictos sobre el uso social del poder, abundaron tras la Reconquista, pero no supusieron una ruptura con el poder soberano. Durante los años de la Revuelta, se había puesto de relieve que el retorno a la plena autonomía municipal era insostenible y que, si se quería contrarrestar la amenaza franco-holandesa, era necesario contar con las fuerzas del rey. Por lo demás, las autoridades españolas permitieron y estimularon que los poderes locales mantuvieran su autoridad institucional y construyeran su preeminencia gracias a la pro-

---

[53] AGR/AR A 1840-2b, sn, 7 de abril de 1596, «Acte pour faire toucher alarme par le plat pays».

[54] Resulta muy interesante la documentación reunida en AGR/AR A 1851-2, sn, sobre la muestra realizada en una serie de pequeñas localidades del norte de Bruselas. Así, en algunas localidades las autoridades informaban que los hombres «sont toujours prêts pour garder la rivière du Waert et empescher le paysage aux ennemis en toutes occurences», mientras el muy hispanófilo magistrado de Malinas expresaba sus reservas sobre la capacidad para movilizar a los campesinos en su distrito donde no había sino 174 hombres y desarmados.

[55] En 1598, hartos de las incursiones de los *vrijbuiters* desde Ostende, las poblaciones de los distritos de Gante y Brujas, sobre todo las que estaban en la castellanía de Kortrijk al norte del río Lys y algunas de la de Ypres, solicitaron al gobierno que les permitiera tomar a sueldo soldados que les podrían dar los castellanos vecinos; AGR/AR 1843-3, sn, 12 de septiembre de 1598, Bruselas, documentación completa; Vos, 1957.

moción de los oficiales de las milicias[56]. El acuerdo con el rey parecía buscar un punto de equilibrio satisfactorio para ambas partes: las ciudades conservaban en teoría la autonomía que les brindaban sus privilegios en la organización defensiva local, pero subordinada a la autoridad regia.

A diferencia de lo que ocurría en otros dominios de la Monarquía, en los Países Bajos no fueron tan frecuentes los proyectos sobre la formación de un cuerpo de milicia semiprofesional de base provincial[57]. La explicación es compleja y, en parte, refleja el protagonismo que tuvieron los Estados Provinciales en la negociación con la administración española. También influyó el que el propio reclutamiento de regimientos de naturales y de las fuerzas sostenidas por los Estados cumpliese la función de ejército de reserva con dependencia hacia el mando militar real, pero manteniendo unas relaciones muy fuertes con el mundo local. Este deseo de provincialización está presente en las diversas planificaciones realizadas para garantizar la defensa sin depender ni de tropas *extranjeras* ni del mando regio. En un contexto de respeto, más formal que efectivo, hacia la autonomía de las ciudades la transformación de la guardia burguesa en un cuerpo de dependencia regia parecía poco eficiente políticamente. Las milicias en los Países Bajos católicos no experimentaron las reformas realizadas desde la década de 1580 en las Provincias Unidas[58], por lo que su imagen durante el siglo XVII seguía siendo más próxima al modelo de la centuria anterior (con *gilden* y milicias de barrios) que al de una milicia que transitaba hacia una dependencia más directa del estado.

Las autoridades reales comprendieron que mantener el contacto con estas instituciones era una forma de garantizar el apoyo social al régimen. La participación de los Archiduques[59] y de los delegados regios[60] en los concursos de tiro organizados por los *serments* y su intervención activa junto a la milicia urbana en las ceremonias de información y en el ritual municipal eran una manera de incorporar, respetando sus privilegios, a la sociedad armada en la dominación de la Monarquía. Un caso representativo lo constituye el de las cuatro *gilden* de Bois-le-Duc a las que se les concedieron en 1598 300 florines procedentes de las confiscaciones realizadas en dicha villa como premio por haber realizado «les guets et gardes» de la ciudad: el gobierno no sólo estaba recompensando la lealtad, sino que además lo hacía sobre la punición de los desafectos[61].

---

[56] CARDEVACQUE, 1887, pp. 23 *ss.*

[57] Con algunas excepciones, v. RUIZ IBÁÑEZ, 1997.

[58] KNEVEL, 1994, cap. 3; PRAK, 2005, pp. 156-7.

[59] En las diversas representaciones de las entradas de los archiduques en las ciudades flamencas se hacía constar la presencia de los diversos Serments en su cortejo.

[60] CARDEVACQUE, 1883, p. 284.

[61] AGR/AR A 2624, sn, 18 de marzo de 1598, petición de las cuatro *gilden* de Bois-le-Duc.

Al igual que las magistraturas, los oficiales de la milicia urbana, en su forma de servicio universal o a través de los *serments*, devinieron en un destacado instrumento de afirmación de la alianza entre las elites católicas de las provincias obedientes y el gobierno español. Ser capitán o sargento permitía iniciar, a diversos niveles, una carrera política local, obtener un cierto reconocimiento y entrar en relación servicial con el soberano; el ejercicio de las armas resultaba así un elemento potencialmente integrador tanto en la elite urbana, cuanto en la administración regia. En todo caso, no existía una separación operativa neta entre los oficiales y el magistrado. En la práctica episodios como el de Lier de 1595, evocado más arriba, muestran cómo la responsabilidad de movilizar y guiar a las milicias no se limitaba sólo a la oficialidad, sino que recaía también en aquellos miembros de la magistratura, o de la población, que por su mayor capacidad de liderazgo, jerarquía política local, prestigio social o compromiso ejercían una mayor influencia en los medios burgueses[62].

Para el conjunto del patriciado del sur, la protección del territorio contra los *vrijbuiters*, los ingleses o los franceses se podía presentar como el punto culminante de su acuerdo con el rey católico y del servicio místico y político que le daban con las armas en la mano. Defender la *patria* era defender al rey por lo que actuar en el primer sentido consolidaba los lazos en el segundo. También se trataba de mostrar la dignidad de esas elites y justificar su preeminencia social, algo a lo que iba a contribuir, y mucho, la concesión de mercedes por parte de la administración regia, como muestran bien las pensiones dadas al magistrado y oficiales de la milicia local tras el asedio de Bois-le-Duc de 1602[63].

Por su propio desarrollo las milicias contribuyeron a formar una identidad colectiva gracias a su carácter restrictivo, excluyente y privilegiado. La organización, más aún cuando suponía la adaptación del tiempo de la persona y de su propia actividad física, consolidaba la percepción de una pertenencia común y la apropiación de los discursos que la sustentaban. Compuestas por padres de familia y propietarios, las guardias urbanas reproducían la autoconcepción imperante que la burguesía tenía de la sociedad y del orden político; conceptos cuyo significado práctico se mostraba muy flexible. Desde la década de 1580 se había añadido un tinte político y confesional al propio sentido de ciudadanía. Se esperaba que el burgués-miliciano cumpliera con entusiasmo con sus obligaciones en defensa de un cosmos político y religioso definido por las autoridades municipales en contraposición a las agresiones de los enemigos de la Fe, del rey y de la *patria*. Por supuesto, al igual que la sociedad que las sustentaba y a la que protegían, las milicias debían que-

---

[62] RUIZ IBÁÑEZ, 1997, p. 51.
[63] AGR/AR A 2630, sn, 13 de marzo de 1602, ordenanza del Consejo de Finanzas.

dar purgadas de aquellos miembros considerados ahora como indeseables: los protestantes y todo aquel cuya lealtad al rey fuese dudosa[64]. Tras los pactos con Farnesio, las guardias burguesas se redefinieron como la expresión armada de un cuerpo civil esencialmente católico[65]. Esta pedagogía de sociedad ordenada e integradora, construida sobre cuerpos desiguales, se reforzó además a través de la renovación religiosa de las milicias cuando, a lo largo del siglo XVII, estas corporaciones afianzaron sus vínculos con un clero fuertemente contrarreformista mediante la advocación a patronos y una mayor relación con las cofradías.

Las milicias urbanas y la estabilidad del régimen español entre 1621 y 1700

Tras la Tregua de los Doce Años, las ciudades de los Países Bajos obedientes se vieron sometidas a una creciente tensión. La reanudación de la guerra con las Provincias Unidas en 1621 y las invasiones francesas a partir de 1635 pusieron de nuevo a las burguesías en la necesidad de asumir su propia defensa. La exitosa resistencia popular de Lovaina en 1635 ante el ejército conjunto franco-holandés, en la que tomaron parte de forma activa la burguesía, el clero y los estudiantes de la Universidad, es una prueba elocuente de la implicación de la sociedad local en la defensa del régimen. La carencia de medios defensivos hizo que la salvaguardia de las ciudades siguiera recayendo en una parte considerable en sus milicias. A partir de la década de 1660 el impresionante crecimiento y la paulatina profesionalización del ejército de Luis XIV[66] desbordaron la capacidad defensiva de las ciudades de los Países Bajos españoles.

Con todo, las milicias frenaron los asaltos franceses al menos el tiempo razonable para esperar un socorro por parte de las tropas del rey o de sus aliados. En este contexto de acoso militar y de creciente incapacidad de las autoridades españolas, sorprende observar la alta tasa de fidelidad de una población de la que siempre se temía el estallido de un movimiento de protesta capaz de arrastrar los diferentes descontentos en una rebelión general semejante a la sufrida durante la centuria anterior. Como advertía con preocupación el marqués de Caracena en plena negociación para renovar las contribuciones locales, que no hicieron más

[64] DUPLESSIS, 1991, pp. 298-299
[65] En Tournai una vez restablecidas las milicias tras las reconquista de Parma se le devolvieron las armas tan sólo a aquellos que profesaban la vieja religión; HOCQUET, 1906, pp. 236-239 y 250.
[66] LYNN, 2000.

que multiplicarse durante la segunda mitad de la centuria[67]: «cuantas menos tropas tuvieran Vuestra Majestad tanto menos autoridad tendrá su gobierno, sus tribunales y sus reales órdenes y los Estados podrán hacer mejor no sólo mantener sus privilegios sino aumentarlos cada día»[68].

Al estado de guerra venía a sumarse el creciente malestar con el que los Países Bajos obedientes recibieron los privilegios mercantiles arrancados por las Provincias Unidas tras la paz de Westfalia de 1648 y el acuerdo de navegación de 1650. El puerto de Amberes seguía bloqueado y los hombres de negocios holandeses que operaban en los mercados bajo jurisdicción de la corona gozaban de mayores inmunidades que los propios súbditos del rey[69]. No es de extrañar, por lo tanto, que fuera precisamente en Amberes donde se produjesen los principales movimientos de protesta a partir de 1654. El estallido comenzó como un motín de claros tintes antifiscales destinado a lograr una serie de compensaciones capaces de disminuir en parte los perjudiciales efectos del cierre de las bocas del Escalda mediante una consistente reducción de las licencias. Las crecientes concesiones de la corona acosada por la ofensiva conjunta franco-británica sobre los Países Bajos estimularon la deriva revolucionaria de los *Doyens des Métiers* que, con el sostén de la milicia local, lograron impulsar un proceso democratizador en el control de los cargos municipales en detrimento del magistrado. La firma de la paz de los Pirineos en 1659 permitió al gobernador, el marqués de Caracena, ponerse a la cabeza de un ejército de 8.000 infantes y 3.000 caballos para obligar al ayuntamiento a reconocer las sentencias del Consejo de Brabante que ante los excesos de los amotinados había publicado dos ordenanzas destinadas a reinstaurar el orden. Además, y con objeto de evitar que el movimiento se propagase peligrosamente a otras áreas, la Monarquía no dudó en incitar las rivalidades existentes entre las distintas ciudades brabanzonas como los conflictos entre Amberes y Bruselas por el control del tráfico fluvial entre ambas ciudades. Caracena, en

---

[67] El peso de las contribuciones locales se disparó durante la segunda mitad de la centuria, de manera notable en el condado de Brabante, HERRERO SÁNCHEZ, 2000, pp. 218-219; ECHEVARRÍA BACIGALUPE, 1994, pp. 498-499.

[68] Por lo que Caracena advertía en contra de una negociación vía Estados Provinciales porque «en estas provincias no es conveniente el participar a los Estados por menor las cosas, pues como constan no sólo de los nobles y eclesiásticos y magistrados, cabildo o regimientos de las villas, sino también de casi todo el pueblo de ellos sería darles mucho aliento por querer tomar parte en todas las cosas del gobierno y reducir a un Estado popular». Peligros que sólo se podían conjurar con un ejército fuerte, como hacía Francia en los territorios que conquistaba, o con una hábil negociación con las múltiples corporaciones locales, AGR/AR SEG, 273, Bruselas, 10 de enero de 1663, carta de Caracena a Felipe IV.

[69] HERRERO SÁNCHEZ, 2000, cap. 9.

lugar de entrar por la fuerza en la ciudad «con un ejército no pagado, hambriento y compuesto de tan diversas y extranjeras naciones como es éste, y excusar el saco en el cual fuera muy difícil que los soldados distinguiesen las casas de los buenos de las de los malos y más cuando las de éstos eran las más pobres y las de aquellos las más ricas»[70], optó por apostar al ejército de Flandes a las puertas de la ciudad para, en consonancia con la tradición pactista tan cara a la Monarquía Hispánica, alcanzar un acuerdo con las principales autoridades de la ciudad «con la declaración que yo no quería entrar en la villa si ellos cumplían con la obligación que tenían por la institución de su milicia, que ha sido para asistir al magistrado contra el pueblo»[71]. El gobernador señalaba con acierto que la presencia de las tropas reales habría perjudicado las transacciones comerciales en una de las ciudades que mayores contribuciones ofrecía a la corona y habría ido en contra de los privilegios de la villa de verse libre de la presencia de las tropas reales intramuros. Entrar por la fuerza de las armas en la ciudad habría sido sencillo, «pues las cadenas que hay en las calles son bien de poca importancia contra un ejército veterano y defendidas de burgueses», pero habría acarreado la extensión de la protesta a las otras ciudades principales de los Países Bajos lo que forzaría al rey a establecer guarniciones en todas ellas por un total de unos 30.000 soldados. Parecía más aconsejable «obrar con blandura», castigar a los cabecillas y sofocar la deriva democrática mediante la confirmación del magistrado en todas sus atribuciones[72]. Una vez sofocada la revuelta y reforzada la autoridad de la oligarquía local, las milicias tendrían que ser de nuevo las principales responsables del mantenimiento del orden.

Este «obrar con blandura» tenía como principal fundamento el riguroso respeto por parte de los representantes del rey a las ordenanzas, derechos y privilegios de las numerosas corporaciones que conformaban el gobierno de los Países Bajos. La Monarquía supo jugar además con extrema habilidad con los peligros de su ausencia. La presión militar primero holandesa y, a partir de 1635, también francesa sobre sus fronteras se saldó con sucesivos recortes territoriales donde se podían observar con claridad los efectos que acarreaba estar bajo la jurisdicción de un

---

[70] AGR/AR SEG, 265, Amberes, 29 de noviembre de 1659, carta de Caracena a Felipe IV.

[71] AGS E 2095, Amberes, 24 de octubre de 1659, carta de Caracena a Felipe IV.

[72] Una vez alcanzado el acuerdo por el que los rebeldes aceptaban las condiciones de la corona, el gobernador entró finalmente en la ciudad pero «hice retirar toda la caballería menos las tres compañías de las guardas y toda la infantería extranjera quedándome sólo con los españoles y los walones» para recibir el juramento de las nuevas autoridades e imponer el castigo a los protagonistas de los disturbios; AGS E 2095, Amberes, 28 de octubre de 1659, carta de Caracena a Felipe IV. Más información sobre los disturbios de Amberes en GEYL, 1964, pp. 44-51; DECEULAER, 1996; HOUBEN, 2004.

nuevo poder soberano. Tras la firma de las paces de Westfalia, pareció
atenuarse el salvajismo que había caracterizado los conflictos armados y
los asedios solían acabarse con una capitulación que creaba un nuevo
marco de negociación entre la burguesía y su nuevo soberano[73]. Por
supuesto, para los conquistados se trataba esencialmente de una ocupación militar. Las nuevas ciudadelas y la supresión o reorganización[74] de
las milicias urbanas mostraban que la conquista francesa tuvo bastante
de refundación de las bases políticas de las repúblicas urbanas en su relación con el poder soberano[75]. Parecía evidente que tras la conquista francesa la injerencia de los poderes centrales en el gobierno local resultaba
mucho más agobiante. Lo mismo ocurría con los territorios conquistados por las Provincias Unidas, sometidos al gobierno de la República bajo el elocuente nombre de Estados de la Generalidad. Territorios
que carecían de representación propia en los organismos gubernamentales y que estaban sometidos a un estatuto de dominios ocupados. La preponderante población católica de dichos territorios, igual que ocurría con
los dominios de Ultramosa cerca de Maastricht, carecía asimismo de
plena libertad de culto lo que instigó el mantenimiento de constantes altercados por razones religiosas que sirvieron para acentuar el creciente
extrañamiento entre los Países Bajos obedientes y las Provincias Unidas.
   La debilidad militar de la corona española y el deseo de las autoridades de La Haya por mantener un pequeño estado tapón capaz de actuar
como dique contra toda posible invasión francesa explican además que
desde Madrid se limitase el esfuerzo militar en Flandes a un evidente
proceso de delegación de responsabilidades que culminó con la firma de
acuerdos de colaboración militar con los antiguos súbditos rebeldes. De
este modo, las guarniciones militares holandesas no sólo ocuparon aquellos enclaves que acabarían por convertirse en las famosas plazas de la
Barrera, sino que actuaron a las *órdenes* del gobernador español durante los numerosos conflictos contra la política expansionista de Luis XIV.
Los altercados ocurridos en 1677 en Ypres contra la presencia de destacamentos holandeses adoptaron el lenguaje de la religión al acusar a
dichas tropas de todo tipo de actos sacrílegos, de difundir la herejía, destruir imágenes y atentar contra la armonía espiritual de la ciudad[76]. En

---

[73] PAGART D'HERMANSART, 1888, pp. 68-72; HOCQUET, 1906, pp. 246-248; RAPAIL-
LE, 1992.
[74] HOCQUET, 1906, p. 19; CARDEVACQUE, 1887, pp. 46-47.
[75] Las nuevas condiciones políticas en que se vieron inmersas las locales del sur de
los Países Bajos se pueden seguir en el trabajo de GUIGNET, 1990.
[76] AGR/AR AEH, libro 72, fol. 326, Ypres, 30 de agosto de 1677, acta capitular de
Ypres al gobierno pontificio sobre excesos de las tropas holandesas. El Consejo de
Estado tuvo que dar respuesta a las quejas del nuncio al respecto, AGS E 3861, Madrid,
1 de abril de 1678.

otras ocasiones, las tropas holandesas fueron utilizadas para sofocar algunos motines provocados por el malestar de la población ante los constantes pillajes de las tropas profesionales. Los alborotos vividos por la ciudad de Bruselas en junio de 1678, pocos meses antes de la firma de la paz de Nimega, tras el asalto al ayuntamiento de la ciudad por un grupo de campesinos airados ante los constantes apresamientos de sus ganados por parte de las tropas aliadas, fueron sofocados por el gobernador, duque de Villahermosa, gracias al servicio prestado por un regimiento de holandeses aposentado en la ciudad[77]. Ahora bien, y como era previsible, los gremios mostraron con energía su disconformidad por la manera en la que había actuado el gobernador de la ciudad, vizconde de Barlin, y, como señalaba Villahermosa en la relación remitida a Madrid, no tardaron en «cerrar todos los mercaderes sus tiendas por hallarse con sus gremios en armas para acudir por su parte al remedio». En efecto, las milicias acabaron por desplazar a las fuerzas reales en su cometido de mantener el orden en la ciudad «llegando los gremios a ampararse de las calles que acostumbran guardar, obligaron a que los militares se retirasen por la queja de pertenecer sólo a la burguesía aquel puesto que se les dejó ocupar, portándose los oficiales y soldados holandeses con toda buena disciplina y orden que era necesario y echando los gremios las cadenas que suelen en aquellas calles se mantuvieron en cuerpo sobre las armas acudiendo yo a caballo acompañado de muchos generales y oficiales a prevenir que en toda la villa no continuasen mayores accidentes y mostrándome entre todos los gremios para hablarles e informarme de lo sucedido se adelantaron y quietaron mucho, representándome que ellos se habían juntado para contribuir de su parte a apagar lo atrevido de aquel incendio y yo les prometí que en breves horas se haría justicia de los soldados como lo ejecuté». El texto es sumamente elocuente sobre el papel central jugado por la milicia urbana en la defensa de los privilegios locales y en su deseo de actuar como los principales responsables del mantenimiento del orden en las ciudades de los Países Bajos. El diálogo directo entre el gobernador y los gremios en armas y las concesiones efectuadas tanto en Amberes en 1659 como en Bruselas nueve años después para evitar cualquier posible altercado con la milicia local ponen de manifiesto el papel central jugado por ésta en la sorprendente estabilidad vivida por los Países Bajos durante la segunda mitad del siglo XVII a pesar de los perjudiciales efectos del permanente estado de guerra. Más que los desarbolados destacamentos que quedaban de los famosos tercios de Flandes había sido la voluntad de las ciudades, estados y corporaciones bajo la jurisdicción del monarca católico

---

[77] AGS E 2136, Bruselas, 22 de junio de 1678, carta del duque de Villahermosa a Carlos II.

la que garantizó, junto a las tropas aliadas, la supervivencia del régimen español en la zona[78].

Conclusiones

Frente a la imagen popularizada de unos Países Bajos donde la defensa y la obediencia dependían únicamente de las fuerzas profesionales pagadas por el rey católico, la situación parece mucho más compleja. Sin negar la función decisiva jugada por el ejército de Flandes, la contribución de los viejos sistemas de organización militar urbana (reconstruidos con una sólida base confesional) y las formas de participación provincial en la defensa resultaron igualmente decisivas. En los Países Bajos, la Monarquía Hispánica, tras una fuerte conflictividad, logró asegurarse el apoyo de amplios segmentos de la población a través de la consolidación y el apoyo otorgados a los sistemas de defensa local, situación que, a la postre, facilitaba la promoción y la movilidad dentro del patriciado, así como el despliegue de nuevos procesos de construcción de identidades. No se trató tan sólo de una dinámica de imposición, sino que hay que hablar asimismo del establecimiento de un nuevo tipo de consenso como resultado de dos fenómenos consecutivos: la guerra de Religión como fractura sociopolítica local y la consolidación del modelo resultante desde una lectura de marcado matiz contrarreformista. El resultado fue un sistema defensivo integrador en el que las autoridades reales podían confiar, hasta donde se podía confiar, en un espacio geográfico fuertemente urbanizado y marcado por la multiplicidad de jurisdicciones y de privilegios, así como en la fiabilidad de sus aliados locales para la defensa del territorio y para el sostén y consolidación de la organización social imperante.

Ahora bien, permanencia no quiere decir inmutabilidad. Pese a las persistencias nominales de los cuerpos defensivos y de las prerrogativas sobre los que se sustentaban, el sentido de las fuerzas locales varió a lo largo del período. Los años de la rebelión (c. 1560-c. 1585) vieron las tensiones lógicas que afectaron a la milicia y al propio mundo urbano neerlandés. Entre la tentación del retorno a la ficticia independencia municipal y la construcción de modelos de paz de religión y de una definición confesional de las milicias, el resultado en el norte y en el sur fue bastante similar. En el norte las milicias debieron subordinarse a la Unión, abandonar el carácter asambleario y adoptar un sentido religioso. En los dominios del rey católico la militancia confesional (frente a los calvinistas holandeses y a unos franceses de cuyo catolicismo se desconfiaba) estructuró una nueva época dorada de la defensa urbana, eso sí, ya

---

[78] Sobre estas cuestiones véase también VAN HONACKER, 1988 y 1992.

claramente subordinada a los intereses del soberano con los que la elite coincidía. De 1585 a 1609 los burgueses armados de las Provincias católicas se opusieron, con diferente suerte, a los intentos de anexión y conquista de sus nuevos enemigos y al hacerlo se definieron y ahondaron el foso que les separaba de las Provincias rebeldes. Esta reconstrucción de las milicias y su implicación en la defensa de los Países Bajos tuvo su corolario durante el período de la Tregua de los Doce Años. Bajo el sólido liderazgo de Alberto e Isabel Clara Eugenia la sociedad de los dominios borgoñones hizo un esfuerzo por imaginarse como un mundo armónico en su corporativismo y en su jerarquización. Los Archiduques, y las autoridades urbanas apostaron por dar presencia y protagonismo a las corporaciones militares. La pintura del período archiducal da buenas muestras del valor concedido a la dedicación colectiva a través de la milicia como una forma corporativa, desigual y privilegiada de integrarse en la sociedad local. Si en las décadas anteriores la participación en la milicia urbana contribuyó a consolidar una identidad de militancia católico-borgoñona defensiva, ahora, ante lo poco arriesgado del oficio, era el peso simbólico, ordenado y ritual el que ayudaba a diseñar una sociedad contrarreformista cada vez más militante.

Las consecuencias políticas de este sistema de defensa local explican, en parte, la solidez del régimen español en Flandes a lo largo del siglo XVII ya que tanto las elites como el común participaron en un modelo de disciplina bastante flexible que unía su destino al de la propia Monarquía Hispánica. El modelo se puso a prueba en los dificilísimos años que siguieron a la reanudación de las hostilidades con las Provincias Unidas en 1621. A pesar de todo, las milicias mantuvieron un peso indiscutible en el mantenimiento del orden en el interior de unas ciudades sometidas a constantes asedios y velaron con éxito por la consolidación de sus privilegios en contra de los excesos cometidos por los cada vez más debilitados efectivos del ejército de Flandes. Más conflictiva resultó la convivencia con las numerosas guarniciones holandesas y de otros aliados protestantes de la corona. Pese a todo, la fidelidad a la Monarquía Hispánica era la mejor garantía de la preservación de los derechos e inmunidades urbanos de los que las oligarquías locales y sus milicias eran los principales garantes.

Probablemente las peculiaridades de los Países Bajos consolidaron la supervivencia de las fuerzas municipales más que en otros territorios. Como se encargaban de recordar los gobernadores reales había una gran tradición de revuelta que hacía a la corona mantenerse siempre vigilante[79]. Pero la sociedad que nació tras 1580 necesitaba proclamar su naturaleza

---

[79] Al respecto son ilustrativas las palabras del marqués de Caracena una vez apaciguados el movimiento antipatricio desatado en Amberes en 1659: «si el castigo llegase hasta quitarles sus privilegios no sabemos lo que después harán, y si guardarán para oca-

armónica, defenderse de las constantes agresiones exteriores y justificar su autonomía respecto a las autoridades españolas que, a fin de cuentas, resultaban menos amenazadoras que sus posibles sustitutos. Se construía, de este modo, la imagen de una sociedad enormemente viva y con una imponente capacidad de adaptación. Una entidad que se veía y era vista a través de la corporación armada.

Abreviaturas utilizadas

AGR/AR: Archives générales du Royaume/Algemeen Rijksarchief–Bruselas.
A: Papiers d'État et de l'Audience/Audiëntie (Raad van State en Audiëntie).
AEH: Ambassade d'Espagne à La Haye.
SEG: Secrétairerie d'État et de Guerre.
AGS: Archivo General de Simancas.
E: Estado.
BMStO: Bibliothèque Municipale de Saint-Omer.

Bibliografía

ALBI DE LA CUESTA, Julio, *De Pavia a Rocroi: los Tercios de infantería española en los siglos XVI y XVII*, Madrid, Balkan, 1999.

AUTENBOER, Eugeen van, *De kaarten van de schuttersgilden van het Hertogdom Brabant (1300-1800)*, Tilburg, Stichting Zuidelijk Historisch Contact, 1993-1994, 2 vols.

BENEDICT, Philip, MARNEF, Guido, NIEROP, Henk van y VENARD, Marc (eds.), *Reformation, Revolt and Civil War in France and the Netherlands, 1555-1585*, Ámsterdam, Royal Netherlands Academy of Arts and Sciences, 1999.

BLOCKMANS, Wim, «Alternatives to monarchical centralization: the great tradition of Revolt in Flanders and Brabant», KOENISBERGER, Helmut G. (ed.), *Republiken und Republikanismus im Europa der frühen Neuzeit*, Munich, Oldenburg, 1988, pp. 145-154.

sión de algún aprieto el sacudir el yugo, siendo cierto que si no hubiera sino una villa en este País que sujetándola quedase todo lo restante del País sujeto, como sucede en Milán y en Nápoles que teniendo sujeta a la villa capital todo lo restante del País está sujeto, yo me conformaría con los que son de parecer que se llegue a lo extremo y que de una vez se acabe de sujetar esta villa. Pero como hay tantas en estos estados y de tan diversas Provincias, y de humores tan extravagantes y que aunque reconocen la autoridad suprema de Vuestra Majestad quieren que sea con cierta dependencia de los Estados, o Cortes, en virtud de los grandes privilegios que tienen, juzgo que como se consiga lo esencial sin llegarles a quitar ningún privilegio, que será lo que más convenga»; AGS E leg. 2095, 24 de octubre de 1659, carta de Caracena a Felipe IV.

— «La répression de révoltes urbaines comme méthode de centralisation dans les Pays-Bas bourguignons», CAUCHIES, Jean-Marie y CHITTOLINI, Giorgio (eds.), *Milano e Borgogna, due stati principeschi tra medioevo e rinascimento*, Roma, Bulzoni, pp. 5-9.

— «L'impact des villes sur l'édification de l'État: trois territoires différents des Pays-Bas du XIVᵉ au XVIᵉ siècle», BICKLE, Peter (dir.), *Résistance, représentation et communauté*, París, Presses Universitaires de Frances, 1998, pp. 340-357.

BOONE, Marc, «La construction d'un républicanisme urbain. Enjeux de la politique municipale dans les villes flamandes au bas Moyen Âge», MENJOT, Denis y PINOL, Jean-Luc (coords.), *Enjeux et expressions de la politique Municipale (XIIᵉ-XXᵉ siècles). Actes de la 3ᵉ Table Ronde Internationale du Centre de Recherches Historiques sur la ville*, París, L'Harmattan, 1997, pp. 41-60.

— «Armes, courses, assemblées et commocions. Les gens de métiers et l'usage de la violence dans la société urbaine flamande à la fin du Moyen Âge», *Revue du Nord*, tomo 87, n° 359, enero-marzo 2005, pp. 7-33.

— y PRAK, Maarten, «Rulers, Patricians and burghers: the Great and the Little Traditions of urban revolt in the Low Countries», DAVIS, Karel y LUCASSEN, Jan (eds.), *A Miracle Mirrored. The Dutch Republic in European Perspective*, Cambridge, Cambridge University Press, 1995, pp. 99-134.

BOULY, Eugène, *Dictionnaire historique de la ville de Cambrai, des abbayes, des châteaux-forts et des antiquités du Cambresis*, Cambrai, 1854.

CARASO-KOK, Marijke, «De schutterijen in de Hollandse steden tot het einde der zestiende eeuw», CARASO-KOK, Marijke y LEVY-VAN HELM, J. (eds.), *Schutters in Holland. Kracht en zenuwen van de stad*, Haarlem, Frans Halsmuseum, 1988, pp. 16-35.

CARDEVACQUE, Adolphe de, «Les serments de la ville de Cambrai», *MSEC*, t. XXXIX, sesión pública de 1882, 1883, pp. 245-426.

— «Histoire des milices bourgeoises et de la Garde nationale de Cambrai», *MSEC*, t. XLII, sesión pública de 1886, 1887, pp. 1-258.

CARPI, Olivia, *Une République imaginaire: Amiens pendant les troubles de religion (1559-1597)*, París, Belin, 2005.

CRESPO SOLANA, Ana y HERRERO SÁNCHEZ, Manuel (eds.), *España y las 17 provincias de los Países Bajos: una revisión historiográfica (XVI-XVIII)*, Córdoba, Universidad de Córdoba, 2002.

DECEULAER, Harald, «Guilds and Litigation: Conflict Settelement in Antwerp (1585-1796)», BOONE, Marc y PRAK, Maarten (eds.), *Statuts individuels, statuts corporatifs et statuts judiciaires dans les villes européennes (Moyen Âge et Temps Modernes). Actes du colloque tenu à Gand les 12-14 octobre 1995 – Individual, Corporate and Judicial Status in European Cities (Late Middle Ages and Early Modern Period). Proceedings of the Colloquium Ghent, October 12th-14th 1995*, Lovaina-Apeldoorn, Garant, 1996, pp. 171-208.

DESCHAMPS DE PAS, Louis, *Attaque de la ville de Saint-Omer par la porte Sainte-Croix en 1594*, Lille, Vanackère, 1855.

DESCIMON, Robert, «Solidarité communautaire et sociabilité armée: les compagnies de la milice bourgeoise à Paris (XVIᵉ-XVIIᵉ siècle)», *Sociabilité, pouvoirs et société (Actes du colloque de Rouen, novembre 1983)*, Ruán, Publications de l'Université de Rouen, 1987, pp. 599-610.

— «Milice bourgeoise et identité citadine à Paris au temps de la Ligue», *Annales ESC*, 4, 1993, pp. 885-906.

DEVLIEGHER, Luc, «De Blijde Intrede van Prins Filips in Brugge in 1549», *Handelingen van het Genootschap voor Geschiedenis gesticht onder de benaming Société d'émulation de Bruges*, 136, 1999, pp. 121-61.

DUPLESSIS, Robert S., *Lille and the Dutch Revolt: Urban Stability in an Era of Revolution, 1500-1582* (Cambridge Studies in Early Modern History), Cambridge, Cambridge University Press, 1991.

ECHEVARRÍA BACIGALUPE, Miguel Ángel, «La cooperación hispanoholandesa 1637-1659», *Hispania*, 187, 1994, pp. 467-504.

— *Flandes y la monarquía hispánica: 1500-1713*, Madrid, Sílex, 1998.

ESTEBAN ESTRÍNGANA, Alicia, «Administración militar y negocio de guerra en los Países Bajos católicos. Siglo XVII», CRESPO SOLANA, Ana y HERRERO SÁNCHEZ, Manuel (eds.), *España y las 17 provincias de los Países Bajos: una revisión historiográfica (XVI-XVIII)*, Córdoba, Universidad de Córdoba, 2002, pp. 65-99.

— *Guerra y finanzas en los Países Bajos católicos: de Farnesio a Spinola (1592-1630)*, Madrid, Laberinto, 2002.

— *Madrid y Bruselas: relaciones de gobierno en la etapa postarchiducal (1621-1634)*, Lovaina, Leuven University Press, 2005.

FRIHOOF, Willem, «Migrations religieuses dans les Provinces-Unies avant le second Refuge», *Revue du Nord*, LXXX, 326-327, julio-diciembre de 1998, pp. 573-598.

GEYL, Pieter, *The Netherlands in the 17th Century*, Londres, Benn, 1964, 2 vols.

GOOSENS, Aline, *Les Inquisitions modernes dans les Pays-Bas Méridionaux, 1520-1633*, Bruselas, Éditions de l'Université de Bruxelles, 1997, 2 Vols.

GRAYSON, J.C., «The Civic Militia in the County of Holland, 1560-81: Politics and Public Orden in Ducht Revolt», *Brijdagen en mededelingen van het Historisch Genootschap*, 95, 1980, pp. 35-63.

GUESNON, A., «La surprise d'Arras tentée par Henri IV en 1597 et le tableau de Hans Conincxloo», *Statistique monumentale du département du Pas-de-Calais*, III, 4 librason, Arras, 1907.

GUIGNET, Philippe, «Préface: les répercussions de la conquête», *1678. Valenciennes devient française* (exposition organisée à la Bibliothèque municipale de Valenciennes, du mardi 23 mai au samedi 24 juin 1978), Valenciennes, Bibliothèque municipale de Valenciennes, 1978, pp. IV-XI.

— *Le pouvoir dans la ville au XVIIIᵉ siècle: pratiques politiques, notabilité, et éthique sociale de part et d'autre de la frontière franco-belge*, París, EHESS, 1990

HERRERO SÁNCHEZ, Manuel, *El acercamiento hispano-neerlandés (1648-1678)*, Madrid, CSIC, 2000.

— «La Monarquía Hispánica y la cuestión de Flandes», SANZ CAMAÑES, Porfirio (ed.), *La Monarquía Hispánica en tiempos del Quijote*, Ciudad Real, Universidad de Castilla-La Mancha, 2005, pp. 501-527.

HOCQUET, Adolphe, *Tournai et le Tournaisis au XVIᵉ siècle au point de vue politique et social. Mémoires de l'Académie Royale de Belgique. Classe des Lettres et des sciences morales et politiques et Classe des Beaux-arts*, 2ᵉᵐᵉ série, tome I, Bruselas, Haydez, 1906.

HOUBEN, Birgit, *Antwerpens verzet tegen de centrale macht in 1659*, Tesis de licenciatura inédita defendida en la Universidad de Gante, 2004, http://www.ethesis.net/antwerps_verzet/antwerps_verzet_inhoud.htm

HOUDOY, Jules (ed.), *Joyeuse Entrée d'Albert et d'Isabelle. Lille au XVIᵉ siècle d'après des documents inédits*, Steenvoorde, Foyer culturel de l'Houtland, 1992 [1873].

ISRAEL, Jonathan, *The Dutch Republic. Its Rise, Greatness, and Fall, 1477-1806*, Oxford, Clarendon Press, 1995.

JANSSENS, Francine, *De crisissen te Antwerpen tijdens de periode 1648-1668. Economische, sociale en demografische aspecten*, Lovaina, 1968.

JANSSENS, F. y VAN CAUWENBERGHE, E., «Crisis en bevolking te Antwerpen rond het midden van de 17ᵈᵉ eeuw», *Bijdragen tot de geschiedenis*, 60, 1977, pp. 249-267.

JANSSENS, Paul, «L'échec des tentatives de soulèvement dans les Pays-Bas Méridionaux sous Philippe IV (1621-1665)», *Revue d'Histoire Diplomatique*, 92, 1978, pp. 110-129.

— «De Zuidnederlandse adel tijdens het Ancien régime (17de-18de eeuw). Problemen en stand van het onderzoek», *Tijdschrift voor Geschiedenis*, 93, 1980, pp. 445-465.

KNEVEL, Paul, *Burgers in het geweer. De schuterijn in Holland, 1550-1700*, Hilversum, Verlorem, 1994.

KOENIGSBERGER, Helmut G., *Monarchies, States Generals and Parliaments. The Netherlands in the Fifteenth and Sixteenth Centuries*, Cambridge, Cambridge University Press, 2001.

LAGEIRSE, Marcel, «La Joyeuse Entrée du prince héritier Philippe à Gand en 1549», *Standen en Landen/Anciens Pays et Assemblées d'États*, 18, 1959, pp. 31-46.

LANGLEBERT, Gabriel, *Précis historique sur la ville de Bapaume: origine de la cité, personnages célèbres, monuments, coutumes, institutions, etc.*, Arras, Imp. Rohard-Courtin, 1883.

LOTTIN, Alain, *Lille, citadelle de la Contre-Réforme? (1598-1668)*, Dunkerque, Éditions des Beffrois, 1984.

LYNN, John A., «L'évolution de l'armée du Roi, 1659-1672», *Histoire, Économie et Société*, 4, 2000, pp. 481-495.

MARNEF, Guido, «Mechelen en de opstand; Van beeldenstorm (1566) tot reconciliatie (1585)», *Handelingen van de Koninklijke Kring voor Oudheidkunde, Letteren en Kunst van Mechelen*, 88, 1984, pp. 49-63.

— «The Dynamics of Reformed Religious Militancy: The Netherlands, 1566-1585», BENEDICT, Philip, MARNEF, Guido, NIEROP, Henk van y VENARD, Marc (eds.), *Reformation, Revolt and Civil War in France and the Netherlands, 1555-1585*, Ámsterdam, Royal Netherlands Academy of Arts and Sciences, 1999, pp. 51-79.

MEADOW, Mark A., «Ritual and Civic Identity in Philip II's 1549 Antwerp Blijde Incomst», *Nederlands Kunsthistorisch Jaarboek*, 1998, pp. 37-67.

PAGART D'HERMANSART, E., *Le siège de Saint-Omer en 1677. Réunion de l'Artois Réservé à la France*, Saint-Omer, 1888.

PARISEL, Reynald, «Mutation du réduit défensif en Flandre, Artois et Cambrésis sous le règne de Charles Quint», BLIECK, Gilles, CONTAMINE, Philippe, FAUCHERRE, Nicolas y MESQUI, Jean (eds.), *Le château et la ville. Conjonction, opposition, juxtaposition (XIIe-XVIIIe siècle)*, Villefranche-de-Rouergue, Éditions du CTHS, 2002, pp. 225-240.

PARKER, Geoffrey, *El Ejército de Flandes y el Camino Español, 1567-1659. La logística de la victoria y la derrota en las guerras de los Países Bajos*, Humanes, Madrid, Alianza, 1986. [*The Army of Flanders and the Spanish Road*, Cambridge, Cambridge University Press, 1972.]

— *España y la rebelión de Flandes*, Madrid, Nerea, 1989.

PASTURE, Alexandre, *La restauration religieuse aux Pays-Bas catholiques sous les archiducs Albert et Isabelle (1596-1633). Principalement d'après les Archives de la Nonciature et de la Visite ad limina*, Lovaina, Librairie Universitaire, 1925.

PRAK, Maarten, *The Dutch Republic in the Seventeenth Century*, Cambridge, Canbridge University Press, 2005.

PERNOT, François, «1595: Henri IV veut couper le "camino español" en Franche-Compté», *Revue Historique des Armées*, 1, 2001, pp. 13-24.

POLLMANN, Judith, «Countering the Reformation in France and the Netherlands: Clerical Leadership and Catholic Violence 1560-1585», *Past & Present*, 190(1), 2006, pp. 83-120.

POTTER, David, *War and Government in the French Provinces. Picardy 1470-1560*, Cambridge-Nueva York-Oakleigh, Cambridge University Press, 1993.

RAPAILLE, Roger, «La capitulation de la ville de Mons en 1691», *Annales du Cercle Archéologique de Mons*, tome 75 : *Actes du Colloque du 16 de mars 1991 sur le Tricentenaire du siège par Louis XIV (15 mars-6 avril 1691)*, Mons, Cerde Archéologique de Mons, 1992, pp. 59-70.

ROCO DE CAMPOFRÍO, Juan, *España en Flandes: trece años de gobierno del archiduque Alberto (1595-1608)*, Madrid, 1973.

RODIÈRE, R., «Les grandes Guerres: 1384-1659», LESTOCQUOY, Abbé Jean, *Histoire des territoires ayant formé le Département du Pas-de-Calais*, Arras, Brunet, 1946, pp. 99-124.

RUIZ IBÁÑEZ, José Javier, «Monarquía, guerra e individuo en la década de 1590: el socorro de Lier de 1595», *Hispania*, LVII/1, 195, 1997, pp. 37-62.

— «La Guerra Cristiana. Los medios y agentes de creación de opinión en los Países Bajos españoles ante la intervención en Francia (1593-1598)», CRESPO SOLANA, Ana y HERRERO SÁNCHEZ, Manuel (eds.), *España y las 17 provincias de los Países Bajos: una revisión historiográfica (XVI-XVIII)*, Córdoba, Universidad de Córdoba, 2002, pp. 291-323.

— *Felipe II y Cambrai: el consenso del pueblo. La soberanía entre la práctica y la teoría política (Cambrai, 1595-1677)*, Rosario, Prohistoria, 2003.

SAILLY, Thomas, *Guidon et practique spirituelle du soldat chrestien. Revu & augmenté pour l'armée de sa Mte Catholique au Pays-Bas*, Amberes, 1590, en l'imprimerie Plantinienne.

TILMANS, Karin, «Republicanism, Citizenship and Civic Humanism in the Burgundian-Habsburg Netherlands (1477-1566)», GELDEREN, Martin van y SKINNER, Quentin (eds.), *Republicanism. A Shared European Heritage*, Cambridge, Cambridge University Press, 2002, vol. II, pp. 107-126.

TRACY, James D., *A Financial Revolution in the Habsburg Netherlands: «Renten» and «Renteniers» in the County of Holland, 1515-1566*, Berkeley, University of California Press, 1985.

— *Holland under the Habsburg Rule, 1506-1566: the Formation of a Body Politic*, Berkeley, University of California Press, 1990.

VAN DEN HEUVEL, Charles, «Les citadelles espagnoles et hollandaises des anciens Pays-Bas (1566-1625)», BLIECK, Gilles, CONTAMINE, Philippe, FAUCHERRE, Nicolas y MESQUI, Jean (eds.), *Le château et la ville. Conjonction, opposition, juxtaposition (XIIᵉ-XVIIIᵉ siècle)*, Villefranche-de-Rouergue, Éditions du CTHS, 2002, pp 245-257.

VAN HONACKER, Karin, «Brussel in beroering. Een analyse van de oproeren in de tweede helft van de 17ᵉ eeuw», *Bijdragen tot de Geschiedenis van Vlaanderen en Brabant Sociaal en economisch*, III, 1988, pp. 113-166.

— «Citizens and politics in the Duchy of Brabant: political oppotunity and political culture in Brussels, Antwerp and Leuven in the Seventeenth Century», THOMAS, Werner (ed.), *Rebelión y rsistencia en el Mundo Hispánico del siglo XVII: actas del Coloquio Internacional Lovaina, 20-23 de noviembre de 1991*, Lovaina, Leuven University Press, 1992.

VERMEIR, René, *En estado de guerra. Felipe IV y Flandes (1629-1648)*, Córdoba, Universidad de Córdoba, 2006. [*In staat van oorlog. Filips IV en de Zuidelijke Nederlanden, 1629-1648*, Maastricht, Shaker, 2001.]

VOS, Achiel, «De strijd tegen de vrijbuiters binnen de Kasselrij van de Oudburg (1584-1609)», *Handelingen der Maatschapij voor Geschiedenis in Oudheidkunde te Gent*, XI, 1957, pp. 137-175.

WANEGFFELEN, Thierry, «Entre concorde et intolérance; Alexandre Farnèse et la pacificaction des Pays-Bas», WANEGFFELEN, Thierry (ed.) *De Michel de l'Hospital à l'Édit de Nantes. Politique et religion face aux Églises*, Aubenas d'Ardèche, Presses Universitaires Blaise-Pascal, 2002, pp. 51-70.

Segunda parte

LA MILICIA COMO INSTRUMENTO DE ANÁLISIS

X. LA MILICIA BURGUESA PARISINA EN EL SIGLO XVI: UNA ANTROPOLOGÍA MUY POLÍTICA

ROBERT DESCIMON
EHESS

Es una paradoja aparente que en Francia, tierra de Monarquía absoluta, las burguesías urbanas hayan podido acceder al derecho de armarse; y es que, ciertamente, la existencia de «milicias burguesas» no está ligada sólo a la tradición del «republicanismo urbano»[1]. Ésta era, en primer lugar, una cuestión ligada a un «privilegio» que nacía de las necesidades de mantener el orden público y de las formas particulares de la guerra de asedio. Su sentido político era más o menos común en Europa y, desde luego, se trataba de una forma de embridar a unos poderes presuntamente autoritarios. La consecuencia de su existencia es conocida: se dieron diversas tipos de revuelta, pero también de negociación con unas autoridades centrales que no tenían que sentirse particularmente cómodas ante el espectáculo de unos ciudadanos que controlaban sus villas.

El caso parisino es bien particular. Los derechos anexos a la ciudadanía, *droit de bourgeoisie*, ya eran considerables en los siglos XIV y XV. Este derecho se alimentaba de una construcción histórica, más o menos legendaria, destinada a justificar la preeminencia de la capital. Así, el 21 de agosto de 1563, la respuesta de los integrantes del Parlamento a las cartas de Carlos IX anunciando a la vez la recuperación de la ciudad de El Havre, la proclamación de su mayoría de edad en Ruán y un edicto de pacificación contiene un razonamiento sorprendente:

«N'y a personne qui puisse doubter ny revocquer en doubtes que par chartres et privileges anciens, tant du Roy Charles cinquiesme que aultres successeurs Roys, il ne soit permis aux bourgeois de lad. Ville acquérir fiefz, baronnyes et jusques aux comtés, et neantmoins francs de l'arriere ban, et, *eo nomine*, subjectz et astrainctz d'avoir armes en leur [*sic*] maisons pour la conservation, garde et tuition de lad. Ville, tellement que *salutis tuendae gratia*, les armes sont, non seulement permises, mais commandées par les Privileges aux Bourgeois de la Ville» [...] Por lo que el Parlamento se ponía, en esta materia, bajo la autoridad del *prévôt des marchands* y de los *échevins* «qui ont la charge des affaires de la Ville»[2].

---

[1] SNYDER, 1999; FRIEDRICHS, 2000.
[2] BNF, ms. fr. 18282 (documentos del canciller Michel de L'Hospital) fol. 157 v.-459.

El historiador tendrá razón al evocar el contexto que volvía particularmente amargo al principal tribunal del reino frente a la política que la corte desarrollaba en ese momento. Pero los discursos nunca son sólo construcciones de circunstancia. Los burgueses de París pretendían, de forma hiperbólica, ser asimilados militarmente a un estatus homotético al de la nobleza guerrera: si ésta luchaba a campo raso, ellos lo hacían en las murallas y en las calles. Incluso si la aspiración a los privilegios nobiliarios de los parisinos habían sido frustrada en el siglo XVI (suponiendo que hubieran sido alguna vez una realidad tangible), esta extraña visión de las cosas se veía apoyada a veces por afirmaciones forzadas del poder. El propio canciller Michel de L'Hospital en los Estados Generales de Orléans, el 13 de enero de 1561, hacía suya esta división de las funciones militares:

> Il est necessaire faire de deux choses l'une : ou que le Roy tiene toujours sus une armée pour contenir [les seditieux], qui seroit à la grand'foulle du peuple et finances dud. seigneur; ou que, vous bourgeois et habitans des villes, preniez ce soing et charge sur vous [...] A ceste cause, Messieurs, et que ceci vous touche principallement, advisez qu'il vous plaist de prendre ceste charge sur vous [...]. Le Roy vous mettra à ceste fin les armes en main. Considerez combien vous sera plus aisé que d'avoir des garnisons en voz maisons pour empescher tels troubles [...] Le Roy tiendra le plat pays en seurreté par le moyen des gouverneurs, baillifs, seneschaulx et de la noblesse; et, quand vous sera besoin, vous aydera de leurs forces[3].

Armar a los burgueses, y aún más a los de París, estaba lejos de ser una operación neutra. El precio para el absolutismo fue considerable. Sin la milicia, las barricadas de mayo de 1588 o de agosto de 1648 no hubieran sido ni posibles, ni, lo que es todavía más importante, pensables. Por otra parte, fue la guardia burguesa (hija de la Revolución) quien, en el siglo XIX, favoreció los motines revolucionarios[4]. En el siglo XVIII, París estuvo sometida, al menos lo suficiente[5] como para que la gran ciudad no inquiete los ánimos de los gobernantes[6]. Por el contrario, en el siglo XVI, el rey debía contar con los burgueses y sus capitanes y negociar con ellos. Éste es un aspecto desconocido de esa Monarquía consultiva tan cara a James Russell Major[7]. Nicolas Le Roux ha publicado recientemente un *Discours* a la reina Catalina de Médicis, escrito en el entorno

---

[3] L'HOSPITAL, 1993, pp. 87-88.
[4] GIRARD, 1964 ; CARROT, 2001.
[5] Las revueltas parisinas de esta época nacían de la resistencia comunal a la policía y raramente sobrepasaban el contexto local; PIASENZA, 1990, FARGE/REVEL, 1988.
[6] CHAGNOT, 1982.
[7] MAJOR, 1980.

del duque de Nevers en 1573, para prevenirla de una «Saint-Barthélemy des Italiens». El poder de los comandantes de la milicia es descrito aquí sin ambages:

> Or, pour pousser ce peuple de Paris, il fault que tous les capitaines s'en meslent, et que ung chacun en leur quartier les facent soullever, ce qui ce peult faire en deux manieres, l'une par persuasions particullieres commancées de longue main, l'aultre par ung commandement soudainement faict[8].

¿Qué solución dar? Este *Discours* aconsejaba a Carlos IX que convocara al *prévôt des marchands* y los capitanes de los barrios para arengarlos. El rey debía afirmar que no otorgaba ninguna credibilidad a los falsos rumores:

> pour les estimer trop fidelz à luy-mesmes, luy aiant aidé à maintenir sa couronne sur la teste [y] qu'il s'assure que sy quelqu'un voulsist entreprendre quelque chose contraire à son auctorité, que de leur pouvoir ilz [les capitaines] l'empescheroit, et aultres parolles semblables pour faire declarer qu'il se fie en eulx[9].

Se puede observar, de paso, que el duque de Nevers, que pasa por no haber sido ajeno a la verdadera San Bartolomé, la de los hugonotes, juzga que la matanza no podría haberse hecho sin el aval del rey, pero que el instrumento necesario para realizarla fue la milicia burguesa. En otras palabras, que dicha milicia era uno de los poderes efectivos más amenazantes y presentes durante las guerras de Religión y que el mismísimo rey debía procurar atraérsela. De ser así, los estudios que hace ya unos años desarrollé sobre los cuadros sociales y espaciales de la milicia parisina no han perdido todo su interés. La milicia fue «un relais politique fondamental dans la ville française d'Ancien Régime» y especialmente en la capital[10]. Las páginas que siguen tienden a mostrar las articulaciones políticas y sociales que representó el servicio militar de los burgueses en una antropología de la ciudad moderna producida por limitaciones espaciales (las murallas y la superposición de calles y callejones) y una sociabilidad profesional de la tienda, el almacén y el taller, que se añade y superpone a una sociabilidad más general del barrio; factores que bien se podrían definir como relaciones sociales petrificadas o heredadas.

---

[8] LE ROUX, 2006, 181 (el *Discours* aparece editado en las pp. 180-183).

[9] *Ibid.*, pp. 182-183.

[10] Se hace aquí referencia a la importante síntesis de SAUPIN, 2006. Este estudio muestra que las líneas de investigación propuestas para el siglo XVI son también válidas para el XVIII. Para un estudio detallado de la milicia de Nantes, v. SAUPIN, 1996, pp. 140-151.

Los trabajos sobre la simetría urbana muestran bien que la articulación general de la ciudad corresponde a un orden comprendido como tal; mientras la confusión real de disposición de lugares a escala reducida, precisamente la de la vida cotidiana de las personas, produce un espacio de defensa (*defensive space*)[11] que dobla, por así decirlo, la propia muralla a nivel de la barriada o de la calle[12]. La existencia de cadenas, tanto en París como en otras ciudades dotadas de milicias burguesas territoriales, viene a confirmar este análisis e indica sus modos de funcionamiento concreto. La anarquía urbana que hace denunciar a la ciudad medieval como «gótica» es en realidad un trazado simétrico que responde a la naturaleza social de la urbe, que según la definición de Max Weber, no era sino una conjura de ciudadanos armados[13]. La revuelta urbana (*guet*, movilización, barricadas...) es un lenguaje por el que la burguesía se expresa en tanto que actor político[14]. La relación es indisociable entre lo espacial y lo social. Cada ciudad es el producto propio de su sociedad particular y París es una ciudad de una complejidad que invita a la confusión[15].

En la capital la milicia fue organizada en barrios y *dizaines*, conformándose a la estructura territorial municipal. Las ciudades privadas de libertad eran guardadas por los soldados del príncipe y dominadas por fortalezas. Las villas donde el poder señorial o real era fuerte vieron como los burgueses se organizaban en *bannières*, agrupaciones corporativas de oficio; pero en las ciudades donde el magistrado municipal era influyente fueron los barrios los que dieron su estructura al sistema militar de los burgueses[16]. Las ciudades de este tipo, dotadas de autonomía militar, forzaron el respeto de los gobernantes, pero contradijeron sus concepciones fundamentales de subordinación inspiradas en la visión de un mundo social propio a los gentilhombres que pretendían el monopolio de la función militar. Los príncipes no lamentaron necesariamente, al principio de las guerras de Religión (en 1561-1562), haber dejado organizar la milicia de París. El entorno regio contó con poder para con-

---

[11] Ver las visiones opuestas de NEWMAN, 1973, y SENNETT, 1971. La arquitectura haussmaniana fue, como se sabe, un decidido esfuerzo para hacer la ciudad más transparente a sí misma, pero también más controlable.

[12] LE BRAS, 2000a y 2000b.

[13] Volver a su texto clásico *Die Stadt* (extraído de su *Wirtschaft und Gesellschaft*, Tübingen, Mohr, 3ª ed., 1947; traducción francesa en WEBER, 1982) es siempre de gran beneficio para el historiador.

[14] DESCIMON, 1987a, 1990 y 1993.

[15] MORSEL, 2005, pp. 89-104.

[16] Véase el número especial *Stedelijke schutterijen en sociale identiteit en Europa in de vroeg-moderne tijd* (bajo la dirección de Maarten Prak), *Tijdschrift voor sociale geschiedenis*, 23/1, 1997.

trolarla, a pesar de la autonomía concedida a estos soldados-burgueses y a la autoridad ejercida sobre ellos por el ayuntamiento. Desde luego, el rey dominaba mejor esta institución central (la *prévôté des marchands*, en la plaza de Grève) que los niveles locales. Los medios que la Monarquía adoptó para fidelizar esta estructura de poder traducen una aproximación sociológica realista a las relaciones políticas dentro de la ciudad: para el rey se trató, sobre todo a partir de 1585, de colocar a la cabeza de las compañías burguesas a jefes seguros que pensaba encontrar entre los magistrados y, particularmente, en los de los tribunales soberanos. La sociología de los capitanes permite la comprensión de una competición social y política de primera magnitud que se desarrollaba en plena guerra civil: el rey anteponía sus oficiales a los otros burgueses y a su capacidad de organización[17]. El mando burgués se veía afectado por una política que fragilizaba los delicados equilibrios territoriales de la ciudad. Y, sin embargo, los magistrados se comportaban como vecinos ordinarios cuando se veían confrontados a situaciones clásicas de ingerencia en los asuntos micro-locales de su comunidad.

Hay que insistir en el carácter total de la organización miliciana de París: reposaba sobre los cabeza de familia, independientemente de su sexo (las burguesas no servían, pero debían enviar un hombre que representara su hogar; con lo que estaban plenamente implicadas tanto en el *guet* como en la vigilancia) y no dejaba sin función a los sin residencia, por mucho que estuvieran excluidos del derecho de burguesía. La milicia parisina se distingue así de todas las organizaciones militares corporativas o parciales, organizadas sobre el modelo de la cofradía voluntaria. El análisis que propongo a continuación no sólo sigue una perspectiva de pura erudición sino que moviliza elementos de observación local para comprender problemáticas globales de conflictos absolutamente determinantes en la evolución de la guerra, civil o no.

La historia tradicional de los conflictos armados no permite pensar la importancia militar de las milicias urbanas. Focalizada sobre los aspectos estratégicos y tácticos de la historia de las batallas, sólo comprende mal la dimensión antropológica civil de la violencia armada que está lejos de ser el patrimonio de los profesionales de las armas. La violencia, la diplomacia y la capacidad de negociación que los poderes centrales debieron desplegar para orientar y controlar esta potencia ciudadana la hacen parte incontestable de la gran historia, la de las personas en general.

---

[17] DESCIMON, 1996, pp. 189-211.

Los capitanes de la milicia burguesa de París a finales del siglo XVI: los juegos del espacio y el cuerpo[18]

Renovada en 1562 por ordenanza de Carlos IX, bajo la presión de los católicos radicales prestos a una nueva guerra civil, la milicia de París debe su relativa notoriedad histórica a su participación en tres acontecimientos mayores: la matanza de la noche de San Bartolomé (24-VIII-1572), las Barricadas que dieron el control de la ciudad a la Liga Católica (12-V-1588) y las de la Fronda (24-VIII-1648). Así pues, aunque había sido fundada como una fuerza de orden, fue en los períodos de conflicto cuando afirmó, al servicio de la comunidad cívica, su capacidad como poderoso instrumento de contestación a la política real. Particularmente significativo fue el período de la Liga Católica (mayo de 1588 a marzo de 1594) en el que la ciudad efectivamente escapó del control del soberano. Para entender las razones de su actividad interesa aproximarse a sus cuadros sociales y, políticos y territoriales (que permiten comprender cómo funcionó la sociología del mando), para finalmente describir el cambio que se operó en la milicia y en sus oficiales una vez que en 1594 se restauró el poder monárquico.

La elección de los capitanes: «democracia corporativa» y honor de la burguesía

Tres trazos definen la relativa originalidad de la milicia burguesa de París: su número, su organización territorial y no corporativa, y las formas de sociabilidad que creaba. Las tropas inmortalizadas en los cuadros de Frans Hals o de Bartholomeus van der Helst eran corporaciones restringidas de base voluntaria entre los notables que confirmaban así su éxito social; estas asociaciones se relacionaban con las confraternidades de arqueros o de arcabuceros que florecían desde la Edad Media[19]. Por el contrario, en París, la milicia armada era una institución global, una corporación general que reagrupaba al conjunto de burgueses sobre una base de obligatoriedad estrictamente codificada por sus reglamentos y una amplia jurisprudencia[20]. La milicia movilizaba, en teoría, a todos los vecinos (propietarios, inquilinos o incluso residentes en habitaciones «chambrelans»), lo que ciertamente excluía a la mayor parte de la población, las personas «sans aveu» y «sans feu ni lieu». La milicia ocupaba

---

[18] A partir de aquí el texto es una traducción de una primera versión aparecida en el volumen referido de *Tijdschrift voor sociale geschiedenis*, 23/1, 1997.
[19] Para París, v. TUBERT, 1927.
[20] DESCIMON, 1993.

todo el espacio parisino, al interior de las murallas de Carlos V y los arrabales (*faubourgs*) arrasados en los sitios de 1589 y 1590. La milicia era sin duda una institución masiva: se puede estimar en unos quince a veinte mil burgueses armados, aunque no se ha conservado la documentación de las muestras[21]. Se sabe que en 1594 había ciento trece compañías mandadas cada una por un capitán, un teniente y un alférez, sin contar los *faubourgs*.

Las compañías tenían una base territorial. En Europa se oponía este modelo vecinal al que organizaba la milicia a través de la agrupación bajo las banderas de los gremios[22]. La reforma de 1562 instituyó un principio simple: las circunscripciones de los 16 barrios de la ciudad (las *dizaines*) ya no serían comandadas por oficiales civiles (*quarteniers, cinquanteniers y dizainiers*), sino por capitanes elegidos por los burgueses que debían servir a sus órdenes. Los capitanes estaban a su vez subordinados a la autoridad civil, el *prévôt des marchands* y los *échevins*, e incluso a los *quarteniers* que conservaban el control de las llaves de la ciudad, aunque la milicia tuviera una relación cada vez más estrecha con la autoridad militar identificada en el gobernador de la ciudad.

La milicia burguesa puede ser estudiada como una institución de sociabilidad[23]. Si bien los capitanes debían estar atentos a las exigencias de la administración regia y municipal, eran las expectativas locales las que mejor traducían el espíritu de la institución miliciana. Para comandar a sus iguales, un burgués había de ser «reconocido» por sus tropas y este reconocimiento encontraba su fundamento en la elección misma realizada por los habitantes más «notables» de la *dizaine* («la plus grande et saine partie», precisan los registros). La elección era el principio primitivo, sancionado por las ordenanzas de 1562. Étienne Pasquier podía así informar en correspondencia que: «Le roy de Navarre a enjoinct aux Prevost des Marchands et Eschevins de Paris de nous faire assembler en chaque dizaine pour eslire un capitaine et un lieutenant sous le commandement desquels nous serons tenus de garder les portes»[24]. En relación con la revolución de la Liga en 1588 el célebre humanista recordaba los métodos tradicionales: «tous les manants et habitants

---

[21] La muestra de 1571 (B. N. F. ms. fr. 11692) cuenta con 16.640 referencias y hay razones para suponer que ha estado realizado a partir de las listas de milicias; v. DESCIMON, 1989, pp. 75-77. En 1652, el intendente de fortificaciones y matemático Pierre Petit informa que las listas para las guardias incluyen unos 50.000 hombres (LE ROUX DE LINCY, 1858, p. 13).

[22] PO-CHIA HSIA, 1984, pp. 136 *ss.*, analiza de forma notable las consecuencias entre la elección de una organización territorial o corporativa de la milicia. Para una tipología política, v. KRAUS, 1980.

[23] DESCIMON, 1987.

[24] PASQUIER, 1723, tomo 2, libro IV, carta 16, col. 100.

de chaque dixaine, sans aucun triage particulier d'uns et d'autres, s'assembleroient es maisons de leurs dixainiers et que là ils procederoient à l'eslection d'un capitaine et d'un lieutenant»[25]. Si Pasquier hacía memoria era para condenar las innovaciones introducidas por los católicos radicales, los *Seize*, que organizaban las elecciones en asambleas celebradas en el ayuntamiento para poder interferir en el resultado final. Es sorprendente que este notable, partidario del rey y conservador, manifieste así su fidelidad al principio de territorialidad de la milicia, principio que a sus ojos fundaba la legitimidad misma de la milicia como institución. En los buenos tiempos la elección se desarrollaba en una asamblea convocada a la salida de la misa en el «lieu le plus commode qui sera avisé par led. capitaine». Podía ser la sala de un colegio o de un capítulo, o incluso el alojamiento de «l'un des plus apparents du quartier»... Se llamaba a cada burgués según el listado y los ausentes eran condenados a pagar una multa[26]. Los votos se emitían a alta voz y eran contados por el *dizainier*, que a veces era sospechoso de fraude o de pobre formación[27]. Se ha conservado las actas de algunas de estas elecciones que muestran la práctica de estos procesos electorales y su persistencia en el reinado de Enrique IV, aunque éstas se vean revestidas de un carácter cada vez más censitario[28].

Con el desarrollo de las guerras de Religión, el mando de la milicia se convirtió en un espacio de poder que la autoridad monárquica prefirió no dejar al azar de los equilibrios locales. Tras el final de la primera guerra civil, la Monarquía lamentó haber puesto las armas en manos de los burgueses. La agitación de la Liga Católica incorporó para 1585 a muchos de los líderes de la milicia. El rey Enrique III intentó en marzo de ese año nombrar los oficiales (capitanes y tenientes, ya que los alféreces eran designados por el capitán respectivo) a partir de una lista presentada por los burgueses. Este *coup d'autorité* radicalizó aún más el contexto parisino. La designación regia y elección por la burguesía no eran en el siglo XVI principios tan antinómicos como pueda parecer en el presente[29]. Al impo-

---

[25] PASQUIER, libro XII, carta 9, p. 318.

[26] ANF Z1H 95, 21 de marzo de 1597, la multa se fija en la nada despreciable suma de 10 escudos.

[27] Por ejemplo, ANF Z1H 88, 13 y 17 de mayo de 1589, un abogado se queja del *dizainier*, un mercader de vino, que «avoyt un papier ou il avoyt preparé des rayes qui ne servoient de rien et, pour ce qu'il ne sçavoyt ce qu'il faisoyt et qu'il avoyt faict lesd. rayes esquelles il pouvoyt augmenter ou diminuer ainsi que bon luy sembleroit, comme il a de coustume, et aussi qu'il n'y entendoyt rien».

[28] ANF H2 1884, 23 de agosto de 1595, cincuenta y cinco votantes para la elección de un capitán y un alférez en el barrio de Saint-Séverin.

[29] RDBV, VIII, 434-437, donde se describe el procedimiento: el *prévôt des marchands* debía someter al gobernador un estracto de las listas conteniendo «les personnes qui seroient propres pour estre cappitaines et lieutenans, afin que le Roy les puisse des-

ner una serie de nombres, el rey sabía que no era más que el árbitro en un juego de intereses eminentemente locales. Así se presentaron ante el *Bureau de la Ville* «les habitans de la dixaine de Jullien Huot» (en el barrio de Sainte-Geneviève), «lesquelz ont declaré qu'ilz nommoyent et nomment au Roy pour capitaine en leur dixaine»; cinco personajes de los que dos eran consejeros en el Parlamento, dos secretarios del rey y el último, el teniente de la compañía, un procurador ante el Parlamento «pour s'il plaist a Sa Majesté recevoir l'un dessusdicts pour capitaine, supplians Sa Majesté de n'y voulloir admettre maistre [blanc] de Villars», sin duda otro consejero del Parlamento[30]. Este proceso en el que la elección se remitía al monarca, tras consulta de los interesados, tenía efectos sociales evidentes: el rey prefería sus hombres a los «simples bourgeois de Paris», «espérant plus fidèle et asseuré service de ses Officiers qui lui avoient presté le serment de fidélité et estoient à ses gages»[31]. La discriminación de los capitanes-magistrados por la ciudad aparece en sentido opuesto como la respuesta del espíritu tradicional de la burguesía frente a la ingerencia del poder monárquico[32].

Después de la Liga, la lista de los capitanes de mayo de 1594 elaborada por el Consejo del rey aparece firmada por el soberano y su secretario de Estado. Se trata de una inteligente mezcolanza entre oficiales de la Liga que habían traspasado su lealtad a Enrique IV y entre aquellos capitanes que habían sido cesados por los rebeldes o enviados al exilio y que ahora eran repuestos en sus cargos. El ideal de la monarquía buscaba siempre crear un lazo personal de fidelidad entre el rey y los jefes de la guardia burguesa, lazo cuya solidez se garantizaba formalmente por el juramento que debían prestar. Los capitanes representaban a la vez a sus burgueses, a la ciudad y al rey, algo no exento de contradicciones que estallarían en el siglo XVII en un sistema de designación que ya se había alejado mucho de las prácticas electivas de la centuria precedente[33].

---

tiner» (26 de marzo); el 29, se envió desde el ayuntamiento la orden a los alcaldes de barrio para que las *dizaines* hicieran asambleas para reunir sus capitanes.

[30] ANF H2 1884, 17 de abril de 1587.

[31] L'ESTOILE, 1875, p. 187, marzo de 1585.

[32] Hay testimonio en las quejas presentadas ante el *Bureau de la Ville,* el 28 de junio [julio por error] de 1588, para la elección de nuevos capitanes (RDBV, pp. 180-181) : «A cause que aulcuns de ceux qui sont à present ausd. charges n'en font aucun debvoir et ne se trouvent communement aux gardes de jour et de nuict en personnes, et sy peu que ce n'est que par acquict et souvent en robbe indecente et sans aulcunes armes, lesquelz ilz denigrent et mesprisent comme n'estant de leur vacation; [...] ce qui vient en partie pour estre lesd. chefz personnes vieilles et caduques, ou qui sont ordinairement et continuellement occupez en aultres plus grandes affaires et charges publicques, soit de justice ou de finances».

[33] DESCIMON, 1996.

Los capitanes eran los intérpretes de la comunidad territorial y el fundamento de su capacidad de representación hay que buscarlo en el sentido del honor colectivo de su barrio; esta honorabilidad del lugar estaba calcada sobre las concepciones corporativistas en la medida en que se justificaba por las funciones (*ministerium*) que cumplía la milicia burguesa al servicio de la comunidad, del rey y de Dios. La dignidad local tenía por antítesis el espíritu de pillaje, incluso en la pobreza ambiental y la dificultad de supervivencia en el París de la Liga, al tiempo que las prácticas de la soldadesca imitadas por la milicia contribuían a dar un sentido heroico a los ideales comunitarios[34]. Estos soldados burgueses no estaban dispuestos a tener que avergonzarse de la actitud de sus comandantes, ni los capitanes de la de sus homólogos. Así lo entendieron los modestos burgueses de una compañía del *faubourg* Saint-Marcel que reprocharon a su capitán, un mercader llamado Jean Delaplace, haber hecho prisionero en Ris (hoy Ris-Orangis) al receptor de presentaciones del Parlamento, Jacques de Beauvais, y haber cobrado un rescate de 53 escudos por su liberación. Los burgueses elevaron una petición al ayuntamiento pidiendo la destitución de Delaplace «a raizon de telles captures, exactions et recellemens». El capitán respondió que la demanda no era admisible («les demandeurs ne se chagrinent que de l'interestz d'autruy») y empleó el criterio de autoridad: estos «simples bourgeois» habitualmente le desobedecían y no se debía permitirles «de proferer parolle contre son honneur»; en fin, «pour desposer led. defendeur de sa charge», era necesario convocar una asamblea «à yssue de la messe paroichialle avec les sollennitez requises en telle assemblée et que, la chose mise en deliberation, la plus grande et saine partie eust passé procuration pour presenter lad. requeste»[35]. La virtud de los soldados esconde tal vez un conflicto nacido del reparto desigual del botín de guerra, pero también una ideología clara. El conflicto que opuso en el

---

[34] ANF ZIH 91, 11 de marzo de 1591, un agitador *politique*, Michel Lebleu, es convocado al ayuntamiento por su capitán «aux fins de declairer qui sont ceulx de sa compagnie qui vont jusqu'au Bourg la Reine et autres lieux voltiger par les champs pour piller et voler les paysans qui apportent vivres et commoditez en ceste ville de Paris, et, sur ce, oy led. le Bleu qui a affermé en son ame n'avoir tenu lesd. propos, d'aultant que cella luy tourne a deshonneur et scandale et a tous les honnestes bourgeois de son quartier qu'il a estime estre fidelles et non necessiteux». El 29 de mayo de 1591, el capitán Cochery, un mercader ropavejero, declaró al capitán Mignot (un soldado profesional al servicio de la ciudad) «qu'il estoit ung volleur et larron parlant et exhigeant de tous ceulx qui passent par devant sa garde aud. faulxbourg tout ce qu'il pouvoit tirer d'eulx et que sy jamais il le y pouvoit attrapper, il le tueroit et que jamais il ne pourroit endurer ung tel coquin qu'est led. Mignot allast entreprendre sur son corps de garde».

[35] ANF Z1H 452, 11 de marzo de 1589.

barrio de Saint-Séverin a Jean de Champhuon, señor du Rousseau, abogado y capitán (un notable *politique*), y al teniente de una compañía vecina, el procurador Guillaume Josset (un radical católico), no se limitaba sólo al desencuentro político: Champhuon le había denunciado en su nombre, el de su suegra y el de una «grande partye» de los capitanes, tenientes y alféceres de la coronelía, «tant pour leur interest particullier qu'en general». Se acusaba a Josset de haber embargado injustamente a la suegra de Champhuon y de haber falsificado la orden incluyendo en ella «des recherches animeuses et injurieuses». El abogado encargado de representar a los demás capitanes, que también era teniente, insistió en el «deshonneur» que caería sobre ellos si no se destituía a Josset[36]. La dimensión honorable que se reivindicaba en el ejemplo anterior a nivel de barrio aparece aquí reducida al cuerpo de capitanes de una coronelía y toma así un valor diferente. Por supuesto, estas acciones no impiden las expresiones de desprecio en el interior del cuerpo: por ejemplo, la viuda de un capitán, que no había ido a la guardia, respondió al capitán, teniente y alférez que habían ido a cobrar la multa «du lieutenant et enseigne, qu'ils n'estoient que des anymaulx, et que le capitaine n'estoit qu'un Sainct Chié». Ante la indignación de los oficiales, añadió que «avoient chiez au lic.», y todo ello en presencia de su suegro, quien también era capitán en un barrio vecino[37].

El honor colectivo tenía una profunda dimensión social. En 1588, un tal Victor Moreau, maestro sombrerero, dijo a su capitán, el procurador Jean Emonnot, notorio católico radical, que «il n'alloyt a la porte que pour luy faire honneur et qu'il n'en estoit point de besoin». Moreau, sin duda bastante ajeno al celo católico, si bien reconocía haber tenido «quelques propos sotz», se quejó al *Bureau de la Ville* de los rigores que Emonnot hacía sufrir a sus subordinados: «un marchand les traiteroyt plus doulcement»[38]. El sentimiento de distinción de *estados* era muy fuerte dentro de la burguesía[39]. De esta forma, la dignidad del barrio podía verse revestida por los prejuicios inherentes a lo que se ha convenido en llamar sociedad de órdenes, que resultaban poco asimilables al espíritu comunitario. El espíritu de jerarquía había progresado en el seno de los burgueses ordinarios, ya que era conforme al honor de un distri-

---

[36] ANF Z1H 452, 25 de mayo de 1591 y ANF Z1H 91, 6 de junio.

[37] ANF Z1H 91, 8 de julio de 1591.

[38] ANF Z1H 88, 20 de diciembre de 1588.

[39] Por ejemplo, ANF Z1H 94, 18 de mayo de 1596: pleito oponiendo al tendero (y sin embargo *politique*) Nicolas Deschamps, alférez de su *dizaine*, y al abogado Philippe Yver (que acababa de ganar una causa por confiscación por falta de vigilancia). A la vuelta del ayuntamiento, según Yver, «se seroit furieusement addressé a luy et luy auroit dict qu'il se soucioit autant de la robbe longue que du diable». Estas malas palabras pronto dieron paso a las amenazas y a los golpes…

to que el mando correspondiera a un notable cuya dignidad redundaría en el honor colectivo. En 1597, un joven financiero, encargado de víveres en el ejército real, declaró a su capitán, secretario del rey «qu'il n'iroit point a la garde, qu'il n'en avoit que faire et qu'il voulloit estre commandé d'un plus grand que ledict Le Tenneur»[40]. Era ir demasiado lejos en la reclamación de honorabilidad, ya que, los capitanes, al proceder de clases sociales diversas, corrían el riesgo de ver su honor colectivo rebajado al de aquellos de entre ellos que fueran más modestos[41]. La comunidad burguesa de barrio había caído en una contradicción cuya resolución le sería fatal: o bien atenerse al espíritu comunitario que consideraba a todos los burgueses como iguales, lo que llevaba a negar las desigualdades sociales existentes, someter la milicia al desprecio de los poderosos, dejarla sin recursos contra los ataques eventuales de las autoridades políticas y promover un funcionamiento casi anárquico de las compañías donde no existía una autoridad social de los oficiales contra una soldadesca que les veía como iguales; o bien asumir las múltiples articulaciones de la sociedad estamental, lo que implicaba negar los fundamentos comunitarios de la burguesía, sin favorecer un buen funcionamiento y servicio, pues, por muy prestigiosos que fueran los capitanes, esto no garantizaba que fueran los más competentes. En todo caso, el honor del espacio burgués dependía claramente de las calificaciones sociales que podía reclamar para sí.

Organización social y proyección geográfica

En el sistema sociomilitar de la milicia burguesa el espacio no era una categoría inerte. Se sabe que el entramado territorial parisino evolucionó en virtud de sus propias tensiones que eran dependientes de la morfología de las diversas parcelas en que se dividía y de su relación con las vías de comunicación, calles y plazas[42]. Sin embargo, estas observaciones no deben llevar a descuidar el contenido social que determinaba el uso que se hizo del espacio. Se puede incluso considerar que los propietarios, a la hora de parcelar o reconstruir, tenían muy presente cálculos económicos que contaban con un trasfondo social[43]. Estos cálculos respondían

[40] ANF Z1H 95, 30 de abril de 1597.
[41] Un portero del Parlamento, en la misa que precedía a la procesión, había declarado «que les cappitaines de ceste ville n'estoient que des sabottiers et carrelleurs de sabotz» (ANF ZIH 91, 4 de septiembre de 1591).
[42] BOUDON/CHASTEL/COUZY/HAMON, 1977.
[43] Un ejemplo en el caso menos documentado de las reconstrucciones : ANF MC II, 134, una discusión sobre la fábrica de la iglesia de Saint-Jacques de la Boucherie, el 3 de octubre de 1630, corriendo una deliberación anterior (del 17 de marzo) y decidiendo que en un terreno se haría una gran casa en lugar de las tres pequeñas preexistentes.

a una demanda que podía tener diversa naturaleza: en el siglo XVI algunas de las parcelaciones más importantes se dirigían a artesanos y mercaderes, pero el reinado de Enrique IV favoreció las grandes operaciones de prestigio dedicadas a los estratos más prestigiosos de la población urbana. En todo caso, a los ojos de los propios contemporáneos la sociología del espacio urbano condicionaba el funcionamiento de la milicia.

La delimitación de las unidades urbanas revestía una notable importancia. A diferencia de los *pennonages* de Lyon[44], los barrios y las *dizaines* de París tenían límites relativamente estables que constituían una herencia histórica mantenida por el deseo compartido de salvaguardar los micropoderes locales. El orden público jugaba un papel significativo en esta estabilidad global y en sus limitadas transformaciones. La identidad de las circunscripciones civiles y militares no se mantuvo de forma estricta y los distritos territoriales urbanos que resultaron demasiado bastos o pequeños debieron adaptarse a las necesidades del servicio. Las primeras modificaciones consistieron en reagrupar a dos *dizaines* vecinas en una sola compañía. Pronto se dividió una *dizaine* para incorporar cada una de sus mitades a las compañías vecinas. Parece que no fue hasta 1594 cuando se comenzó a separar el espacio civil del espacio militar[45]. En este sentido se puede oponer las fronteras *fuertes* de los barrios (hasta 1636) a las fronteras *débiles* de las *dizaines*. Como los barrios tenían funciones diversas y el espacio municipal se veía sometido a diversas tensiones tan centrífugas como contradictorias, no es inútil entrar en detalle[46].

El servicio militar representaba una carga pesada y estos soldados *amateurs* que eran los burgueses reclamaban la concentración de las circunscripciones para aligerar sus obligaciones. En 1587, los burgueses de dos *dizaines* de la calle de los Lombards solicitaron ser reunidos en una única *dizaine*, aduciendo su poco número, su falta de medios, la alta proporción de viudas que había y la exenciones que como cargos públicos gozaban los oficiales civiles de la ciudad[47]. La fiscalidad, por su parte, ten-

---

[44] ZELLER, 1983, p. 72.

[45] Por ejemplo, ANF H2 1883, 7 de mayo de 1595, el capitán (que además era el procurador general de Jacques de la Guesle) se queja que la *dizaine* de Prieur (barrio de Saint-Séverin) «est si mal peuplée de bourgeois qu'il n'y a de quoy faire une compaignie suffisante pour la garde» y propone anexionarle una porción de la calle Saint-André des Arts. *El Bureau de la Ville,* tras consultar al coronel, da la razón a la Guesle «en attendant que la dixaine de Prieur soit plus peuplée de bourgeois qu'elle n'est a present...». La identidad inicial de las *dizaines* y de las compañías resulta del estudio de la lista de capitanes en de 1562 (RDBV V, pp. 161-163). La separación en dos de *dizaine* del barrio de Saint-Germain l'Auxerrois aparece en la ya citada lista de capitanes de 1594.

[46] DESCIMON/NAGLE, 1979.

[47] ANF H2 1882 1, 25 de agosto de 1587.

día a reforzar la estabilidad de las unidades territoriales contra su disolución o división. El 10 de junio de ese mismo 1587 el consejero en el Parlamento Jérôme Auroux, capitán aunque ya era algo mayor, explicaba que había hecho reedificar la habitación situada en la parte trasera de su casa y que alquilaba al Colegio de la Sorbona. En su opinión el conjunto de la casa dependía de la *dizaine* de Delaunay, pues su entrada se encontraba en la calle del Harpe. En consecuencia reclamaba ser liberado de los 12 escudos que le correspondía pagar del impuesto de 60.000 escudos exigidos por el rey a los parisinos y que se le pedían a su subarrendataria, una viuda noble, dama de honor de la reina, con la que matenía relaciones íntimas. La parte subarrendada de la casa reconstruida daba a la calle de los Mâcons, *dizaine* de Sébastien Nivelle, quien había impuesto dicha cantidad a la viuda. Anroux argumentaba que la casa sólo debía pagar una vez la tasa, al ser en sí misma una unidad, como lo hacía para otros tipos de impuestos, como el de las fortificaciones. Se ignora quien ha ganado esta causa, pero se constata que el juego de la fiscalidad tendía a situar en dos espacios diferentes una casa considerada hasta entonces como un único «fuego». Los ejemplos sobre esta tendencia son muy abundantes.

Esta tensión espacial encubría múltiples tensiones sociales que se expresaban claramente en sus efectos sobre el mando de la milicia. Se analizará tres ejemplos donde una nueva parcelación coexistía con un hábitat tradicional. Los dos primeros corresponden al barrio de Sainte-Geneviève que se organizaba en torno a la plaza Maubert[48]. Era un barrio antiguo, durante mucho tiempo muy campesino, cerrado por la muralla de Felipe Augusto y limitado al oeste por la calle Saint-Jacques. Ésta hacía de frontera entre Sainte-Geneviève (*quartier latin* de colegios y librerías, de comerciantes y gentes de justicia sin demasiados recursos) y el barrio de Saint-Séverin, donde se edificaban desde el siglo XV muchas de las más hermosas residencias de los miembros del Parlamento. Sainte-Geneviève evolucionó gracias a la migración de los estudiantes hacia los colegios del sur y del oeste (siempre al sur del Sena) y por la aparición de construcciones nuevas muy localizadas. La más importante zona nueva, a partir de la década de 1490, fue el entorno del colegio de los Bernardins[49] limitado por el malecón de la Tournelle sobre el Sena donde iban a abrevar los caballos.

Aparentemente esta nueva parcelación no dio lugar a la aparición de una nueva *dizaine*: las casas de la calle de los Bernardins fueron incorporadas a la *dizaine* de la calle Saint-Victor; y el malecón de la Tournelle a una *dizaine* que integraba parte de las calles Galande y de la Bûcherie y que se centraba sobre el nordeste de la plaza Maubert, de la Croix des

---

[48] ROUX, 1969.
[49] DUMOLIN, 1935.

Carmes al Pavé. En la *dizaine* de Saulnier (calles de Saint-Victor, de Biè-vre y de Bernardins), en 1588, tenía la capitanía el consejero Gastón de Grieux, su teniente era el procurador en el Parlamento Jean Durocher que habitaba en la calle de los Bernardins y su alférez Antoine Dela-porte, burgués de París (sin duda un mercader) que vivía en la calle de Bièvre. A la muerte en noviembre de este último, le sucedió un procura-dor del tribunal de Cuentas habitante de la misma calle. En junio de 1589 el magistrado fue cesado y los dos oficiales subalternos ascendidos a los grados superiores, se eligió como alférez un maestro velero de conoci-dos sentimientos ultracatólicos que residía en la calle de Saint-Victor, la más poblada y pobre de la *dizaine*. En 1591, el procurador que tenía el mando de la compañía fue reemplazado por su teniente y el maestro velero ocupó la plaza dejada por el nuevo capitán. El nuevo alférez era un procurador en el Parlamento residente en la calle de Bièvre; la de los Bernardins, la más nueva y la más rica, ya no estaba representada entre los oficiales de la compañía. Se había dado una triple evolución cohe-rente: la toma del poder por los cuadros salidos de la militancia ultraca-tólica, la ascensión de notables socialmente modestos y desplazamiento del domicilio de los jefes hacia las calles más populares. En 1594, con la victoria del rey y sus partidarios, el mando de la compañía fue una vez más renovado. El consejero Gastón de Grieux fue restablecido como capitán, y ahora iba a ser secundado por el tesorero de la Marina, Jacques Chauvelin, y un joven abogado, Jean Moreau, que ese año lograría ser promovido a abogado general en la *cour des Monnaies*. De Grieux y Moreau vivían en la calle de los Bernardins y Chauvelin en la residencia de la calle de Saint-Victor donde su familia, de brillante porvenir, residía desde que se había establecido allí su fundador, un procurador en el Parlamento que trabajaba para la reina Catalina de Médicis. Chauvelin introduce una ligera distorsión en el esquema por tratarse de un rico que vive en una calle pobre, pero la evolución global parece tener una cierta coherencia. La instauración de Enrique IV parece responder a los inte-reses de los notables y de quienes más habían invertido en la adquisición de oficios públicos. La representación de la calle de Saint-Victor, la que daba más soldados burgueses, ya no fue representada en el mando más que por un secretario de la Cámara del rey, que actuó como alférez en 1610, 1615, 1620 y 1636, fecha en la que residía en la calle de Bièvre (si no es un homónimo).

El segundo ejemplo se encuentra en la *dizaine* vecina de Girard Mozac (malecón de la Tournelle, plaza Maubert, calles de Gallande y de la Bûcherie, en parte). En 1589 y 1591, los tres oficiales habitaban en las calles tradicionales (el teniente Jean Mascot, traficante de caballos, y el alférez Pierre Champeaux el viejo, mercader de vinos) o en la plaza Maubert (el coronel Mathurin Pigneron, mercader de telas retirado). Lo mismo sucedió con el teniente y el alférez elegidos durante la Liga, dos procuradores, uno ante el Châtelet y el otro ante el Parlamento; Charles Noblet y Antoine Boulay, quien no compartía el celo radical de sus superiores. En 1594, Boulay, que vivía en la calle de la Bûcherie, fue el único no depurado (de hecho, aparece en la documentación hasta 1620), pero el nuevo capitán y teniente (un consejero ante el Parlamento cuya esposa, se decía, era amante del rey, y un célebre abogado, Anne Robert) residían en el malecón de la Tournelle donde una nueva oleada de construcciones comienza en 1596. Este origen geográfico de los capitanes se mantuvo hasta 1596.

El barrio de Saint-Antoine, al norte del Sena ofrece el último ejemplo. Este barrio que aún era periférico había perdido su carácter regio desde la muerte de Enrique II en 1559. Su carácter de barrio-calle en torno a la calle de Saint-Antoine que iba de la puerta de Baudoyer a la Bastilla se reforzó a lo largo del siglo XVI. La calle de Saint-Antoine era una arteria populosa dedicada al comercio mayorista y minorista y al artesanado. Sin embargo, el barrio era también un barrio con construcciones nuevas de importancia. En su territorio se oponían las pequeñas *dizaines* próximas al centro de la ciudad de las mucho más amplias que estaban cerca de la muralla de Felipe Augusto. Tres grandes parcelaciones contribuyeron a modificar la fisonomía social del barrio: la de Saint-Pol erigida de 1543 a 1556[50], la de la cerrada de Sainte-Catherine a partir de 1545[51], y la de la Plaza Real ya bajo Enrique IV[52]. Las residencias que se establecieron sobre estos terrenos fueron habitadas por personas pertenecientes a grupos sociales ascendentes, en particular financieros y cortesanos. Así Saint-Antoine ofrece un verdadero laboratorio para observar las modificaciones producidas en el mando de la milicia durante la segunda mitad del siglo XVI. Las formas de integración dadas por el ayuntamiento a los nuevos espacios construidos fueron diferentes. En la calle Neuve Saint-Paul, se creó una nueva *dizaine* que dio nacimiento a una nueva compañía de milicia; como sucedió, bajo Enrique IV cuando se pobló la Plaza Real. Sin embargo, se agruparon la *dizaine* de la parcelación de la cerrada de Sainte-Catherine y la *dizaine* preexistente de la calle Saint-Antoine (en torno a la Iglesia de los jesuitas de Saint-Louis, calle de los Ballets y esquina de Sainte-Catherine en la vertiente norte de calle) en una sola compañía. Se unía así una zona nueva con un espacio tradicional en una unidad militar común. Antes de la Liga, el capitán en jefe era un *contrôleur général des bâtiments* del rey que residía en la calle de los Trois-Pavillons en la extremidad noroeste de la nueva barriada.

---

[50] MIROT, 1916.
[51] DUMOLIN, 1931; BABELON, 1970.
[52] BALLON, 1991, pp. 57-113.

Después de 1588 los tres oficiales procedían de la calle de Saint-Antoine: un maestro panadero, un boticario y un maestro herrero. En 1594, los tres fueron cesados y reemplazados por tres habitantes de la cerrada de Sainte-Catherine (un *maître des requêtes de l'Hôtel*, un *contrôleur général des bâtiments* del rey, hijo del antiguo capitán, y un gentilhombre-escudero que que se iba a convertir, o que ya era, maestresala de la reina Margarita de Valois). La *dizaine* de la calle de Saint-Antoine ya no tendría presencia en el mando. Hasta 1620, el capitán y el teniente residían en la cerrada de Sainte-Catherine, y el alférez, un notario de Châtelet, vivía en la calle de Saint-Antoine. El esquema de las consecuencias de la toma de poder por Enrique IV es asimilable a lo sucedido en el barrio de Sainte-Geneviève. Si la Liga trajo la promoción de los notables modestos residentes en espacios tradicionales, la victoria del Borbón recuperó el control de la milicia para oficiales reales, que, en ocasiones, contaban con prestigio, y que vivían en barriadas nacidas del nuevo urbanismo.

Si se analiza la composición del mando burgués en las calles tradicionales (como la de Saint-Denis poblada de importantes mercaderes de seda), se observa una estabilidad elocuente: los capitanes de las barriadas alrededor de las Halles fueron masivamente mercaderes. Los miembros de la Liga podían reemplazar a los *politiques* o ser apartados por los realistas, pero todos tenían un origen social común. En los barrios pobres cercanos a las murallas, los capitanes procedían de los maestros gremiales, artesanos y pequeños comerciantes. No sucedía lo mismo en los nuevos espacios de urbanización construidos por Enrique IV: en 1610, la Plaza Real tenía como comandante a un tesorero de Francia, un financiero que era a la vez secretario del rey y un maestro carpintero de obra (de hecho, un arquitecto famoso). En la Plaza Dauphine, el único oficial a cargo en 1615 era un consejero ante el Parlamento. En la calle Dauphine, los oficiales eran el procurador general del Tribunal de Cuentas, un auditor de cuentas y un oficial en la elección de París. Estos ejemplos sólo se pueden generalizar de manera parcial, ya que en las compañías de barrios antiguos como el Temple o Saint-Séverin eran los oficiales de alta procedencia social quienes ejercían el mando, en un contexto urbano a menudo, pero no siempre, marcado por las nuevas formas arquitectónicas, como la residencia «entre patio y jardín». Pero no es menos cierto que las nuevas calles nacidas de las concepciones urbanísticas de moda en tiempos de Enrique IV no se adaptaban bien a las exigencias de las milicias burguesas: las autoridades municipales reunieron la calle Dauphine a la antigua compañía coronela en 1617, dado que estaba «composée la pluspart de menuz gens gangnans leur vye au jour la journée, lesquelz au moien de ce ne peuvent satisfaire au commandement [...], et aussy de personnes exemptz desd. gardes, comme [...] princes et domestiques du roi [...], n'y ayant que bien peu de bourgeois aud. quartier qui y pouissent envoyer»[53].

No cabe duda que los burgueses deseaban tener un jefe que viviera cerca de ellos, dicho de otra forma, un jefe que los representara. Era una consecuencia lógica del honor que fundaba la relación entre los jefes y los electores burgueses. En tiempos de la Liga, se han registrado pocos conflictos suscitados por el alejamiento de los capitanes de la residencia del distrito sobre los que tenían autoridad, pero estuvieron muy presentes durante la Fronda[54].

1591 y 1594: las transformaciones en la sociología de los capitanes burgueses

Las dos fechas propuestas son las del apogeo de los radicales católicos en París (justo antes del asesinato del presidente Brisson que provocó la decadencia del partido) y el final de la restauración realista en mayo de 1594[55]. El marco geográfico analizado se divide en tres grandes conjuntos territoriales que servían para reagrupar las dieciséis coronelías de la villa: el sur del río («Université») y la isla de la Cité (tres barrios y veintiséis compañías); la mitad este de la ciudad al norte del Sena con los barrios de Grève o Marais (seis barrios y cuarenta y tres compañías); y la mitad oeste con los barrios de las Halles y del Louvre (siete barrios y cuarenta y cuatro compañías). La desigualdad de las circunscripciones tenía un evidente efecto social, pero los mapas adjuntos permiten dar una idea del origen de los capitanes y de la presencia de los notables entre ellos. La singularidad de los estatus sociales obliga a agregar la pertenencia a diversas instituciones y colegios[56]. Para simplificar se ha limitado la división a cinco categorías perfectamente identificables por los contemporáneos: 1) la categoría «Magistrados y Jueces» incluye magistrados y oficiales de justicia, *savants* (jueces de jurisdicciones civiles y

---

[53] RDBV XVII, 52, 2 de marzo de 1617.

[54] Los habitantes del *faubourg* Saint-Martin que vivían entre la puerta y el canal de desagüe pidieron que su territorio fuera erigido en compañía de milicias. El 15 de junio de 1652 el *Bureau de la Ville* rechazó su petición, pero recomendaba que «au cas qu'il arrive vacation d'une des charges principales de lad. compagnie d'en pourvoir une personne habitant entre led. canla et la porte»; LE ROUX DE LINCE, 1847, vol. II, pp. 387-388.

[55] Para la segunda fecha se posee la «roolle des collonnelz et cappitaines esleuz et créez par le Roy pour commander par les quartiers et dixaines de la ville de Paris» (RDBV XI, pp. 27-35). La segunda se ha logrado a partir de la reconstrucción del 90% de las listas de milicias con la información contenida en los archivos judiciales y otras fuentes.

[56] DESROSIÈRES, 1989.

criminales) o no (jueces de jurisdicciones financieras y fiscales, que podían no ser licenciados en derecho), pero que todos eran oficiales reales investidos del poder judicial regio. Por supuesto, hay una gran distancia social entre un presidente de Parlamento y el miembro de una Elección, pero las entidades judiciales formaban un cuerpo consciente de sus privilegios y se relacionaban entre ellas por mecanismos de apelación. 2) La categoría «Administración de Finanzas» reúne a los oficiales contables, los raros financieros que no habían adquirido un oficio público y los oficiales de la Cancillería que eran a menudo también «traitants»: todos compartían un ideal de servicio al estado real. 3) Con los «Profesionales de Justicia» se abandona en parte el mundo de los oficios públicos, aunque los notarios y porteros eran oficios reales, para entrar en el de los subalternos de los tribunales, a los que en la época se les denominaba «ministres de la justice», o en ocasiones, «basoche». Integrados a veces, y de forma subordinada, a los tribunales. Fueran titulados (como los abogados) o no (como los procuradores) formaban parte del mismo grupo. Las categorías 4) y 5) agrupan el mundo profesional parisino o al menos sus estratos superiores, aquellos que buscaban incorporarse a la notabilidad; y lo hacían sobre dos enunciados: Mercaderes adinerados y Trabajadores especializados. El criterio de distinción era en parte económico, aunque esencialmente corporativo: los que contaban con el título de mercaderes y que pertenecían a los «seis cuerpos» (pañeros, vendedores-boticarios, merceros, orfebres, peleteros y sombrereros) o a los mercaderes de la «provisión de París» (traficantes de vino, de grano, de madera, de pescado…). Estas corporaciones no tenían una real homogeneidad económica y algunas, como los sombrereros, incorporaban a un reducido número de miembros; su mejor definición es la participación en la designación de los «juges et consuls des marchands», el tribunal de comercio creado bajo Carlos IX, un criterio que permite incorporar en este conjunto a libreros y tintoreros. El mundo de los mercaderes no se separa radicalmente del de los oficios mecánicos ni por el trabajo manual, ni por la diferencia de dinero. Por eso la categoría 5) agrupa los tratantes que no se identifican con el gran comercio, aunque lleven a veces en la documentación el apelativo de «marchand». Se sabe que muchos de estos artesanos notables que habían accedido al mando de la milicia eran a menudo, aunque no siempre, ricos y no trabajadores manuales. Un caso ejemplar es el de los maestros albañiles o carpinteros-arquitectos. Cada decisión de clasificar movilizaba diversos criterios, ni plenamente homogéneos ni plenamente coherentes, pero se hace de manera racional, ya que permite una reflexión de historiador a partir de supuestos procedentes de la pura observación histórica y de las representaciones de los actores estudiados captadas a través de los conflictos y compromisos desarrollados en sus prácticas, sin que haya que hacer referencia a teóri-

cos como Charles Loyseau o Antoine de Laval. Sin entrar en el espino-
so problema de las múltiples pertenencias, estas cinco categorías tienen
suficiente consistencia para resistir globalmente la crítica deconstru-
cionista[57].

TABLA 1

**La evolución social del cuerpo de capitanes burgueses entre noviembre
de 1591 (304 oficiales conocidos) y marzo de 1594 (304 oficiales conocidos)**

	Université/ Cité		Grève/Marais		Halles		Conjunto de París	
Categorías	1591	1594	1591	1594	1591	1594	1591	1594
1) *Magistrados*	0%	26%	14%	29%	3%	11%	6%	21%
2) *Administración de Finanzas*	3%	4%	9%	14%	2%	10%	5%	11%
3) *Profesionales de Justicia*	39%	27%	19%	13%	14%	11%	22%	16%
4) *Mercaderes adinerados*	41%	31%	35%	24%	71%	60%	51%	40%
5) *Trabajadores especializados*	17%	12%	21%	13%	9%	4%	15%	10%

Los mapas adjuntos de la notabilidad miliciana entre 1591 y 1594
muestran el contraste resultante de las tensiones políticas dadas en la ciudad en el período de la Liga. Éstas nacieron del conflicto encarnizado
entre los raciales y moderados de la Liga Católica por un lado, y entre la
Liga y los realistas, por otro. Las diversas ideologías movilizaban a personas procedentes de todas las categorías, aunque parece que los profesionales de justicia (abogados y procuradores) parecían más inclinados a
la militancia política activa, fenómeno que se detendría con el reinado de
Enrique IV[58]. Aunque habría que fijarse en cada una de las compañías[59],
parece evidente que estas variaciones generadas en un período de inestabilidad se inscribían en un marco fijo.

---

[57] Sobre las cuestiones de organización sociocorporativa de la buguesía parisina,
v. DESCIMON, 1995.
[58] El problema de la escisión entre magistrados y profesionales en DESCIMON, 1983,
pp. 50-65; y BARNAVI/DESCIMON, 1985, pp. 128-177.
[59] DESCIMON, 1982.

La progresión de los oficiales reales, de justicia y finanzas es más significativa aún si se considera que eran minoría en una burguesía esencialmente compuesta de mercaderes y profesionales. En efecto, tras la intervención autoritaria de Enrique III en 1585, los hombres que habían prestado juramento de fidelidad al rey y que recibían sus sueldos de él, lograron reforzar su posición en la esfera de los notables. La aceptación de este nuevo estatus por parte de los otros burgueses aparece sobre todo evidente en los barrios comerciales de las Halles donde los escasos magistrados gozaban de un plus de reconocimiento.

El restablecimiento de los jueces y los financieros se realizó a costa de la *basoche* tanto al sur del río como en la zona del Grève. En las Halles, los desplazados fueron los artesanos y los mercaderes, aunque éstos siguieron teniendo una presencia mayoritaria. El sentido social del restablecimiento del poder regio queda patente por el hundimiento de la representación artesanal que perdió un tercio de su presencia. En el mando de las compañías era rarísimo que los subalternos tuvieran un estatus superior al de sus comandantes. Las excepciones (entre un 15 y un 20% de las unidades) se explican sólo por la diferencia de edades entre los miembros de las planas mayores. En resumen: los grados subalternos eran poco ambicionados por los burgueses más notables, pero las plazas de capitanes eran acaparadas por los oficiales regios muy posicionados en el ámbito de la administración (presidente de sala, procurador general del Parlamento, teniente civil del Châtelet...). Tras la toma del poder por Enrique IV, la milicia burguesa sufrió una auténtica honda de choque, al reintegrar entre sus mandos a sus miembros más eminentes, aunque precisamente eran éstos quienes se sentían menos burgueses.

Con todo, este efecto no parece haber tenido consecuencias durables. Se puede seguir la evolución de los mandos hasta 1598 (tras el tratado de Vervins la milicia entró en estado letárgico), pese a las deficiencias de la documentación para ciertos barrios[60]. Es significativo que haya 163 nuevas tomas de posesión de cargos de mando, es decir, poco más o menos la mitad del total. Se puede trazar el efecto de estos cambios, distinguiendo cuando hay continuidad dentro de la misma categoría social y cuando se modifica significativamente el estatus social del oficial superior al reemplazarse la persona.

---

[60] La información procede de las series de jurisdicción del ayuntamiento, pues en esa época, sin saber muy bien la razón, se han registrado las actas de los juramentos de fidelidad (ANF ZIH 92 a 97).

TABLA 2

Categoría	Oficios perdidos	Oficios ganados	Total
1) *Magistrados = 13*	16	2	− 14
2) *Administración de Finanzas = 5*	14	11	− 3
3) *Profesionales de Justicia = 11*	14	23	+ 9
4) *Mercaderes adinerados = 43*	21	22	+ 1
5) *Trabajadores especializados = 9*	6	13	+ 7
Desconocidos = 12			12

Está claro que los oficiales reales, y sobre todo los magistrados, tenían muchas dificultades para conservar las posiciones que el rey les había permitido adquirir. Sus pérdidas no beneficiaron a los mercaderes (cuya dominación sigue siendo masiva), sino a quienes más habían perdido en 1594: profesionales de justicia y trabajadores. En el siglo XVII hubo una reacción de los magistrados que alcanzaron su máxima representación en el registro de 1615, para posteriormente iniciar un lento declinar.

Queda por ver la geografía social de la Comunidad: la milicia burguesa confirma la información que se puede obtener de otras fuentes como el origen de los diputados de los barrios en las asambleas de los ayuntamientos[61] o los mayores contribuyentes en el servicio de 1572[62]. Los magistrados, muy dispersos, se concentraban en el distrito de Saint-Séverin (el Parlamento) y en el Marais (donde los que trabajaban en el tribunal de cuentas eran muy visibles). Los profesionales de justicia dominaban el sur del río (sobre todo en el distrito de Sainte-Geneviève) y estaban presentes en los barrios de Saint-Esprit y de Saint-Jean en Grève, es decir, en el espacio vecino al ayuntamiento. Los miembros de la administración de finanzas ocupaban la notabilidad militar al norte del río, sobre todo en el barrio de Saint-Antoine, y en torno a las Halles. Los mercaderes adinerados, sobre todo los sederos, dominaban la calle Saint-Denis, mientras que los pañeros tenían posiciones sólidas en torno a la calle Saint-Honoré. Los mercaderes del abasto de París, en especial los tratantes de vino, se concentraban alrededor de la calle de la Mortellerie, y en la periferia norte. Esta ubicación periférica es característica de los artesanos que lograban alcanzar el mando de las compañías, sobre todo

---

[61] DESCIMON, 1987b.
[62] DESCIMON, 1989, pp. 69-104.

en los barrios pobres donde apenas había competencia de otras categorías sociales. Cuando fueron reconstruidas las compañías de los arrabales, su mando, salvo en Saint-Germain des Prés, corrobora la última
observación. En todo caso, la distribución confirma grosso modo la imagen global de la construcción socioespacial de la villa y refleja la estabilidad de los marcos territoriales heredados del siglo XV.

El inmenso programa de renovación urbana que lanzó Enrique IV no
puede ser interpretado de manera unilateral. Los adeptos del nuevo
urbanismo se pensaban cada vez menos como burgueses y su interés por
la milicia fue muy limitado. Las nuevas construcciones favorecieron la
emergencia de nuevas elites burgueses a lo largo del siglo XVII, pero también, en otros barrios, de artesanos que escapaban a la calificación des-
honrosa de «mecánicos», en especial de constructores-arquitectos. Los
mapas no permiten ver sólo la oposición banal entre centro y periferia,
sino una marquetería compleja que refleja en parte las complementarie-
dades sociales y económicas. De un lado, en 1594, existían dos centros:
uno en el corazón de la ciudad que fue constantemente renovado y habi-
tado por los poderosos y, el otro, envejecido, con casas sólo en parte
mantenidas, donde el mundo burgués tradicional, de mercaderes, artesanos y profesionales dominaba la sociedad. Frente a ellos había dos periferias unidas por una relación orgánica en la medida en que se puede
decir que una construía a la otra: la primera, pobre, dominada por el
artesanado especializado, sobre todo, de la construcción; y la segunda,
que adquirió cierto carácter aristocrático y en la que cohabitan cortesanos, financieros y lo mejor de la magistratura que cultivaba un nuevo
arte de vivir en la ciudad. En este espacio el viejo civismo se adaptó mal
y difícilmente pudo llegar a cuajar el espíritu de la Liga. Pero esto ya es
una historia que pertenece más al siglo XVII[63].

Para concluir este estudio, donde la descripción sirve como interpretación, se puede afirmar que la sociabilidad miliciana burguesa (tan diferente en su espíritu de la cultura popular del XVIII) sigue siendo bastante opaca si no se consideran sus propias categorías. Hay que sugerir que
la idea de honor territorial, que parece dominar las mentalidades burguesas de la Liga, está fuertemente ligada a una idea de comunidad que
resultó esencial para la activación del celo ultracatólico. Esta idea no apa-
recerá con la misma fuerza durante la Fronda. Con Michel de Certeau,
se constata que la victoria de los *politiques* ha generado, en la primera
década del siglo XVII, el deslizamiento «d'une organisation *religieuse* à
une éthique *politique*». El paso de la división de las Iglesias a la «razón
de Estado» ha favorecido igualmente la emergencia de nuevos principios

---

[63] Para entender el sentido de esta evolución, v. ELIAS, 1974, pp. 17-45.

que debían asegurar la cohesión de grupo relegando «la religion dans son rôle d'être le cadre de référence d'une société»[64]. Así la milicia continuó existiendo pero defendiendo y reproduciendo conceptos diferentes de ciudad, al menos hasta el reinado personal de Luis XIV.

GEOGRAFÍA SOCIAL DE LOS OFICIALES DE LA MILICIA BURGUESA

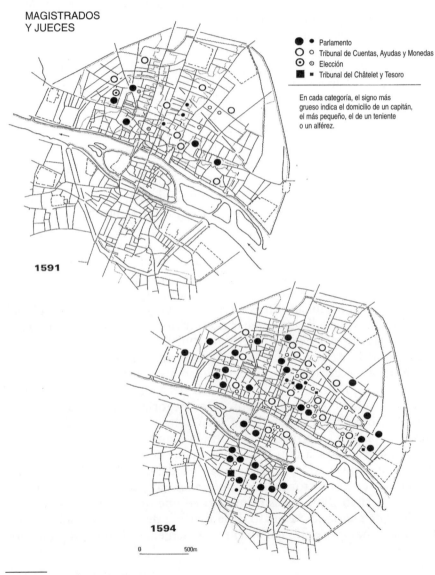

MAGISTRADOS
Y JUECES

● • Parlamento
○ ○ Tribunal de Cuentas, Ayudas y Monedas
◉ ⊙ Elección
■ ▪ Tribunal del Châtelet y Tesoro

En cada categoría, el signo más grueso indica el domicilio de un capitán, el más pequeño, el de un teniente o un alférez.

1591

1594

0 ——— 500m

---

[64] CERTEAU, 1975, pp. 164-171.

GEOGRAFÍA SOCIAL DE LOS OFICIALES DE LA MILICIA BURGUESA

ADMINISTRACIÓN
DE FINANZAS

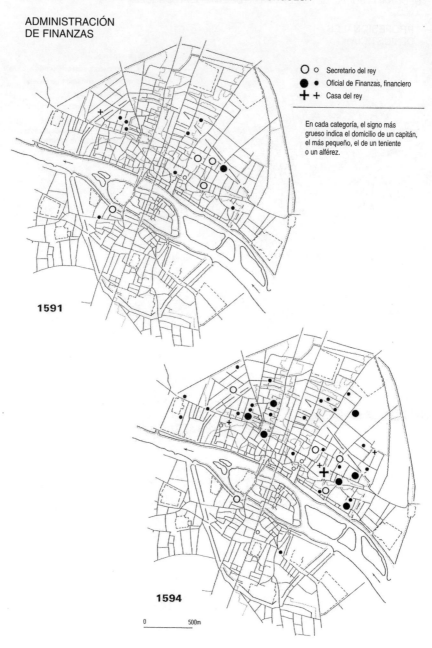

O o   Secretario del rey
● ●   Oficial de Finanzas, financiero
✝ ✝   Casa del rey

En cada categoría, el signo más
grueso indica el domicilio de un capitán,
el más pequeño, el de un teniente
o un alférez.

1591

1594

0   500m

GEOGRAFÍA SOCIAL DE LOS OFICIALES DE LA MILICIA BURGUESA

PROFESIONALES
DE JUSTICIA

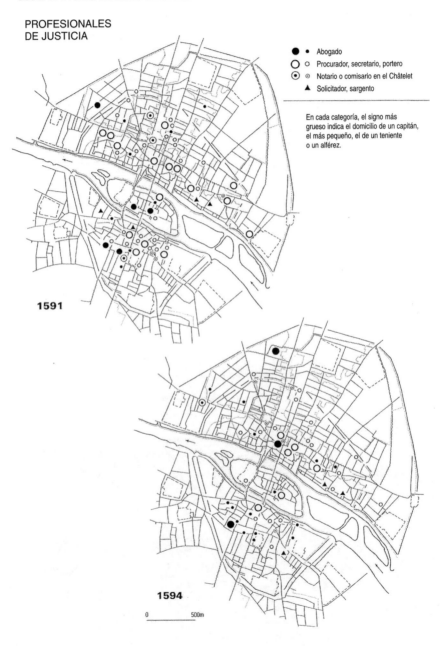

● ∙ Abogado
○ ○ Procurador, secretario, portero
◉ ⊙ Notario o comisario en el Châtelet
▲ Solicitador, sargento

En cada categoría, el signo más
grueso indica el domicilio de un capitán,
el más pequeño, el de un teniente
o un alférez.

1591

1594

0   500m

GEOGRAFÍA SOCIAL DE LOS OFICIALES DE LA MILICIA BURGUESA

MERCADERES

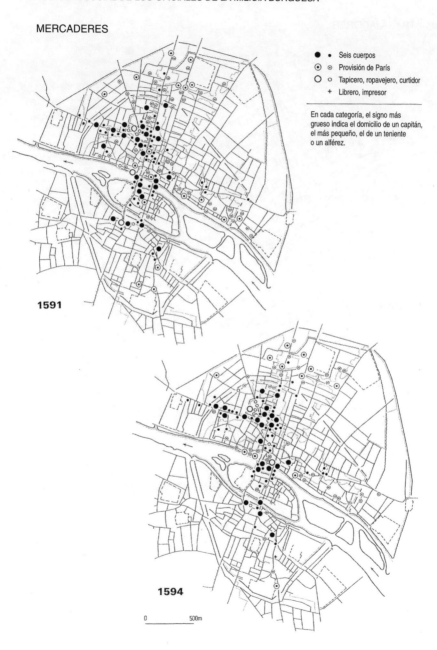

● • Seis cuerpos
⊙ ⊙ Provisión de París
○ ○ Tapicero, ropavejero, curtidor
+ Librero, impresor

En cada categoría, el signo más grueso indica el domicilio de un capitán, el más pequeño, el de un teniente o un alférez.

1591

1594

0   500m

GEOGRAFÍA SOCIAL DE LOS OFICIALES DE LA MILICIA BURGUESA

TRABAJADORES

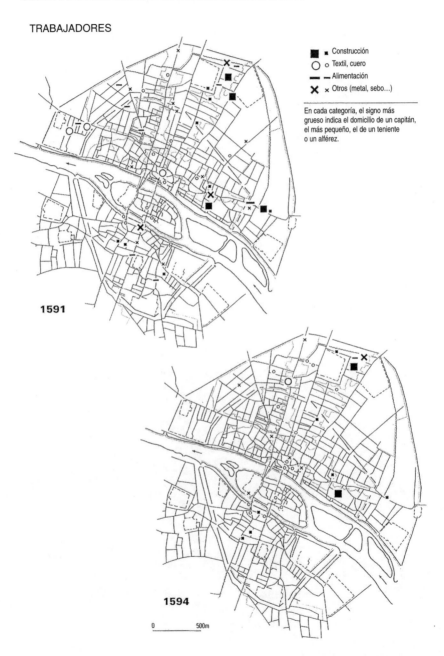

Abreviaturas utilizadas

ANF: Archives nationales de France (París).
    MC: Minutier Central des Notaires Parisiens.
    Z1H: Série de la juridiction du Bureau de la Ville de Paris.
BNF: Bibliothèque nationale de France (París).
    ms. fr.:   manuscrits français.
RDBV: *Registres des Délibérations du Bureau de la Ville* (París);
    vol. V, Alexandre TUETEY (ed.), París, Imprimerie Nationale, 1892.
    vol. VIII, Paul GUÉRIN (ed.), París, Imprimerie Nationale, 1896.
    vol. IX, François BONNARDOT (ed.), París, Imprimerie Nationale, 1902.
    vol. XI Alexandre TUETEY (ed.), París, Imprimerie Nationale, 1902.
    vol. XVII, Suzanne CLÉMENCET (ed.), París, Imprimerie Nationale, 1952.

Bibliografía

BABELON, Jean-Pierre, «De l'hôtel d'Albret à l'hôtel d'O. Étude topographique d'une partie de la culture Sainte-Catherine», *Bulletin de la Société de l'Histoire de Paris et de l'Île-de-France*, 97, 1970, pp. 87-145.

BALLON, Hilary, *The Paris of Henri IV. Architecture and Urbanism*, Cambridge, MIT Press, 1991.

BARNAVI, Élie y DESCIMON, Robert, *La sainte Ligue, le juge et la potence. L'assassinat du président Brisson (15 novembre 1591)*, París, Hachette, 1985.

BOUDON, Françoise, CHASTEL, André, COUZY Hélène y HAMON, Françoise, *Système de l'architecture urbaine. Le quartier des Halles à Paris*, París, Centre National de la Recherche Scientifique, 1977, texto y atlas.

CARROT, Georges, *La Garde nationale (1789-1871): une force politique ambiguë*, París, L'Harmattan, 2001.

CERTEAU, Michel de, *L'écriture de l'histoire*, París, Gallimard, 1975.

CHAGNOT, Jean, *Paris et l'armée au XVIIIᵉ siècle. Étude politique et sociale*, París, Economica, 1982.

DESCIMON, Robert, «La Ligue à Paris (1585-1594): une révision», *Annales ESC*, 1982, pp. 72-111.

— *Qui étaient les Seize? Mythes et réalités de la Ligue parisiense*, París, Klincksieck, 1983.

— «Solidarité communautaire et sociabilité armée: les compagnies de la milice bourgeoise à Paris (XVIᵉ-XVIIᵉ siècles)», THÉLAMON, Françoise (ed.), *Sociabilité, pouvoirs et société*, Ruán, Université de Rouen, 1987a, pp. 599-610

— «Les assemblées de l'Hôtel de Ville de Paris (mi-XVIᵉ-mi-XVIIᵉ siècles)», *Paris et Île-de-France Mémoires*, 38, 1987b, pp. 39-54.

— «Paris on the Eve of Saint Bartholomew: Taxation, Privilege, and Social Geography», BENEDICT, Philip (ed.), *Cities and Social Change in Early Modern France*, Londres, Unwin Hyman, 1989, pp. 75-77.

— «Les Barricades de la Fronde parisienne. Une lecture sociologique», *Annales ESC*, 45/2, 1990, pp. 397-422.

— «Milice bourgeoise et identité citadine à Paris au temps de la Ligue», *Annales ESC*, 48/4, 1993, pp. 885-906.

— «Corpo citadino, corpi di mestieri e borghesia a Parigi nel XVI e XVII secolo. Le libertà dei borghesi», *Quaderni storici*, 89, 1995, n.º 2, pp. 417-444.

— «Les capitaines de la milice bourgeoise à Paris (1589-1651): pour une prosopographie de l'espace social parisien», GENET, Jean-Philippe y LOTTES, Günther (eds.), *L'État moderne et les élites XIIIᵉ-XVIIIᵉ siècles. Apports et limites de la méthode prosopographique*, París, Publications de la Sorbonne, 1996, pp. 189-211.

— y NAGLE, Jean, «Les quartiers de Paris du Moyen Âge au XVIIIᵉ siècle. Évolution d'un espace plurifonctionnel», *Annales ESC,* 34, 1979, pp. 956-983.

DESROSIÈRES, Alain, «Comment faire des choses qui tiennent: histoire sociale et statistique», *Histoire et Mesure*, IV, 1989, pp. 225-242.

DUMOLIN, Maurice, «Le lotissement de la culture Sainte-Catherine et l'Hôtel Carnavalet», *Études de topographie parisienne*, París, Picard, 1931, vol. III, pp. 289-392.

— «La censive du collège des Bernardins», *Bulletin de la Société de l'Histoire de Paris et de l'Île-de-France*, 62, 1935, pp. 25-96.

ELIAS, Norbert, *La société de cour*, París, Calmann-Lévy, 1974 [Berlín, 1969].

FARGE, Arlette y REVEL, Jacques, *Logiques de la foule. L'affaire des enlèvements d'enfants (Paris, 1750)*, París, Hachette, 1988.

FRIEDRICHS, Christopher, *Urban Politics in Early Modern Europe*, Londres-Nueva York, Routledge, 2000.

GIRARD, Louis, *La Garde nationale (1814-1871)*, París, Plon, 1964.

KRAUS, Jürgen, *Des Militärwesen der Reichsstadt Augsburg 1548-1806. Vergleichende Untersuchungen über Städtische Militäreinrichtungen in Deutschland 16. -18. Jahrhundert*, Augsburgo, H. Mühlberger, 1980.

LE BRAS, Hervé, «La brisure de symétrie dans l'espace humain», LÉVY, Jacques y LUSSAULT, Michel (dirs.), *Logiques de l'espace, esprit des lieux: géographies à Cerisy*, París, Belin, 2000a, pp. 127-139.

— *Essai de géométrie sociale*, París, O. Jacob, 2000b.

L'ESTOILE, Pierre de, *Mémoires-Journaux pour le règne de Henri III*, ed. de G. Brunet *et al.*, t. 2, París, 1875.

LE ROUX, Nicolas, «La Saint-Barthélemy des Italiens n'aura pas lieu: un discours envoyé à Catherine de Médicis en 1573», BARBICHE, Bernard, POUSSOU, Jean-Pierre y TALLON, Alain (dirs.), *Pouvoirs, contestations et comportements dans l'Europe moderne. Mélanges en l'honneur du professeur Yves-Marie Bercé*, París, Presses de l'Université Paris-Sorbonne, 2006.

LE ROUX DE LINCY, Antoine Jean Victor, *Notice sur le plan de Paris de Jacques Gomboust... avec le Discours sur l'antiquité, grandeur, richesse, gouvernement de la ville de Paris par P. P.*, París, Techener, 1858.

— (ed.), *Registres de l'Hôtel de Ville de Paris pendant la Fronde*, París, Renouard, 1847.

L'HOSPITAL, Michel de, *Discours pour la majorité de Charles IX et trois autres discours*, presentación de Robert Descimon, París, Imprimerie Nationale, 1993.

MAJOR, James Russell, *Representative Government in Early Modern France*, New Haven, Yale University Press, 1980.

MIROT, Léon, «La formation et le démembrement de l'hôtel Saint-Pol», *La Cité*, 60, 1916, pp. 269-319.

MORSEL, Joseph, «Appropriation communautaire du territoire ou appropriation territoriale de la communauté? Observations en guise de conclusion», *Hypothèses 2005*, París, Publications de la Sorbonne, 2005, pp. 89-104.

NEWMAN, Oscar, *Defensible Space*, Nueva York, Macmillan, 1973.

PASQUIER, Estienne, *Les Œuvres*, Ámsterdam, 1723.

— *Lettres historiques*, ed. de Dorothy Thickett, Ginebra, Droz, 1966.

PIASENZA, Paolo, *Polizia e Città. Strategie d'ordine, conflitti e rivolte a Parigi tra sei e settecento*, Bolonia, Il Mulino, 1990.

PO-CHIA HSIA, Rony, *Society and Religion in Münster, 1535-1618*, New Haven, Yale University Press, 1984.

ROUX, Simona, «L'habitat urbain au Moyen Âge: le quartier de l'université à Paris», *Annales ESC*, 24, 1969, pp. 1196-1219.

SAUPIN, Guy, *Nantes au XVIIᵉ siècle. Vie politique et société urbaine*, Rennes, Presses Universitaires de Rennes, 1996.

— «La milice bourgeoise? Relais politique fondamental dans la ville française d'Ancien Régime. Réflexions à partir de l'exemple de Nantes», DUMONS, Bruno y SELLER, Olivier (dirs.), *Gouverner la ville en Europe. Du Moyen Âge au XXᵉ siècle*, París, L'Harmattan, 2006, pp. 73-89.

SENNETT, Richard, *The Uses of Disorder*, Nueva York, Vintage Books, 1971.

SNYDER, R. Claire, *Citizen Soldiers and Manly Warriors. Military Service and Gender in the Civic Republican Tradition*, Lanham, Rowman & Littlefield Publishers, 1999.

TUBERT, Tubert, *Archers du vieux Paris: les trois «nombres»*, París, Presses Universitaires de France, 1927.

WEBER, Max, *La ville*, París, Aubier Montaigne, 1982.

ZELLER, Olivier, *Les recensements lyonnais de 1597 et 1636. Démographie historique et géographie sociale*, Lyon, Presses Universitaires de Lyon, 1983.

XI. MILICIA CÍVICA Y POLÍTICA URBANA EN HOLANDA: LEIDEN, SIGLOS XVII Y XVIII

MAARTEN PRAK
Utrecht University

Cuando Rembrandt pintó su *Ronda de Noche* en 1642, no sólo produjo uno de las obras maestras de la pintura del siglo XVII, sino que dejó testimonio de uno de los fenómenos cívicos más característicos de las sociedades urbanas del siglo XVII en Holanda y en el conjunto de Europa. Esto no es decir que la *Ronda de Noche* fue una pintura ordinaria, pues, desde luego, no la fue. Fue especial, antes que nada, ya que pertenecía a un subgénero de pintura muy determinado, el autodenominado «cuadros de milicias», retratos colectivos de milicianos o, más a menudo, de sus oficiales desplegados en un amplio lienzo. 135 de estos «cuadros de milicias» aún sobreviven, procediendo en su totalidad de Holanda y Zelanda, una región muy específica de la República holandesa[1]. El segundo elemento que hace singular a la *Ronda de Noche* fue la manera en la que el pintor organizó este retrato colectivo. Contrariamente a la tendencia general a representar a los milicianos en filas o sentados en torno a una mesa, Rembrandt los mostró mientras estaban cumpliendo con el deber asociado con la milicia, que, aunque éste resultara menos obvio, era suficientemente significativo para incluirlo en el cuadro. En la *Ronda de Noche* aparecen los oficiales de una de las Compañías de milicia de Ámsterdam realizando su vigilancia[2], representados en la sombría oscuridad de una de las puertas de la ciudad. En el siglo XVII las milicias de Ámsterdam patrullaban la ciudad de noche; uno de sus deberes era precisamente guardar las puertas, y recibir sus llaves del burgomaestre en cargo. En el centro de la pintura se ve al comandante de la compañía, Frans Banningh Cocq, quien, como hijo de inmigrante alemán, se muestra enormemente orgulloso del estatus conseguido en su ciudad. Él, junto a sus oficiales subalternos, pagó a Rembrandt cien florines para que se incluyeran sus retratos en el cuadro. La pintura fue donada al *doelen*, la sala de las milicias, donde fue mostrada a los miembros de ésta y otras compañías. Cien florines era una cantidad sustancial por la realización de un retrato que no iba a quedar en poder de la familia, lo que

---

[1] Sobre los «cuadros de milicias», v. CARASSO-KOK/LEVY-VAN HALM, 1988.
[2] HAVERKAMP-BEGEMANN, 1982.

sugiere la gran importancia que se daba a la representación pública de una persona en el desarrollo de las funciones de la milicia. Entre los retratos de los oficiales, Rembrandt representó diversas figuras portando su armamento. Es una referencia directa a la función de las milicias, como una fuerza de defensa. De forma un tanto sorprendente aparece una niña incluida en la pintura. Probablemente es una referencia a la conexión entre la milicia y las academias de retórica, las sociedades literarias de aficionados creadas para la alta clase media urbana[3]. Se trata de una forma se sugerir el contexto socio-cultural de la compañía de milicias, lo que coloca las actividades militares de los retratados en una perspectiva más completa.

La tradición que Rembrandt invoca en la *Ronda de Noche* no era algo meramente imaginario. Cada noche en docenas de localidades holandesas, miles de milicianos podían realizar los mismos movimientos que Rembrandt registró en su famoso lienzo. Sus acciones se desarrollaron en un contexto urbano específico y contribuyeron a la reproducción de unas identidades locales muy concretas. Su pintura, sin embargo, sirve para centrar la atención en otro aspecto de las milicias: su participación en la política urbana. En las página siguientes, se analizará el prominente papel jugado por las milicias de una ciudad holandesa –Leiden– en tres grandes momentos de crisis y emergencia política. Se estudiarán las acciones de las milicias, pero también las ideas que fueron movilizadas en multitud de panfletos políticos escritos en conexión con estos disturbios. Se busca mostrar también cómo mucho antes de la Revolución Francesa el común de la población no sólo se vio envuelto en la política, sino que elaboró puntos de vista bien articulados sobre su sistema político y su propia sociedad[4], y además que las milicias urbanas podían ser instrumentos decisivos para la articulación de estas posiciones y ayudar a ponerlas en práctica.

Antecedentes

Formadas inicialmente como confraternidades o sociedades juramentadas (*gilden*, *serments*) de tiradores, las primeras milicias ciudadanas de Europa parecen haberse originado en Flandes y Brabante en el siglo XIII[5]. Rápidamente se extendieron hacia otras regiones, primero en los Países Bajos y Francia. Para 1400 estas sociedades de tiradores ya estaban firmemente establecidas en la región del Rin y, desde aquí, se

---

[3] DIXHOORN, 2004.

[4] Sobre la función del «ordinary people» en política antes de la Revolución Francesa, v. TE BRAKE, 1998. También FRIEDRICHS, 2000, cap. 4.

[5] REINTGES, 1963, pp. 58-60.

difundieron más allá: hacia las ciudades de la Hansa y el área báltica, así como hacia las zonas orientales y meridionales del Sacro Imperio Romano Germánico. A finales del siglo XV ya habían alcanzado las tierras de Austria. En la misma centuria, Borgoña, a través de sus contactos con los Países Bajos, ya estaba también infectada por la presencia de estas agrupaciones urbanas. En el siglo XVI, las ciudades inglesas también adoptaron las mismas instituciones; en 1537-1538 la Guild of St. George de Londres fue registrada por Enrique VIII[6]. Estas *gilden* de tiradores fueron creadas con un propósito bien definido, aunque no eran, en sí mismas, unidades militares. Su objetivo era entrenar a ciudadanos en el uso de las armas para prepararlos para el servicio militar. La aparición de la ballesta contribuyó particularmente a su difusión, ya que el arco era demasiado difícil de manejar. Las sociedades de tiradores aportaban grupos entrenados –los de la londinense Guild of St. George fueron situados en St. Martin-in-the-Fields– que una vez al año tenían la posibilidad de que sus miembros probaran sus habilidades en competiciones disparando a un pájaro de madera, generalmente un loro, colocado sobre una cucaña. Quien acertaba con su dardo al loro se convertía en el rey de la sociedad durante el año siguiente. Las mujeres no estaban por definición excluidas de las sociedades de tiradores, pero, por lo que sabemos, no podían participar en la competición. La composición de estas instituciones era, como para los gremios, restrictiva: sólo aquellos que accedieran a la plena vecindad podían ser aceptados como miembros[7]; con lo que queda claro el potencial que tenían las *gilden* de tiradores para concebirse como representativas de la comunidad de ciudadanos.

Hay alguna evidencia temprana que sugiere que en algunas ocasiones las sociedades de tiradores fueron consultadas por los gobiernos municipales de los Países Bajos en situación de crisis. En Ámsterdam, por ejemplo, esto sucedió en 1542[8]. Sin embargo, su gran oportunidad política llegó con la rebelión de Flandes en la segunda mitad del siglo XVI. Las autoridades locales, desesperadas por dar legitimidad a sus decisiones, vieron cómo las milicias tenían, en un sentido o en el otro, una actitud decisiva en el desarrollo político. En Leiden esto sucedió el primer día mismo de la rebelión, cuando se solicitó el apoyo de la milicia para restaurar el orden después de una oleada de motines iconoclastas. Aunque normalmente la milicia podía ser comandada por los burgomaestres, en esta ocasión se consideró consultar primero no sólo a los oficiales sino a todos sus miembros regulares. En Haarlem, en septiembre de 1566 en una asamblea técnicamente ilegal, los milicianos

---

6 Reintges, 1963, pp. 50-74.
7 *Ibid.*, p. 299.
8 Van Iterson/Vand der Laan, 1986, p. 58.

ofrecieron su opinión de cómo debían ser cubiertos los principales puestos de la ciudad, pero en Delft fue el propio consejo municipal el que convocó a los milicianos a la asamblea del 8 de octubre, refiriéndose a ellos como «miembros de la ciudad»[9]. En Ámsterdam, que permaneció bajo la autoridad del rey hasta 1578, fue gracias a un golpe de mano de la milicia local que el concejo municipal, controlado por los católicos, fue depuesto en beneficio de un nuevo concejo dominado por los protestantes, cuyos miembros fueron elegidos por representantes de las milicias. Uno de sus primeros actos fue organizar un banquete para los milicianos revolucionarios «para cultivar y enraizar aún más el amor y unidad entre los ciudadanos»[10].

Las milicias urbanas de Leiden

La reforma de las milicias cívicas de la ciudad de Leiden necesitó un largo período para desarrollarse[11]. En 1567 las viejas *gilds* habían sido disueltas, como en toda Holanda, por el gobierno de Bruselas tras su fracaso de reprimir los disturbios protestantes. Cuando Leiden se sumó al bando rebelde fueron reorganizadas como una fuerza de defensa que adquirió una enorme reputación durante la defensa de la villa contra el asedio impuesto por las fuerzas de Felipe II[12]. La transformación de las milicias se consolidó a través de las nuevas reglamentaciones introducidas en 1579. En el siglo XVII, sin embargo, su destreza militar no volvió a ser puesta a prueba. Su función principal era realizar las rondas que comenzaban a las 9 de la noche y se prolongaban hasta el amanecer: al menos cinco o siete horas en verano y más de nueve en invierno. Durante estas vigilancias, para las cuales los milicianos eran convocados con 24 horas de anticipación, un grupo debía guardar el ayuntamiento, donde se conservaban las llaves de las puertas, mientras el resto se distribuía en tres diversos puestos de guardia repartidos por la ciudad. Desde estos retenes podían ser enviados a hacer la ronda en sus distritos hasta cuatro veces por noche, para ver si todo estaba tranquilo. Cada miliciano podía ser llamado a cumplir con este deber una vez cada dos meses.

Para mediados del siglo XVII la milicia urbana de Leiden contaba aproximadamente con 1.700 integrantes, aproximadamente uno de cada ocho hombres adultos. Las condiciones precisas de su reclutamiento aún

---

[9] GRAYSON, 1980, pp. 35-63, especialmente 41, 45, 47 (cita).

[10] Citado en LIEVENSE-PELSER, 1979, p. 9.

[11] A menos se indique otra cosa, esta sección está principalmente basada en MEETEREN, 2006, cap. 4.

[12] KNEVEL, 1994, p. 87. Sobre las milicias durante la rebelión de Flandes, v. GRAYSON, 1980, pp. 35-63.

permanecen, en cierta forma, confusas[13]. Aunque el servicio era obligatorio para todos los hombres entre 18 y 60 años, es evidente que la
mayoría había logrado ser excusado. Algunos habían pagado una considerable suma para escapar a esta privación bimensual de una buena
noche de sueño. Otros fueron excusados de sus filas por su situación
financiera. Los milicianos debían pagar su propio equipamiento, incluyendo el arma y el casco. Durante el alarde, sin embargo, algunos milicianos eran multados por haber perdido alguna pieza de su equipo, otros
por intentar provocar a sus oficiales y, otros, simplemente por no haber
podido asumir el gasto de la adquisición del equipo[14]. Los problemas
financieros eran una posibilidad muy real en una localidad como Leiden,
donde la mayor parte de la población estaba integrada por trabajadores
de la bien conocida industria textil. A mediados del siglo XVII Leiden
era el más importante centro de producción de tejidos de lana de toda
Europa[15]. Sin embargo, la política local había buscado mantener delibe-
radamente apartados, tanto como fuera posible, a los trabajadores asegurando así el control de la milicia por la clase media. Pero como los
acomodados habían comprado sus exenciones de servicio, la composición social de la milicia había caído de forma significativa[16].

Considerando que las fuerzas regulares de policía eran más bien
pequeñas, las autoridades dependían decisivamente de las milicias para
mantener el orden en momentos de crisis, por lo que no es extraño que
mantuvieran a las milicias bajo una supervisión muy estrecha. La mitad
de las reglamentaciones de 1579 fueron dedicadas a regular la conducta
de los milicianos. La comisión de milicias (el *krijgsraad*) debía reunirse
al menos una vez a la semana y su principal función era multar a quienes
habían violado estas regulaciones. Los oficiales comisionados para la
supervisión de la milicia eran, sin excepción, miembros de las familias
gobernantes de la ciudad[17] y el mando de la misma recaía por definición
en el burgomaestre a cargo. Pese a todo, este control se mostró particularmente poco eficaz en momentos de crisis.

1672: el año del desastre

En 1672 la República holandesa, que había sido considerada como una
potencia particularmente exitosa en todas las áreas, experimentó un muy

---

[13] *Ibid.*, cap. 6.
[14] *Ibid.*, p. 217, y MEETEREN, 2006, p. 113, en desacuerdo sobre la causa.
[15] El trabajo tradicional sobre la industria de Leiden es POSTHUMUS, 1908-1939; más
recientemente, v. MOES/DE VRIES, 1991.
[16] Para su composición por profesiones, v. KNEVEL, 1994, pp. 202-203.
[17] PRAK, 1985, p. 43.

serio golpe. En la primavera de ese año fue atacada por las fuerzas com-
binadas de Inglaterra, Francia, Münster y Colonia. Las tropas francesas
y alemanas invadieron el país contra una débil oposición del ejército
holandés, mientras la armada escapaba por poco de una derrota mayor
en el mar[18]. Guillermo III de Orange, excluido del poder tras el intento
de golpe de estado y ulterior muerte de su padre en 1650, había recibido
el mando supremo de las fuerzas armadas en febrero; entonces en medio
de una oleada de protestas populares en varias provincias, se elevó al
cargo hereditario de *stadtholder*. Esta promoción del príncipe de Orange no satisfizo, sin embargo, al populacho y durante el verano se desarrollaron nuevos motines en diversas ciudades, particularmente en los
condados de Holanda y Zelanda. Unas alteraciones donde las milicias
iban a jugar un papel determinante[19].

Una razón para la implicación de las milicias en los sucesos de 1672
fueron las acciones militares que se les había atribuido. El ejército regular había sido desatendido en los años previos a la invasión francoalema-
na, así que cuando ésta se produjo, se hizo necesario implicar rápidamente a tropas auxiliares en la defensa. El concejo municipal de Leiden
fue capaz de reclutar, a principios de mayo, profesionales para reemplazar los 400 ciudadanos armados que le habían sido requeridos por los
Estados de Holanda[20]. Sin embargo, para finales de junio, las milicias y
otros ciudadanos fueron llamados al frente, aunque de forma voluntaria[21]. Entre tanto, la guardia nocturna había sido doblada, requiriendo
que los milicianos sufrieran más noches de insomnio, pero también
generando un espacio de discusión política entre personas que tenían un
origen social y una orientación parecida. Simon van Leeuwen, capitán de
una de las compañías, anotó en su *Diario* que le correspondió la guardia
del día 19 de junio y, de nuevo, una semana después, lo que sugiere una
intensificación de las obligaciones ciudadanas[22].

La importancia atribuida por las autoridades a la fidelidad de las milicias fue subrayada cuando el 2 de julio el anuncio de la promoción del
príncipe de Orange al cargo de *stadtholder* fue impreso y distribuido a

---

[18] Una aproximación sumaria a estos acontecimientos en ISRAEL, 1995, cap. 31.

[19] Estos motines fueron descritos y analizados inicialmente en ROORDA, 1978.
Roorda, cuyo trabajo es un clásico contemporáneo de la historiografía holandesa, representa las milicias como un instrumento de las diversas facciones de la elite local y no les
concede una significativa autonomía en los sucesos políticos de 1672.

[20] Regionaal Archief Leiden, Bibliotheek Leiden & omgeving 645: *Kort Verhaal van
't gene in 't Jaar 1672, binnen Leyden is voorgevallen, begrepen in de verantwoordinge
van Mr. S. v. L. Rg. Aan den Agtbaren Wijsen Raad der Stad Leyden*, 19.

[21] Regionaal Archief Leiden, Archief der Schutterij, 10: Notulen van de Krijgsraad,
June 22, 1672, fol. 75v.

[22] *Kort verhaal...*, *op. cit.*, p. 23.

los oficiales de las milicias de Leiden «para la satisfacción de los ciudadanos»[23]. Parece que la noticia animó a los milicianos a presentar reclamaciones al concejo municipal, tales como tener el control de las llaves de las puertas de la villa durante la noche, que hasta ese momento eran guardadas por el burgomastre a cargo[24]. Simbólicamente, las milicias reclamaban el control de la ciudad por ellas mismas, al menos durante la noche. En las semanas que siguieron, llegaron ciudadanos armados a la sala del concejo para posibles acuerdos con las autoridades. El 23 de agosto los componentes de varias compañías de milicias se amotinaron contra sus oficiales y, más significativo aún, contra los oficiales que eran miembros del concejo, negándose a servir bajo sus órdenes. Hubo más visitas armadas al ayuntamiento y asambleas que terminaron con grandes disturbios a principios de septiembre[25].

El 6 de septiembre, las milicias forzaron a los 40 miembros del consejo (o *regents*) a dimitir, creando un vacío de poder que dejaba la ciudad bajo el control de las milicias[26]. Dos días después las milicias presentaron un breve y algo desordenado programa, que, sin embargo, resulta enormemente interesante. Titulado *Algunas reclamaciones de los ciudadanos de Leiden presentadas con buenas razones durante estos tiempos*[27], su principal objetivo era demandar la restauración de diversos privilegios que los ciudadanos habían disfrutado desde tiempo inmemorial. El primero de los cuales estaba relacionado con la sala de las milicias (*doelen*). La naturaleza exacta de estos derechos no queda clara, pero el redactor de este corto panfleto pone en evidencia que se trataba de un asunto de gran importancia. El centro del argumento era la atribución a los ciudadanos de este derecho, por lo que el autor (o autores) los colocaba a ellos mismos en un ámbito de gobierno representativo. Los burgomaestres eran en realidad *burghermasters*, unos *primes inter pares* de la comunidad cívica. Los ciudadanos pagaban impuestos –en Leiden incluso más que en otras ciudades– y no tenían un papel efectivo en el gobierno local. Los burgomaestres debían tratar a los ciudadanos desde el «respeto y amistad» y preservar cuidadosamente los privilegios de los vecinos. Si el ayuntamiento no se comportaba de esa manera, los habitantes no tendrían ninguna razón para serle fieles.

Esta escasamente velada amenaza fue puesta en práctica el día siguiente, cuando se presentó una lista de ochenta miembros de la cual el

---

[23] *Ibid.*, p. 24.

[24] *Ibid.*, p. 25.

[25] *Ibid.*, pp. 26-32; ROORDA, 1978, pp. 72-73.

[26] Regionaal Archief Leiden, Stadsarchief van Leiden 1574-1816, 485: vroedschaps-resoluties, September 6, 1672.

[27] *Eenige Pretensie die de Borgerye van Leyden met Reeden pretendeeren na den state en gelegentheyt deses Tijdts*, datado en Leyden, September 8, 1672 (Knuttel 10543).

stadtholder debería seleccionar cuarenta como los nuevos componentes del concejo municipal. Dos días después, el 11, el *stadtholder* decidió reinstaurar a veinticinco miembros del antiguo concejo cuyos nombres también aparecían en la lista que le habían presentado los burgueses[28]. Otros diez fueron restablecidos posteriormente y sólo cinco fueron reemplazados por nuevos integrantes, también seleccionados entre la lista suministrada por los ciudadanos. Aunque esto parecía una completa restauración, en la práctica no era lo que el *stadtholder* había hecho. Era decisivo que los ciudadanos expresaran su opinión y que los restablecimientos se basaran en sus propuestas. No se trataba del proceso de autoselección practicado normalmente por los regentes que copaban los concejos municipales de Holanda, sino que en 1672 su elección procedía de la intervención y opinión de los ciudadanos, y más particularmente de las milicias cívicas. Quedó claro que fue su aprobación lo que otorgaba legitimidad al concejo municipal en su nueva composición.

1747-1748: milicias en acción

En plena noche del 10 de noviembre de 1748, miembros de las milicias despertaron a los habitantes de Leiden aporreando las puertas de sus casas para convocar a los burgueses a las armas... Esta convocatoria tuvo un significativo grado de éxito: según los habitantes de Leiden fueron despertados por milicianos aporreando las puertas de sus casas. En efecto un testigo presencial vio como hacia las tres de la madrugada ya había al menos mil burgueses reunidos en las salas de la milicia y aún seguían llamando a más puertas. Los burgueses que afirmaban preferir seguir en sus camas estaban siendo presionados para que se unieran a los demás.

Esta reunión de la milicia fue presidida por un comité burgués que había sido establecido en los años anteriores y que ahora asumía el liderazgo del movimiento popular. Durante la asamblea se realizaron cinco demandas, la más importante de las cuales fue la restauración de la autonomía de las milicias y la completa salvaguarda de sus privilegios. Esto podía convertir a las milicias, al menos potencialmente, en una fuerza política independiente dentro de la ciudad. Otra demanda era que las llaves de la ciudad pasaran a la supervisión de la milicia, algo que buscaba consolidar su control sobre el espacio urbano y su defensa[29]. Esta asamblea fue la apoteosis de meses de discusión política en

---

[28] Regionaal Archief Leiden, Stadsarchief van Leiden 1574-1816, p. 485: vroedschapsresoluties, 11 de septiembre de 1672.

[29] Estos acontecimientos son descritos en detalle en el manuscrito de J. Akerval, que se conserva en el Regionaal Archief Leiden, Bibliotheek Leiden & omgeving 735.

Leiden, un conflicto en el que, de nuevo, las milicias iban a jugar un papel decisivo.

Todo había empezado hacía un año, en el verano de 1747, tras una breve invasión del territorio holandés por tropas francesas. Esta invasión terminó con décadas de gobierno republicano y restauró la Casa de Orange en el poder del que había sido excluido tras 1702. Estos acontecimientos traían los temidos ecos de los de 1672. Para prevenir un mismo desarrollo en 1747 las autoridades holandeses compartieron voluntariamente el poder con el *stadtholder* Orange antes que un nuevo movimiento popular alzara su cabeza. Sin embargo, la debilidad del régimen republicano fue manifiesta y el desorden comenzó pronto a sentirse. En Leiden, durante las rondas de noche se desarrollaron agrias discusiones alimentadas por el incremento de la frecuencia de las mismas, ya que las autoridades las habían doblado pensando que así podrían controlar los posibles desórdenes. En lugar de cada dos meses, tenderos, pequeños industriales, cirujanos o maestros debían dedicar una noche cada mes a las obligaciones de la guardia. Además se habían introducido prácticas obligatorias para mejorar la preparación de las milicias ante la anunciada visita del *stadtholder* y su séquito, una visita tradicional que incluía una parada de las milicias como representación de la ciudadanía local. No sólo los milicianos fueron compelidos por estas demandas extraordinarias, sino que la situación recordaba que una de sus peticiones de 1672 nunca había sido realizada. Entonces se había solicitado el establecimiento de una «consejo libre de la milicia», lo que significaba que los oficiales serían elegidos por los miembros de las compañías en vez de por el concejo municipal. Esta petición surgió ahora de nuevo, al menos implícitamente, cuando los milicianos reclamaban al concejo municipal el restablecimiento de los «antiguos privilegios de las milicias»[30].

Al principio, sólo una pequeña minoría de los milicianos participó en estas discusiones, más bien «taberneros y otra gente insignificante», pero durante una reunión en la sala de la milicia se incorporaron muchos más. Si bien esta asamblea se abstuvo de demandas radicales, solicitó una reducción del servicio de guardia y del sistema de multas. Un nervioso concejo de la ciudad accedió de inmediato a tales peticiones[31], lo que, por el momento, calmó a las milicias. Al año siguiente, sin embargo, se desató una nueva ola de protestas por el país. Multitudes rabiosas atacaron las casas de los arrendadores de rentas a quienes se les hacía responsables

---

[30] Éste y los siguientes párrafos se basan esencialmente en National Archives, Archief stadhouderlijke secretarie, 852: Memorie, anónima, 10 de julio de 1747.

[31] Regionaal Archief Leiden, Bibliotheek Leiden & omgeving 787: Aantekeningen Frans van Mieris, appendix 6.

de los altos precios de los productos de primera necesidad. En Leiden la violencia estalló el 17 de junio y fue desarrollada por los trabajadores que contaron con la simpatía de un amplio segmento de la población. Las milicias llamadas a las armas, rechazaron intervenir e insistieron en que los amotinados detenidos debían ser liberados inmediatamente. Los milicianos informaron al concejo de cual era su intención: «dar su sangre por su gobierno legal y sus ciudadanos, pero no por los arrendadores de rentas»[32]. En plena noche, las primeras discusiones se entablaron entre los milicianos sobre ciertas «proposiciones» que querían que fueran aprobadas por el concejo en beneficio de los habitantes de Leiden. Ni siquiera un enviado del *stadtholder* pudo persuadirles de refrenar la violencia; cuando éste expresó que entonces sus demandas podrían ser vistas favorablemente por el príncipe de Orange, se le contestó que esas mismas promesas hechas a las milicias de Rotterdam no habían sido cumplidas[33].

Al día siguiente, sin embargo, los milicianos detuvieron el saqueo de la casa de un mercader de grano que aunque no era un arrendador de impuestos, se había hecho muy impopular por acaparar grano en un período de gran escasez. Las milicias también controlaron las puertas ante los rumores que nuevos amotinados llegaban desde Haarlem. Al día siguiente volvieron a rechazar proteger las casas de los arrendadores de impuestos que fueron saqueadas con tan notable cuidado que cuando las ventanas de las casas vecinas eran dañadas los saqueadores se apresuraban a ofrecer compensación a sus propietarios[34]. En las siguientes asambleas los milicianos formularon una serie de *propuestas* que ponían en evidencia no sólo su opinión sobre los problemas inmediatos, sino un verdadero programa político. Éste fue impreso a principios de septiembre en un breve planfleto titulado *Averiguación sobre las reclamaciones que los ciudadanos, milicianos y otros habitantes de Leiden tienen y sus causas*[35]. Contiene información sobre los intereses de una significativa parte de la población de la ciudad y posiblemente revela una parte de la percepción de su propia sociedad y del papel que las milicias debían jugar en ella.

Las *propuestas* aparecen claramente en una serie de puntos, cada uno de los cuales es argumentado en considerable detalle. Por razones obvias algunos de estos puntos se refieren a las circunstancias específicas de

---

[32] Según *Waaragtig en naauwkeurig verhaal van het gepasseerde binnen de stad Leyden*, 8 (Regionaal Archief Leiden, Bibliotheek Leiden & omgeving 757).

[33] Regional Archiev Leiden, Secretariearchief 204 & fols. 93-94.

[34] NOORDAM, 1980, pp. 94-95.

[35] *Nasporing van de beswaarnissen, nevens de redenen der zelve, welke zeer veele van de burgers en schutters en verdere ingezeten der stadt Leyden vermeinen te hebben* (Knuttel 18088).

1748, pero la mayoría tienen un horizonte mucho más amplio y tienden a sugerir una reforma social en un sentido claro. Los dos primeros puntos se refieren a la religión. La *Averiguación* insta al gobierno municipal a hacer respetar las leyes referidas a la observación del descanso dominical y contra los juramentos. También se solicitaba el nombramiento de ministros ortodoxos de la Iglesia Calvinista frente a la actual mayoría de predicadores más liberales. El punto tercero insistía en la necesidad de observar otra serie de regulaciones: las referidas a los gremios y otras organizaciones profesionales que eran percibidas como los fundamentos de la sociedad. Esto también era valido para otra institución que fue presentada por extenso en el siguiente punto: la milicia cívica. Se sostenía que el que los oficiales fuera elegidos por el concejo municipal (y reclutados entre sus miembros) hacía imposible que éstos representaran seriamente los intereses de los milicianos de base. Más allá, la *Averiguación* reclamaba que los milicianos tuvieran una parte mayor en la elección de los oficiales públicos, prefiriendo los locales a los foráneos. Quienes redactaron este texto querían una reforma de la Cámara de las Quiebras (*Desolate boedelkamer*), una petición que parece sugerir que se trataba de propietarios pequeños de clase media. Se insistía en que la hacienda municipal debía ser más transparente en su gasto, ya que, a fin de cuentas, este dinero procedía de los contribuyentes y no debía ser derrochado alegremente. Para terminar la *Averiguación* insiste en que los privilegios de la Comunidad de Leiden debían ser públicos, como ya se había prometido en 1672. El último punto es particularmente revelador. Los privilegios habían sido concedidos a la *comunidad* como un todo, tanto a los ciudadanos como a los regentes[36]. Su función era regular la relación entre los habitantes y unas autoridades compuestas por ciudadanos que pertenecían a la propia comunidad. En realidad no eran auténticos gobernadores, sino vecinos seleccionados «para administrar la comunidad [de los ciudadanos] en su nombre e interés». Los miembros de las familias prominentes debían, como los demás, pagar impuestos, obedecer la ley y cumplir con las obligaciones propias de la ciudadanía. Por esta razón, tanto los privilegios como la administración financiera en su conjunto debían estar abiertos a la inspección de todos los ciudadanos.

La *Averiguación* sugiere un origen particular para las milicias y su composición. Socialmente, la comunidad de ciudadanos integra a hombres propietarios; económicamente a quienes forman parte de las corporaciones (tenderos, artesanos, empresarios); religiosamente, el tipo ideal es el de un calvinista ortodoxo; y políticamente, un ciudadano miembro de las compañías de milicia. Esto fue, en otras palabras, una comunidad definida

---

[36] Estos privilegios fueron hechos públicos unos años después por Frans van Mieris (1754).

en términos locales ordenada por corporaciones, pero agrupando a personas iguales, cuyas raíces locales definían sus diversas identidades[37].

En octubre, dos representantes del *stadtholder* visitaron Leiden para intentar acabar con los problemas. Según su informe, la localidad estaba completamente en manos de los autodenominados Diez Hombres, quienes actuaban en nombre de la milicia rebelde, que había tomado el control de la villa a lo largo del verano. Aunque su más alta esperanza era la intervención del príncipe de Orange, los sucesos ulteriores iban a decepcionarles profundamente. Se hicieron algunas pequeñas concesiones, la mayor parte según las ya otorgadas en 1672, de hecho el lenguaje utilizado por los enviados del príncipe en ocasiones se limitó a repetir lo ya concedido[38]. La impresión de los privilegios de la villa volvió a ser anunciada. Los oficiales de la milicia recibieron el derecho a proponer sustitutos a las plazas vacantes entre sus homólogos, lo que no significaba en absoluto que los milicianos de base pudieran participar en las elecciones. Las demás demandas simplemente no se otorgaron. Ciertamente, el concejo municipal fue cesado y reinstaurado salvo cuatro de sus miembros que fueron reemplazados. A diferencia de 1672 las milicias fueron excluidas del proceso, aunque había rumores persistentes que los Diez Hombres estaban detrás de estos cambios de personal gubernativo.

Como resultado de esta decepción, Leiden experimentó otra nueva ola de disturbios en noviembre. El 10 de este mes el concejo municipal iba a nombrar, como de costumbre, a un grupo de oficiales menores, pero en la noche anterior las milicias fueron una vez más llamadas a las armas no por las autoridades, sino por los Diez Hombres. Durante una nocturna y ruidosa asamblea en la Sala de las Milicias, se añadieron cinco nuevas demandas. La primera fue, de nuevo, la elección de los oficiales de milicia. Al día siguiente, los habitantes de la ciudad se encontraron con que las milicias habían ocupado los puestos estratégicos. Los regentes no vieron otra salida que llamar al ejército regular y el sábado 16 a las siete de la mañana más de 1.000 soldados entraron en la ciudad. Se publicó un bando por el pregonero prohibiendo las asambleas públicas. Un comentarista resume bien la situación: «ahora era mejor que cada uno se quedara tranquilo, ya que el poder de la burguesía ha sido destrozado»[39]. Los milicianos fueron llamados por investigadores enviados desde La

---

[37] La representación de las sociedades urbanas en la temprana Edad Moderna ha sido muy influida por los trabajos de dos historiadores alemanes: BLICKLE, 1980 y 2000 y SCHILLING, 1988, pp. 101-143.

[38] En Haarlem se produjo un proceso similar, aunque no coincidente, v. JONGSTE, 1984, p. 268.

[39] Regionaal Archief Leiden, Bibliotheek Leiden & omgeving 735: manuscript by J. Akerval, under November 16, 1748.

Haya para dar su testimonio y miembros del comité de los Diez Hombres fueron arrestados durante los días siguientes. Algunos billetes aún circulaban reclamando que las milicias podían alzarse y expulsar a los soldados, pero en términos efectivos esto era imposible, como bien comprendieron los milicianos (combatientes *amateurs*) quienes prefirieron no enfrentar a los profesionales que había dentro de los muros de su ciudad. Así terminó otro episodio de la política popular en Leiden.

1785-1787: milicias revolucionarias

Durante la década de 1780 la República holandesa se vio de nuevo sometida a las tensiones de las inquietudes populares, pero esta vez alcanzaron un nivel sin precedentes. Los desórdenes de la autollamada Revolución patriótica fueron mucho más radicales y durables que los de 1672 o 1747-1748. Realmente comenzaron en 1781, cuando fue distribuido en muchas de las grandes ciudades un panfleto anónimo titulado *Al pueblo de los Países Bajos,* en el que se reclamaban reformas radicales y, de forma particular, la limitación de los pueblos del *stadtholder.* En 1747-1748 Guillermo IV de Orange había obtenido poderes extraordinarios para el nombramiento de oficiales locales y regionales. Aunque teóricamente él debía servir a los Estados Provinciales, el *stadtholder* podía controlarlos gracias a esta capacidad de nombramiento y recomendación[40]. Su sucesor, Guillermo V, recibió también estos derechos, lo que fue profundamente sentido por muchos de los políticos que había designado. Uno de ellos fue Joan Derk, barón Van der Capellen tot den Poll, quien ha sido identificado como el autor de *Al pueblo de los Países Bajos.* En el análisis de Van der Capellen, los *stadtholders* no eran los salvadores de la Patria por los que ellos mismos se habían tomado, sino más bien unos tiranos miserables que habían abusado de su función como comandantes en jefe del ejército para destruir las libertades del pueblo de los Países Bajos. Para restaurar estas libertades, los ciudadanos holandeses debían armarse y recurrir a sus organizaciones de defensa: las milicias cívicas. *Al pueblo de los Países Bajos* era una llamada a los milicianos para que se rearmaran, recuperaran su instrucción y fueran la punta de lanza del movimiento de reforma[41].

El clima político era favorable para estas reformas. En ese mismo 1781, John Adams solicitaba el apoyo de los Países Bajos a la joven república americana en su Guerra de Independencia. Por su apoyo a las Trece Colonias, Holanda se vio envuelta en la catastrófica Cuarta Guerra Anglo-

---

[40] GABRIËLS, 1990.
[41] CAPELLEN, 1987.

holandesa, en la que su marina fue humillada, ahondando las especulaciones sobre lo incierto del futuro de una República cuya Edad de Oro había manifiestamente periclitado. En los pueblos de Overijssel las campañas de soporte a los rebeldes americanos obtuvieron en principio la adhesión de importantes segmentos de población. Esto fue seguido por el establecimiento de un Comité Ciudadano y, en 1782, por la creación de las autodenominadas sociedades de entrenamiento de milicianos «patrióticos» que se adiestraban voluntariamente[42]. Pronto este ejemplo de Overijssel fue copiado en otras localidades, entre ellas Leiden.

Los acontecimientos del período patriótico fueron enormemente complejos y amplios, por lo que no se pueden referir aquí en gran detalle[43]. Resulta, no obstante, interesante analizar la función jugada por las milicias cívicas. En marzo de 1784 se creó una sociedad de entrenamiento bajo el slogan de «Por la Patria y la Libertad». En julio de ese mismo año el concejo municipal, que apoyaba activamente las acciones revolucionarias de sus propios ciudadanos, la reconoció oficialmente. «Por la Patria y la Libertad» pronto contó con numerosos integrantes activos, además de otros 400 honorarios que incluían a representantes de las más prominentes familias de los regentes y de los hombres de negocios[44]. Aunque en teoría era una organización separada, esta sociedad de entrenamiento se imbricó con las milicias cívicas institucionales, como muestra claramente la documentación[45]. Las peticiones elevadas por la asociación patriótica fueron hechas en nombre de la milicia cívica, desdibujando las diferencias entre la organización cívica y el movimiento reformista. Más significativo aún fue que entre septiembre y noviembre de 1786 y, de nuevo, en mayo de 1787, la milicia oficial de Leiden envió destacamentos a Utrecht para ayudar a la defensa de la Patria contra un posible ataque desde el este de las tropas del *stadtholder*[46].

Otra vía de integración fue la colaboración de las sociedades de entrenamiento en las reuniones provinciales y nacionales, donde se coordinó la organización y la política a seguir. Las reuniones nacionales se celebraron en febrero de 1784 y junio de 1785. Por encima de esto, las sociedades de entrenamiento y las milicias patrióticas comenzaron a reunirse a nivel provincial[47]. En Holanda estas reuniones se celebraron en junio y

---

[42] TE BRAKE, 1989.

[43] Una visión general en SCHAMA, 1977, cap. 3. Para el caso de Leiden, v. BLOK, 1916, cap. 12.

[44] Regionaal Archief Leiden, Bibliotheek Leiden & omgeving 64203: Naamlijst der Honoraire Leden van de Sociëteit van Wapenhandel, onder de spreuk *Voor Vryheid en Vaderland* binnen Leyden.

[45] Regionaal Archief Leiden, Archief Schutterij (534), 27: Resoluties krijgsraad.

[46] *Ibid.*, p. 189: «Naamlijst van eenige schutters die in den Jaar 1786 en 1787 van Leyden na Utregt &tc. Uytgetrokken zijn».

octubre de 1785; esta última reunión duró cuatro días y tuvo lugar en
Leiden donde se discutió un programa común que fue publicado bajo el
título *Borrador para hacer la República a través de una saludable unión entre
regentes y burgueses, feliz hacia su interior y fuerte hacia el exterior* colo-
quialmente conocido como *El borrador de Leiden*[48]. En éste y otros documentos, las milicias expresaban una radicalidad desconocida hasta el momento. *El borrador de Leiden* fue una tentativa para identificar los defectos de la
República holandesa y buscar soluciones. El problema, como percibieron
bien sus autores, era que la constitución tradicional había sido pervertida.
Esta constitución tenía «un cierto grado de robustez, de perfección y, sí, incluso de claridad»[49]. Para una constitución que había sido habitualmente concebida como extremadamente desordenada, éste era una sorprendente definición. Pero los autores de *El borrador de Leiden* tenían profundas razones para
su alabanza. Según ellos, la constitución holandesa se destacaba por estar
fundada sobre los principios de la soberanía popular y por despegar el poder
político en entidades pequeñas. Las sociedades locales podían cuidar de sus
propios intereses y el estado central sólo de aquellos de los que no podían
encargarse individualmente. La corrupción de esta constitución fue el resultado indeseable del incremento del poder de los *stadtholders*. A ello se añadía
que los regentes habían llegado a ser demasiado independientes del pueblo al
que representaban. El resultado era que la libertad en la que se apoyaba la
república se veía ahora amenazada y que era la causa profunda de su
decadencia económica y la pérdida de su posición como gran potencia.

El remedio parecía claro y simple: sólo se podía recuperar la prosperidad restableciendo las relaciones entre burgueses y regentes y volviendo a
las antiguas libertades. La conexión entre autoridades y burguesía habría
de ser la milicia cívica, que debía jugar un papel central en los procesos
de elección de los oficiales locales que debían ser integrantes de los cuerpos milicianos[50]. De esta forma, el espíritu de las milicias imbuiría de responsabilidad las acciones del gobierno local y se transmitiría a las instituciones provinciales y al gobierno central.

En Leiden el lenguaje del *Borrador* estuvo muy presente durante los
meses siguientes, como se ve en la petición presentada por las milicias en
agosto de 1786 contra la sobrefiscalidad impuesta en el pan[51]. En ella se
presenta una potente mezcla de afirmaciones que provienen tanto del

---

[47] KLEIN/ROSENDAAL, 1994, pp. 80-81.

[48] *Ontwerp, om de Republiek, door eene heilzaame vereeniging der belangen van
regent en burger, van binnen gelukkig en van buiten gedugt te maaken*, Leiden, L.
Herdingh, 1785 (Knuttel 21045).

[49] *Ibid.*, p. 9.

[50] *Ibid.*, p. 77.

[51] Regionaal Archief Leiden, Archief Schutterij (534), 27: Resoluties krijgsraad, 22
de agosto de 1786.

estado en que se encontraba la economía local, profundamente deprimida por la subida de los precios de los productos de primera necesidad, como de la asunción, retenida por las milicias, de la soberanía popular que ahora se expresaba de forma mucho más concreta que en 1748. Particularmente, la petición de 1786 sostenía que en la Edad Media, bajo el gobierno de los condes de Holanda, los ciudadanos siempre habían tenido que dar su consentimiento para que un impuesto nuevo pudiera ser introducido. En este argumento, los Estados eran interpretados como un parlamento representativo de los intereses de los ciudadanos, y dado que los Estados estaban compuestos por representantes de las ciudades, incluida Leiden, los burgueses se atribuían el derecho de dar su consentimiento a las nuevas imposiciones. Éste pasaba a través de su concejo municipal, pero, según la petición de 1786, en tiempos pasados había sido una representación no permanente de la comunidad. Desde que el concejo se había transformado en una institución estable se había incorporado en la soberanía indivisa que se atribuían los Estados de Holanda y la propia República que se apropiaba así de las funciones del conde. Las milicias estaban ligadas por juramento a la defensa de la paz y la tranquilidad de la comunidad urbana y debían tratar con las autoridades cualquier asunto que pudiera ser una amenaza para esa paz y quietud. Si se podía ver esta participación en el proceso político como un privilegio de los oficiales de milicia, la consecuencia lógica era que «las milicias, garantes de la seguridad y el interés de los burgueses, debían oponerse a cualquier violación de sus intereses»[52]. Una afirmación que defendía efectivamente un nivel popular, y particularmente miliciano, de participación política desconocido en Leiden desde hacía dos siglos.

Un interesante aspecto de esta petición de 1786 es el uso muy elaborado de la argumentación histórica. En esos años, la historia y los precedentes estuvieron muy presentes estos años en la mente de los milicianos. En el registro de resoluciones de las milicias de Leiden el secretario había recogido la decisión tomada por el *stadtholder* Guillermo IV en 1749 en respuesta a las demandas elevadas que le hicieron las milicias en 1748[53]. La petición de 1786 remite en muchas ocasiones a la publicación de los privilegios de Leiden por Frans van Mieris en 1753, que fueron otra consecuencia del motín de 1748, en el que se había reclamado explícitamente su edición[54]. El potencial de este conocimiento histórico fue efectivamente explotado en 1786 para reforzar unas demandas que se sustentaban más en un derecho positivo que en uno natural. Por muy anticuado que esto pueda ser visto por algunos historiadores[55], era un elemento

---

[52] *Ibid.*
[53] Regionaal Archief Leiden, Archief Schutterij (534), 27: Resoluties krijgsraad.
[54] Mieris, 1754.
[55] Leeb, 1973.

que proveía de un arma poderosa a los partidarios de las reformas. Por muy novedoso que fuera el uso de términos como «soberanía popular» o la propia idea según la cual los «ciudadanos armados» podían imponerse a los demás poderes, estos supuestos tenían profundas raíces en una tradición política que había protagonizado una larga evolución[56].

En el verano de 1787, los Patriotas controlaron efectivamente las localidades holandesas, incluido Leiden. Sin embargo, en septiembre un ejército de 20.000 prusianos terminó con el experimento revolucionario y restauró el régimen de los Orange. Después de 1795 las reglas de juego cambiaron radicalmente y la política popular fue institucionalizada en clubs y sociedades revolucionarias. Las milicias fueron reformadas y militarizadas, sus buenos tiempos como nicho de la política popular habían terminado.

Conclusión

Lo expuesto parece sugerir dos conclusiones mayores. La primera y más importante, las milicias urbanas fueron un poderoso instrumento de acción de la política popular y eso por diversas razones. Quizá la más notable fue que al no disponer de fuerza policial alternativa, en tiempos de crisis las autoridades dependían de manera más o menos exclusiva de las milicias. Además las Salas de Milicia ofrecían espacios para reuniones masivas y los milicianos estaban armados por lo que sus reclamaciones políticas requerían una atención especial. Pero hay razones más profundas por las que las demandas de los milicianos fueron algo difícil de rechazar por las autoridades locales. Sus reclamaciones, como se ha visto, eran producto de una visión particular de la comunidad local y de cómo ésta debía ser gobernada. En muchas ocasiones los regentes compartían esta visión. Quizá no les gustaran las implicaciones que tenía la participación política de las milicias (sobre todo la idea de que los ciudadanos-milicianos reclamaran mayor participación política), pero realmente los regentes no tenían muchos argumentos para refutar esta solicitud.

Una segunda conclusión parte de las relaciones entre los tres acontecimientos analizados en este texto. Como se ha visto, los contemporáneos eran conscientes de dichas conexiones y las señalaban en sus propios escritos. La consistencia y continuidad de las demandas es muy elocuente, aunque se puede detectar una evolución hacia la radicalización. Las demandas vagamente articuladas en 1672 se concretaron claramente en 1748, y las limitadas reformas solicitadas ese año dieron paso a la búsqueda de una completa transformación del sistema político en 1785. Una

---

[56] Estas raíces son subestimadas, en mi opinión, en KLEIN, 1995.

razón de esta evolución en el tiempo largo fue la ausencia de éxito en las primeras ocasiones. Tan pronto como se restablecía el orden, las autoridades consideraban que los sentimientos populares habían sido suficientemente aplacados por las sustituciones en el seno del poder municipal, sin que fuera necesario un cambio más estructural. Recordando el resultado de los acontecimientos previos, las milicias tuvieron que considerar los medios de consolidar sus éxitos políticos, lo que las llevó inevitablemente en la dirección, no ya de cambios incidentales, sino de una transformación verdaderamente sistemática.

Bibliografía

BLICKLE, Peter, *Deutsche Untertanen: ein Widerspruch*, Munich, Beck, 1980.
— *Kommunalismus: Skizzen einer gesellschaftlichen Organisationsform*, Munich, R. Oldenbourg, 2000, 2 vols.
BLOK, Pieter J., *De geschiedenis eener Hollandse stad*, vol. 3: *Eeene Hollandsche stad onder de Republiek*, La Haya, 1916.
CAPELLEN, Joan Derk van der, *Aan het volk van Nederland: Het patriottisch program uit 1781*, ed. de H. L. Zwitzer, Ámsterdam, De Bataafsche Leeuw, 1987.
CARASSO-KOK, Marijke y LEVY-VAN HALM, J. (eds), *Schutters in Holland: kracht en zenuwen van de stad*, Haarlem, Frans Haslmuseum, 1988.
DIXHOORN, Arjan van, *Lustige geesten: Rederijkers en hun kamers in het publieke leven van de Noordelijke Nederlanden in de vijftiende, zestiende en zeventiende eeuw*, PhD-thesis, Vrije Universiteit, Ámsterdam, 2004.
FRIEDRICHS, Christopher R., *Urban Politics in Early Modern Europe Historical Connections*, Londres-Nueva York, Routledge, 2000.
GABRIËLS, A. J. C. M., *De heren als dienaar en de dienaar als haar: Het stadhouderlijk stelsel in de tweede helft van de achttiende eeuw*, La Haya, 1990.
GRAYSON, J. C., «The civic militias in the county of Holland, 1560-81: Politics and public order in the Dutch Revolt», *Bijdragen en mededelingen betreffende de geschiedenis der Nederlanden*, 95, 1980, pp. 35-63.
HAVERKAMP-BEGEMANN, Egbert, *Rembrandt: The Nightwatch*, Princeton, Princeton University Press, 1982.
ISRAEL, Jonathan, *The Dutch Republic. Its Rise, Greatness, and Fall, 1477-1806*, Oxford, Clarendon Press, 1995.
JONGSTE, Jan Arie Frederik de, *Onrust aan het Spaarne: Haarlem in de jaren 1747-1751*, Dieren, De Bataafsche Leeuw, 1984, 2 vols.
KLEIN, Stephan R. E., *Patriots republikanisme: Politieke cultuur in Nederland (1766-1787)*, Ámsterdam, Amsterdam University Press, 1995.
— y ROSENDAAL, Joost, «Democratie in context: nieuwe perspectieven op het Leids Ontwerp (1785)», *De Achttiende Eeuw*, 26, 1994.

348 MAARTEN PRAK

KNEVEL, Paul, *Burgers in het geweer: De schutterijen in Holland, 1550-1700*, Hilversum, Verloren, 1994.

LEEB, Isidore Leonard, *The Ideological Origins of the Batavian Revolution: History and Politics in the Dutch Republic 1747-1800*, La Haya, Nijhoff, 1973.

LIEVENSE-PELSER, E., «De Alteratie en de financiële toestand», *Jaarboek Amstelodamum*, 71, 1979.

MEETEREN, Aries van, *Op hoop van akkoord: Instrumenteel forumgebruik bij geschilbeslechting in Leiden in de zeventiende eeuw*, Hilversum, Verloren, 2006.

MIERIS, Frans van, *Handvesten, octroyen, rechten en vrijheden midsgaders ordonnantiën, resolutien, plakkaaten, verbintenissen, costumen, instructien en handelingen der stad Leyden*, Leiden, Abraham Kallewier, 1754, 2 vols.

MOES, J. K. S. y DE VRIES, B. M. A. (eds), *Stof uit het Leidse verleden: Zeven eeuwen textielnijverheid*, Utrecht, Matrijs, 1991.

NOORDAM, D. J., «Het Leidse pachtersoproer van 1748», *Jaarboekje voor geschiedenis en oudheidkunde van Leiden en omstreken*, 77, 1980, pp. 87-98.

POSTHUMUS, Nicolaas W., *De geschiedenis van de Leidsche lakenindustrie*, 3 vols., La Haya, Nijhoff, 1908-1939.

PRAK, Maarten Roy, *Gezeten burgers: de elite in een Hollandse stad Leiden, 1700-1780*, Dieren, De Bataafsche Leeuw, 1985.

REINTGES, Theo, *Ursprung und Wesen der spätmittelalterlichen Schützengilden*, Bonn, Ludwig Röhrscheid Verlag, 1963.

ROORDA, Daniel Jeen, *Partij en factie: De oproeren van 1672 in de steden van Holland en Zeeland, een krachtmeting tussen partijen en factie*, Groninga, J. B. Wolters, 1978, 2ª ed. (1ª ed., 1961).

SCHAMA, Simon, *Patriots and Liberators: Revolution in the Netherlands 1780-1813*, Nueva York, Knopf, 1977.

SCHILLING, Heinz, «Gab es im späten Mittelalter und zu Beginn der Neuzeit in Deutschland einen städtischen "Republikanismus"? Zur politischen Kultur des alteuropäischen Stadtbürgertums im Europa der Frühen Neuzeit», KOENIGSBERGER, Helmut (ed.), *Republiken und Republikanismus im Europa der Frühen Neuzeit*, Schriften des Historischen Kollegs, Kolloquien vol. 36, Munich, Oldenbourg, 1988, pp. 101-143.

TE BRAKE, Wayne, *Regents and Rebels: The Revolutionary World of an Eighteenth-Century Dutch City*, Oxford-Cambridge, B. Blackwell, 1989.

— *Shaping History: Ordinary People in European Politics, 1500-1700*, Berkeley, University of California Press, 1998.

VAN ITERSON, P. H. D. y VAN DER LAAN, P. H. J. (eds.), *Resoluties van de vroedschap van Amsterdam, 1490-1550*, Ámsterdam, De Bataafsche Leeuw, 1986.

XII. «INDIOS AMIGOS» Y MOVILIZACIÓN COLONIAL EN LAS FRONTERAS AMERICANAS DE LA MONARQUÍA CATÓLICA (SIGLOS XVI-XVII)

CHRISTOPHE GIUDICELLI
Université Paris III

Los «indios amigos» constituyeron sin duda alguna *la* fuerza militar principal que permitió la conquista de América y aseguró la permanencia de núcleos españoles muy reducidos en muchas partes del Nuevo Mundo. De hecho, si se quiere hablar de las milicias del rey en los confines americanos en los siglos XVI y XVII (es lo que se pretende aquí), es difícil no evocar el papel de los así llamados «amigos», sean auxiliares de las tropas españolas o aliados que combatieron por cuenta de la Corona (o mejor dicho de sus lejanos representantes locales) a veces sin participación directa de soldados españoles. Es muy conocido el papel de los tlaxcaltecas en la conquista de México o en la estabilización y colonización de la Nueva Galicia al final del siglo XVI[1]. Asimismo, nadie ignora el apoyo logrado por Francisco Pizarro de ciertas facciones incaicas contra otras y de otros grupos indígenas hostiles a la dominación cuzqueña, que vieron en los conquistadores un aliado en su propio juego político. Sin embargo, como ocurre muy a menudo, si esos casos paradigmáticos ilustran los grandes cuadros de la conquista y le dan un sabor exótico a la gesta de los principales conquistadores, ocultan en cierto modo la realidad compleja y casi cotidiana de la colaboración militar de indios y españoles en toda la geografía americana durante más de tres siglos.

En las provincias periféricas, donde el hecho bélico nunca dejó de ocupar el primer lugar en la preocupación de los indios y españoles, la participación de indios como «amigos» en las peculiares milicias del rey que presidieron la inclusión caótica de esas tierras en el espacio de la soberanía hispánica fue permanente. Los pocos aventureros y demás soldados de fortuna que llevaron a cabo la colonización de esos confines nunca hubieran podido mantenerse sin los indios, y sin ellos, tampoco hubieran podido resistir a los indios, vencerlos e incluirlos en el sistema colonial. Se percibe en seguida la complejidad del tema: en cada esquina de las fuentes a veces impresionistas que manejamos para estas regiones cabe hacerse la pregunta siguiente: ¿cuáles indios?, a la que conviene

---

[1] SEGO, 1998.

agregar otra, indisociable: ¿cuándo? En efecto, el proceso de normalización colonial en estas tierras, es decir, la construcción de una «frontera», dista de ser lineal, y hay que acostumbrarse a tratar con objetos y categorías de contornos movedizos. Ni los indios amigos de hoy son los de mañana, ni los «amigos» de aquí son «amigos» en el mismo sentido que los de allí. La única constante que tenemos es la omnipresencia, en todas las operaciones de guerra, de una categoría muda, estable, que se consigna invariablemente entre los soldados y los bastimentos, que aparece incluso esencial para las «entradas» o «malocas», pero que sólo en contadas ocasiones cobra mayor relieve.

En el presente trabajo intentaremos dar cuenta de la complejidad de esta categoría polifacética propia de los confines americanos del Imperio, tomando ejemplos en dos provincias periféricas de la Nueva Vizcaya en el norte de la Nueva España y el Tucumán, al sur del virreinato del Perú, entre mediados del siglo XVI y la segunda mitad del siglo XVII, es decir, desde su fundación como provincia hasta su estabilización efectiva. Es muy difícil proponer una cronología que circunscriba la participación de esos auxiliares indígenas en las milicias irregulares que respondían al rey. En las provincias periféricas que nos ocupan, es muy probable que esa participación se haya prolongado incluso más allá de la reorganización militar llevada a cabo bajo la impulsión de José de Gálvez a partir de los años 1760. Durante el período descrito en el presente trabajo, constituyen sin lugar a dudas un dispositivo esencial para la defensa y el control del territorio.

Privilegiaremos los momentos clave de guerra, donde se plantea el problema del reclutamiento de los «indios amigos» para las milicias, porque son también los pocos momentos en los que las fuentes les prestan cierto protagonismo. En particular, centraremos el estudio en la guerra de los tepehuanes y sus consecuencias, que ocupó gran parte de la atención militar en la Nueva Vizcaya en la primera mitad del siglo XVII y, para el Tucumán, en la cuestión calchaquí y diaguita que concentró la mayor parte del esfuerzo militar de los tucumanos en los casi ciento cincuenta primeros años de existencia.

Una aproximación tipológica parece necesaria en un primer tiempo para tratar de delinear y de entender esta categoría en toda su complejidad, pero no es suficiente. Si se quiere percibir su función política, es preciso interrogar su papel en el diagrama colonial, estudiarla ya no sólo como un mecanismo auxiliar de la fuerza militar hispana, sino como un polo de transformación social y política de las sociedades indígenas, como un dispositivo clave de la digestión colonial y, por ende, una parte esencial de la construcción paulatina del espacio de frontera.

Ensayo de tipología

La única definición unitaria que se podría proponer de la categoría de «indios amigos» sería la de unos indios que, en alguna acción de guerra –pacificación o conquista–, luchan al lado de los españoles. Sería muy imprudente aventurarse más allá de esta definición genérica, dada la variedad de contingentes amigos que por razones muy diversas prestaron su concurso a las milicias españolas. A lo sumo se puede pretender llegar a una tipología, siempre que se considere que será necesariamente inestable, incompleta e históricamente determinada.

Tropas auxiliares de cuerpos expedicionarios

La primera modalidad de indios amigos que actúan en las campañas de pacificación de las grandes guerras consideradas aquí son contingentes exteriores a las regiones que nos ocupan, y que acompañan las tropas de soldados también extranjeros a las sociedades tucumana o neovizcaína. Proceden de tierras pacificadas desde hace tiempo y corresponden al tipo más clásico de los auxiliares indios pagados de una manera u otra por la real hacienda. En 1617, por ejemplo, el virrey de México despacha medios militares importantes para reforzar la defensa de la Nueva Vizcaya, puesta en aprietos por la ofensiva tepehuana de noviembre-diciembre del año anterior. Se envían tres compañías de «soldados» pagados por ocho meses y se autoriza la leva de mil quinientos «amigos». De ellos, sólo sabemos que eran «mexicanos», es decir, que venían del centro del virreinato y que hablaban náhuatl. Hecho interesante: las autoridades virreinales especificaron expresamente que de ninguna manera se debía reclutar indios de Nueva Galicia[2], por temor de que se pudiesen reactivar redes de solidaridad indígenas y que la guerra cundiese a lo que había sido el teatro de las grandes guerras chichimecas. En el Tucumán, las pocas veces que la Audiencia de Charcas mandó tropas provistas de los inevitables «amigos», sólo se especificó que procedían «del Perú», como, por ejemplo, los quinientos que acompañaran al fiscal Antonio de Ulloa en su intento frustrado de «poblar» el Valle Calchaquí, en 1632[3]. Pero allí también hay pocas probabilidades de que se hayan reclutado en el sur del territorio bajo jurisdicción de la Audiencia: desde la primera guerra calchaquí, en 1562, hasta la última sublevación provocada por

---

[2] AGI Mex.28, nº 54, im. 05 Autos y despachos de la Real caja de México, 30-V-1617.

[3] Cartas de Felipe de Albornoz, 01-III-1633 y 23-IX-1634, en LARROUY, 1923, t. I, pp. 74-97.

Pedro Bohórquez, el Inca sevillano del Tucumán, en 1658, todo el mundo subraya con preocupación que las alianzas no se limitan a la región de los valles tucumanos sino que se extienden al altiplano, a Casavindo y Cochinoca y a la quebrada de Humahuaca[4].

Sin embargo, tanto como el tipo de tropas a las que acompañaban, esta clase de indios amigos fue ampliamente minoritaria en este tipo de guerras y en la defensa de esas provincias. La guerra era allí obligación y privilegio de los vecinos: obligación de defensa de estos territorios de la corona; privilegio de sacar los beneficios en especie de estas guerras, gracias a las encomiendas que los gobernadores pudieron distribuir hasta muy tarde[5], o a la venta de indios cogidos «en justa guerra» y que por lo tanto podían subastarse como esclavos[6]. De modo que tanto los neovizcaínos como los tucumanos aceptaban muy mal lo que vivían como una intromisión en sus asuntos y como una competencia desleal, sin contar con el temor de ver tantos soldados estacionados en sus pequeñas ciudades[7].

La fuerza de choque de las milicias tucumanas y neovizcaínas era constituida por contingentes indígenas locales, integrados según unas modalidades que no siempre es fácil reconstituir y, sobre todo, que no sigue un solo y único patrón. Se puede sin embargo distinguir por lo menos tres clases de indios amigos, que llamaremos, para la comodidad de la exposición: «los indios de encomienda y de reducción», los «rehenes armados» y los «aliados», siendo estas dos últimas categorías las más difíciles de asir y las más lábiles.

No son raros los casos en que las tres categorías participaron contemporeáneamente en las operaciones de guerra bajo las órdenes de los mismos capitanes españoles. Sin embargo, su modo de reclutamiento, el

---

[4] «Carta de la Audiencia de los Charcas al Rey», 30-X-1564, en FREYRE, 1915, pp. 46-53; TORREBLANCA, 1999 [1696].

[5] Una prerrogativa que figuraba explícitamente en la capitulación firmada en 1562 (es decir, veinte años después de la Leyes Nuevas) por el fundador de la Nueva Vizcaya. «Información de méritos y servicios de Francisco de Ibarra», en MECHAM, 1927. Se siguió creando encomiendas allí por lo menos hasta 1670, casi hasta finales del XVIII en el Tucumán. Sobre las encomiendas en el primer tercio del siglo XVIII, véase VITAR, 1997, pp. 129 ss.

[6] En estas dos modalidades de financiamiento las milicias fueron el incentivo principal de todas las entradas del período considerado.

[7] Véanse, por ejemplo, las preocupaciones del gobernador del Tucumán, Francisco de Barraza y Cárdenas, sobre la llegada anunciada de mil soldados enviados desde España para reforzar las fuerzas españolas en Chile. Si llegan para el invierno, van a tener que esperar el deshielo en Córdoba, y esta perspectiva lo preocupa en sumo grado. «Certificación y testimonio de los gastos que se hicieron para los mil y más soldados que S. M. fue servido de ynviar por este puerto de Buenos Aires con el gov. Antonio de Mosquera para la pacificación del Reyno de Chile», 02-II-1605, BN-BA, Fondo García Viñas, p. 186: 3923, «Carta del gobernador del Tucumán», 15-III-1605, BN-BA, Fondo García Viñas, p. 186: 3924.

trato que recibían y su grado de integración en las milicias podían ser muy distintos en función del grupo al que pertenecían.

Los indios de encomienda y de reducción

Estos indios constituyen, por decirlo así, el ordinario de las milicias. Forman parte del bagaje normal exigido a los encomenderos en su participación en la defensa de la provincia. Hasta finales del siglo XVII, en ambas provincias lo esencial de la defensa estaba a cargo de unas «milicias de encomenderos», capitaneadas por los más poderosos de ellos, que corresponden al perfil de los «hombres ricos y poderosos» retratados por François Chevalier para el norte de la Nueva España[8]. Como contrapartida de sus privilegios, los pobladores cargaban con la obligación de defender esas nuevas posesiones de la Monarquía, según lo preveían explícitamente las *ordenanzas de población* de 1573[9]. Las nuevas poblaciones debían tener en permanencia una organización militar. Como recuerda Juan de Solórzano y Pereyra, todo súbdito que residiera en cualquier lugar perteneciente a la Corona debía obedecer a esas autoridades militares y sobre todo

> [...] acudir a su llamado, servicio y defensa de su persona y reino en todas las ocasiones de guerras urgentes que se les ofrecieren sin que por esto puedan pedir premio ni alegar mérito[10].

En las milicias, los encomenderos aparecen siempre flanqueados de su tropa personal de soldados y acompañados de un contingente variable de «flecheros» alistados en sus pueblos de encomienda. En la Nueva Vizcaya, los indios laguneros, poblados en las reducciones instaladas cerca de la laguna de Parras, constituyeron hasta la primera mitad del siglo XVII la fuerza indígena más consistente de las milicias, en particular las que se formaron en Durango y en el sur de la jurisdicción[11]. En el norte, los poderosos encomenderos del Valle de San Bartolomé aportaron siempre el concurso de indios conchos prelevados sobre sus contin-

---

[8] CHEVALIER, 1976 [1953].

[9] *Real Provisión que contiene las capitulaciones acerca de los descubrimientos, entradas y conquistas y ordenanzas y privilegios para los conquistadores*, 13-VI-1573, en MORALES PADRÓN, 1979, pp. 489-451.

[10] SOLÓRZANO Y PEREYRA, 1972 [1640], p. 387.

[11] Gobernador de la Nueva Vizcaya, Gaspar de Alvear al Rey: *Relación breve y succinta de los sucesos que ha tenido la guerra de los Tepehuanes de la gobernación de la Nueva Vizcaya desde 15 de noviembre de 1616 hasta 16 de mayo de 1618*, en HACKETT, 1926, vol. II, p. 110.

354 CHRISTOPHE GIUDICELLI

gentes de encomendados[12]. En el Tucumán el mismo lugar era ocupado en todo el siglo XVI por los indios de Santiago del Estero, comúnmente llamados juríes, aunque hablaran a veces el mismo idioma kakan que los diaguitas[13]. Más adelante, los Pulares del norte del Valle Calchaquí y otros indios diaguitas de zonas sometidas serían también empleados regularmente por las milicias tucumanas. Más que una alianza, la participación de estos indios revelaba su lugar en la economía de control de la sociedad colonial: se trataba de indios sometidos en fechas antiguas y reducidos para las necesidades bien de los propios colonos en pueblos contiguos a sus haciendas, bien de las ciudades, en reducciones instaladas en sus inmediaciones. Las cuotas de «amigos» que cada encomendero debía aportar a la milicia variaron según la época considerada y el tamaño de las encomiendas. Los documentos que precisan las exigencias del capitán general y de su maese de campo en la materia son casi inexistentes en las fuentes que manejamos, pero dada su importancia logística, es de suponer que se trataba de un detalle minuciosamente examinado y debidamente consignado. Citemos a respecto una comisión dada en 1577 por el gobernador del Tucumán, Gonzalo de Abreu, al capitán Hernando Mexía Miraval para que convoque a los vecinos de Santiago del Estero con el fin de reforzar el intento de fundación de una nueva ciudad en el Valle Calchaquí, en el mismo lugar donde los indios habían arrasado la primera Córdoba, quince años antes[14]. En esta ocasión, el gobernador truena contra la mala voluntad de varios vecinos, que tratan de eludir sus obligaciones y se fugan con sus indios, hasta tal punto que remite instrucciones precisas a su lugarteniente para que éste ponga un poco de orden y los obligue efectivamente a integrar la milicia

> [...] que los dichos seis vezinos de suso declarados traigan cada uno dellos treinta yndios de los pueblos de su encomienda todos flecheros y prendados de casa mugeres e hijos los quales con los dichos sus encomenderos an de servir a S. M. en la dicha jornada tiempo y espacio de dos meses cumplidos porque cumplido el dicho término an de benir otros seis bezinos qual por mi fueren señalados y por la dicha orden se an de yr rremudando de dos en dos meses juntamente con los dichos treinta yndios de servicio flecheros[15].

---

[12] Para un estudio detallado de la historia de la provincia de Santa Bárbara en el siglo XVI, ver CRAMAUSSEL, 2006.

[13] «Carta del padre Alonso de Barzana», 08-IX-1594, *Monumenta Peruana*, vol. V, 1970, pp. 571-572.

[14] San Clemente de la Nueva Sevilla, de efímera vida. Carta del gobernador Felipe de Albornoz, 29-IV-1631, en LEVILLIER, 1928-1930, pp. 411-417.

[15] «Comisión dada por el gobernador Gonzalo de Abreu al capitán Hernán Mexia Miraval para que convoque a los vecinos para la jornada de Calchaquí», 02-II-1577, en LEVILLIER, 1919-1920, vol. I, pp. 166-168.

En caso de nueva insubordinación, se los amenaza con todo el rigor de la ley y, principalmente, con la privación de su encomienda.

La asistencia efectiva de los indios de encomienda dependía directamente de la buena voluntad de sus encomenderos y de su entusiasmo a la hora de participar en una «entrada» decidida por las autoridades. Cuando se trataba de una operación sin demasiados riesgos y con perspectivas concretas de resarcirse inmediatamente, no escatimaban su apoyo. Si en cambio se trataba de operaciones delicadas y peligrosas, como las campañas contra los diaguitas del Valle Calchaquí, los tepehuanes o los tarahumaras alzados de la Nueva Vizcaya, el respeto a las obligaciones tendía a diluirse, y los vecinos a encontrar buenas razones para escurrir el bulto. En diciembre de 1616, cuando Durango estaba prácticamente sitiada y una salida parecía imprescindible para alejar un peligro inminente, al gobernador Gaspar de Alvear le costó juntar una tropa mínima entre los vecinos, que se quejaron de que se les obligase a retomar las armas:

> [...] como los preceptos militares son de algún rigor e imperio y aca no avia ya rastro de milicia y todos bibian olgadamente, a avido algunos descontentos[16].

De igual manera, en 1634, surge un pleito entre el gobernador del Tucumán, Felipe de Albornoz y su general en la ciudad de Córdoba, Gerónimo Luís de Cabrera porque los principales vecinos de Córdoba, aquellos que podían aportar una fuerza militar importante en soldados e indios amigos, encontraron una buena excusa para no secundar al gobernador. Es cierto que esta nueva movilización llegaba después de un doble fracaso del gobernador y de la tropa del fiscal Antonio de Ulloa en el Valle Calchaquí y de los sinsabores del propio Cabrera frente a los diaguitas de Londres y de La Rioja. Londres había sido abandonada bajo una lluvia de flechas, y La Rioja se encontraba en una situación muy precaria[17]. Es cierto también que, en esta ocasión, estos vecinos aquejados de enfermedades o ausencias diplomáticas eran casi todos deudos o parientes de Cabrera[18]...

A la inversa, los mismos encomenderos no dudaban en aprovecharse de sus cargos oficiales en la milicia para convocar a los vecinos para efectuar «malocas» o «entradas» innecesarias para la seguridad pública, pero

16 AGN-Mex, Inquisición 315, fol. 215v.
17 MONTES, 1961, pp. 116-118.
18 AHPC, Escr. 1ª, leg. 69, exp. 5, «Convocatoria de los vecinos de Córdoba para la guerra de Calchaqui», 1634, pp. 14-12 (resumido en MONTES, 1961, pp. 127-131). El mismo autor (pp. 131-134) cita también una carta del gobernador Albornoz de 1635 que presenta una lista de todos los protegidos de Cabrera, que negaron su apoyo al gobernador y que no fueron perseguidos por Cabrera.

muy importantes para sus propios intereses. Un caso muy elocuente sería el de la rebelión de los vecinos de la ciudad tucumana de La Rioja en 1642. Éstos se reunieron en Cabildo abierto para negar oficialmente y en bloque su participación en una expedición decidida por el teniente de gobernador de Londres (reconstruida en el Valle de Pomán) Francisco de Nieva y Castilla, rico encomendero todopoderoso en el Valle de Catamarca. Éste estaba organizando una expedición contra los indios malfines, los principales culpados en las guerras de la década anterior, y contra otro grupo diaguita conocido como ingamana, que los estarían acogiendo en sus tierras[19]. La argumentación de los vecinos de La Rioja no deja lugar a dudas sobre el tenor de la discusión:

El cabildo, en una carta al gobernador

> [...] pide se suspenda la saca de vecinos para la maloca de los yndios yngamanas [...] y justifica su negativa por motivos de seguridad pública: al ir a buscar a los últimos diaguitas alzados, se corre el [...] peligro de inquietar de nuevo a los calchaquies [...] que son más de cuatro mil indios de guerra los cuales necesariamente han de apoyar a los malfines si se refugian entre ellos.

Los vecinos insisten en su negativa y ponen el dedo en la llaga. Según ellos, el motivo real de esta entrada debe buscarse en los intereses personales del teniente Nieva y Castilla: «Fco de Nieva está interesado en que la guerra se consiga y no se concluya»[20]. Estos argumentos que tienden a denunciar lo que hoy se llamaría un conflicto de intereses no carecían de fundamento, y también se debe tomar en cuenta el que los mismos vecinos habían peleado durante cinco años contra estos indios en lo que se ha dado en llamar «el gran alzamiento». Cabe agregar sin embargo otro dato: esta maloca los hubiera llevado lejos de sus tierras y de sus encomiendas, sin ninguna esperanza de beneficio. De ahí también su rechazo a la convocatoria de Nieva y Castilla, y que condicionen su obediencia a una leva en todas las ciudades de la provincia y a «que salga el gobernador en persona, como tan gran soldado que es»[21]. Como es lógico, tampoco facilitan el reclutamiento de sus indios de encomienda y dan instrucciones a sus pobleros, lo que suscita esta exigencia del teniente Nieva y Castilla quien, como buen encomendero, también conocía los trucos:

> [...] para la saca de amigos de la jurisdicción de La Rioja debe ir quien los conozca, porque los mayordomos y pobleros ocultan los calceteros y

---

[19] *Ibid.*, pp. 149-152.
[20] *Ibid.*
[21] *Ibid.*, p. 152.

tejedores que son los más y mejores indios, poniéndoles pena de un año de destierro al fuerte del Pantano a los que los ocultaren.[22]

Los rehenes armados

La segunda clase de indios amigos sería la que hemos llamado los rehenes armados. Eran indios enemigos derrotados y obligados en el calor de la guerra a prestar su apoyo contra sus aliados, para preservar la vida de sus familias, evitar la destrucción total de su pueblo, la quema de sus cosecha, el envenenamiento de sus fuentes, o una deportación masiva como se solía hacer en la guerra «a sangre y fuego». Este tipo de reclutamiento era por cierto común a todas las tierras de guerra de las Indias. Bernardo de Vargas Machuca la menciona y recomienda acaloradamente en su famoso manual militar *Milicia y descripción de las Indias*, publicado en 1599: la paz aceptada por los indios implicaba para ellos una obligación de participar en las operaciones bélicas en curso y, como muestra de fidelidad, los caciques e indios principales debían entregar a sus hijos como rehenes[23]. Para esta clase de indios, el apelativo «indios amigos» cobra un matiz cruelmente irónico, ya que podrían llamarse con más propiedad «auxiliares enemigos». Se entenderá en seguida el interés estratégico de esos nuevos «amigos»: su defección debilitaba las alianzas que enfrentaban a los españoles, y su buen conocimiento tanto del terreno como de sus antiguos aliados hacía de ellos unos auxiliares de gran valor. Para su reclutamiento se observaban dos precauciones: asegurarse de que se tuviera un medio de presión sobre ellos (familia, casa) y tratar de llevar siempre en la tropa a los caciques y demás jefes de guerra sobrevivientes que tuvieron un papel destacado en la rebelión. Así se evitaba dejar posibles focos de agitación en la retaguardia y se forzaba la pacificación de los que quedaban. A su vez, este reclutamiento se confiaba a quienes mejor conocían a esos indios: sus encomenderos o alguno de sus representantes (poblero o mayordomo, por ejemplo) cuando se trataba de indios de encomienda, sus misioneros cuando eran indios de misión o –última posibilidad– algún indio que por algún motivo hubiese *elegido* el compromiso colonial. No nos extenderemos sobre el papel de los encomenderos, ya ampliamente evocado. En cambio, el papel de los misioneros en la milicia ha sido muy a menudo e injustamente olvidado, tal vez porque su rol militar desentonaba un poco con la música evangélica y espiritual que los grandes cronistas quisieron dejar de su acción. Estas regiones eran tierras de misión jesuíticas (con

---

[22] *Ibid.*, p. 150.
[23] VARGAS MACHUCA, 2003 [1599], libro IV, p. 141.

una presencia franciscana residual en algunas zonas de la Nueva Vizcaya, por ejemplo), y, tanto en Chile como en el Tucumán, en el Paraguay, o en todas las provincias septentrionales de la Nueva España, los misioneros participaron en el esfuerzo de guerra junto con los soldados propiamente dichos. Acompañaron sistemáticamente las operaciones de pacificación como capellanes del campo, apoyaron –a veces con gran entusiasmo– las medidas de represalias y las ejecuciones masivas de sus neófitos reconocidos culpables de levantarse contra Dios y la Corona, y proporcionaron una justificación providencialista a la cruenta derrota de tal o cual cabecilla[24]. El jesuita Alonso de Valencia, que acompañó al gobernador como capellán en todas sus campañas contra los tepehuanes, dejó varias descripciones que ilustran su papel activo y especializado en la milicia. La más barroca es sin duda la de la muerte de uno de los jefes de guerra más buscados, un tal Gogojito, acribillado a flechazos por los indios amigos, y que los soldados acababan de decapitar en una barranca particularmente impresionante de la Sierra:

> [...] yo tomé [la cabeza] de Gogojito, que aun estaba caliente y de rodillas, acompañándome en la propia actitud todo el campo, dije el *te deum laudamus*[25].

Además de su apoyo en cierto modo profesional en las operaciones de guerra, los misioneros aportaban un conocimiento muy valioso de los indios de misión a los que conocían mejor que cualquier soldado por vivir entre ellos y, para algunos de ellos por lo menos, hablar su lengua[26]. Hernando de Torreblanca, por ejemplo, tuvo un papel esencial en las campañas militares de 1659 y 1664, que culminaron con la deportación de la mayoría de los indios del Valle Calchaquí. Este jesuita, autor de la *Relación histórica de Calchaquí*[27], que relata el episodio del paso de Pedro Bohórquez por los valles tucumanos, misionero desde hacía décadas primero

---

[24] Así es, por ejemplo, como el padre Francisco Hurtado comenta la ejecución del fiscal del pueblo de Famatina, cerca de La Rioja: «Entre los que se justiciaron fue uno *el fiscal de Famatina* [...] entregándolo al fuego después de averle ahorcado parese quiso nuestro señor mostrar que le era accepto aquel juicio, y *el fuego, que vengava sus injurias, emprendiéndose tan voraz en el miserable cadáver que en menos de medio cuarto de hora no se puedo distinguir dél ni las ceniças,* con espanto de todos y más de los reducidos, los quales, ponderándoles el Padre esta maravilla y el sentimiento, que Nuestro Señor suele hazer de sus injurias, quedaron muy amedrentados y arrepentidos». «Cartas de los años 1632-1634», en Cartas Anuas de la provincia jesuitica del Paraguay, 1990, pp. 68-70.
[25] *Carta de Alonso de Valencia*, en NAYLOR/POLZER, 1986, p. 274.
[26] Habría que matizar el mito autoalimentado de los jesuitas acerca de su manejo de los idiomas indígenas. Sobre este tema, véase HAUSBERGER, 1999. Presentamos también un estudio promenorizado de la cuestión: GIUDICELLI, 2000.
[27] TORREBLANCA, 1999 [1696].

entre los diaguitas del Pantano y luego entre los del Valle Calchaquí, hablaba el kakan y conocía mejor que nadie los entresijos de la geopolítica indígena. Fue un elemento clave en la resolución del conflicto, y siguió participando después entre los contingentes calchaquíes (Tolombones, Paciocas y Colalaos) «hechos amigos» contra los mocobíes del Chaco, porque, según sus propias palabras:

> [...] no había otro lengua que en el idioma de su lengua les diese a entender lo que se les ordenaba y el gobernador quería que egecutassen[28].

El concurso como informantes de estos misioneros de combate fue verdaderamente esencial a la hora de identificar a los jefes militares indígenas sublevados y advertir a las autoridades sobre las redes de influencia de tal o cual de ellos. Disponemos al respecto de un informe del padre Francisco de Arista, rector del Colegio de la Compañía de Jesús de Durango en 1618, que es un modelo del género: este documento cuadricula todo el territorio descrito por la guerra y localiza a todos los caciques enemigos[29]. Por lo tanto, con este conocimiento los padres podían designar con facilidad a los rehenes que convendría llevar en la milicia, por sus calidades militares propias, por sus lazos familiares o por su estatus en el grupo en el que se practicaba la leva. En 1634, por ejemplo, el padre Francisco Hurtado participó en la leva de los indios flecheros del Valle tucumano de Famatina, que integrarían la tropa de Gerónimo Luis de Cabrera para atacar a sus antiguos aliados malfines y andalgalas[30].

El tercer grupo que permitía con eficacia alistar rehenes en las tropas lo constituían indios que, de grado o por fuerza, actuaban de sargentos reclutadores para los españoles valiéndose de su conocimiento interno de los grupos entre los que se practicaba la leva. Se trataba de individuos que bien habían participado en la guerra contra los españoles y aceptaban su nueva función, bien eran enemigos de los líderes alzados y aprovechaban la guerra para ajustar cuentas internas al lado de los españoles.

El caso de Mateo Canelas es una ilustración casi perfecta de este tipo de agentes dobles de un tipo un poco particular que encontramos entre la milicia neovizcaína en la estela de la guerra de los tepehuanes. Este mestizo había sido uno de los líderes del movimiento, uno de los más buscados y de los más temidos. Había sido finalmente capturado en 1618

---

[28] *Ibid.*, p. 86

[29] AGI Hist. 311, exp. 3, *Relación de lo sucedido en la guerra de tepehuanes este mes de febrero de 1618.*

[30] Anua de 1632-1634, *Cartas Anuas de la provincia jesuitica del Paraguay*, pp. 69 *ss.* Para una evaluación de las bajas entre los indios de Famatina, véase BOIXADÓS, 1997.

por el capitán Montaño de la Cueva, uno de los encomenderos más poderosos de Santa Bárbara. Al contrario de lo que había sucedido con la enorme mayoría de los demás jefes de guerra tepehuanes, cuya cabeza terminó en una pica y en la hoja de servicios de su vencedor, Canelas logró salvar su vida gracias a una argumentación poco convincente, pero que en su momento les pareció suficiente a los españoles, muy necesitados de informadores. Según el cronista Pérez de Ribas,

> [...] él se escusava de averse quedado en compañía de los Tepeguanes, porque si se declarara lo mataran, y para entregarlos a ellos en manos de los Españoles[31].

Ya veremos que otros elementos pueden explicar su excepcional longevidad. El caso es que Mateo Canelas reapareció a principios del año 1621, en la tropa del nuevo gobernador Mateo de Vesga. Primero fue intérprete en las rendiciones oficiales de los últimos insumisos, a los que conocía muy bien ya que había vivido entre ellos durante parte de la guerra[32]. Luego se le encargó la tarea de alistar «amigos» en todos los pueblos tepehuanes desde Durango hasta Santa Bárbara para ir a reprimir a los indios del Valle de San Pablo que se habían vuelto a levantar. La elección de Mateo Canelas para este puesto no podía ser más atinada: nadie como él sabía seleccionar a los rehenes, sus ex-compañeros de armas, cuya presencia en la tropa debía garantizar la tranquilidad de sus respectivos pueblos y prevenir la reanudación de las alianzas de los años de guerra[33]. Notemos, sin embargo, que si esta clase de reclutas era importante desde un punto de vista táctico, los españoles no fundaban demasiadas esperanzas en el celo de esos amigos forzados en el combate, y no faltan los testimonios de desconfianza. Se sabía muy bien que si les entregaban informaciones a ellos también podían informar a sus supuestos enemigos. De hecho, él mismo Mateo Canelas terminó desertando las filas españolas y reuniéndose con los alzados de San Pablo, donde se pierde su rastro[34].

La otra clase de agentes dobles que participaban en las milicias españolas se engendraba en las luchas políticas a veces muy duras que se daban entre parcialidades indígenas, para las cuales la alianza con los españoles podía ser un elemento en una estrategia de toma del poder. Ya se ha mencionado la participación archiconocida de tlaxcaltecas y

---

31 PÉREZ DE RIBAS, 1992 [1645], p. 625.
32 HACKETT, 1926, vol. II, p. 126. Para el detalle de sus relaciones con un jefe de guerra de Santa Catalina llamado «el Xixicutta», v. AGI Guadalajara 37, nº 46, *passim*, y AGN-Mex, Jesuitas III-16, exp. 7.
33 Para un estudio de estas alianzas, véase GIUDICELLI, 2007.
34 GIUDICELLI, 2004.

Cañaris en la hueste española en los primeros tiempos de la conquista de México y Perú. Salvando las distancias, el mismo tipo de alianzas prevalece y asegura puntualmente un refuerzo voluntario a esas peculiares milicias de frontera. Entre los diaguitas malfines, principales actores del «gran alzamiento» de los años 1630-1640, es relativamente conocido, por ejemplo, el caso de Utisa Maya quien apoyó desde el principio a los españoles contra su primo, el cacique principal de Hualfín, Juan Chelemín, uno de los líderes del movimiento. La motivación de esta alianza aparece explícitamente en una querella en su contra iniciada años después por don Ramiro, hijo de Chelemín por usurpación del cacicato: Utisa Maya eligió el bando español para hacerse con el poder entre los malfines, cosa que logró[35].

Los aliados

La última modalidad de indios amigos que propusimos en nuestra tipología esquemática era la de los «aliados». El caso de Utisa Maya es un ejemplo límite en la medida en que se trata de una alianza con parte de un grupo constituido, pero ilustra bien la importancia para las milicias de estas provincias de entender y aprovechar el juego muy complejo de alianzas y enemistades que clivaba el mundo indígena. Con alguna regularidad, las milicias tucumanas o neovizcaínas lograron victorias sin siquiera entrar en combate, simplemente gracias a hábiles negociaciones con los enemigos de sus enemigos. Así es como, por ejemplo, como en la Sierra del Mezquital, al sur de la Nueva Vizcaya, una de las facciones más activas de los tepehuanes, liderada por un tal Miguelico, fue decapitada por unos indios no reducidos, los nayaritas (una facción cora), que prestaron un oído favorable al pedido del capitán Gerónimo Román, encargado del presidio y fortín de Guazamota:

> [...] viendo que un indio cacique de estas serranías llamado don Miguelico havía gente y la conducía contra el servicio de Su Magestad, [pidio] el favor de el Naiarita, un indio cacique barbaro sennor de mucha tierra que nunqua havía dado la obediencia a Su Magestad [...][36].

No sabemos cuál fue el objeto de lo que la fuente nombra explícitamente una «negociación», pero surtió efecto: unos meses más tarde, el capitán Román recibió la noticia de que

---

[35] AHPC, Escr. 1ª, leg. 94, exp. 7; resumido en MONTES, 1961, pp. 155-156.
[36] BNM-AF, ms. 13/231, fol. 33f. *Certificación de servicios de servicios del capitán Gerónimo Román, por Rafael de Gasque, factor y veedor de la Real Hazienda, maeses de campo y theniente de capitán general, 21-VI-1620.*

[...] el Nallarita hizo matar a don Miguelico y a sus compañeros, y a esta prenda de amistad añadieron ellos la obediencia a su magestad y baptizarse él y su muger, y meter todas sus tierras debajo de el amparo real [...][37].

Milicia y normalización colonial

Interpenetración de las modalidades de diferenciación

Se llega al límite de toda tipología cuando los criterios que la fundan se revelan inoperantes o cuando los objetos que pretende describir y clasificar transgreden su orden y parecen reunir las condiciones que les permitiría integrar varias casillas de esta tipología. El último caso de los indios «aliados» es particularmente elocuente: sería estúpido limitar esta categoría a los indios que no están bajo la dominación directa de las instituciones coloniales y, como lo vimos en el caso nayarita, combaten contra los mismos enemigos. De hecho, en la guerra de los tepehuanes, los mejores, más numerosos y más constantes «aliados» de las milicias neovizcaínas fueron los indios amigos reclutados en las reducciones y pueblos de encomienda de la Laguna de Parras y de la conchería, es decir, los indios amigos «de encomienda», si nos atenemos al marco tipológico propuesto. En efecto, si por un lado formaban parte del grupo *a priori* más privado de capacidad de decisión, en tanto que mero bagaje de su encomendero, no por eso dejaban de tener cuentas pendientes con sus vecinos tepehuanes. La guerra principal, la de los neovizcaínos contra los tepehuanes y sus aliados, fue también una buena oportunidad para apurar viejas deudas. En la región suroriental de San Juan del Río, los zacatecos de Peñol Blanco tomaron venganza de sus mejores enemigos tepehuanes de Coneto militando en las filas españolas[38]. En el norte, las campañas de pacificación les proporcionó una excelente ocasión a los conchos encomendados en San Bartolomé de desquitarse de sus vecinos tepehuanes-tarahumaras con quienes mantenían relaciones de franca hostilidad desde hacía años[39]. El gobernador tuvo incluso que moderar

---

[37] *Ibid.* En 1673, fray Antonio Arias y Saavedra apunta también que se negaron a segundar un movimiento de rebelión iniciados por los indios de «la frontera de Colotlán», «[...] por ser política suya no hacer guerra a los españoles. Información rendida en el siglo xvii por el padre Antonio Arias y Saavedra acerca del estado de la sierra de Nayarit y sobre culto idolátrico, gobierno y costumbres primitivas de los coras», en CALVO, 1990, p. 286.

[38] BNM-AF 11/172, *Relación hecha por fray Hernando de Messa, guardián del convento de San Francisco de San Juan del Río, tocante a la fundación del mismo y lo sucedido en él durante la sublevación tepehuana en año 1616*, 15-II-1622.

[39] *Annua* de 1613, GONZÁLEZ RODRÍGUEZ, 1987, p. 195.

el entusiasmo de sus *amigos* conchos, más interesados en masacrar a sus enemigos que en ceñirse al dispositivo diplomático con el cual se pretendía pacificar la región. Hasta tuvo que amenazarlos para que no asolaran los pueblos y rancherías a los que quería convencer de abandonar la alianza rebelde y aceptar la paz por las buenas:

> [...] poniendo rigurosas penas a los conchos nuestros auxiliares y enemigos capitales desta nassion si por enojos y agravios passados contrabiniessen a este bando[40].

En el marco estrictamente, sí se les permitieron todos los desmanes, como lo subraya el capellán Alonso de Valencia, quien se felicita del

> [...] contento con que nuestros amigos los conchos bolvieron por aver muerto en aquel puesto a un belicosso yndio capitán de tepeguanes por nombre Yepora sseñalado de naturaleza en un pie que tenía como gallo los dedos bueltos y encorvados, a cuya caussa le llamavan patillas, que en todos estos contornos donde vien asaz se avia dado a conocer y temer matando con su gente en un alvaço entre otros muchos que a dado a la nassion concha trezientas y mas personas, llevando gran pressa de sus hijos y mugeres, y para mas espantar y aterrarlos allanando la arena del río, en varias partes dexava estampado aquel monstruoso pie. Truxolo Dios a esta ocassion a pagadero, y muerto a manos de sus enemigos, truxeron por trofeo el pie de gallo para mitote y zelebrarlo a su usança[41].

La identidad de objetivos aparece claramente en este último ejemplo: al matar a este jefe de guerra tepehuán, los conchos sirven tanto los intereses de la milicia como los suyos propios. Son a la par auxiliares y aliados. De hecho, sus encomenderos sabían muy bien cuáles parcialidades de sus encomendados había que movilizar, en función de la «entrada» que se quería hacer: Pedro Sánchez de Fuensalida, veterano encomendero de Santa Bárbara, aconseja así en 1621 que el gobernador Mateo de Vesga lleve con él contra los indios de San pablo «[...] los conchos, y más los [suyos], de Juan Dias y del capitán Pedro Sánchez de Cháves»[42]. En otra ocasión, desaconseja al contrario una leva entre los Salineros

---

[40] Benson Library, Univeristy of Texas, Latin American Collection, *Varias relaciones*, vol. 1, *Relación de lo sucedido en la jornada que don Gaspar de Alvear y Salazar, cavallero del horden de Santiago hizo a los tarahumares desde los 26 de febrero deste año de 1619 hasta los 20 de abril del dicho año por el padre Alonso de Valencia, de la Compañía de Jesús, que acompañó el dicho campo.*

[41] *Ibid.*

[42] AGN-Mex, Guadalajara 37, nº 46, fol. 32v., *Papeles de Mateo de Vesga.*

[...] dixo que con biniendo a azerles guerra a los tepeguanes, su señoría no lleve ni trayga consigo yndio tepeguán de Las Salinas ni Tizonaso [...] porque los salineros son traydores y amigos de los serranos, y no arán espía buena ni pelearán de beras, y les darán muchos avisos [...][43].

Indios amigos y transformación colonial

Esta interpenetración de los criterios de diferenciación que fundan nuestra tipología puede constituir un problema sincrónico y llevarnos a perder de vista la complejidad o la ambigüedad de la posición de tal o cual grupo de indios amigos en una circunstancia determinada. Pero el concepto mismo de «indios amigos» entraña un peligro mucho más grave, de tipo diacrónico, originado en su carácter por definición estable: podría dar la impresión de que los grupos indígenas movilizados como auxiliares en un período dado corresponden por esencia a los contornos que su función de indios amigos les confirió. En otras palabras, se corre el riesgo de naturalizar una función y de congelar de forma ucrónica un estado eminentemente transitorio del proceso de normalización colonial.

La participación de los indios en las milicias del rey es el fruto directo de la presión colonial. La extensión de la capacidad de movilización a tal o cual grupo de indios informa primero sobre la eficacia de los mecanismos de control y de vigilancia establecidos por los colonos. Pero limitarse a esta consideración al fin y al cabo bastante obvia sería perder de vista el aspecto tal vez más importante de la cuestión, que es el del efecto de semejante enrolamiento sobre el equilibrio geopolítico indígena de las regiones consideradas.

Ya vimos que la guerra de los españoles también debía interpretarse como parte de otros conflictos, una realidad conocida y sistemáticamente aprovechada por los estrategas españoles en todas las fronteras. Pero en estos casos la intervención española sólo era un elemento más en un cuadro de rencores y enemistades a veces muy antiguo, aunque es cierto que en la mayoría de los casos las consecuencias de la invasión hispánica agudizaron considerablemente esas tensiones. En otros casos, en cambio, la integración de contingentes de «amigos» en la milicia creó rupturas en la geopolítica indígena, modificando de forma a veces definitiva las redes de alianzas que prevalecían hasta entonces. Los estragos cometidos por esos «indios amigos» en pueblos de sus vecinos por cuenta de la milicia contribuyeron por supuesto a tensar las relaciones entre ellos. Huelga decir que los españoles no se preocupaban por respetar los linderos de estas redes de alianzas y solidaridades, muy al contrario, y que

---

[43] *Ibid.*, fol. 32v., *parecer del capitán Pedro Sánchez de Fuensalida.*

muchas veces se esforzaron por someter a su voluntad una o varias parcialidades que hasta la fecha formaban parte de una entidad política mayor.

Ahora bien, al lograr enfrentar a varias partes de un conjunto que percibían hasta entonces como homogéneo, las instancias coloniales tuvieron que inventar una modalidad de separación entre sus nuevos «amigos» y los que aún eran sus enemigos, por mucho que los reconocieran como partes de una misma «nación» y conocieran los vínculos culturales y políticos que los unían. Al disgregar a los unos de los otros el discurso colonial creaba nuevas entidades, creaba «naciones de amigos» que poco a poco se iban a imponer en las fuentes como unidades discretas completamente identificadas con su *función* colonial. El riesgo para el historiador es que se olviden las condiciones históricas de creación de estas nuevas entidades y que se termine ocultando el fundamento heterónomo de su institución por y para la norma colonial. Que se pierda el rastro de su lugar en la geopolítica indígena así modificada y que se reedifique una categoría claramente política. La única solución para evitar semejante escollo es un seguimiento sistemático de las denominaciones en las fuentes, desde sus primeras ocurrencias.

Los Pulares, de la barbarie calchaquí a la ejemplaridad colonial[44]

Un buen ejemplo de este riesgo de espejismo sería la evolución radical de la denominación controlada «Pulares», que designaba a los indios del norte del Valle Calchaquí, entre las últimas décadas del siglo XVI y mediados del XVII. Si ponemos el cursor en el año 1659, año de guerra encarnizada entre las fuerzas del gobernador Mercado y Villacorta, decidido a imponer una solución final a la cuestión calchaquí, y la alianza indígena fortalecida gracias a la figura exterior de Bohórquez, no hay duda: los pulares son una «nación de amigos», y sólo excepcionalmente se han dejado seducir por las promesas del falso Inca. Así que lógicamente, se los excluye del espacio geográfico y simbólico de la barbarie calchaquí. Mercado, al medir su campo de batalla –el Valle Calchaquí– cuenta

> [...] treinta leguas de largo desde el pueblo de los Quilmes [...] hasta el de Pompoma en que se acavan por aquí sus tierras y empiessan las de los indios domésticos pulares[45].

Sin embargo, si cotejamos esta apreciación geográfica con otras más antiguas, encontramos el mismo número de leguas, con la diferencia de

---

[44] Para un estudio pormenorizado de este tema, véase GIUDICELLI, 2007.
[45] AGI Charcas 58/UBA-Instituto Ravignani carpeta nº 177.

que las primeras incluyen todo el territorio ubicado al norte de lo que Mercado llama la «raya de los pulares». Al medir el Valle Calchaquí en su *Relación geográfica del Tucumán* en 1582, Pedro Sotelo Narváez no deja ningún lugar a la duda:

> [...] acabase este valle cerca de la puna de los yndios de Caçabindo que están cerca de los chichas cuya lengua hablan demas de la suya natural ques la diaguita[46].

Para él como para todos los primeros pobladores del Tucumán español, los pulares son calchaquíes, hablan el mismo idioma (kakan = diaguita) y, sobre todo, comparten el mismo lugar simbólico que el resto de los habitantes de la región con quienes están aliados y emparentados: son indios de guerra, participaron en todas las guerras contra los españoles, y entraron en las alianzas que echaron a los habitantes de Córdoba de Calchaquí en 1562 y San Clemente de la Nueva Sevilla en 1577[47], hostigando a los sobrevivientes hasta el valle de Salta[48].

Estos indios empiezan a cobrar unos rasgos diferentes en las fuentes a partir de los años 1580, por razones que remiten directamente a la progresión del poblamiento español y a la instalación efectiva de mecanismos de control y de explotación por los colonos de la ciudad de Salta, finalmente fundada en 1582. Hasta el final de la década, estos dispositivos de sujeción son teóricos: los pulares, como el resto de los calchaquíes, no sirven a sus encomenderos, los cuales evitan una confrontación que les sería desfavorable[49]. Todo cambia después de 1588: el gobernador Ramírez de Velasco toma cartas en el asunto y organiza una expedición de envergadura en el Valle Calchaquí, y en particular en su tramo norte, más cercano a la ciudad de Salta. El efecto principal de esta «entrada» fue la inclusión de los pulares en la órbita de esta última ciudad, una ciudad ya mejor poblada y dotada de una fuerza militar sin precedente[50]. En las

---

[46] Pedro Sotelo Narváez, «Relación geográfica del Tucumán, Para el licenciado Cepeda, presidente de la Audiencia delos Charcas», en LEIVILLIER, 1928-1930, vol. III, pp. 324-332.

[47] «Carta del gobernador Gonzalo de Abreu al rey», 20-III-1577, en LEIVILLIER, 1920, vol. I, pp. 52-61.

[48] «Carta de Hernando de Retamoso a S. M.», 25-I-1582 (desde Potosí), en LEIVILLIER, 1928-1930, vol. III, pp. 293-298; «Continuación y fin de la probanzade los servicios del capitán Tristán de Texeda», en *ibid.*, pp. 385-410, 23-VI-1601 (en Santiago del Estero).

[49] «[...] aunque a cinco años que se pobló [esta ciudad de Salta] no le sirve yndio». «Carta del gobernador Juan Ramírez de Velasco al virrey del Perú, conde del Villar», 06-IV-1687», en LEIVILLIER, 1920, vol. I, pp. 209-213.

[50] «Carta del gobernador del Tucumán J. Ramírez de Velazco participando el resultado que hasta entonces tenía su expedición a las rancherías de Calchaqui», 19-IV-1588, en *ibid.*, pp. 240-246.

décadas siguientes, bajo la presión ya ineludible de los salteños, los pulares sufren una transformación social y política muy importante que no hará sino incrementar las diferencias entre estos indios y sus vecinos inmediatos. En efecto, al contrario de estos últimos, que siguen manteniéndose en una relativa autonomía, los pulares llevan cada vez más nítidamente la marca de su sujeción. El trabajo microfísico del poder[51] se ejerce tanto en sus actividades como en su espacio de vida cotidiana e incluso su apariencia física. Son los únicos que sirven con regularidad a sus encomenderos y cumplen sus turnos de mita; ya viven en pueblos de reducción dibujados y fundados por los salteños; y, para el sumo agrado de los jesuitas, abandonan progresivamente el atuendo y el corte de pelo de los diaguitas para adoptar una apariencia más conforme a los cánones coloniales: en particular, se cortan el pelo «a imitación de los indios del Perú», haciendo desaparecer esas greñas que tanto horrizaban a sus misioneros[52]. Por fin, debido a sus actividades coloniales, algunos desarrollaron un manejo de «la lengua general del Perú» (el quechua), *lingua franca* por excelencia por esos lares[53]. Tanto es así que se puede considerar que para los años 1620 el proceso de «domesticación» (retomamos aquí la expresión del gobernador Mercado y Villacorta) ha llegado a su término. Y, lógicamente, se traduce en la modificación geográfico-simbólica del espacio calchaquí: cuando el obispo de Tucumán Julián Cortázar efectúa una visita en la región en 1622, escribe que pasó por los pueblos de los pulares *antes* de penetrar en el Valle Calchaquí, cuando todos los testimonios anteriores afirmaban que se entraba *por* esos pueblos[54], «[...] ques el principio deste valle», para citar a Ramírez de Velasco[55].

Este largo *excursus* permite situar el contexto de las grandes guerras del siglo XVII en el Valle Calchaquí: la movilización de los pulares contra los calchaquíes en 1631 es el resultado de este proceso de transfor-

---

[51] FOUCAULT, 1997, pp. 216-222.

[52] «Carta de los padres Juan Romero y Gaspar de Monroy», 23-VI-1601», en LEVILLIER, 1928-1930, vol. III, pp. 365-369.

[53] Así se entiende por ejemplo la reivindicación –algo irreverente por cierto– del cabildo de Santiago del Estero : *«[...] suplicamos no benga persona de España a este govierno [...y] que el governador sepa la lengua general del ynga que muchos de los yndios de estas provincias entienden, particularmente los que sirven en los pueblos y casas de los españoles»*, en LEVILLIER, 1926, vol. I, pp. 100-103.

[54] La visita tuvo lugar entre el 6 de octubre y el 25 de noviembre de 1622, en *ibid.*, pp. 308-323 (para su visita, el obispo contó con el apoyo de unos treinta soldados mandados por el capitán Pedro Sueldo, «teniente de gobernador y justicia mayor de Salta»).

[55] «[...] entré en este valle [...] a los quatro [de abril] *por indios chicoanas, ques el principio deste valle* y en un requentro que tuve este día con dos pueblos prendí como ochenta personas sin matar mas que dos o tres los quales truxe en colleras», «Carta del gobernador del Tucumán J. Ramírez de Velazco participando el resultado que hasta entonces tenía su expedición a las rancherías de Calchaqui», 19-IV-1588, en *ibid*, p. 240.

mación. Su enrolamiento marca la transformación de los pulares en una
«nación de amigos» y provoca una ruptura de largo alcance entre ellos y
los demás diaguitas del valle todavía considerados como «calchaquíes» por
su actitud poco conforme con las exigencias de la coexistencia colonial. En
los hechos, esos indios actuaron con mucho celo en la expedición puniti-
va organizada desde Salta por el gobernador Albornoz tras el asesinato de
un encomendero –Juan Ortiz de Urbina– que fue particularmente dura.
Las represalias de los calchaquíes fueron tales que los españoles tuvieron
que mudar a todos los pulares e instalarlos en las inmediaciones de Salta
durante varios años para protegerlos[56]. Se entenderá entonces por qué se
dejó de mencionar las continuidades entre «pulares» y «calchaquíes»: el
paso de los primeros al estatuto de «nación de amigos» en la milicia tucumana consumió una ruptura ya bastante avanzada por el contraste radical
de actitudes frente a la presión colonial. El poder colonial, al crear esta
ruptura, instituye de hecho una frontera de guerra en el Valle Calchaquí,
entre un espacio controlado y una tierra por someter. Lo que sí esta «raya
de los pulares» es un dispositivo político heterónomo y no revela en absoluto ninguna diferenciación de tipo étnico[57]: es el fruto de una transformación social y política cuyo último paso es la integración en la milicia
tucumana. De ahora en adelante, de Atapsi (primer pueblo pular) para el
norte, los indios llevan la marca de la sujeción colonial, ocupan un espacio
disciplinado y participarán activamente del proceso de integración de los
últimos enclaves resistentes en la órbita colonial.

   A partir de ese momento, el origen «calchaquí» de los pulares se vuelve casi irreconocible en el discurso de las instancias coloniales. De modo
que existe un riesgo muy serio, al fundar un estudio a partir de una fecha posterior a este punto de no retorno de considerarlos como una
«nación» aparte y, a más largo plazo, un grupo étnico diferente. Lo que
define su diferencia es su inclusión en el polo de fidelidad colonial cuyo
último efecto es la participación a la milicia.

Tratados de paz y contratos de amigos

No se trata de una excepción: casi todos los antiguos enemigos pasaron
a engrosar las filas españolas una vez lograda su sumisión. Baste recordar que la conquista del norte mexicano fue ante todo obra de indios

---

[56] «Carta del gob. Felipe de Albornoz», 15-XII-1631, en LEVILLIER, 1928-1930,
vol. III, pp. 418-422; «Anua de 1632-1634», en *Cartas Anuas de la provincia jesuitica del
Paraguay*, 1990, p. 51.
   [57] Sobre este punto, discrepamos de las conclusiones propuestas por LORANDI /
BOIXADÓS, 1987-1988.

tarascos y del centro de la Nueva España, que los indios del centro de Chile constituyeron durante largas décadas lo esencial de la fuerza «española» en la guerra contra los mapuches, o que la fuerza militar de los colonos santafesinos y paraguayos frente a los indios chaqueños descansaba ante todo en la participación de fuertes contingentes guaraníes, todos indios que no mucho antes figuraban entre los enemigos más temidos de los súbditos del rey de España. Para retomar los ejemplos más desarrollados aquí, tanto los tepehuanes como el núcleo duro de los calchaquíes –tolombones y paciocas–, que ocuparon en sus respectivas provincias el rango de enemigos públicos número uno a lo largo de la primera mitad del siglo XVII, terminaron formando eficaces contingentes de «amigos», los unos contra los mocobíes chaqueños, los otros contra los coras en el sur, en el norte contra los tarahumaras[58], en las décadas posteriores a su derrota definitiva. Y ambos grupos fueron premiados por sus buenos servicios: los tepehuanes de Santa María Ocotán y los calchaquíes de Amaicha el Valle en particular recibieron un documento oficial que reconocía de jure su derecho sobre las tierras que ocupaban[59]. La importancia simbólica de esta validación por parte del poder colonial es evidente. Al aceptar esos mecanismos jurídicos como propios, las comunidades así delimitadas ratificaban su entrada en el espacio normado de la soberanía española. De hecho, en ambos casos, las mercedes reales y los títulos que les fueron extendidos en aquellos entonces por su actuación en la milicia del rey siguen ocupando un lugar primordial en las reivindicaciones de sus descendientes.

De una manera más general, el poder colonial trató sistemáticamente de socavar las solidaridades políticas indígenas, firmando paces separadas con cada parcialidad que lograba someter y estableciendo contratos personalizados con cada contingente de nuevos «amigos». Este tipo de contratos y tratados revistieron una importancia fundamental para el establecimiento de la norma jurídico-política colonial, porque terminaban de integrar a sus firmantes –los nuevos «amigos»– en el espacio cuadriculado de la obediencia. Los «amigos» eran debidamente censados, clasificados, identificados y puestos bajo la tutela de un «capitán de amigos» entronizado para las necesidades de la milicia y que debía responder como interlocutor[60]. Cuentan por lo tanto entre los dispositivos más

---

[58] Sobre la defensa de Esteco y del este del Tucumán contra los mocobies, véase TORREBLANCA, 1999 [1696], p. 204; AHPC, Escr. 1ª, leg. 158, exp. 1 «Invasión de indios del Chaco. Expedición ordenada por el gobernador Mate de Luna 1684»; AHPC, Escr. 1ª, leg. 169, exp. 4 «conquista de indios Mocobies por el gobernador Tomas Felis de Argandoña», 1690.

[59] Para Amaicha del Valle, la cédula real aparece publicada por ISLA, 2002, pp. 52-53.

[60] Véanse, por ejemplo, los tratados establecidos con diversos grupos tobosos y salineros en el contexto de la fundación del presidio de Cerro Gordo («Autos hechos en razón de la paz que se asentó con los indios de nación tobosos y salineros por el Sr. maes-

eficaces de delimitación heterónoma de los grupos indígenas pacificados, que quedan así informados por el poder e incluidos en su esfera de control. A más largo plazo, la eficacia de estos dispositivos tuvo una consecuencia inesperada por sus agentes: congeló identidades impuestas y sustituyó el ordenamiento socio-político colonial a la lógica de identificación y de diferenciación propia de los grupos indígenas.

Criollos de paz y mestizos de guerra: la zona gris del mestizaje

Un aspecto importante de la cuestión, que sólo puede esbozarse aquí dado el espacio impartido, sería la cuestión del eslabón perdido entre las dos categorías teóricamente herméticas que forman esas milicias de frontera: los indios amigos y los soldados y, más allá, la fuerza «española» y los indios, en ambos lados del campo de batalla. Allí también las categorías que manejamos, y que nos vienen directamente de nuestras fuentes, son engañosas: podrían dar la ilusión de que hay una solución de continuidad entre los colonos y los indios, sean enemigos o «amigos». En otras palabras, no dejan ningún lugar a un aspecto social y cultural fundamental de estas sociedades de frontera que es el mestizaje, la zona gris en la que se cocinaba gran parte de las relaciones coloniales, en la paz como en la guerra.

Nos limitaremos por lo tanto a señalar algunas pistas difíciles de seguir pero importantes.

Muchos de los españoles que pisan fuerte, muchos de los que presiden las cosas de la guerra en esas provincias tienen *familia* indígena. No nos referimos aquí a los hijos nacidos en una ranchería indígena de algún encuentro furtivo y/o violento entre un español y una indígena sino de uniones relativamente duraderas y que dieron un fruto reconocido por su autor. Para el Tucumán, el ejemplo más sobrecogedor es el de Hernán Mexía Miraval, uno de los más antiguos conquistadores y uno de los únicos hombres de espada que lograron sobrevivir sin demasiados problemas en medio del caos político que caracterizó los primeros decenios de la provincia. Él, al igual que varios de sus compañeros, sin duda había tomado mujer entre los indios de Santiago del Estero, y al parecer vivió con su familia durante casi quince años[61]. Reconoció a sus hijas y las casó con personajes importantes de la incipiente sociedad cordobesa y ni

---

tre de campo don Franncisco Montaño de la Cueva», 1645, en NAYLOR/POLZER, 1986, pp. 303-335). Para un análisis de los parlamentos mapuche de la época colonial, véase BOCCARA, 2001.

[61] Existe una reconstrucción novelada y de discutible valor histórico de esta relación, v. GÁLVEZ, 2005.

cuando se casó finalmente con una mujer española abandonó a su primera compañera, que llegó a dejar un testamento[62]. Ahora es muy difícil deducir de este caso que esas uniones tuvieron un efecto directo en la capacidad de movilización de Mexía Miraval y de sus semejantes entre los indios de Santiago. Faltan demasiados datos como para que esto sea más que un hipótesis. Nos limitaremos por lo tanto a notar que, desde los primeros tiempos de la conquista, la situación fue más tranquila en Santiago del Estero que en el resto de las ciudades de la provincia (es la única que se mantuvo después de la guerra de Juan Calchaquí en 1562), y que los indios amigos de esta última región nunca faltaron en las milicias tucumanas.

En la Nueva Vizcaya, hay buenas razones para pensar que prevalecía la misma situación. Se puede citar un caso excepcional por su visibilidad en la guerra de los tepehuanes, pero que no fue necesariamente un caso aislado. Se trata del mestizo Mateo Canelas, que ya evocamos anteriormente. Resulta que este personaje, que vimos sucesivamente en la piel de un jefe de guerra tepehuán, de un intérprete-sargento reclutador por cuenta de la milicia neovizcaína y luego de nuevo como líder rebelde, tenía un pasivo familiar interesante y sobre todo íntimamente vinculado a la milicia regional. Su padre, también llamado Mateo Canelas (para la desesperación de los investigadores) había sido uno de esos capitanes de segundo rango, portugués y al parecer sin abolengo, pero que hizo méritos en la provincia en los primeros años del siglo XVII. Era, como se diría hoy en día, apreciado por sus superiores por sus dotes militares, en especial para este tipo particular de guerras indias. Así es como, por ejemplo, el gobernador Rodrigo de Vivero ensalza sus calidades, contraponiéndolas a la inadaptación sin remedio de los soldados que se le impuso a pesar suyo desde México:

> [...] no estoy en desnudo de soldados práticos de otras guerras que no tenga conmigo muchos que anduvieron en la de chichimecas en su maior rigor, y otros de ytalia y de Flandes, que se suspenden y admiran y paran sin saber por donde an de yr aquí, porque es otro suelo, otro cielo, y otro mundo, y hace más una compañía de mulatos y mestizos que traigo en el valle de Topia con el capitán Canelas, criado también en aquella tierra, que todos los muy esmerados y de maior presunción que andan a mi lado[63].

El mismo Juan de Torquemada recuerda sus hazañas en su *Monarquía Indiana*[64] y una ciudad todavía lleva su nombre en la Sierra de

---

[62] AHPC, Escribanía II, 1600.

[63] AGI México 25, N 14a, *Carta de don Rodrigo de Vivero, governador de la Vizcaya escrita en San Andrés para el conde de Monterrey, virrey de la Nueva España en 14 de febrero de 1602.*

[64] TORQUEMADA, 1943 [1615], pp. 692-693.

Durango, precisamente cerca del Valle de Topia[65]. Pues bien, el capitán Canelas tuvo un hijo con una mujer tepehuana, de la que no sabemos nada. Lo que sabemos en cambio es que este hijo tenía por padrino al comisario de la Inquisición de Durango[66], que, en su calidad de juez eclesiástico y superior[67], era en ese momento la autoridad eclesiástica más importante de la provincia, que aún no tenía obispo[68]. Este doble parentesco, real y espiritual, con personajes de alguna importancia en la provincia explica por lo menos en parte el destino paradójico de Canelas hijo, único líder tepehuán que no fue ejecutado a pesar de su traición y de su apostasía. Su familiaridad, tanto con la milicia neovizcaína como con el arte de la guerra tepehuán, y su doble hoja de servicio deben incitarnos a relativizar las fronteras absolutas que solemos levantar entre las categorías de actores que pueblan nuestras páginas.

La importancia de mestizos y ladinos en las guerras coloniales que constituyeron el cotidiano de esas provincias periféricas es difícil de evaluar porque se trata de una presencia silenciosa y silenciada, dejando aparte casos excepcionales como el del «capitán de frontera» Miguel Caldera, retratado por Philip Wayne Powell en un estudio clásico[69]. Todo deja pensar sin embargo que fue masiva y, en muchos aspectos determinante, en particular por su conocimiento personal del enemigo –indio o español– y su capacidad de comunicación con ellos. Las fuentes sólo se refieren explícitamente a su identidad mestiza en casos de participación en la guerra del lado indígena: Mateo Canelas para los neovizcaínos, o Luis Enríquez que fue el brazo derecho de Pedro Bohórquez en el Valle Calchaquí en 1657-1658, veinticinco años después de haber reprimido ferozmente a los mismos diaguitas de Londres que lo acompañaban cuando era un auxiliar celado de la milicia de La Rioja[70]. La presencia de mestizos en las milicias, en cambio, es mucho más alusiva, y su estigma sólo aparece de manera excepcional e indirecta. Así el cabo del fuerte del Pantano, eregido para reducir a los indios malfines de Londres después de su pacificación, declara que

---

[65] San José de Canelas, Durango.

[66] Había ejercido las mismas funciones a partir de 1594 en la ciudad de México; ALBERRO, 1988.

[67] AGN, Hist. 311, exp. 2, *Provanza hecha en Durango a pedimento del Rdo P. Francisco de Arista*

[68] El obispado de Durango se funda en 1620; ALEGRE, 1956-1960 [1767], p. 9. Durango dependía aún del obispado de Guadalajara.

[69] POWELL, 1997 [1980].

[70] TORREBLANCA, 1999 [1696], p. 44.

[...] conoce muy bien a estos indios porque es criollo nacido y criado en la dicha ciudad de San Juan de la Ribera y que este testigo es el mejor lenguaraz de la lengua de los dichos indios diaguitas malfines[71].

Una aptitud que no deja lugar a dudas. En este caso como en otros muchos en estas tierras, «criollo» es muchas veces un eufemismo para decir «mestizo», más hiriente. La pertenencia a este grupo se manifiesta también de manera transparente en los pocos casos en que se describe físicamente a los interesados. Así, por ejemplo, entre los soldados alistados para el presidio del Cerro Gordo, fundado en el noreste de la Nueva Vizcaya en 1645, varios «naturales de la ciudad [vecina] de Indé aparecen como pequeños de cuerpo y desbarbados»[72].

La importancia (subvalorada) de los mestizos en esas peculiares milicias del rey así como su actuación central en las guerras, en ambos bandos, nos obligan a conceder la importancia que se debe a esos «passeurs»[73] y, más que nada, nos recuerdan que ni los «españoles» de las nacientes sociedades coloniales de esos confines ni los indios –«amigos» o no– constituyen grupos herméticos. Los puntos de contactos son numerosos, los intercambios permanentes y no poco contribuyen al proceso de normalización en la medida en que imponen paulatinamente el juego político colonial por sobre cualquier otro tipo de solidaridades.

Conclusiones

La integración de contingentes de «indios amigos» en las milicias de frontera en los siglos XVI y XVII tenía una doble función. Por un lado, esos refuerzos indígenas tuvieron un papel de primer plano en las operaciones militares propiamente dichas, por sus calidades bélicas propias y por el uso que los colonos supieron hacer de las enemistades internas al mundo indígena. Por otro, el enrolamiento de esos «indios amigos» cumplió una función de mayor alcance: constituyó un mecanismo de transformación socio-político fundamental para la extensión efectiva de la soberanía hispánica. De hecho, sería un error considerar únicamente la categoría «indios amigos» en sus aspectos militares. Los «indios amigos» no sólo son auxiliares indígenas de una milicia colonial. Son indios que llevan la marca del poder. De modo que la participación duradera de tal o cual grupo de indios en los operativos decididos por las instancias coloniales revela ante todo su situación en la economía de control de la provincia considerada. Habría que acostumbrarse a ver esta

---

[71] AHPC, Escr. 1ª, leg. 79, exp. 1.
[72] NAYLOR/POLZER, 1986, pp. 335-357.
[73] BENAT-TACHOT/GRUZINSKI, 2001.

categoría como un *polo* más que una función: un polo de fidelidad que revela el grado de transformación social y político del grupo indígena enrolado. Su identificación –voluntaria o forzada– con los objetivos militares del poder colonial significa al mismo tiempo una pérdida de su autonomía política en sus relaciones de alianzas o de tensiones con los demás grupos de la región. La integración a la milicia funciona en este sentido como un eficiente operador de fragmentación del mundo indígena. Las alianzas forzadas con las fuerzas españolas socavan las redes de solidaridad políticas indígenas; los mecanismos jurídicos individualizados de validación de la obediencia –tratados de paz, contratos, mercedes de tierra– deben entenderse en este sentido como dispositivos políticos de estado, elementos claves en una estrategia global de cuadriculación de los espacios de frontera y de incorporación ordenada de la población indígena en el espacio de la soberanía.

La segunda consecuencia, de tipo metodológico, que debemos sacar es que es absolutamente necesario historizar las clasificaciones coloniales. La identificación y movilización de un grupo como «indios amigos» en un momento dado de la historia local informa primero sobre el estado de la conquista, sobre la eficacia coyuntural de la dominación. La transformación de este grupo en «nación de amigos» por el discurso colonial entraña un peligro de etnificación a largo plazo: puede sustituir una identidad política heterónoma –su lugar respecto de la norma colonial– a su inscripción real en el equilibrio geopolítico indígena regional.

Abreviaturas utilizadas

AGI: Archivo General de Indias, Sevilla.
AGN-Ar: Archivo General de la Nación (Buenos Aires).
AGN-Mex: Archivo General de la Nación (México D.F.).
AHPC: Archivo histórico de la Provincia de Córdoba (Córdoba, Argentina).
AHPT: Archivo Histórico de la Provincia de Tucumán.
BN-BA, Fondo García Viñas: Biblioteca Nacional argentina, Fondo García Viñas.
BNM-AF: Biblioteca Nacional de México, Archivo franciscano.
Benson Library, Austin, University of Texas, Latin American Collection.

Bibliografía

ALBERRO, Solange, *Inquisition et Société au Mexique, 1571-1700*, México, Centre d'Études mexicaines et centraméricaines, 1988.

ALEGRE, Francisco Javier (S. J.), *Historia de la Compañía de Jesús en Nueva España*, ed. de Ernest J. Burrus y Félix Zubillaga, Roma, 1956-1960 [1743], 4 vols.

ÁLVAREZ, Salvador, «La hacienda-presidio en el Camino Real de Tierra Adentro», *El Camino Real de Tierra Adentro, Historia y cultura*, Chihuahua, Instituto Nacional de Antropología e Historia, 1997, pp. 183-207.

BÉNAT-TACHOT, Louise y GRUZINSKI, Serge, *Passeurs culturels. Mécanismes de métissage*, París, Maison des Sciences de l'Homme, 2001.

BOCCARA, Guillaume, «Mundos nuevos en las fronteras del Nuevo Mundo», *Nuevo Mundo, Mundos Nuevos*, n° 1, 2001, http://nuevomundo.revues.org/document426.html.

BOIXADÓS, Roxana, «Indios rebeldes-indios leales. El pueblo de Famatina en la sociedad colonial (La Rioja, siglo XVII)», LORANDI, Ana María (comp.), *El Tucumán colonial y Charcas*, Buenos Aires, Universidad de Buenos Aires, 1997, vol. I, pp. 341-367.

CALVO, Thomas (ed.), *Los albores de un nuevo mundo. Colección de Documentos para la Historia de Nayarit*, vol. I, México, Centre d'Études mexicaines et centraméricaines, 1990.

Cartas Anuas de la provincia jesuitica del Paraguay. Cartas de los años 1632-1634, Buenos Aires, Academia Nacional de la Historia, 1990.

CHEVALIER, François, *La formación de los latifundios en México. Tierra y sociedad en los siglos XVI y XVII*, México, FCE, 1976 [1953].

CRAMAUSSEL, Chantal, *Poblar la frontera. La provincia de Santa Bárbara en Nueva Vizcaya durante los siglos XVI y XVII*, Zamora, El Colegio de Michoacán, 2006.

FOUCAULT, Michel, *Il faut défendre la société: cours au Collège de France, 1975-1976*, París, Gallimard-Seuil, 1997.

FREYRE, Ricardo Jaimes, *El Tucumán colonial*, Buenos Aires, Coni Hermanos, 1915.

GALLEGOS, José Ignacio, *Historia de Durango, 1563-1910*, México, 1982.

GÁLVEZ, Lucía, «María Mexía», http://www.fundacioncultural.org/revista/nota3_16.html, 2005.

GIUDICELLI, Christophe, *Guerre, identités et métissages aux frontières de l'Empire: la guerre des Tepehuán en Nouvelle Biscaye (1616-1619)*, Tesis de doctorado, París, Université de la Sorbonne Nouvelle, 2000.

— «La double trahison de Mateo Canelas», LAVALLÉ, Bernard (ed.), *Les autorités indigènes entre deux mondes. Solidarité ethnique et compromission coloniale*, París, Université de la Sorbonne Nouvelle, 2004, pp. 133-146.

— «Encasillar la frontera. Clasificaciones coloniales y disciplinamiento del espacio en el área diaguito-calchaquí (s. XVI-XVII)», *Tandil, Anuario IEHS*, n° 22, 2007, pp. 161-212.

GONZÁLEZ RODRÍGUEZ, Luis, *Crónicas de la Sierra Tarahumara*, México, Secretaría de Educación Pública, 1987.

HACKETT, Charles W. (ed.), *Historical Documents relating to New Mexico, Nueva Vizcaya, and Approaches Thereto, to 1773*, Washington, The Carnegie Institution, 1926, 3 vols.

HAUSBERGER, Bernd, «Pólitica y cambios lingüísticos en el noroeste jesuítico de la Nueva España», *Relaciones*, n° 78, primavera 1999.

ISLA, Alejandro, *Los usos políticas de la identidad: Indigenismo y Estado*, Buenos Aires, Editorial de las Ciencias, 2002.

LARROUY, Antonio, *Documentos del Archivo de Indias para la historia del Tucumán*, vol. 1: *Santuario de Señora del Valle*, t. I, Buenos Aires, L. J. Rosso y Cía, 1923.

LEVILLIER, Roberto, *Probanzas de méritos y servicios de los conquistadores*, Madrid, Rivadeneyra, 1919-1920, 2 vols.

— *Gobernación del Tucumán, Papeles de gobernadores en el siglo XVI*, Madrid, Impr. de J. Pueyo, 1920, 2 vols.

— *Papeles eclesiásticos del Tucumán*, Madrid, Impr. de J. Pueyo, 1926, 2 vols.

— *Nueva crónica de la conquista del Tucumán*, Varsovia-Buenos Aires, Ed. Nosotros, 1928-1930, 3 vols.

LORANDI, Ana María (comp.), *El Tucumán colonial y Charcas*, Buenos Aires, Universidad de Buenos Aires, 1997, 2 vols.

— y BOIXADÓS, Roxana, «Etnohistoria de los Valle Calchaquis», *Runa*, n° XVII-XVIII, 1987-1988, pp. 263-420.

MECHAM, J. Lloyd, *Francisco de Ibarra and Nueva Vizcaya*, Durham, Duke University Press, 1927.

MONTES, Aníbal «El gran alzamiento diaguita», *Revista del Instituto de Antropología*, n°1, 1961.

Monumenta Peruana, vol. V, Roma, Institutum historicum Societati Iesu, 1970.

MORALES PADRÓN, Francisco, *Teoría y Leyes de la conquista*, Madrid, Ed. Cultura Hispánica, 1979.

MOTA Y ESCOBAR, Alonso de la, *Descripción geográfica de los reynos de Nueva Galicia, Nueva Vizcaya y Nuevo León*, Guadalajara, Universidad de Guadalajara, 1966 [1605].

NAYLOR, Thomas H. y POLZER, Charles. W. (eds.), *The Presidio and Militia on the Northern Frontier of New Spain, a Documentary History*, Tucson, University of Arizona Press, 1986.

PÉREZ DE RIBAS, Andrés, *Historia de los Triumphos de nuestra Santa Fee entre gentes las más bárbaras y fieras del nuevo orbe*, México, Siglo XXI, 1992 [Madrid, 1645].

POWELL, Philip Wayne, *Capitán mestizo: Miguel Caldera y la frontera norteña. La pacificación de los chichimecas*, México, FCE, 1997 [1980].

SEGO, Eugene B., *Aliados y adversarios. Los colonos tlaxcaltecas en la frontera septentrional de Nueva España*, San Luís Potosí, Colegio de San Luis, 1998.

SOLÓRZANO Y PEREYRA, Juan de, *Política indiana*, Madrid, Atlas, BAE, 1972 [1640], 4 vols.

SORG, Gustavo, *Juan de Torres de Vera y Aragón y la nueva historia de la fundación de la Ciudad de Vera*, Corrientes, Municipalidad de la Ciudad de Corrientes, 2007.

TORQUEMADA, fray Juan de, *Servicios que las tres Órdenes han hecho a la corona de Castilla en estas tierras de la Nueva España desde que entraron a su conversión hasta estos presentes tiempos* [1622], GARCÍA IZCABALCETA, Joaquín (ed.), *Nueva colección de documentos para la historia de México*, Mexico, 1892, vol. V, pp. 180-241.

— *Monarquía Indiana*, México, Porrúa, 1943.

TORREBLANCA, Hernando de, *Relación histórica de Calchaquí*, Buenos Aires, Archivo General de la Nación, 1999 [1696].

VARGAS MACHUCA, Bernardo de, *Milicia y descripción de las Indias*, Valladolid, IIEIP-Comunidad de Castilla y León, 2003 [1599].

VITAR, Beatriz, *Guerra y misiones en la frontera chaqueña del Tucumán (1700-1767)*, Madrid, CSIC, 1997.

XIII. REPÚBLICAS MOVILIZADAS AL SERVICIO DEL REY. LA GUERRA DEL MIXTÓN Y EL LEVANTAMIENTO DE LAS ALPUJARRAS DESDE UNA PERSPECTIVA COMPARADA

Ana Díaz Serrano
Universidad de Murcia[1]

Dos ciudades periféricas de la Monarquía Hispánica: Murcia (en el sureste de Castilla) y Tlaxcala (en la Nueva España, situada al sureste de la ciudad de México); doble frontera geográfica la primera, con la colindante Corona de Aragón y con el Norte de África a través del mar; y frontera étnica la segunda, como república de indios enfrentada con la vecina provincia española de Los Ángeles (hoy Puebla). A pesar de su situación geográfica marginal, ambas tuvieron durante todo el siglo XVI una estrecha relación con la Corona: Murcia como una de las 17 ciudades con representación en las Cortes castellanas y Tlaxcala a través de las sucesivas delegaciones que arribaron a la Corte. La presencia de murcianos y tlaxcaltecas –o religiosos en su nombre– en las instituciones nucleares de la Monarquía permitió el mantenimiento de una fluida comunicación entre estos poderes periféricos y el centro rector, que amparó a ambos vectores a través del intercambio de méritos y mercedes. Murcia y Tlaxcala se insertaron en la Monarquía como entidades preeminentes gracias a los servicios prestados al rey: Tlaxcala favoreció los planes expansionistas de la Corona española en América con su continuado apoyo militar y poblacional en la ocupación de sus nuevos territorios, desde Guatemala a la Florida; mientras que Murcia ayudaba a contener el avance del «común enemigo de la Cristiandad» por el Mediterráneo a través del socorro a la costa y su participación en la represión del levantamiento morisco de las Alpujarras.

Los casos de Tlaxcala y Murcia ilustran los que ocurría en muchos frentes secundarios de la Monarquía Hispánica, en los que las ciudades de forma extraordinaria eran llamadas a contribuir militarmente en ámbitos que sobrepasaban su área de influencia más inmediata. Era el momento, por el rey de reafirmar lealtades, por los patricios de obtener beneficios y por los vecinos de hacer la guerra por el rey. Por sus exce-

---
[1] Esta investigación ha sido realizada con una beca de Postgrado de formación de profesorado universitario y personal investigador de la Universidad de Murcia.

lencias en la defensa y difusión de los intereses y del modelo pretendidamente universal del Rey Católico, éstas realzaron su pertenencia a la Monarquía y sus grupos dirigentes gozaron de privilegios y dignidades en reconocimiento de su labor como organizadores de los naturales en armas, que sirvieron al rey bajo los estandartes de sus repúblicas, es decir, en tanto miembros de ellas.

Tlaxcala: cabildo de indios

El Norte de las minas y la guerra

La primera marca de la frontera Norte americana fue impuesta por la orografía: la confluencia de los ríos Lerma y Santiago puso frente a frente a las fuerzas hispánicas, encabezadas por Cortés, y los pueblos de la genéricamente llamada «nación chichimeca» –en primera línea caxcanes, tecuexes, guamanes y otomíes, más al Norte pames, guachichiles y zacatecos–. Poco después, Nuño de Guzmán trazó los primeros lindes del Reino de Nueva Galicia. El avance hacia el Norte fue consolidado con la fundación de la ciudad de Guadalajara, cuya errática ubicación (con cuatro traslados en menos de 15 años) ilustra la prolongada conflictividad de este territorio. En 1541 la insubordinación de gran parte de las comunidades indias seminómadas que habitaban la zona, disconformes con las exigencias de adaptación a un modelo socio-político fundamentalmente opuesto a sus usos y valores, imposibilitó la consolidación del dominio español. Otros factores, como el carácter belicoso de estos pueblos o las lucrativas expectativas de los españoles, hicieron desembocar la rebelión en una cruenta guerra. Sólo en algunos casos la intervención de los religiosos permitió contener el conflicto a través de un discurso que intentó hacer partícipes a los indios de la paz y el amor cristianos en los que (teóricamente) se fundamentaba su relación con el Rey de España. Aquellos religiosos con capacidades de mediación más limitadas no gozaron más que de la Gloria del martirologio. Los señores indios que finalmente sucumbieron al dominio español a cambio de privilegios, se situaron en el punto de mira tanto de los «indios rebeldes» como de los españoles. Mientras éstos mantuvieron una actitud contradictoria, mostrando abiertamente su desconfianza hacia los nuevos súbditos y poniendo a prueba su lealtad obligándoles a participar en la guerra fronteriza, los primeros hicieron del saqueo su mejor arma para recuperar aliados contra los invasores europeos[2].

---

[2] POWELL, 1977, p. 174; LÁZARO ÁVILA, 1997, p. 101.

La visita de Alvarado a los pueblos del valle de Tonalá ilustra esta situación[3]. Tonalá había sido conquistada por Nuño de Guzmán en 1530. Al interrogatorio sobre su posicionamiento en el enfrentamiento entre los españoles y los sublevados, los señores indios dieron pruebas de su adhesión al emperador. La distinción entre «indios amigos» (leales) e «indios rebeldes» estaba clara para ellos: los caxcanes, y no ellos (mayoritariamente zacatecos), eran los responsables de la guerra. Alvarado, a pesar de su conformidad con las respuestas, exigió nuevas pruebas de lealtad a la Corona, a la vez que compensó los servicios ya prestados con la promesa de protección y ropas de Castilla. Con su declaración ante el adelantado y la adopción del vestido europeo, los indios de Tonalá se desmarcaron de las comunidades indias vecinas, a las que les unía un imaginario de alteridad de origen nahuatl, suscrito bajo el calificativo de chichimecas («perros», «hijos de perro»).

El foco caliente del enfrentamiento fronterizo se concentró en Gua_ dalajara. Los indios liderados por Tenamaxtle, señor de Nochtiztlan, permanecían atrincherados en un cerro cercano, el Peñol de Mixtón. En junio, Pedro de Alvarado –que estaba en Michoacán, de camino a California– llegó a la ciudad española acompañado de unas decenas de españoles y cientos de «indios amigos» y planeó un ataque sobre las escarpadas laderas, que tuvo el final dramático conocido por todos. El fracaso español se plasmó en el primer cambio de ubicación de Guadalajara, alejándola del peligro; paralelamente los «indios rebeldes» consolidaron sus posiciones en torno a Nochtiztlan y el Mixtón. Durante meses se desarrolló un juego de resistencias entre los conquistadores y los indígenas que se decidió finalmente a favor de los españoles después de la extraordinaria acción del virrey Mendoza. El traslado del virrey hasta el corazón del conflicto da cuenta de la dimensión que éste alcanzó en todo el virreinato, en un momento en el que la Corona encontró fuertes obstáculos en sus líneas de avance: en la frontera sur americana con la destrucción de Santiago del Nuevo Extremo por los picunches, liderados por Michimalonco, y en el Norte de África con la derrota de las tropas carolinas en Argel. El virrey Mendoza salió de la ciudad de México en septiembre, llevando consigo a un numeroso ejército compuesto por unos pocos españoles y cientos de mexicas, tlaxcaltecas, otomíes, chalcas, tarascos… a los que denominó genéricamente como «amigos» o «indios». Atacó primero Cuinao, donde venció gracias a la simulación de una huída y castigó con la muerte o la esclavitud a los «indios de guerra»[4]. Una segunda victoria en Acatic debilitó las fuerzas

<hr/>

[3] ALVARADO, 1954, pp. 69-71.
[4] Precisamente en la carta que el virrey escribió al obispo de México, el 24 de octubre de 1541, narrando el ataque a Cuinao (en el texto «Coyna», corrupción habi-

rebeldes, pero en Nochtiztlan la resistencia se tradujo en un sitio de varias semanas en torno al cerro del Mixtón. El primer frente de resistencia indígena contra el avance español hacia el Norte se difuminó el 8 de diciembre con el suicidio colectivo de los indios refugiados en el cerro del Mixtón.

El paso siguiente fue consolidar la posición española en la zona atrayendo a las poblaciones indígenas con la voz de los misioneros y desarrollando una política de poblamiento favorecida por el descubrimiento de pequeñas minas de oro y plata. De este modo los ranchos y las misiones se convirtieron en las principales instituciones fronterizas. Poco después, el gran acontecimiento del hallazgo de las minas de Zacatecas (en 1546) transformó por completo la frontera Norte novohispana. Convertida en uno de los centros económicos más importantes del virreinato, atrajo a un gran número de pobladores, formándose una extensa red de poblaciones desde la ciudad de México hacia la rica Zacatecas. Por otro lado, las pequeñas provincias en las que inicialmente se dividió el territorio no tardaron en ser administradas por los alcaldes mayores de minas, para más tarde reagruparse bajo la jurisdicción del Reino de Nueva Galicia.

Esta situación rompió cualquier posibilidad de coexistencia pacífica con los indígenas, que vieron profundamente afectados sus usos seminómadas. La violenta reacción de los «indios de guerra» elevó el grado de hostilidad de los territorios de la Nueva Galicia y la Nueva Vizcaya, ya manifiesta en sus condiciones geográficas y climatológicas. Comenzó así la Guerra Chichimeca. Ésta significó la reacción conjunta de las «naciones chichimecas» contra el dominio español, el cual se había mostrado especialmente severo tras las revueltas de la década de 1540. Esta línea continua de conflicto entre los conquistadores y los pobladores indígenas permite considerar la Guerra del Mixtón como una primera etapa de la Guerra Chichimeca que la historiografía limita al período 1550-1590[5]. La diferencia entre un enfrentamiento y otro radicó en la unión de fuerzas de caxcanes, zacatecos, guachichiles y gua-

---

tual del topónimo tarasco) encontramos el uso de estos apelativos: «[...] y viendo que había algunos españoles y amigos heridos [...] comencé a apretar a la gente y subir el peñol y aunque así españoles como indios lo hacían bien como me veían a mí subir arriba lo hicieron mejor y de este apretón se acabó de ganar [...]»; AGI, México, 19, nº 2.

[5] Sobre la definición de la década de 1540 como de paz o de guerra en las provincias del Norte son significativas las palabras de Francisco Tenamaxtle, cacique de Nochtiztlan, en la relación de agravios que presentó ante el Consejo de Indias en 1556: «después en tiempo de paz si paz pudiera ser llamado y no cruel guerra no sentida: después de haber ahorcado inicua y vituperiosamente muchos grandes señores así vasallos míos como parientes y vecinos»; AGI, México, 205, N. 11.

mes, que hasta el momento habían actuado de forma independiente[6]. Durante la guerra las políticas de los virreyes dibujaron una curva evolutiva que se inicia con la preferencia por la paz negociada, continúa con una declaración de guerra total y finaliza con un esforzado plan de pacificación[7].

La acción militar fue seguida, y en algunos casos acompañada, de la colonización. De manera *informal*, los territorios ganados para la Corona fueron poblados por los propios conquistadores supervivientes, indios o españoles. Estas iniciativas tomadas sobre el terreno tuvieron continuación en varios planes de movilización de «indios de paz» desde los territorios altamente sometidos hacia las zonas rebeldes. Tlaxcala recibió una primera propuesta de colonización en 1560. El cabildo indio emitió una respuesta negativa, a razón de la inoportunidad del ofrecimiento[8]. Los tlaxcaltecas argumentaron el temor de los colonos a perder las posesiones que dejaban en su provincia, la distancia entre ésta y la frontera chichimeca y las noticias que llegaban desde ella dibujando un panorama desolador. Los tlaxcaltecas contaron además con el apoyo de los franciscanos, quienes aludieron la salvaguarda de una fe y unos modales cristianos todavía débiles. En lugar de los tlaxcaltecas, fueron los xilotepecas (del grupo otomí) los que sirvieron al Rey con la fundación de la Nueva Villa de San Luis de Xilotepec[9].

La guerra y la república

El encuentro de los españoles con los tlaxcaltecas estuvo determinado por la común rivalidad con los mexicas: Tlaxcala había soportado desde finales del siglo XVI el sometimiento tributario de Tenochtitlan. La alianza hispano-tlaxcalteca se prolongó durante décadas, impulsada por el interés de Hernán Cortés en anular la influencia de la Triple Alianza sobre el Valle de México. Posiblemente esta alianza fue renovada en varias ocasiones en una sucesión de pactos («pactos cortesianos») de ayuda militar a cambio de privilegios; según los tardíos testimonios

---

[6] Carlos Lázaro apunta también a un cambio de percepción del conflicto por parte de las autoridades españolas, que en la etapa de 1540 a 1550 consideraron los ataques chichimecas como «simples actos de pillaje». En general, los españoles obviaron las influencias que sus contactos pudieran tener sobre estas comunidades indígenas, cuyo resultado en la esfera militar fue el perfeccionamiento de las técnicas bélicas, lo que sumado a sus tácticas particulares y la aparición de líderes, derivó en su gran capacidad para resistir al dominio español; LÁZARO ÁVILA, 1997, pp. 99-100.

[7] Detalles del desarrollo del conflicto en POWELL, 1977 y 1997.

[8] ACT, 15-06-1560.

[9] GIBSON, 1991, pp. 174-175.

de los tlaxcaltecas, ofrecieron hombres y bastimentos a los españoles a cambio de tierras y de la exención tributaria. No podemos asegurar hasta qué fecha se prolongó esta obligación mutua, pero podemos aventurar que las movilizaciones de tlaxcaltecas hacia la frontera Norte estuvieron fuera de los pactos, muy claramente las que fueron dirigidas por el virrey Mendoza. Desde 1535 el poder territorial de Tlaxcala estaba completamente determinado y a finales de la década de 1530 su integración en las corrientes de la Monarquía era un hecho: gracias a la mediación de los franciscanos y del propio Hernán Cortés. Desde fechas tempranas la notoria actitud de los tlaxcaltecas a favor de la causa de la Monarquía había llegado a las tribunas del Consejo de Indias y sus *tlatoque* (señores o caciques indios) habían gozado ya de la audiencia y del favor del emperador.

Los religiosos se esforzaron por que el servicio de Tlaxcala no fuera sólo dirigido a la Majestad terrenal, sino que también se proyectara hacia la Majestad divina. La nueva ciudad de Tlaxcala se construyó como un espacio de comunión entre el gobierno y la piedad. Las cédulas reales implantaron el gobierno: un cabildo indio regido por los principales de la provincia, con una estructura española, pero con unas bases simbólicas prehispánicas; la piedad fue impuesta por los franciscanos, quienes realizaron una ardua, y no exenta de violencia, labor evangélica. La configuración de la sociedad perfecta a la que aspiraban los franciscanos hizo necesario un reordenamiento de los poderes locales. En 1540 los textos de Motolinía y Tadeo de Niza dieron el nombre de los cuatro caciques y definieron la configuración cuatripartita de un territorio anteriormente dividido en decenas de señoríos; en 1541 fueron asignados los propios de la ciudad; en 1543 fueron fijados los lindes de la provincia, más extensa que el altepetl compuesto prehispánico; en 1545 las ordenanzas del cabildo indio confirmaron la representación política ecuánime de los cuatro cacicazgos y otorgaron la regiduría perpetua a sus titulares. Todo ello con el aval de las provisiones reales y, en algunos casos, con la tutela del virrey Mendoza. Como resultado, la provincia sufrió la oligopolización del poder y sobre todo una fuerte centralización[10].

Esta configuración del grupo de poder tlaxcalteca tuvo dos vías: por un lado, la continuidad, manteniendo la línea de poder prehispánica, con la perpetuación de los *tlatoques* que habían reconocido su preferencia por –o su derrota ante– los españoles, siendo el caso claro de los cacicazgos de Ocotelulco y Tizatlán; por otro, el acceso al reformado espacio de poder de aquellos miembros de la denominada nobleza india (*teuctli* y *pipiltin*), o incluso de grupos más periféricos (*teixhuiuh, mopilaque,*

---

[10] MARTÍNEZ BARACS, 1998, pp. 64-65.

macehualli achi huel pactica[11]), que mostraron una notable capacidad de adaptación al nuevo orden, a través de la esfera militar y, sobre todo, de la religiosa. Hemos de considerar que la jerarquía social y sus relaciones de solidaridad de origen prehispánico se conservaron, por lo que la reubicación social de un principal pudo afectar a un gran número de parientes y clientes. Las ilustraciones de la *Historia de Tlaxcala*, escrita por el mestizo Diego Muñoz Camargo entre 1580 y 1583-1584, representaban las dos caras de la incorporación al modelo hispánico: las láminas que muestran el feliz abrazo al Catolicismo de los tlaxcaltecas, con el bautismo de sus nobles y la predicación de los franciscanos en las casas de los *tlatoque* y en la plaza de la ciudad, son seguidas por aquellas otras sobre la destrucción –«con el consentimiento de los naturales»[12]– de los templos, los ídolos, los libros, las ropas y los atavíos de los «sacerdotes idolátricos», y el ajusticiamiento de varios nobles que habían sido descubiertos en prácticas idolátricas. El caso más conocido es el del *tlatoani* Acxotecatl, que subraya la importancia de la confesionalidad como prueba de adhesión a la Monarquía, puesto que, a pesar de su demostrada lealtad a Cortés, fue acusado de idolatría y ahorcado en 1527.

En este contexto de reajustes en todos los ámbitos de la provincia, los tlaxcaltecas respondieron a la llamada de ayuda de Alvarado y del virrey Mendoza. Es inevitable relacionar la necesidad de los principales tlaxcaltecas de consolidar su incorporación a la Monarquía y reafirmar su fidelidad a la Corona con la realización de este servicio. Dos factores característicos de este conflicto pudieron incentivar su participación: primero, el imaginario de alteridad sobre los chichimecas que, como ya hemos indicado, era vigente desde época prehispánica entre los pueblos náhuatl; segundo, el hecho de que el virrey expusiera la revuelta chichimeca como un conflicto fronterizo pero con fuertes connotaciones religiosas, ya que, por un lado, las expediciones al Norte que él mismo había fomentado habían respondido a la búsqueda del mítico reino de Cíbola[13], y, por otro, la revuelta había sido promovida con los mensajes

---

[11] Todas estas categorías sociales pueden englobarse en el grupo de los *macehuales*, gente del común, identificados con los pecheros castellanos por su obligación tributaria, pero en un nivel social cercano a la nobleza, bien por sus relaciones familiares (caso de los *teixhuiuh*), bien por su capacidad económica (*macehualli achi huel pactica* significa «macehuales un poco más ricos»).

[12] Fragmento de la leyenda de la lámina 10; MUÑOZ CAMARGO, 2000.

[13] Leyendas populares españolas narraban que tras la incursión musulmana en la Península, con el fin de proteger valiosas reliquias, los siete obispos de Mérida habían escapado hacia tierras lejanas y deconocidas. Allí habían fundado el Reino de Cíbola y construido cada uno de ellos una ciudad aurea. El descubrimiento de América revivió la expectativa de recuperar tan magníficos lugares. Si bien no se encontró ni el oro ni las reliquias anunciadas, la expedición de Vázquez de Coronado llegó hasta Sinaloa y descubrió una maravilla natural: el Gran Cañón del Colorado.

milenaristas de los hechiceros indios. Éstos habían anunciado el inminente retorno de los dioses antiguos y con ellos una edad de oro que significaría la expulsión de los españoles. La filiación entre la salvación y el rechazo de las pautas europeas conllevó la proclama de la recuperación de los usos y costumbres tradicionales, acompañada de un claro llamamiento a la violencia[14]. Frente al categórico rechazo del modelo hispánico de los chichimecas, los tlaxcaltecas (junto a otros «indios amigos») lo defendieron, haciendo un acto de militancia que superaba las habituales exaltaciones religiosas del ámbito local.

Por otra parte, la colaboración con Alvarado y el virrey no hacía más que dar continuidad a su ya amplia trayectoria como tropas auxiliares de los españoles. Retomando la obra de Muñoz Camargo, es significativo que la mayoría de sus ilustraciones (cronológicamente desordenadas) estén dedicadas a mostrar estas expediciones de conquista, desde la «guerra de Cholula», junto a Cortés, hasta la (hipotética) entrada en Cíbola, junto a Vázquez de Coronado, bajo el epígrafe «que en todo se hallaron los tlaxcaltecas en servicio de su Majestad y Real Corona de Castilla»[15]. Cada lámina divide el campo de batalla en dos mitades antagónicas: a la derecha los «indios de guerra», identificados por el glifo del lugar, y a la izquierda los capitanes tlaxcaltecas, a modo de retrato, junto a los conquistadores españoles. Éstos son representados siempre a caballo, con armadura (por ejemplo, Alvarado) o con vestidos de Castilla (como es el caso claro del virrey Mendoza), mientras que los tlaxcaltecas aparecen ataviados con el *ichahuipilli* (traje de guerra confeccionado con algodón), identificados con el penacho (*pantecatl*) y el escudo (*chimalli*) y, en algunos casos, diferenciados con la diadema bicolor característica de los *tlatoques*. Entre las láminas que remiten a los enfrentamientos en la frontera Norte, como las conquistas de Tonalá y Jalisco o la guerra de Juchipila, nos interesa detenernos en la titulada «conquista de la provincia de Tototlan»[16], primera victoria del virrey Mendoza en territorio chichimeca, ya que en ella los guerreros tlaxcaltecas blanden armas europeas: las espadas sustituyen a sus habituales *macahuitl* (macanas); signo de aculturación, representación del proceso de hispanización que su participación en la Guerra de Mixtón buscaba consolidar y hacer ostensible, y que la corografía subrayará décadas después.

En 1560, el ya señalado rechazo del servicio de Tlaxcala hay que entenderlo teniendo en cuenta la primera crisis de la provincia como república de indios, que actuó como revulsivo ante la propuesta virrei-

---

[14] WACHTEL, 1973, pp. 291-293; LÁZARO ÁVILA, 1997, pp. 52-55.

[15] Lámina 156; MUÑOZ CAMARGO, 2000.

[16] Anteriormente nos hemos referido a esta provincia como Cuinao: Cuinao es el topónimo en lengua tarasca; Tototlan es su traducción en náhuatl.

nal. Las epidemias de finales de la década de 1540 se tradujeron en la descomposición de las estructuras socio-económicas, todavía asentadas en el
modelo prehispánico en la década siguiente. Éste establecía una relación
directa entre la propiedad de la tierra y el control de la mano de obra; la
reducción de ésta por la alta mortandad provocó un fuerte descenso de la
producción y, en casos extremos, el abandono completo de las parcelas.
Consecuentemente, la nobleza india perdió las bases económicas de su
autoridad social, una situación agravada por la presión ejercida por los españoles, interesados en ocupar las tierras *abandonadas* en el cultivo de la grana
y la cría de ganado y favorecidos por las políticas reales contra la proliferación de tierras baldías. La crisis tomó tintes dramáticos cuando la visita
de Vasco de Puga puso en entredicho la capacidad de administración y de
gobierno de los principales tlaxcaltecas, que fueron acusados de fraude a
la Corona y tiranía contra la población que lideraban. Por ello, a la pérdida de la recaudación del tributo real, en 1552, se sumó la abolición del tributo señorial indio y otros derechos, en 1560. No era momento de demostrar la valía para el servicio, si no de hacer valer los méritos acumulados
en las décadas pretéritas. La documentación generada por el cabildo de
Tlaxcala en la segunda mitad del siglo XVI menciona la adhesión de los tlaxcaltecas a las empresas que habían configurado los dominios americanos de
la Monarquía en las décadas precedentes. El *Lienzo de Tlaxcala* (1550-1552)
presenta las guerras de conquista en las que los tlaxcaltecas participaron
junto a los españoles[17]. Poco después, en las cartas que el cabildo de indios
envió a la Corte en 1561 y 1562 solicitando el reconocimiento de su hidalguía, Cortés, Alvarado, Nuño de Guzmán y el virrey Mendoza son citados
como sus líderes en acciones militares afamadas en ambas orillas de la
Monarquía[18]. Las provincias de Guatemala, Honduras, Jalisco, Michoacán
y Chichimecas, configuran la lista de conquistas (partiendo de la conquista de la propia Tenochtitlan) que se repiten con mayor o menor exactitud en los expedientes de méritos y servicios de los principales tlaxcaltecas[19]. La corografía de Muñoz Camargo recopila y exalta estos datos.

De este modo, la participación de Tlaxcala en la Guerra Chichimeca
se situó en su preámbulo y en su epílogo, ya que en 1591 el virrey ofreció una nueva oportunidad de servicio extraordinario a Tlaxcala[20]. Al

---

[17] Gran parte de las ilustraciones de la obra de Muñoz Camargo fueron copiadas del
lienzo que se conservó en el cabildo de la ciudad de Tlaxcala hasta el siglo XIX.

[18] DÍAZ SERRANO, en prensa.

[19] ADA, legajos 228, 2, 11; 238, 2, 28; 138, 2, 32; 238, 2, 33; 238, 2, 46; 238, 2, 57; y
238, 2, 69. AGI, Guatemala, 11, N. 2.

[20] Este episodio de la historia de Tlaxcala ha originado una amplia historiografía, de
la que destacaremos los trabajos de Andrea Martínez Baracs, Cecilia Sheridan Prieto y
Eugene Sego, además de la obra colectiva *Constructores de la nación. La migración
tlaxcalteca en el norte de la Nueva España*.

terminar la guerra, se proyectó un plan de pacificación basado en la proliferación de colonias de «indios de paz». El objetivo principal era favorecer la inserción de los indios rebeldes, ya reducidos militarmente, a las dinámicas sociales y culturales del virreinato. Mientras los religiosos los iniciaron en las virtudes del Catolicismo, los pobladores indios lo hicieron en las técnicas agrícolas y ganaderas, así como en los usos y costumbres cotidianos. En la década de 1560, en Tlaxcala pronto se oyeron voces disidentes, que subrayaron los inconvenientes de la vida en la frontera y los problemas de comunicación entre la provincia y sus colonias. Pero una segunda crisis interna del grupo de poder (esta vez desintegrado por el azar de la genealogía[21]) en esta ocasión funcionó como estímulo para realizar el servicio. De este modo, la facción de poderosos tlaxcaltecas más debilitada por estos «accidentes» políticos pudo proyectar esta empresa como la oportunidad de crear espacios de poder nuevos, liderando sin cortapisas las emergentes sociedades de las nuevas poblaciones. No sería de extrañar por tanto el entusiasmo de algunos notables tlaxcaltecas por acompañar a la caravana, como fue el caso del propio Diego Muñoz Camargo. En la distancia, la hegemonía de estos principales colonos sería indiscutible, conocidos por el resto de los colonos tlaxcaltecas, familiarizados con su persona en el retrato de la élite de la provincia, y reconocidos por la Corona a través de la concesión de la hidalguía «universal» para todos los colonos, como señores naturales, favorecidos, tanto por la falta de competidores políticos (y sociales) como por las riquezas que el suelo y el subsuelo de aquellas tierras septentrionales les ofrecían[22]. El interés del virrey por involucrar a Tlaxcala en sus planes derivó, tras una larga negociación, en la concesión de una serie de mercedes que aliviaron la carga del servicio[23]: las colonias tlaxcaltecas consiguieron los privilegios que durante décadas había reclamado la provincia tlaxcalteca.

Los «nuevos» conquistadores

Como hemos ido viendo, tanto para la guerra como para la pacificación, los españoles siguieron contando con la colaboración de diferentes comunidades indias; los náhuatl acompañaron a los españoles

---

[21] GIBSON, 1991, pp. 172-174; MARTÍNEZ BARACS, 1998, pp. 128-134 y 200.

[22] Conocemos el interés de algunos colonos en explotar los recursos minerales de estos territorios; AGN Indios, vol. 6, exp. 522, fol. 139v.

[23] La relación de los privilegios obtenidos por los colonos tlaxcaltecas en AGN, Civil, vol. 1277, fols. 43-44v. (publicado por SEMPAT ASSADOURIAN/MARTÍNEZ BARACS, 1991, pp. 532-536) y AGN, Tierras, vol. 2965, exp. 99, fols. 198-199v. (publicado por SEMPAT ASSADOURIAN/MARTÍNEZ BARACS, 1991, pp. 536-541).

hacia el Norte y simultáneamente, aunque no ha sido objeto de este trabajo, hacia el Sur, abriendo caminos hacia Guatemala. En principio el
reclutamiento para el avance hacia el Norte se llevó a cabo en virtud del
enfrentamiento ancestral entre los pueblos seminómadas y sus vecinos
sedentarios: tarascos, otomíes y otros pueblos de la provincia michoacana. Pero los conquistadores españoles contaron con un apoyo más
amplio, reclutado desde el Valle de México. Las autoridades virreinales
dieron preferencia como conquistadores y pobladores a indios procedentes de espacios ya adaptados al modelo exportado de Europa; y
muy especialmente a aquellos pueblos que desde los primeros contactos con los españoles habían mostrado su disposición para negociar y
acatar los preceptos hispánicos[24]. En cuanto a las motivaciones de
estas comunidades indias a unirse a los españoles, respondieron a múltiples intereses: económicos y políticos, principalmente, pero también
culturales y sociales, y estuvo favorecido por el uso de un lenguaje
político común entre los poderes europeos y los indios. Éste se basaba en el reconocimiento de preeminencias sociales y ventajas económicas a aquéllos que destacaban por el servicio –sobre todo militar– a
su comunidad, es decir, en obediencia al bien común. De este modo,
para los grupos de poder locales la incorporación a los planes de los
españoles significó la consolidación de su influencia en la reformada
sociedad que encabezaban, reciclando –no eliminando– las pautas
prehispánicas de prestigio[25].

Los cálculos de los cronistas y de los expedientes de méritos sin duda
recargan los recursos humanos invertidos en las conquistas; carecemos
de otras fuentes y sólo la especulación permite aproximarnos a la dimensión humana de esta movilización para la guerra. En cuestión de números ni siquiera los datos sobre las «colonias» arrojan algo de luz sobre
sus antecedentes. Un ejemplo de la lógica errática de los datos lo ofrece
la ciudad de Santiago de Guatemala: los padrones de 1575 de la nueva
ciudad señalan 111 tributarios en el barrio de San Francisco, donde los
colonos tlaxcaltecas residían junto a indios guatemaltecos y mexicas. Sin
embargo, tres factores impiden formular una hipótesis sobre cuántos de
ellos procedían del centro de México: primero, la identificación en la
documentación generada por las autoridades españolas de la ciudad
entre mexicas y tlaxcaltecas, señalados bajo el común denominador de
«mexicanos»[26]; segundo, porque es posible (sólo posible) que los tlax-

---

[24] Los últimos trabajos sobre el papel de los indios en el avance militar de los conquistadores españoles se han realizado en el ámbito americanista estadounidense. La
publicación colectiva más reciente OUDIJK/MATTHEW, 2007.

[25] GIBSON, 1991, p. 107.

[26] LUTZ, 1984, p. 118.

caltecas no formaran parte de este registro debido a la exención tributaria conseguida en 1562[27]; y, finalmente, un número indeterminado de los
conquistadores tlaxcaltecas no llegaron a asentarse en la ciudad guate-
malteca, siguiendo el cambio de rumbo septentrional de Alvarado. Los
conquistadores indios supervivientes de las guerras fronterizas tuvieron
a su vez dos opciones: regresar o continuar su servicio como colonos. Tal
fue la oportunidad que brindó el virrey Mendoza a los hombres que le
habían acompañado a la Nueva Galicia, con la fundación en 1542 de
Juchipila, poblada exclusivamente con los supervivientes de la Guerra de
Mixtón. La documentación conservada sobre los incidentes previos[28] y
posteriores a la «jornada tlaxcalteca» de 1590 nos confirma que la vida
en los nuevos asentamientos fue difícil y que se mantuvo la preferencia
por la *patria chica*[29].

Estos mismos sucesos nos ilustran sobre disensiones internas de los
grupos de decisión locales, que responden a la defensa de intereses particulares concretos. Así, si, como comentábamos antes, un grupo de
principales encontró en el servicio real una vía de acceso a ámbitos políticos y sociales vetados para ellos en Tlaxcala, hubo otra parcialidad
afectada por una medida que significaba principalmente una importante pérdida demográfica en la provincia, y, con ello, el riesgo de una
nueva desestabilización de su balanza productiva. El hecho de que uno
de los instigadores del boicot a la partida de las 400 familias fuera
Leonardo Xicotencatl, miembro de uno de los linajes más consolidados, no es anecdótico. Y junto al grupo de los propietarios de tierras,
el de los dueños de los obrajes y los prestamistas (la mayoría de ellos
definidos como españoles) desde el momento en el que en la lista de
colonos proliferaron los nombres de sus deudores. El propio apoyo a
Cortés en el ataque de Tenochtitlan supuso una división de opiniones
a favor y en contra dentro del grupo de poder tlaxcalteca de la que nos
hablan las crónicas. Sin embargo, la falta de documentación sobre
otros servicios al Rey de España dificulta esclarecer los intereses que
impulsaron la movilización de un número importante de hombres en
otras ocasiones. La movilización ante la llamada del virrey en 1541
pudo ser decidida por la conciencia de responder al *alter ego* del Rey,
ante quien los *tlatoque* tlaxcaltecas habían estado creando, pocos años

[27] LUTZ, 1984, p. 126.
[28] En el volumen 5 del ramo «Indios» del AGN, varios documentos nos guían sobre
los conflictos generados por varios indios principales en la ciudad de Tlaxcala durante las
negociaciones entre el cabildo y las autoridades virreinales en la ciudad de México. Un
resumen en SEMPAT ASSADOURIAN/MARTÍNEZ BARACS, 1991, p. 164.
[29] En 1598 una treintena de colonos regresaron a Tlaxcala, pero, a pesar del carácter
voluntario del servicio, fueron perseguidos por las autoridades municipales y devueltos
a las colonias; AHET, caja 8, 1598, exp. 5.

antes, una obligación superlativa de servicio, siempre a la espera de una correspondencia en el premio. En el caso de la anexión a Alvarado, en principio, en su avance hacia el sur, el hecho de que el adelantado hubiera establecido lazos de parentesco con la casa de Maxixcatzi, titulares de uno de los cacicazgos tlaxcaltecas, casándose con una de las hijas del *tlatoani* de Ocotelulco, seguramente favoreció la movilización de hombres, obligados más que con el conquistador español, con su señor indio. Muchos de sus compañeros de armas se casaron con indias nobles tlaxcaltecas, arrastrando consigo a los parientes y clientes de sus familias políticas.

En cuanto a la organización, sabemos que los conquistadores indios sumaban sus fuerzas a la de los españoles divididos por «naciones» e iban capitaneados por líderes locales, siguiendo la tradición prehispánica. Menos clara es la subordinación de unas «naciones» indias a otras, en razón de alianzas o afectos históricos. Asselbergs señala la alianza entre Quahquechollan y Tlaxcala contra Moctezuma, que poco después determinó su común destino hacia Guatemala[30], si bien los tlaxcaltecas siguieron los pasos de Pedro de Alvarado, mientras que los quauhquecholtecas se encomendaron a su hermano Jorge de Alvarado[31]. Esto disipa la posibilidad de considerar que los quauhquecholtecas actuaran como «indios de paz» frente a los chichimecas como aliados indirectos de los españoles, es decir, como aliados de los tlaxcaltecas. Sin embargo, éste parece que sí fue el caso de Suchimilco, quien en 1563 reclamó al Rey las mismas mercedes que habían recibido los principales tlaxcaltecas por sus servicios, en razón de haber sido sus asistentes y haber compartido trabajos y victorias, tanto en Guatemala y Honduras como en Jalisco[32]. Como hemos señalado antes, la denominación genérica de «indios» o «amigos» en las narraciones directas de los acontecimientos empaña la visión de las contribuciones particulares.

---

[30] ASSELBERGS (2004) analiza la alianza entre los quahquecholtecas y los españoles a través del *Lienzo de Quahquechollan* (Puebla) y reivindica su papel protagonista en la conquista de Guatemala. Pero la autora no sólo subraya la necesidad de incorporar a la historiografía la figura del indio conquistador como pieza determinante en el proceso de dominación española de América, sino que también intenta determinar qué significado dieron las comunidades indias a esta colaboración y qué relación tuvo con pactos previos de asistencia mutua entre comunidades indias, principalmente como estrategia de resistencia contra la dominación mexica.

[31] ASSELBERGS, 2004, n. 66. Sobre los gobiernos de los hermanos Alvarado en Guatemala, ver KRAMEN, 1994, pp. 47-84 y 101-145.

[32] AGI, Patronato, 184, R. 50.

Murcia: cabildo castellano

En la frontera: el socorro de costa

La ubicación del Reino de Murcia en el sureste peninsular lo convirtió en un territorio fronterizo expuesto durante siglos a la amenaza del Islam. La derrota nazarí de 1492 trasladó el conflicto entre los poderes cristianos y los musulmanes al Magreb, donde desde 1517 se evidenció el conflicto entre las aspiraciones expansionista del Rey Católico con el reforzado Imperio Otomano gracias a su alianza con el Reino Sa'di y el Reino de Argel; la amenaza turca alcanzó las orillas septentrionales y occidentales del Mediterráneo. Los poderes castellanos y, sobre todo, valencianos alzaron su voz hasta el emperador, absorto en los asuntos europeos. La conquista de Túnez (1535) y la expedición a Argel (1541) propiciaron un pequeño giro en la política carolina, en coincidencia con el crecimiento del dominio mediterráneo de los corsarios norteafricanos, los cuales actuaron como unidades de apoyo de la flota turca en su avance hacia Occidente. El gesto del emperador no fue suficiente y en la década de 1540 la amenaza turca conquistó los imaginarios colectivos de valencianos y castellanos, indefensos ante la desviación de los recursos materiales y humanos del Imperio hacia Italia y el Norte de Europa[33]. Las continuas alertas sobre la división de las naves berberiscas en el horizonte tuvieron además un efecto directo sobre los pobladores del litoral: vivir cerca de la costa suponía la continua exposición a los asaltos corsarios, que se traducían en el robo de ganado y cosechas y, en el peor de los casos, en el cautiverio o la muerte.

En la década de 1550 los ataques desde el Norte de África empezaron a afectar a otros territorios de la Monarquía, como Sicilia, Nápoles y Malta, y la flota otomana se fortaleció gracias a la alianza turco-francesa, irregular pero efectiva. El conjunto de la Monarquía pudo dimensionar el peligro que suponía el avance turco para su integridad territorial. Dos factores aumentaron la sensación de peligro en la Península: por un lado, la debilidad defensiva de sus costas, evidenciada ante los ataques berberiscos en el Mediterráneo, así como franceses en aguas cantábricas[34]; y, por otro, el temor al estallido de una revuelta protagonizada por los moriscos y auspiciada desde el Norte de África por los exiliados, quienes cumplirían el papel de intermediarios entre los peninsulares y sus hermanos norteafricanos[35].

---

[33] Sobre la perspectiva castellana, ver RODRÍGUEZ SALGADO, 1992, y sobre la valenciana, PARDO MOLERO, 2001.

[34] THOMPSON, 1981, p. 21.

[35] PERCEVAL, 1997; CARDAILLAC, 2004, pp. 313-355.

En efecto, en el Reino de Murcia, la línea de fortificaciones costeras se mantuvo en construcción durante gran parte de la centuria y el imaginario de alteridad que había definido a la población morisca intensificó su connotación negativa. Las torres de defensa proyectadas en la costa tenían como misión prevenir del avance de naves enemigas para propiciar la movilización de las poblaciones del interior en defensa del territorio. Aunque estuvieron obligadas a este servicio todas las poblaciones situadas a menos de 20 leguas de la costa, en el caso murciano, dada la escasa población del litoral, el peso recayó en las ciudades de Murcia y Lorca. Éstas organizaron la movilización de sus vecinos según el nivel de peligrosidad del asalto: en los casos de mayor urgencia fueron llamadas las fuerzas urbanas seleccionadas y los caballeros de cuantía debido a su mayor preparación y agilidad; un segundo aviso era respondido por las compañías de las parroquias; y, finalmente, la llamada a rebato significaba la movilización del resto de la ciudad. La amenaza prolongada conllevaba el establecimiento de un sistema de guardas, fundamental en Cartagena (ciudad portuaria del Reino de Murcia), pues reforzó las reducidas fuerzas urbanas. Todos los vecinos estaban obligados a tener armas, pasando instrucción en los alardes periódicos organizados por la ciudad[36].

La delegación de la defensa mediterránea frente al Islam a los poderes territoriales acarreó gastos extraordinarios para las haciendas municipales. La única obligación que la Corona se reservó fue la financiación de las tropas en campaña, pero los problemas de la Hacienda Real dificultaron que los pagos de estos servicios se realizaran en metálico, optando por compensaciones relacionadas con el meritaje (principalmente exención fiscal y promoción de la carrera en el servicio real). Además, la opaca situación de Cartagena, jurisdiccionalmente independiente de la ciudad de Murcia pero incapacitada para organizar su propia defensa, permitió a los poderosos murcianos recordar frecuentemente al Rey los límites territoriales de su obligación, cuyo traspaso debía ir precedida de una orden real y seguida por una merced. Intereses económicos se unían a los de carácter simbólico: muchos de los principales murcianos poseían tierras en el Campo de Cartagena y desarrollaban su actividad comercial a través de su puerto[37].

Sotos contra Riquelmes

Desde 1558 el patriciado murciano protagonizó un estallido de violencia banderiza que desestabilizó las bases sociales y políticas de la ciudad[38].

---

[36] RUIZ IBÁÑEZ, 1995, cap. III.
[37] MONTOJO MONTOJO, 1993.
[38] CONTRERAS CONTRERAS, 1992.

Desde 1556 las necesidades en metálico para hacer frente a las guerras contra el hereje y contra el infiel, en Flandes y en el Levante peninsular, fueron cubiertas por la regente Juana con una venta masiva de oficios, dignidades y rentas públicas. En Murcia la oferta real significó el reforzamiento del bando de los Sotos, quienes habían accedido a la esfera política a través de la venta de oficios de la década anterior gracias a su poder adquisitivo. De este modo, los linajes Sotos coparon el espacio de poder local, y, además, consolidaron su hegemonía socio-económica adquiriendo ejecutorias de hidalguía, mayorazgos y señoríos. La exclusión del resto de los linajes –por un lado, los relacionados con los Riquelmes, que contaban con una pequeña cuota en el cabildo, y, por otro, los que quedaron completamente marginados de los ámbitos de influencia local– reavivó viejas tensiones, las cuales habían sido evidenciadas y soterradas en múltiples ocasiones, pero nunca (ni siquiera en el conflicto comunero) llegaron a alcanzar la virulencia de las décadas centrales del siglo XVI. Sobrepasados los mecanismos de regulación y reproducción sociales el sistema de contención fue insuficiente y estalló la guerra banderiza.

El arma de ataque conectó la situación local con la guerra confesional promovida por la Corona. Convertida en eje estructural de la Monarquía Católica, la defensa de la fe se centró en la política exterior filipina y en la Península propició situaciones, como las persecuciones de los luteranos en Sevilla y Valladolid, que eran ante todo la interiorización del terror a la contaminación herética. La generalización de los Estatutos de Limpieza de Sangre, introducidos en Murcia en 1543, oficializó el argumento religioso para redefinir los límites del grupo hegemónico, encuadrado por el trinomio «dignidad social», «aptitud política» y «antigüedad de fe». De este modo, se creó un entorno socio-cultural capaz de avalar la declaración de una guerra política en la que los procesos inquisitoriales se sumaron a las más habituales acusaciones públicas y reyertas callejeras como instrumentos de desaparición del enemigo político. La recuperación de una memoria colectiva que recordaba los viejos oficios mercantiles (característicos de los judíos) de los que ocupan la mayoría de los bancos concejiles fue suficiente para lanzar sobre ellos la sombra de la sospecha. Los abuelos y padres de los linajes Sotos habían servido a la Corona con la *donación* de importantes cantidades en metálico, un servicio que se tradujo en la obtención de regidurías y juradurías. Los orígenes conversos de los Sotos quedaron al descubierto, pero las pesquisas inquisitoriales fueron más allá de los límites imaginados por sus opositores (y denunciantes): el dedo acusador se volvió contra los Riquelmes, a quienes la memoria colectiva había perpetuado como cristianos viejos, no así las pruebas. Resultado: varios autos de fe que purificaron al conjunto del grupo de poder murciano.

La destructora ingerencia de los agentes reales en los asuntos locales, a través de la irregular actuación de los inquisidores, se volvió conciliadora a partir de 1563, con la rectificación de algunas de las sentencias y la publicación de un Edicto de Gracia por la Inquisición[39]; y, en 1565, con la provisión real del «perdón y paces general» entre los «caballeros» de la ciudad de Murcia[40]. Sin embargo, las numerosas llamadas a la paz social emitidas por el cabildo desde ese momento[41] señalaron la supervivencia de los deseos de revancha y aprovechamiento por aquellos principales menos perjudicados por la situación, quienes vieron en ella la oportunidad para ascender o consolidar sus estatus sin competencias firmes. Más importante todavía, la debilidad de las paces recibidas desde el exterior puso de manifiesto la necesidad de una armonización consensuada por los grupos sociales murcianos, no impuesta por las instancias superiores. Esto supuso la formulación y aceptación de una identidad colectiva que definiera a un grupo hegemónico unido y protegido de las inferencias externas y de las divergencias internas. De este modo, la limpieza de sangre quedó soterrada (o, mejor dicho, sobreentendida) y se privilegió la posición social obtenida por el cumplimiento de determinados roles sociales, como, por ejemplo, la ocupación de espacios de poder. La identidad hidalga se impuso frente a la identidad veterocristiana.

Voces de guerra: la paz en la ciudad

El levantamiento de las Alpujarras fue la manifestación armada del conflicto entre la comunidad morisca y la cristiana en los intentos contrapuestos de conservación y erradicación, respectivamente, de las señas de identidad musulmanas en la Península Ibérica. El 1 de enero de 1567 un decreto real ordenó a todos los moriscos abandonar definitivamente sus vestidos, lengua, costumbres y usos religiosos en el plazo de un año, bajo la amenaza de multas y encarcelamientos. En los 24 meses siguientes la tensión aumentó cada vez que las negociaciones entre los dirigentes moriscos y el rey fracasaban y terminaban con la amenaza del estallido de una revuelta armada. Ésta se hizo efectiva en la Navidad de 1568, con el levantamiento simultáneo de 182 pueblos de la Alpujarra granadina y el intento de tomar la capital con la ayuda de los habitantes del Albaicín. Previamente, el grupo sublevado había elegido como rey al veinticuatro granadino Hernando de Córdoba y Valor, perteneciente a uno de los

---

[39] CONTRERAS CONTRERAS, 1992, pp. 321-323.
[40] ACM 1565, 11-11-1565.
[41] ACM 1567, 20-09-1567.

linajes descendientes de la antigua nobleza nazarí, conocido desde ese momento como Aben Humeya.

En los primeros momentos del levantamiento la atención suscitada fue realmente escasa[42]. Se minusvaloró la capacidad bélica de una minoría dedicada mayoritariamente a la agricultura y, recordémoslo, considerada por la mayoría como «pacífica». Tan sólo en las zonas donde la población morisca era muy numerosa cundió el temor a una expansión del conflicto hacia su territorio y la reacción fue inmediata. En otros casos, como Lorca, la rápida movilización respondió a la vigilancia fronteriza que la ciudad mantuvo tras la caída del vecino Reino Nazarí[43]. Murcia, con igual mentalidad fronteriza, pero más alejada geográficamente del núcleo conflictivo, tardó mucho más tiempo en apercibir y enviar a sus tropas al Reino de Granada. El 17 de enero de 1569 el cabildo ordenó la salida de la ciudad de los capitanes con sus hombres bajo las órdenes del marqués de los Vélez[44]. Posiblemente, la resolución concejil no fue tomada hasta valorar la relación entre los sucesos granadinos con lo que para ellos era un peligro mucho más próximo: la noticia de ataques musulmanes en la costa en esas mismas fechas[45]. Las formas de actuar de las dos ciudades murcianas clasifican sus primeras movilizaciones hacia Granada más como rebatos que como campañas militares.

El desarrollo de los acontecimientos, a favor de los rebeldes, llamó la atención del Rey, quien a finales de marzo de 1569 adjudicó la dirección de las operaciones a don Juan de Austria. La resistencia (e incluso avance) morisco se mantuvo gracias, en primer lugar, a la táctica de guerra de guerrillas empleada en un territorio abrupto y perfectamente conocido por ellos, y también a la acción a la vez persuasoria y hostigadora de los dirigentes rebeldes, que aumentaban el grueso de sus tropas bien asegurando contar con el apoyo del «gran turco», bien dando como opciones la guerra contra los cristianos o la muerte. Por otra parte, fue determinante la radicalización de la acción rebelde, proporcional al grado de desesperación que motivó la revuelta, avivada con los anuncios proféticos de una inminente victoria[46]. En el frente opuesto se encontraba un ejército motivado tanto por la defensa de su territorio como por la obtención de beneficios, y caracterizado «por la falta que hay de gente y

---

[42] BRAUDEL, 1993, pp. 539 ss.

[43] GUERRERO ARJONA, 2005, cap. I.

[44] ACM 1569, 17-01-1569.

[45] Durante la guerra fueron varias las ocasiones en las que la ciudad de Murcia dio preferencia a la defensa de su costa frente a la guerra granadina; ACM 1569, 31-01-1569, 12-03-1569 y 23-06-1569.

[46] Sobre las profecías moriscas y el valor de lo profético en el Islam en general, ver CARDAILLAC, 2004.

experiencia»[47], formado mayoritariamente por levas locales, encabezadas por capitanes más dados a la vida política que a la militar y financiadas por las limitadas haciendas municipales y nobiliarias del sur castellano[48]. Finalmente, la experiencia bélica de don Juan, junto a las incumplidas promesas de ayuda turca[49] y magrebí a los sublevados, permitió al ejército cristiano recuperar posiciones a partir de diciembre de 1569-enero de 1570, en lo que acabó siendo una guerra sin cuartel.

La colaboración de Murcia en la guerra hay que mirarla desde los dos lados del espejo: *Murcia en la guerra*, con el servicio en el campo de batalla de más de 600 de sus habitantes, y *la guerra en Murcia*, con el giro de una gran diversidad de intereses en torno a este excepcional acontecimiento. Entre los beneficiados por el negocio de la guerra destacan los dedicados a oficios relacionados con la fabricación del ajuar bélico: maestros de armas, silleros, alcabuceros, herreros, ballesteros, espaderos o polvoristas, no sólo por el aumento de su producción, sino por los privilegios que obtuvieron del cabildo en reconocimiento de su labor[50]. En otros sectores, las actividades de mayor peso en la economía local también gozaron de la protección de las autoridades municipales; así la producción de seda determinó el envío de gente a la guerra, en función de su demanda de mano de obra[51]. Menos suerte corrieron otras actividades que, no sólo no fueron protegidas por el concejo, sino que además se vieron perjudicadas por sus decisiones; tal fue el caso de los arrendamientos del pescado, cuyos precios habían sido gravados por un impuesto extraordinario destinado a «la paga de la gente del socorro del Reino de Granada»[52].

La relación entre la guerra y la economía local abrió el debate en torno a los moriscos residentes en la ciudad de Murcia y sus aledaños. La conveniencia o no de su expulsión se discutió en las sesiones concejiles incluso antes del fin de la guerra y del decreto real de dispersión por las tierras del interior de Castilla[53]. Entre los regidores las diferencias de opinión fueron radicales, oscilando entre la expulsión de todos los moriscos murcianos, la expulsión selectiva y la continuidad de una convivencia en la que la relación económica se había sobrepuesto al imaginario de oposición Cristiandad-Islam: los moriscos eran la mano de obra experta en la cría de los gusanos. La implicación de gran parte de los

---

[47] Aún en agosto de 1570 se advierte de la dificultad para la movilidad por «la enfermedad y pobreza general de la ciudad»; ACM 1570, 15-08-1570.

[48] THOMPSON, 1981, pp. 26 *ss*.

[49] DOMÍNGUEZ ORTIZ/VINCENT, 2003, pp. 49-50; BRAUDEL, 1997, pp. 554-582.

[50] Obtuvieron los excusados de 1569; ACM 1569, 20-01-1569.

[51] ACM 1569, 01-03-1569.

[52] AMM, Legajo 3721.

[53] ACM 1570, 20-03-1570.

poderosos murcianos en el negocio de la seda hizo ganar votos a favor de esta última propuesta: los moriscos de Murcia eran (necesariamente) «moriscos de paz».

En cuanto a la gente de guerra, es notable la policromía de la composición social de las tropas murcianas, a razón del sistema de reclutamiento ya descrito. Sin embargo, nos interesa destacar la caracterización de los capitanes. Fueron elegidos por el cabildo (con la excepción de Francisco Lisón, elegido por el propio don Juan de Austria[54]) y o bien formaban parte del grupo de poder o bien se incorporaron a éste tras la guerra. Un dato importante es que todos los capitanes con oficio concejil los habían obtenido durante la década de 1560, más en relación con la purga originada por los enfrentamientos banderizos, que con una renovación generacional. Además, muchos de sus linajes habían solicitado el reconocimiento de su hidalguía, en un proceso claro de consolidación de un espacio propio en los ámbitos de poder de la ciudad. Para ello hicieron uso de todos los elementos que el modelo hispánico puso a su alcance; la guerra sería uno más, poniendo de manifiesto su posición en el orden social: la de los bellatores. La pertenencia de muchos de ellos a la caballería de cuantía garantizaba su eficiencia militar para desempeñar desahogadamente (en realidad, de forma insuficiente) su nuevo cargo.

Una vez pasada la tensión bélica, a la que se puso fin oficialmente el 1 de noviembre de 1570, la ciudad de Murcia debía volver a su dinámica habitual. Esto no sólo implicaba recuperar la atención de sus intereses materiales, muy alterados por la movilización de recursos exigidos por la guerra, sino también y sobre todo continuar con el proceso de reconstrucción identitaria al que los sucesos de la década de 1560 les obligaba. Ahora podían hacer frente a tan ardua tarea contando con un factor más a su favor: la defensa de la identidad católica demostrada en la represión de los infieles[55]. Un servicio especialmente valioso en cuanto a su doble naturaleza: la ciudad de Murcia había colaborado tanto al mantenimiento de los intereses de la Corona en la Península, como a la defensa de la Cristiandad, amenazada por el gran poder musulmán. Las dos Majestades habían sido servidas, anteponiendo a ello los bienes y la vida. La entusiasta participación de los linajes principales en la represión de los sublevados se relacionó con el deseo y la necesidad comunes de exponer la calidad individual y dejar su impronta en los dañados linajes, basada en dos principios: la fidelidad y la hegemonía. La dimensión psicológica que alcanzó el nuevo enemigo elevó el valor del servicio: los murcianos

---

[54] ACM 1570, 07-03-1570.

[55] La relación entre el proceso de armonización en Murcia y el levantamiento morisco fue apuntada, pero no desarrollada por Jaime Contreras en su obra clásica (CONTRERAS CONTRERAS, 1992, p. 356).

no se enfrentaban ya a una amenaza localizada, como era el socorro de la costa, sino que el enemigo alcanzaba a tener unas dimensiones mucho más amplias, abarcando la paz en el conjunto de la Monarquía. La represión del levantamiento morisco ofreció a los principales murcianos la oportunidad de recomponer las dignidades golpeadas años antes; pero no sólo para los damnificados por la guerra banderiza de Sotos y Riquelmes, sino también, o quizás sobre todo, para aquéllos que en años anteriores bien no habían podido acceder al ámbito de poder, bien no habían podido consolidar su escalda social por la situación de excepcionalidad derivada de la radical ruptura del equilibrio político.

La guerra contra «el común enemigo de la Cristiandad» sirvió para certificar la valía de servicio de los poderosos murcianos ante la Corona, borrando las huellas de la herejía y la corrupción. Pero a la vez puso en marcha mecanismos de unión, de reconciliación, entre linajes pocos años antes enfrentados a muerte. La convivencia durante la contienda ató lazos de apoyo y afecto que poco después fructificarían en matrimonios que disolvieron los límites entre los linajes y aseguraron una futura estrategia conjunta como grupo social hegemónico. El reto de los poderosos murcianos era el de imponer un nuevo imaginario colectivo cuyos ejes fueran el buen gobierno y la solidaridad de grupo, frente a los intereses individuales y la solidaridad de clan imperantes en épocas pretéritas[56]. Sobre estos nuevos fundamentos podrían erigir el poder político y la dignidad social que les correspondían de forma natural, dando preferencia a su condición hidalga, ya que al definirse como nobles difuminaban las taras de la limpieza de sangre, pudiendo asentar esta nueva identidad colectiva a través de las ejecutorias de hidalguía, nuevas o solicitadas a la Chancillería de Granada en los primeros años de la década de 1560[57].

Conclusión

La represión de los rebeldes por parte de las fuerzas no profesionales de las ciudades de Tlaxcala en la frontera chichimeca, entre 1540 y 1541, y de Murcia en las Alpujarras, entre 1569 y 1571, ilustra la relación de los poderes territoriales de la Monarquía tanto con la Corona como con el conjunto de la población que lideraban. En ambas ciudades la movilización militar, organizada desde los respectivos cabildos, significó la con-

---

[56] OWENS, 1980, pp. 252-253.
[57] Junto a Domingo Centenero, hemos esbozado la complejidad de este proceso a lo largo de los siglos XVI y XVII en la comunicación presentada en el Congreso Internacional «Las elites de la Edad Moderna: la Monarquía española» (Córdoba, 2006), de próxima publicación.

solidación de los espacios de poder locales y la confirmación de los poderosos como intermediarios entre la Corona y sus súbditos. En el caso de Tlaxcala, los nuevos soldados, y luego pobladores, demostraron con su participación en la Guerra del Mixtón su inserción en la Monarquía, después de un largo proceso de hispanización que afectó a todos los ámbitos de la sociedad tlaxcalteca. En el caso de Murcia, la represión del levantamiento morisco permitió mostrar una identidad colectiva irrefutablemente católica, que despejaba las dudas sobre su fidelidad como «esposa del rey». Los grupos de poder territoriales aprovecharon las llamadas de auxilio de la Corona para reconstruir un imaginario de liderazgo alterado por sucesos acaecidos al interior de sus repúblicas. Tlaxcaltecas y murcianos padecían la conmoción de haber vivido la descomposición de su orden social, tras la reprobación de los que hasta el momento habían actuado como sus cabezas y representantes, determinando cada uno de los aspectos ordinarios y extraordinarios de la comunidad.

La congratulación de los *tlatoque* con los agentes del nuevo poder soberano, primero los conquistadores y luego los religiosos, posiblemente no contó con la aprobación del conjunto de la república. Conscientes del peligro que suponía para la estabilidad de la provincia el malestar acumulado por los procesos de cambio desarrollados tras la alianza con los españoles, los principales indios optaron por mostrarse como los líderes naturales ante el resto de la población guiándoles hacia la guerra y evidenciando sus aptitudes militares, piedra angular del prestigio social en el mundo náhuatl. La coincidencia simbólica del servicio militar entre el modelo prehispánico y el modelo europeo favoreció los intereses de este grupo de poder, que compartió las victorias de las guerras de conquista tanto con su comunidad como con las autoridades españolas. En Murcia la desconfianza contra los poderosos creció proporcionalmente a como lo hizo la incredulidad: los hombres que durante décadas habían defendido la república cristiana con sus atribuciones concejiles abjuraban del Mesías en secreto, sin levantar la sospecha de sus vecinos. Las ejecuciones públicas expusieron no sólo a los condenados, sino a sus parientes y clientes, que perdieron en cuestión de días la dignidad acumulada durante años. Tan sólo la demostración de la virtud podría disipar el escándalo y la guerra ofreció los escenarios donde interpretar los papeles sociales que les correspondían de forma natural: los de veladores y defensores del bien común. Precisamente la capacidad que tuvieron los poderosos para organizar la movilización de sus hombres, a pesar de las complicadas situaciones vividas en sus ámbitos de influencia poco antes, muestra la fuerza de las «redes de simpatía» establecidas entre los grupos hegemónicos y el resto de vecinos de la república. Como una cadena de solidaridad, el común manifestaba su lealtad y desarrollaba su servicio a la Corona a través de la obediencia a sus líderes políticos, circunstancialmente convertidos en líderes militares[58]; si bien esta obediencia fue irregular, siendo habituales los casos de deserciones (documentadas en los murcianos, presupuestas por experiencias posteriores, como hemos visto, en los tlaxcaltecas).

Por supuesto, los intereses que movieron a los hombres hacia la guerra no sólo fueron simbólicos y abstractos; poner en riesgo los bienes y la vida a cambio de mérito y prestigio tenía como escollo el depender de la aquiescencia de sus distribuidores, que solían ser generosos, pero siempre selectivos. Por ello, los intereses materiales fueron un aliciente más generalizado. Dada la pobreza de los contrincantes, el mejor botín fueron los esclavos, es decir, los propios enemigos convertidos en mercancía. En Murcia la contribución a la guerra se reguló en función de la dinámica de sus actividades económicas, mientras que en Tlaxcala las consecuencias demográficas de las guerras de conquista tal vez tuvieron un efecto más retardado y difuminado, pero dramático, al final de la década de 1540, cuando las pérdidas por las epidemias se sumaron a las de los campos de batalla, dando lugar a una irreversible crisis demográfica en la provincia.

Conjugación de intereses materiales e intereses inmateriales, hubo una motivación específica por parte de los poderes locales para movilizar a su población hacia la guerra: subrayar los intereses colectivos en defensa de un modelo político, social y económico, y de unos fundamentos culturales, que se pretendían universales, contra los cuales los rebeldes –moriscos o chichimecas– habían arremetido violentamente, amenazando no sólo la dominación hispánica sino el orden natural y atacando el plan (perfecto) del Creador (lo que significaba ir contra Él mismo)[59]. El hecho de que los rebeldes formaran parte de este orden natural como súbditos del Rey Católico –los moriscos desde 1501, los chichimecas desde 1530– revertía las ideas de «enemigo interno» que habían sobrevolado sobre tlaxcaltecas y murcianos ante la actuación de sus poderosos, traidores a las tradiciones prehispánicas, los primeros y traidores a las Dos Majestades los segundos. El resultado, deseado aunque eventualmente logrado, fue el fortalecimiento del amor político en las repúblicas, ya que el reestablecimiento y la consolidación de los grupos de poder naturales aseguraron el buen gobierno y con él la salvaguarda de los intereses colectivos. Éstos fueron definidos en los años siguientes en torno a las cambiantes exigencias de la Corona, siempre circunscritas a la fidelidad a la Doble Majestad y al cumplimiento de los preceptos católicos.

---

[58] RUIZ IBÁÑEZ, 1997, pp. 61-62.
[59] HESPANHA, 1994-1995, pp. 66-67; RUIZ IBÁÑEZ, 2008, pp. 720-721.

Abreviaturas utilizadas

ACM: Actas Capitulares de Murcia.
ACT: Actas Capitulares de Tlaxcala.
ADA: Archivo Ducal de Alba.
AGI: Archivo General de Indias.
AGN: Archivo General de la Nación, México.
AHET: Archivo Histórico del Estado de Tlaxcala.
AMM: Archivo Municipal de Murcia.

Bibliografía

ALVARADO, Pedro de, *Relación hecha por Pedro de Alvarado a Hernando Cortés en que refieren las guerras y batallas para pacificar las provincias del antiguo reino de Guatemala*, México, FCE, 1954.

ASSELBERGS, Florine G. L., *Conquered conquistadors. The Lienzo de Quauhquechollan. A Nahuatl Vision of the Conquest of Guatemala*, Leiden, CNWS publications, 2004.

BENAVENTE, Toribio de, *Historia de los Indios de Nueva España*, ed. de Claudio Esteva Fabregat, Madrid, Dastin, 2001.

BRAUDEL, Fernand, *El Mediterráneo y el mundo mediterráneo en tiempos de Felipe II*, Madrid, FCE, 1993, 2 vols. (1ª ed. en francés, 1949).

CARDAILLAC, Louis, *Moriscos y cristianos. Un enfrentamiento polémico. 1492-1640*, México, FCE, 2004 (1ª ed. en francés, 1977).

CENTENERO DE ARCE, Domingo y DÍAZ SERRANO, Ana, «La reconstrucción de una identidad hidalga: los caballeros de cuantía de la ciudad de Murcia durante los siglos XVI y XVII», Actas del Congreso Internacional *Las élites en la Edad Moderna: la Monarquía española* (en prensa).

CONTRERAS CONTRERAS, Jaime, *Sotos contra Riquelmes*, Madrid, Anaya & M. Muchnik, 1992.

DÍAZ SERRANO, Ana, «República de indios en los Reinos de Castilla. Re-presentación de las periferias americanas en el siglo XVI», Sabatini, Gaetano (ed.), *Comprendere le monarchie iberiche*, Roma, 2009.

DOMÍNGUEZ ORTIZ, Antonio y VINCENT, Bernard, *Historia de los moriscos. Vida y tragedia de una minoría*, Madrid, Alianza Editorial, 2003.

GIBSON, Charles, *Tlaxcala en el siglo XVI*, México, FCE, 1991 (1ª ed. en inglés, 1952).

GUERRERO ARJONA, Melchor, *Lorca, de ciudad de frontera a ciudad moderna: transformaciones políticas, sociales y económicas (1550-1598)*, Murcia, Academia Alfonso X el Sabio, 2005.

HESPANHA, Antonio Manuel, «Las categorías de lo político y de lo jurídico en la época moderna», *Ius Fugit. Revista Interdisciplinar de Estudios Histórico-jurídicos*, nos 3-4, 1994-1995, pp. 63-100.

KRAMEN, Wendy, *Encomienda Politics in Early Colonial Guatemala, 1524-1544. Dividing the Spoils*, Boulder, Westview Press, 1994.

LÁZARO ÁVILA, Carlos, *Las fronteras de América y los «Flandes Indianos»*, Madrid, CSIC, 1997.

LUTZ, Christopher H., *Historia sociodemográfica de Santiago de Guatemala, 1541-1773*, Guatemala, CIRMA, 1984.

MARTÍNEZ BARACS, Andrea, *El gobierno indio de la Tlaxcala colonial, 1521-1700*, Tesis doctoral inédita, El Colegio de México, 1998.

MONTOJO MONTOJO, Vicente, *El Siglo de Oro en Cartagena (1480-1640). Evolución económica y social de una ciudad portuaria del Sureste español y su comarca*, Murcia, Universidad de Murcia, 1993.

MUÑOZ CAMARGO, Diego, *Descripción de la ciudad y provincia de Tlaxcala*, ed. de René Acuña, San Luis Potosí, El Colegio de San Luis, 2000.

OUDIJK, Michel y MATTHEW, Laura (eds.), *Indian Conquistadors: Indigenous Allies in the Conquest of Mesoamerica*, Norman, University of Oklahoma Press, 2007.

OWENS, John B., *Rebelión, monarquía y oligarquía murciana en la época de Carlos V*, Murcia, Universidad de Murcia, 1980.

PARDO MOLERO, Juan Francisco, *La defensa del imperio: Carlos V, Valencia y el Mediterráneo*, Madrid, Sociedad Estatal para la Conmemoración de los Centenarios de Felipe II y Carlos V, 2001.

PERCEVAL, José María, *Todos son uno. Arquetipos, xenofobia y racismo: la imagen del morisco en la Monarquía española durante los siglos XVI y XVII*, Almería, Instituto de Estudios Almerienses, 1997.

POWELL, Philip W., *La guerra chichimeca (1550-1600)*, trad. Juan José Utrilla, México, FCE, 1977.

— *Capitán mestizo: Miguel Caldera y la frontera norteña: la pacificación de los chichimecas (1548-1597)*, México, FCE, 1997 (1ª ed. en inglés, 1977).

RIVERA VILLANUEVA, Antonio (ed.), *Los tlaxcaltecas: los pobladores de San Luis Potosí*, San Luis Potosí, El Colegio de San Luis, 1999.

RODRÍGUEZ SALGADO, María José, *Un Imperio en transición. Carlos V, Felipe II y su mundo, 1551-1559*, Barcelona, Crítica, 1992.

RUIZ IBÁÑEZ, José Javier, *Las dos caras de Jano. Monarquía, ciudad e individuo. Murcia, 1588-1648*, Murcia, Universidad de Murcia, 1995.

— «Monarquía, guerra e individuo en la década de 1590: el socorro de Lier de 1595», *Hispania*, LVII/1, n° 195, 1997, pp. 37-62.

— «Corsarios de la tierra. La guerra irregular en el Norte de Francia a finales del siglo XVI», *Homenaje a Don Antonio Domínguez Ortiz*, Granada, Universidad de Granada, 2008, pp. 700-721.

SEMPAT ASSADOURIAN, Carlos y MARTÍNEZ BARACS, Andrea (comps.), *Tlaxcala, textos de su historia. Siglo XVI*, vol. 6, México, CONACULTA, 1991.

— *Tlaxcala, una historia compartida. Siglo XVI*, vol. 9, México, CONACULTA, 1991.

THOMPSON, I. A. A., *Guerra y decadencia. Gobierno y administración en la España de los Austrias, 1560-1620*, Barcelona, Crítica, 1981.

WATCHEL, Natal, *Los vencidos. Los indios del Perú frente a la conquista española. 1530-1570*, Madrid, Alianza, 1977.

XIV. SOLDADOS ARMADOS, COMUNIDADES ARMADAS: LOS PRESIDIOS ESPAÑOLES DE TOSCANA EN LOS SIGLOS XVI Y XVII

Simone Martinelli
Università di Roma La Sapienza

Las milicias profesionales: una tradición que se perpetúa

Según la «teoría del dominó»[1], la estrategia militar impone la atención sobre cada una de las posiciones militares, pues la pérdida de una sola de éstas puede conllevar una serie de desastres en cadena que conduzcan al derrumbe completo, así como «l'inattesa, eroica resistenza di una località d'importanza modesta» puede salvar «la vita e la libertà di tutto un paese»[2]. Sin alterar las prioridades estratégicas, que priman la vigilancia de los frentes principales de conflicto, era preciso salvaguardar también los objetivos secundarios, sobre todo valorizando la función defensiva u ofensiva de las posiciones que están aparentemente aisladas. A esta doble función respondían los Presidios Españoles de Toscana, que bajo Felipe II y según expresión de Braudel inauguraban «la terza età dei presìdi»[3] militares, tras la experiencia norteafricana de Fernando el Católico y Carlos V. Una edad prudente, razonada, que se inscribía en los delicados equilibrios diplomáticos, colocándose tanto entre la historia y la cultura de la comunidad local como entre los juegos de poder de los Estados, grandes y pequeños, que se confrontaban en el espacio europeo.

En 1557, sobre la costa del Alto Tirreno, se constituyeron los Presidios de Toscana. Con los tratados de Londres[4] y Florencia[5], 29 de mayo y 3 de julio respectivamente, se terminó por definir la función y los límites de esta estrecha franja costera situada entre el promontorio de Argentario y Piombino –estratégicamente integrada en el complejo sistema de defensa que englobaba todo el Mediterráneo Occidental destinado a frenar las incursiones de los corsarios berberiscos– que incluía los

---

[1] KOENIGSBERGER, 1994, p. XIII.
[2] RODRÍGUEZ SALGADO, 1994, p. 228.
[3] BRAUDEL, 1986, p. 908.
[4] AGS Patronato Real (cortes de Castilla), 3851, caja 45, doc. 52.
[5] AGS Patronato Real (cortes de Castilla), 3852, caja 46, doc. 38; Nápoles, 1066/153.

Presidios de Piombino, Orbetello y Porto Ercole. Los tratados ponían fin a un lustro de conflicto –la guerra de Siena[6]–, que había visto enfrentarse a las tropas francesas, aliadas de los sieneses, con los ejércitos imperiales, sostenidos por Cosme I, duque de Florencia, y que había redibujado el mapa geopolítico de una zona neurálgica para los intereses estratégicos de Francia y España. El primer tratado obligaba al duque a la restitución del Estado de Piombino (concedido en 1553 por Carlos V) a Jacopo VI Appiani, salvo Porto Ferrajo al norte de la isla de Elba, y reservaba al rey de España el derecho a fortificar la propia isla y colocar guarniciones españolas en los castillos, la fortaleza y ciudad de Piombino. Sin embargo, el segundo redefinía las pretensiones ducales, al asignarle el Estado de Siena, pero privándole de Porto Ercole, Orbetello, Talamone, Porto Santo Stefano y de Monte Argentario, que pasaban a manos españolas[7].

Los Presidios de Toscana, al pertenecer a la Corona española, dependían del gobierno del virrey de Nápoles. Así pues, estaban bajo control y dirección de ese gobierno los asuntos judiciales, financieros, administrativos y militares. Los gastos de las tropas de los Presidios eran financiados gracias a las letras de cambio que se situaban sobre el reino partenopeo[8].

Inicialmente la guarnición estaba constituida de tres compañías, una por cada Presidio. En la víspera de Lepanto, en agosto de 1571, algunas galeras comandadas por don Juan de Austria incrementaron en dos compañías el contingente permanente. Las compañías se distribuyeron de la siguiente forma: dos en Piombino, dos en Orbetello y una en Porto Ercole, bajo el mando de tres gobernadores asignados cada uno a un presidio. Donde había dos compañías, una estaba bajo el mando del gobernador y la otra de un capitán bajo su autoridad; en Porto Ercole la única compañía estaba bajo el mando directo del gobernador[9]. El número de soldados por compañía oscilaba entre 200 y 250; siendo también variable el número de oficiales y suboficiales, generalmente un alférez, un sargento, dos o tres artilleros, un capellán, un cirujano, un *furriel* (encargado de los bastimentos), un *abanderado*, a veces un pífano y uno o más tambores; a ellos se añadían entre cinco y siete cabos de escuadra, generalmente arcabuceros aventajados. El cuerpo de la compañía lo forma-

---

[6] Sobre la guerra de Siena, v. CANTAGALLI, 1980, pp. 9-22; LOSI, 1997; TOGNARINI, 1980, pp. 23-34.

[7] Un análisis particularmente detallado sobre los Presidios de Toscana en el ámbito de la estrategia mediterránea de Felipe II, su constitución y organización en MARTINELLI, 2006a, pp. 162-178; sobre una visión de conjunto de la historia de los presidios de Toscana, v. FANCIULLI, 1999.

[8] Sobre la financiación de los Presidios de Toscana, v. MARTINELLI, 2007a, pp. 65-105.

[9] ASNSM, Presìdi di Toscana, 3.

ban arcabuceros y/o *coseletes*, siendo más rara la presencia de piqueros sin armadura (*de picca sola*)[10].

Los soldados procedían del reino de Nápoles, aunque de naciones diferentes. La infantería del Rey Católico se componía de tropas procedentes de Alemania, Italia y España, más algunos mercenarios levantados generalmente en tiempo de guerra. Los tercios viejos originarios de las guarniciones de Sicilia, Nápoles y Cerdeña constituían una verdadera fuerza *de choque*, a la que se podía unir tropas auxiliares[11]. Las cédulas de pago atestiguan que la mayor parte de las guarniciones de los presidios eran de origen español. En efecto, el sistema de movilización militar aconsejaba que el servicio se realizara en un territorio diferente de donde las unidades habían sido reclutadas; en este caso eran tropas procedentes del reino de Nápoles pero reclutadas en España. Se trataba sobre todo de andaluces y castellanos, figurando también portugueses, sardos, menorquines, corsos, alemanes e incluso soldados procedentes de Orbetello y Piombino[12]. Las tres compañías bajo el mando directo de los tres gobernadores se componían exclusivamente de españoles pertenecientes al tercio de Nápoles, mientras que las dos de los capitanes eran mayoritariamente de españoles, pero se completaban con levas locales realizadas en situación de emergencia. La presencia de portugueses en 1588 se circunscribe a los arcabuceros y obedece posiblemente a la incorporación de Portugal a España en 1580. Entre los oficiales de artillería había una significativa presencia de alemanes y flamencos, que poseían una larga tradición militar. A principios de la década de 1560 Felipe II ordenó que se enviaran cien soldados directamente desde el *tercio de Flandes* al presidio de Orbetello, reducido en ese momento a sólo 150 hombres[13]. El 8 de agosto de 1572, el virrey cardenal Granvela informaba al soberano que había dado orden de enviar cien escudos a Roma para reclutar cincuenta soldados españoles con los que reforzar los Presidios. Esto confirma cómo, en estas guarniciones, convergían tropas de toda la Monarquía Hispánica.

---

[10] ASN Dipendenze della Sommaria, 16/7; 17/7; ASNSM, Presìdi di Toscana, 3. Sobre la organización militar y los gastos de los Presidios de Toscana en la segunda mitad del siglo XVI, v. MARTINELLI, 2007b, pp. 469-506; y sobre el arsenal y el reparto de municiones, v. MARTINELLI, 2006b, pp. 89-108.

[11] ALEGRE PEYRÓN, 2000, p. 14.

[12] ASN Dipendenze della Sommaria, 16/7.

[13] AGS E. Nápoles, 1053/158. En 1568, el duque de Alba, intentando combatir las deserciones entre sus tropas de Flandes, solicitó al veedor de los Presidios de Toscana, a los virreyes de Nápoles y Sicilia y al gobernador de Milán que no admitieran soldados en sus tropas que no tuvieran la pertinente licencia. AGS E. Milán y Saboya, 1223/260, p. 261. El veedor era responsable de la contabilidad administrativa de los Presidios y se encargaba de la gestión administrativa y financiera de los trabajos en fortificaciones y de la gestión de los soldados: registro, pagas, licencias, permisos, además de la provisión de armas y municiones; MARTINELLI, 2006a, pp. 162-178.

En definitiva, la realidad de los Presidios de Toscana, aparentemente incoherente respecto a las transformaciones que se estaban dando a escala europea, con la formación de grandes Monarquías más centralizadas, se inscribe dentre de una «tradición» presidial española que, aunque vista inicialmente con un justificable excepticismo por Felipe II, emergió fuerte, en un contexto completamente nuevo. Como en las fortalezas de África, durante el reinado de Fernando el Católico y Carlos V, se encuentra una presencia militar casi exclusivamente profesionales[14]. Las conquistas de Melilla, Mazalquivir, Peñon de Vélez, Orán, Bugía, Argel y Trípoli, que abarcaron un arco temporal comprendido entre 1497 y 1510, así como su consecuente defensa, impusieron una presencia estable de tropas profesionales y una administración adecuada para las fortificaciones. Naturalmente, los primeros contingentes que componían las guarniciones procedían de las propias tropas que habían participado en la conquista: tropas medievales (movilizadas sobre todo por la nobleza andaluza), retazos del ejército medieval, del que heredaban el componente de guerra ideológica y de conflicto de frontera mantenido hasta la conquista de Granada (éste es el caso de la conquista de Melilla en 1497 por el duque de Medina Sidonia y sus 3.000 peones); mesnadas municipales (también una herencia medieval), presentes en la toma de Mazalquivir (1505), procedentes de Málaga, Jaen, Sevilla; así como galeotes puestos a disposición por los ayuntameintos de Cádiz, Puerto Santa María y Palos. No faltaban, entre los soldados, algunos presos por delitos menores o por deudas, como en el caso de la presa de Orán en 1509, ni tampoco de las mesnadas del arzobispo de Toledo y regente del reino. Sin embargo, fueron esencialmente las fuerzas profesionales las que se encargaron de la guardia permanente de los presidios. La defensa de Mazalquivir se asignó a soldados regulares procedentes de Nápoles, en Orán convergieron, vía Málaga, seis coronelías, algunas tropas mercenarias y soldados de las órdenes de Santiago, Calatrava y Montesa; en Bugía llegó a haber cerca de 2.000 soldados (entre ellos 150 elementos del duque de Alba); la guarnición de Trípoli, bajo el mando, en 1513, de don Hugo de Moncada, virrey de Sicilia, era principalmente española, más algunos italianos (sobre todo sicilianos). En definitiva, se encuentran similitudes y analogías en las formas de organización y reclutamiento de las fuerzas defensivas encargadas, dentro de la estrategia imperial, de la protección del Mediterráneo Occidental.

No obstante, el contexto padecía una crónica dependencia –financiera y militar– de los recursos enviados desde España y fue incapaz de

---

[14] Sobre los presidios españoles, además del clásico de BRAUDEL, 1928, pp. 185-233, 351-410, v. GARCÍA-ARENAL/DE BUNES, 1992; y el detallado trabajo de GUTIÉRREZ CRUZ, 1997.

desarrollar de forma duradera relaciones estables con las comunidades musulmanas autóctonas; algo que sucedía de forma inversa en los Presidios Toscanos, donde el contexto cultural y geográfico podía permitir una capacidad autónoma de financiación, equipamiento y facilitar el proceso de integración con la comunidad local.

Las milicias de los Appiani y las levas locales

Entre las claúsulas del tratado de Londres de 29 de mayo de 1557, con el cual Jacobo VI Appiani recuperaba el Estado de Piombino, se incluye:

> Y por que el dicho señor de Pomblin y sus successores en el dicho estado lo tengan, posean, y gozen seguramente, yo [Felipe II] me obligo y prometo por mi y por mis herederos y successores Reyes de españa de los tener de baxo de nuestra protection y amparo y de los defender a el y a ellos de todas las personas de qualquier qualidad y grado que sean, que los quisieren offender o molestar perturbandolos en su possession.
>
> Item con que el dicho señor de Pomblin y sus successores en el dicho estado sean reciprocamente obligados a servir y ayudar a nos y a los nuestros quanto en si fuere contra todas las personas del mundo sin excepcion alguna de qualidades, ni grados como arriba esta dicho.

En efecto, las tropas presidiales españolas quedaban desplazadas sobre todo a Piombino y Scarlino, dejando parcialmente desprotegidas las localidades limítrofes de la costa como Populonia, Suvereto, Buriano y, en particular, la isla de Elba con las comunidades de Rio, Capoliveri y Marciana, expuestas a las incursiones turco-berberiscas. Aunque se reforzaron los contingentes militares de Piombino en la víspera de Lepanto, con la llegada de una segunda compañía española, persistió la necesidad de garantizar la defensa de la costa (sin un coste añadido a cargo de las finanzas napolitanas). Por ello, que se buscó mantener en pie los residuos de la guardia señorial de matriz feudal (que se reconocía en aquella oligarquía de Piombino que había emergido entre el vacío de poder de los Appiani y la injerencia española), a veces integrada por elementos mercenarios y financiada por las contribuciones de las comunidades locales. Se trató de un contingente de cerca de 600 infantes[15] (aunque las afirmaciones del gobernador de Piombino sobre la precariedad de las defensas hacen dudar sobre la realidad de esta afirmación), organizados en dos milicias que estaban bajo el gobierno de dos capitanes: una milicia de Terra Ferma y una milicia de Elba[16].

---

[15] AGS E. Estados Pequeños de Italia, 1476/23.
[16] AGS E. Nápoles, 1091/172.

En este caso no es sin sentido hablar de tropas bajo el control indirecto del presidio español; lo confirma la nominación, en 1604, de Giovanni Baldetti da Capoliveri como sargento de la milicia de Elba, con patente del virrey conde de Benavente y del gobernador de Piombino Pedro Pasquier[17]. A las milicias se sumaban algunos guardianes asignados a puntos y fortificaciones estratégicos: estaban presentes en las torres y fortalezas de Palmaiola, Cerboli, la Vecchia, Porto Baratti, Suvereto, Giovo y de la Piaggia (cuyos gastos corrían a cargo de la comunidad del lugar), y se sumaban a los castellanos españoles de las fortalezas de Scarlino, del Mare y de la Porta de Piombino[18]. En una relación enviada el 4 de noviembre de 1589, Felice d'Aragona, el gobernador de Piombino, ilustra la situación de las fortalezas peninsulares y de Elba[19]. Populonia, Suvereto y Buriano estaban guarnecidas de sólo un castellano y dos soldados (por lo cual era necesario reforzarlas con soldados españoles); la torre de Porto Baratti contaba con un castellano y tres soldados; en las de Cerboli y Palmaiola había dos castellanos y algunos soldados, pero era necesario también enviar españoles a la torre de la Troya y a la torre Nuova; la fortaleza de Giovo era defendida por un castellano y ocho soldados y la torre de la Playa disponía de tres soldados (aunque como los soldados escaseaban también debían intervenir ahí los españoles). Las plantillas no eran ciertamente suficientes para presidiar todas las guarniciones, pero daban su aportación a la defensa costera, integrándose con las tropas profesionales españolas.

A la aportación de las huestes nobiliarias, con las dos milicias de Terra Ferma y Elba, se añadía la realización esporádica de levas locales para complementar las unidades regulares, crónicamente bajas de efectivos. En los Presidios se realizaban en ocasiones levas mediante la movilización de vecinos asignandos, probablemente *pro tempore*, a una de las cinco compañías (sobre todo a las que dependían de los capitanes), en espera de la llegada de nuevos soldados procedentes de Nápoles que completaran las plazas vacantes. En 1588 entre los soldados españoles se encontraban tres hombres procedentes de Piombino, seis de Orbetello (de los cuales uno de Talamone), dos florentinos, un sienés, y un pisano[20]. Una contribución poco significativa, pero vale la pena señalarla, ya que cuestiona la rígida organización nacional de la infantería española. Una flexibilidad parecida se encuentra en la asignación de las guardias de

---

[17] ACP Fondo Cardarelli, 35, fol. 108.

[18] MARTINELLI, 2007b, pp. 469-506. Sobre las estructuras presidiales toscanas (torres y fortalezas, además de almacenes, cisternas y alojamientos) y los gastos por las mismas, v. MARTINELLI, 2005, pp. 375-426.

[19] AGS E. Nápoles, 1091/151.

[20] ASN Dipendenze della Sommaria, 16/7.

las torres que presuponía soldados veteranos con título de cabo, nombrado por un año y de nacionalidad española[21]. Sin embargo, el 28 de abril de 1571, el veedor de los Presidios, Pedro de Mata, sugirió que, para la guardia de las torres, se enrolaran italianos autóctonos (20 para Porto Ercole y 30 para Orbetello), vista la escasez de soldados regulares españoles[22]. A fin de cuentas, no era pensable poder presidiar debidamente 17 torres, distribuidas entre Orbetello, Porto Ercole y el promontorio de Argentario, con tres soldados cada una, y recurriendo exclusivamente a las compañías de infantería española. En adelante, el abastecimiento y la guardia de las torres se dejaron en manos privadas, con el objetivo de contener los excesivos gastos y concentrar las tropas españolas sólo en las fortalezas más importantes[23].

Estos exiguos contingentes locales en las compañías españolas pueden, en parte, ser considerados dentro del marco más amplio que supuso el impacto de estas últimas en las comunidades locales. En efecto, hay que tener en cuenta que se trató de la concentración de dos compañías de 200 infantes sobre poblaciones reducidas: Piombino, en 1589, no superaba los 500 fuegos, entre 2.000-2.500 habitantes[24], mientras que Orbetello, en 1571, contaba con 400 fuegos, entre 1.600-2.000 habitantes[25]. Esta presencia militar podía trastocar los equilibrios de la comunidad local desde el punto de vista del gobierno, la sociedad y la economía. Jacopo VI se lamentaba que cerca de 125 soldados españoles de la guarnición habían contraído matrimonio con mujeres de Piombino[26]. Por cierto, una parte de los vecinos enrolados podían ser los hijos de los mismos soldados españoles.

La milicia ciudadana de Orbetello

A este punto, es interesante desplazar el centro de atención del análisis al período de la Guerra de los Treinta Años –cuando las miras expansionistas del cardenal Mazarino se han traducido en los largos asedios de Orbetello, Talamone, Piombino y Porto Longone, que llevaron a las dos últimas localidades a capitular y estar bajo ocupación francesa entre 1646 y 1650– que aporta elementos de estudio sobre la colaboración y relación entre la milicia profesional y las fuerzas locales. Los Presidios raramente llegaron a cubrir las plazas de soldados de sus compañías, bien

---

[21] AGS E. Nápoles, 1056/30.
[22] AGS E. Nápoles, 1060/124.
[23] FANCIULLI, 1999, vol. I, p. 300.
[24] AGS E. Nápoles, 1091/178.
[25] AGS E. Nápoles, 1060/121-124; FANCIULLI, 1970, pp. 43-46.
[26] ROMERO GARCÍA, 1986, p. 110.

por la dificultad de reclutamiento, bien a causa que los recursos que llegaban a Italia iban destinados en prioridad hacia el ducado de Milán o el
reino de Nápoles. En tales condiciones, era natural recurrir a las tropas
ciudadanas. En la década de 1630 el virrey de Nápoles, con la colaboración de los magistrados de la comunidad de Orbetello, dio orden que se
constituyera una compañía de 70 ciudadanos (bajo el mando de un oficial autóctono) que debía utilizarse sólo en caso de necesidad o defensa
urgente de la ciudad[27]. El episodio representa un primer intento de constituir una milicia urbana no profesional. En 1636, el mismo virrey de
Nápoles recomendó a la comunidad de Orbetello que asistiera al capitán
Antonio de Robles en el reclutamiento de una compañía de soldados del
lugar[28]. El 10 de junio del mismo año, Nicola Ludovisi, príncipe de Piombino, propuso a los Magistrados y Priores de la comunidad de Orbetello
constituir una compañía de 50 caballos de intervención inmediata «per
essere pronti in ogni occasione»[29]. Con el tiempo parece que se debilitó
la posición de las tropas españolas en los Presidios; si primero se habla
simplemente de reemplazos, posteriormente, las exigencias bélicas y el
gasto hacen presagiar un creciente recurso a las fuerzas ciudadanas.

La deficiencia de la organización se encuentra sobre todo en 1646, en
la víspera del famoso asedio de Orbetello, emprendido por el príncipe
Tommaso de Saboya al mando de las tropas francesas. Ya en la *Scrittura
del Venturi sopra i porti del re di Spagna*[30], redactada en 1646, poco antes
del asedio, se confirman los problemas de las tropas presidiales: poco y
escasamente alimentadas (la soldadesca llevaba once meses nutriéndose
únicamente de pan y debía privarse de tres días de ración para comprar la
cuerda para los arcabuces). Además, entre el contingente español se incorporaron dos batallones de 200 soldados cada uno reclutados entre los
jóvenes del lugar, signo de una expansión de la base del reclutamiento
territorial. Además, según informa Ademollo, el comandante Della
Gatta[31], abierta la armería de la fortaleza procedió a distribuir entre los
habitantes de Orbetello armas y municiones, con lo que el 10 de mayo de
1646, el día después de la conquista francesa de Porto Santo Stefano, la
nueva milicia ciudadana se pudo colocar en los bastiones y muros de
Orbetello (en cuya defensa también contribuyeron religiosos y mujeres)[32].
El primer día de junio de 1646, mientras los franceses se disponían a minar

---

[27] FANCIULLI, 1999, vol. I, p. 300.
[28] *Ibid.*, vol. II, p. 220.
[29] ACO Dispacci, 84, fol. 193, 10 de junio de 1636.
[30] ASF Miscellanea Medicea, c. 134, fol. 12.
[31] Carlo Della Gatta, general napolitano, comandante de las tropas españolas y
duque de Popoli, fue asignado a la defensa de los presidios de Toscana por el virrey de
Napoles, FANCIULLI, 1999, vol. I, p. 127.
[32] ADEMOLIO, 1883, p. 84.

los muros de la ciudad, el propio Della Gatta, con una sección de 50 milicianos hizo una exitosa salida nocturna al campamento francés haciendo un número considerable de muertos y prisioneros. El comportamiento heroico de los habitantes de Orbetello hirió tanto el orgullo y el sentido de emulación de los soldados regulares españoles y napolitanos, que al día siguiente éstos hicieron su propia salida contra los sitiadores[33].

El episodio del asedio de Orbetello representa seguramente un momento culminante de colaboración entre las fuerzas regulares y la milicia ciudadana; colaboración a la que se solía reunir cuando era preciso frenar la incursión de las tropas francesas en Toscana, algo que hubiera tenido graves consecuencias políticas y militares. En efecto, al menos, hasta la guerra de los Treinta Años, no se identifican en el área de los Presidios episodios de desestabilización –con la excepción de alguna rápida incursión de las fustas turco-berberiscas– que justificaran el establecimiento de una milicia ciudadana permanente.

Conclusiones

El aparato militar situado en los Presidios de Toscana, constituido de cinco compañías de piqueros y arcabuceros y de un articulado sistema defensivo de torres y fortalezas, fue un eficaz sistema de protección contra las proyecciones expansionistas francesas y las incursiones turco-berberiscas. Con la excepción de algunos problemas con la comunidad local –en general a causa de una economía de guerra que implicaba restricciones a la exportación de grano, o de las reclamaciones fiscales para mantener la guarnición y reparar las defensas– es de destacar una relación bastante correcta entre la guarnición española y los civiles; por lo demás, no fue precisa una movilización de estos últimos ante la ausencia de amenazas mayores sobre el territorio. La función defensiva se restringió a la guarnición profesional española –excluyendo algunos enrolamientos de vecinos– que, en el caso de Piombino y la isla de Elba, se coordinaba, *pro tempore* con las tropas nobiliarias. Para el resto, como en el caso de las comunidades presidiales del norte de África, se trataba de una población generalmente «desarmada». En efecto, más lejanos y más activos son los contextos donde se localiza una militarización ciudadana, mientras más localizados son este tipo de impulsos en el espacio mediterráneo.

---

[33] ADEMOLIO, 1883, pp. 120-122.

Abreviaturas utilizadas

AGS: Archivo General de Simancas.
E: Estado.
ASN: Archivio di Stato di Napoli.
ASNSM: Archivio di Stato di Napoli Sezione Militare.
ACP: Archivio Comunale di Piombino.
ACO: Archivio Comunale di Orbetello.
ASF: Archivio di Stato di Firenze.

Bibliografía

ADEMOLLO, Alfonso, *L'assedio di Orbetello dell'anno 1646*, Grosseto, 1883.

ALEGRE PEYRÓN, José María, «El ejercito, gran protagonista de la politica exterior de los Austrias espanoles», RIZZO, Mario y MAZZOCCHI, Giuseppe (eds.), *La espada y la pluma. Il mondo militare nella Lombardia spagnola cinquecentesca*, Viareggio, M. Baroni, 2000, pp. 11-34.

BRAUDEL, Fernand, «Les espagnols et l'Afrique du Nord, de 1492 à 1577», *Revue Africaine*, 69, 1926, pp. 184-233 y 351-410.

— *Civiltà e imperi del Mediterraneo nell'età di Filippo II*, Turín, G. Einaudi, 1986.

CANTAGALLI, Roberto, *La Guerra di Siena*, ROMBAI, Leonard (ed.), *I Medici e lo Stato Senese 1555-1609. Storia e territorio*, Roma, De Luca, 1980, pp. 9-22.

FANCIULLI, Pietro, *L'insediamento umano in Orbetello dall'antichità al secolo XIX*, Pitigliano, Con i tipi dell'Azienda tipo-litografica artigiana, 1970.

— *Storia documentaria dei reali Presidios di Toscana*, 3 vols., Pitigliano, Larum, 1999.

GARCÍA ARENAL, Mercedes y DE BUNES, Miguel Ángel, *Los españoles y el norte de África. Siglos XV-XVIII*, Madrid, Editorial Mapfre, 1992.

GUTIÉRREZ CRUZ, Rafael, *Los presidios españoles del norte de África en tiempo de los Reyes Católicos*, Melilla, Ciudad Autónoma de Melilla, 1997.

KOENIGSBERGER, Helmut G., «Prefacio» a RODRÍGUEZ SALGADO, María José, *Metamorfosi di un impero. La politica asburgica da Carlo V a Filippo II (1551-1559)*, Milán, Vita e pensiero, 1994.

LOSI, Simonetta, *Diego Hurtado de Mendoza: ambasciatore di Spagna presso la Repubblica di Siena (1547-1552)*, Monteriggioni (Siena), Il leccio, 1997.

MARTINELLI, Simone, «Le spese per l'edilizia militare nei presìdi spagnoli di Toscana (1557-1606)», *Storia Economica*, 2, 2005, pp. 375-426.

— «I Presìdi spagnoli di Toscana: una intuizione strategica di Filippo II per la difesa del Mediterraneo», *Le Carte e la Storia*, 1, 2006a, pp. 162-178.

— «L'arsenale bellico dei presidi spagnoli di toscana nella seconda metà del Cinquecento», *Rivista di Storia Finanziaria*, 17, 2006b, pp. 89-108.

— «Il finanziamento delle spese militari dei presìdi spagnoli di Toscana sotto il regno di Filippo II», *Nuova Rivista Storica*, 1, 2007a, pp. 65-105.

— «Le spese per le milizie dei presidi spagnoli di toscana sotto Filippo II», *Società e Storia*, 117, 2007b, pp. 469-506.

RODRÍGUEZ SALGADO, María José, *Metamorfosi di un impero. La politica asburgica da Carlo V a Filippo II (1551-1559)*, Milán, Vita e pensiero, 1994.

ROMERO GARCÍA, Eladi, «La Signoria di Piombino sotto il controllo spagnolo al tempo di Filippo II», *Ricerche storiche*, 1, 1986, pp. 95-124.

TOGNARINI, Ivano, *La guerra di Maremma*, ROMBAI, Leonard (ed.), *I Medici e lo Stato Senese 1555-1609. Storia e territorio*, Roma, De Luca, 1980, pp. 23-34.

Tercera parte

LA EVOLUCIÓN DE LAS MILICIAS

XV. ¿DISCIPLINADAS O REPUBLICANAS? EL MODELO ILUSTRADO DE MILICIAS Y SU APLICACIÓN EN LOS TERRITORIOS AMERICANOS (1750-1826)

FEDERICA MORELLI
Università di Torino

El objetivo de este ensayo es reconstruir sumariamente una historia de las milicias americanas durante la época colonial para enfocar el análisis sobre el primer real intento –el de los Borbones en la segunda mitad del siglo XVIII– de instituir, a escala continental, unas fuerzas milicianas al servicio del rey. Como veremos, antes de esta época, gracias también a la ausencia de guerras y de un bajo nivel de violencia, no se puede hablar de un verdadero sistema de milicias en América, sino de algunos cuerpos sueltos e independientes que se formaban en caso de necesidad y que atendían más fines sociales y políticos que estrictamente militares. La importancia del modelo borbónico no reside sólo en el hecho de que se trata de un modelo organizativo global, más bien todo en las consecuencias tanto políticas como sociales que ha producido en los territorios americanos a largo plazo. Eso no se debe tanto a un efecto degenerativo del mismo, como generalmente se ha afirmado, sino sobre todo a unas contradicciones e ambigüedades del propio modelo ilustrado que, por razones prácticas y teóricas, se ha revelado a medias entre la experiencia de Antiguo Régimen y el liberalismo decimonónico.

Rastrear la historia de las milicias de la monarquía española en los territorios americanos no es una tarea muy fácil. En primer lugar, porque, si se excluye la época borbónica y las guerras de independencia, no hay muchos trabajos sobre el tema. En segundo lugar, y vinculado al motivo anterior, en las colonias americanas la historia de estos cuerpos está estrechamente vinculada a la del ejército regular. En efecto, los estudios más importantes sobre el tema, que aparecieron desde la década de los cincuenta hasta fines de los ochenta del siglo pasado –y que todavía siguen siendo fundamentales–, abordan al mismo tiempo el estudio del ejército y de las milicias. Los trabajos de Lyle N. McAlister sobre el fuero militar en Nueva España, los de León G. Campbell sobre el Perú, los de Roberto Oñat y Carlos Roa sobre Chile, los de Gary Miller y Santiago-Gerardo Suárez sobre Venezuela, los de Allan J. Kuethe y Juan Marchena Fernández sobre Nueva Granada nos han permitido conocer la estructura y las evoluciones de la rama militar en los territorios americanos[1].

La mayor parte de estos trabajos se basan en una abundante documentación de primera mano, disponible tanto en el Archivo de Indias de Sevilla o en el de Simancas como en los archivos nacionales español e hispanoamericanos. Las fuentes utilizadas –hojas de servicio, revisiones, alistamientos, censos– aclaran los cambios sociales que afectaron a estos cuerpos así como los aspectos políticos y económicos relacionados con ellos. Pero en realidad estos trabajos se concentran sobre todo en el ejército regular, sin duda a causa de la asombrosa cantidad de fuentes de primera mano. La milicia, en cambio, llamó menos la atención, aunque fuera la organización donde se combinaron estrategias esenciales de poder no sólo en el seno de las elites locales, sino entre éstas y la Corona. Además, desde el punto de vista de la historia social, se percibe directamente en ella la cascada de dominios entre los diferentes estatutos sociales, jurídicos, raciales y étnicos. En cuanto al marco cronológico, a causa de la importancia de las reformas borbónicas, que no sólo reorganizaron el ejército regular americano, sino introdujeron también las «milicias disciplinadas», la mayoría de estos estudios se concentran sobre la última fase de la época colonial. Por lo tanto, poco sabemos respecto al período anterior al siglo XVIII, tanto por el ejército como, sobre todo, por las milicias.

Más recientemente, a partir de los años noventa, numerosos trabajos han sido dedicados al estudio de las milicias en la época de las guerras de independencia, por el papel fundamental que éstas jugaron en la estructuración de los así dichos ejércitos republicanos[2]. En efecto, a lo largo de las guerras de independencia, el sistema defensivo adoptado tanto por los independentistas como por los realistas fue el de las milicias, produciendo de esta forma una larga participación de la población americana en los conflictos[3].

Finalmente, a consecuencia del renovado interés de la historiografía sobre la esclavitud, los estudios de estos últimos años se han centrado en los milicianos y soldados de origen servil[4]. Este esfuerzo ha producido dos resultados muy importantes para la historia de las milicias coloniales y de la fuerza armada más en general: primero, que esta institución militar era utilizada por los esclavos como un medio para la ascensión

---

[1] MCALISTER, 1957; CAMPBELL, 1976 y 1978; OÑAT/ROA, 1953; MILLER, 1986; SUÁREZ, 1979 y 1984; KUETHE, 1978; MARCHENA FERNÁNDEZ, 1982.

[2] ORTIZ ESCAMILLA, 1997; THIBAUD, 2003; CHUST/MARCHENA, 2007.

[3] En este sentido véase sobretodo el caso mexicano que ha sido objeto de numerosos estudios. Véanse, por ejemplo, ARCHER, 1981, y HERNÁNDEZ CHÁVEZ, 1992.

[4] Véase, por ejemplo, BERNAND/STELLA, 2006.

social y, sobre todo, para la reconquista de la libertad; segundo, que, aún durante la época colonial, buena parte de los cuerpos milicianos estaban formados por negros y mulatos. Por último, estos trabajos han permitido reabrir el debate historiográfico sobre el papel de las milicias americanas antes de las reformas borbónicas.

Las milicias coloniales en los siglos XVI y XVII

Una de las dificultades mayores con la que los historiadores se han enfrentado para el estudio de las milicias a lo largo de los siglos XVI y XVII tiene que ver con la escasez de las fuentes. En efecto, contrariamente a lo que pasó en Castilla al final del siglo XVI, cuando la Corona decidió crear una milicia de 60.000 hombres, su establecimiento en los territorios americanos no respondió a órdenes y decretos procedentes de la metrópoli: la Corona se limitaba a aprobar y reconocer oficialmente los cuerpos milicianos que se formaban de modo espontáneo por iniciativa del cabildo u otros sujetos locales[5].

Esto se debe al hecho de que, desde 1580 y a lo largo de todo el siglo XVII, la defensa del mundo americano fue, ante todo, una defensa local, más que continental o territorial. Como afirma Juan Marchena, si estudiamos la legislación contenida en el Cedulario de Encinas o en la Recopilación de 1680 en lo relativo a estos temas, la Corona pretendió que cada cual defendiese donde vivía o donde estaban sus bienes y propiedades. Sólo cuando la plaza resultaba vital para sus canales de metal, la Corona incrementaba su ayuda notablemente o se hacía cargo íntegramente de la misma[6].

Aparte de los encomenderos, la legislación general sobre el servicio de las armas en América obligaba a los vecinos y moradores que tuviesen casa poblada a prestar servicio militar en caso de llamamiento real, aunque, en la práctica, esta obligación circunscribía su ámbito de actuación a las ciudades y, especialmente, a la hora de defenderlas. Sin embargo, a lo largo del siglo XVII tenemos que distinguir entre dos tipos de milicias: las urbanas en los puertos y ciudades más importantes, y las rurales, especialmente en las zonas de frontera. Las dos responden a dos motivos distintos, y en su composición y estructura encontramos las diferencias existentes entre los dos tipos de sociedad que las conforman. En las primeras, los vecinos se organizaban fundamentalmente a partir de los gremios; el patriciado urbano y los miembros del cabildo conformaban la oficialidad mientras que el vecindario componía la tropa. En el

---

[5] SUÁREZ, 1984, p. 80.
[6] MARCHENA FERNÁNDEZ, 1992, p. 49.

caso de las milicias de las ciudades del interior y en zonas de frontera, la
situación era diferente: aquí a las obligaciones de los encomenderos, se
sumaban las de los vecinos en general en defensa de la tierra de manera
que los cargos y empleos milicianos se repartieron entre todos. En las
zonas rurales estas tropas estaban conformadas por los dueños de
hacienda o estancias con sus peones, los encomenderos, algunos de los
mismos indios encomendados o repartidos, chacreros o pequeños propietarios con sus hijos mayores y los vecinos de los pueblos pequeños.

A principios del siglo XVIII, las milicias americanas, a causa de la ausencia de conflictos, aún no habían logrado los niveles de las europeas. Pese
a que los vecinos y moradores acudían en cantidades, que al frente de las
unidades solía aparecer ya una jerarquía elemental –de ordinario constituida por un capitán, un alférez y un sargento– y que las compañías se
multiplicaban, los progresos alcanzados no eran de manera alguna relevantes desde el punto de vista de la organización militar. La Corona no
quería ni podía articular una política miliciana medianamente coherente.
En consecuencia, las compañías se arraigaban como unidades sueltas, independientes o semi-independientes, en que los principales deberes de sus
miembros se circunscribían, por lo general, a estar alertas, a atender el llamado o la convocatoria del capitán general para enfrentar alguna contin-
gencia defensiva o concurrir a los desfiles y ceremonias religiosas y políticas.
Creadas para atender emergencias, numerosas milicias americanas se
disolvieron al pasar el peligro. Las que subsistieron se integraron generalmente al cuadro de la vida cotidiana: además de realizar actividades
ceremoniales en las villas y ciudades, solían ejercer funciones policiales
como conducir pliegos, transportar provisiones o hacer rondas nocturnas. En este sentido, a pesar de su actuación como cuerpo militar, la milicia desempeñaba sobre todo un papel de control político de la institución
imperial. Por esta vía la Corona manifestaba su poder para unir a los
miembros distinguidos de las comunidades, los vecinos de los pueblos,
bajo una obligación decretada por ella; utilizaba la milicia como una vál-
vula de seguridad social para representar a la comunidad política local.

Considerada bajo esta perspectiva, el hecho de que muchos de estos
cuerpos hayan sido formados por negros y mulatos, no debería causar
demasiado estupor. Las milicias «de pardos y morenos», como habitualmente eran denominadas, existían, a partir del siglo XVII, en muchos
territorios americanos. Como han mostrado los recientes trabajos sobre
este tema, la participación a las milicias implicaba para estos grupos
sociales no sólo el disfrute de importantes privilegios (como el fuero
militar o determinadas exenciones fiscales), sino sobre todo, y como
consecuencia de eso, la salida de la pobreza y de la marginalidad. A fin
de cuentas, las milicias de pardos y morenos, al par de los otros cuerpos
milicianos, fueron para la Corona un instrumento para reforzar su

papel de árbitro supremo; más que un medio de ascenso e integración social para la gente de color, fue un medio de control físico e ideológico de las castas[7].

Reformas borbónicas y milicias

A partir de la segunda mitad del siglo XVIII, la milicia gozó de una nueva consideración gracias a la creación borbónica de las «milicias disciplinadas». Después de las contrariedades de la Guerra de los Siete Años, y a causa de los problemas financieros y de la imposibilidad de desplazar a las fuerzas regulares peninsulares hasta América, la Corona decidió crear cuerpos auxiliares para apoyar a las tropas regulares en los ataques extranjeros, más precisamente de los ingleses. El conde de Ricla, enviado a La Habana, forjó el modelo de estas «milicias disciplinadas» en breviario titulado *Reglamento para las milicias de infantería y caballería de la isla de Cuba* (1769). Su filosofía, resumida por Allan J. Kuethe, consistía en «desarrollar, mediante la combinación de liderazgo efectivo, entrenamiento regular y sentido de orgullo corporativo, un cuerpo de ciudadanos militarmente capaces que en tiempo de crisis pudiera compartir el peso de la defensa»[8].

El mencionado reglamento contiene once capítulos. En el primero, se especifican las unidades que debían existir en la isla, denominándolas «regimientos de voluntarios», el arma correspondiente (Infantería, Caballería, Artillería o Dragones), así como el color de la piel de la tropa (blancos, pardos y morenos) y la localidad de la que procediera la tropa. En cada localidad se realizaría un listado de todos los varones entre 15 y 45 años de edad, y de esta lista se iría completando la unidad. El capítulo segundo trata sobre el gobierno y policía de estas unidades, de su oficialidad y tropa, licencias, permisos, altas y bajas, y el cuarto sobre la disciplina, similar en todo a las tropas regulares, excepto en el tema de los ejercicios que debían realizarse semanalmente los domingos a la mañana[9]. El resto de los capítulos versan sobre el fuero que deben gozar estos milicianos, castigos y penas, provisión de empleos, casamientos, divisas y banderas y méritos de estos milicianos. La trascendencia de este reglamento reside en el hecho de que luego se aplicó a otros muchos lugares de América.

Se creó así un vasto sistema de milicias, divididas en regimientos batallones y compañías, que comprendía a todos los hombres válidos entre los 15 y los 45 años. En cada provincia, subinspectores –oficiales por lo

---

[7] Sobre este punto, véase ZÚÑIGA, 2006, pp. 128-130.
[8] KUETHE, 1993, p. 92
[9] MARCHENA FERNÁNDEZ, 1992, p. 106.

general del ejército regular– iban de ciudad en ciudad y de pueblo en
pueblo, censando y clasificando la población según criterios territoriales, étnicos, profesionales, con miras a distribuir los cargos de capitán,
teniente o coronel a las personas más distinguidas. Esta enorme maquinaria, compuesta de cientos de unidades diseminadas por todo el territorio americano, fue financiada a menudo por las corporaciones o los
hacendados, que procedían al reclutamiento de los miembros de sus unidades así como al aprovisionamiento de ropa, víveres y armas.

Sin embargo, después de un comienzo prometedor, la implantación
de este sistema fracasó y estas milicias nunca se convirtieron en cuerpos de elite capaces de apoyar a las tropas regulares. Sin embargo, a
causa de los amplios créditos que permitieron su reconstitución, a la
autoridad y títulos que otorgaron a sus mandos –los oficiales de las
milicias tenían derecho a portar las mismas insignias que los oficiales
regulares del mismo rango– y a los privilegios codificados bajo Carlos III en 1768 y concedidos por los reglamentos cubanos a todos los
soldados de las milicias disciplinadas, éstas adquirieron una importancia desconocida hasta entonces. Entre las ventajas del particular fuero
militar de estas unidades se cuentan la exención de las penas de azote o
vergüenza pública, el derecho de portar armas defensivas y algunas
ofensivas, la dispensa del ejercicio de cargos públicos, la exención del
embargo y prisión por deudas[10].

En cuanto a los oficiales, éstos eran seleccionados entre el patriciado urbano de las ciudades o entre los hacendados más poderosos en el
ámbito rural. Excepto casos muy contados de movilización general, sólo
tenían obligaciones de usar uniformes tres o cuatro días al año, no cobra-
ban ningún sueldo y mandaban hipotéticos regimientos que difícilmente se reunían los días de «asamblea». Sin embargo, prácticamente toda la
elite criolla había adquirido los grados de oficiales, como indica Humboldt a fines del siglo XVIII:

> Al recorrer la cordillera de los Andes asombra ver sobre el espinazo de las
> montañas, en las ciudades chicas de provincia, todos los negociantes trans-
> formados en coroneles, en capitanes y sargentos mayores de milicias.
> Como el grado de coronel da derecho al tratamiento o título de señoría,
> que repite la gente sin cesar en la conversación familiar, ya se concibe que
> sea el que más contribuyera a la felicidad de la vida doméstica, y por el que
> los criollos hacen los sacrificios de fortuna más extraordinarios[11].

En algunos casos concretos, para asegurar su pertenencia a la oficialidad,
obligarles a sufragar algunos de sus gastos y potenciar el reclutamiento,

[10] MARCHENA FERNÁNDEZ, 1992, p. 109.
[11] MADRIAGA, 1959, pp. 61-62.

se concedieron a las elites locales ulteriores beneficios y privilegios. En el caso de Cuba, por ejemplo, a cambio del esfuerzo de las elites de la isla por financiar y organizar unas unidades milicianas operativas, se les otorgaron unos privilegios que llegaron a ser considerados como parte de un pacto tácito entre las elites y la Corona: para estos comerciantes y productores cubanos se abrieron en efecto los puertos peninsulares –aún antes del «comercio libre»– y obtuvieron muchas facilidades, durante los períodos de guerra, en el llamado «comercio de neutrales». Además, la mayor parte de los gastos defensivos, en continuo incremento, se cargaron sobre los situados mexicanos sin tocar apenas las cajas reales locales[12].

La participación de los criollos a las milicias variaba en función de las posibilidades que tenían de controlar el sistema a nivel local. Así, en los casos en que las autoridades consolidaban en la cúpula del sistema miliciano a un grupo poderoso de peninsulares, fueran militares o comerciantes, las elites criollas rechazaban la pertenencia a esta institución, como en Nueva Granada y en Nueva España en la década de los setenta y primeros ochenta[13]. En cambio, en otras zonas, donde los peninsulares eran más escasos y donde, por esto, se dejó en manos de los grupos locales el control de las unidades y, por lo tanto, de los tribunales militares, las elites americanas se incorporaron rápidamente, como sucedió en Perú, por ejemplo, donde más del 80% de los oficiales de las milicias eran criollos adinerados y dueños de la tierra en cada jurisdicción[14].

De ahí la ambigüedad esencial de los cuerpos de milicias, colocada al servicio teórico de la Corona pero que en realidad funcionaban como representaciones armadas de los pueblos y de las ciudades que los financiaban, armaban y vestían. El vínculo muy fuerte entre elite criolla y cargos milicianos consolidó un modelo de defensa basado en la relación señor/súbdito de origen feudal: los oficiales, en la gran mayoría terratenientes, reclutaban hombres para sus unidades gracias, sobre todo, a su prestigio social y a las redes clientelares. Por consiguiente, las milicias se transformaron en un fabuloso instrumento de control social y político de las élites hacia los sectores populares –tanto urbanos como campesinos–, generando unas fuertes relaciones de clientelismo político y usando esta fuerza como presión para salvaguardar sus intereses.

El proceso de militarización de los territorios americanos, produjo, por lo tanto, unos resultados –el refuerzo de la autoridad de los cuerpos territoriales tradicionales, el acceso de los criollos a nuevos cargos y una extensión de los privilegios a nuevos segmentos de la sociedad– que parecían contradecir la política de centralización y reducción de las autono-

12 MARCHENA FERNÁNDEZ, 1988, pp. 261 ss.
13 Sobre este punto, véase KUETHE, 1993.
14 MARCHENA FERNÁNDEZ, 1992, p. 146.

mías locales y corporativas emprendida por los Borbones. Alejadas de los principales cargos de la administración colonial, las elites criollas lograron mantener su poder sobre la sociedad gracias a la ocupación de puestos en el ejército y las milicias. Sin embargo, este aspecto no constituye una degeneración del sistema, como a primera vista podría aparecer; se trata más bien de un elemento fundamental del mismo, ya que estaba previsto por las mismas leyes:

> Se escogerán los oficiales en cuanto al nacimiento, buena conducta, concepto y fundadas esperanzas de espíritu y utilidad [...] atendiendo más a la notoriedad y concepto público que a las certificaciones y papeles que se suelen obtener con el favor y la amistad[15].

Veamos entonces cuáles eran los conceptos teóricos en los que se basaba el modelo de las milicias borbónicas y cuáles fueron los motivos que, a pesar de sus peligros inmanentes y más allá de los problemas fiscales, empujaron los ministros de Carlos III a escoger tales cuerpos para la defensa de los territorios americanos.

El modelo ilustrado del ciudadano-soldado

Como había demostrado la experiencia de las monarquías europeas durante los siglos XVI y XVII, la institución de las milicias debía basarse tanto en la confianza acordada por los gobiernos a sus territorios como en su capacidad burocrática de controlar dichos cuerpos armados. En un contexto así, la lealtad constituía un elemento esencial, y en los casos en que los poderes locales hubiesen permanecido más fuertes que el poder central, la institución y difusión de las milicias podrían revelarse peligrosas. Como, por ejemplo, había acaecido en la propia España, donde el Estado se había visto constreñido desde el siglo XVI a depender de las municipalidades, de los nobles y de la Iglesia en la organización y la financiación de dichos cuerpos[16]. Ahora, cabe preguntarse, ¿por qué la Corona decidió difundir en América tales cuerpos sabiendo que la difusión de armas y de otros privilegios fundamentales, como el fuero, habrían reforzado los poderes locales? ¿No contradecía este modelo los esfuerzos de centralización de los Borbones en detrimento de los poderes corporativos?

Dos tipos de respuesta nos parecen plausibles para dirimir esta cuestión. En primer lugar, un factor explicativo que tiene que ver con las

---

    [15] «Reglamento para las milicias de Nueva Granada», cap. 6, citado por MARCHENA, 1990, p. 62.
    [16] ANDERSON, 1988, p. 20.

características propias de las monarquías estatales en la época moderna. La historiografía de los últimos veinte años ha, en efecto, demostrado que el Estado moderno europeo no fue tanto el resultado de una progresiva marginalización y expropiación de los poderes políticos locales por parte de la monarquía, sino el resultado de articulaciones e interdependencias más complejas entre las dos esferas: el absolutismo no se consolidó en contra de la sociedad estamental, sino junto y gracias a ésta. Las contradicciones más destacadas de este proceso surgieron durante el siglo XVIII, cuando resultó evidente que una real modernización del aparato estatal no podía realizarse sin poner en tela de juicio el orden estamental. Por un lado, se trataba de limitar las instituciones del Antiguo Régimen, quitándoles poderes y prerrogativas; por el otro, no se podía prescindir de estas mismas instituciones para imponer las nuevas medidas fiscales y militares. Por lo tanto, fueron las necesidades fiscales y militares de la monarquía española en la segunda mitad del siglo XVIII las que llevaron a los ministros de los Borbones a introducir un número excepcional de unidades milicianas en los territorios americanos: este modelo permitía en efecto incrementar las fuerzas defensivas de las colonias sin incrementar los gastos financieros de la Corona.

Sin embargo, y además de los motivos estrictamente estratégicos y fiscales, había también razones de tipo teórico a favor de dicho sistema de defensa, razones vinculadas a las nuevas ideas de ciudadanía y de patria elaboradas por los mismos ilustrados. Como se sabe, las *Sociedades de Amigos del País* se erigieron en las sedes por antonomasia de esta nueva representación de la comunidad política. En su imaginario político cuatro obligaciones –con Dios, el rey, la patria y con uno mismo– debían guiar la actuación del ciudadano, permitiéndole atender la exigencia de las dos repúblicas que estaban a su cargo, la de su familia y la de su Pueblo y desempeñar sólo a la vez el papel de «Padre de Familia» y el de «Republicano»[17]. En este sentido, la creación de milicias no sólo constituía un instrumento militar de defensa, sino también un medio para reforzar los deberes del ciudadano hacia la patria y el monarca, para exaltar «el amor a la patria».

La idea de que el modelo de milicias, respecto al de los ejércitos regulares, fuese más útil al desarrollo de la sociedad y del Estado pertenecía a la cultura ilustrada de aquella época, y sobre todo a la de origen fisiocrática. Según ésta los ejércitos permanentes, en los que muchos jóvenes se veían obligados al celibato, representaban un grave obstáculo al crecimiento demográfico de la población y sustraían, además, muchos brazos a la agricultura. Otro elemento en favor de las milicias era la general desconfianza de los ilustrados en los ejércitos como medio para conservar

---

[17] FERNÁNDEZ ALBADALEJO, 2001, p. 528.

la paz y la tranquilidad interna de los Estados: como demostraban múltiples ejemplos de la historia, éstos representaban más bien un factor de inestabilidad para los gobiernos y de opresión para los pueblos. Las unidades milicianas, al contrario, podían garantizar una seguridad interna mucho más eficaz: formadas por campesinos, bajo el mando de sus señores naturales, y a cambio de unos privilegios, habrían manifestado toda su fidelidad y lealtad al príncipe y a la patria.

El debate que se abrió en torno a los años setenta sobre el papel de las así llamadas «milicias provinciales» españolas nos puede ayudar a comprender los términos de la cuestión en el caso más específico de América. Se trata de milicias o cuerpos provinciales existentes en España desde la época de Felipe V –cuya estructura deriva muy probablemente de lo que bajo los Austrias habían sido los Tercios Provinciales–, para cuyo reclutamiento se recurría a las autoridades locales y cuya misión en principio era cubrir las plazas de guarnición que dejaban los soldados del ejército cuando salían a combatir al exterior, aunque en la práctica el rey las utilizó desde un principio como «reserva» o sistema rápido de reclutamiento para cubrir las vacantes de su ejército aún cuando combatiera fuera de su territorio. Sin embargo, pese a los múltiples intentos de dar continuidad a estas milicias, el sistema no funcionó con cierta regularidad hasta 1734[18].

Durante la época de Carlos III asistimos a un amplio debate sobre estos cuerpos, debido, sobre todo, a su escasa eficacia militar. Un célebre dictamen, el de Aranda, utiliza para su crítica los mismos argumentos empleados por los ilustrados europeos hacia el ejército. El documento, escrito en 1770, está organizado en tres partes en las que el conde pretende demostrar lo perjudicial que resultaba la milicia provincial tanto en lo referente al gobierno interior y al gobierno exterior como en la cuestión económica y militar. Aranda acusaba al sistema de la milicia provincial de interrumpir el ritmo de crecimiento de la población, pues el temor de las mujeres a las largas ausencias de los milicianos tenía como consecuencia inmediata el retraso en la edad de los matrimonios y la disminución del número de hijos. En segundo lugar, el conde aludía a las excesivas reuniones y asambleas que perjudicaban el rendimiento de las cosechas y los talleres y dificultaban la instrucción de los aprendices[19].

Más interesante aún resulta la crítica del general O'Really, el principal autor de la reforma militar en Cuba con el conde Ricla. Para O' Really el mayor problema de las milicias provinciales peninsulares residía en la inutilidad y falta de preparación de sus oficiales. A esto se añadía el exceso de poder acumulado por el inspector de milicias y los coroneles en

---

[18] OÑATE ALGUERÓ, 2003, pp. 20-21.
[19] *Ibid.*, pp. 159-160.

detrimento del capitán general de provincia y de los justicias de los pueblos. Lo que O'Really planteaba era un sistema parecido a lo que luego fueron las milicias urbanas, destacando en primer lugar la necesidad de que fueran independientes del gobierno central[20]. Esta premisa estaba lejos del modelo de milicia provincial, ya que una de sus principales características era precisamente que, pese a su carácter en cierta medida local en lo que al reclutamiento y a la forma de financiación se refiere, estaban, por encima de todo, al servicio del rey.

Tanto el dictamen de Aranda como el cuestionamiento de O'Really dibujan un modelo de milicias menos dependiente del control de los inspectores del ejército y de los oficiales del rey y más vinculado a los sujetos territoriales locales (justicias de los pueblos, hacendados, cabildos). Respecto a las milicias provinciales, se trata además de unos cuerpos aún mas localizados y estáticos –ya que los milicianos no deben dejar sus tierras– y menos instruidos desde un punto de vista militar[21]. Los ministros de Carlos III habían, entonces, comprendido que para resolver el problema crónico del reclutamiento, se necesitaba introducir algunos cambiamientos que de hecho habrían transformado las milicias en representaciones armadas de los cuerpos territoriales de la monarquía.

El tipo de unidad defensiva que se instaura en las colonias al final del siglo XVIII es, por estos motivos, más próximo a las milicias republicanas que a las disciplinadas. Estas últimas hubieran necesitado de la presencia de veteranos que en realidad no hubo, sino en las zonas costeñas más amenazadas por los ingleses. No se trata, como la historiografía nos ha venido a menudo contando, de una degeneración del modelo militar europeo, aplicado en un contexto político y cultural inadaptable a las ideas liberales, sino más bien de la aplicación del mismo. En efecto, el modelo de milicias de la época ilustrada remitía a una tradición republicana que, desde principios del siglo XVIII, había sido utilizada principalmente como función antidespótica. No es menester hablar aquí del debate sobre el republicanismo del setecientos: sólo cabe subrayar que, gracias a la reformulación de tal ideal, la republica podría convivir ahora en el cuadro de una monarquía y en un horizonte cristiano. Así el modelo de ciudadano-soldado, retomado de la tradición clásica y del humanismo cívico de Maquiavelo, podía ser utilizado no sólo para servir al monarca, sino también para conservar las libertades civiles y para garan-

---

[20] OÑATE ALGUERÓ, 2003, pp. 156-157.

[21] En efecto, algunos ilustrados pensaban que los campesinos no necesitaban mucho tiempo de adiestramiento, sino saber manejar las armas, ya que consideraban el duro trabajo en los campos como el mejor ejercicio para fortalecer el cuerpo. Véase, por ejemplo, FILANGIERI, 2004, vol. II, p. 69.

tizar la estabilidad de la constitución. En efecto, gracias, sobre todo, al pensamiento político inglés, y a partir de la obra de Harrington, se asiste de manera paulatina a la afirmación de la idea según la cual la capacidad del pueblo para ejercer la soberanía y controlar a los gobiernos se fundaba en la independencia y la fuerza militar de los propietarios (*yeoman farmers*), que subvenían a sus necesidades gracias a las rentas de la tierra y por consiguiente se hallaban dispuestos a defender su territorio y su patria por las armas.

A lo largo del siglo XVIII, tras la guerra civil inglesa y el papel jugado por el ejército, los neo-harringtonianos relegitimaron, con respecto al pensamiento de Harrington, el papel de la aristocracia, y afirmaron la necesidad de contar a la vez con los nobles y con los pequeños propietarios para la supervivencia de la libertad civil. El peligro de ver convertirse en arbitrario el poder del rey gracias al apoyo de un ejército profesional o de una aristocracia de tipo comercial, fácilmente manipulable a causa del dinero, quedaba conjurado, de un lado, por la existencia de milicias formadas por pequeños propietarios, y, de otro, por el parlamento formado por la aristocracia rural. Ambos elementos se hallaban estrechamente ligados, por cuanto los grandes propietarios agrícolas nobles eran presentados como los líderes naturales de los pequeños propietarios. En otros términos, la exaltación de las milicias y del ciudadano-soldado a lo largo de los siglos XVII y XVIII sirvió para reforzar el concepto de deferencia política.

En realidad, lo que el pensamiento ilustrado del final del siglo se planteaba no era tanto una exaltación del modelo inglés de constitución mixta, sino más bien la construcción de un nuevo republicanismo, capaz de conciliar las virtudes antiguas con la participación de los demás a la cosa pública. Las milicias y el modelo de ciudadano-soldado debían responder a este mismo fin: la participación al sistema defensivo habría tenido que reforzar el amor de los milicianos a la patria, entendida como comunidad política de hombres iguales. El éxito, como sabemos, fue distinto no sólo porque para hacer funcionar el sistema se recurrió a las elites locales y a la entrega de privilegios, sino sobre todo porque en el mundo hispánico la patria no correspondía, como hubiera requerido el nuevo concepto de «nación en armas», a una comunidad política amplia, sino al lugar de origen, a la patria chica, a los pueblos, provincias y ciudades. Esta contradicción, aún latente en este período, estallará durante el período de la crisis monárquica y del primer constitucionalismo liberal, cuando, en ausencia del rey, se asiste a múltiples tentativas de definición de la «nación», tanto por parte española como americana.

Guerras y liberalismo

La historiografía ha ampliamente demostrado cómo los ejércitos de la independencia, más allá de los cantos epopéyicos, fueron, en gran parte, herederos directos de la estructura militar colonial, fundamentalmente en lo referente a las milicias. Una primera seña del papel que jugaron las milicias durante la independencia fue lo que pasó en Buenos Aires en 1806 durante la reconquista de la ciudad a daño de los ingleses. Aunque la intervención de las tropas regulares dirigidas por el gobernador de Montevideo fue decisiva, la contribución de las milicias urbanas no fue menos importante y implicó, en los años sucesivos, una mayor intervención del cabildo de la ciudad en la formación y organización de las milicias[22]. El papel de las milicias durante las guerras produjo, entre otras cosas, la reacción de Bolívar, después de la restauración de Fernando VII y la llegada de las tropas de Morillo en 1815, quien las convirtió en ejército regular y profesional para así disciplinarlas y controlarlas más fácilmente. Pero los imperativos de la guerra rompieron el ideal patricio al proceder a la leva en masa. Estas milicias fueron pues el reflejo de lo que Marchena Fernández llama «la fracturada sociedad americana: un universo de campesinos indígenas, mestizos y mulatos, arrastrados a la guerra por su patrones; un mundo de humildes vecinos reclutados a sueldo en el lumpen urbano por los cabildos, los gremios de comerciantes o los poderosos»[23].

En efecto, el modelo ilustrado de milicias contenía muchas de las características que serían propias de los sistemas defensivos liberales del siglo XIX. Si, por ejemplo, miramos la constitución de Cádiz o las primeras constituciones de los países hispanoamericanos, nos encontramos con un sistema muy similar al establecido por los Borbones en la segunda mitad del siglo XVIII: al lado de un ejército regular se preveían normalmente unas milicias nacionales, organizadas en cada provincia en función de su número de habitantes. El fuero, así como la organización local de las mismas, fueron confirmados. Hay, sin embargo, una diferencia notable a nivel normativo que tenía a que ver con una de las novedades más significativas de la modernidad política: la introducción de la representación política liberal. En efecto, tanto el sistema constitucional gaditano como las constituciones americanas preveían que los oficiales de las milicias fuesen elegidos democráticamente por todos los miembros de las mismas[24].

---

[22] HALPERÍN-DONGHI, 1968, pp. 85-86.

[23] MARCHENA FERNÁNDEZ, 1992, p. 223.

[24] Véase, por ejemplo, «Reglamento para la milicia nacional», Madrid, 15-IV-1814, en *Colección de los decretos y órdenes que han expedido las Cortes ordinarias desde 25 de Septiembre de 1813 hasta 11 de Mayo de 1814*, vol. V, Madrid, 1822, pp. 168-169.

Las razones tanto prácticas como más esencialmente políticas que estaban a la base de la confirmación de este sistema defensivo durante los regimenes liberales seguían siendo las mismas: falta de dinero, necesidad de movilizar la población frente a las guerras, creación de un vínculo político y aún sentimental con esa nueva entidad que era la nación. Mas fue sobre todo la función político-social de la milicia, en virtud de la cual la subordinación de la tropa a un oficial en uniforme favorecía igualmente la subordinación social al mismo notable sin uniforme, la que empujó a los constituyentes de uno y otro lado del Atlántico a decantarse por ese modelo. En efecto, a pesar de la introducción del método electivo para la elección de los oficiales, los resultados confirman que éstos pertenecían generalmente a las elites urbanas y rurales. De hecho, la participación en las milicias, al igual que la participación en el voto[25], permitía reconciliar el concepto de soberanía popular o nacional con la supervivencia de una estructura social jerárquica. El modelo militar, como el sistema electoral, constituía por tanto una traducción parcial y contradictoria del paso de una concepción orgánica a una visión individualista del cuerpo político. Ello demuestra, una vez más, que la interpretación convencional del liberalismo como un conjunto de doctrinas puramente individualistas debe ser reconsiderada y corregida.

Desde esta perspectiva, la diferencia entre las experiencias latinoamericana y norteamericana está lejos de ser nítida. También en las Trece Colonias inglesas la milicia jugó un papel crucial, no sólo como instrumento social, sino también político[26]. En ambos casos, la escasa presencia de títulos honoríficos hizo de los títulos militares algo particularmente importante para el reconocimiento del estatus social; en segundo lugar, durante las revoluciones de independencia, la milicia constituyó un medio formidable para la movilización de las masas en las dos Américas[27]. De hecho, la deferencia de los milicianos hacia sus oficiales, que por otro lado ocupaban a menudo cargos políticos, jugó un papel estratégico. Las milicias estaban compuestas de individuos que poseían, en general, derecho de voto, y en las elecciones políticas o administrativas los soldados votaban con frecuencia por sus jefes militares.

El método electivo de la oficialidad de la milicia no transformó entonces su naturaleza, sino, al contrario, reforzó la función a la vez polí-

---

[25] Hay que subrayar a este propósito que la constitución gaditana así como muchas constituciones americanas del principio del XIX optaron por un sufragio electoral muy amplio, fundado en el concepto de vecindad, que incluía también a los indígenas. Sobre este tema, véanse ANNINO, 1995; POSADA-CARBÓ, 1996; SÁBATO, 1999; TARNAVASIO, 2002; CHIARAMONTI, 2003; MORELLI, 2005.

[26] Sobre el papel de la milicia norteamericana en la época colonial, véase MORGAN, 1989, cap. VII.

[27] Para lo concerniente al caso norteamericano, cf. SHY, 1976, pp. 195-224.

tica y social de la misma. En efecto, el voto permitió a los notables locales gozar de una doble legitimidad: éstos no sólo resultaban electos para los cargos civiles, sino también para los militares. Por mor de esta coincidencia, a menudo se creó a nivel local una doble jurisdicción: los *alcaldes* y *regidores* –que según los sistemas constitucionales debían ser electos– con frecuencia eran también oficiales en las milicias locales. El simultáneo ejercicio de cargos judiciales y militares por los mismos individuos comportó no sólo un refuerzo de su poder personal en el seno de las comunidades, sino también una mayor autonomía de éstas en relación al Estado. La época liberal por tanto creó una red de estructuras representativas muy articulada: las nuevas instituciones –municipalidades, diputaciones provinciales y Cortes o congresos– venían a añadirse a la antigua representación vinculada a los *fueros*, al estar ambos modelos representativos vinculados por el hecho de tener a los *vecinos* como base electoral.

Si al principio de la crisis monárquica, con la creación de las juntas autónomas, el fenómeno de las milicias quedó esencialmente limitado al ámbito urbano, sucesivamente la generalización de las rebeliones y de las guerras originó una dramática expansión del modelo miliciano en las áreas rurales. Como ha claramente demostrado Ortiz Escamilla para el caso de la Nueva España, la guerra introdujo en los pueblos, villas, haciendas y ranchos un elemento unificador y común a todos: la milicia. Ésta tenía dos funciones: servía para imponer el orden en el seno de la población y al mismo tiempo la protegía de cualquier amenaza externa. Sobre la base de estos principios, los pueblos tenían la libertad de permitir o negar la entrada tanto a insurgentes como a realistas, de recibirlos con cohetes y música, o simplemente haciéndoles pagar la contribución asignada[28].

El protagonismo de los pueblos durante la guerra no se entiende en profundidad si no se vincula la creación de milicias con la institución de los ayuntamientos constitucionales. En efecto, una de las novedades más importantes introducidas por la constitución de Cádiz, aplicada entre 1812 y 1814 y entre 1820 y 1823 en la mayoría de los territorios americanos (toda el área mesoamericana y gran parte del área andina), fue la posibilidad para muchos pueblos de constituir sus propios ayuntamientos: el artículo 310 establecía que los pueblos con más de mil habitantes podían elegir sus municipios. La idea de los constituyentes era promover una amplia participación de los ciudadanos en la vida de los poderes públicos a nivel local para, en primer lugar, limitar la esfera de acción del poder ejecutivo. Las investigaciones muestran que, entre 1812 y 1823,

---

[28] Ortiz Escamilla, 2002, p. 420.

tanto en la región andina como en la mesoamericana se constituyeron millares de ayuntamientos constitucionales[29]. Esto significa que muchos pueblos, incluso las comunidades indígenas, eligieron su propio municipio, rompiendo el dominio de las ciudades principales sobre los distritos rurales y provocando una verdadera revolución del poder local.

El poder de estos cuerpos se reforzó de manera considerable durante estos años no sólo a causa de las guerras, sino también de otra característica del modelo gaditano: en Cádiz no se quitó la jurisdicción contenciosa a los alcaldes municipales, siendo el alcalde doceañista, como el alcalde ordinario del Antiguo Régimen, administrador y juez al mismo tiempo. A pesar de que la carta hubiese previsto la creación de unos jueces de primera instancia, los jueces letrados, la dificultosa reestructuración del aparato de justicia, paralizada por la indivisión de partidos y por la escasez de dinero, no sólo necesitó de hecho a los alcaldes constitucionales, sino que éstos ocuparon inmediatamente el vacío dejado por los jueces letrados.

El vínculo entre militarización, representación y justicia se hizo aún más evidente a causa de las guerras. Tanto en las zonas rebeldes como en las controladas por los realistas, el mando, la organización y la financiación de las milicias pasaron completamente a cargo de las instituciones representativas locales. Así, por ejemplo, un decreto de las Cortes fechado en 1820 establecía que los *ayuntamientos* se encargarían en lo sucesivo: de organizar las elecciones de los oficiales militares, que debían ser elegidos por los soldados por mayoría absoluta y ante la asamblea municipal; de proveer a su mantenimiento gracias al fondo de los *propios* y *arbitrios*; y, finalmente, de tomar las decisiones, en acuerdo con el *jefe político*, en todas las operaciones militares[30]. El nexo entre municipios y milicias no sólo consolidó la autoridad personal de algunos notables sobre la comunidad local, sino que, a la larga, terminó por derrotar a los realistas. En efecto, el aumento de las contribuciones impuestas por las autoridades españolas a las comunidades a fin de sostener el esfuerzo militar provocó una reacción negativa de las mismas, las cuales, contando con los poderes de los municipios, se negaron a pagar algún tipo de impuestos o a suministrar tropas: los *alcaldes* rehusaban, en nombre de los pueblos, conceder la más pequeña contribución. Eso generó una fuerte crisis financiera en el seno de las tropas realistas y acabó por hacer nacer en la mentalidad colectiva una visión muy negativa del ejército español.

---

[29] Sobre la formación de los ayuntamientos constitucionales en los territorios americanos, véanse ANNINO, 1995; MORELLI, 2005; CHIARAMONTI, 2003; DYM, 2007.

[30] Arts. 27, 32, 71 del «Reglamento provisional para la milicia nacional en las provincias de Ultramar» (Madrid, 24-X-1820).

El alto grado de fragmentación territorial ocasionado por las guerras y la institución de los *ayuntamientos* constitucionales en las áreas rurales sustrajo al Estado todo tipo de poder sobre esos cuerpos militares, que pasaron por entero bajo control de los órganos electivos locales. Los milicianos se identificaban más bien con sus comunidades territoriales, cuyos oficiales eran los representantes naturales. Esa identificación del ciudadano-soldado con la nación, que tanto los ilustrados como los liberales habían intentado establecer a través de la milicia, no se consiguió en el caso americano. Ni siquiera la milicia llegó a servir de instrumento de legitimación de un gobierno mixto, según un «republicanismo» más clásico. En efecto, respecto a este modelo, según el cual los grandes terrateniente elegidos en el parlamento eran los líderes naturales de los pequeños propietarios que formaban las milicias, el modelo militar hispanoamericano tuvo, por mor de las guerras, una difusión tan extraordinariamente amplia –llegando a implicar incluso a pueblos pequeños, comunidades indígenas y haciendas–, que impidió la identificación de un grupo restringido, de una elite dirigente, susceptible de articular cargos representativos y militares a nivel del estado nacional. Al igual que la institución de un gran número de ayuntamientos, la difusión de los grados militares a numerosos niveles de la escala social, hizo que esta articulación tuviese lugar en un nivel inferior de la sociedad. Lo que explica en buena parte el fenómeno del caudillismo durante el siglo XIX. Esa tan discutida forma de poder no se basaba de manera exclusiva en el carisma de estos personajes. Su poder derivaba más bien de la capacidad de articular espacios territoriales distintos. En efecto, a causa de la fuerza de las comunidades locales, que, gracias a la difusión del sistema de milicias y a las guerras, habían logrado adquirir unos poderes muy amplios sobre el territorio, los caudillos no pudieron prescindir de su apoyo en la conquista de una provincia o de un Estado. La experiencia política aprendida por los pueblos durante la guerra de independencia quedó plasmada en la conciencia de las generaciones siguientes: cada vez que fue necesario, tomaron las armas con fines políticos.

En conclusión, las milicias americanas nunca fueron unos cuerpos subordinados y controlados por la monarquía. Si es verdad que el estar al servicio del rey permitía gozar de exenciones y privilegios, no hay que olvidar que el primer verdadero intento de instituir a escala continental un vasto sistema de milicias, no dio lugar, excepto en unos pocos casos, y a pesar del apelativo que se les dio, a la creación de unas fuerzas «disciplinadas», sino al contrario de unos cuerpos representativos del universo local al que pertenecían. Eso no fue sólo el resultado de las circunstancias, como, por ejemplo, la ausencia de relevantes conflictos bélicos hasta la independencia, sino también de modelos teóricos que están a la base de estos cuerpos. Éstos remiten a una tradición

republicana que al final del siglo XVIII se había profundamente modificado y según la cual la pertenencia a las milicias hubiera tenido que reforzar en los ciudadanos el amor a la patria. El modelo ilustrado de milicia
marca por lo tanto el paso de una tradición republicana clásica a una más
moderna, en la que el concepto de república va hacia una comunidad
política de individuos iguales. Sin embargo, la transformación no se ha
completado aún y el modelo borbónico remite a la vez a elementos de la
modernidad política y del Antiguo Régimen. Estas ambigüedades, no
resueltas por el primer constitucionalismo liberal, producen, en el contexto de la crisis monárquica y de las guerras de independencia, una situación de extrema fragmentación política y territorial: las milicias dependen
completamente de las comunidades locales (ayuntamientos, comunidades
indígenas, haciendas) sin tener algún vínculo formal con otros ámbitos
territoriales más extensos. De ahí, la participación en las milicias, en lugar
de consolidar el vínculo entre ciudadano y nación, ha producido una
identificación aún más fuerte entre éste y su comunidad de pertenencia.

Bibliografía

ANDERSON, Matthew S., *War and Society in Europe of the Old Regime, 1618-
1789*, Leicester, Leicester University Press, 1988.
ANNINO, Antonio (ed.), *Historia de las elecciones en Iberoamérica, siglo XIX*,
Buenos Aires, FCE, 1995.
— «Cádiz y la revolución de los pueblos mexicanos, 1812-1821», ANNINO,
Antonio (ed.), *Historia de las elecciones en Iberoamérica, siglo XIX*, Buenos
Aires, FCE, 1995, pp. 177-226.
ARCHER, Christon, «The Army of New Spain and the Wars of Independence,
1790-1821», *Hispanic American Historical Review*, 61 (4), 1981, pp. 705-714.
BERNAND, Carmen y STELLA, Alessandro (eds.), *D'esclaves à soldats. Miliciens
et soldats d'origine servile, XIIᵉ-XXIᵉ siècles*, París, L'Harmattan, 2006.
CAMPBELL, Leon G., «The Army of Peru in the Tupac Amaru Revolt», *His-
panic American Historical Review*, 56, 1976, pp. 31-57.
— *The Military and Society in Colonial Peru*, Filadelfia, American Philosophi-
cal Society, 1978.
CHIARAMONTI, Gabriella, *Suffragio e rappresentanza nel Perù dell'800. Gli iti-
nerari della sovranità (1808-1860)*, Turín, Otto Ed., 2003.
CHUST, Manuel y MARCHENA, Juan (eds.), *Las armas de la Nación.
Independencia y ciudadanía en Hispanoamérica (1750-1850)*, Madrid-
Frankfurt am Main, Iberoamericana-Vervuert, 2007.
DYM, Jordana, *From Sovereign Villages to National States. City, State and Fede-
ration in Central America, 1759-1839*, Albuquerque, University of New
Mexico Press, 2007.

FERNÁNDEZ ALBALADEJO, Pablo, «Dinastía y comunidad política: el momento de la patria», FERNÁNDEZ ALBALADEJO, Pablo (ed.), *Los Borbones: dinastía y memoria de nación en la España del siglo XVIII*, Madrid, Marcial Pons, 2001, pp. 485-532.

FILANGIERI, Gaetano, *La Scienza della legislazione*, Venecia, Centro di Studi sull'Illuminismo europeo «Giovanni Stiffoni», 2003-2004, 7 vols.

HALPERÍN-DONGHI, Tullio, «Revolutionary Militarization in Buenos Aires, 1806-1815», *Past and Present*, nº 40, 1968, pp. 84-107.

HERNÁNDEZ CHÁVEZ, Alicia, «La guardia nacional y la movilización política de los pueblos», RODRÍGUEZ O, Jaime E. (ed.), *Patterns of Contention in Mexican History*, Wilmington, Scholary Resources, 1992.

KUETHE, Allan J., *Reforma militar y sociedad en la Nueva Grenada, 1773-1808*, Bogotá, Banco de la República, 1993 (1ª ed.: *Military Reform and Society in New Granada, 1773-1808*, Gainesville, University Presses of Florida, 1978).

MADRIAGA, Salvador de, *El ocaso del imperio español en América*, Buenos Aires, Sudamericana, 1959.

MARCHENA FERNÁNDEZ, Juan, *La institución militar en Cartagena de Indias, 1700-1810*, Sevilla, Escuela de Estudios Hispano-Americanos, 1982.

— «Financiación militar. Situados y flujos de capitales a fines del período colonial», *Acta del II Congreso Internacional de Historia Militar*, Zaragoza, Servicio de Publicaciones del Eme-Adalid, 1988, vol. I, pp. 260-294.

— «The Social World of the Military in Peru and New Granada: the Colonial Oligarchies in Conflict, 1750-1810», *Reform and Insurrection in Bourbon New Granada and Perú*, Baton Rouge, Louisiana State University Press, 1990, pp. 54-95.

— *Ejército y milicias en el mundo colonial americano*, Madrid, Editorial Mapfre, 1992.

McALISTER, Lyle N., «The Reorganization of the Army in New Spain, 1763-1766», *Hispanic American Historical Review*, 33, 1953, pp. 1-32.

— *The «Fuero Militar» in New Spain, 1764-1800*, Gainesville, University of Florida Press, 1957.

MILLER, Gary, «Status and Loyalty of Regular Army Officers in Late Colonial Venezuela», *Hispanic American Historical Review*, 66, 1986, pp. 667-686.

MORGAN, Edmund S., *Inventing the People. The Rise of Popular Sovereignty in England and in America*, Nueva York, Norton, 1989.

MORELLI, Federica, *Territorio o Nación. Reforma y disolución del espacio imperial en Ecuador, 1765-1830*, Madrid, Centro de Estudios Políticos y Constitucionales, 2005 [1ª ed.: *Territorio o nazione. Riforma e dissoluzione dello spazio imperiale in Ecuador, 1765-1830*, Soveria Mannelli (CZ), Rubettino, 2001].

OÑAT, Roberto y ROA, Carlos, *Régimen legal del Ejército en el Reino de Chile*, Santiago, Talleres de la Editorial del Pacífico, 1953.

OÑATE ALGUERÓ, Paloma de, *Servir al Rey: la milicia provincial (1734-1846)*, Madrid, Ministerio de Defensa, 2003.

ORTIZ ESCAMILLA, Juan, *Guerra y gobierno. Los pueblos y la independencia de Mexico*, Sevilla, Universidad Internacional de Andalucía, 1997.

— «La ciudad amenazada, el control social y la autocrítica del poder. La guerra civil de 1810-1821», *La ciudad y la guerra. Relaciones, estudios de historia y sociedad*, n° 84, vol. XXI, 2000.

— «Revolución y liberalismo en la provincia de Veracruz, 1812-1821», *Revista de Indias*, vol. LXII, n° 225, 2002, p. 409-428.

POSADA CARBÓ, Edoardo (ed.), *Elections before democracy: the History of Elections in Europe and Latin America*, Basingstoke, Macmillan, 1996.

SÁBATO, Hilda (ed.), *Ciudadanía política y formación de las naciones*, México, El Colegio de México-FCE, 1999.

SHY, John, *A People Numerous and Armed*, New York, Oxford University Press, 1976.

SUÁREZ, Santiago-Gerardo, *Las Fuerzas Armadas venezolanas en la Colonia*, Caracas, Academia Nacional de la Historia, 1979.

— *Las milicias: instituciones militares hispanoamericanas*, Caracas, Academia Nacional de la Historia, 1984.

TARNAVASIO, Marcela, *La Revolución del voto. Política y elecciones, 1810-1852*, Buenos Aires, Siglo Veintiuno, 2002.

THIBAUD, Clément, *Repúblicas en armas. Los ejércitos bolivarianos en la guerra de Independencia en Colombia y Venezuela*, Bogotá, Planeta-IFEA, 2003.

ZUÑIGA, Jean-Paul, «Africains aux Antipodes. Armée et mobilité sociale dans le Chili colonial», BERNAND, Carmen y STELLA, Alessandro (eds.), *D'esclaves à soldats. Miliciens et soldats d'origine servile, XIIᵉ-XXIᵉ siècles*, París, L'Harmattan, 2006, pp. 115-132.

XVI. LAS MILICIAS URBANAS DEL SIGLO XVIII: COMPAÑÍAS DE RESERVA Y PAISANAJE

Carmen Corona Marzol
Universidad Jaume I
Castellón

Introducción

Fue evidente para la nueva Monarquía borbónica el desgaste militar que había experimentado España durante la segunda mitad del siglo XVII. A comienzos de la Guerra de Sucesión se hicieron patentes los esfuerzos de todo tipo realizados por conseguir el mantenimiento de las posesiones patrimoniales en Europa. Entonces la necesidad de acometer una reforma se mostró a todas luces indispensable. Diversos factores habían contribuido a ello: el quebranto de la economía castellana y el descenso de su demografía, la crisis dinástica, la preponderancia francesa, entre otros, pero sobre todo el desajuste del sistema militar de los Habsburgo con las necesidades de los nuevos tiempos, que exigían corregir la falta de soldados y de mandos preparados militarmente.

La Guerra de Sucesión marcó el comienzo de las reformas militares, que continuaron a lo largo del siglo ilustrado, modificando substancialmente todo lo relacionado con la Guerra y los Ejércitos. El cambio alcanzó a la política de defensa y al saneamiento y renovación de la caduca estructura militar de la Monarquía austriaca. Hubo que atender las innovaciones administrativas, tácticas y armamentísticas, que revolucionaron el arte de la guerra. Los avances científicos favorecieron la modernización de las fortificaciones. La filosofía militar cambió el concepto del combate y las batallas se racionalizaron. El sistema tradicional de reclutamiento hizo crisis y fue modificado mediante el sistema de quintas, así como la oficialidad se fue profesionalizando, alcanzando en este camino a la milicia provincial.

En este proceso de transformación fue fundamental la progresiva legislación militar, que organizó el sistema de los cuerpos militares y la reglamentación de la milicia hasta los más mínimos detalles. Bajo el término de Reales Ejércitos se denominó el conjunto de tropas al servicio y sueldo de la Monarquía. Con el tiempo, lo compusieron tres únicos colectivos: las tropas de servicio, las de la Casa Real y las milicias provinciales.

El pensamiento militar ilustrado y los gabinetes administrativos dedicados a la Guerra tendieron a concebir el sistema militar como un conjunto unificado regulado por normas comunes. Frente a la dispersión de la organización del sistema austriaco se impuso la integración de las unidades militares, buscando un anhelado «universo armónico». La creación de las milicias provinciales entra de lleno en este nuevo cosmos militar. En este contexto las milicias provinciales fueron concebidas como cuerpos auxiliares del ejército permanente, es decir, en expresión de Carlos Corona Baratech, como «un ejército peninsular de reserva»[1]. Los intentos por introducir estas unidades no fueron efectivos hasta 1740. Pero tras vencer un sin fin de dificultades el sistema estuvo operativo, y el ejército regular pudo contar con la ayuda de una fuerza eventual, regida por las mismas Ordenanzas que el resto del Ejército, aunque específicas[2]. Carlos III aumentó el número de regimientos de 33 a 42, y asimismo, le dotó de unidades de elite (cazadores y granaderos). El proceso de profesionalización de las milicias provinciales se fue incrementando paralelamente al de Ejército[3]. La sociedad castellana asumió el reclutamiento de esta milicias, pero los territorios de la antigua Corona de Aragón se opusieron e impidieron por todos los medios su establecimiento[4].

Permanencia y reforma de las milicias locales

El salto a la centuria dieciochesca fue acompañado también de importantes cambios en el ámbito de la administración local, tanto más cuando se trató de municipios de la Corona de Aragón, dónde se modificó la estructura política y administrativa de la época de los Austrias, constituyendo los nuevos corregimientos borbónicos, extraños al sistema foral anterior. La influencia de los nuevos aires de reforma alcanzó igualmente a las antiguas fuerzas concejiles de defensa interior, denominadas históricamente como milicias. Estas fuerzas defensivas existieron claramente desde la Edad Media, asentadas en diversos territorios y poblaciones, como milicias señoriales, realengas, concejiles o locales[5]. A partir del reinado de los Reyes Católicos actuaron como verdaderas fuerzas en activo, tanto en los reinos peninsulares de la Monarquía Hispánica, como en otros de los territorios patrimoniales europeos. Su actuación y relevancia llenó de honor muchos hechos de armas, obteniendo cierto protago-

[1] CORONA BARATECH, 1983.
[2] ORDENANZAS, 1768.
[3] ORDENANZAS, 1745.
[4] CORONA MARZOL, 1986-1987.
[5] CONTRERAS GAY, 1992.

nismo en destacadas batallas imperiales a lo largo de los siglos XV, XVI y XVII. Una importante elite social, de carácter local, se consolidó en el ejercicio de la milicia como oficiales, y pudo acceder por esta vía a diversas preeminencias, a menciones de cargas concejiles y a una destacable notoriedad, envidiable para otros sectores de la comunidad del Antiguo Régimen.

A comienzos del siglo XVIII estas milicias locales continuaban prestando servicio en diversas ciudades y localidades durante la Guerra de Sucesión a la Corona de España, prosiguiendo su función como fuerzas de defensa interior, y poniendo de manifiesto su valía y eficacia en el medio local, tanto en auxilio de las tropas borbónicas de Felipe de Anjou, como de las de los partidarios del archiduque Carlos. Han quedado claros vestigios de ellos en varias localidades sobre todo en Andalucía y en el Levante español.

Como hemos expuesto líneas arriba, las milicias locales lograron sobrevivir al cambio dinástico, a las reformas militares de Felipe V y a las importantes modificaciones en el propio campo de las milicias, no sin manifiestas dificultades, pero sí con notables titubeos y proyectos difusos en el primer cuarto del siglo de las luces.

El proyecto de constituir un cuerpo de milicias reglamentadas y dependientes de la Monarquía se materializó en 1704 y continuaba la línea de actuación propuesta en 1703[6]. La primera orden de Felipe V sobre el restablecimiento de las milicias en Castilla fue la Real Cédula del 1 de septiembre de 1703. El reglamento de milicias de 1704 pretendía establecer una estructura de apoyo al ejército real. Fue concebida como un auténtico cuerpo auxiliar del ejército permanente, con un intento de reclutamiento por sorteo. El Proyecto que obtuvo resultado en Andalucía y Extremadura, con la constitución de una serie de compañías, quedó inoperante al finalizar la Guerra de Sucesión. El Plan consistía en levantar una leva de 100 regimientos, de 500 hombres cada uno, con el propósito de defender las plazas de Cádiz, Gibraltar y La Coruña, además de guarnecer la frontera con Portugal. La movilización de soldados no era voluntaria y obligaba a un número correspondiente de ciudadanos y vecinos, según el Partido y la Provincia y sin poder eximirse sin causa legítima[7].

Este Proyecto ha sido interpretado generalmente como el inicio de las milicias provinciales en España. Desde mi punto de vista constituyó más un nexo con el pasado, un enlace con la trayectoria inmediata, además de un precedente de la futura Real Ordenanza del 31 de enero de 1734, verdadero punto de partida de la organización de las milicias provinciales. Las

---

[6] AGM, *Colección adicional de manuscritos*, leg. 23, p. 119. *Organización de la Milicia Provincial, 1704. Ordenanza Militar para la Formación de las Milicias del Reino.*

[7] Un desarrollo amplio de los primeros pasos de las milicias provinciales en CONTRERAS GAY, 1993, pp. 20-44.

razones para afirmar esta teoría son variadas. En primer lugar, el texto de 1704, aunque escueto, recuerda en su filosofía a la *milicia general* de la Corona de Castilla impuesta por los Austrias. Con signos parecidos se levantaron las *milicias efectivas* del Reino de Valencia en 1696, auténtica movilización para la defensa del territorio, estrictamente estructuradas según las disposiciones forales votadas en Cortes a lo largo de la modernidad. Otro rasgo de enlace con la tradición anterior reside en el propósito y finalidad del levantamiento de la leva: el guarnecer las fronteras naturales de estas ciudades y plazas, de larga tradición marítima (Cádiz, Gibraltar, Coruña) y asediadas numerosas veces, y algunas destruidas, a lo largo del XVI y XVII. El mismo requisito de resguardo frente al exterior lo constituía la de separación con Portugal. Esta funcionalidad la asemeja a las milicias costeras y concejiles existentes en la época de los Austrias. Desde mi punto de vista, en este momento actúa más la fuerza de lo existente y la práctica consuetudinaria de cada ciudad y territorio que las nuevas innovaciones, difíciles de consolidar en un momento de guerra internacional, con países europeos invadiendo el territorio, y una guerra civil interna en el seno de la propia península. Eso no quiere decir que la voluntad de los legisladores y la Junta constituida en 1703 para asesorar al rey no abrieran las puertas a las nuevas reformas.

Los nuevos proyectos borbónicos y los titubeos de la naciente administración militar causaron un cierto descontento en los primeros años. Las milicias del Reino venían a substituir y a homologar las antiguas formas de reclutamiento concejil de la Corona de Castilla, cuyos resultados no habían sido satisfactorios. La filosofía militar de la nueva Monarquía quedó también patente en la Corona de Aragón. Un ejemplo explícito es Valencia, dónde tras la Guerra de Sucesión y la actuación de las milicias forales de las localidades costeras, obligó a la creación de otra *milicia del Reino*, en 1711, una vez que se implantó la Nueva Planta y se dio por pacificado el territorio. El paralelismo entre la última *milicia efectiva* de 1696 y la nueva *milicia del Reino* es evidente. En ellas se introducía el criterio de la obligatoriedad[8].

En estos primeros años se solaparon en la práctica el incipiente modelo borbónico de lo que llegaría a ser las milicias provinciales con las milicias municipales, locales, o concejiles que permanecieron en muchos lugares, tras la Guerra de Sucesión, a pesar del olvido del aparato militar. El estudio de la documentación de la Secretaría de Guerra así lo testifica sin lugar a dudas[9].

---

[8] Siguen siendo válidos los trabajos de GARCÍA MARTÍNEZ, 1990, y PÉREZ GARCÍA, 1992.

[9] Nos hemos ocupado del tema de las milicias urbanas en diferentes artículos, v. CORONA GARZOL, 1995, 1998 y 2001.

Las voces de la historia: milicias antiguas y milicias urbanas

En este contexto la palabra *milicia* desapareció en su adscripción de fuerzas defensivas de reclutamiento libre y voluntario, vinculadas a las ciudades y localidades. Se utilizaron diferentes expresiones según el área geográfica, la localidad y la propia tradición. Las más habituales fueron las *compañías de naturales*, las *compañías fijas de la villa*, y en los casos donde la memoria histórica había olvidado su nombre, la denominación común empleada era la de *gentes del país*, en memoria de la habitual y anónima colaboración de los vecinos en los momentos de mayor gravedad para la seguridad pública. Éste es el caso de las milicias de Galicia, consideradas siempre como *la gente del país*. El recuerdo de su pasado como unidades de la defensa litoral permanece siempre en el caso de las milicias de la costa de Granada, conocidas históricamente como *compañías de naturales de la marina*[10].

La pérdida momentánea del uso de la palabra *milicia* a comienzos del siglo fue subsanada inmediatamente por los nuevos gabinetes de Guerra borbónicos mediante la utilización de *milicias urbanas,* cuya aceptación se generalizó en el reinado de Carlos III. La conexión histórica entre las milicias de la época de los Austrias y las dieciochescas peninsulares puede apreciarse en el estudio particularizado de cada localidad, indagando la sociología de la oficialidad, y más concretamente, siguiendo los memoriales de promociones y ascensos, en los que se especifica, como méritos prioritarios, la pertenencia acrisolada de cada familia en las diferentes categorías de la oficialidad, dando paso a auténticas sagas familiares. Estas sagas de acomodados locales se remontan generalmente a varias generaciones parentales, muchas de ellas arrancando sus patentes desde los siglos XV y XVI.

Las milicias urbanas dieciochescas pueden definirse primeramente como unas compañías para la defensa interior, de carácter local, y circunscritas al espacio municipal. Éstas estaban situadas en los lugares de las costas españolas e insulares y en las zonas del interior peninsular, consideradas tradicionalmente como fronteras por su carácter estratégico, donde se hallaban plazas militares o guarniciones. Esta posición de zona de fricción habitual, frontera de guerra o línea de avance, se destaca reiteradamente en la documentación. Sobresalen las ciudades lindantes con Portugal, como las milicias de Valencia de Alcántara, calificada como poderosa antemural de los enemigos y plaza de armas como un sobresaliente castillo. En las plazas defensivas de la frontera marítima con África, han sido las andalu-

---

[10] Sobre Galicia, AGS GM 4460. El marqués de Croix a Esquilache (18-IV-1764); la costa de Granada, AGS GM 4454. El marqués de Ustáriz a Luis Fernández de Córdoba (13-IV-1741).

zas de Tarifa, San Roque, Cádiz y Ceuta las más alabadas como limes de los enfrentamientos con Berbería. En el ámbito mediterráneo han sobresalido Valencia, Murcia, Ibiza y Formentera, tan próximas en leguas marinas al puerto de Argel y tierras tan pacientes como combativas ante las continuas embestidas de la piratería y el corsarismo[11].

Cuatro coyunturas cruciales de la política internacional del siglo XVIII impulsaron el levantamiento y movilización general de las milicias urbanas. Me refiero a la Guerra de Sucesión por la Corona española, entre 1700 y 1714; la contienda europea llamada de los Siete Años (1756-1763); la guerra contra Inglaterra, en el seno del contexto de la Independencia de las 13 colonias inglesas de Norteamérica; y, por último, el enfrentamiento español contra la Convención francesa entre 1793 y 1795.

Durante el reinado de Carlos III (1759-1788) sabemos que prestaron servicios en todas las zonas con costas peninsulares: Galicia, Andalucía Oriental y Occidental además de las plazas de armas africanas de Orán y Mazalquivir, los reinos de Valencia y Murcia, y las Islas Baleares (Mallorca, Ibiza y Formentera). Otras compañías continuaron en las localidades interiores con carácter de plaza de armas, o que habían levantado milicias ciudadanas en circunstancias concretas de agitación social, como Madrid y León. La fricción con las milicias provinciales se acrecentó a medida que la Monarquía estableció el reclutamiento obligatorio, tras la Real Ordenanza de milicias provinciales de 1734. Pero el interés por salvaguardar las fuerzas defensivas ciudadana e impulsar su extensión definitiva se materializó en 1767, cuando concedió Carlos III la exención del servicio de milicias provinciales a una serie de poblaciones, que, suponemos, contaban en su haber con compañías de urbanas. Eran 51 localidades, sin mencionar las existentes en el Reino de Valencia.

Expansión territorial y volumen de los efectivos

Durante el siglo XVIII se acometieron ciertas reformas en estas milicias urbanas, ya perceptibles en algunas zonas en el reinado de Felipe V –es el caso del Reino de Valencia–, pero claramente evidentes en los inicios del reinado de Carlos III. Es lógico si consideramos que el ejército y la milicia fueron una de las instituciones que experimentaron mayores cambios durante los reinados de Felipe V y Carlos III. Entonces se asistió no

---

[11] Referencias a la villa de Alcántara en AGS GM 4455, Carta orden 3-VII-1745; Alburquerque, 4456. Carta de Alejandro Polo (3-IX-1767); Cartagena, AGS GM 4458, Memorial de la Ciudad de Cartagena (27-XI-1773); Ibiza y Formentera, AGS GM 4453, se recogen interesantes informes sobre los ataques del corsarismo y sobre la isla de Formentera.

sólo a una patente expansión territorial de las urbanas (implantadas en áreas y localidades nuevas), sino al aumento del número de unidades, allí donde existían con anterioridad, o la fuerza de la costumbre había constatado su necesidad. Se impulsaron, en consecuencia, determinadas medidas con el fin de obtener una cierta homologación, al menos en los elementos básicos, y unas directrices para diferenciarlas de las precedentes. Entre estas reformas figuraban la adopción general del término de milicia urbana, la concesión de patentes reales a la oficialidad, el uso de distintivos y uniformes, y, de forma más restringida, el codiciado fuero militar.

El interés de la Monarquía por mantener estos operativos defensivos ciudadanos era manifiesto. Como fuerzas de reserva local eran convocadas y puestas en armas cada vez que existía un enfrentamiento bélico con otras potencias susceptibles de amenazar la seguridad interior de la Monarquía, o simplemente cuando se incrementaban las embestidas habituales de la piratería. Con el fin de impulsar la extensión definitiva de estas milicias urbanas, Carlos III concedió en 1767 la exención del servicio de milicias provinciales a una serie de poblaciones, que se extendían desde Galicia (A Coruña, Vigo, El Ferrol, Bayona, Monterrey), Extremadura (Badajoz, Alburquerque, Alcántara, Valencia de Alcántara y Alconchel), las lindes de Castilla (Ciudad Rodrigo, Puebla de Sanabria, Carbajales, Trebejo), Baja Andalucía (Cádiz, Puerto de Santa María, Isla de León, La Carraca y Arsenales, Tarifa, Algeciras, San Roque, Los Barrios, Ayamonte, Paymogo, San Lúcar de Guadiana, La Puebla Guzmán, Encinasola), Costa de Granada (Almería, Roquetas, Vera, Mojácar, Carboneras, Nijar, Vicar, Felix, Enix, Adra, Albuñol, Motril, Salobreña, Gualchos, Almuñécar, Vélez, Torrox, Nerja, Estepona, Marbella y Mijas). Por último en el Reino de Murcia también se excluyó del repartimiento de milicias provinciales a la ciudad de Cartagena con sus arrabales (Santa Lucía, San Antón y Quitapellejos)[12]. Suponemos que con la exención concedida a estas localidades los vecinos se libraban de formar parte de los contingentes de milicias provinciales, y, en su lugar, venían a engrosar las compañías de milicias urbanas. Los cometidos de ambas eran intrínsecamente diferentes. Mientras que las milicias urbanas eran voluntarias y se formaban entre los moradores de cada población y en ocasiones entre los gremios, su cometido era exclusivamente actividades relacionadas con la defensa y la vida local, como expuesto líneas arriba. En cambio, las milicias provinciales, cuyo reclutamiento se realizaba mediante sorteo, se utilizaban como fuerzas de reserva del ejército real, y por tanto atendían la defensa general del Estado ya fuere en guarnición o en campaña. La

---

[12] AGS GM 4453, «*Relación de los Pueblos de Frontera y Marina que pueden ser exentos del servicio personal de Milicias Provinciales por las Urbanas que hay que mantener*».

Relación antecedente muestra el interés de la época de Carlos III por un reforzamiento de las áreas estratégicas de frontera, tanto interior como marítima, en las que la movilización local adquirió una importancia fundamental en el seno de la defensa general del Estado, frente a los enemigos coyunturales o permanentes de la Corona. José Contreras Gay ha apuntado que existe una especie de conmutación[13].

Respecto al número de compañías y de efectivos de milicias urbanas movilizadas en el reinado de Carlos III los datos existentes son incompletos. En la Real Declaración de milicias provinciales de 1767 se especificaban las poblaciones de la Península que debían tener urbanas. Sin embargo, esta Relación no corresponde a la realidad del momento, ya que la propia administración militar reconoció con sorpresa el mantenimiento de diversos efectivos en villas y territorios cuya existencia desconocía. Un informe del inspector Martín Álvarez de Sotomayor indica que entre 1760 y 1768 se levantaron un total de 123 compañías de milicias urbanas, que en números globales resulta también incompleta. Aunque es posible que este inspector comisionado se pudiera referir sólo a aquellos cuerpos puestos en armas con motivo de las hostilidades durante la Guerra de los Siete Años, tampoco las contabiliza todas, ya que en su informe no incluye las nueve poblaciones del País valenciano, que movilizaron 85 compañías de milicias urbanas y que, según sabemos ahora, representaban el área geográfica con mayor número de efectivos, cuerpos y localidades en pie[14].

Por nuestra parte hemos intentado recomponer a través de la documentación conservada cuál era el volumen aproximado de estas milicias. La información que hemos conseguido también es parcial. Las noticias se hallan dispersas en diferentes lugares y fondos y faltan muchos expedientes, de los que hay indicios de su existencia y se han extraviado. Entre los papeles confidenciales de la Secretaría de Guerra figura un documento resumen sobre la situación del fondo sobre las milicias urbanas en 1794. Por él sabemos que la propia administración ratificaba que, a partir de 1762, «se fueron regenerando casi todos los cuerpos de milicias urbanas» y que en 1775 el Conde de Ricla remitió 15 expedientes sobre diferentes contingentes territoriales, que se perdieron tras su fallecimiento, lo mismo que otros 14 expedientes relativos al último cuarto de siglo[15].

---

[13] Esta «conmutación» evitaría el traslado de gente del interior a la costa CONTRERAS GAY, 1993, p. 239.

[14] AGS GM 4453. *Informe de Martín Álvarez de Sotomayor del 12 de mayo de 1767.* Respecto a Valencia, AGS GM 4462, *Estado de las compañías de milicias urbanas del Reino de Valencia en 1782.*

[15] AGS GM 4458, *Expediente sobre milicias urbanas.* En un papel de la Secretaria se apuntan estas cifras e informaciones diversas.

A pesar de lo expuesto líneas arriba hemos podido contabilizar un total de 229 compañías repartidas entre 41 poblaciones. Estas cifras nos sitúan ante la movilización de unos 20.500 individuos entre 1762 y 1770, repartidos a lo largo de la geografía peninsular, como puede apreciarse en la relación siguiente:

CUADRO I

Área geográfica	Número poblaciones	Compañías	Efectivos	Número poblaciones exentas de milicias provinciales
Murcia (*)	2	16	1.600	
Valencia	9	85	4.950	
Costa de Granada	10	10	1.050	13
Baja Andalucía	6	55	4.702	
Extremadura	5	41	4.295	6
Galicia (*)	7	16	1.600	5
Baleares (*)	2	6	2.150	
Total	41	229	20.347	

(*) Faltan los datos de algunas localidades.
Fuentes: AGS GM 4453, 4454, 4455, 4456, 4458, 4460, 4462 y 4463.

El cuadro sólo da cuenta de aquellas cifras que aparecen con exactitud en los diferentes expedientes e informes estudiados. Los números de efectivos de Valencia, Murcia, Costa de Granada y Extremadura son el resultado de la suma efectuada en cada una de las localidades, remitidas y aceptadas por la Secretaría de Guerra. Entre las compañías y lugares de la Baja Andalucía incluimos también las de Ceuta y Mazalquivir. Sin embargo, otras áreas peninsulares han quedado en el cuadro mas reducidas, pues aunque conocemos los lugares donde se levantaron milicias urbanas, carecemos de los datos referidos al número exacto de compañías y efectivos. Éste es el caso de Murcia, Galicia y Baleares, de las que disponemos de la información global, pero nos es imposible una explicación más detallada con los datos de los que disponemos hasta el momento.

A continuación ofrecemos la distribución de estas compañías entre las diferentes ciudades y localidades en la etapa comprendida entre 1762 y 1770:

Cuadro II
Relación de las compañías de milicias urbanas y su distribución por localidades*

Territorio	Localidad/Compañías		Territorio	Localidad/Compañías		Territorio	Localidad/Compañías	
Murcia	Murcia	7		Costa de Estepona	1		Valencia de Alcántara	7
	Cartagena	9	Málaga				Alcántara	6
Valencia	Valencia	4		Marbella	1	Extremadura	Alburquer.	8
	Peñícola	5		Vélez	1		Badajoz	14
	Castellón	12		Almuñécar	1		Ciudad Rodrigo	6
	Alcira	4		Motril	1			
	Denia	2	Granada	Andra	1		A Coruña	12
	Alcoy	3		Roquetas	1		Lugo	4
	Xixona	11		Almería	1	Galicia	Ferrol	
	Alicante	12		Ibiza	5		Baiona	
	Orihuela	12	Baleares	Formentera	1		Monterrey	
				Mallorca			La Graña	

* Se han estructurado las localidades tal y como aparecen agrupadas en los distritos de la costa.
Fuentes: véanse las del cuadro I.

Como ha quedado expuesto en líneas anteriores, la mayoría de estas milicias urbanas aumentaron el número de sus dotaciones en la década de los sesenta, en el marco bélico de la Guerra de los Siete Años, ya fuese durante el desarrollo de la propia contienda en torno a 1762 (como es el caso de Tarifa, Galicia, Cartagena… y de la mayor parte de ellas) o inmediatamente después, como consecuencia de la reflexión sobre la seguridad de las costas. La última de todas ellas fue la ciudad de Ceuta, que en 1770 tras diferentes dificultades puso en marcha 10 compañías de urbanas, incluyendo entre ellas la unidad de Mazalquivir.

Tipología de las milicias urbanas

Claramente se desprenden dos modelos de milicias urbanas en el siglo XVIII:

1. Las denominadas *compañías de urbanas* o *compañías urbanas de reserva* consideradas por la propia administración de guerra como tropas o gentes de guerra encargadas de diferentes cometidos en el ámbito urbano y con una organización interna siguiendo los modelos históricos de carácter local. Estas compañías sustituyeron en algunos casos a las milicias provinciales en los territorios de la Corona de Aragón (estas

milicias no llegaron a imponerse por la oposición de los estamentos sociales). Las formas más evolucionadas continuaron siendo los contingentes procedentes de las asociaciones gremiales tal y como conocemos en las milicias locales de los siglos XVI y XVII. Veremos más adelante su funcionamiento en la dinámica de las corporaciones municipales borbónicas.

2. El *paisanaje*: denominación aplicada a los vecinos en armas que representaban los aspectos más populares y castizos de las milicias urbanas. Como es sabido, en el contexto militar el paisano era aquel que no llevaba uniforme y que, por tanto, no se consideraba militar. El término era usado habitualmente por la administración militar borbónica y por los representantes territoriales del poder militar para definir a los cuerpos de defensa ciudadana de carácter local o municipal, que conservaban las peculiaridades propias de cada región o territorio (atuendo, disposición territorial, organización consuetudinaria, componentes familiares). De ahí que la expresión *movilización del paisanaje* constituyó la denominación común utilizada por los capitanes generales (que encabezaban la organización militar territorial) cada vez que «levantaban» en armas a los miembros de las milicias locales. También se usaba la palabra *paisanaje* de forma despectiva cuando se quería resaltar los aspectos castizos y consuetudinarios de estos colectivos vecinales en armas, así como su falta de adiestramiento y disciplina.

El marco legislativo

El marco normativo se mueve entre dos pilares, que confirman el nexo jurídico entre las Ordenanzas Militares y el particularismo regional. Lo primero que llama la atención es su peculiar marco legislativo. En líneas generales, los asuntos judiciales se rigieron por algunas disposiciones de las Ordenanzas y Reglamento de las milicias provinciales de 1734 y 1766. Sin embargo, el desarrollo cotidiano de funcionamiento se estableció por disposiciones específicas de la Secretaría y del Consejo de Guerra de la Monarquía, pero, sobre todo, por las *Instrucciones y Reglamentos* que generarán los propios capitanes generales de cada territorio.

Como punto general, hay que subrayar la ausencia de *Ordenanzas* específicas para las milicias urbanas. Las diferentes disposiciones sobre su establecimiento y organización se hallan entre la normativa general de las milicias provinciales. Las alusiones más abundantes se refieren a su permanencia o consolidación a lo largo de determinados momentos históricos. La *Ordenanza* de 1734 y, sobre todo, el *Reglamento* de 1766 sirvieron de referencia para el ordenamiento de las milicias urbanas de Valencia, de Alcántara y de Cartagena. De la misma forma la Administración de Guerra se refirió a disposiciones sobre las Provinciales, para apoyar la permanencia de algunos cuerpos y la extinción de otros. La variedad y peculiaridad obliga a detenernos en el estudio de los casos concretos para comprender mejor el marco legislativo de las milicias urbanas.

Respecto a los asuntos judiciales las milicias urbanas debían proceder conforme a la *Ordenanza de milicias* de 1734 y la *Adicción* de 1767[16]. En ella se previene que las causas civiles o criminales habían de ser sustanciadas en el seno de la jurisdicción militar ante los coroneles o comandantes respectivos, con la asistencia de asesores y escribanos; y nunca debía corresponder conocimiento alguno a ningún otro juez, tribunal, comandante militar o inspector. Las apelaciones que pudiesen interponerse debían presentarse ante el Consejo Supremo de Guerra. La aplicación de esta normativa se reiteró en la práctica en las compañías cuyos oficiales disponían del Fuero Militar. Sin embargo, el ámbito de la cotidianidad se refleja en las disposiciones (*Instrucción, Reglamento, Ordenanza*) que se elaboraron en el espacio jurisdiccional de cada capitanía general a veces aplicable a todas las compañías de milicias urbanas correspondientes, o, simplemente, a las de una localidad determinada. Recogemos a modo de ejemplo la Instrucción de Galicia, la Ordenanza de la Costa de Granada y la de la ciudad de Cartagena. En estos textos la finalidad primordial consiste en conservar las compañías con una formación permanente, perfeccionando el orden y el método de funcionamiento.

El *Reglamento e Instrucción* de Galicia data del 1 de agosto de 1763. Se elaboró durante el mandato del marqués de Croix, y se aplicó desde entonces en todos los partidos de la costa. Consta de 12 artículos y en él pueden apreciarse todas las peculiaridades de la organización gallega: la distribución geográfica de sus efectivos (art. 1); las circunstancias y características de los jefes, su nombramiento y las excepciones de que gozan (arts. 2, 3 y 4); las revistas sobre los paisanos, su periodicidad y castigo de infracciones (arts. 5, 6, 7 y 8); el armamento (art. 9); las condiciones del reclutamiento (art. 10); y las ventajas económicas y jurisdiccionales (arts. 11 y 12). En este último artículo se insiste en que en las causas de carácter criminal, la jurisdicción corresponde sólo a la capitanía general y no a la justicia ordinaria.

Esta disposición gallega está más próxima a un Reglamento de funcionamiento interno que a una Ordenanza de carácter militar. De su lectura se desprende rápidamente que la preocupación principal que invade el texto es la regulación del contingente humano, de procedencia eminentemente popular. Estos paisanos o gentes del país hacen necesaria la constitución de una normativa propia, ya que su formación y

---

[16] La Reglamentación de las milicias provinciales incorporaron además una serie de disposiciones, declaraciones, instrucciones, adiciones y providencias que se fueron publicando entre 1734 y 1767, para ir aclarando las dudas que surgían en su aplicación.

adiestramiento está muy alejada de las milicias regladas de Castilla y de las de la propia Galicia (el término de paisanos referido a las milicias aparece recogido cinco veces en los doce artículos). La mayor parte de su contenido se dirige a establecer las atribuciones de sus mandos, conocidos como jefe 1°, 2° y 3°, y a regularizar el mantenimiento en forma de los paisanos. El armamento de estas milicias urbanas permite las armas de fuego y de punta, entre las que destacan los chuzos y las picas.

La normativa gallega contrasta claramente con la *Ordenanza del servicio de la Costa de Granada*, texto fundamental de las milicias urbanas de 1766, por el que se remodela el último *Reglamento de la costa de Granada de 1764*. En él se viene a ratificar los aspectos básicos que caracterizaron las disposiciones sobre la guarnición costera, cuyos orígenes se remontan a las establecidas por los Reyes Católicos, tras la conquista del reino. En la Ordenanza de 1766 se constata el interés por adecuar las compañías de milicias a una estructura organizativa similar a la militar. El contenido del texto no responde a la realidad de la organización cotidiana de estas compañías, que en la práctica se presentan con un carácter mucho más indisciplinado y popular. A pesar de ello, si se comparan con los *trozos* gallegos, estas compañías han conservado cierta disciplina militar a lo largo de la historia, la cual les acerca más a las gentes de guerra, en comparación con las otras *compañías de naturales*[17].

Otra medida legislativa de carácter territorial es la Instrucción dirigida a las milicias urbanas de Orán y Mazalquivir en 1771. Consiste fundamentalmente en una enumeración pormenorizada de las obligaciones de la plana mayor, oficialidad y tropas. Su lectura introduce a conocer las prácticas de organización de estos efectivos, con las peculiaridades propias de estas ciudades destacadas en el norte de África. La *Instrucción* persigue el establecimiento de las pautas de funcionamiento interno, no sólo referido a la actuación de sus mandos, sino al control de la vida cotidiana de la propia milicia, y su relación con la población local. Tiene como primer objetivo el conocimiento puntual de las circunstancias personales de los milicianos (sus nombres y apellidos, oficio o actividad, y la casa donde viven, haciendo extensivo desde el primer oficial al último soldado), con un registro individualizado en los libros de la formación, donde se anoten las altas y bajas, así como las circunstancias generales del alistamiento. Otro objetivo es el seguimiento de libretas donde se registren los servicios de cada oficial, con el fin de regular acertadamente las promociones y ascensos, como en el ejército regular. Se atiende también al cuidado del armamento, a la conservación de las municiones y a la obligación, en determinados días de

---

[17] AGS GM 4460, informe del capitán general, marqués de Croix, a Esquilache (18-IV-1764). El documento firmado por el marqués de Croix figura dentro del expediente.

fiesta, de instruir a la tropa en el manejo de las armas y ejercicios de instrucción. En los aspectos económicos se estipula el abono del pan y préstamos a las tropas y las pagas de los oficiales. Por último se establece la formación de un *Libro maestro* donde se recopilen todas las órdenes expedidas por el comandante general en el marco del funcionamiento diario. Todo ello se plantea con el espíritu de promover la armonía entre los hombres y el buen comportamiento de los milicianos con la población civil.

Estos tres ejemplos ilustran las reglamentaciones particulares de algunas de las compañías de milicias y reafirman nuestra opinión sobre la riqueza y diversidad histórica interna entre las diferentes ciudades y territorios, además del peso del pasado histórico en las prácticas jurisdiccionales.

Adaptación al medio geográfico

La adaptación al medio físico y geográfico es otro de los rasgos característicos de estas compañías de milicias urbanas. Lo primero que llama la atención es su denominación específica, resabio de antiguas demarcaciones de la época medieval o de los Austrias, que incluyen también cometidos consuetudinarios.

En Galicia, los *caudillatos* o «compañías de paisanos» se regularizaron en 1705, tras históricos servicios continuados desde el siglo XVI. A comienzos de la centuria dieciochesca se estipula su establecimiento en los lugares de la costa, comprendidos en la franja de dos leguas tierra adentro, y su objetivo fundamental sigue siendo el hacer frente a cualquier irrupción de los piratas o enemigos de la Corona, así como la vigilancia de los fachas y atalayas de la costa. En 1743 el capitán general, conde de Itre, modificó ligeramente la disposición anterior, subdividiendo el área litoral en *trozos*, e introduciendo una nueva organización en la disposición de los efectivos: cada trozo se compuso de 100 o 120 hombres armados, subdivididos en 5 escuadras de 20 o 25 individuos. En 1762 el *Reglamento o Instrucción* intentó consolidar definitivamente estas demarcaciones o partidos gallegos y darles una planta definitiva. Los *caudillatos* fueron definidos como los jefes principales de cada partido: habían de residir en los lugares correspondientes a cada trozo (o en sus inmediaciones) y su graduación equivalía a la de un sargento mayor[18].

---

[18] AGS GM 4463, *Instrucción de las obligaciones que deben tener y corresponden así a la plana mayor de las tropas urbanas como a sus respectivos capitanes, oficiales, subalternos, sargentos, cabos y demás individuos. La Instrucción se encuentra en el expediente junto a la Relación de individuos de las milicias urbanas en 1771.* AGS GM 4460. El funcionamiento de los «caudillatos» gallegos se establece en la *Instrucción del 1 de agosto de 1763.*

Las milicias urbanas de la Costa de Granada se conocen como las *cuadrillas*. Recibieron el nombre de las antiguas compañías que cubrían los destacamentos de la costa y guarnecían las fortalezas y castillos, junto a los torreros y escuchas. En 1740 se remodelaron y fusionaron en las «compañías de naturales» de la marina. Y a partir de 1765, recibieron la denominación general de milicias urbanas, y como sus antecesoras, se las reconocieron como *gentes de guerra*. En 1765 se componían de 10 compañías, extendidas a lo largo de 85 leguas de costa, con una dotación de infantería de 1.015 hombres entre los que figuraban la oficialidad, los sargentos, tambores, cabos y 963 soldados. Estaban distribuidas por los destacamentos o partidos de la costa, y tomaban el nombre de la ciudad en la que radicaba su sede: Estepona, Marbella, Vélez, Almuñécar, Motril, Adra, Roquetas, Almería, Níjar, y Vera. La tropa se describió como «robusta y de buena disposición para toda fatiga», compuesta por vecinos y «paisanos honrados» de los puestos litorales, que solicitaban el servicio movidos por el fuero militar y la conveniencia permanecer en sus casas. Carecían de disciplina militar y hacían la guerra por grupos y partidas pequeñas, al modo de los fusileros de montaña. Su adaptabilidad al terreno y vigilancia en cuadrillas, hace que se les reconozca como buenos escopeteros y tiradores[19].

En las islas Baleares de Ibiza y Formentera las compañías de milicias urbanas se llamaban *cuartones*. El nombre proviene de la conquista cristiana frente a los árabes en 1235 y la distribución posterior de las diferentes parcelas de labor. Esta organización del territorio sirvió también para dividir los distritos marítimos, de vigilancia frente al corsarismo, atendidos por los vecinos del lugar. En Ibiza perduraron en el siglo XVIII cinco cuartones (los de Santa Eularia, Balansat, Pormany, Salinas y del llano de la ciudad de Ibiza) y uno en la isla de Formentera, que dieron lugar cada uno a la formación de unas compañías de paisanos en torno a la población correspondiente. Todos ellos agrupaban en 1769 a 2.150 hombres, que componían las seis compañías de milicias urbanas. La distribución territorial de estos efectivos fue muy desigual, sólo el cuartón de Santa Eularia agrupaba 1.830 individuos distribuidos en 12 puestos de vigilancia, ya que era el

---

[19] AGS GM 4454, *Informe de José de Orcasitas a Sebastian de Eslava (10-V-1757)*. A las milicias urbanas de la Costa de Granada se les atribuye importantes servicios a los Reyes Católicos. La tradición municipal distingue tres clases de compañías en las costas: 1) las que guarnecían las fortalezas (ocho compañías en 1757); 2) *las compañías de naturales* de los puestos de la marina; 3) las *compañías de socorro,* provenientes de los vecinos de las poblaciones del interior, que ayudaban a las de la marina en situaciones de extrema urgencia. Los tres tipos de milicias urbanas se mantuvieron hasta 1741, cuando la real cédula del 13 de abril de ese año reconoció únicamente la segunda clase.

más extenso en superficie y con más población residente. Sin embargo el cuartón de Formentera sólo tenía en conjunto 80 casas, donde habitaban pobres labradores. Los capitanes de estos cuartones presentaban la peculiaridad de mantener a su costa un criado y un caballo para recorrer los parajes de su mando, pasar revista a los milicianos y vigilar los puestos de guardia[20].

Contenidos y funciones

Las funciones de las milicias urbanas iban más allá de la defensa ciudadana y costera. Actuaban también como compañías de reserva sustituyendo a las milicias provinciales, pero, sobre todo, en aquellos cometidos relacionados con las gestiones de la vida cotidiana y el orden público de los municipios o de las áreas adscritas a su cuidado: persecución de vagos y malhechores, aprehensión de contrabandistas, auxilio a recaudadores de rentas reales; vigilancia de fortalezas, almacenes de pertrechos militares y piezas de artillería; y la preservación de la salud pública evitando los contagios de peste por las costas. Los capitanes generales respectivos destacaron sus habilidades como tiradores prácticos en Orán, Tarifa, la Costa de Granada, San Roque y Campo de Gibraltar. La atención a la captura de bandidos y desertores fue especialmente importante en el País valenciano. En Ibiza y Formentera los puestos de guardia de la costa vigilaban las patrullas regulares, por lo que los oficiales aportaban en su equipo un caballo, como algo imprescindible para recorrer el distrito que les era asignado. En la Costa de Granada las milicias urbanas tenían encomendadas la vigilancia de castillos y fortalezas, distribuidas entre los nueve distritos marítimos. En área próxima al Estrecho de Gibraltar las funciones asignados a estos efectos eran tan variadas que se asemejaban por su preparación práctica a las tropas regulares. San Roque contaba con una compañía de tiradores y otra de Caballería, destinadas a la persecución de contrabandistas de diversos géneros y tabaco. En Orán se creó una compañía de Granaderos y en el Puerto de Santa María otra de la misma clase, además de dos compañías de Fusileros para garantizar el orden público en toda esta área jurisdiccional.

---

[20] AGS GM 4453. Los datos aparecen dispersos en varios documentos. Una mayor precisión puede encontrarse en el Memorial de los seis capitanes de los cuartones de Eivissa, Sant Miquel Balansat, Sant Antoni de Portmany, Sant Jordi de les Salines y el de Santa Eulalia d'es Riu.

Las condiciones del reclutamiento

Las compañías urbanas de reserva

Se trata de milicias de carácter municipal articuladas en torno a un núcleo de población que le servía de sede y cuya área competencial abarcaba el perímetro geográfico de la corporación local. Su finalidad primordial consistía en mejorar la defensa y la seguridad interior de la propia ciudad. Como respondían a una evolución de las milicias locales anteriores, disfrutaban de mayor autonomía respecto a las milicias provinciales o disciplinadas del siglo XVIII. El grado de autonomía lo marcaba la propia corporación municipal, que daba consistencia a la elección de sus miembros, y, según su vecindario, al número y dotación de sus unidades.

Aspectos muy concretos definen el carácter municipal de las milicias urbanas, además de lo mencionado líneas arriba, entre ellos, la procedencia y el sistema de elección de la oficialidad, y la titularidad del mando municipal de las milicias. La elección de los miembros de la oficialidad se hacía en el seno de la corporación. Las propuestas surgían de los acuerdos tomados en el Cabildo, donde se debatían los nombres de los sujetos, considerados idóneos, el orden en las propuestas de empleos, así como los criterios de prioridad a la hora de establecer los primeros puestos en las listas. Era durante estas decisiones de las autoridades municipales cuando surgían las divergencias y cuando se podía apreciar con mayor nitidez la propia presión y los intereses personales de sus miembros. Siguiendo este criterio las diferentes poblaciones (Cádiz, el Puerto de Santa María, Tarifa, la ciudad de Gibraltar, Marbella...) propusieron con prioridad para los puestos de capitanes y tenientes de sus cuerpos de urbanos a los Regidores. En Gibraltar se organizó la preferencia según «el orden de incorporación de los regidores a la ciudad». En Tarifa, frente a candidatos muy cualificados procedentes del ejército regular, se eligió a los regidores y con mayor frecuencia a los regidores perpetuos. Esta cuestión suscitó el agravio de otros individuos de la colectividad, que sintieron el peso abrumador de las Regidurías para ostentar el mando de las milicias urbanas. Así se expresaba el memorial de Miguel Rendon en febrero de 1790, al ser desplazado por uno de los regidores de la ciudad de Gibraltar en la población de San Roque:

> los empleos primeros de este cuerpo se vinculan en los mismos Regidores dejando sin ascenso a aquellos antiguos subalternos personas de aptitud y circunstancias, resistibles a la misma razón y equidad... como proponen los capitanes arrima proporciones a su propia utilidad y fomento[21].

---

[21] AGS GM 6442. Para mayor información, véase CORONA MARZOL, 1998, pp. 382 y 383.

En otros casos la promoción en las milicias urbanas sirvió a los corregidores y regidores para apoyar o proponer a sus familiares más directos. El caso más sobresaliente que hemos encontrado es el de José Marco
Caballero, corregidor de Marbella, que llegó a proponer como capitán de
una de las compañías a su hijo mayor de 11 años, y a los otros dos de 5 y
9 años para subalternos, cuestión que fue denunciada por el procurador
síndico personero del común de la propia ciudad en 1793. Para todos estos
procedimientos las corporaciones municipales contaban con Libros de
Registros donde constaban los miembros de las milicias urbanas y las
sucesivas promociones de la oficialidad con sus patentes.

Otro rasgo de la vinculación estrecha entre las milicias y la ciudad se
refleja en el hecho de que el cargo de comandante general de los urbanos
solía ostentarlo el corregidor en calidad de tal, como sucedió en Gibraltar, en el Puerto de Santa María y en otras localidades, ya que se consideró que la unión de ambos encargos en la misma persona favorecería el
buen funcionamiento de la milicia, al unirse las competencias defensivas
y de orden público de ambos puestos de titularidad municipal.

Llama la atención que aunque el motivo fundamental de su existencia
era la defensa del propio territorio, vida y enseres, también llegaban
a adquirir obligaciones militares frente a los invasores externos de la
Corona, y eso a pesar de no cumplir con los cometidos del ejército regular relativos a la defensa general en campaña o guarnición, y en el reemplazo del ejército. En algunos casos se llegó a escribir que sustituyeron
a las milicias provinciales, y esto resulta verídico tras la exención del servicio de las milicias provinciales a una serie de poblaciones costeras en
1767. En cuando a su ubicación, las milicias urbanas siempre ocupaban
posiciones estratégicas: zonas de frontera de la geopolítica peninsular de
la Monarquía española. Esta apreciación suele reflejarse habitualmente en la documentación: Tarifa era *frontera de Berbería*, San Roque *la
Puesta de los Estrechos*, o Ayamonte es *la frontera con Portugal*. De ahí
que durante el reinado de Carlos III se completaron con milicias urbanas las áreas consideradas como estratégico-militares y que antes sólo
disponían de milicias concejiles, o que se hallaba desguarnecidas. Por
tanto, el número de sus efectivos, además de depender prioritariamente
del vecindario varía también según las necesidades defensivas de la zona.
Sin embargo, las funciones más habituales de las milicias eran las de
orden público, manifestadas en una gama de cometidos: persecución de
malhechores y contrabandistas; auxilio a los recaudadores de rentas reales; vigilancia de la artillería, almacenes y fuertes; y preservación de la
salud pública evitando los contagios de peste u otras enfermedades que
entraban por las costas a la península, como hemos indicado líneas arriba.

Respecto a sus atributos militares presentaban una serie de características que les situaba en una posición peculiar. En primer lugar, la con-

cesión de reales despachos a la oficialidad, que se hacía en diferentes fechas según la importancia de las compañías y el momento de su establecimiento definitivo. El permiso para la utilización de uniformes se generalizó durante el reinado de Carlos III y supuso una distinción y una aproximación hacia el ejército regular. Pero fue sobre todo la concesión del Fuero militar a los oficiales, mientras estaban en servicio, lo que les hizo merecedores de una estimación superior y les acercó a las milicias provinciales.

El paisanaje

El paisanaje fue admitido en función de unas determinadas condiciones. El marco general lo constituía la legislación referida a las milicias provinciales, aunque en la práctica la realidad presentaba condiciones muy diversas.

Para ocupar los puestos de la oficialidad se prefería la condición de nobleza, cuya clarificación variaba según las zonas: hidalgos y nobleza local (en Galicia, Extremadura, Baja Andalucía), nobleza titulada y ciudadanos honrados en los reinos de la Corona de Aragón, y en su defecto, representantes de las clases acomodadas y de las oligarquías humanas, especialmente los que se distinguían además con la posición política de las regidurías. El perfil de la oficialidad debía responder a ciertos criterios: linaje, posición social y una situación económica holgada. A finales de siglo se promocionaron militares de carrera, que pasaron sus años de servicio en las compañías urbanas.

Una buena reflexión acerca de los criterios y razones que fundamentaron esta práctica lo constituye este texto de las milicias urbanas de Vélez Málaga en 1772, donde se aprecia la funcionalidad de la nobleza en el universo de los paisanos lugareños:

> Se eligieron por oficiales a los sujetos de mayor representación y mas acaudalados de aquel distrito, y son estas circunstancia las que principalmente se buscan y requieren para tales empleos, por cuanto se sirven casi sin sueldo, y no pueden mantenerse con decencia y honor el que no tenga propio caudal. Y por este respeto y el de la distinción nativa de los individuos en quienes recaen se afianza la subordinación y obediencia los soldados a sus jefes, pues en otros términos se miraría muy expuesta por carecer los súbditos de aquella precisa disciplina militar que los obligaría a ello, a razón de ser unos meros paisanos y convecinos el propios oficiales a quienes solo respetan por el conocimiento de particulares cualidades y no por aquel carácter[22].

---

[22] AGS GM 4454. Informe Confidencial al Conde de Ricla (3-XI-1772).

Entre la oficialidad se reproducían las estrategias sociales propias de la nobleza y de la oligarquía urbana: sucesión en las plazas padres a hijos, hermanos o familiares, que acapararon los puestos de mando de las compañías creando redes de intereses y relaciones. Las capitanías de algunas poblaciones fueron ocupadas por auténticas sagas familiares que se sucedieron durante generaciones. Ejemplo de ellos son los Sopranis en Cádiz y los Escorzia en Alicante, los Navarro en Ibiza, la familia de los Villanueva en Roquetas, los Torrer en Níjar, y los Enríquez y Castillo en Vélez-Málaga; así como los de la Serna en Tarifa, y los Rondón y Cabezas en San Roque.

Sin embargo, para constituir el corazón de las compañías de urbanos sólo se requería, en líneas generales, ser acomodado o disponer de un oficio y estar entre los 18 y los 40 años de edad. La propiedad se consideró un símbolo de respetabilidad y una garantía para la defensa de la sociedad y el orden. Pero la realidad cotidiana se impuso a estos principios, y se admitió como miliciano a cualquiera que pudiese permitirse un arma y mantener una conducta ordenada.

Un ejemplo muy significativo lo constituyen las compañías de Alburquerque, villa de Extremadura, con una larga tradición de milicias fronterizas, cuya antigua dotación conservaba patentes reales de los reinados de Felipe IV y Carlos II. En el siglo XVIII aún seguían en pie y ampliaron considerablemente su número en 1762, cuando, con motivo de la guerra con Portugal, la administración militar animó a que se alistasen todos los que fuesen hábiles para tomar las armas. Así se constituyeron ocho compañías, cada una de 100 hombres, elegidos entre los vecinos. Tras finalizar la guerra y volver a la normalidad, de un padrón de 1.185 vecinos, 920 estaban alistados en la milicia. Partiendo de estos datos se extrae además que en lugar de mozos solteros y robustos, estaban en activo todos los vecinos entre 16 y 60 años, denominados paisanos, porque su nombramiento como urbano no necesitaba ni distinción por la edad, ni por el ejercicio de determinadas actividades. Repasando los nombramientos de los sargentos y cabos entre 64 individuos, el 75% del total tenían entre 40 y 60 años, y, entre este grupo, un 25% eran mayores de 60 años (entre 60 y 64), sólo los restantes tenían una edad inferior a los 40 años. Entre ellos había mayoría de labradores, pero también estaban representadas 20 actividades de artes y oficios, que recogían el colectivo medio profesional más común de las ciudades de la época[23].

En otro orden destacan también por sus circunstancias los miembros de las milicias de Orán y Mazalquivir. Su composición fundamental lo constituían los desterrados, definidos entonces como aquellos individuos que habían cometido delitos y que, por eso, estaban excluidos del servicio

---

[23] AGS GM 4456. El Ayuntamiento propuso las patentes para la oficialidad que fueron ratificadas por Felipe V en 1726.

militar en los regimientos fijos, y se aplicaban a diferentes trabajos en obras u otros destinos. La oficialidad se formó de los vecinos voluntarios que realizaban alguna actividad lucrativa. La mayor parte de los capitanes de las 10 compañías se dedicaban al comercio en grueso, junto a otras actividades profesionales (médico, intérprete de lengua arábiga, guarda almacén, etc.), que también constituían un espejo de la población peninsular de estos territorios[24]. La Monarquía fomentó el alistamiento de estos colectivos ciudadanos que atendió a la defensa interior de sus territorios, en la mayoría de los casos, sin sueldo alguno. A cambio les concedía exenciones de cargas personales y concejiles, y la sustracción en casos determinados a la justicia ordinaria. Estas ventajas ocasionaron quejas y descontentos entre la población por el abuso que en muchas ocasiones se produjo, dado el gran número de alistados en muchas poblaciones[25].

Conclusiones

Se aprecia una clara permanencia de las milicias urbanas tras la Guerra de Sucesión Borbónica. Además hay una fuerte continuidad de las milicias concejiles en los comienzos del siglo XVIII que se verifica por su activa participación durante la Guerra de Sucesión y supervivencia a pesar de las nuevas disposiciones de 1703 y 1704, que claramente confunden a los municipios al tener que adoptar el nuevo sistema sin dejar de seguir utilizando el antiguo en la práctica.

En el siglo XVIII, las milicias crecieron en número (en unidades, oficialidad y dotaciones) y se adaptaron al modelo histórico existente en cada área geográfica. De igual forma se constata la consolidación de la diversidad (geográfica) y versatilidad de contenidos y actividades según las circunstancias. Se observa también la conservación de las competencias históricas y ampliación de atribuciones en algunos cuerpos específicos, según los intereses de la administración militar en cada lugar y momento. Por supuesto, no faltaron los constantes conflictos por competencias con nuevos cuerpos de seguridad creados por la administración carolina (fusileros, guardabosques, escopeteros...) en la salvaguarda del orden público; lo que muestra las ambivalencias del desarrollo reformista borbónico. De hecho, en algunos momentos se dio prioridad

---

[24] AGS GM. 4463. Informe del Contador de tributo de Orán (15-IV-1771).

[25] Entre toda la documentación consultada existen numerosos memoriales e informes contra la concesión de Fuero militar y prerrogativas al paisaje. Entre ellos sobresale la queja de los escribanos de número de la ciudad de Alicante molestos hasta el extremo por las concesiones otorgadas a estos vecinos de la Marina. AGS GM 4462. Memorial del 22-IV-1783.

a su formación respecto al establecimiento de las milicias provinciales (por ejemplo, en 1794 en Mallorca). Parece claro que el gobierno de la nueva dinastía siguió necesitando de la activa cooperación de la administración municipal, territorial y las fuerzas del ejército regular en asuntos de contrabando, sanidad y en las funciones preventivas.

Desde una perspectiva social, la milicia urbana continuó representando una vía de ascenso consolidado a la nobleza, prosiguiendo la tendencia de los siglos XVI y XVII. Por ello es fácil constatar el mantenimiento de sagas familiares cuya oficialidad ocupaba las milicias desde el siglo XVI. Ahora incluso se puede verificar la promoción en el ejército regular y en las milicias provinciales de los oficiales de algunas de las compañías considerados como *gente de guerra*. Los oficiales de las milicias urbanas se integran en los cuerpos de voluntarios durante la guerra de la Convención produciéndose una ósmosis en los mandos entre las Milicias urbanas y las Provinciales en los regimientos y batallones, (ejemplo claro es el de de Valencia y Mallorca).

En suma se constata que el aumento del poder real no está en detrimento de la capacidad del poder local. A ambas instancias de poder les interesan las milicias urbanas, a los municipios por la consolidación honorífica de sus élites locales y la exención contributiva, y a la Monarquía, porque, entre otras razones, en tiempos de paz el coste de la milicia era prácticamente nulo. Los municipios pagaban los uniformes con cargo a la hacienda comunal, y el armamento procedía de los excedentes del ejército.

Abreviaturas Utilizadas

AGM: Archivo General Militar de Madrid.
AGS: Archivo General de Simancas.
    GM: Guerra Moderna.

Bibliografía

CORONA BARATCEH, Carlos E., «Las Milicias Provinciales del s. XVIII como ejército peninsular de reserva», *Temas de Historia Militar,* Madrid, Servicio de Publicaciones del EME, 1983, pp. 327-367.

CORONA MARZOL, María del Carmen, «Valencia y las Milicias Provinciales. Intentos de introducción y oposición institucional en el siglo XVIII», *Millars. Geografía – Historia,* nº XI, Diputación Provincial de Castellón de la Plana y Universidad de Valencia (Colegio Universitario de Castellón), 1986-1987.

— «*Sociología del reclutamiento civil valenciano en vísperas de la guerra de la Convención (1762-1794)*», *III Congreso Internacional de Historia militar: actas,* Zaragoza, Institución Fernando el Católico, 1995, pp. 381-390.

— «Las milicias urbanas de la Baja Andalucía (siglos XVIII y XIX)», *VII Jornadas Nacionales de Historia Militar*, Sevilla, Universidad de Sevilla, 1998, pp. 377-390.

— «La defensa de la Península: la frontera de agua a finales del siglo XVI», *Las sociedades ibéricas y el mar a finales del siglo XVI*, vol. II (Monarquía, Recursos, Organizaciones y Estrategias), s.l., Pabellón de España,1998, pp. 531-594.

— «Ciudad y Guerra: la movilización del paisanaje (siglo XVIII)», *Encuentros históricos Suecia- España. Los ejércitos y las armadas de España y suecia en una época de cambios (1750-1850)*, Madrid, Fundación Berndt Wistedt, 2001, pp. 377-399.

CONTRERAS GAY, José, «Las milicias en el Antiguo Régimen. Modelos, características generales y significado histórico», *Chronica Nova*, 20, 1992, pp. 75-103.

— *Las milicias provinciales en el siglo XVIII. Estudio sobre los regimientos de Andalucía*, Almería, Instituto de Estudios Almerienses, 1993.

GARCÍA MARTÍNEZ, Sebastián, *Valencia bajo Carlos II: bandolerismo, reivindicaciones agrarias y servicios a la Monarquía*, Villena, Ayuntamiento de Villena, 1990.

ORDENANZAS: *Recopilación de las ordenanzas, adiciones, declaraciones, instituciones y providencias generales para la formación de los treinta y tres Regimiento de Milicias desde 31 de enero de 1734 hasta 28 de abril de 1745*, Madrid, 1745.

ORDENANZAS de S. M. *para el régimen, disciplina y subordinación y servicio de sus exércitos*, Madrid, 1768.

PÉREZ GARCÍA, Pablo, «Origen de la Milicia Efectiva valenciana: las vicisitudes del proyecto del marqués de Denia para la creación, pertrecho y movilización de los tercios del reino de Valencia (1596-1604)», *Dels furs a l'estatut: actes del I Congès d'Administració valenciana, de la història a la modernitat*, Valencia, Generalitat Valenciana, 1992, pp. 199-211.

XVII. LAS MILICIAS NACIONALES EN LA CONSTRUCCIÓN DEL ESTADO-NACIÓN EN ESPAÑA E HISPANOAMÉRICA, SIGLO XIX: HACIA UN BALANCE HISTORIOGRÁFICO

Víctor Gayol
Centro de Estudios históricos
El Colegio de Michoacán, A.C.

Presentación

La historiografía reciente producida en España, México y otros países sobre las fuerzas armadas, ha puesto el acento en el papel protagónico que jugó el ejército regular, pero también los cuerpos de vecinos y ciudadanos armados, en la política del siglo XIX, tanto en España como en los países hispanoamericanos. Desde el trabajo pionero de Pérez Garzón[1], muchos autores posteriores han analizado la forma en que las milicias fueron un instrumento clave de la burguesía en la construcción de los estados liberales decimonónicos. Estos cuerpos se conformaron bajo diferentes nombres dependiendo del momento político pero, no obstante las diferencias de orientación política que hubo detrás de los gobiernos que organizaron las milicias urbanas, las cívicas, las nacionales o los cuerpos de voluntarios, éstos tuvieron una vida más o menos parecida a lo largo de la geografía hispanoamericana y española que dependió de los propios procesos de consolidación de los estados, a la vez que todas desaparecieron una vez que los estados nacionales consolidados pudieron organizar verdaderos ejércitos permanentes, nacionales y de corte moderno.

Esta conclusión es posible no obstante a que la atención que ha puesto la historiografía al vasto tema de las fuerzas militares ha sido disímil y acotada a ciertos temas y regiones. Mientras que algunos temas y períodos han sido muy atendidos para algunas zonas, sobre todo los relacionados con la participación política de los ejércitos regulares y las milicias en la construcción de los estados nacionales, otros temas, períodos o regiones han recibido escasa o nula atención. Me interesa pues, en el presente texto, hacer un apunte preliminar para abrir la puerta a ese necesario balance historiográfico sobre la cuestión, pese al disímil abordaje historiográfico que aún no nos permite tener el cuadro total de las

---

[1] Pérez Garzón, 1978.

diversas realidades. A través de la producción asequible hasta el momento se aprecia la existencia de elementos comunes tanto en las historias regionales de España como de los países americanos que se formaron como resultado del resquebrajamiento de la Monarquía Hispánica, y sin negar sus particularidades es posible entrever la existencia de dinámicas parecidas.

Antecedentes diferenciados

Al contrario de la experiencia en los términos europeos de la Monarquía, entre el momento de la conquista en el siglo XVI y la primera mitad del XVIII, en la América hispánica fue extraña la presencia de grandes ejércitos profesionales regulares, compuestos o no por mercenarios. No se vieron en los reinos indianos aquellos impresionantes despliegues de doce compañías agrupadas en grandes *tercios* de mil a tres mil hombres que fueron tan característicos de las guerras emprendidas por la Monarquía Hispánica a lo largo de Europa durante el siglo XVI. Tampoco se vivieron en las Indias las transformaciones en la organización de los cuerpos y en las tácticas militares del siglo XVII que devinieron, en la primera mitad del XVIII, en la creación de lo que serían los cuerpos distintivos del ejército durante casi dos siglos. Todas estas innovaciones llegarían muy de a poco, incluso de manera imperceptible, con la presencia de un muy reducido ejército permanente. Por otro lado, y a pesar de la importancia estratégica de las Indias y de sus diferentes puertos marítimos para el traslado de bienes de consumo llegados desde las Filipinas y su envío desde los reinos indianos a Europa, durante los dos siglos y medio anteriores a 1762 no hubo un desarrollo de algo parecido a una armada local, ni mucho menos la presencia continua de buques armados, salvo en los momentos en las flotas comerciales tocaban puerto.

Cabe recordar que la conquista de las Indias en el siglo XVI y la dinámica de la expansión, poblamiento y pacificación hacia las zonas de frontera fue producto de la acción no de ejércitos del rey sino de huestes particulares cuyos miembros, en su mayoría, se convertirían en encomenderos con obligación de formar milicias, una obligación que después se depositó también en los cabildos de ciudades de españoles para la formación de milicias de vecinos. Pero la continua tendencia al desarme de la población de naturales, la inexistencia de verdaderos peligros en los territorios del interior, así como el hecho de que carecían de armamento adecuado y adiestramiento militar constante, hizo que las milicias urbanas y sueltas fuesen solamente útiles para la realización de alardes y para aparecer en festividades. En contraparte, sí fue importante la ubicación de pequeños grupos de milicianos en sitios estratégicos de avanzada, como los presidios establecidos como cabeza de playa en las zonas de expansión pobladas por indios insumisos o ciertos lugares de las costas susceptibles de sufrir las incursiones de los piratas ingleses, holandeses y franceses[2].

Pero volvamos brevemente al ejército regular. Su escasa presencia en las Indias, entre el siglo XVI y los albores del XVIII, se concentró fundamentalmente en servicios de guardia *de corps* para los virreyes y para la custodia de los edificios públicos. Incluso, y en razón del clima y la insalubridad que imperaba en aquellos lugares, para el servicio de los contados baluartes defensivos que se construyeron en los puertos de comercio, como Veracruz, Acapulco, Campeche, La Habana, Santo Domingo, Puerto Rico, Cartagena de Indias o Callao, junto a una reducida nómina de un ejército regular venido de la península, se utilizaban milicias conformadas por negros y afromestizos con condición de vasallos libres, llamados *pardos* y *morenos* en la Nueva España. No fue hasta la alarma provocada ante la toma de La Habana por la flota británica (1762) cuando se produjo la respuesta de la Corona para incrementar la presencia de fuerzas armadas en las Indias, primero con un proyecto para la creación de un ejército permanente en las Indias con la importación de regimientos peninsulares, el reclutamiento de criollos y luego con la creación de milicias provinciales que en teoría deberían ser adiestradas y formadas por estas tropas expedicionarias. Pero fue el impacto de la revolución francesa lo que ocasionó una mayor militarización en las provincias indianas[3].

Por esto, para comprender la conformación de las fuerzas militares del siglo XIX en Hispanoamérica, a diferencia de España, resulta importante tomar en cuenta que fue en esos cincuenta años que van entre 1760 y 1810 cuando la Nueva España, el Perú y el resto de la América española sufrieron una sensible militarización, nunca antes vista, que influyó mucho en la vida cotidiana, no tanto porque se constituyera un verdadero núcleo de milicias entrenadas y capaces de enfrentar cualquier situación de emergencia interna o externa, sino porque dotó con privilegios y exenciones a varios grupos de las sociedades indianas a través del fuero militar. Cabe destacar que, por el contrario, las fuerzas militares del último período borbónico en América hispánica distaron mucho de ser operativas y eficaces, ya fuese por esa especie de entropía en la que caían los oficiales del ejército regular en las Indias, y que varios autores han anotado, ya fuese por la ausencia de un verdadero entrenamiento militar y escasez de armamento en las milicias provinciales.

---

[2] SUÁREZ, 1984, pp. 11-110; ARCHER, 1977, y 2002, pp. 238-301. Véase también el trabajo de Juan Carlos Ruiz Guadalajara en este volumen.

[3] VELÁZQUEZ, 1950, *passim*; GÓMEZ PÉREZ, 1992; CALDERÓN QUIJANO, 1984; VINSON III, 2001 y 2005, pp. 47-60; DE LA SERNA, 2005, pp. 61-74. Véase también el trabajo de Federica Morelli en este volumen.

Ahora bien, existieron un par de antecedentes importantes como resultado de fenómenos que se sucedieron en el ámbito trasatlántico, y que enlazan y dotan de elementos comunes a las historias de las milicias cívicas tanto en España como en Hispanoamérica. El primero de ellos fue el estado de guerra a uno y otro lado del océano que, en el caso español, se inició en 1808 y se prolongó hasta 1814, mientras que en la América española empezó hacia 1810 prolongándose hasta la consumación de las diversas independencias, a principios de la década de 1820. En España, el estado de guerra condujo a la aparición de grupos armados insurgentes que se conformaron como respuesta a la invasión napoleónica con miras a contener el avance del ejército francés. En el caso americano, llaman la atención, además de las huestes de Hidalgo –mezcla de regimientos criollos y hordas de indígenas y castas–, los ejércitos insurgentes como el de Morelos en la guerra de independencia mexicana, las milicias de indios formadas por las autoridades militares en el virreinato del Perú, o producto de la recomposición de las milicias provinciales y la creación de compañías urbanas de patriotas para frenar la insurgencia. El segundo gran elemento en común y compartido por España e Hispanoamérica será la figura de las milicias urbanas, que fue introducida por la Constitución gaditana de 1812[4].

Tiempos y procesos paralelos

La revisión de la historiografía disponible permite aventurar una periodización preliminar para entender de conjunto la historia de las fuerzas militares en España e Hispanoamérica. Incluiría ésta, a grandes rasgos, cuatro momentos que resultan más o menos homogéneos para el conjunto de las regiones, sin olvidar sus especificidades. El primero, un tanto diferenciado entre ambas realidades, debería tener en consideración justamente la etapa de instalación de un mayor número de efectivos en las Indias y la creación de las milicias provinciales, considerando el último tercio del siglo XVIII y la primera década del XIX. Para el caso español, en este período se encuadra 1794 y la formación de la milicia urbana como parte de la respuesta a las necesidades de seguridad interna frente a la guerra contra la Francia revolucionaria, para así poder liberar a los ejércitos permanentes y colocarlos en sitios estratégicos ante la posibilidad de invasión. Las milicias entonces formadas han sido vistas como el antecedente inmediato de la milicia nacional del liberalismo gaditano[5].

---

[4] ORTIZ ESCAMILLA, 1997, pp. 64 ss. ARCHER, 2002, p. 452; KUETHE, 2005, pp. 19-26; MCALISTER, 1957. Para el análisis de casos de milicias creadas en la época borbónica, v. TÍO VALLEJO, 2001, pp. 94-105 y JUÁREZ MARTÍNEZ, 2005, pp. 75-91.

[5] PÉREZ GARZÓN, 1978, pp. 3-22.

El segundo período más o menos homogéneo para España y toda la América española, y crucial para la recomposición de las fuerzas armadas, sería el de las guerras de independencia y las revoluciones liberales que se encuentran estrechamente vinculadas con el constitucionalismo gaditano, o sea los más de tres lustros que van desde 1808 a 1826. Éste no solamente se justifica por el peso de las fuerzas armadas en una serie de conflictos que llevarían a la independencia política de la mayoría de las provincias indianas, sino porque la revolución liberal y la definición de los ciudadanos en armas como garantes de la nación abrió paso a una militarización de la política y de la sociedad que fue clave, de ahí en adelante, en los procesos de construcción de los estados nacionales ibéricos e hispanoamericanos. Tanto en España como en la mayor parte de Hispanoamérica, la experiencia de la guerra trajo consigo la aparición de nuevas formas de cuerpos compuestos por ciudadanos armados que a la vez fueron factores muy importantes para el surgimiento de nuevas formas de sociabilidad y para la aparición de nuevos actores políticos.

Con dos fenómenos que fueron muy distintos a ambos lados del Atlántico aunque se encuentren interrelacionados estrechamente, la vuelta al liberalismo durante el trienio liberal español y la consumación de la mayor parte de las independencias políticas en Hispanoamérica como respuesta a ello, a principios de la década de 1820, se abrió un tercer período en el que arrancó la consolidación de los estados nacionales. El grueso de la historiografía coincide, pues como ya se expresó más arriba, ha sido incluso el tema rector de las investigaciones[6], en el énfasis respecto al papel político predominante que tuvieron las milicias en dicho proceso; además que, en este período, la militarización de la política y la sociedad que se suscitó durante las guerras anteriores tuvo su mayor expresión. Este tercer periodo coincidirá aproximadamente con un segundo tercio del siglo un tanto más amplio, cerrándose de manera distinta en cada uno de los países y regiones. Es el momento de arranque en la creación de los ejércitos propiamente nacionales, aunque se tardó aún mucho tiempo para ver la entrada a su etapa de profesionalización. Pero además de su papel predominante como instrumento de presión de los grupos en pugna por el poder político, las milicias en este período fueron también muy importantes como instrumentos de represión y control social.

    6 PÉREZ GARZÓN, 1978, texto seminal que resulta paradigmático para la historiografía española posterior y, años después, para la hispanoamericana. Como muestra de su resonancia: GARCÍA LEÓN, 1983; CHUST CALERO, 1987; VALVERDÚ I MARTÍ, 1987 y 1989; GUILLÉN GÓMEZ, 2000; HERRERO MATÉ, 2003; PORTEL I PUJOL, 2003. Para el caso comparativo mexicano o el comparativo, v. SERRANO ORTEGA, 1999; TECUANHUEY SANDOVAL, 2006; y CHUST CALERO/SERRANO ORTEGA, 2007, entre otros.

Guerra y política prevalecieron unidas de manera indisoluble durante este período, relación evidente por las diversas guerras civiles que cruzaron el siglo XIX hispanoamericano y que se expresa también en la fragmentación político territorial, que es una las características del proceso de consolidación de los estados nacionales hispanoamericanos. A las divisiones administrativas heredadas de la época colonial siguieron procesos de reordenamiento territorial, que llevarían incluso al separatismo político, iniciados en algunas regiones desde antes de 1820 y finalizados hacia mediados de siglo. Algunos de estos procesos fueron temporales, como la formación de las nuevas repúblicas en lo que fuese el virreinato de Río de la Plata y que se reunieron en el pacto Federal de 1831 que llevaría, a mitad de siglo, a la consolidación de la Confederación argentina. Otros procesos de separación fueron radicales como la desintegración de las Provincias Unidas de Centroamérica en 1841 que conduciría a la creación de cinco estados independientes en la región. Es pues un período de conflictos por la definición de algunas de las fronteras nacionales, así como de invasiones e intervenciones extranjeras, periodo en el que las fuerzas armadas jugaron un papel muy importante. Finalmente, con el arribo de una mayor estabilidad producto del cese de las amenazas externas, de un crecimiento económico y de una relativa paz social, se abre un cuarto período a finales del siglo XIX en el cual se comienza con una disminución de los ejércitos, su depuración y profesionalización. Mención aparte merecen los casos de Cuba y Puerto Rico, separados de España apenas en 1898, por lo que quedan fuera de las líneas generales de periodización aquí expresadas.

Regreso ahora a la revisión de estos períodos para enfatizar algunos elementos, tanto comunes como particulares, de cada uno de ellos.

Las milicias y la Monarquía en crisis: las guerras de independencia

La reorganización militar impulsada por Carlos III y Carlos IV en las Indias no había logrado conformar un ejército permanente ni unas milicias provinciales aptas para enfrentar una emergencia interna cuando la crisis de la Monarquía causada por la invasión napoleónica a España tuvo como corolario, por un lado, una serie de pronunciamientos y la aparición de juntas en la región austral, y, por otro, el estallido de una rebelión popular en el septentrión en la que se vieron involucrados algunos regimientos de las milicias provinciales, pues fue al interior de éstas que en muchas ocasiones se fraguaron las conspiraciones autonomistas[7].

---

[7] ORTIZ ESCAMILLA, 2004, pp. 173 ss.

Un acontecimiento previo había demostrado que incluso frente a una amenaza exterior, ejército y milicias eran inoperantes. En agosto de 1806, la invasión inglesa a Buenos Aires puso en tela de juicio a las autoridades y al ejército peninsular, pues fue gracias a una milicia irregular reclutada en unos cuantos días por Liniers y Pueyrredón en el campo cercano a la ciudad que los bonairenses hicieron capitular a los ingleses. Éste fue el arranque del proceso de militarización urbana en el Río de la Plata que se basó en el crecimiento de las milicias de voluntarios en detrimento de las milicias regladas, proceso que fue reforzado por las amenazas inglesas a Montevideo y Buenos Aires en 1807. La temprana militarización produjo cambios significativos en la política y en la administración de los recursos que llevaron a la consolidación de un importante poder local. De esta manera, al contrario de lo sucedido en otros lugares como Quito o Caracas, las milicias urbanas generadas por este proceso particular hicieron posible que la junta creada en Buenos Aires al momento de la disolución de la Junta Central pudiese desconocer la autoridad al Consejo de Regencia y mantenerse.

Para el caso español, el proceso madrileño es paradigmático. La creación de la milicia urbana compuesta por los vecinos matritenses fue la respuesta a la embestida napoleónica de 1808 como la posibilidad de reorganizar las fuerzas en la lucha por la independencia española. La posterior organización de milicias que resultarían antagónicas, la Cívica creada por José Bonaparte y la Nacional, creada por las Cortes de Cádiz, apelaría a los ciudadanos que tuviesen algo que defender como tales. A diferencia de las milicias urbanas de 1794, en las nuevas formadas a partir de 1808 se aprecia la ruptura del esquema estamental con el cual se conformaron los cuerpos de vecinos del Antiguo Régimen. Este patrón y sustrato burgués del ciudadano en armas será el mismo que impulsará la definición de la milicia durante el trienio liberal, uniendo indisolublemente al proceso de la revolución burguesa-liberal y la construcción de la nación española decimonónica la figura de la milicia, más que de los cuerpos de ejército permanentes[8].

En algunas grandes regiones como en la Nueva España, durante la primera etapa de la guerra las autoridades modificaron la estructura de las milicias provinciales y vincularon a éstas a la población urbana de ciudades y villas mediante la creación de compañías de voluntarios llamados «Patriotas distinguidos de Fernando VII». Pensadas en un primer momento para que en ellas sirvieran exclusivamente los miembros de las elites criollas –sobre todo de comerciantes– y la burocracia, luego aparecieron diferenciadas por los sectores estamentales propios de esas

---

[8] PÉREZ GARZÓN, 1978; GARCÍA LEÓN, 1983; CHUST CALERO, 1987; GUILLÉN GÓMEZ, 2000.

sociedades (elites criollas, castas, incluso aparecieron compañías compuestas por indios patriotas). Estos cuerpos diferenciados y desvinculados entre sí (de pardos y morenos, de criollos, tropas peninsulares) perdieron su carácter estamental y corporativo hacia la segunda mitad de 1811 gracias al llamado Plan Calleja, para convertirse en cuerpos mezclados, casi siempre con oficialidad criolla o peninsular mientras que las castas y los mestizos servían como soldados. Dicho plan incentivó la creación de milicias en cada pueblo, villa y ciudad, con objeto de contribuir a la defensa de la localidad, evitar que el ejército tuviese que desplazarse largas distancias en pos de los grupos rebeldes y poder así concentrarse en planes de guerra más organizados. La otra innovación del Plan Calleja, y que posteriormente se extendería a todas las milicias urbanas que nacieron a raíz de la Constitución gaditana de 1812, fue respecto a las elecciones de los oficiales de cada compañía, pues de haber sido los miembros del ejército regular con graduación los que eligieran a los oficiales, ahora eran los propios milicianos quienes elegían a sus jefes. No obstante en algunas regiones los notables se opusieron a la conformación de compañías multiétnicas milicianas, sobre todo cuando la repartición de grados militares entre los estratos despreciados de la sociedad –como los indios, por ejemplo– produjo fricciones y cambios de actitud[9] que eran claras respuestas a los viejos agravios estamentales. En otras regiones, al consolidar un aparato de autodefensa con atribuciones y jurisdicciones territoriales diferenciadas entre las milicias y los destacamentos de línea, el Plan Calleja permitió también la consolidación de una autonomía política de los patricios de las localidades respecto a otras autoridades, incluso las militares.[10]

Sin embargo, cabe destacar que el elemento que permitió la cohesión de este ejército contrainsurgente, compuesto por tropas regulares y compañías de milicianos, fue el arribo de tropas expedicionarias y oficiales sueltos, proceso que se intensificó a partir de 1812[11]. Para el caso novohispano solamente de esta manera se pudo mantener la lealtad de esta mezcla de ejército y milicias a lo largo de más de diez años de conflicto, sobre todo porque la insurgencia muy pronto adoptó una dinámica de guerrillas populares fragmentadas en bandas regionales y se generó un conflicto que «tenía una capacidad destructiva que corroía las

---

[9] Ortiz narra el interesante caso de las quejas del subdelegado de Zumpango quien se quejaba que el gobernador de indios no lo saludaba desde que usaba uniforme de patriota y que recibía los desaires del resto de los indios milicianos, por lo que pedía a las autoridades un grado militar mayor que el de ellos para poder meter orden en la población. ORTIZ ESCAMILLA, 2004, pp. 171-176.

[10] SERRANO ORTEGA, 2001, pp. 92-96

[11] ARCHER, 2005, pp. 139-156.

ideas convencionales sobre la guerra y devoraba a las tropas contrainsurgentes»[12].

Si ya en algunas regiones la experiencia de las milicias formadas a raíz de sucesos particulares, como el caso de Buenos Aires después de 1806 o en Nueva España el Plan Calleja a partir de 1811, había causado un sensible cambio en las relaciones interestamentales que modificaron las sociabilidades políticas: 1812 marcó un parteaguas con la antigua concepción del ejército estamental y las milicias del Antiguo Régimen, al ir por el mismo camino que las experiencias citadas, pero ahora ya en el ámbito general de toda la Monarquía. Sin embargo, es muy importante tener en cuenta, como antecedente peninsular de esta ruptura con las milicias estamentales, la organización de las milicias cívicas por José Bonaparte en los territorios ocupados. Éstas fueron los primeros cuerpos ciudadanos que no se estructuraban a partir de diferencias estamentales y en los que se dio más bien cabida a propietarios, comerciantes, empleados, profesionistas y artesanos siempre y cuando no fueran jornaleros. Además, fue en estas milicias donde por primera vez los miembros de los propios cuerpos pudieron elegir a los candidatos a ocupar los puestos de oficiales[13]. Posteriormente, con el primer triunfo de los liberales y la redacción de la Constitución gaditana, se llegó a la culminación de un proceso muy veloz por el que había atravesado la península durante los primeros cuatro años de la ocupación napoleónica. Como se ha estudiado[14], el ejército borbónico quedó inerme ante los ejércitos franceses así que fueron las milicias creadas por las diversas juntas peninsulares las que sostuvieron la resistencia adquiriendo así mayor importancia. Otro aspecto destacado es que, con la transformación paulatina del discurso político durante la guerra de independencia española, las milicias urbanas dejaron de ser concebidas como para defender al rey, los estamentos o las ciudades y se fueron transformando en milicias nacionales, es decir, en milicias que defendían a la misma nación española aunque se tratase de milicias locales.

Buena parte de los estudios dedicados a la guerra y la política de aquellos años a lo largo de la Monarquía en crisis coinciden en aspectos muy importantes que explican el ulterior desarrollo de las relaciones entre las milicias y el Estado a lo largo del siglo XIX hispanoamericano. La aparición de milicias de defensa como respuesta a la invasión y establecidas sobre las propias bases sociales de los ayuntamientos en los cua-

---

[12] ARCHER, 2005, p. 141.

[13] PÉREZ GARZÓN, 1978, p. 37

[14] CHUST CALERO, 2005, pp. 179-197; PÉREZ GARZÓN, 2005, pp. 199-218. Cabe destacar que Chust junto con José Antonio Serrano Ortega, han llevado más adelante el análisis comparativo para el caso mexicano y español (CHUST CALERO/SERRANO ORTEGA, 2007).

les se asentaban las juntas, aunado al desarrollo paralelo del discurso liberal que produjo la transformación del vasallo en ciudadano, dio como resultado la subsiguiente identificación del miliciano con el ciudadano, es decir, con una figura social y política nueva y diferenciada del sujeto político del Antiguo Régimen (los cuerpos), ya que implicaba al nuevo sujeto político: los individuos con derechos civiles y políticos. La milicia se convirtió entonces en un espacio fundamental –si no es que el primero– para la sociabilidad política, para el ensayo de nuevas formas de concebir las relaciones entre los individuos y el Estado, y para las primeras prácticas de los nuevos actores sociales: los ciudadanos en armas.

De las guerras de independencia a la institucionalización de las milicias

Durante los períodos de guerra, tanto en España como en Hispanoamérica se plantaron las semillas de proyectos liberales que no entraron en un proceso de institucionalización sino hasta después de 1820. Sin embargo, en el caso español la vida de las milicias fue intermitente por los continuos cambios de rumbo, pues las milicias nacionales locales creadas por las Cortes gaditanas fueron desmanteladas al regreso de Fernando VII en 1814. En enero de 1920, después del golpe de Riego, las milicias volvieron a organizarse hasta ser, durante el llamado trienio liberal, el instrumento más importante de los grupos liberales para tener el control político y social en cada una de las regiones de España, siendo incluso consideradas como el baluarte de la Constitución[15]. Pero con la nueva reinstalación de Fernando VII como soberano absoluto, tanto el ejército como las milicias fueron desmantelados. Sin embargo, en este período se crearon unos cuerpos ciudadanos llamados los voluntarios realistas, milicias encargadas de la represión de los liberales[16].

Con la muerte de Fernando VII aumentó la inestabilidad debido a la inconformidad de los carlistas por el arribo al trono de Isabel II. Las continuas revueltas encabezadas por uno y otro bando hicieron, paradójicamente, que se desarmasen a los anteriores voluntarios realistas con lo cual se creó un vacío de autoridad en varias regiones. Ello hizo renacer a las milicias urbanas hacia 1834 que sirvieron de resguardo del proceso de transición hacia una monarquía constitucional parlamentaria[17] y, poste-

---

[15] PÉREZ GARZÓN, 1978; DUEÑAS GARCÍA, 1987; GUILLÉN GÓMEZ, 2000; HERRERO MATÉ, 2003.

[16] PÉREZ GARZÓN, 1978, pp. 342 ss.

[17] Ibid., pp. 369 ss.; VALVERDÚ I MARTÍ, 1987 y 1989; PORTET I PUJOL, 2003.

riormente, hacia la primera república de 1873. Las milicias (milicias de ciudadanos propietarios) se convirtieron en guardia nacional encargada, nuevamente, de la represión de las clases proletarias. Paralelamente y durante
ese mismo proceso, el ejército permanente vivió una etapa de institucionalización y profesionalización que lo haría más efectivo. Paradójicamente,
fue durante la primera república que se disolvieron las milicias.

Volviendo en el tiempo, en algunas regiones hispanoamericanas y a la
mitad del período de guerra las milicias urbanas de autodefensa habían
llegado a reclutar un número parecido de efectivos al que tenían los regimientos de línea. Por ejemplo, para el caso de la intendencia de Guanajuato, Serrano ha corroborado que la proporción de militares de línea y
milicianos urbanos para el período 1815-1820 era de 1:1[18]. Al estar encabezadas por los patricios y los vecinos principales de las localidades, con
una delimitación clara de las áreas de influencia y responsabilidades establecidas por las autoridades virreinales y provinciales diferenciadas de las
propias del ejército regular y bajo la responsabilidad directa de los cabildos a través de las juntas locales militares, las milicias se convirtieron
rápidamente en un instrumento para el ejercicio de poder de las elites
locales. Las milicias urbanas y rurales estaban encargadas de la vigilancia
y defensa de las ciudades y villas, la integridad de los vecinos, el comercio y los campos agrícolas inmediatos a las ciudades, lo cual dotaba
a las elites con un instrumento de control de las clases sociales además de
la localidad y áreas circunvecinas. Por otro lado, y aunque el mantenimiento de las milicias urbanas descansaba en los fondos de propios y arbitrios de las ciudades, muchos cabildos lograron sustraer a la autoridad
militar la administración de los fondos mediante la creación de las juntas
militares. Es por ello que el balance que arrojan algunos estudios de caso
es que la multiplicación de las milicias gaditanas a todas las localidades hispanoamericanas significó la consolidación de las autonomías locales, de
facto y en sentido político administrativo, en el transcurso de la guerra.

Es por estas razones que la creación de las milicias durante la guerra
afectó mucho la manera en la que se comportaron las localidades y las
provincias una vez consumadas las independencias. En ese momento,
una de las acciones inmediatas de los nuevos estados fue la creación de
las milicias cívicas con el mismo corte gaditano que las que se habían creado en la época de la guerra y, lo que es más interesante, muchas veces su
creación fue el resultado de la conversión de las milicias contrainsurgentes locales en milicias cívicas a las que se sumaron elementos del anterior
ejército de línea contrainsurgente, como sucedió en algunas regiones del
México independiente. En casos de regiones particulares mexicanas,
muchos ayuntamientos recibieron con gusto el reglamento provisional

[18] SERRANO ORTEGA, 2001, p. 93.

de 1820 de las Cortes, así como el elaborado a imagen y semejanza por el Congreso mexicano en 1823, en los cuales se establecía la creación de las milicias cívicas. La razón es que estos reglamentos permitieron institucionalizar una estructura militar local que se había gestado de facto en los años anteriores.

Un punto muy importante ligado a la creación de las milicias contrainsurgentes y su conversión a milicias cívicas en los primeros años independientes fue la difusión de nuevas prácticas políticas. Uno de los aspectos operativos que marcaron el funcionamiento de las milicias cívicas fue el mecanismo democrático de elección de la oficialidad mediante el cual el conjunto de los miembros de las milicias debían elegir a los oficiales cívicos. Incluso, en algunas poblaciones se llegó a convocar a cabildos abiertos de vecinos para la conformación de cuerpos de milicias y la elección, mediante voto directo y secreto, de la oficialidad. Los procesos de elección de la oficialidad comenzaron a ser ocasión para realizar reuniones públicas periódicas en las que participaban activamente autoridades municipales y ciudadanos con derecho y obligación para incorporarse al servicio de las milicias, lo cual provocó que el principio electivo-democrático tuviera entonces una difusión muy amplia en la vida de las ciudades, villas y pueblos. Este aspecto del funcionamiento de las milicias tuvo como corolario la difusión de la noción de igualdad de los ciudadanos armados e hizo que las votaciones para elegir a las autoridades superiores fuesen vistas en poco tiempo como un procedimiento normal para el conjunto de la población[19]. Por otro lado, en ciertas regiones se establecieron derechos especiales para los milicianos derivados del fuero militar, como la posibilidad que tenían de elevar sus quejas directamente al gobierno regional o nacional[20]. En otras palabras, la existencia, el funcionamiento y la composición social amplia de las milicias cívicas contribuyeron a la formación de la ciudadanía política en las décadas de nacimiento de los Estados nacionales (1820-1840)[21].

Pero las milicias cívicas participaron también a la transformación de las relaciones de poder entre los miembros de distintas clases sociales de las ciudades. Las prácticas electorales democráticas al interior de las milicias comenzaron a provocar el ascenso de miembros de clases subalternas a la oficialidad. Esto se debió, fundamentalmente, a que en muchas ocasiones los miembros de los cabildos decidieron no acatar las cláusulas

---

[19] SERRANO ORTEGA, 2001, pp. 256 ss.
[20] SERRANO ORTEGA, 1999, pp. 176-177.
[21] PERALTA RUIZ, 1999. Vale la pena destacar que para la Europa de las mismas décadas, sobre todo 1830-1840, el mito del ciudadano armado como base de la ciudadanía política estuvo presente también como base ideológica de varios movimientos radicales. *Ibid.*, p. 236, n. 20.

de exclusión que contenían los reglamentos de las milicias cívicas. Las cláusulas de exclusión evitaban que tanto los jornaleros de bajo ingreso como los impedidos (mancos, cojos, etc.) fueran reclutados. Sin embargo, la crisis económica posterior a la guerra había causado el abatimiento de los salarios agrícolas causando que muchos de los miembros activos que habían conformado las milicias contrainsurgentes quedaran ahora excluidos del reclutamiento en las cívicas. Así, con tal de no ver reducida la base social de las milicias, muchos ayuntamientos dispusieron el reclutamiento de varones entre 16 y 50 años sin distinción de actividad o condición. Esto tuvo como resultado, a la larga, que las mismas elites urbanas que habían visto con buenos ojos la creación de las milicias urbanas como un instrumento de autonomía política y administrativa, así como de control social en sus respectivos territorios, pasasen en pocos años a ver en las milicias un problema político y social mayúsculo[22].

En este sentido y en algunas regiones que siguieron esta dinámica, las milicias cívicas se convirtieron en actores políticos autónomos, actores que incluso terminaron por desligarse de los ayuntamientos de las ciudades y de las elites de patricios locales para establecer vínculos con otras redes de lealtades basadas muchas veces en los vecinos principales de villas y pueblos. Las milicias se transformaron en fuerzas locales que fácilmente eran ganadas por las redes regionales para el apoyo a pronunciamientos militares que perseguían diversos fines políticos a nivel regional y nacional, y que normalmente iban acompañados por motines sociales inducidos. Por ejemplo, durante los movimientos que se suscitaron en México en 1827 por parte de los grupos que consiguieron la expulsión de españoles del territorio nacional, algunos militares ex insurgentes, como Vázquez, lograron convencer a las milicias cívicas para apoyarlos, como el caso de las de la ciudad de Morelia, con lo cual pudieron tomar la ciudad y presionar al Congreso para que publicara la ley de expulsión. A pesar de los esfuerzos por parte de los patricios y de los poderes ejecutivos de varios estados para desmovilizar a las milicias cívicas, las alianzas entre los vecinos principales y los sectores populares siguieron fortaleciendo la actuación de las milicias hasta que los resultados de confrontaciones, como las guerras civiles de principios de la década de 1830 en México hicieron que los poderes políticos y económicos de las regiones desmantelaran casi por completo los cuerpos cívicos en las regiones más conflictivas, y los que subsistieron quedaron paulatinamente en manos de los ejecutivos regionales (estados, departamentos, provincias) hacia las décadas de 1830-1840[23]. Por el contrario, en regiones con menos conflictos entre las elites urbanas, las milicias prosiguieron con su papel de

[22] SERRANO ORTEGA, 2001, pp. 256 ss.
[23] Ibid., pp. 266-293.

guardianes del orden en los municipios y generalmente se observó una tendencia al reforzamiento del control de las mismas por parte de los empresarios locales prominentes (comerciantes, obrajeros o terratenientes)[24].

A lo largo de este período y parte del siguiente, un fenómeno importante a resaltar es la forma de vinculación entre las elites políticas locales, los caudillos regionales y sus operadores militares a través de las milicias, en una relación clientelar muy propia de sociedades del Antiguo Régimen[25].

Milicias y consolidación nacional

En las décadas medias del siglo XIX, la acción e importancia de las milicias cívicas parecen eclipsadas por el crecimiento del ejército y la preponderancia de los militares en la política y los gobiernos regionales y nacionales. Un fenómeno en este período es la transformación de las milicias cívicas en guardia nacional, cuerpo de voluntarios que podía incluso reforzar al ejército en momento de necesidad. Sin embargo, siguieron jugando un papel fundamental a nivel local como instrumento de control social de las elites. Por ejemplo, un aspecto importante fue el control, mediante el reclutamiento forzado, de aquellos sectores de la población susceptibles de ser problemáticos, como los indios o los artesanos, que servían tanto para reforzar a los cuerpos de ejército como a los cuerpos de voluntarios de las guardias nacionales. El reclutamiento forzoso contradecía la idea de los años previos que vinculaba al ciudadano armado con una ciudadanía política plena, pues eran reclutados por la fuerza justamente aquellos miembros de la sociedad que habían perdido su ciudadanía, ex ciudadanos cuya situación socioprofesional o socioétnica había sido criminalizada[26].

En el caso mexicano, el papel de las guardias nacionales volvió a ser de suma importancia con los sucesos de 1847, ya que los grandes disensos entre los gobiernos estatales y el gobierno nacional impidieron que el ejército pudiese enfrentar de manera coordinada la invasión estadounidense. Fueron entonces las guardias nacionales, con un reclutamiento intensivo de voluntarios, las que se dieron a la tarea de luchar contra los ejércitos profesionales estadounidenses. A partir de esta experiencia se incrementó, como parte de una necesidad, un proceso que llevó a reestructurar a la guardia nacional con una amplia base municipal para que sirviera de refuerzo al ejército regular. Sin embargo, los conflictos y la guerra civil que se desataron en los procesos de establecimiento de un proyecto liberal de nación llevó a que las guardias nacionales fueran uti-

---

[24] BUVE, 2005, p. 323; MALLON, 1995; THOMSON, 1990, 1993 y 1999.
[25] ORTIZ ESCAMILLA, 2005
[26] Véase entre otros, THOMSON, 1993.

lizadas como elemento militar por las diversas facciones de liberales y conservadores. Por supuesto, cuando las milicias colaboraban con uno u otro bando lo hacían por la adhesión de las elites locales a uno u otro proyecto. En algunas de las regiones mexicanas, la participación de las milicias en los movimientos de Ayutla (1853) o en la guerra civil (1857-1861) fue decisiva para la definición regional del conflicto[27].

En las regiones del Río de la Plata, por el contrario, la participación de las milicias en las constantes guerras civiles durante el proceso de consolidación del régimen rosista (1835-1852) fue en general restringida a servicios de apoyo al ejército federal, al ejército unitario o a los ejércitos provinciales, detrás de las líneas de combate. Sin embargo, la estructura de las milicias permitió el reclutamiento de trabajadores agrícolas, pero éstos terminaron sirviendo en los ejércitos regulares[28].

En términos generales, hasta el momento de la consolidación de gobiernos estables, con una relativa paz social, y aún a pesar de las amenazas externas, la relación clientelar entre elites locales y caudillos retrasó considerablemente la profesionalización del ejército regular y la consecuente desaparición de las milicias locales[29]. Un aspecto fundamental de la permanencia de las milicias locales fue la incapacidad del estado nacional en formación para garantizar la paz social y los continuos enfrentamientos entre grupos de poder por la defensa de un proyecto de nación determinado[30]. Otro elemento de suma importancia que explica este retraso fue la permanencia y arraigo del fuero militar[31].

Fin de las milicias y profesionalización del ejército en Latinoamérica

Este apartado se enfoca exclusivamente en el caso latinoamericano dado que el fin de las milicias para el caso español se tocó muy por encima en la sección anterior. En la mayoría de los países latinoamericanos se consolidaron los estados nacionales con el fin de los conflictos entre grupos de poder regional en el último tercio del siglo XIX. Ello trajo como consecuencias una cierta estabilidad económica y una relativa paz social. A esto contribuyó en mucho la disminución de amenazas externas de intervención. Otros resultados importantes fueron la paulatina desaparición de las milicias locales permanentes, la reducción de la nómina de efectivos en el ejército regular y la reducción del presupuesto del estado para el ejército.

---

[27] BUVE, 2005, pp. 320 *ss*.
[28] SALVATORE, 1998, pp. 348 *ss*.
[29] ORTIZ ESCAMILLA, 2005.
[30] BUVE, 2005.
[31] ARNOLD, 2005.

Como explica Serrano para el caso de México, los intereses regionales ahora eran expresados solamente en la política del Congreso y ya no por las armas, y esto fue lo que llevó, por ejemplo, a la desaparición de los cuerpos de milicia permanente, puesto que los representantes de los Estados los veían como un instrumento del gobierno nacional para intervenir en los asuntos internos de las regiones. De tal manera, como parte de la negociación entre el gobierno nacional y los gobiernos regionales, la desaparición de las guardias nacionales fue uno de los puntos de la agenda que se atendió primero. Otro aspecto paralelo a la desaparición de las milicias fue la reducción del aparato militar. Al contrario de lo que se pensaba respecto a que la consolidación de los Estados nacionales en Latinoamérica fue aparejada con una ampliación del aparato militar, Serrano demuestra para el caso mexicano que tanto el aparato como su presupuesto fueron reducidos paulatinamente. Este fenómeno se dio de forma paralela a la ampliación de un aparato burocrático civil eficiente que tomó muchas de las actividades que durante una buena parte del siglo XIX estuvieron en manos de oficiales del ejército regular, como el cobro de impuestos[32]. Paralelamente a la desaparición de las milicias y a la reducción del aparato militar, en la mayor parte de los países latinoamericanos el último tramo del siglo XIX fue el de la profesionalización del ejército regular, sobre todo de la oficialidad, con técnicas y material bélico europeo.

Balance

Aunque faltan aún muchos estudios que nos ofrezcan con mayor detalle los múltiples aspectos de la relación entre las milicias ciudadanas, el ejército y la consolidación de los Estados nacionales de España y de los países latinoamericanos durante el siglo XIX, se pueden aventurar cuatro tendencias principales. Primero, la conformación de un espacio propicio para la militarización de las sociedades hispanoamericanas con las acciones de los reformistas borbónicos desde la segunda mitad del siglo XVIII. Segundo, la conjunción de la crisis política de la monarquía, el estado de guerra permanente en la mayor parte de las regiones hispano-indianas y los cambios políticos con tendencia liberal durante las décadas de 1810-1820 produjeron la aparición de una nueva forma de milicia urbana ligada a la constitución de la ciudadanía política, lo cual contribuyó tanto a una politización de las sociedades como a una militarización de la política. Tercero, los procesos de conflicto por el establecimiento de los proyectos políticos de nación se apoyaron en la

---

[32] SERRANO ORTEGA, 2005.

permanencia de las milicias urbanas como una forma de auxiliar al aún reducido e incompetente ejército regular. En algunos casos este apoyo fue fundamental para inclinar la balanza por uno u otro bando, en otros solamente funcionó como instrumento de apoyo y de reclutamiento forzado de elementos para el ejército. En los casos de intervenciones extranjeras, la actividad de las milicias fue notable para la defensa del territorio. Para terminar, la consolidación del estado nación tuvo como consecuencia inmediata la eliminación de las milicias.

Bibliografía

AGUILAR, Antonio, «La aventura del conde Gastón Raousset de Boulbon en Sonora (1852-1854)», ORTIZ ESCAMILLA, Juan (ed.), *Fuerzas militares en Iberoamérica: siglos XVIII y XIX*, México-Zamora, El Colegio de México-El Colegio de Michoacán-Universidad Veracruzana, 2005, pp. 271-291

ARCHER, Christon I. (ed.), *El ejército en el México borbónico, 1760-1810,* traducción de Carlos Valdés, México, FCE, 1977 [1983].

— (ed.), *World History of Warfare,* Lincoln, University of Nebraska Press, 2002.

— «Soldados en la escena continental: los expedicionarios españoles y la guerra de la Nueva España, 1810-1825», ORTIZ ESCAMILLA, Juan (ed.), *Fuerzas militares en Iberoamérica: siglos XVIII y XIX*, México-Zamora, El Colegio de México-El Colegio de Michoacán-Universidad Veracruzana, 2005, pp. 139-156.

ARNOLD, Linda, «La política de la justicia militar mexicana: nombramiento de la corte militar de apelaciones, 1823-1860», ORTIZ ESCAMILLA, Juan (ed.), *Fuerzas militares en Iberoamérica: siglos XVIII y XIX*, México-Zamora, El Colegio de México-El Colegio de Michoacán-Universidad Veracruzana, 2005, pp. 233-254.

BUVE, Raymond, «La guerra local en la guerra nacional: guerrillas tlaxcaltecas en las décadas de 1850 y 1860», ORTIZ ESCAMILLA, Juan (ed.), *Fuerzas militares en Iberoamérica: siglos XVIII y XIX*, México-Zamora, El Colegio de México-El Colegio de Michoacán-Universidad Veracruzana, 2005, pp. 317-339.

CALDERÓN QUIJANO, José Antonio (1984), *Las defensas indianas en la Recopilación de 1680,* Sevilla, Escuela de Estudios Hispano-Americanos-CSIC, 1984.

CHUST CALERO, Manuel, *Ciudadanos en armas: la milicia nacional en el País Valenciano (1834-1840),* Valencia, Edicion Alfons el Magnànim, 1987.

— «Milicia, milicias y milicianos nacionales y cívicos en la formación del Estado-Nación mexicano, 1812-1835», ORTIZ ESCAMILLA, Juan (ed.), *Fuerzas militares en Iberoamérica: siglos XVIII y XIX*, México-Zamora, El Colegio de México-El Colegio de Michoacán-Universidad Veracruzana, 2005, pp. 179-197

— y MARCHENA, Juan (eds.), *Las armas de la Nación. Independencia y ciudadanía en Hispanoamérica* (1750-1850), Madrid-Frankfurt am Main, Iberoamericana-Vervuert, 2007.

— y SERRANO ORTEGA, José Antonio, «Milicia y revolución liberal en España y México», CHUST CALERO, Manuel y MARCHENA, Juan (eds.), *Las armas de la Nación. Independencia y ciudadanía en Hispanoamérica* (1750-1850), Madrid-Frankfurt am Main, Iberoamericana-Vervuert, 2007, pp. 81-110.

DE LA SERNA H., Juan Manuel, «Integración e identidad, pardos y morenos en las milicias y cuerpo de lanceros de Veracruz en el siglo XVIII», ORTIZ ESCAMILLA, Juan (ed.), *Fuerzas militares en Iberoamérica: siglos XVIII y XIX*, México-Zamora, El Colegio de México-El Colegio de Michoacán-Universidad Veracruzana, 2005, pp. 61-74.

DE SALAS LÓPEZ, Fernando, *Ordenanzas militares en España e Hispanoamérica*, Madrid, Editorial Mapfre, 1992.

DEPALO, William A., *The Mexican National Army, 1822-1852*, College Station, Texas A&M University Press, 1997.

DUEÑAS GARCÍA, Francisco, *La milicia nacional local en Barcelona durante el trienio liberal (1820-1823)*, Tesis doctoral, Barcelona, Universitat Autònoma de Barcelona, 1997.

FORTE, Ricardo, «El nacionalismo militar argentino: proyecto y realización entre la ley Richieri de 1901 y el golpe de estado de 1943», ORTIZ ESCAMILLA, Juan (ed.), *Fuerzas militares en Iberoamérica: siglos XVIII y XIX*, México-Zamora, El Colegio de México-El Colegio de Michoacán-Universidad Veracruzana, 2005, pp. 381-403.

FRASQUET, Ivana, «El estado armado o la nación en armas: ejército versus milicia cívica en México», CHUST CALERO, Manuel y MARCHENA, Juan (eds.), *Las armas de la Nación. Independencia y ciudadanía en Hispanoamérica* (1750-1850), Madrid-Frankfurt am Main, Iberoamericana-Vervuert, 2007, pp. 111-136.

GARCÍA LEÓN, José María, *La Milicia nacional en Cádiz durante el trienio liberal, 1820-1823*, Cádiz, Caja de Ahorros, 1983.

GÓMEZ PÉREZ, Carmen, *El sistema defensivo americano: siglo XVIII*, Madrid, Editorial Mapfre, 1992.

GUILLÉN GÓMEZ, Antonio, *Una aproximación al Trienio Liberal en Almería: la milicia nacional voluntaria, 1820-1823*, Almería, Instituto de Estudios Almerienses, 2000.

GUTIÉRREZ ÁLVAREZ, Coralia y GODOY DÁRDANO, Ernesto, «La política borbónica de reorganización de las fuerzas militares en la Capitanía General de Guatemala», ORTIZ ESCAMILLA, Juan (ed.), *Fuerzas militares en Iberoamérica: siglos XVIII y XIX*, México-Zamora, El Colegio de México-El Colegio de Michoacán-Universidad Veracruzana, 2005, pp. 93-109

HAMNETT, Brian R., *Revolución y contrarrevolución en México y el Perú: Liberalismo, realeza y separatismo, 1800-1824*, traducción de Roberto Gómez Ciriza, México, FCE, 1978.

HAWORTH, Daniel S., «Insurgencia y contrainsurgencia en la revolución de Ayutla, 1854-1855», ORTIZ ESCAMILLA, Juan (ed.), *Fuerzas militares en Iberoamérica: siglos XVIII y XIX*, México-Zamora, El Colegio de México-El Colegio de Michoacán-Universidad Veracruzana, 2005, pp. 293-300.

HERRERO MATÉ, Guillermo, *Liberalismo y Milicia Nacional en Pamplona durante el siglo XIX*, Pamplona, Universidad Pública Navarra, 2003.

JUÁREZ MARTÍNEZ, Abel, «Las milicias de lanceros pardos en la región sotaventina durante los últimos años de la colonia», ORTIZ ESCAMILLA, Juan (ed.), *Fuerzas militares en Iberoamérica: siglos XVIII y XIX*, México-Zamora, El Colegio de México-El Colegio de Michoacán-Universidad Veracruzana, 2005, pp. 75-91.

KUETHE, Allan, «Las milicias disciplinadas: ¿fracaso o éxito?», ORTIZ ESCAMILLA, Juan (ed.), *Fuerzas militares en Iberoamérica: siglos XVIII y XIX*, México-Zamora, El Colegio de México-El Colegio de Michoacán-Universidad Veracruzana, 2005, pp. 19-26.

MACÍAS, Flavia, «De "cívicos" a "guardias nacionales". Un análisis del componente militar en el proceso de construcción de la ciudadanía. Tucumán, 1840-1860», CHUST CALERO, Manuel y MARCHENA, Juan (eds.), *Las armas de la Nación. Independencia y ciudadanía en Hispanoamérica (1750-1850)*, Madrid-Frankfurt am Main, Iberoamericana-Vervuert, 2007, pp. 263-290.

MCALISTER, Lyle N., *The «Fuero Militar» in New Spain, 1764-1800*, Gainesville, University of Florida Press, 1957.

MALLON, Florencia E., *Campesino y nación: la construcción de México y Perú poscoloniales,* traducción de Lilyán de la Vega, México, Centro de Investigaciones y Estudios Superiores en Antropología Social, 2003.

MEISEL, Seth J., «Manumisión militar en las Provincias Unidas de Río de la Plata», ORTIZ ESCAMILLA, Juan (ed.), *Fuerzas militares en Iberoamérica: siglos XVIII y XIX*, México-Zamora, El Colegio de México-El Colegio de Michoacán-Universidad Veracruzana, 2005, pp. 165-177

ORTIZ ESCAMILLA, Juan (ed.), «Fuerzas armadas y liberalismo en México en una etapa revolucionaria, 1810-1821», CHUST CALERO, Manuel y FRASQUET, Ivana (eds.), *La trascendencia del liberalismo doceañista en España y en América,* Valencia, Generalitat Valenciana, 2004, pp. 169-186.

— *Fuerzas militares en Iberoamérica: siglos XVIII y XIX*, México-Zamora, El Colegio de México-El Colegio de Michoacán-Universidad Veracruzana, 2005.

— «Los militares veracruzanos al servicio de la Nación, 1821-1854», ORTIZ ESCAMILLA, Juan (ed.), *Fuerzas militares en Iberoamérica: siglos XVIII y XIX*, México-Zamora, El Colegio de México-El Colegio de Michoacán-Universidad Veracruzana, 2005, pp. 255-270.

PERALTA RUIZ, Víctor, «El mito del ciudadano armado. La "Semana Magna" y las elecciones de 1844 en Lima», SÁBATO, Hilda (ed.), *Ciudadanía política y formación de las naciones,* México, El Colegio de México-FCE, 1999, pp. 231-252.

PÉREZ GARZÓN, Juan Sisinio, *Milicia nacional y revolución burguesa. El prototipo madrileño, 1808-1874*, Madrid, CSIC, 1978.

— «La nación en armas: el caso español, 1808-1843», ORTIZ ESCAMILLA, Juan (ed.), *Fuerzas militares en Iberoamérica: siglos XVIII y XIX*, México-Zamora, El Colegio de México-El Colegio de Michoacán-Universidad Veracruzana, 2005, pp. 199-218.

PIQUERAS ARENAS, José Antonio, «De ejército libertador a fuerzas desarmadas. Política y milicia en el nacimiento de la nación cubana», ORTIZ ESCAMILLA, Juan (ed.), *Fuerzas militares en Iberoamérica: siglos XVIII y XIX*, México-Zamora, El Colegio de México-El Colegio de Michoacán-Universidad Veracruzana, 2005, pp. 355-380.

PORTEL I PUJOL, Joan, *La Milícia Nacional de Vic durant la Primera Guerra Carlina*, Vic, Patronat d'Estudis Osonencs, 2003.

SALVATORE, Ricardo, «Consolidación del régimen rosista», GOLDMAN, Noemí (dir.), *Nueva Historia Argentina*, vol. III: *Revolución, república, confederación (1806-1852)*, Buenos Aires, Sudamericana, 1998.

SERRANO ORTEGA, José Antonio, *El contingente de sangre. Los gobiernos estatales y departamentales y los métodos de reclutamiento del ejército permanente mexicano, 1824-1844*, México, Instituto Nacional de Antropología e Historia, 1993.

— *Jerarquía territorial y transición política: Guanajuato, 1790-1836*, Zamora-México, El Colegio de Michoacán- Instituto Mora, 2001.

— «Liberalismo gaditano y milicias cívicas en Guanajuato, 1820-1836», CONNAUGHTON, Brian, ILLANES, Carlos y PÉREZ TOLEDO, Sonia (coords.), *Construcción de la legitimidad política en México en el siglo XIX*, Zamora, El Colegio de Michoacán, 1999, pp. 169-192.

— «Finanzas públicas, centralización política y ejército en México, 1868-1888», ORTIZ ESCAMILLA, Juan (ed.), *Fuerzas militares en Iberoamérica: siglos XVIII y XIX*, México-Zamora, El Colegio de México-El Colegio de Michoacán-Universidad Veracruzana, 2005, pp. 341-353.

SOBREVILLA PEREA, Natalia, «"Ciudadanos armados": Las Guardias Nacionales en la construcción de la nación en el Perú de mediados del siglo XIX», CHUST CALERO, Manuel y MARCHENA, Juan (eds.), *Las armas de la Nación. Independencia y ciudadanía en Hispanoamérica (1750-1850)*, Madrid-Frankfurt am Main, Iberoamericana-Vervuert, 2007, pp. 159-184.

SUÁREZ, Santiago-Gerardo, *Las milicias: instituciones militares hispanoamericanas*, Caracas, Academia Nacional de la Historia, 1984.

TECUANHUEY SANDOVAL, Alicia, «Milicia cívica en Puebla, 1823-1834», *Ulúa*, 7, 2006, pp. 99-124.

THIBAUD, Clément, «"La República es un campo de batalla en donde no se oye otra voz que la del general": el ejército bolivariano como "cuerpo-nación" (Venezuela y Nueva Granada, 1810-1830», ORTIZ ESCAMILLA, Juan (ed.), *Fuerzas militares en Iberoamérica: siglos XVIII y XIX*, México-Zamora, El

Colegio de México-El Colegio de Michoacán-Universidad Veracruzana, 2005, pp. 157-163.

THOMSON, Guy P. C., «Bulwarks of Patriotic Liberalism: The National Guard, Philarmonic Groups and Patriotic Juntas in Mexico, 1847-88», *Journal of Latin American Studies*, XXII:1, feb. 1990, pp. 31-68.

— «Los indios y el servicio militar en el México decimonónico. ¿Leva o ciudadanía?», ESCOBAR OHMSTEDE, Antonio (ed.), *Indio, nación y comunidad en el México del siglo XIX*, México, Centro de Estudios mexicanos y centramericanos, 1993, pp. 207-251.

— y LAFRANCE, David G., *Patriotism, Politics and Popular Liberalism in Nineteenth Century Mexico: Juan Francisco Lucas and the Puebla sierra*, Wilmington, Scholary Resources Books, 1999, 420 p. (Latin American Silhouettes).

TÍO VALLEJO, Gabriela, *Antiguo régimen y liberalismo, 1770-1830*, Tucumán, Universidad Nacional de Tucumán, Facultad de Filosofía y Letras, 2001.

VALVERDÚ I MARTÍ, Robert, *Milícia nacional de Reus en els origens de la Catalunya isabelina*, Madrid, 1987.

— *El suport de la milícia nacional a la revolució burguesa a Reus*, Reus, Associació d'Estudis Reusencs, 1989.

VÁZQUEZ, Josefina Zoraida, «Reflexiones sobre el ejército y la fundación del Estado mexicano», ORTIZ ESCAMILLA, Juan (ed.), *Fuerzas militares en Iberoamérica: siglos XVIII y XIX*, México-Zamora, El Colegio de México-El Colegio de Michoacán-Universidad Veracruzana, 2005, pp. 219-232.

VELÁZQUEZ, María del Carmen, *El estado de guerra en Nueva España, 1760-1808*, México, El Colegio de México, 1950.

VINSON III, Ben, *Bearing Arms for his Majesty. The Free-Colored Militia in Colonial Mexico*, Stanford, Standford University Press, 2001.

— «Los milicianos pardos y la relación estatal durante el siglo XVIII en México», ORTIZ ESCAMILLA, Juan (ed.), *Fuerzas militares en Iberoamérica: siglos XVIII y XIX*, México-Zamora, El Colegio de México-El Colegio de Michoacán-Universidad Veracruzana, 2005, pp. 47-60.

ZURITA ALDEGUER, Rafael, *Revolución y milicia en Alicante (1854-1856)*, Alicante, Patronato Municipal del Quinto Centenario de la Ciudad de Alicante, 1990.

XVIII. POR EL ESTADO/CONTRA EL ESTADO: LAS MILICIAS POLÍTICAS EN EL PRIMER TERCIO DEL SIGLO XX

Carmen González Martínez
Universidad de Murcia
Sandra Souto Kustrín
CSIC

Introducción

Acometer el análisis de las milicias políticas que se desarrollaron en el primer tercio del siglo XX requiere de dos precisiones: una histórico-conceptual y otra historiográfica. Referida a esta última, y como se demostrará en esta investigación, la historiografía española ha tendido tradicionalmente a destacar la particularidad de la historia de nuestro país, pero el ejemplo del estudio de las milicias, como el de otros temas historiográficos, muestra que la historia de España no se diferencia tanto de la de otros países europeos de nuestro entorno: el fenómeno de las milicias es fundamental en la vida política del período de entreguerras en todo el contexto europeo.

Y por lo que respecta al ámbito histórico-conceptual, hay que señalar que la definición de milicia y su evolución histórica se relacionan con el proceso de monopolización de la violencia legítima por parte del Estado, imbricado en el largo proceso de construcción del Estado moderno. Entonces no había «profesionales de la guerra», en sentido estricto, pero la progresiva profesionalización de la vida militar que se verificó a partir del siglo XVI, además de la paulatina concentración del poder en manos del Estado, y los cambios técnicos en el armamento que convirtieron la guerra en un «oficio especializado», explican que en la Edad Moderna los soberanos empezaran a reclutar mercenarios pagados que pronto se convirtieron en ejércitos permanentes[1]. Por entonces las milicias existían como organizaciones militares no profesionales formadas por población civil a la que esporádica, o permanentemente, se le exigía la acción armada y la prestación de servicios militares dirigidos, fundamentalmente, a defender el territorio ante ataques exteriores, o bien eran grupos de «ciudadanos» que protegían los

---

[1] Matosso, 2003, pp. 18-19.

centros urbanos[2]. Paulatinamente, y a lo largo de todo el siglo XVIII, se produjo en toda Europa, incluida España, un proceso de «nacionalización militar» por el que se crearon ejércitos permanentes, y la organización militar se incorporó a la estructura del Estado[3]: el «status internacional» de los Estados se fue asociando, cada vez más, al poder y tamaño de sus ejércitos, y a su capacidad bélica, hasta el punto de que Hegel defendió la idea de que las guerras eran las creadoras de las naciones[4].

La Revolución francesa introdujo el concepto de «nación en armas», y las guerras napoleónicas (1792-1815) extendieron esta idea por Europa[5]. El fortalecimiento del Estado-Nación y el desarrollo de las sociedades liberales llevó a la profesionalización del ejército como forma de adaptación de las fuerzas armadas a este desarrollo: se pasó de los ejércitos semiprofesionales y numéricamente reducidos de los reyes a los ejércitos nacionales, basados en el servicio militar y encuadrados por un cuerpo de oficiales de clase media urbana. Entre 1860 y finales del siglo XIX, con la maduración del Estado-Nación industrial, éste fue capaz de movilizar un mayor porcentaje de recursos de la sociedad para la actividad bélica. Así, el servicio militar obligatorio se introdujo en la mayoría de los países europeos tras la guerra franco-prusiana de 1870[6]. Con la profesionalización de los ejércitos y el desarrollo de fuerzas específicas de orden público –policías, cuerpos de asalto, Guardia Civil– las milicias perdieron las funciones que históricamente habían tenido. Aunque de

---

[2] Interesa diferenciar estas milicias de las que conformaban el servicio de armas del ejército plurinacional de los Habsburgo, de la Monarquía Hispánica de los siglos XVI y XVII, que a partir de 1640 acentuaría su carácter profesional sin desaparecer el carácter confesional de la misma, como han señalado RUIZ IBÁÑEZ/VINCENT, 2007, p. 37. Se debate incluso sobre la existencia de una «revolución militar» en la Edad Moderna. PARKER, 1988; BLACK, 1991; ROGERS, 1995 y, en este texto, la contribución referida al caso español de THOMPSON, 1995. Un ejemplo de la evolución del papel de las milicias es el de Portugal durante la Edad Moderna y principios de la Edad Contemporánea, en DORES COSTA, 2003, pp. 68-93 y 94-101; y también en THEMUDO, 2003, pp. 150-156.

[3] CRUZ, 1992-1993, 210; TILLY, 1990, p. 122.

[4] HYPPOLITE, 1983, pp. 89-98. Lo que no implica, a juicio de MARRADES, 2006, p. 14, una defensa o apología de la guerra, pues «Hegel no pretende demostrar la necesidad de la guerra en general, como lo prueba el hecho de que no justifica todos los tipos de guerra ni todas las victorias militares. La peculiaridad de su enfoque radica en conectar la explicación del sentido filosófico de la guerra con la comprensión de la esencia del Estado». Para el caso portugués, véase DORES COSTA, 2005.

[5] La formación en España de la milicia nacional, ligada a la revolución burguesa, en PÉREZ GARZÓN, 1978.

[6] TELO, 2003, p. 339; LUZA, 1970, pp. 16-17. Como dice BOND, 1990, p. 19, a partir de la guerra franco-prusiana «la importancia vital del reclutamiento para prestar un servicio militar de corta duración, el mantenimiento de una reserva bien instruida y la capacidad para movilizar la mayor fuerza posible en el menor tiempo, se convirtieron en ideales que las potencias continentales pusieron en duda en contadas ocasiones».

forma incompleta, limitada y no lineal, el Estado logró el control del monopolio de la violencia y que este monopolio fuera visto como legítimo por parte de la población, es decir, se considera legítima la violencia realizada por el Estado o con el consentimiento de éste. Pero, y aunque parezca contradictorio, la Primera Guerra Mundial a pesar de representar la culminación de este proceso de consolidación del monopolio de la violencia y de ser el momento de máxima movilización de recursos para la acción violenta que se había producido hasta ese momento en los Estados europeos, fue también seguida por una relativa pérdida de control del monopolio de dicha violencia que tenían estos mismos Estados y –sobre todo– de la legitimidad de este monopolio, que había tardado siglos en lograr. Esta ruptura de la legitimidad favoreció el desarrollo de milicias y guerrillas en el siglo XX. Y, enfrentadas a la violencia monopolizada por el Estado a pesar de todas las limitaciones que este monopolio tuviera, las milicias pasaron a ser formaciones paramilitares de activistas cuyo objetivo último era el control de ese Estado o su supresión por otro, aunque muchas veces surgieran en primer lugar con propósitos defensivos, o se definieran a sí mismas como organizaciones defensivas[7]. Y es que los Estados europeos hicieron frente a unas milicias que competían con él, pero que, generalmente, también competirían entre sí, como veremos en el caso austriaco o el español[8].

En el período de entreguerras las milicias políticas tuvieron un importante desarrollo favorecido por las repercusiones económicas, sociales y culturales de la Primera Guerra Mundial; la crisis del sistema liberal y la democratización de la política, junto al desarrollo de ideologías que daban una función importante al encuadramiento militar (el fascismo y el comunismo), pero cuyo ejemplo se extendió a otros ámbitos ideológicos (sectores conservadores y autoritarios y organizaciones socialistas); la dificultad de reincorporación a la vida civil de los ex combatientes, incrementada por la crisis de posguerra y la posterior depresión de 1929, que hicieron que sectores importantes de la sociedad quedaran al margen de la vida civil; o la independencia de una joven generación para la que la guerra –hubieran o no participado en ella– había supuesto la consecución de una mayor autonomía que no se correspondía con un mayor acceso al poder político en los regímenes liberales de posguerra y que sería la más afectada por la crisis económica. Así, el fenómeno miliciano tuvo principalmente un carácter juvenil. Se desarrollaron en toda Europa y, prácticamente, en todo el espectro político, milicias políticas, organizaciones

---

[7] Veáse, por ejemplo, MOSSE, 1999, o FERRO, 1984.

[8] Es también el caso alemán durante la República de Weimar, con los constantes enfrentamientos entre las milicias comunistas y socialistas y las nacionalistas y nacional-socialistas. Véase, por ejemplo, DIEHL, 1977.

paramilitares con distintos objetivos: salvar o apoyar a sus respectivos Estados en crisis o a los nuevos surgidos, precisamente, al calor de la crisis del sistema liberal europeo, consolidar regímenes autoritarios o realizar la revolución fascista o proletaria.

En este análisis vamos a intentar, en primer lugar, encuadrar el fenómeno miliciano en el contexto de la Europa de entreguerras, para, a continuación, analizar el caso español, que tiene una periodización clara: los primeros ensayos violentos de milicias contra la dictadura de Primo de Rivera y la instrumentación por ésta de su propia milicia cívica, el *Somatén*; el desarrollo de las milicias de partido durante la Segunda República, y la culminación de este proceso en la movilización miliciana que supuso el estallido de la Guerra Civil.

El fenómeno de la milicia en el contexto europeo del primer tercio del siglo XX

Los años de entreguerras mostraron, en palabras de George Mosse, una gran brutalización de la vida política que se manifestó en la adopción de nuevos modelos y valores violentos, caracterizados por la primacía de los principios militares que se habían forjado en las trincheras. La falsa desmovilización e incorporación a la vida civil tras la Gran Guerra, la aparición del complejo mundo de las *Heimwehren*, milicias católico-fascistas austriacas, los *Freikorps* de extrema derecha alemanes, las guardias cívicas o los voluntarios que luchaban contra la revolución rusa en el este de Europa, permitieron no sólo a la generación de la guerra, sino también a la juventud que no había participado en la misma, perpetuar una mentalidad bélica, lejos de la rutina diaria de una sociedad civil a la que muchos nunca retornaron. Apareció, entonces, un combatiente de nuevo tipo: el miliciano, que en situaciones de crisis política buscaba monopolizar los actos violentos en nombre de ideologías políticas, de liberación personal, nacional o de clase. Estos «soldados voluntarios» nutrieron los nuevos partidos de masas y utilizaron la organización militar o paramilitar como un medio fundamental para la conquista del poder político[9].

La formación de milicias de partido fue, por tanto, un proceso que se dio en numerosos países europeos en el período de entreguerras, en ámbitos ideológicos diversos, desde las SA (tropas de asalto, *Sturmabteilung*) y las SS (*Schutzstaffel*, escuadras de protección) nazis o las *camisas negras* fascistas italianas, a la *Republikanischer Schutzbund* (Cuerpo de Defensa Republicano) del Partido Socialdemócrata Obrero Austriaco (SDAP) o el *Rote Front* del Partido Comunista Alemán (KPD). Sólo un estudio com-

---

[9] MOSSE, 2002; LINZ, 1978, pp. 34-37; PERLMUTTER, 1982, pp. 286-292.

parado puede llevar a establecer las causas de este fenómeno, relacionado, entre otros factores, como ya hemos planteado, con las tensiones
económicas y sociales producidas tras la Gran Guerra principalmente en
los países que la habían perdido o habían obtenido una «victoria pírri-
ca», como en el caso de Italia; la crisis económica de finales de los años
veinte; el desarrollo de ideologías que justificaban la violencia, y la visión
de ésta como un medio más de acción política en la Europa de entreguerras; el desarrollo de partidos políticos que favorecían un encuadramiento militar, como las organizaciones fascistas (los llamados por
Duverger «partidos-milicia») o el impacto del modelo leninista de creación de una vanguardia revolucionaria armada[10]. Algunos de estos elementos, sumados a factores internos propios, impulsarían también el
desarrollo de este tipo de organización en España, especialmente en los
años treinta.

El triunfo bolchevique en Rusia produjo en toda Europa un resur-
gimiento de la vía revolucionaria hacia el socialismo. La experiencia
rusa, junto con las revoluciones fracasadas de Europa Central en el
período 1918-1921 y la experiencia china de los años veinte, fueron
teorizadas por la Internacional Comunista (IC) en el libro colectivo *La
insurrección armada*, publicado bajo el seudónimo de A. Neuberg.
Este libro era un verdadero tratado sobre la lucha insurreccional en las
ciudades desde el punto de vista del vanguardismo bolchevique, pero
sus enseñanzas fueron asumidas por sectores muy diversos del movimiento obrero. Sin embargo, las secciones paramilitares de las organizaciones obreras europeas surgieron en primer lugar como órganos
defensivos, y sus actividades principales, como las de la *Reichsbanner*
del Partido Socialista Alemán (SPD), eran el mantenimiento del orden
y la protección de actos y sedes del partido. El SDAP creó en 1923 la
Schutzbund a partir de la organización militar clandestina que el partido había desarrollado durante la Primera Guerra Mundial. Desde muy
pronto se produjeron choques entre socialistas y miembros de las milicias católico-fascistas, las *Heimwehren*, y, posteriormente, con las milicias nacionalsocialistas. Aunque la *Schutzbund* surgió para proteger
los actos socialistas frente a los ataques de los oponentes radicales de la
extrema derecha, ante el aumento de la influencia de las *Heimwehren*,
el SDAP desarrolló la teoría de que la *Schutzbund* podría actuar en
coordinación con una huelga general en el caso de un «golpe fascista»
y, en su congreso de noviembre de 1926, aprobó el llamado *Programa
de Linz*, que contenía una teoría de la violencia defensiva como reac-

---

[10] Para abundar en el conocimiento de la milicia en Europa, además de las obras que
se citan posteriormente, se pueden ver, entre otras, CRONIN, 1995; BESSEL, 1984; FIS-
CHER, 1983; MERKL, 1980; o FRANZINELLI, 2003.

ción a la contrarrevolución, en la que el papel de su organización para-militar era fundamental[11]. Pero los intentos de aplicación de las prescripciones revolucionarias bolcheviques y de utilización de estas milicias obreras para la toma del poder político fracasaron en los intentos de los socialdemócratas austriacos de usar la *Schutzbund* para oponerse a la deriva dictatorial del régimen de Engelbert Dollfuss en febrero de 1934, o en los de los socialistas españoles por crear y utilizar milicias en octubre del mismo año frente a lo que consideraban «fascistización» de la Segunda República[12].

Y es que aunque el vanguardismo bolchevique contribuyó de forma importante a la sobrevaloración de la violencia como medio de acción política, el fascismo fue la manifestación más acabada de esta nueva cultura violenta, no porque valorara de forma racional su importancia estratégica –cosa que sí hacía la doctrina leninista–, sino porque asumió y desarrolló un culto a la violencia en sí misma[13]. El fascismo, con su sentido de aventura y heroísmo y su creencia en el valor de la acción más que en el de las palabras, era un llamamiento emocional de tipo viril que atrajo sobre todo a la juventud. Adrian Lyttelton ha señalado que el origen de muchas *squadre d'azione* se encontraba en una relación informal y laxa entre grupos de adolescentes: los lazos primarios de afinidad o de amistad eran fundamentales en el desarrollo de un sentimiento de camaradería entre los *squadristi*. La existencia de esta solidaridad de grupo servía para salvar el vacío generado por la disgregación de la familia y otras instituciones provocada por la guerra y para dar al fascismo un carácter nuevo frente al burocratismo y aburrimiento de las grandes organizaciones políticas tradicionales. Prácticamente en todos los países europeos, la movilización fascista, y la acción violenta en general, fue obra principalmente de los sectores más jóvenes de la población. De hecho, el activismo juvenil, violento y no violento, puede considerarse una de las grandes novedades de la política de masas de la época. Los movimientos juveniles suelen cobrar fuerza en momentos de crisis y cambio social y político, como los que caracterizaron al período de entreguerras. En estas circunstancias, los partidos comunista y nazi, especialmente sus organizaciones paramilitares de activistas, proporcionaban estructuras político-culturales llenas de significado para la vida diaria de los jóvenes, a los que brindaban un sentido de camaradería y de

---

[11] NEUBERG, 1977. La edición alemana de este libro, con el título *Der Bewaffnete Aufstand*, es de 1928. La primera edición española es de 1932; CHICKERING, 1968. Sobre Austria, ver, entre otras obras, CARSTEN, 1977; DUCZYNSKA, 1978; o RABINBACH, 1983.

[12] Un estudio comparado de los ensayos insurreccionales español y austriaco, en SOUTO KUSTRÍN, 2003.

[13] MOORE, 1976, p. 362.

pertenencia, y lo que era más importante, la idea de que tenían una misión dirigida contra el sistema y el modelo de Estado que les había fallado[14].

La aspiración a construir una comunidad «nueva» –independientemente de cual fuera el carácter que se le quisiera dar a ésta– se expresó simbólicamente con el empleo de uniformes, como muestra de rechazo del traje burgués y de la vida cotidiana que éste simbolizaba. El uniforme era también la conexión con la experiencia militar y ofrecía a los más jóvenes, que además no habían participado en la Gran Guerra, una experiencia indirecta de tipo castrense. La exhibición de uniformes y de banderas, representación exterior de la paramilitarización de la política y, principalmente, de las organizaciones juveniles, fue una característica común a todos los países europeos y a casi todos los grupos socio-políticos, desde los *scouts* a la extrema derecha y extrema izquierda en Francia, los *Blackshirts* («camisas negras») de la *British Union of Fascists* (BUF, Unión Británica de Fascistas) o la sección juvenil de la *Legión Obrera* comunista inglesa, pasando por las organizaciones de la juventud danesa. De este modo, grupos juveniles de distinta adscripción política y/o ideológica marcharon por las calles europeas uniformados y llevando armas, lo que dio lugar a enfrentamientos violentos entre ellos. Por ejemplo, aproximadamente el 84% de los arrestados por violencia política en Berlín entre 1929 y 1932 tenía menos de 30 años y un tercio tenía menos de 21. También fue importante la participación de la juventud en la milicia socialista austriaca, la *Schutzbund*, que protagonizó la insurrección vienesa de febrero de 1934. Las marchas, reuniones, canciones, entierros de camaradas muertos, saludos o lemas, representaban algo completamente nuevo respecto a formas anteriores de activismo político, basadas en los clubes, las reuniones de notables o los métodos parlamentarios. Pero hay que rechazar la idea de que esta violencia de carácter preferentemente juvenil fuera producto de una cultura desviada o la expresión de frustraciones personales de individuos con propensión a la violencia, como han planteado algunos autores intentando explicar el éxito nazi en la movilización de los jóvenes alemanes. Este éxito, por el contrario, como dice Richard Bessel para el caso alemán, fue debido a su capacidad de aprovechar valores y circunstancias sociales ya existentes: las grandes cifras de desempleo, la ruptura de las lealtades políticas tradicionales –característica, por ejemplo, de la política de la

---

[14] LYTTELTON, 1982, pp. 83-92, y 1987, pp. 87-93; FINCARDI, 2007, pp. 50-55. NOAKES, 1987, pp. 102-104, destaca la juventud de las bases de las SA y que para las SS se buscaba expresamente reclutar jóvenes universitarios. BRAUNGART, 1984, p. 4; FISCHER, 1986; y PEUKERT, 1987.

República de Weimar– o una cultura cívica heredada de la Gran Guerra que apoyaba valores violentos y agresivos[15].

Las milicias políticas dieron a sus miembros, principalmente a los jóvenes, una experiencia militar que continuaba la de la Primera Guerra Mundial para los que habían participado en ella y la sustituía en los casos en que, por edad, no se había participado. Su estructura, normalmente, intentaba reproducir la de los ejércitos, como veremos en el caso español. Pero prácticamente nunca las milicias consiguieron por sí solas el objetivo último para el que supuestamente eran creadas, la toma del poder; mientras que su relación con los partidos de los que, teóricamente, dependían varió entre la simple subordinación, la autonomía y una completa independencia que en algunos casos llevó al enfrentamiento abierto. Algunas de las milicias existentes en la Europa de entreguerras pasaron por varias o por todas estas «etapas»: así, tras la derrota socialista de febrero de 1934 en Austria, la *Schutzbund* se declaró a sí misma como organización autónoma y reclamó para sí, por haber sido la que había desarrollado la lucha, el liderazgo de la clase obrera. Aunque su autonomía fue reconocida durante algún tiempo tanto por los Socialistas Revolucionarios (RS, nombre que adoptó el SDAP en la clandestinidad) como por el KPÖ (el Partido Comunista Austriaco, cuya importancia creció tras la insurrección de febrero), pronto ambos partidos buscaron acabar con su autonomía, lo que lograron a mediados de 1936. El revolucionarismo verbal de las SA –cuya acción había sido muy importante en el control de las instituciones del Estado alemán por parte del NSDAP tras la llegada de Hitler al poder– las llevó a un claro enfrentamiento con el partido, que dio lugar a la *noche de los cuchillos largos* (del 30 de junio al 1 de julio de 1934) cuando, por orden de Hitler, fueron asesinados o arrestados sus principales dirigentes[16].

---

[15] BESSEL, 1987, pp. 13-14. ROSENHAFT, 1983, p. 193; JEFFERY, 1995, pp. 208-209. Una síntesis en castellano de la evolución de los movimientos juveniles en la Europa de entreguerras en SOUTO KUSTRÍN, 2004a. Ver también, entre otros, los estudios sobre la juventud en el período de entreguerras en diferentes países europeos recogidos en LAQUEUR/MOSSE, 1970, pp. 1-190, en donde, por ejemplo, COUTROT, 1970, p. 31, destaca los uniformes y las banderas como comunes en los movimientos juveniles franceses; o el volumen colectivo de COLTON et al., 1992, en el que FODE, 1992, p. 58, muestra cómo en Dinamarca el uniforme se hizo de uso general en los años treinta entre los militantes de las organizaciones juveniles; o el texto editado por DOWE, 1986, en el que SPRINGHALL, 1986, pp. 151-163, analiza el caso inglés.

[16] SOUTO KUSTRÍN, 2003, pp. 217-218. EVANS, 2007, pp. 33-52, comienza su obra precisamente analizando «la noche de los cuchillos largos», dado que, como dice en el prólogo, es en ese momento –en el verano de 1933–, cuando, culminada «la destrucción de lo que quedaba de la República de Weimar», «el Tercer Reich estaba finalmente en el poder», p. 29. Se sabe que como mínimo 85 personas fueron asesinadas en esa noche, y en los días siguientes se sucedieron las ejecuciones y detenciones: «desilusionados, sin

Las milicias políticas en España: de la monarquía autoritaria al régimen republicano

A pesar de no haber participado en la Primera Guerra Mundial, España también vio el desarrollo de estas nuevas «formas» de hacer política y de esta nueva militancia juvenil, aunque con una importancia relativamente menor frente al fenómeno europeo y de forma más tardía cronológicamente. La «brutalización» generalizada no se instaló en la vida política tras la Gran Guerra, no sólo porque España no había participado en ella sino porque el ciclo de protesta fue abortado casi de forma inmediata por la dictadura de Primo de Rivera. La violencia política de los sectores juveniles se generalizó a partir de los años treinta y fue protagonizada principalmente por los grupos organizados de las diferentes tendencias políticas y por sus organizaciones paramilitares.

Al igual que en otros países europeos, la gran novedad del período fue la milicia política. Algunas de las organizaciones paramilitares que fueron las principales fuentes de enfrentamiento violento en los años treinta –como el Requeté carlista o los *escamots* del Estat Català– se habían creado con anterioridad, aunque cobrarían importancia durante la Dictadura de Primo de Rivera (septiembre 1923-enero 1930) y vivirían su momento de «auge» durante la República y la Guerra Civil. De hecho, en el proceso global de oposición a la Dictadura primorriverista destacó el insurreccionalismo que, en sus diversas manifestaciones, fue un fenómeno recurrente en la crisis terminal de la Restauración, en el tránsito de la Dictadura a la República. Un tránsito relativamente pacífico que no debe ocultar, como advierte Eduardo González Calleja[17], la evidencia de una profunda crisis previa de legitimidad del sistema y de sus estructuras de dominación social que trató de ser superada por el uso de la fuerza desde septiembre de 1923, aunque la salida extraconstitucional representada por la Dictadura tuvo efectos contraproducentes, ya que legitimó el uso generalizado de la fuerza para derrocar al régimen[18].

En la resistencia armada a la Dictadura se distinguen los primeros ensayos violentos que vinieron de los grupos más duramente reprimidos

---

papel determinado e incapaces de hacer valer sus derechos, los camisas pardas empezaron a abandonar la organización en masa– 100.000 hombres sólo entre agosto y septiembre» (de 1933), en *ibid.*, p. 51. Véase también BESSEL, 1987, pp. 133-137.

[17] GONZÁLEZ CALLEJA, 1998, pp. 105 *ss.*

[18] Una contribución al análisis de esta problemática en GONZÁLEZ CALLEJA, 1999, pp. 303-440 y 441-504, páginas que corresponden, respectivamente, al capítulo 4: «El acoso periférico a la Dictadura: anarcosindicalismo, nacionalismo, comunismo y agitación universitaria (1923-1930)» y al capítulo 5: «Las grandes conspiraciones cívico-militares contra la Dictadura (1924-1930)».

por el régimen primorriverista[19]: anarquistas y catalanistas radicales, que optaron primero por concertar fugazmente sus esfuerzos revolucionarios para posteriormente integrarse en los más vastos proyectos cívico-militares patrocinados hasta enero de 1930 por los constitucionalistas y, desde entonces, por los partidos republicanos. El catalanismo radical inició desde 1923 un proceso original de paramilitarización política al hilo de la resistencia nacionalista contra las medidas represivas de la Dictadura[20]. Los primeros grupos de *escamots* fueron creados en esta época, y desde el exilio el ex coronel Macià proyectó la organización clandestina *Exèrcit de Catalunya*, pensada para impulsar una insurrección independentista a gran escala, y la frustrada *Alianza Libre* en enero de 1925 (con la CNT y el apoyo de los nacionalistas vascos aberrianos y de comunistas como Bullejos) para derrocar, de un modo violento, a la monarquía autoritaria y, por ende, a la Dictadura primorriverista. La organización armada *Estat Català* era el reflejo del auge de la paramilitarización de las actividades políticas (fueran de signo bolchevique, fascista o nacionalista) en la Europa de posguerra; un precedente válido de un fenómeno que alcanzaría larga fortuna en la España de los años treinta. Su propuesta de invasión del territorio catalán (primer paso para un levantamiento popular generalizado) se concretó en la intentona de Prats de Molló de noviembre de 1926.

Frente al empuje de la paramilitarización de las organizaciones antidictatoriales, y el temor al desorden público, la Dictadura, entre sus iniciales objetivos, contó con una solución al problema concebido como «defensa armada contra la revolución», pues el proyecto global de orden público elaborado por el Estado restauracionista desde el último cuarto del siglo XIX se había venido abajo con estrépito tras el múltiple, pero contradictorio, estallido revolucionario de 1917 y la oleada de agitación social de 1918-1920, erosionando definitivamente la legitimidad del régimen en su conjunto. Y ante lo que consideraban, de forma más ficticia que real, «inminencia» de una revolución bolchevique[21], los grupos sociales «de orden» y sus subordinados se lanzaron a una doble estrategia.

En primer lugar, la contrarrevolución o creación de *uniones cívicas* con la función de mantener los servicios públicos frente a las convocatorias de huelga. La más importante fue el somatén catalán[22], pero era un fenómeno común a toda la Europa de posguerra, por ejemplo, como ya hemos abordado, las *Heimwehren* austriacas, milicias locales voluntarias de vecinos, policía auxiliar contra huelguistas, que sofocaron las huelgas

---

[19] GONZÁLEZ MARTÍNEZ, 2000.
[20] La obra que aborda más profundamente este tema es de UCELAY DA CAL, 1983.
[21] Ejemplarmente abordada en REY REGUILLO, 1997.
[22] Para otros espacios regionales, véase REY REGUILLO, 1989.

socialdemócratas de julio de 1927 desempeñando una labor represiva y preventiva duramente criticada por los propios socialistas austriacos con la equiparación de esta milicia al «perro de presa de los partidos políticos burgueses»[23]. Las *Heimwehren*, organizadas de forma local y defensoras del Estado autoritario y corporativo, se diferenciaban del Somatén español por el intento de toma del poder del estado que intentarían los austriacos, mientras en España estaba en discusión la Asamblea Nacional primorriverista.

En segundo lugar, se extendió la proclividad por soluciones políticas de naturaleza autoritaria, que iban más allá del orden público y proponían, para dirimir la crisis de Estado, la instauración de un régimen de excepción basado en el recurso anticonstitucional al Ejército, cuya actitud pretoriana[24] se fue acrecentando y «oficializando» en las sucesivas crisis de 1916-1917 y 1918-1922, hasta llegar a un «lógico» punto de no retorno con el pronunciamiento de septiembre de 1923. Entre otras cosas, la Dictadura supuso, en opinión de González Calleja[25], un intento postrero de recomposición del bloque social dominante para controlar el proceso de modernización socioeconómica sin la amenaza de una democratización que comprometiese su hegemonía. Tomó cuerpo de este modo el cesarismo, tantas veces vaticinado por Cánovas como última posibilidad de preservación del orden social restauracionista contra la amenaza latente de una revolución.

El dictador Primo de Rivera superó la intromisión militarista en las cuestiones de orden público concediendo la gestión exclusiva del aparato policial a los jefes militares más implicados a ese respecto en los anteriores conflictos con el poder civil (Martínez Anido y Miguel Arlegui). De la misma forma, la «privatización» parcial de las cuestiones de seguridad impulsadas por grupos «de orden» trató de ser canalizada mediante la oficialización del Somatén y su generalización a toda España como «institución semipolítica» de apoyo activo al régimen y como elemento para-policial de auxilio a la autoridad en caso de disturbios[26].

Primo de Rivera ya sugirió desde su primer manifiesto al país (Barcelona, 13 de septiembre de 1923) el papel destacado que el Somatén habría de jugar en el entramado sociopolítico del nuevo régimen: «Somos el Somatén, de legendaria y honrosa tradición española, y, como él, traemos por lema paz, paz y paz... Horas tan sólo tardará en salir el

---

[23] Un análisis en castellano se puede ver en MARTÍNEZ DE ESPRONZEDA SAZATORNIL, 1988, pp. 30 *ss*. Un estudio contemporáneo elaborado para el *Foreign Office* británico se puede ver en MACARTNEY, 1929.

[24] Término proveniente del estudio de BOYD, 1990.

[25] Remitimos a GONZÁLEZ CALLEJA, 1994, p. 93.

[26] El más completo análisis sobre la institucionalización y militarización del somatén durante la Dictadura en GONZÁLEZ CALLEJA/REY REGUILLO, 1995.

decreto de organización del Gran Somatén Español»[27]. La promesa de inmediata creación de la entidad paramilitar fue rigurosamente mantenida: por Real Decreto de 17 de septiembre de 1923 se instituyó «en todas las provincias españolas y en las ciudades de soberanía del territorio de Marruecos» el Somatén Nacional[28], a imagen y semejanza del tradicional de Cataluña. Pero la subordinación al Ejército iba a ser total: el Somatén se organizaría en regiones militares bajo la dirección de comandantes generales que habrían de ser generales con mando de brigada de Infantería, y su adiestramiento quedaría provisionalmente en manos de jefes y oficiales que actuarían como «auxiliares».

Siguiendo a González Calleja y Fernando del Rey, hay que destacar que en el Real Decreto el dictador explicaba el significado del Somatén no sólo como un poderoso auxiliar de las fuerzas del orden en caso de revuelta, sino también como un «acicate de los espíritus» que estimularía el interés del ciudadano por la colaboración con el poder constituido. En esos primeros tiempos, el dictador especuló con la posibilidad de transformar la institución paramilitar en la principal reserva política del régimen, ¿Militarización o politización del Somatén? ése era el dilema. Lo que estaba claro es que su oficialización y «estatalización» representaban el primer intento movilizador de la Dictadura con vistas a su propia salvaguardia; una especie de milicia armada de inicial e impreciso contenido ideológico contrarrevolucionario que, en lo sucesivo, identificaría su actuación y sus valores con los defendidos por el sistema político que le dio vida: el triple lema upetista «Religión, Patria y Monarquía». Y por encima de sus escarceos pseudofascistas, la misión del Somatén se acercaba más a la pretendida por las uniones cívicas burguesas contrarrevolucionarias que al fenómeno inicialmente subversivo de la milicia fascista italiana[29].

---

[27] «Manifiesto del General Primo de Rivera al Ejército y al País», en GARCÍA NIETO/ YLLÁN CALDERÓN, 1989.

[28] Remitimos al «Real Decreto 17 de septiembre de 1923: disponiendo se instituya el Somatén en todas las provincias españolas y en las ciudades de soberanía del territorio de Marruecos», en *Colección Legislativa del Ejército*, año 1923, Ministerio de Guerra, Madrid, pp. 471-473. En Cartagena (Murcia) se procedió a la creación del Somatén un mes después del levantamiento, «a través de la convocatoria del capitán general de la región de Levante, Álvarez del Manzano, quien siguió las instrucciones emanadas del R. D. ley de 17 de septiembre. Esta institución contaba con la anual revista pasada por oficiales del ejército regular con el apoyo de destacados miembros de las fuerzas vivas locales», en VICTORIA MORENO, 2002, p. 75.

[29] En sus orígenes, señala GONZÁLEZ CALLEJA, 2005, pp. 164-165, «la organización somatenista fue concebida como una especie de milicia armada con cierto peso político, a mitad de camino entre el activismo populista de los *fasci di combattimento* y la defensa del orden social y político garantizada por la Milicia Nacional decimonónica o las "guardias cívicas" de los años precedentes. Aunque en el discurso pronunciado ante Mussolini

Se trataba, en definitiva, con el Somatén, de «defender con las armas la vida, la propiedad y el respeto a los derechos constituidos», mientras que en su otra faceta del *frente cívico*, aseguradora de los servicios auxiliares económicos, se trataba de impedir la interrupción de los servicios públicos y de la vida económica de las poblaciones. La certeza de que las luchas laborales y políticas podían derivar en cualquier momento hacia un enfrentamiento social de tipo violento precipitó de nuevo a las clases conservadoras a la tradicional defensa preventiva del «orden social», bajo el romántico lema decimonónico de «luchar o morir», o el más consciente adagio latino *«Si vis pacem, para bellum»*.

Un análisis comparado entre el caso español e inglés nos permite confrontar la utilización política del Somatén español en la prevención de disturbios y liquidación de huelgas laborales con las pretensiones ministeriales británicas sobre la *Territorial Army* (TA)[30], que en la inmediata posguerra, entre 1919-1920, debatió sobre su papel dentro de Gran Bretaña ante el crecimiento de los sindicatos y sus reivindicaciones; la posible influencia (el temor) a la revolución bolchevique y la reluctancia del ejército a verse envuelto en conflictos internos. Pero las Viejas Reglas de la TA[31] prohibían su uso en conflictos civiles y también había cierto rechazo entre algunos miembros del gobierno a usar tropas en conflictos civiles, por lo que se propuso crear una «guardia civil» que apoyase a los cuerpos policiales en caso de conflicto interno, aunque se llegó a la conclusión de que esta propuesta sería muy impopular. Las propuestas se sucedieron entre 1919 y 1920: Churchill defendía imponer la obligación a la TA de apoyar al gobierno en casos de «emergencia nacional». Los rumores sobre la posibilidad de este uso parece que influyeron en la reducción del reclutamiento en la TA: se manifestaba así el rechazo a

---

en Roma el 21 de noviembre de 1923 Primo de Rivera tratase de vincular el Somatén con las "camisas negras" fascistas, la comparación resultaba odiosa entre un cuerpo armado de burgueses de orden, creado desde, por y para el poder, y los "soldados revolucionarios" de las desordenadas *squadre d'azione»*.

[30] Creada por Richard Burton Haldane (ministro de Guerra entre 1905 y 1912) para unificar las compañías de *Yeomanry* (sus orígenes se remontan a finales del siglo XVIII ante la amenaza napoleónica, pero también habían servido durante el siglo XIX para hacer frente a disturbios internos, revueltas, etc., hasta que perdieron este papel con el desarrollo de las fuerzas policiales) y la *Volunteer Army* (oficializada después de la guerra de Crimea ante la perspectiva de que una guerra en ultramar dejara a Gran Bretaña desprotegida ante otro conflicto, y oficialmente constituida en 1859 ante la guerra franco-prusiana, es decir, como defensa de Gran Bretaña ante un posible ataque exterior). Tras la Primera Guerra Mundial, los miembros de la *Territorial Army* rechazaron la obligación de luchar en el extranjero, lo que las hacía inútiles para el Ministerio de Guerra –que se volvió reacio a gastar dinero en ellas–, y conllevó largas discusiones entre el Ministerio de Guerra (Churchill) y las Asociaciones de la *Territorial Army* (TA) en 1919-1920. Según DENNIS, 1981, pp. 706-707.

[31] *Ibid.*, p. 708.

actuar como rompedores de huelga y el cuestionamiento de que no estaba claro qué se entendía por «emergencia nacional»[32]. Estos problemas y debates se incentivaron con la huelga de mineros de abril de 1921, que llevó a anunciar la creación de una «fuerza de defensa» (*Defence force*) para la que se llamó especialmente a los miembros de la *Territorial Army*, cuyas instalaciones serían usadas para el reclutamiento, aunque los miembros de ésta que se sumaran debían dimitir de la TA: su servicio en la *Defense Force* se consideraría que cumplía su compromiso con la TA y serían automáticamente readmitidos en ésta después de un período de 90 días de servicio en la *Defense Force*, si así lo elegían. El 9 de abril de 1921 empezó el alistamiento y, aunque los datos sobre los resultados no son completos, en torno al 20-30 por cierto de los miembros de la TA se enrolaron en los sitios de los que se conocen datos. No obstante, la *Defense Force* fue disuelta el 2 de julio. Su papel había sido pequeño, insiste en precisar Dennis[33], pero creó tensiones y conflictos no sólo dentro de la TA sino entre ésta y el gobierno, y entre los sindicatos –que empezaron a exigir garantías de que las fuerzas de reserva no serían usados en conflictos laborales e internos– y el gobierno. En la huelga general de mayo de 1926, nuevamente, la solución fue parecida a la anterior: se creó el *Civil Constabulary Reserve* (CCR-Reserva de Policía Civil), pero el que, como en la ocasión anterior, las instalaciones de la TA sirvieron de base, y se buscó el reclutamiento de sus miembros, aunque la huelga prácticamente estaba en su ocaso cuando empezó el reclutamiento y el 15 de mayo el CCR fue desmantelado con, otra vez, una participación más que escasa. Concluye el especialista Dennis[34] que, como en 1921, la TA se había visto envuelta en los conflictos laborales internos en todos los aspectos excepto en el nombre. Pero nunca más fue usada y su efecto práctico fue, al parecer, escaso. Frente al Somatén primorriverista y al contexto autoritario imperante en la España del momento, el marco democrático de Gran Bretaña propició la creación de tensiones y discusiones suficientes como para no privilegiar la utilización de la TA y sus «sucedáneos» como «liquidadores de huelgas»: característica ésta otorgada al Somatén en este tipo de conflictos socio-laborales, que se mostraría frustrada con motivo del paro general (por otro lado, fracasado) de mediados de diciembre de 1930 en España, pues su actuación preventiva y represiva fue en estas fechas prácticamente nula[35].

[32] *Ibid.*, pp. 710-712.
[33] DENNIS, 1981, pp. 717-718.
[34] *Ibid.*, pp. 718-721.
[35] Un decreto del Gobierno Provisional de la República de 15 de abril de 1931 disolvió, en todo el territorio nacional, a excepción de la Cataluña rural, el Somatén «estatalizado» por Primo de Rivera.

Pero interesa señalar, además de la faceta del Somatén como organización de vigilancia ciudadana garante del orden social y económico, que el Somatén se presentaba, sobre todo, como una institución garante del *orden moral* o de la *higiene social* vinculada con el orden y la armonía colectivos. El somatenista debía mantener un fuerte espíritu religioso (el catolicismo iba indisolublemente unido a las ideas de civismo y honradez social, por ello el Somatén Nacional se puso bajo la advocación de la Virgen de Montserrat, patrona tradicional del Somatén Armado de Cataluña), y sus actos públicos incluían la consabida misa de campaña. En esta cruzada de moralización social, la religiosidad se entendía como un decisivo factor de pedagogía social, punto éste de especial desvinculación con el fascismo italiano.

En su nada desdeñable función de «policía moral», el Somatén garantizaba la primacía del conjunto de actitudes del «burgués conservador», dispuesto además a colaborar en el mantenimiento del sistema socioeconómico mediante una movilización armada antirrevolucionaria. La importancia concedida a la dimensión formativa de una nueva «moral cívica» debe interpretarse, según González Calleja y Rey Regullo, como un recurso sustitutorio de urgencia ante la inexistencia de un aparato ideológico consistente y bien trabado. La aparente indefinición política y su carácter eminentemente civil (aunque su gestión fuese supervisada por el Ejército) fueron los fundamentos en los que se pretendió basar el talante *interclasista* del Somatén, lo que lo vinculaba a las concepciones orgánicas y armonicistas del «cuerpo social» postuladas por ciertos sectores del catolicismo. Y aunque en su seno se reclamaba la participación de propietarios, funcionarios y clases trabajadoras, el objetivo del dictador fue sobre todo el alistamiento y la organización de la masa conservadora de clase media, sin olvidar que la verdadera garantía del «orden social» seguía descansando en los cuarteles, de forma que el Somatén fue derivando en mero apéndice de la Unión Patriótica (UP), sucedáneo de milicia estatal, dirigido técnicamente por un Ejército dividido y politizado, ideológica y orgánicamente, por los representantes de los sectores sociales y económicos más influyentes (alta burguesía industrial, comercial y financiera) y por ciertos segmentos de la patronal que pretendían atraer a la organización armada hacia funciones explícitas de salvaguarda del sistema de relaciones sociales vigente.

Para Carlos Navajas, el Somatén fue algo más que una «milicia anémica», como la caracterizó Ben-Ami[36]. Esta institución constituía el lugar de encuentro, en la Rioja, de tres subsectores ultraderechistas: la ultraderecha civil, que formaba parte de la misma; la ultraderecha militar, que la dirigía y controlaba; y, finalmente, la ultraderecha eclesiástica,

---

[36] NAVAJAS ZUBELDÍA, 1994, p. 251; BEN-AMI, 1984, p. 181.

que le prestaba su apoyo ideológico y la legitimaba (en la Dictadura, y para el caso de la Rioja, se produjo también un proceso de clericalización de la sociedad civil). Estos tres subsectores, argumenta Navajas, establecieron una alianza implícita que se caracterizaba por ser católica, nacionalista, monárquica, primorriverista, autoritaria, reaccionaria y contrarrevolucionaria[37], y que se extenderá más allá de la Dictadura. El Somatén fracasó en el corto plazo, pero sus integrantes y simpatizantes triunfaron a largo plazo en España. La significación política reside más en este hecho que en su labor, número de servicios o poder real. Por ello, según Navajas, hay que subrayar que la anemia del Somatén era relativa: movilizó a un sector de la sociedad española (la derecha militante) y lo adoctrinó, porque el Somatén era una institución paramilitar y, sobre todo, política; por ello es lógico que sus relaciones con la otra organización política del régimen (la UP) no fueran excesivamente cordiales. Su corporativismo estaba por encima de su primorriverismo. Quizás por ello, el «ejército de la paz» (Somatén) estaba totalmente controlado por el «ejército de la guerra», afirmación cierta a nivel provincial, regional y nacional. El poder primorriverista, nos recuerda Navajas, siguió basándose en su «verdadero partido», el Ejército, y no en la UP ni en el Somatén: organizaciones de apoyo que recibieron los títulos de «organización», «liga», «movimiento», «agrupación», muestra de la actitud antipolítica del régimen, que representaban directamente a la ciudadanía sin la «perturbadora» mediación del sistema de partidos.

El Somatén desempeñó un papel constante en la militarización –tal vez sería más exacto decir paramilitarización o militarización cívico-militar– del orden –público y social– y de la sociedad civil, y España estuvo en Estado de Guerra –formal o real– durante casi toda la Dictadura. A la frustración de sus aspiraciones políticas (Primo eligió a la UP como alternativa semipartidaria) habría que unir su modesto influjo social: nutrido en todo momento por «personas respetables» (comerciantes, industriales, abogados…)[38], el alejamiento del Somatén de las clases trabajadoras e incluso de buena parte de las clases medias fue un hecho constante. Siempre actuó como mero apoyo conservador de la Dictadura y nunca se planteó el «salto» hacia el fascismo. Las uniones cívicas habían surgido en España con una intención específica: la derrota de la revolución en la calle como apoyo subsidiario a los recursos pre-

---

[37] Frente a esta tendencia ideológica explicitada por Navajas Zubeldía en el estudio del somatén riojano, para el caso murciano se ha destacado la participación de militantes socialistas (a título individual) en algunas partidas locales del Somatén e incluso de algún miembro de la masonería. Remitimos a MONTES BERNÁRDEZ, 1999.

[38] Esta característica socio-profesional es puesta de manifiesto en el análisis de PEÑA GUERRERO, 1995, pp. 56-63, quien manifiesta que la burguesía comercial y patronal de Huelva se vinculó al régimen primorriverista a través de la milicia somatenista local.

ventivos y coercitivos oficiales del Estado autoritario. En consecuencia, toda intención de prolongar esta experiencia fuera de la coyuntura histórica y dotarla de otros parámetros políticos y sociales estaba abocada al fracaso.

Fue durante la Segunda República cuando las milicias, como formaciones paramilitares, ocuparon prácticamente todo el espectro político, aunque con un desarrollo desigual. Rechazadas por distintas razones por los republicanos, las JAP o los anarquistas, fueron mantenidas por monárquicos (tanto carlistas como alfonsinos), fascistas, nacionalistas periféricos (los *escamots* catalanistas o los *mendigoizales* del PNV), socialistas y comunistas. Aunque decían tener propósitos defensivos, su objetivo último era el asalto al poder mediante la lucha armada. Los incidentes violentos entre estos diferentes grupos fueron frecuentes, especialmente en los centros educativos, y se complicaban porque las asociaciones de estudiantes agrupaban también a alumnos de enseñanza media: en locales de la Federación Universitaria Escolar, en institutos de educación secundaria y en facultades de distintas universidades se produjeron enfrentamientos en este período. También fueron comunes los choques entre grupos excursionistas de organizaciones juveniles obreras y miembros de juventudes derechistas, en especial con las milicias de la Falange (la *Primera Línea*) o con las fuerzas de orden público[39].

Partiendo de una ideología tradicional, pero con formas organizativas modernas, el carlismo creó en los años treinta las mejores organizaciones paramilitares de España: aunque el Requeté carlista se organizó a finales de la primera década del siglo XX y principios de la segunda, llegó a su mayor desarrollo durante la Segunda República y se logró una verdadera institucionalización con las «Ordenanzas del Requeté», elaboradas por el coronel Varela en 1934. Blinkhorn sitúa que ya a finales de 1931 las milicias carlistas pudieron llegar a los 10.000 hombres. Su organización era estrictamente militar: «la patrulla era la unidad más pequeña; estaba compuesta por entre cuatro y seis hombre con un cabo al frente y equivalía a una escuadra del ejército. Tres patrullas con sus cabos constituían un grupo o pelotón de 20 hombres; tres grupos y sus jefes, un piquete o sección de casi sesenta; tres piquetes, un requeté o compañía, que no pasaba de los 250 hombres; tres requetés formaban un tercio, aproximadamente un batallón del ejército de entre 700 u 800 hombres»[40].

Las milicias fascistas surgieron a partir de los «Legionarios de España» del Partido Nacionalista Español y las patrullas de asalto de las JONS, pero cobraron impulso tras la creación de la Falange y su unifi-

---

[39] RUIZ CARNICER, 2005; SOUTO KUSTRÍN, 2004b, pp. 125 ss.

[40] BLINKHORN, 1979, en p. 98 la cifra, y en p. 309 la cita. Este autor también destaca el papel de los jóvenes en la renovación del carlismo, p. 171.

cación con las JONS, y en la *Primera Línea* se integraron muchos miembros de los «Legionarios» de Albiñana. La provincia donde la milicia falangista contaba con más miembros, según los cálculos de Payne, era Madrid: a principios de 1935 había 743 milicianos, frente a los 400 o 500 de Valladolid, unos doscientos en Sevilla y núcleos menores en otras zonas[41].

Los monárquicos alfonsinos tampoco rechazaron el recurso a las milicias: en un primer momento Renovación Española (RE) intentó controlar las milicias falangistas, pero finalmente optó por fomentar grupos propios. Y sobre la base de sus juventudes, RE creó en 1935 las «Guerrillas de España», aunque éstas no lograron un gran desarrollo y Renovación Española acabó optando finalmente por la alternativa militar clásica. En cuanto a la JAP, no disponía de ninguna sección militar, aunque en los gestos, símbolos y uniformes imitaba a las organizaciones milicianas y «su labor callejera estaba más destinada a paliar los efectos de una posible huelga general, mediante el mantenimiento de servicios vitales, que al combate abierto», para lo que crearon, en febrero de 1934, una sección de «movilización civil» a fin de cubrir los servicios públicos y mantener el orden en caso de huelgas, que utilizaron, por ejemplo, en Madrid, en las distintas huelgas que se produjeron a lo largo del año 1934[42].

Sin embargo, fueron, curiosamente, los socialistas, marcados por una tradición reformista, los que organizaron unas milicias que, con todas sus imperfecciones, protagonizaron el principal fenómeno miliciano anterior a la Guerra Civil: la insurrección de octubre de 1934. Esta acción tuvo distintos efectos y formas en las diferentes provincias: desde la huelga pacífica a la insurrección, según la fuerza, organización, posición política y táctica de las organizaciones que participasen, llegando en Asturias a una revolución social. La táctica violenta en sí misma, tal como era planteada por quienes fueron sus principales impulsores (un sector del partido socialista y de la UGT y, principalmente, la Federación de Juventudes Socialistas, FJS), seguía el modelo marcado por la revolución bolchevique rusa: apoyo de las masas, preponderancia del proletariado industrial, dirección de la revolución por una vanguardia partidista (en este caso conjunta en las Alianzas Obreras), organización de un ejército propio y un plan revolucionario que incluía el control de los centros importantes de las diferentes localidades y que buscaba el apoyo, o al menos la neutralidad, de algunos sectores de las fuerzas de

[41] PAYNE, 1985, p. 100. El Partido Nacionalista Español (PNE), fundado por J. M. Albiñana en abril de 1930, se puede considerar el primer partido de inspiración fascista surgido en España. Pero su implantación fue muy pequeña y acabaría integrándose en el Bloque Nacional, y ya en 1937 se disolvería en la Comunión Tradicionalista.

[42] GONZÁLEZ CALLEJA, 1986, pp. 80-81; SOUTO KUSTRÍN, 2004b, pp. 150 y 244-245. Con relación a las JAP se puede ver también BÁEZ PÉREZ DE TUDELA, 1994.

orden público y del ejército. Las instrucciones enviadas por el comité revolucionario socialista especificaban que las milicias tendrían su base en la escuadra, formada por cinco hombres y un jefe; tres escuadras formarían un pelotón; tres pelotones, una subsección; la sección estaría formada por tres subsecciones; tres secciones darían lugar al grupo y tres grupos, a una agrupación. Cada uno de estos niveles tendría un jefe[43]. Reproducían, por tanto, la estructura del ejército y algo parecido a esta organización funcionó en Asturias, Madrid y Vizcaya.

Como muestra el caso de Madrid, la formación de las milicias socialistas no hubiera sido posible sin la participación de los jóvenes. Ya el cuarto congreso de la Federación de Juventudes Socialistas (FJS), en 1932, había acordado la creación de organizaciones paramilitares, aunque esta decisión sólo se activó tras la salida de los socialistas del gobierno y la derrota de los socialistas y republicanos de izquierda en las elecciones generales de 1933. Al plantearse el PSOE la realización de un movimiento revolucionario, las milicias quedaron vinculadas a éste, pero su organización siguió estando en gran medida en manos de la organización juvenil que, a través de su órgano de expresión, *Renovación*, dio instrucciones sobre cómo debían organizarse, y fueron también jóvenes los que desarrollaron las principales acciones violentas, como se comprueba en los autos judiciales y destacaron testigos de los sucesos. La insurrección de octubre de 1934 en la capital de la República, con todas sus limitaciones, fue realizada principalmente por jóvenes, como eran la mayoría de los miembros de las Milicias Socialistas de Madrid[44].

Pero tampoco fueron las milicias socialistas las únicas formaciones paramilitares obreras. El Partido Comunista de España (PCE) había formado las Milicias Antifascistas Obreras y Campesinas (MAOC) en la primavera de 1933. La debilidad del partido hizo que estas milicias sólo tuvieran una existencia real en Madrid capital y en algunas zonas de su provincia –por ejemplo, en Villalba–, hasta el triunfo del Frente Popular. El informe presentado a la Conferencia Regional de Madrid de 1934 hablaba de «una gran negligencia en la organización de las MAOC», por lo que hemos de suponer que su desarrollo era escaso. Pero su organización no era muy diferente a la que intentaron formar los socialistas: la unidad básica y de combate sería la escuadra, formada por 10 milicianos y un agente de enlace. A partir de la escuadra se estructuraría en guerrillas y centurias, cada una con una dirección formada por tres personas (troika). En septiembre de 1934 se hablaba de la existencia en Madrid de

---

[43] LARGO CABALLERO, 1985, pp. 107 *ss.*
[44] SOUTO KUSTRÍN, 2004b, pp. 169 *ss.* ARAQUISTAIN, 1935, pp. 19-20; SALAZAR ALONSO, 1935, p. 227.

seis centurias, pero probablemente sea una cifra exagerada dada la fuerza del PCE en la provincia de Madrid[45].

En cuanto a la Confederación Nacional del Trabajo (CNT), aunque principalmente Juan García Oliver proponía la toma del poder mediante un ejército revolucionario, esta idea no fue aceptada por el resto de la organización confederal, por el rechazo expreso «a todo lo que significara Estado, Ejército y Milicias». Esto no implicó que los anarcosindicalistas no impulsaran «grupos de acción», los llamados «cuadros de defensa», cuya creación se acordó en 1931. Pero su desarrollo debió ser escaso, ya que la Federación Anarquista Ibérica (FAI) acordó nuevamente constituirlos en un pleno de regionales celebrado en el verano de 1932 y ponerlos bajo la dirección de los Comités de Defensa Confederal. Antonio Fontecha dice que no hay pruebas de que estos Comités de Defensa «tuvieran una implantación real más allá de unos componentes muy determinados de algunos grupos de afinidad de la FAI». A pesar de esto, la CNT fue la protagonista de un ciclo insurreccional en que estos grupos jugaron cierto papel: los intentos insurreccionales de enero de 1932 y de enero y diciembre de 1933. Por esto, para Fontecha, la actuación de la CNT demuestra que no hacía falta tener milicias para «enfrentarse con las fuerzas de seguridad del Estado», pero sí harían falta para el supuesto objetivo último de la CNT y de la FAI que era la revolución social[46].

De ello parece que fueron conscientes los miembros de la FAI, ya que en junio de 1934 plantearon que el «estudio y análisis concienzudo de las causas que originaron los fracasos de pasados movimientos» mostraban la necesidad de «estructurar y organizar nuestros cuadros de defensa», y aquí volvemos a una estructura que podemos definir como militar, similar a la de un ejército, aunque en ningún momento se utilizasen estas palabras, seguramente por el rechazo expreso de ellas. Era una estructura además muy similar a la de las otras milicias obreras: la base sería en este caso la guerrilla, formada por 12 hombres que se agruparían en grupos de tres guerrillas[47]. Pero es difícil que hubieran logrado antes de la sublevación militar de julio de 1936 algún desarrollo significativo.

---

[45] Ver BLANCO, 1994, p. 141. Se puede ver también BLANCO, 1993. El informe se conserva en el Archivo Histórico del Partido Comunista de España (APCE), Film VIII (114). *MAOC*, Órgano del Comité Nacional de las MAOC, septiembre de 1934, APCE, Film IX (121).

[46] Sobre los comités de defensa cenetistas, lo más cercano a milicias que tuvo el anarcosindicalismo español, y las distintas posturas sobre la violencia existentes en la CNT en los años republicanos, ver FONTECHA PEDRAZA, 1994, la primera cita en p. 170, el resto en p. 176. El pleno de la FAI en International Instituut voor Sociale Geschiedenis (IISG), Archivo del Comité Peninsular de la Federación Anarquista Ibérica (FAI), Film 181, A. Documentos internos de la FAI, 1. Actas del pleno de regionales de la FAI celebrado en Madrid del 31 de julio al 2 de agosto de 1932.

[47] IISG, FAI CP, Film 145, 4.3., *F.A.I.*, nº 4, junio de 1934, «Premisas revolucionarias».

El fracaso de la insurrección de octubre de 1934 y la represión posterior, hizo que las organizaciones obreras llamadas entonces «de clase» se concentraran en hacer frente a las consecuencias más graves de esta represión (trabajadores despedidos, militantes detenidos, clausura de locales o ilegalización de los sindicatos), por lo que, aunque los datos son escasos, no parece que pudieran haber recuperado sus escasas estructuras paramilitares. Uno de los primeros integrantes y organizadores de las Milicias Socialistas de Madrid, Manuel Tagüeña, cuenta haber ayudado, tras las elecciones de febrero de 1936, «en la reorganización de las milicias socialistas con el poco armamento salvado de nuestro fracaso anterior», pero agrega que, en realidad, no eran «más que unos pocos centenares de hombres apenas armados» en julio de 1936. Por otra parte, la unificación de las juventudes socialistas y comunistas en la Juventud Socialista Unificada no parece haber ido acompañada de las de las milicias de los partidos, que siguieron siendo independientes. Según el mismo Tagüeña, «ni los socialistas con Santiago Carrillo al frente, ni los comunistas, que cuidaban mucho a las MAOC, estaban dispuestos a debilitar sus grupos de choque». Además, la creciente división interna del movimiento socialista español parece que también llegó a lo que quedaba de sus milicias: el 10 de marzo de 1936, la Agrupación Socialista Madrileña, controlada por el sector largocaballerista, había decidido reconstruir su organización paramilitar, pero el 7 de abril se pidieron explicaciones a Enrique Puente, ex responsable de la Juventud Socialista Madrileña que se había posicionado claramente a favor del sector centrista del PSOE, por creer que estaba «organizando unas milicias armadas». Aunque Enrique Puente lo negó, él fue uno de los fundadores del *Jupiter Sporting Madrileño* que organizaría a los miembros de las juventudes socialistas opuestos a su unificación con la Unión de Juventudes Comunistas, y fue también uno de los que creó una milicia a las órdenes de la Ejecutiva centrista del PSOE, la famosa «Motorizada» que, en la primavera de 1936, protegería a los dirigentes del centrismo socialista y sus mítines, como a Indalecio Prieto en Écija en mayo de dicho año[48].

Estas reducidas formaciones paramilitares de la izquierda obrera, además, volverían en la primavera de 1936 a su «antigua función» de protección del orden y defensa de sus organizaciones y militantes en mítines y manifestaciones. Además del caso de la «Motorizada» que ya

---

[48] TAGÜEÑA, 1973, la primera cita en p. 89, la segunda en p. 90 y la tercera en p. 95. Fundación Pablo Iglesias (FPI), Archivo Agrupación Socialista Madrileña (AASM), LXXIV-1, ASM, actas, 7/X/1935-15/IV/1936, reuniones del 10-III-1936, pp. 11 y 07-IV-1936, p. 11. Encontraremos en las «milicias de la República» de la Guerra Civil, a miembros de las milicias socialistas que actuaron en Madrid en octubre de 1934 (ver fichas en AGGC, PS, MADRID 84, leg. 1051-3, y PS MADRID, 85, leg. 1060). VIDARTE, 1978, pp. 59 y 199.

hemos indicado, se puede citar, por ejemplo, que fueron los jóvenes miembros de las milicias socialista y comunista los que se encargaron del orden en la manifestación convocada por el Frente Popular en Madrid el 1 de marzo de 1936 para celebrar el triunfo electoral. Ese mismo día, José Antonio Primo de Rivera ordenó que todos los miembros del Sindicato Español Universitario se incorporasen a las milicias de la Falange, acentuando la inmersión de ésta última en la espiral terrorista iniciada tras las elecciones de febrero, que tuvo uno de sus hitos en el intento de asesinato del abogado y vicepresidente del PSOE Luis Jiménez de Asúa, el 11 de marzo de 1936, lo que llevó al gobierno republicano a declarar a la Falange ilegal y a detener a sus principales dirigentes el 14 de marzo[49].

Por tanto, la verdadera «reactivación» del fenómeno miliciano se produciría con el golpe de Estado de julio de 1936 que indujo a las diferentes organizaciones obreras a crear milicias –improvisadas, mal entrenadas y escasamente armadas– que jugaron un papel importante en el fracaso del golpe militar y en la defensa del territorio que se mantuvo bajo el control del gobierno legítimo republicano en los primeros meses de la Guerra Civil.

Milicias republicanas en la Guerra Civil española

La respuesta al intento de derrocamiento por militares rebeldes del Estado republicano el 18 de julio de 1936 tuvo su máxima expresión en la disolución formal del ejército por el presidente del Gobierno, Giral, en las zonas inicialmente controladas por la República, y en la constitución de las milicias populares que, organizadas como respuesta a la situación política y social creada por el frustrado golpe militar, estuvieron integradas por simpatizantes y militantes de partidos políticos, sindicatos, asociaciones profesionales, etc., que se posicionaron a favor de la Segunda República española. Estas primeras milicias adoptaron inicialmente el nombre de líderes y mártires políticos de la izquierda (española o foránea) o tomaron su denominación a partir de consignas de lucha de héroes legendarios (como la columna miliciana anarquista *Tierra y Libertad*, en recuerdo del revolucionario mexicano Zapata). Y aunque carecían de un efectivo encuadramiento y disciplina de guerra[50], junto a

---

[49] *El Socialista*, 03-III-1936, p. 3; IBÁÑEZ HERNÁNDEZ, 1993, pp. 231-232; PAYNE, 1985, pp. 115-116. La Falange, aunque con dificultades, continuaría actuando en la clandestinidad y cometiendo más atentados.

[50] Un testimonio directo de la época, el de G. Munis, activista y militante trotskista en los años treinta, muy crítico con la política del gobierno republicano en guerra, señala que «[s]obre la base de las milicias de combate pudo organizarse un ejército de clase

efectivos militares y fuerzas de orden público (Guardia de Asalto, Guardia Civil y Mossos d'Esquadra en Barcelona) que quedaron leales a la República fueron capaces, en los primeros momentos de la guerra, de derrotar a las fuerzas sublevadas en muchas zonas de España y de actuar en pro de la legitimidad del Estado republicano. Éste fue el caso de la provincia de Murcia donde, a la falta de iniciativa de los partidarios del «Alzamiento militar» en la provincia[51], se contrapuso la pronta formación de milicias antifascistas[52], al frente de las cuales figuraron el capitán Martín y el capitán Juan Saura del Comité Central de Milicias Populares-Movilización Civil-Murcia, su principal animador y primer organizador. El Ministerio de Guerra confirmó el 22 de julio a estos capitanes en el mando de las milicias murcianas. Los días 20 y 21 de julio de 1936 vigilaban los principales organismos civiles y militares de la ciudad en actitud defensiva del régimen republicano. Y en conjunción con militares prorrepublicanos de la Base Naval de Cartagena, y milicias de otras regiones próximas, contribuyeron también, en los primeros días del «Alzamiento militar», a sofocar los intentos de rebelión en las vecinas ciudades de Hellín y Albacete. A mediados de agosto, y con carácter general en toda la España republicana, se crearon las Comisarías Civiles de Reclutamiento

---

obrera y los campesinos pobres, de carácter socialista e internacionalista. Era la dirección apuntada por el carácter mismo de las milicias», pero, a su juicio, «[l]a importancia decisiva del poder político se nos aparece por todas partes […]. La falla en el terreno militar es una consecuencia natural de la falla en el terreno político. Inmediatamente después del 19 de julio, la formación de milicias particulares a cada organización (milicias socialistas, stalinistas, anarquistas, poumistas e incluso republicanas) era un grave defecto producido por la falta de preparación militar para la toma del poder político. No podían hallarse preparadas para ella organizaciones que, las unas infeudadas totalmente de capitalismo, las otras ingrávidas y centristas, y la de más allá "apolítica" y "anti-estatal", o estaban contra la toma del poder político por el proletariado o no veían la necesidad de ella. El 19 de julio mismo fue iniciado como un movimiento defensivo de los trabajadores. El éxito logró transformarlo en gran ofensiva. No podía existir preparación militar revolucionaria allí donde no existía la idea misma de la toma del poder político. Y así como el 19 de julio fue una improvisación combativa de las masas, las milicias fueron una improvisación militar, como los Comités una improvisación de poder», MUNIS, 2003, p. 374.

[51] GONZÁLEZ MARTÍNEZ, 1993.

[52] Al tenerse noticia del «Alzamiento», se constituyó el Frente Popular de Murcia en sesión permanente en el Gobierno Civil de la provincia, con el fin de tomar medidas para evitar el levantamiento de los militares en esta zona. Una de estas medidas fue la creación de la Comisión encargada de las milicias. Nutrida por todos los partidos encuadrados en el Frente Popular, se estructuró de la siguiente forma: Presidente, del Partido comunista; Secretario, de Izquierda Republicana; Abastos, de Unión Republicana; Vestuario, del Partido Federal; Alojamiento, de la CNT; Transportes, del Partido Socialista; Administración, por la UGT; y Control Militar por las Juventudes Unificadas. En AMM: *Nuestra Lucha*, diario portavoz de la unidad obrera, editado por la JSU, 4-X-1936: «Los defensores de la República. Una hora en el Cuartel de las Milicias murcianas».

del Ejército Voluntario. La de Murcia comprendía las provincias de Albacete, Alicante, Almería y Murcia, y llegó a organizar unos quince Batallones de Infantería y un Regimiento de Artillería Mixto[53]. En Murcia, una comisión del Frente Popular de Izquierdas se encargó de todos los aspectos relativos a la organización y dotación de estas milicias, que en octubre de 1936 contaba con 3.500 hombres, inscritos en las oficinas de reclutamiento que se instalaron en todos los pueblos y ciudades de la provincia.

Una vez sofocados los focos de la rebelión militar allí donde se pudo aplastar el intento de golpe, y una vez producida su conversión en guerra civil, en la retaguardia republicana, y a instancias del Frente Popular, como sucedió en el caso de Murcia capital, también se creó una Comisión de Orden Público o «Brigada de Milicias Populares» encargada de detener «facciosos» y preservar el orden público[54]. La labor represiva adjudicada a la milicia de retaguardia murciana se vio desbordada por la actuación de particulares (algunos bajo la etiqueta de milicianos) quienes, amparados en la situación de excepcionalidad que se creó con el fracaso del golpe en Murcia y su derivación hacia una guerra civil que había adoptado en todo el territorio nacional, se otorgaron el derecho de detención y posterior asesinato, en muchos casos, de sus detenidos. Estas actitudes fueron condenadas desde el primer momento de la rebelión por las instancias gubernamentales nacionales y locales[55], y por las propias fuer-

---

[53] AHN-CGM, Pieza 2ª, fols. 62-63, declaración del capitán retirado D. Bartolomé Sánchez López, quien trabajó por aquellas fechas en las Oficinas de Reclutamiento. Estas Comisarías Civiles de Reclutamiento Voluntario dejaron de funcionar en marzo de 1937. En febrero del mismo año, por Orden del Ministerio de Guerra, se creó en Murcia la Delegación de Milicias, cuya oficina de alistamiento quedó instalada en el ex convento de Las Isabelas, ahora llamado «Cuartel de las Isabelas». Una de las primeras actuaciones de esta delegación fue la organización del «Batallón Málaga», que ante la prensa murciana se presentó como «[...] el Batallón de la victoria. ¡La mejor defensa de Murcia es la reconquista de Málaga! ¡Antifascistas: por la victoria del pueblo, por la independencia de nuestro suelo, por el aplastamiento definitivo de la bestia fascista; alistaos en el batallón "Málaga"!», en AMM, *Confederación*, órgano del movimiento libertario, 25-II-1937. En septiembre de 1937 se crearon también los Batallones de Retaguardia, organizándose uno en Murcia con la misión de prestar servicio de guarnición (guardias y vigilancias) y de policía, cuyo fin primordial era la de perseguir a aquellos individuos que, encontrándose en edad de prestar el servicio militar, se hallasen fuera de filas sin documentación acreditativa.

[54] AMM, *Unidad*, órgano portavoz de los comunistas murcianos, 22-XII-1937.

[55] El Gobernador Civil de la provincia, Adolfo Silván Figueroa –posesionado de su cargo el 20-III-1936 y destituido el 9 de agosto del mismo año por «dudoso filofascismo»– entregó un comunicado a la prensa regional que contenía 4 puntos, de los que destacamos: 1) nadie que no estuviese autorizado podía usar armas... ni efectuar registros en las casas, salvo agentes del orden y milicias; 2) ningún acto no controlado por el Frente Popular se consideraba legal [...]; 4) respeto a las personas y a la pro-

zas obreras, conjugadas en Murcia en el Bloque de Alianza Obrera[56]. Fue éste también un ejemplo de comité o alianza de los muchos que proliferaron como consecuencia del fallido golpe de estado y la necesidad de defensa de emergencia de lugares concretos y de organización de la vida cotidiana de carácter local[57]. Estos organismos se arrogaron no sólo el derecho de defender a la República con las armas, sino también el de dirigir, en muchos casos, cambios revolucionarios en el orden económico y social, preferentemente –en una génesis del fenómeno del doble poder[58]–, asumiendo infinidad de competencias en todos los ámbitos: municipios, industrias, colectividades, transportes y comunicaciones, periódicos... Y si en un principio dieron la imagen de «poder atomizado», paulatinamente fueron sometidos al ejercicio y autoridad del poder representado por el propio Estado republicano: bien legalizando éste jornadas y conquistas revolucionarias, bien limitándolas mediante la instauración de organismos creados al efecto, configurando en definitiva un nuevo marco del poder político institucional en guerra[59]. Mientras, en zona rebelde, el mando militar unificado, el reclutamiento militar obligatorio a las tres semanas de iniciado el conflicto bélico, y la declaración del estado de guerra (no declarado por la República hasta la inminente caída de Cataluña, el 23 de enero de 1939) permitió a los militares dirigir, entre otras, a las milicias falangistas, por ejemplo, sin los problemas a los que tuvo que hacer frente el Estado republicano ante la compleja y heterogénea situación política y militar experimentada en su territorio.

Los comienzos del ejército republicano, según el especialista en la temática, Michael Alpert[60], pueden fecharse claramente el 3 de agosto de 1936 a partir de la organización de las fuerzas constituidas por batallo-

---

piedad debían ser la norma de los defensores de la República, en AMM, *El Liberal*, 25-VII-1936.

[56] Constituido el 21 de julio de 1936, y formado por la UGT, CNT, PSOE, PCE y JSU, hizo un primer llamamiento convocando a los trabajadores a derrocar la «hidra fascista», seguido de un segundo en el que conminaba a trabajadores y elementos populares a «que se abstuvieran de realizar registros en centros y casas de particulares de elementos reaccionarios, pues el Comité de Alianza, las milicias obreras y campesinas y los rondines libertarios, harán de una manera responsable todos los registros que sean precisos...», en AMM, *El Liberal* y *Nuestra Lucha*, segunda quincena de julio de 1936.

[57] Para GRAHAM, 2006, p. 123, «[a]unque los comités y las milicias fueron formas muy comunes de organización y todos debían su existencia *inicial* a la influyente carga centrífuga del golpe militar, esto no significa que fueran similares en términos cualitativos más allá de aspectos superficiales de nomenclatura. Lo que "significaban" los comités y las milicias estaba muy influido por las diferentes experiencias históricas y culturas políticas regionales que se encontraban en los sectores proletarios de España».

[58] Abordado por PIQUERAS ARENA, 1986.

[59] Remitimos a GONZÁLEZ MARTÍNEZ, 1999.

[60] ALPERT, 2007.

nes de voluntarios a cargo de la Junta central del Reclutamiento, formada, entre otros, por el político murciano Mariano Ruiz-Funes (entonces ministro de Agricultura), y cuyo ámbito de actuación iba a incluir las provincias de la España republicana excepto Cataluña, el País Vasco, Santander y Asturias, que contarían con sus respectivos órganos de reclutamiento. Pero a pesar de los batallones de voluntarios, eran claramente las Milicias populares quienes estaban llevando el peso de la lucha, por lo que interesaba al gobierno republicano su control, que empezó a hacer con la Inspección General de Milicias, el 8 de agosto de 1936, y a dirigir su militarización. Milicias cuyo reclutamiento se hacía entre jóvenes con oficios no especializados y no entre hombres casados con empleos de categoría superior. Estos datos y los proporcionados por los registros de la Comandancia Militar de Milicias (fruto de la reorganización de la Inspección de Milicias, rebautizada ahora como Comandancia de Milicias, que pasó a estar directamente bajo el control del jefe de operaciones del frente del centro, y que comprendía la España central, del Sur y el Levante) permiten sostener a Michael Alpert[61] que «no sería correcto hablar de masas lanzadas a enrolarse en las Milicias», o lo que es lo mismo, «las Milicias no pueden ser descritas como "la nación en armas", pues en toda el área controlada por la Comandancia Militar de Milicias, la mayor cifra que se puede dar con respecto a ellas es de 92.000 hombres»[62].

Y además de la defensa militar de la República, algunas columnas de milicianos actuaron también realizando acciones por ellas consideradas netamente «revolucionarias», como expropiaciones de fincas o destrucción de registros de la propiedad, pero que no dejaban de ser consideradas por los afectados como múltiples formas de coacción, violencia y terror: atropellos, saqueos, muerte y bandidaje. La destrucción de registros de la propiedad adquirió gran significación simbólica en este momento de guerra civil, pues con tal acción se pretendía eliminar uno de los elementos del poder y de los apoyos de la significación clasista prorebelde: el de los propietarios. En la provincia de Murcia sufrieron tal fin[63], entre otros, el «Archivo y la Oficina Liquidadora del registro de la propiedad de Mula», que fueron totalmente destruidos de forma violenta por un incendio perpetrado por las milicias anarquistas integradas en la «Columna de Hierro», procedente de Valencia[64], que sería finalmente militarizada convirtiéndose en la 83ª Brigada Mixta (unidad básica del Ejército republicano) a finales de marzo de 1937.

---

[61] *Ibid.*, p. 43.

[62] *Ibid.*, p. 65.

[63] Información extraída del AHN-CGM: Pieza 8ª (Delitos contra la Propiedad), Caja 1068.

[64] Antes de su llegada a Murcia, la «Columna de Hierro» había procedido a destruir cuantos registros de propiedad encontraba en su camino. En el Ministerio de Justicia, 1953,

El balance de «luces y sombras» del período de las milicias dejó claro, hacia octubre de 1936, que España estaba empeñada en una guerra civil y no en un mero golpe militar con focos diseminados, y que era absolutamente indispensable militarizar totalmente las Milicias y establecer un ejército sobre bases adecuadas pero sin estructura revolucionaria. El período miliciano (de julio a diciembre de 1936) tocaba a su fin. En efecto, como suscribe Alpert, la fidelidad a la tradición y la burocracia dominante en el Ministerio de Guerra republicano conllevaron la construcción de, probablemente, el mayor ejército de toda la historia de España, con una estructura de tipo clásico, «pero apenas había alguien en el Ejército Republicano que tuviese experiencia práctica de esa estructura en una guerra sobre el terreno»[65]. Y es de todos conocido que las presiones de la izquierda socialista y, más en general, una convicción común, aconsejaron al gobierno de Largo Caballero formado el 4 de septiembre la ampliación a todos los sectores del FP, y más tarde al PNV y al anarcosindicalismo. Este gobierno, de amplio espectro político, pero de preponderancia socialista, tenía como objetivos principales crear un verdadero ejército para evitar el desplome militar de la República, reconstruir la estructura estatal y rehacer la autoridad del Estado. Así, el Parlamento se reunió el 1 de octubre en Madrid, según los preceptos constitucionales, y aprobó todos los decretos de emergencia promulgados durante el mandato del gobierno Giral y el del gobierno de Largo Caballero. También fue aprobado el Estatuto de Autonomía del País Vasco; y por lo que respecta a las milicias, los decretos del 30 de septiembre de 1936 de Largo Caballero las militarizaban, mientras que el 16 de octubre de 1936 el Gobierno declaró su intención de establecer un mando único político-militar unificado: en el transcurso de los meses siguientes las Milicias fueron totalmente militarizadas y se inició su transformación en ejército regular[66],

---

p. 235, se recoge el siguiente ejemplo: «In the evening of October 2nd of that same year 1936, the anarchist militia of the CNT and of the FAI, who under the name of "Iron Battalion" were terrorizing the civil population of the Levantine Region, penetrated into capital of Castellón [...] and stroned and burned out the Archives of the Court of Justicie, of the Police Station and Civil Register». BOLLOTEN, 1989, pp. 124, 525 ss., también se hace eco del proceder de esta columna anarquista (la más representativa del espíritu del anarquismo, a juicio de este autor), cuando manifiesta que «[e]n innumerables ciudades y pueblos se quemaron los archivos notariales así como los registros de la propiedad, aunque la destrucción de los registros de la propiedad no se reconoció en el diario oficial hasta más de un año después» (preámbulo del decreto en Gaceta el 22-X-1937). Las motivaciones de estos incendios han sido señaladas por ABELLA, 1976, p. 111, citando fuentes de la propia columna: «Reparar injusticias y orientar conciencias [...]. En el crepitar de esos montones de papeles que devoraba el fuego [...], se extinguía el burocratismo que era signo de la España medieval».

[65] ALPERT, 2007, p. 91.

[66] Según GRAHAM, 2006, p. 161, «cualquier intento con posibilidades de éxito de reorganización militar debía tener como base a las milicias», aspecto que reconoció el

no exenta de polémica (política e ideológica) esta transformación[67], pero a fines de 1936 habían ya 10 brigadas mixtas, y se organizó el Comisariado de Guerra y las «Milicias de la Cultura», pero éstas son problemáticas que desbordan la investigación aquí presentada.

Podemos concluir, por tanto, que el fenómeno miliciano en la España del primer tercio del siglo XX no fue una excepción en el contexto europeo en que debe imbricarse la historia de España, aunque muchas veces esta relación no se tenga en cuenta en la historiografía española. Las milicias de partido fueron uno de los elementos principales de la política de masas en el período analizado, y en su desarrollo se produjeron influencias recíprocas entre todos los países europeos, marcadas por el enfrentamiento entre fascismo, democracia y revolución que fue una de las características principales de lo que algunos autores llaman la «guerra civil europea» (1914-1945)[68].

———

propio gobierno republicano a través del reconocimiento formal de las milicias contenido en el Decreto de 28 de agosto de 1936 publicado en la *Gaceta de la República*. ALPERT, 2007, p. 41, sostiene que «los batallones de Milicias fueron absorbidos por las Brigadas Mixtas del Ejército Popular de la República con muy pocas dificultades cuando llegó el momento», aunque el proceso de militarización, como apunta GRAHAM, 2006, p. 172, «tardaría meses en surtir efecto», pues en Cataluña y Aragón «pasaría casi la mitad del año 1937 antes de que las milicias empezaran a ser integradas militarmente».

[67] Para MUNIS, 2003, p. 376, esta conversión de las milicias en ejército regular conllevó la pérdida del carácter revolucionario del mismo en pos de su naturaleza capitalista: «La primera afirmación de la tendencia stalino-reformista fue la militarización de las milicias decretadas por el gabinete Caballero [...]. Hasta entonces, la mayoría de los comisarios y oficiales de milicias eran democráticamente elegidos [...]. La militarización detuvo y descompuso ese proceso de formación, reintroduciendo las costumbres, las distinciones materiales y jerárquicas, los abusos y la sumisión política a los mandos (apolitización en el lenguaje stalinista y reformista), propia de los ejércitos capitalistas. Comisarios y oficiales dejaron de ser elegidos por los combatientes; ese derecho fue adjudicado únicamente al ministerio de Guerra». Para GRAHAM, 2006, p. 1999, la problemática de la militarización entre organizaciones de izquierda, como la CNT y el POUM, contra la defensa de los comunistas del PCE de un ejército centralizado con un mando único, no remite tanto al imperativo «antimilitarista» de CNT y POUM como a la lucha por el poder político, incluido el que procedía del control del proceso de militarización.

[68] Véanse PRESTON, 2002, pp. 137-165, y CASANOVA, 2004, pp. 107-126, en especial su epígrafe «Guerra civil europea», pp. 108-113, donde señala que la confrontación no fue exclusiva entre comunismo y fascismo, pues hay que tener en cuenta la crisis de la democracia liberal, la progresiva suplantación de las democracias por las dictaduras y otras cuestiones de orden político, económico y social que coadyuvaron al conflicto civil europeo.

Abreviaturas utilizadas

AGGC: Archivo General de la Guerra Civil Española (Salamanca).
            PS: Sección Político Social-Madrid.
AHN: Archivo Histórico Nacional (Madrid), CGM: Causa General de
            Murcia.
AMM: Archivo Municipal de Murcia (Murcia).
APCE: Archivo Histórico del Partido Comunista de España (Madrid).
FPI, AASM: Fundación Pablo Iglesias, Archivo de la Agrupación Socialista
            Madrileña (Madrid).
IISG: International Instituut voor Sociale Geschiedenis (Ámsterdam).
            FAI-CP: Archivo del Comité Peninsular de la FAI (Federación
            Anarquista Ibérica)

Bibliografía

ABELLA, Rafael, *La vida cotidiana durante la Guerra Civil: la España republicana*, Barcelona, Planeta, 1976.

ALPERT, Michael, *El Ejército Popular de la República (1936-1939)*, Madrid, Crítica, 2007.

ARAQUISTAIN, Luis, «La revolución española de Octubre», ARAQUISTAIN, Luis, *et al.*, *La revolución española de Octubre*, Santiago (Chile), Occidente, 1935.

BÁEZ PÉREZ DE TUDELA, José, «Movilización juvenil y radicalización verbalista: la Juventud de Acción Popular», ARÓSTEGUI, Julio (coord.), «La militarización de la política durante la II República», *Historia Contemporánea*, n° 11, 1994, pp. 83-105.

BEN-AMI, Shlomo, *La dictadura de Primo de Rivera (1923-1930)*, Barcelona, Planeta, 1984.

BESSEL, Richard, *Political Violence and the Rise of Nazism. The Storm Troopers in Eastern Germany, 1925-1934*, New Haven-Londres, Yale University Press, 1984.

— «Political Violence and the Nazi Seizure of Power», BESSEL, Richard (ed.), *Life in the Third Reich*, Oxford-Nueva York, Oxford University Press, 1987, pp. 1-16.

BLACK, Jeremy, *A Military Revolution?: Military Change and European Society, 1550-1800*, Atlantic Highlands (N.J.), Humanities Press, 1991.

BLANCO RODRÍGUEZ, Juan Andrés, «Los antecedentes: las Milicias Antifascistas Obreras y Campesinas (MAOC)», BLANCO RODRÍGUEZ, Juan Andrés, *El Quinto Regimiento y la política militar del PCE en la Guerra Civil*, Madrid, UNED, 1993, pp. 1-29.

— «Las M.A.O.C y la tesis insurreccional del PCE», ARÓSTEGUI, Julio (coord.),

«La militarización de la política durante la II República», *Historia Contemporánea*, n° 11, 1994, pp. 129-151.

BLINKHORN, Martin, *Carlismo y contrarrevolución en España, 1931-1939*, Barcelona, Crítica, 1979.

BOLLOTEN, Burnett, *La Guerra Civil española. Revolución y contrarrevolución*, Madrid, Alianza, 1989.

BOND, Briand, *Guerra y sociedad en Europa, 1870-1970*, Madrid, Ministerio de Defensa, 1990.

BOYD, Caroline P., *La política pretoriana en el reinado de Alfonso XIII*, Madrid, Alianza, 1990.

BRAUNGART, Richard G., «Historical and Generational Patterns of Youth Movements: A Global Perspective», *Comparative Social Research*, vol. VII, 1984, pp. 3-62.

CARSTEN, Francis Ludwig, *Fascist Movements in Austria: from Schönerer to Hitler*, Londres-Beverly Hills, Sage Publications, 1977.

CASANOVA, Julián, «Europa en Guerra: 1914-1945», *Ayer*, n° 55, 2004, pp. 107-126.

CHICKERING, Roger Philip, «The Reichsbanner and the Weimar Republic, 1924-26», *The Journal of Modern History*, vol. 40, n° 4, diciembre, 1968, pp. 524-534.

— «Der Rote Frontkampferbund, 1924-1929: Beitrage zur Geschichte und Organisationstruktur eines politischen Kampfbundes», *The American Historical Review*, vol. 82, n° 1, febrero, 1997, pp. 130-131.

COLTON, Joël et al., *La jeunesse et ses mouvements: influence sur l'évolution des sociétés aux XIXe et XXe siècles*, París, Centre National de Recherche Scientifique, 1992.

COUTROT, Aline, «Youth Movements in France in the 1930's», LAQUEUR, Walter y MOSSE, George L. (eds.), «Generations in Conflict», *Journal of Contemporary History*, vol. 5, n° 1, 1970, pp. 23-35.

CRONIN, Mike, «The Blueshirt Movement, 1932-5: Ireland's Fascists?», *Journal of Contemporary History*, vol. 30, n° 2, abril, 1995, pp. 311-332.

CRUZ, Rafael, «La lógica de la guerra. Ejército, Estado y Revolución en la España contemporánea», *Studia Historica. Historia Contemporánea*, vol. X-XI, 1992-1993, pp. 207-222.

DENNIS, Peter, «The Territorial Army in Aid of the Civil Power in Britain, 1919-1926», *Journal of Contemporary History*, vol. 16, n° 4, octubre, 1981, pp. 705-724.

— *The Territorial Army, 1906-1940*, Woodbridge, Boydel Press, 1987.

DIEHL, James M., *Paramilitary Politics in Weimar Germany*, Bloomington-Londres, Indiana University press, 1977.

DORES COSTA, Fernando, «Milicia y Sociedade. Reclutamiento» y «O estatuto social dos militares», BARATA, Manuel Themundo y TEIXEIRA Nuno Severiano (dirs.), *Nova história militar de Portugal*, Lisboa, Círculo de Leitores, 2003, vol. 2, pp. 68-93 y 94-101, respectivamente.

— «Interpreting the Portuguese War of Restoration (1641-1668)», *Electronic Journal of Portuguese History*, vol. 3, n° 1, verano, 2005, 14 p.

DOWE, Dieter (ed.), *Jugendprotest und Generationenkonflikt in Europa im 20. Jahrhundert. Deutschland, England, Frankreich und Italien im Vergleich (Vorträge eines internationalen Symposiums des Instituts für Sozialgeschichte Braunschweig. Bonn und der Friedrich-Ebert-Stiftung vom 17.-19. Juni 1985 in Braunschweig)*, Bonn, Verlag Neue Gesellschaft, 1986.

DUCZYNSKA, Ilona, *Workers in Arms. The Austrian Schutz-bund and the Civil War of 1934*, introducción de Eric J. Hobsbawm, Nueva York-Londres, Monthly Review Press, 1978.

EVANS, Richard J., *El Tercer Reich en el poder, 1933-1939*, Barcelona, Península, 2007.

FERRO, Marc, *La gran guerra: 1914-1918*, prefacio de Pierre Renouvin, Madrid, Alianza, 1984.

FINCARDI, Marco, «Italia: primer caso de disciplinamiento juvenil de masas», SOUTO KUSTRÍN, Sandra (coord.), «Ser joven en la Europa de entreguerras. Política, cultura y movilización», *Hispania. Revista Española de Historia,* vol. LVII, n° 225, enero-abril, 2007, pp. 43-72.

FISCHER Conan J., *Stormtroopers: a Social, Economic and Ideological Analysis, 1929-1935*, Londres, Allen & Unwin, 1983.

— «Unemployment and left-wing radicalism at the end of the Weimar Republic», STACHURA, Peter D. (ed.), *Unemployment and the Great Depression in Weimar Germany*, Londres, Macmillan, 1986, pp. 209-225

FODE, Henri, «Young people and their movements. Influence on societies evolution. Lines and aspects from the Danish society, 1875-1950», COLTON, Joël *et al.*, *La jeunesse et ses mouvements: influence sur l'évolution des sociétés aux XIXe et XXe siècles*, París, Centre National de Recherche Scientifique, 1992, pp. 51-63

FONTECHA PEDRAZA, Antonio, «Anarcosindicalismo y violencia: la "gimnasia revolucionaria del pueblo"», ARÓSTEGUI, Julio (coord.), «La militarización de la política durante la II República», *Historia Contemporánea*, n° 11, 1994, pp. 153-179.

FRANZINELLI, Mimmo, *Squadristi. Protagonisti e tecniche della violenza fascista, 1919-1922*, Milán, Mondadori, 2003.

GARCÍA NIETO, María Carmen y YLLÁN CALDARÓN, Esperanza, *Historia de España, 1808-1978*, vol. 4: *Crisis social y dictadura, 1914-1930*, Barcelona, Crítica, 1989.

GONZÁLEZ CALLEJA, Eduardo, «El fracaso de las milicias políticas», TUÑÓN DE LARA, Manuel (coord.), *La guerra civil española*, vol. 1: *La República: esperanzas y decepciones*, Madrid, Folio, 1996, pp. 72-86.

— «La razón de la fuerza. Una perspectiva de la violencia política en la España de la Restauración», ARÓSTEGUI, Julio (ed.), «Violencia y política en España», *Ayer*, n° 13, 1994, pp. 85-113.

— *La razón de la fuerza. Orden público, subversión y violencia política en la España de la Restauración (1875-1917)*, Madrid, CSIC, 1998.

— *El Máuser y el sufragio. Orden público, subversión y violencia en la crisis de la Restauración (1917-1931)*, Madrid, CSIC, 1999.

— *La España de Primo de Rivera. La modernización autoritaria, 1923-1930*, Madrid, Alianza, 2005.

GONZÁLEZ CALLEJA, Eduardo y REY REGUILLO, Fernando del, *La defensa armada contra la revolución*, Madrid, CSIC, 1995.

GONZÁLEZ MARTÍNEZ, Carmen, «Julio de 1936 en Murcia: perspectivas de análisis y fuentes», TUSELL, Javier *et al.*, *El régimen de Franco (1936-1975)*, Madrid, UNED, 1993, pp. 55-67.

— «La Dictadura de Primo de Rivera: una propuesta de análisis», *Anales de Historia Contemporánea*, nº 16, 2000, pp. 337-408.

— *Guerra civil en Murcia. Un análisis sobre el poder y los comportamientos colectivos*, Murcia, Universidad de Murcia, 1999.

GRAHAM, Helen, *La República española en guerra (1936-1939)*, Madrid, Debate, 2006.

IBÁÑEZ HENÁNDEZ, Rafael, *Estudio y acción. La Falange fundacional a la luz del diario de Alejandro Salazar (1934-1936)*, Madrid, Barbarroja, 1993.

JEFFERY, Charlie, *Social Democracy in the Austrian Provinces, 1918-1934. Beyond Red Vienna*, Londres-Madison, Leicester University Press-Fairleigh Dickinson University Press, 1995.

HYPPOLITE, Jean, *Introduction à la philosophie de l'histoire de Hegel*, París, Seuil, 1983.

LAQUEUR, Walter y MOSSE, George L. (eds.), «Generations in Conflict», *Journal of Contemporary History*, vol. 5, nº 1, 1970, pp. 1-190.

LARGO CABALLERO, Francisco, *Escritos de la República. Notas históricas de la guerra en España (1917-1940)*, introducción de Santos Juliá, Madrid, Pablo Iglesias, 1985.

LINZ, Juan J., «Some Notes Toward a Comparative Study of Fascism in Sociological Historical Perspective», LAQUEUR, Walter (ed.), *Fascism. A Reader's Guide. Analyses, Interpretations, Bibliography*, Berkeley, University of California Press, 1978.

LYTTELTON, Adrian, *La conquista del potere. Il fascismo dal 1919 al 1929*, Roma-Bari, Laterza, 1982.

— «Causas y características de la violencia fascista», *Estudios de Historia Social*, nº 42-43, julio-diciembre, 1987, pp. 87-93.

LUZA, Radomir, *History of the International Socialist Youth Movement*, Leyden, Sijthoff, 1970.

MACARTNEY, C. A., «The Armed Formations in Austria», *Journal of the Royal Institute of International Affairs*, vol. 8, nº 6, noviembre, 1929, pp. 617-632.

MARTÍNEZ DE ESPRONCEDA SAZATORNIL, Gema, *El canciller de bolsillo. Dollfuss en la prensa de la II República*, Zaragoza, Universidad de Zaragoza, 1988.

MARRADES MILLET, Julián, «Estado y Guerra en Hegel», SÁNCHEZ DURÁ, Nicolás (ed.), *La Guerra*, Valencia, Pre-Textos, 2006, pp. 14-34.

MATOSSO, José, «Prefácio» a BARATA, Manuel Themundo y TEIXEIRA, Nuno Severiano (dirs.), *Nova história militar de Portugal*, Lisboa, Círculo de Leitores, 2003, vol. 1, pp. 14-19.

MERKL, Peter H., *The Making of a Stormtrooper*, Princeton, Princeton University Press, 1980.

MINISTERIO DE JUSTICIA, *The Red Domination in Spain*, Madrid, 1953.

MONTES BERNÁRDEZ Ricardo, «El Somatén en la Región de Murcia bajo la Dictadura de Primo de Rivera (1923-1930)», *Yakka. Revista de Estudios Yeclanos*, n° 9, 1999, pp. 69-79.

MOORE, Barrington, *Los orígenes sociales de la dictadura y de la democracia. El señor y el campesino en la formación del mundo moderno*, Barcelona, Península, 1976.

MOSSE, George L., *De la grande guerre au totalitarisme: la brutalisation des sociétés européennes*, París, Hachette, 1999.

— «La brutalizzazione della politica tedesca», *Le guerre mondali. Dalla tragedia al mito dei caduti*, Roma-Bari, Laterza, 2002, p. 175-199.

MUNIS, G. (seudónimo de Manuel F. Grandizo y Martínez), *Jalones de derrota, promesa de victoria. Crítica y teoría de la revolución española (1930-1939), Obras completas*, tomo IV, Mérida, 2003.

NAVAJAS ZUBELDÍA, Carlos, *«Los cados y las comadrejas». La Dictadura de Primo de Rivera en la Rioja*, Logroño, Gobierno de la Rioja-Instituto de Estudios Riojanos, 1994.

NEUBERG, A. (seudónimo), *La insurrección armada*, Madrid, Akal, 1977.

NOAKES, Jeremy, «Orígenes, estructura y funciones del terror nazi», O'SULLIVAN, Noël (ed.), *Terrorismo, Ideología y Revolución*, Madrid, Alianza, 1987, pp. 102-104.

PARKER, Geoffrey, *The Military Revolution: Military Innovation and the Rise of the West, 1500-1800*, Cambridge-Nueva York, Cambridge University Press, 1988.

PAYNE, Stanley G., *Falange. Historia del Fascismo Español*, Madrid, SARPE, 1985.

PEÑA GUERRERO, María Antonia, *La provincia de Huelva en los siglos XIX y XX*, Huelva, Diputación Provincial de Huelva, 1995.

PÉREZ GARZÓN, Juan Sisinio, *Milicia nacional y revolución burguesa. El prototipo madrileño, 1808-1874*, Madrid, CSIC, 1978.

PERLMUTTER, Amos, *Lo militar y lo político en el mundo moderno*, Madrid, Ediciones Ejército 1982.

PEUKERT, Detlev J. K., «The lost generation: youth unemployment at the end of the Weimar Republic», EVANS, Richard J. y GEARY, Dick (eds.), *The German Unemployed. Experiences and Consequences of Mass Unemployment from the Weimar Republic to the Third Reich*, Londres, Croom Helm, 1987, pp. 172-193.

PIQUERAS ARENA, José A., «Estado y poder en tiempo de Guerra», *Debats*, n° 15, marzo, 1986, pp. 14-18.

PRESTON, Paul, «La guerra civil europea, 1914-1945», ROMEO, María Cruz y SAZ, Ismael (eds.), *El siglo XX. Historiografía e Historia,* Valencia, Universitat de València, 2002.

RABINBACH, Anson, *The Crisis of Austrian Socialism. From Red Viena to Civil War, 1927-1934,* Chicago-Londres, University of Chicago Press, 1983.

REY REGUILLO, Fernando del, «La defensa burguesa frente al obrerismo en Madrid. La Unión Ciudadana (1919-1923)», BAHAMONDE, Ángel y OTERO CARVAJAL, Luis Enrique (eds.), *La sociedad madrileña durante la Restauración, 1876-1931,* Madrid, Consejería de Cultura de la Comunidad de Madrid, 1989, vol. II, pp. 527-539.

— «El empresario, el sindicalista y el miedo», CRUZ, Rafael y PÉREZ LEDESMA, Manuel (eds.), *Cultura y movilización en la España contemporánea,* Madrid, Alianza, 1997, pp. 235-272.

ROSENHAFT, Eve, *Beating the Fascists?: the German Communists and Political Violence, 1929-1933,* Cambridge, Cambridge University Press, 1983.

RUIZ CARNICER, Miguel Ángel, «Estudiantes, cultura y violencia política en las universidades españoles (1925-1975)», MUÑOZ, Javier, LEDESMA, José Luis y RODRIGO, Javier (coords.), *Culturas y políticas de la violencia. España en el siglo XX,* Madrid, Siete Mares, 2005, pp. 251-277.

RUIZ IBÁÑEZ, José Javier y VINCENT, Bernard, *Los siglos XVI-XVII. Política y sociedad,* Madrid, Síntesis, 2007.

SALAZAR ALONSO, Rafael, *Bajo el signo de la revolución,* Madrid, Roberto de San Martín, 1935.

SOUTO KUSTRÍN, Sandra, «De la paramilitarización al fracaso: las insurrecciones socialistas de 1934 en Viena y Madrid», *Pasado y Memoria,* n° 2, 2003, pp. 193-220.

— «"El mundo ha llegado a ser consciente de su juventud como nunca antes": Juventud y movilización política en la Europa de entreguerras», *Mélanges de la Casa de Velázquez,* vol. 34-1, Madrid, Casa de Velázquez, 2004a, pp. 179-215.

— «*Y ¿Madrid? ¿Qué hace Madrid?» Movimiento revolucionario y acción colectiva (1933-1936),* Madrid, Siglo Veintiuno de España, 2004b.

SPRINGHALL, John, «"Young England, Rise up, and Listen!": The Political Dimensions of Youth Protest and Generation Conflict in Britain, 1919-1939», DOWE, Dieter (ed.), *Jugendprotest und Generationenkonflikt in Europa im 20. Jahrhundert. Deutschland, England, Frankreich und Italien im Vergleich (Vorträge eines internationalen Symposiums des Instituts für Sozialgeschichte Braunschweig. Bonn und der Friedrich-Ebert-Stiftung vom 17.-19. Juni 1985 in Braunschweig),* Bonn, Verlag Neue Gesellschaft, 1986, pp. 151-163.

TAGÜEÑA LACORTE, Manuel, *Testimonio de dos guerras,* México, Oasis, 1973.

TELO, António José, «"Os militares e a inovação no século XIX", THEMUNDO BARATA, Manuel y TEIXEIRA, Nuno Severiano (dirs.), *Nova história militar de Portugal,* Lisboa, Círculo de Leitores, 2003, vol. 3, pp. 336-341.

THEMUNDO BARATA, Manuel, «Milícias e ordenanzas na luta contra o invasor», THEMUNDO BARATA, Manuel y TEIXEIRA, Nuno Severiano (dirs.), *Nova história militar de Portugal*, Lisboa, Círculo de Leitores, 2003, vol. 3, pp. 150-156.

THOMPSON, I. A. A, «"Money, money & yet more Money" Finance, the Fiscal-State & the military revolution: Spain 1500-1650», ROGERS, Clifford (ed.), *The Military Revolution Debate: Readings on the Military Transformation of Early Modern Europe*, Boulder, Westview Press, 1995, pp. 273-298.

TILLY, Charles, *Coercion, Capital and European states, AD 990-1990*, Cambridge, Blackwell, 1990 (ed. en castellano: Madrid, Alianza, 1992).

UCELAY DA CAL, Enric, *El nacionalisme radical català i la resistència a la Dictadura de Primo de Rivera*, Tesis doctoral, Barcelona, 1983.

VICTORIA MORENO, Diego, *Cartagena y la actual región de Murcia durante la Dictadura de Primo de Rivera (1923-1930)*, Murcia, Ediciones Mediterráneo, 2002.

VIDARTE, Juan Siméon, *Todos fuimos culpables. Testimonio de un socialista español*, Barcelona, Grijalbo, 1978, vol. 1.

XIX. LA REPRESENTACIÓN DE LAS MILICIAS URBANAS EN LA MONARQUÍA HISPÁNICA: ¿UNA AUSENCIA ELOCUENTE?[1]

Concepción de la Peña Velasco
Universidad de Murcia

Introducción

La representación de las milicias urbanas en el ámbito de la Monarquía Hispánica ha dejado puntuales ejemplos, pero la mayoría en los Países Bajos. El *Diccionario de autoridades* recogía en 1734 en una de sus acepciones que las milicias eran «los cuerpos formados de vecinos de algún País o Ciudad, que se alistan para salir à campaña en su defensa, quando lo pide la necesidad y no en otra ocasión». Más allá de la pintura holandesa, los retratos de grupo de las milicias locales apenas han tenido cabida en los ciclos pictóricos o han quedado como un elemento anecdótico y, a veces, mal interpretado de los temas bélicos[2]. Por ello cabe plantearse tanto las razones de la presencia de este tipo de retratos en el mundo holandés, como su ausencia en otros ámbitos, sobre todo considerando la extensión del fenómeno miliciano.

En las Provincias Unidas había un mercado floreciente y una sociedad ávida de independencia que ambicionaba imágenes de poder y de protección, donde los ciudadanos eran los protagonistas. El desarrollo de la pintura de milicias se enmarca en una enraizada tradición pictórica que contó con la presencia de artistas que intentaban rivalizar, como también las propias compañías con sus encargos reflejaron ese afán de competir, emu-

---

[1] Este artículo ha sido realizado dentro del proyecto financiado por la Fundación Séneca titulado *Imagen y apariencia: simulación, presencia, fisiognomía y superficialidad en la literatura artística y en los tratados de expresión, indumentaria y comportamiento en el arte español. Siglos XVI al XVIII* (n. 03046/PHCS/05).

[2] Vermeir, 2002. La importante burguesía y el activo comercio en las Diecisiete Provincias de los Países Bajos, unido a las destacadas escuelas artísticas, comportaron una demanda de obras en un escenario propicio a las revueltas, sacudido por la prolongada y continua guerra contra España y marcado por los fenómenos iconoclastas. En el complicado escenario de la salvaguarda de la integridad territorial y de la permanente necesidad de defensa, este espacio geográfico alejado de la corte madrileña adquirió un alto valor estratégico. Sus habitantes estuvieron constantemente preparados para defender los núcleos urbanos agrupados desde la Unión de Utretch de 1579.

lar y superar los retratos corporativos de otros grupos. Fue esencialmente Holanda la que mantuvo la tradición y desarrolló un género que venía a llenar en gran medida el vacío que dejaba la pintura religiosa –prácticamente reducida a los héroes bíblicos y a otros temas[3]–, en un territorio donde arraigó la Reforma protestante, con una burguesía que se hizo con el dominio del poder político y económico y con una importante comunidad judía, aunque extendiera su influencia más allá de las fronteras citadas[4]. El mundo presentado descubre actitudes calvinistas y responde a formas de vida y valores de libertad en las diferentes esferas de poder, con la organización, orden y autoridad correspondientes. Muestra a una sociedad que estima el prestigio del individuo, de las personas responsables de sus actos, de sus esfuerzos y de sus compromisos cívicos. En la vida de las ciudades, su autodefensa por las armas se vincula a la aplicación de la justicia y al respeto a los derechos de los pueblos y las compañías de milicias tuvieron un rol notable en la sociedad de la época.

El caso holandés cuenta con numerosas investigaciones, para marcar las especificidades y el interés de los territorios estratégicos. A ellas hay que acudir para encontrar las claves interpretativas de unas imágenes, en tanto que materializan cuanto los documentos han relatado con mayor o menor profusión, y muestran cómo la sociedad se presentaba y representaba[5]. En otro sentido, directores de cine han reflexionado sobre estas corporaciones urbanas. Es el caso de Jacques Feyder en *La Kermesse héroïque* de 1935 o de Peter Greenaway con la instalación *A view of Rembrandt's Night Watch* en el Rijksmuseum, con motivo del cuarto centenario del nacimiento del célebre pintor en el año 2006 y la posterior grabación de la ópera *Nightwatching* sobre este artista, que se mostró en el 2007 en el festival de Venecia.

El interés en tales retratos no se ha extendido al mundo barroco católico. No se sabe bien la razón por la cual no hay una tradición de representación de estas ciudades armadas, lo que debe hacer reflexionar sobre los límites de su republicanismo urbano. Ciertamente los artistas españoles no estuvieron en un mundo ajeno a la milicia, pues las investiga-

---

[3] MANUTH, 1993-1994. Se hizo una exposición sobre este asunto que hizo replantear las consideraciones sobre el papel que le correspondió desempeñar a la pintura religiosa; BLANKERT *et al.*, 1980.

[4] HAAK, 1984; SLIVE/ROSENBERG, 1995. Véase el análisis sobre la denominada *Edad de Oro* del retrato holandés y su desarrollo antes y después de su independencia de España, realizado con motivo de la exposición y estudio de más de medio centenar de cuadros de este género del siglo XVII realizada en el año 2007. La burguesía neerlandesa con raíces comerciales ocupó puestos destacados de la administración local y se erigió en cliente artístico, como ha abordado Ekkart en diversas ocasiones (EKKART, 2007).

[5] KNEVEL, 1994; BERGER, 2007.

ciones demuestran su afán en la defensa de sus prerrogativas, del reconocimiento de los privilegios y de las exenciones personales de hacer guardias y de alojamiento de soldados, de la contribución de milicias y de los sorteos para los reemplazos, así como de otras gabelas concejiles. Alegaban antiguas concesiones otorgadas en diferentes momentos, merced a que su profesión era ingeniosa y liberal y, en consecuencia, debían eludir las cargas correspondientes a los oficios mecánicos y de los hombres llanos[6]. En las reiteradas peticiones efectuadas en sus respectivas ciudades, argumentaban el trato vejatorio que sufrían con ocasión de reclamarles prestaciones y pagos, recurriendo en varias etapas al Consejo de Castilla para que atendiese tales reivindicaciones, en un contexto general de demanda de exenciones corporativas y personales en España. La existencia o no de un género de pintura no debe entenderse sólo como expresión de la presencia o no de un objeto representable, sino como expresión de la valoración social e institucional que éste pueda tener. Se conoce bien la pervivencia de las milicias urbanas en la Península Ibérica y en Indias y su rol central en los rituales festivos y políticos municipales, la cuestión es indagar la razón de su falta de representación.

La representación de las milicias en las Provincias Unidas

Desde el siglo XVI y en un contexto de desarrollo del retrato y particularmente del retrato corporativo, los Países Bajos mostraron interés en la representación de las compañías de milicias que defendían la ciudad y, aunque las exigencias fueran diferentes según los casos y la variedad fuera nota característica, destacaron especialmente los retratos de grupo y también las figuras aisladas, como las de oficiales y abanderados[7]. Durante la Guerra de los Ochenta Años o Guerra de Flandes (1568-1648), la importante misión defensiva que tales compañías desempeñaron y su presencia continua en la vida de los núcleos urbanos hizo que cobrase gran desarrollo un subgénero que ya existía y que se unió a otros constituidos por retratos de regentes y de familia. En su conjunto propiciaron la situación excepcional que vivió la pintura holandesa, dentro del fenómeno de desarrollo del retrato de grupo[8], que presenta diferencias con lo acontecido en las provincias del sur de los Países Bajos.

---

[6] BELDA NAVARRO, 1992. Nicolás Salzillo, escultor napolitano con vecindad en Murcia, solicitó en 1707 al Concejo que se le eximiese de las cargas concejiles con continuados alojamientos y guardias AMM (Archivo Municipal de Murcia), AC (Actas Capitulares), 4-VII-1707, fol. 129. También los plateros defendieron tales derechos.

[7] KNEVEL, 1994, pp. 146-147.

[8] EKKART, 2001, p. 47.

Por otro lado, hay que enmarcarlas en un contexto de defensa de la autonomía de las provincias y de apropiación del poder por las oligarquías urbanas[9].

Siguiendo y completando clasificaciones establecidas desde fecha temprana, Knevel resalta que hay diferentes tipos de composiciones y distingue las representaciones de los milicianos armados de otras en las que se sitúan en torno a una mesa, bien como comensales o bien en el trabajo, con diversidad de fórmulas más o menos estáticas y particularidades en las escuelas locales[10]. Considera que la pintura refleja los cambios que las milicias experimentaron en su organización hacia 1580, cuando cada compañía se encargó de un distrito diferente, poniéndose bajo la dirección de oficiales que pertenecían al patriciado urbano y a las elites políticas[11]. A pesar de los cambios introducidos en los enfoques y de la evolución de este género, que tanta popularidad alcanzó, siempre se reflejó la importancia de la organización de tales compañías y el privilegio de integrarse en ellas. Knevel ha analizado, partiendo de la documentación existente, la función que cumplían estos cuadros al constituirse en memoria de los miembros de la corporación, aunque no siempre se tuviera constancia de sus nombres, resaltando los esfuerzos que se hicieron para evitar el olvido[12]. Además, la corporación constituye un elemento esencial para el estudio de círculos y redes sociales. El sentido de continuidad de tales colectivos se manifiesta también en la pintura. En *La Compañía del Capitán Jacob Pietersz*, debida a Jacob Lyon y fechada en 1628, aparece como cuadro dentro del cuadro una representación anterior de la corporación en la pared del fondo, que subraya su carácter antecesor[13]. El presente estaba ligado al pasado como lo estaría al porvenir, pues los tres componían eslabones de una historia común.

La conciencia cívica se hizo patente en estos lienzos. Frente a la tropa reglada con sueldo, la milicia armada estaba formada por los vecinos que acudían al socorro, vigilaban y estaban alerta para el resguardo ante cual-

---

9 KUNZLE, 2002, p. 573. Kunzle alude al fenómeno particular de este género pictórico en Holanda, especialmente significativo es el capítulo titulado «Ideal Soldier: the civic guard company painting» (*ibid.*, pp. 573-588). También Westermann se detiene en el problema del nacimiento de la identidad nacional y su reflejo en la pintura (2005, pp. 99 *ss.*).

10 KNEVEL, 2000, p. 92; EKKART, 2001, p. 52.

11 KNEVEL, 1994, pp. 412-413.

12 Los oficiales de la compañía cívica de Gouda encargaron en 1615 un retrato anotando que se hacía para «Memory of the War-council». Sin embargo, el desconocimiento de los individuos concretos que fueron representados en otros casos no pasó desapercibido en la época, tomándose, en ciertos momentos, medidas para evitarlo y, con posterioridad, se llegaron a incorporar números que eran identificados en la parte posterior con el nombre de la persona representada (KNEVEL, 2000, p. 90).

13 KNEVEL, 2000, p. 91; KNEVEL, 1994, pp. 137-138.

quier peligro. La compañía determinaba un referente de pertenencia, fraternidad y cooperación que reunía a sus miembros, los cuales aparecían perfectamente individualizados en el lienzo, pero subordinados a la imagen y significación del grupo[14]. Estos colectivos que atendían a las necesidades de protección originariamente se pusieron bajo la advocación de un santo, como indican muchos de los títulos de los cuadros y los atributos del santo o arcángel que podían figurar en sus banderas. La bandera era la enseña respetada que los identificaba, guiaba, protegía y proporcionaba fama. De ahí la importancia que adquirieron y el simbolismo que entrañaba estar debajo de ella y seguirla. La bandera desplegada o recogida señorea en la mayoría de estas obras. Con su presencia, las compañías proclamaban el cumplimiento del deber y de las obligaciones de sus miembros con la ciudad en la que vivían y a la que prestaban ayuda, constituyendo su fuerza defensiva. Los milicianos se presentaban como los nuevos héroes urbanos, los auténticos ciudadanos, que proporcionaban un orgulloso vasallaje a tan noble causa, conocedores de su necesidad y de su responsabilidad con ella. Por ello, el retrato corporativo pone de manifiesto el compromiso que tenían con el municipio quienes lo habitaban y disfrutaban, propiciando el que los vecinos se sintiesen vinculados con su territorio e implicados en el bienestar y la seguridad de los núcleos urbanos en los que residían. El impulso de este género y su apogeo van paralelos al crecimiento y configuración de las ciudades modernas, a la sensibilización y cultura urbanas y a la potenciación de las virtudes cívicas.

El retrato realista de estos burgueses armados era una forma de apropiación por parte de la elite urbana de los medios de prestigio que había desarrollado el arte cortesano para evidenciar el liderazgo político. En el Quinientos se produjo un fenómeno de redescubrimiento y estudio de la verdadera imagen de los hombres ilustres del pasado, a la que se sumaron las pertenecientes a las personalidades de entonces, dentro de un contexto de revalorización de la numismática y de las medallas, que acarreó la publicación de compendios sobre estas disciplinas, así como de colecciones de efigies y biografías[15]. También la fisiognomía corrió la misma suerte, pues respondía a un mismo sistema de actitudes, retomando el interés suscitado por este último tema desde la Antigüedad. Los coleccionistas comenzaron a prestar atención al retrato como género, siendo uno de los más descollantes Paolo Giovio, quien, en su villa junto al lago Como, reunió retratos de prestigiosos personajes[16]. Quedar inmortalizado era

---

[13] NASH, 2004, p. 181; ADAMS, 1995 y 2008. El tema del «interrelated isolated» ha sido resaltado en multitud de ocasiones (BERGER, 2007, p. 58).

[14] HASKELL, 1994.

[15] *Ibid.*, pp. 41-49.

mucho más que encargar la reproducción de una imagen que proporcionara el parecido. La plasmación de identidades, de rostros que podían ser interpretados en relación a los estados del alma y a las pasiones temporales, de acciones y gestos elocuentes, de clases sociales, de caracterizaciones expresivas y de gustos eran cuestiones que no pasaban desapercibidas. Por ello, estos retratos de grupo hay que insertarlos en el ambiente cultural y científico que se vivía en Europa, con sus singularidades. En las obras del siglo XVII se manifiestan cambios sustanciales. Frente a la idea del redescubrimiento del hombre deparada en el Renacimiento, el Barroco propició la exaltación del gobernante, favoreciendo un tipo de pintura monumental destinada a la glorificación de reyes, papas, nobles y políticos, que se sumaba a la de santos y fundadores de comunidades religiosas. Los mortales se equiparaban a la divinidad o las divinidades por sus virtudes. Los grandes ciclos pictóricos plasmaron en la representación de las apoteosis tales ideales con ambiciosos proyectos ilusionistas. Pero el buen gobernante requería de buenos ciudadanos y ellos también gozaron del honor y del reconocimiento por el cometido que les correspondía cumplir.

Los retratos de las compañías de milicias de esa centuria tuvieron una carga retórica y transmitieron un mensaje con matices diferentes a los de sus antecesores. Eran a la vez memoria y enaltecimiento, pero también constituían la manifestación del poder de la burguesía y, en concreto, del ciudadano, sin olvidar el uso público de estos cuadros, ya que se situaban en ámbitos de concurrencia de gentes. Por tanto, estas representaciones colectivas son indicativas de la importante función que poseían estas compañías en el engranaje del sistema político, cultural y social y en su marco de actuaciones.

Ya Riegl en 1902 supo apreciar tempranamente lo que el retrato holandés ofrecía en sus valores propios y enfatizó lo que llamó *selfless attention,* una introspección de las figuras que miraban, escuchaban o pensaban y que se diferenciaba del retrato en escuelas pictóricas de otros países[17]. Muchas interpretaciones llegaron después con enfoques metodológicos diferentes sobre el realismo holandés y otra serie de caracteres que definen a la pintura en esas tierras[18]. En su libro *De pictura veterum libri tres* (Ámsterdam, 1637), Junius habló de la autenticidad y de la naturalidad en la representación, indicando que el artista debía, además de considerar la totalidad de las circunstancias que rodeaban al tema, sentir las acciones del relato y trasladarlas al lienzo con verdad y no como copia. En *Her Groot Schilderbock* (Ámsterdam, 1707), Gerard de Lairesse

---

[17] BINSTOCK, 1995, pp. 36-37; RIEGL, 1995.
[18] WOODALL, 1997. Para un estado de la cuestión sobre ello, véase WESTERMANN, 2002.

se hizo eco de las teorías sobre fisiognomía y expresión de las pasiones y de la caracterización que Le Brun había hecho de todo ello en Francia. Pero también la manera de comportarse, el decoro y el gesto eran elementos significantes. Incorporó ilustraciones elocuentes sobre cómo la condición social se descubría en la mesa por la manera de beber, comer o sostener los utensilios que en ella se encontraban[19]. Mucho antes, el médico John Bulwer, en sus dos libros publicados en Londres en 1644, había plasmado en imágenes parlantes el lenguaje natural y la retórica de las manos, distinguiendo los modos comunicativos espontáneos de los convencionales[20]. De hecho, la gestualidad de los dedos es especialmente reveladora en estos cuadros.

En Haarlem y Ámsterdam se encuentran ejemplos relevantes de las representaciones de las compañías de milicias, pero también hubo aportaciones en ciudades como Middelburg, Delf, Alkmaar, Gouda o Rotterdam[21]. El retrato de estos colectivos se sumó al de otros que contó con obras notabilísimas, como la *Lección de Anatomía* (1632) y *Los Síndicos de los pañeros* (1662) de Rembrandt o *Los regentes del asilo de pobres* (1664) de Hals, por citar algunas de las más célebres.

El destino de tales cuadros era frecuentemente el local de la corporación. En este sentido, cabe resaltar la función que ejercían y el alcance que adquirieron estos cuadros de grandes dimensiones –y el tamaño es un elemento a considerar– como imágenes de poder, con el discurso que entrañaban, así como la propia arquitectura que les daba cobijo. Era un ámbito público de recepción y banquete, que custodiaba las armas y demás enseres que les pertenecían. Otra tendencia pictórica descubrió a las milicias realizando su cometido ordinario y extraordinario, en procesiones o en actividades diversas y, a veces, en el campo de batalla. En general, la milicia en su vertiente belicosa y el impacto visual de la muerte quedaron en gran medida descartados. Los pintores se convirtieron en testigos de su tiempo, mostrando los escenarios, las personas, los hechos, las costumbres y la forma de comportarse de las gentes, su manera de vestir y de vivir en el ámbito de lo cotidiano[22]. En unos tiempos sacudidos por la guerra, la guardia cívica era garantía de prosperidad, seguridad y orden.

Como retrato, las intenciones y los resultados fueron diversos. En los lienzos del siglo XVI, los personajes se disponían sin confusión: distri-

---

[19] HASKELL, 1994, pp. 140-142.
[20] *Ibid.*, pp. 138-139.
[21] Gran número de ellos se encuentran en el Rijksmuseum, en el de Museo Historia de Ámsterdam, en el de Frans Hals de Haarlem, en el Municipal de Alkmaar y en el de Historia de Rotterdam; KNEVEL, 1994; EKKART, 2001, p. 48; SALOMONSON, 1988.
[22] SLIVE, 1989; THØFNER, 2007, pp. 46ss.

buidos en filas y posando en calma y con tono estereotipado, se significaban como individuos que pertenecían a un grupo. Se optó por una composición simétrica con respecto al eje central. Concluyendo la centuria, el esquema se mantuvo, pero también desarrolló modelos más variados, eligiendo instantáneas que iban más allá de la pose, alterando los ademanes y las actitudes, presentando a las compañías en lugares y actividades concretas y con un tono más natural. En la *Compañía del Capitán Rosecrans* de Ámsterdam, pintado por Cornelis Ketel en 1588, la novedad reside en la representación de las figuras de cuerpo entero, cuyas jerarquías también se perfilan por la diferencia de las armas que portan.

Frecuentemente, las líneas de regulación de las escenas se efectuaban agrupando varios personajes y situando puntos de fuga, con apertura de ventanas. Así sucedió en el *Banquete de los oficiales de la Compañía de San Jorge de Haarlem* (1599) de Cornelis Cornelisz van Haarlem, aunque no logró solucionar la disposición en primer plano de las figuras, ni la comunicación entre los personajes. Quizá una de las composiciones más complejas en este sentido sea la compañía pintada por Frans Pietersz Grebber y concluida en 1619, dado el esfuerzo que hizo el artista para disponer a más de cuarenta personas. El lugar de la representación frecuentemente solía ser en torno a una mesa, bien en interiores o eligiendo un paisaje como marco, de manera que se expresase la convivencia entre las personas de los cuerpos de guardia y a éstos como nexos de sociabilidad. Más allá de ser un recurso pictórico para organizar la escena, la mesa era expresión de diálogo y lisonja. Estar sentado a la mesa implicaba una manera de haber sido honrado. Las representaciones se hicieron partícipes de los arquetipos iconográficos de la *Última Cena*, pues, aunque las diferencias fueran abismales, se plasmaba la reunión de los elegidos. En el trabajo y en el ocio, la mesa constituyó reiteradamente un referente en la dinámica de relaciones, de comunicación y de gestación y debate de iniciativas. Knevel ha resaltado la influencia de la emblemática y en concreto las referencias de Cesare Ripa a la amistad y su reflejo en los cuadros que inmortalizaron estas reuniones festivas[23].

El banquete rememoraba eventos colectivos de celebración e incitaba, como otras actividades, a reforzar los lazos de cohesión[24]. Servía de pretexto para disponer las figuras compactamente, pero de manera que se reconociese a quienes permanecían al mando, con lo que implicaba de prestigio. Tempranamente, Cornelis Anthonisz, Dirck Barendsz, Cornelisz van Haarlem y otros pintores se valieron de la mesa alargada como elemento de ordenación. Blancos manteles con detalles que reve-

---

[23] KNEVEL, 2000, pp. 95-96.
[24] BERGER, 2007, p. 49.

lan la calidad de las telas y con el doblez de un correcto prensado y una
mesa bien puesta y servida son detalles elocuentes de los buenos modales y del estatus de quienes allí se congregaban. Por ello, es reveladora
la presencia del lacayo atendiendo y alguna vez de una sirvienta, caso
de algún lienzo de Dirck Barendsz en la segunda mitad del siglo XVI.
Además, el escenario y los personajes trasladan la idea de bienestar, de
saber estar y de virtudes como la templanza en la comida y la bebida, circunstancias que no suceden en otro tipo de cuadros de género de cronología similar. Las personas pueden sostener la copa, pero no se representan
en el acto mismo de comer o beber, pues no sería signo de distinción ni para
los clientes, ni para el pintor. La plática y el trabajo acontecen en el escenario de una mesa que muestra bandejas, jarras, platos con manjares, copas y
vasos, cuchillos para trinchar y pinchar que descansan sobre la mesa o su-
jetan alguno de los comensales de mayor rango, como corresponde a la
etiqueta. También el cubierto usado era el común en la época, antes de la introducción y generalización de otros. Los alimentos ofrecen información
sobre aspectos vinculados a las costumbres culinarias y de celebración[25], que se
completarían con la visión proporcionada por los bodegones, género sobresaliente en estas tierras en el Barroco. En ocasiones, el acto social de encuentro iba acompañado únicamente de la bebida, vinculada al goce, la diversión,
el alejamiento de pesares y el estrechamiento de vínculos de camaradería. Lo
menos comedido se dejó para las escenas de taberna. A veces se mostró parcialmente el mobiliario: algún reloj, banqueta y sillas de más entidad para las
personas de mayor autoridad. No faltaron las armas de la época y la bandera, pero quien la portaba permanecía en pie al no participar en el banquete[26].
Como en otras representaciones pictóricas que tienen lugar en los rituales
de mesa, expresan formas de sociabilidad y convivencia, con la etiqueta que
corresponde y con detalles culinarios que hablan de los gustos alimentarios
de la época y de otros aspectos vinculados a la cantidad y calidad de la comida, a la limpieza e higiene personal y a las normas de cortesía y modales[27].

La mesa también constituyó el centro de reunión en el trabajo y no
sólo en la diversión, con ejemplos que se remontan al siglo XVI y se pro-
longan en la centuria siguiente. Es el caso de la *Milicia de San Adrián* de
Frans Hals, cuadro de hacia 1633, así como de la *Compañía del Capitán
Albert Coenraetsz* de Werner Jacobsz van der Vackert, fechado en 1625,
entre tantos otros. Cuando las escenas discurren en interiores, casi siempre las ventanas permiten la conexión con el exterior. Su recurso se inserta en una tradición que adquirió su apogeo en el siglo XV[28]. El vano

---

[25] WESTERMANN, 2005, p. 145; BAARD, 1981, p. 24.
[26] BIESBOER/LUNA, 1994, p. 62.
[27] FLANDRIN, 1993, pp. 267-309.
[28] WESTERMANN, 2005, p. 145; STOICHITA, 2005.

puede utilizarse como fuente de luz y servir de marco para mostrar elementos externos. Los cristales a veces incorporan atributos de la identidad de la corporación. En otros casos, el recurso de las telas de fondo puede completarse con la apertura de una puerta en un extremo.

En exteriores, las imágenes captadas varían, presentando momentos diversos. Los oficiales o la compañía se presentan posando con las armas, debatiendo las tácticas o antes de iniciar la ronda o la batalla. Todos los cuadros que se encargaron junto a la *Ronda de Noche* de Rembrandt para ocupar el mismo salón del nuevo edificio de la sede cívica de Ámsterdam son del ámbito urbano. Así sucede con las compañías representadas por Joachim von Sandrart, Govert Flinck, Nicolaes Eliasz Pickenoy, Jacob Backer y Bartholomeus van der Helst[29]. Joachim von Sandrart presenta a la *Compañía del Capitán Bicker* junto al busto de María de Médicis, viuda de Enrique IV, y rememora la visita que en 1638 la reina de Francia hizo a Ámsterdam[30]. La distribución fue ganando en naturalidad, pero en el fondo era un meditado agrupamiento. Aunque aparentemente no posasen y la obra trasladase un tono desenfadado, se trataba del retrato oficial. Paulatinamente se fueron enriqueciendo los pormenores ambientales, recreándose en el tono narrativo y agregando hallazgos en la selección del momento elegido: composición; presentación del lugar en el que discurría la escena; opciones lumínicas; uso del color y distribución de las figuras de cuerpo entero o no y agrupadas y espaciadas de forma diversa, con rostros de frente, de perfil o tres cuartos y, a veces, de espaldas y girada la cabeza y con juegos de miradas y variedad de actitudes y posturas. El abanico de posibilidades en la conexión con el contemplador es amplio. Hay obras en las que todas las personas clavan la mirada en el espectador –como uno de los lienzos anónimos de 1557 conservado en el Museo de Historia de Ámsterdam–. En otras aparece la figura del admonitor que introduce. Si bien, el repertorio de situaciones es diverso.

La rigurosa ordenación en dos planos fue quedando atrás. No obstante, algunos pintores siguieron utilizándola, especialmente en ciudades menos avanzadas artísticamente. Así se manifiesta, por ejemplo, en el *Banquete de la guardia cívica* fechado en 1611 de Michiel Jansz van Mierevelt[31]. Fueron comunes las escenas que mostraban congregados y conversando a los miembros de las compañías, acudiendo al banquete de despedida de los oficiales al concluir los años por los que eran designados u ofreciendo una instantánea de reuniones de trabajo. Frans Hals

[29] SCHWARTZ, 2006, pp. 170-175.
[30] Una de las hipótesis sobre la *Ronda de Noche* también ha considerado que Rembrandt pudo tratar el mismo asunto.
[31] SALOMONSON, 1988, pp. 13-14.

supuso un punto de inflexión en la plasmación de la realidad efectuada por estos lienzos[32]. Evidenció un entendimiento más rico y meditado de lo que encarnaba este tipo de retratos, más allá de un repertorio de personajes dispuestos de acuerdo a las tendencias compositivas en boga. Él mismo perteneció a la compañía de San Jorge y logró ya en el año 1616 una obra renovadora. En sus diferentes interpretaciones, este artista fue capaz de proporcionar la unidad dentro de la diversidad, manteniendo la idea de conjunto como suma de individualidades y detalles sutiles. Partiendo de la combinación de líneas de composición horizontales, verticales y diagonales, abrió la brecha hacia una disposición más libre. Hals evolucionó y proporcionó otro enfoque con figuras de cuerpo entero, aunque manteniendo la naturalidad, en *La Compañía del Capitán Reiner Reale –La Magra Compañía–* que concluyó Codde en 1637, lienzo que gustó profundamente a Vincent van Gogh. Era un encargo para Ámsterdam, no para Haarlem, por lo que se erigía en rival de los pintores más reconocidos de esta ciudad.

Desde el punto de vista del protocolo en la distribución de los personajes, hay lugares relevantes. En los extremos de las mesas o en sitio preeminente, se situaron los oficiales de mayor rango y, cercanos a ellos, los siguientes en autoridad, con unas actitudes que aproximan en ocasiones a los modos teatrales, pero siempre reflejando el sentimiento de estimación que les embargaba, al ser útiles por su cometido[33]. Los abanderados eran jóvenes y se les permitía repetir en su cargo transcurridos los años establecidos, siempre que no estuvieran casados[34]. A veces los sirvientes quedaban en penumbra o aparecían portando jarras y distribuyendo la bebida. En alguna ocasión se incluían animales domésticos, al tratarse de mascotas.

Resulta muy interesante y significativo que la mayor parte de las representaciones de las milicias burguesas insistan en su aspecto de sociabilidad y salvaguarda. Esto es importante, pues quizá aquí resida una de las

---

[32] Koos Levy-van Halm y Liesbeth Abraham han estudiado la función social de los retratos de milicias y Bianca du Mortier la indumentaria como factor de información y análisis unido a otros elementos, en el catálogo de la exposición sobre Frans Hals (SLIVE, 1989).

[33] También la cantidad pagada por cada miembro podía determinar su lugar más o menos destacado en el cuadro; BERGER, 2007, p. 51; NASH, 2004, pp. 186-187; etc.

[34] La cuestión generacional ha sido mencionada por West en sus estudios sobre los retratos de grupo aplicándolo a los ejemplos del Barroco holandés. Ha comparado los cuadros de milicias, donde la ausencia de hombre de edad avanzada es característica, con los retratos de grupo de mujeres que cumplen una función social, considerando la responsabilidad que implica la madurez en este tipo de tareas y, en cambio, la carga que significan los años para las tareas marciales, logrando los hombres prerrogativas y exenciones por edad, enfermedad y otras causas; WEST, 2004, pp. 120-122.

razones por las que se desarrollara este subgénero en las Provincias Unidas. Con todo, hay ciertos cuadros donde aparecen ejercitándose, como en parte se manifiesta en la obra de compañía de milicias que pintó Bartholomeus van der Helst para la misma sala de la *Ronda de Noche*. Los desfiles y entrenamientos constituían una demostración de fuerza, proporcionaban confianza a los vecinos en caso de peligro y repercutían sobre la imagen que exhibía la ciudad. Consiguientemente, también los cuadros y grabados que presentaban estos eventos manifiestan estas cuestiones[35].

En su universalmente conocida *Compañía de Frans Banning Cocq y Willem van Ruytenburch* o *Ronda de Noche* –que data de 1642–, Rembrandt optó por reflejar estas cuestiones. Alteró el esquema y efectuó una innovación revolucionaria y una interpretación nueva y repleta de simbolismos, con una composición y unas soluciones de color y de luz de gran interés[36]. Eligió el marco de la ciudad –que no de la noche–, al ser el escenario en el que las compañías desempeñaban su función de inspección, vigilancia y resguardo. El banquete entraba, a fin de cuentas, en la órbita de la privacidad del grupo y en sus relaciones sociales y el pintor se convertía en confidente para el espectador de que lo que allí ocurría. Rembrandt destacó, pues, por la elección del tema de la representación, que sigue y seguirá siendo objeto de debate en su significado y en el momento elegido. Introdujo el ambiente de la calle y a las personas que circulaban junto a la compañía de arcabuceros, incluida la presencia excepcional y enigmática de dos muchachas, una de las cuales viste con indumentaria amarilla y lleva colgado en su cintura un gallo muerto y sin plumas. Además hay unos niños y un perro. Con un enfoque original, muestra una instantánea del cruce de movimientos de milicianos y viandantes, aparentemente fortuito, cuando el capitán da la orden al teniente de comenzar la acción, un gesto que con juega con el artificio del espacio real y pintado. El tambor recuerda la importancia de los sones musicales en las marchas de las corporaciones. Todos los cuadros de compañías de milicias que por las mismas fechas ocuparon la sala de recepción y celebraciones de la nueva sede de la guardia cívica de mosqueteros están realizados en el marco urbano. Se encargaron a Joaquim von Sandrart, Govert Flick, Nicolaes Eliasz Pickenoy, Jacob Nacher y Bartlolmeus van der Helst[37]. Todos ellos dan una visión ordenada del mundo donde cada personaje se define tanto por su ubicación como por la apariencia de su imagen.

---

[35] KNEVEL, 1994 y 2000.
[36] SCHWARTZ, 2006.
[37] *Ibid.*, pp. 170-175.

El lenguaje corporal –especialmente, la mirada y la disposición de las manos[38]–, la caracterización social y la distinción de algunos personajes –por el sitio que ocupan, atributos de mando, indumentaria y sus colores, accesorios vestimentarios, condecoraciones, calidades de los tejidos de las prendas y armas que llevan– aportan información sobre la sociedad del momento y sus formas de comportamiento.

La paz y la tregua merecieron la atención de ciertos artistas. Govert Flick representó *La Compañía del Capitán Joan Juydecoper* con motivo de la Paz de Münster en 1648 que firmaron España y las Provincias Unidas y que marcó el fin de la Guerra de los Ochenta Años[39]. Con una visión diferente, Bartholemeus van der Helst festejó de otro modo el mismo acontecimiento en *La comida de los milicianos celebrando la Paz de Münster*, obra que impresionó al pintor inglés Joshua Reynolds[40]. Los artistas holandeses manifestaron una especial afición por plasmar lo cotidiano y la pintura de género dio importantes muestras en las que abundan las escenas nocturnas en cantinas con la bebida y el juego como protagonistas. La obra de Bartholomeus van der Helst se relaciona con esos modos que preferían el bullicio de la muchedumbre a las escenas ampulosas. También puede que existan representaciones de las milicias en el espejo de sus enemigos. Es posible que en la *Rendición de Breda*, lienzo pintado antes de 1635 y destinado al Salón de Reinos del Palacio del Buen Retiro de Madrid[41], Velázquez mostrase, junto a las tropas españolas, a las compañías urbanas de la polis emblemática de la Casa de Orange, cuyos miembros auspiciaron revueltas secesionistas contra la Corona.

Reflexiones sobre una ausencia

Frente a la abundancia de representaciones sobre las compañías de milicianos en las Provincias Unidas, se constata un notable déficit de las mismas en el mundo de la Monarquía Hispánica. El peligro bélico no era tan acuciante en territorio peninsular, al menos más allá de su epidermis, ya que la guerra se trasladó fuera de las fronteras y las necesidades defensi-

---

[38] BERGER, 2007, pp. 52-54.

[39] En Delf se hizo una exposición con motivo del trescientos cincuenta aniversario de este suceso; MAARSEVEEN/HILKHUIJSEN/DANE, 1998.

[40] Hay detalles que se han destacado en el contexto del acontecimiento celebrativo representado, como estrecharse la mano, relegar las armas y dejar en el centro la bandera y el tambor con la inscripción y otros que ofrecen una lectura de prosperidad y paz; KUNZLE, 2002, p. 588.

[41] En lo que Justi denominó el «Panteón de la nombradía militar española»; JUSTI, 1953; MESTRE, 1979, p. 177.

vas fueron diferentes. La documentación refiere la falta de preparación militar y de disciplina. A veces, se les reprochaba su impericia, pero se exaltaba la lealtad para el vecindario y constituyeron la base de alistamiento para el reemplazo de los soldados en caso de necesidades bélicas. También en el Nuevo Mundo, las milicias de mestizos e indígenas desempeñaron un papel fundamental.

En las escasas imágenes de estas características en tierras del sur europeo, tan diferentes cultural e ideológicamente de las del norte, las milicias aparecen en procesiones, recepciones de personajes ilustres e incluso en alguna operación militar, pero carecen del protagonismo personal, del significado social y del reconocimiento como colectivo que tuvieron sus homólogos y enemigos holandeses. También las milicias urbanas fueron representadas en el campo de batalla, en asedios y en otras escenas bélicas, pero en la contienda resulta difícil distinguirlas, dado que, como población civil, no siempre iba uniformada. Alguna vez se reconocen por la banda con los colores de la compañía, el fajín, el tipo de sombrero, la indumentaria y las armas. Junto a los testimonios de cuadros, dibujos y grabados que ofrecen imágenes de estas características, cabe agregar el conjunto de armas, banderas y otros objetos pertenecientes a las compañías que permiten aproximarnos a ellas.

Desde luego, otras lecturas trascienden al retrato corporativo y expresan variados mensajes, dependiendo de la versión y visión de cada obra[42]. En las procesiones, festividades, honras fúnebres, actos de recibimiento, festejos y concursos de gentes por motivos diversos o de reuniones, escenas de tiro o ceremonias, las milicias concejiles participaron y tuvieron un papel esencial en los cortejos que se efectuaron y aparecen junto a otras corporaciones y oficios, tal y como relatan los textos de la época y manifiestan algunas representaciones pictóricas y grabados. La bandera, la música –generalmente tambores y algún instrumento de viento–, las armas, las mascotas, los pajes y los milicianos con sus mejores galas, además de otras enseñas, caracterizan a estos grupos que, atrapados en la comitiva, respetan las instrucciones que debían observar. Quizá uno de los ciclos que mejor materialice todo ello sea el que se pintó en la Corte de Bruselas de los archiduques Alberto de Austria e Isabel Clara Eugenia, con motivo de las fiestas de 1615, en las que la hija de Felipe II tomó parte en el campeonato de tiro. Denijs van Alsloot representó el cortejo mediante diversos lienzos, donde figuraban los gremios, los carros o la procesión del clero. *El desfile de los Serments* de Bruselas[43] –1616– y la

---

[42] Sobre los interiores domésticos en los que aparecen oficiales o soldados frecuentemente cortejando a damas, véase HELGERSON, 1997.

[43] Sobre las milicias de esta ciudad, v. el trabajo de HERRERO SÁNCHEZ y RUIZ IBÁÑEZ, en este mismo volumen.

Fiesta de Nuestra Señora del Bosque proporcionan dos visiones complementarias. En el primero, que sirve de portada a este libro, aparecen además otros elementos típicos de la fiesta como la tarasca y los gigantes. Es
muy interesante como la representación de estas compañías juramentadas se integra en una visión global de una ciudad en la que cada habitante se incorpora según la función que cumple, siendo una de las más
nobles la del ciudadano armado. En el segundo, la comitiva rompe la
solemnidad y se mezcla con los habitantes, al llegar al paraje de la fiesta[44]. Igualmente destacado es el cuadro anónimo de fecha algo posterior
en el que Isabel Clara Eugenia aparece participando en el concurso de
tiro de la cofradía de San Jorge en Gante[45]. Estos concursos celebrados
todos los años eran un momento culminante de la vida de este tipo de
agrupaciones, ya que coincidían con un banquete pagado por la municipalidad. Eran espacios de sociabilidad y también de individualización: el
ganador era proclamado rey y, si ganaba tres años consecutivos, se le
nombraba emperador. La participación de la infanta era una muestra de
proximidad con el mundo corporativo, de unión entre el soberano –o su
representante– y la ciudad.

En los relatos de recepciones a los príncipes o a personajes de importancia[46], queda claro que las milicias salían de la ciudades para mostrarse como una corporación armada que no sólo controlaba su espacio, sino
que garantizaba la seguridad de los invitados. Era el momento de presentarse como corporación y revelar el carácter defensivo que ostentaban,
pero no podían reflejar una influencia política que no poseían. Estos
alardes de recepción fueron generales en toda la monarquía, aunque per-
dieran poco a poco su sentido bélico. Afortunadamente contamos con la
representación de uno de ellos, el que hizo en 1600 la orgullosa milicia
de Arras a los archiduques Alberto e Isabel Clara Eugenia. Los solda-
dos-ciudadanos podían estar satisfechos de sí mismos: tres años antes y
sin apenas ayuda habían rechazado con éxito un intento de sorpresa lan-
zado contra la ciudad por el mismísimo rey de Francia y ahora recibían
a sus señores naturales exhibiendo sus armas y estandartes. El ayuntamiento ya había encargado un cuadro en el que los milicianos reunidos
desde la ciudad y bajo sus banderas corrían a cerrar las puertas amenazadas por los franceses. La representación que hizo Hans Conincxloo,

---

[44] AA. VV., 1999, pp. 168-173.

[45] *Ibid.*, pp. 174-175.

[46] Un ejemplo es la recepción en la ciudad de Murcia de una embajada japonesa que
pasaba de Madrid hacia Italia: «Una legua antes, salió a recibirles el corregidor con la
gente principal de la ciudad […], pero ya antes, desde la media legua, les daba escolta una
compañía de 3.000 arcabuceros, que disparaban sus espingardas»; citado por GUILLÉN
SELFA, 1997, p. 90.

conservada en el Musée des Beaux-Arts de Arras, de esta acción militar tiene mucho de simbólico, ya que la ciudad inerte se materializa y cristaliza a través de la masa de milicianos. Esos hombres que ya aparecían en la recepción de Alberto e Isabel formaban un cuadro, con cuatro mangas de mosqueteros-arcabuceros, sus oficiales delante, y con su comandante y teniente identificados. Es una clara expresión del orgullo de una ciudad armada en la que todos los burgueses, desde su singularidad, forman parte de un cuerpo vivo, que se organiza por la urbe. Y organiza a ésta como una entidad militar[47]. Quizá sea aquí donde se marque la mayor diferencia con el mundo de las Provincias Unidas, frente al protagonismo que puede traer la predestinación calvinista, el Barroco busca la salvación de toda la corporación y ésta es la que merece protagonismo.

En suma, los retratos de grupo de las compañías de milicias fueron muy frecuentes en los Países Bajos y, especialmente, en las ciudades holandesas, atendiendo a las demandas que la sociedad exigía, en un mundo convulsionado por la permanente guerra contra la monarquía española y con necesidad continua de resguardo urbano. El peligro bélico no era tan acuciante en territorio peninsular español, si bien ésta no puede ser la única causa de la ausencia de tales representaciones. La escasez de lienzos de estas características en tierras del sur europeo obedece a complejas causas de difícil interpretación, pero hay que valorar las diferencias culturales, ideológicas y religiosas. El reconocimiento del estatus que muestran tales representaciones corporativas, más allá de una cuestión de encuentro y sociabilidad, refleja una mentalidad y un contexto diferente en sus ideales republicanos, patrióticos, solidarios y cívicos. Si unos se sentían orgullosos de lo que realizaban, otros pedían la exención de las milicias como prueba del prestigio social de la profesión que practicaban, conscientes de que no constituía un signo de distinción formar parte de ellas. Por tanto, los ideales y valores colectivos que manifiestan tales representaciones pictóricas tienen una lectura que trasciende del mero gusto intimista e interesado en el individuo.

La realidad política, social y religiosa favoreció el progreso de este tipo de retratos, que constituían la expresión de la potestad que en materia de defensa ostentaban, más allá de cuerpos profesionalizados, los habitantes de los diferentes núcleos urbanos, cuyo control sobre ellos lo ejercían los propios municipios. La tradición de un género y el éxito de los encargos hicieron muy populares estos cuadros de carácter representativo e identitario, que vinculaban a las compañías de milicias con la ciudad en la que vivían y dan información sobre la sociedad de la época y su forma de

---

[47] Sobre el cuadro de Conincxloo, v. GUESNON, 1907; la representación de la milicia de Arras en 1600 se explica en BRÉEMERSCH, 1987.

organizarse. En la primera mitad del siglo XVII, esta modalidad retratística alcanzó sus mejores logros en los Países Bajos; se alejó de la rigidez del momento anterior y proporcionó aportaciones, recursos y visiones diferentes, según el talento de los artistas y la mentalidad de los clientes. Tales imágenes, situadas en espacios corporativos y municipales, constituyen la expresión de unas formas de comportamiento y unas actitudes de lealtad y contribución cívica que servían de ejemplo, más allá de la distinción que implicaba la pertenencia y el reconocimiento que tenían.

La pintura de milicias ofrece un panorama de fuerte sentido vitalista, narrativo y rico en interpretaciones, en el que la naturalidad y la retórica gestual varían en función del papel y del discurso asignados a cada personaje, así como de la cronología de los lienzos. Hay que acudir a la historia para encontrar las claves de interpretación y, recíprocamente, analizar el rico repertorio de cuadros de esta temática como documento histórico. Tales obras constituyen un testimonio excepcional para conocer la mentalidad de la sociedad del momento, reflejando sus ambiciones y aspiraciones. Subrayan la existencia de una sociedad ordenada y revelan la precavida organización de la autodefensa, al tiempo que proclaman la pertenencia de los individuos representados a determinadas compañías de milicias y reafirman los ideales cívicos de obligación, servicio público y compromiso con el vecindario y con la ciudad.

Bibliografía

AA. VV., *El Arte en la Corte de los Archiduques Alberto de Austria e Isabel Clara Eugenia (1598-1633). Un reino imaginado*, Madrid, Sociedad Estatal para la Conmemoración de los Centenarios de Felipe II y Carlos V, 1999.

ADAMS, Ann Jensen, «Civic Guard Portraits: Private Interests and the Public Sphere», *Nederlands Kunsthistorisch Jaarboek*, 46, 1995, pp. 169-197.

— *Public Faces and Private Identities in Seventeenth Century Holland. Portraiture and the Production of Community*, Cambridge, Cambridge University Press, 2008.

BAARD, Henricus P., *Frans Hals*, Nueva York, H. N. Abrams, 1981.

BELDA NAVARRO, Cristóbal, *La «ingenuidad» de las artes en la España del siglo XVIII*. Murcia, Real Academia Alfonso X el Sabio, 1992.

BERGER, Harry, *Manhood, Marriage, Mischief. Rembrandt's «Night Watch» and other Dutch Group Portraits*, Nueva York, Fordham University Press, 2007.

BIESBOER, Pieter y LUNA, Juan J., *La pintura holandesa del Siglo de Oro: Frans Hals y la Escuela de Haarlem*, Madrid, Banco Bilbao Vizcaya, 1994.

BINSTOCK, Benjamin, «Postscript: Aloïs Riegl in the Presence of *The Nightwatch*», *October*, 74, 1995, pp. 36-44.

BLANKERT, Albert et al., *Gods, Saints and Heroes. Dutch Painting in the Age of Rembrandt*, Washington, National Gallery of Art, 1980.

BRÉEMERSCH, Pascale, «L'Entrée des archiducs Albert et Isabelle à Arras le 13 février 1600», *Mémoires de la Commission dép. d'histoire et d'archéologie du Pas-de-Calais*, XXV-3, 1987, pp. 181-184.

EKKART, Rudolf, «Seventeenth-Century Northern-Netherlandish Group Portraiture», CAVALLI-BJÖRKMAN, Görel, *Face to Face. Portraits from Five Centuries*, Estocolmo, Nationalmuseum, 2001, pp. 47-57.

— (ed.), *Dutch Portraits: The Age of Rembrandt and Frans Hals*, La Haya, Royal Picture Gallery Mauritshuis, 2007.

FLANDRIN, Jean-Louis, «La distinción a través del gusto», ARIÈS, Philippe y DUBY, George (eds.), *Historia de la vida Privada. De la Europa feudal al Renacimiento*, Madrid, Taurus, 1993, pp. 267-309.

GUESNON, Adolphe, «La surprise d'Arras tentée par Henri IV en 1597 et le tableau de Hans Conincxloo», *Statistique monumentale du département du Pas-de-Calais*, III, 4 librason, Arras, 1907.

GUILLÉN SELFA, José, *La primera embajada del Japón en Europa y en Murcia (1582-1590)*, Murcia, Editorial Regional de Murcia, 1997.

HAAK, Bob, *The Golden Age. Dutch Painters of the Seventeenth Century*, Londres, Thames and Hudson, 1984.

HASKELL, Francis, *La historia y sus imágenes. El arte y la interpretación del pasado*, Madrid, Alianza, 1994.

HELGERSON, Richard, «Soldiers and enigmatic girls. The polictics of Ducht domestic realism, 1650-1672», *Representations*, 58, 1997, pp. 49-87.

JUSTI, Carl, *Velázquez y su siglo*, Madrid, Espasa-Calpe, 1953.

KNEVEL, Paul, *Burgers in het geweer. De schutterijen in Holland, 1550-1700*. Hilversum, Historische Vereniging Holland, 1994.

— «Armed Citizens: The Representation of the Civic Militias in the Seventeenth century», WHEELOCK, Arthur K. y SEEFF, A. F. (eds.), *The Public and Private in Dutch Culture of the Golden Age*, Londres, Philip Wilson Publishers, 2000, pp. 85-99.

KÖNIG, René, *La moda en el proceso de la civilización*, Valencia, Engloba, 2002.

KUNZLE, David, *From Criminal to Courtier. The Soldier in the Netherlandish Art 1550-1672*, Leiden, Brill, 2002.

MAARSEVEEN, Michel P. Van, HILKUIJSEN, J. W. L. y DANE, J. (eds.), *Beelden van een strijd. Oorlog en kunst vóór de Vrede van Munster, 1621-1648*, Delf, Stedelijk Museum Het Prinsenhof, 1998.

MANUTH, Volken, «Denomination and Iconography: The choice of subject mattar in the biblical painting of the Rembrandt circle», *Semiolus: Netherlands Quarterly for the History of Art*, 22, 4, 1993-1994, pp. 235-252.

MESTRE, Bartolomé, «*La rendición de Breda*, de Velázquez», *Boletín de la Real Academia de Bellas Artes de San Fernando*, 49, 1979, pp. 173-215.

MICHAEL, Horst, *Rembrandt et ses contemporains*, París, Imprimerie des Arts et Manufacture, 1989.

NASH, John M., «Rembrandt y el retrato de grupo profesional en los Países Bajos», AA. VV., *El retrato*, Madrid, Círculo de Lectores-Galaxia Gutenberg, 2004, pp. 175-196.

PRIEGO FERNÁNDEZ DEL CAMPO, J., «La pintura de tema bélico en la teoría de arte del siglo XVII», *Militaria: Revista de Cultura Militar*, 6, 1994, pp. 115-130.

RIEGL, Alois, «Excerpts from "The Dutch Group Portrait"», *October*, 74, 1995, pp. 3-35.

— *El retrato holandés de grupo*, Madrid, Machado Libros, 2005.

RUIZ IBÁÑEZ, José Javier, *Las dos caras de Jano. Monarquía, ciudad e individuo. Murcia, 1588-1648*, Murcia, Universidad de Murcia, 1995.

SALOMONSON, Jan Willen, «The *Officers of the White Banner*: a civic guard portrait by Jacb Wilemsz. Delff II», *Semiolus: Netherlands Quarterly for the History of Art*, 18, 1-2, 1988, pp. 13-62.

SCHWARTZ, Gary, *El libro de Rembrandt*, Barcelona, Lunwerg Editores, 2006.

SEGURA SIMÓ, Ricardo, «La pintura y el grabado en la Guerra de Sucesión: la Batalla de Almansa», *La Guerra de Sucesión en España y América: actas X Jornadas Nacionales de Historia Militar (Sevilla, 13-17 de noviembre de 2000)*, Sevilla, Deimos, 2001, pp. 953-986.

SLIVE, Seymour (ed.), *Frans Hals*, Munich, Prestel, 1989.

— y ROSENBERG, Jakob, *Dutch painting 1600-1800*, New Haven, Yale University Press, 1995.

STOICHITA, Victor I., *La invención del cuadro. Arte, artífices y artificios en los orígenes de la pintura europea*, Barcelona, Ediciones del Serbal, 2000.

— *Ver y no ver. La tematización de la mirada en la pintura impresionista*, Madrid, Siruela, 2005.

THØFNER, Margit, *A common Art: urban ceremonial in Antwerp and Brussels during and after the Dutch Revolt*, Zwolle, Waanders, 2007.

VERMEIR, René, «En el centro de la periferia: los gobernadores generales en Flandes, 1621-1648», CRESPO SOLANA, Ana y HERRERO SÁNCHEZ, Manuel (eds.), *España y las 17 provincias de los Países Bajos: una revisión historiográfica (XVI-XVIII)*, Córdoba, Universidad de Córdoba, 2002, pp. 387-402.

WEST, Shearer, *Portraiture*, Oxford, Oxford University Press, 2004.

WESTERMANN, Mariët, «After Iconography and Iconoclasm: current research in Netherlandish Art, 1566-1700», *The Art Bulletin*, 84, 2, 2002, pp. 351-372.

— *Art of the Dutch Republic 1585-1718*, Londres, Laurence King, 2005.

WOODALL, Joanna, «Sovereing bodies: the reality of status in seventeenth-century Dutch portraiture», WOODALL, Joanna (ed.), *Portraiture. Facing the Subject*, Manchester, Manchester University Press, 1997, pp. 75-100.

EPÍLOGO: PERVIVENCIAS DEL RITUAL MILICIANO EN RITUALES FESTIVOS ACTUALES: UNA LÍNEA DE TRABAJO ABIERTA

Liborio Ruiz Molina
Director Casa Municipal de Cultura de Yecla

Más allá de una sombra del pasado: planteamientos iniciales

El mundo de las milicias con sus alardes, sus banderas, sus cajas, sus rituales y su sentido republicano parece haber terminado hace mucho tiempo. Lo que antaño fue una pujante institución de significado sentido político y un laboratorio identitario ahora sólo es un lejano recuerdo del que resulta difícil hacerse una idea ante la falta de referentes iconográficas. La propia centralidad de las mismas imponía su desaparición, ante un mundo que cambiaba, y este volumen tiene mucho de la historia de su agonía y su olvido. Pero quizá hay que mirar un poco más allá y ver que lo que formó parte esencial de la cultura ciudadana occidental ha pervivido, en muchas ocasiones, de forma plenamente inconsciente dentro de otro tipo de rituales y celebraciones. De ser así se trata de un poso patrimonial que es preciso identificar, estudiar y salvaguardar. Como sucede con la propia historia de las milicias, sus reliquias, y su significado, han sido invisibles para etnólogos y antropólogos que los han visto más desde una perspectiva local, o esencialista, que desde lo que son: el eco de una civilización política.

Plantear la necesidad de identificar la pervivencia patrimonial en el terreno o ámbito de la cultura inmaterial, obliga necesariamente a identificar el marco o contexto teórico en el que podríamos observar lo propiamente heredado de los grandes rituales cívico-militares modernos. Es preciso también definir qué tipo de elementos han pervivido bajo formas del ritual festivo actual; elementos que permiten comprender mejor, describir e identificar los mecanismos propios de Antiguo Régimen que eran, más o menos, compartidos en el conjunto de territorios que conformaban la Monarquía Hispánica... y sus rivales. Desde la percepción de estas reliquias se puede observar desde nuestra contemporaneidad cómo las personas se insertaban en una sociedad fuertemente corporativa por medio de asociaciones de corte laboral (gremial), religiosa (cofradías), familiar, militar o política, en las que el orden jerárquico era extremadamente estricto, lo que conducía, inevitablemente y con demasiada frecuencia, a la exclusión y marginación social del individuo, o a su definición restrictiva por cualidades físicas reales o imaginadas. Los elementos que han sobrevivido de ese pasado, vistos sin nostalgia, evidencian hasta qué punto hay una ruptura entre él y nuestro presente.

Las milicias urbanas y sus alardes de armas, definidos a través de un preciso ritual cívico militar, no eran más que una manera de exhibir públicamente el deseo de supervivencia política por parte de las comunidades municipales. La articulación social de las mismas, con sus restricciones, era un campo decisivo de afirmación de los diversos estatutos personales, que podían ir desde el ciudadano-propietario-armado hasta la población que no sólo no se integraba en los ideales tipo sociales, sino que era considerada como *peligrosa*. El miliciano reafirmaba su condición de ciudadano, siendo realmente este servicio central en el ser y existir de la ciudad y de su carácter republicano, entendiendo como tal la cosa pública o de común incumbencia para el conjunto de sus moradores. En su origen las fuerzas concejiles se organizaban o estructuraban en compañías, bien de corte gremial, eclesiástico (cofradías) o de orden territorial: parroquias o barriadas. Su estructura organizativa, aparentemente buscó asimilarse a la nomenclatura de las tropas regias: capitanes, alféreces, sargentos, cabos...

Ya se ha visto en las páginas precedentes cómo a partir del siglo XVII el ejército profesional fue potenciado en detrimento de las fuerzas municipales, que ya en la segunda mitad del siglo XVIII habían sido casi disueltas. La prohibición del uso de la pólvora en los alardes a partir del año 1771 debe considerarse como el golpe de gracia definitivo para la decadencia o pérdida de la razón de ser de las milicias urbanas, manteniendo sola y exclusivamente, y en algunos casos, un alarde de armas en el que con el tiempo ha prevalecido el ritual religioso sobre el ritual cívico-militar, sin que este último deje de estar presente de manera solapada.

Definiendo el ritual miliciano

El ritual miliciano en el Antiguo Régimen se apoyaba en diversos elementos que son perceptibles hoy en día en las festividades que lo han heredado: integración corporativa del habitante (elevado así a ciudadano dependiendo de su estatuto y de los privilegios qué gozara) y superioridad del ayuntamiento como entidad que convocaba de antiguo a la milicia y capaz de transformar a un grupo de personas particulares en una unidad militar. Esta secuencia era semejante para el rebato o su simulacro, el alarde. El medio central era la entrega de banderas por la municipalidad y la formación de la(s) compañía(s). La bandera era colocada en la casa del oficial o en un edificio público a fin de que en ella se constituyera la compañía de milicia. Tras ello, se acudía al rebato o se celebraba el alarde de armas y, una vez concluido, las insignias, custodiadas por los sargentos, eran repuestas en el ayuntamiento o concejo. A fin de cuentas la celebración del alarde de armas como centro del ritual militar podía tener diversas versiones: particular (de las compañías privilegiadas o de unidades estamentalmente definidas) o general (del conjunto de la población). Al ser el ensayo del rebato, el alarde se llevaba a cabo con el orden propio de la disposición jerárquica de las milicias urbanas, donde se advertía una línea de mando bien definida. Una vez formadas, tomada muestra de los milicianos y revisado el adecuado armamento, las unidades podían desfilar, hacer simulacros de combate, realizar descargas, concursos de tiro o incluso competir entre ellas arcabuceándose en batallas fingidas. Una vez terminado el acto, la disolución de la compañía se producía en el momento en el que se entregaban o devolvían las insignias. Los civiles volvían a serlo hasta que la entidad política los necesitara y los convocara.

Son estos alardes los que han podido sobrevivir de forma indirecta a través de la pervivencia de otros rituales a los que se asociaron. No hay que olvidar que muchos de estos rituales militares contaron desde muy temprano con un componente religioso que sacralizaba la unión de los ciudadanos armados. Aún disponemos de pocos estudios que muestren cómo, ante la obsolescencia militar de las milicias, dicho acompañamiento confesional terminó por reemplazar el sentido del rito. El alarde pasó así de ser central a perder su función de entrenamiento y afirmación política cívica, para reducirse a un mero acompañamiento. La referida prohibición de uso de pólvora redujo muchas de estas celebraciones (incluidas las fiestas de moros y cristianos tradicionales) a simples procesiones que sólo en parte conservaron el ritual original, lo que se ahondó ante la retirada de los ayuntamientos y la afirmación de las cofradías como organizadoras.

La reinvención de los alardes

En el siglo XIX se advierte dos líneas de persistencia de los alardes de armas: una que podríamos denominar como recreación o reinvención histórica; y la otra, más interesante si se quiere, que definiríamos como de pervivencia de los ya existentes gracias a su hibridación o fosilización al amparo de otras formas de celebración festiva por lo general de corte eminentemente religioso. La primera tiene una clara tendencia de origen romántico e historicista que expresa un deseo de recuperación del pasado y redefinición del orgullo local.

Es ésta una línea consciente de reapropiarse de la historia, con un cierto gusto por el exotismo oriental y acorde con el marcado historicismo decimonónico. De ella nacieron nuevas concepciones de lo festivo, con un fuerte sentido lúdico que venía a mostrar una sociedad dominada por una burguesía emergente, que supo convertir ese pasado en un medio para legitimar, a través de esa *recuperación*, su posición de preeminencia social. Es el momento de la recreación histórica de la Semana Santa o de buena parte de las fiestas de moros y cristianos del Levante español, donde renacerán, vaciando en buena medida a sus alardes del sentido original, los viejos rituales milicianos, quedando por tanto, como una representación más o menos dramatizada de unos hechos históricos elevados ahora a paradigma fundador, de las propias señas de identidad de la comunidad que los representaba. Un buen ejemplo de esta recuperación de la historia a través de la invención de fiestas y corporaciones, se podría encontrar en la aparición de las nuevas *gilden* de tiradores de Bélgica, a fines del siglo XIX, y que en cierto modo suplantaban los contenidos y formas de corporativismo gremial de las viejas *gilden* modernas. Las nuevas surgían con una fuerte carga histórico-religiosa. A partir del último cuarto del siglo XX estas *gilden* experimentaron una evolución hacia formas de asociacionismo más de corte deportivo que ideológico y, sobre todo, se descargaron del viejo sentir confesional de épocas anteriores. Con todo, el intento de estas corporaciones en esta última etapa por recrear viejos usos y costumbres de las *gilden* existentes en la Edad Moderna, se debe menos a una labor de mantenimiento y preservación de elementos de orden emocional o religioso propios del Antiguo Régimen, que a la proyección de una imagen estética identificativa de la propia corporación. La reinvención de las milicias cumple con el fuerte carácter de sociabilidad que estas tuvieron desde un principio. Con todo, quedan *gilden* como el Ancien Grand Serment royal et noble des arbalétriers de Notre-Dame du Sablon de Bruselas (reconocida en 1213) cuyos treinta y cinco *compagnons* mantienen el sentido de corporación privilegiada.

Junto con esta renovación, hay otros elementos que sí se puede considerar como directamente trasmitidos sin solución de continuidad de ese mundo cívico en armas. Por supuesto, en plena afirmación del Estado era imposible que sobreviviesen con un contenido político-institucional las formas de organización militar del Antiguo Régimen y el testimonio de la vieja organización republicana urbana. Sus reliquias hay que buscarlas en las estructuras profundas de los rituales religiosos actuales o en alguna fiesta donde éstas se hayan conservado. Ya se comentó que una segunda línea de pervivencia del alarde se había producido por hibridación del ritual cívico militar con la festividad religiosa, siendo probablemente esta línea la más frecuente, aunque quizá la menos estudiada. La imbricación que se produce entre los alardes de armas y la fiesta religiosa se desarrolló hasta el punto de quedar identificados como uno: el viejo ritual urbano con el ritual religioso, lo que implicó una perdida de memoria del primero sobradamente compensada por su supervivencia.

La hibridación de los alardes: la fosilización de los rituales milicianos

Quizá fue en el ámbito de las cofradías donde se absorbiera con mayor permeabilidad el ritual cívico del alarde de armas. Dependiendo su evolución política, su autonomía y su presencia urbana, éstas han podido preservar los viejos rituales del alarde a través de un respeto más o menos dogmático hacia el ritual. El caso de Yecla es elocuente, en esta localidad castellana las denominadas Fiesta de la Virgen o de la Purísima Concepción han permitido conservar el viejo ritual de forma sorprendente. Este proceso de adaptación de los viejos alardes se operó al amparo de la denominada Cofradía de la Purísima Concepción fundada en el año 1691, denominándose sus miembros «soldadesca» de la Purísima Concepción. Desde el año 1786 el alarde de armas celebrado en la festividad de la Purísima Concepción se ha venido haciendo de manera ininterrumpida, tras una primera reglamentación efectuada ese año que consiguió levantar la prohibición del rey en el manejo de la pólvora. Hoy día, pese a cambios estéticos del siglo XIX y adiciones de la primera mitad del siglo XX, en esta festividad se sigue detectando todos los elementos propios del sentido cívico de las mismas, gracias en parte a una continuidad mecánica que incluye desde el uso de arcabuces de mecha hasta la permanencia puntual de los diversos actos de constitución de la soldadesca.

Pero, por muy excepcional que sea, el alarde de Yecla no es único en el marco de las fiestas preservadas, aunque cierto sea que en él se cumplen todas las premisas definitorias del ritual miliciano, lo que sin duda le confiere esa excepcionalidad. Elementos definidores como insignias (banderas y bastones de mando o alabardas), cargos (capitanes, alféreces o sargentos albarderos) y ritual (actos de marcado carácter miliciano bajo la forma de alarde de armas), aún pueden verse con claridad en otras localidades próximas a Yecla como Sax (Alicante) o Caudete (Albacete). Un estudio en profundidad de las fiestas de otras localidades en Europa y América permitiría, con toda seguridad, detectar también dicha continuidad.

El término soldadesca, en el que se integra el «tiraor» o miliciano, muestra en los tres casos señalados, y sírvanos de ejemplo de pervivencia común de viejas formas en este caso tocantes a la indumentaria identificativa, un uniforme de características muy similares, salvo ligeras variaciones, que responde a una recreación de época, a caballo entre los siglos XVIII y XIX: gorro bicornio negro, casaca o levita negra, pantalón o calzón corto negro, medias blancas y zapatos negros. Quizá el caso de la población de Caudete sea el más significativo. La denominada *comparsa de la Antigua* (bando cristiano), que participa en las fiestas de moros y cristianos en honor a la Santa María de Gracia adopta prácticamente el mismo uniforme que el del miliciano o «tiraor» yeclano; este punto de conexión, también con la comparsa de cristianos de Sax (Alicante), resulta ser de gran interés, ya que, lejos de ser producto del azar, muestra un mismo parámetro estético en el momento de producirse el proceso de reinvención de los alardes a comienzos del siglo XIX, escondiendo tras ello el mismo origen de antigua unidad o compañía de milicias, que en Yecla se mantuvo al margen de otros componentes de corte exótico como la integración de compañías de moros, turcos y cristianos.

La línea de investigación abierta, de marcado carácter patrimonialista, en cuanto que busca o aspira a la preservación de rituales festivos actuales con una evidente pervivencia de antiguos rituales milicianos, y por consiguiente de pervivencia de contenidos de corte político-institucional, nos permite comprender, por un lado, las viejas formas de organización militar municipal propias del Antiguo Régimen, donde el individuo como parte de la república urbana se reafirmaba en su condición de ciudadano a través de su condición de miliciano; y, por otro, en qué grado han pervivido hasta nuestros días estas viejas formas de organización del Antiguo Régimen que quedaron fosilizadas debido, sin duda, a la incorporación del ritual religioso que les confirió al mismo un claro sentido dramático y místico a un tiempo de representación inalterable de un acto del pasado. Será, por tanto, en esta línea, y no en otras del todo estériles, donde deberemos fijar nuestros esfuerzos buscando un punto de discusión y reflexión en nuestro intento por definir e interpretar la evolución de un ritual que en su origen fue común para el conjunto de la Monarquía Hispánica en el Antiguo Régimen, y cuanto es lo que ha pervivido del mismo. El dossier queda abierto y desde luego un volumen como éste sienta las bases y permite una aproximación global, una aproximación que dará una visión mucho más integral del sustrato cultural común. Preguntarse la causa que ha hecho que en unos lugares lleguen reliquias de un pasado común, y en otros no, es, a fin de cuentas, preguntarse cómo se ha construido nuestro presente.

ÍNDICE GENERAL

Introducción: Las milicias y el rey de España. JOSÉ JAVIER RUIZ
IBÁÑEZ (Universidad de Murcia).. 9
Ciudadanos en armas e historia política 9
La pervivencia y evolución de las milicias en las Monar-
quías Ibéricas 21

Parte primera

LOS TERRITORIOS DE LA MONARQUÍA

  I. *Palencia y Ayora: de la caballería a la infantería.* JOSÉ LUIS
VILLACAÑAS BERLANGA (Universidad de Murcia).............. 41
Palencia contra la nobleza castellana................................ 42
Palencia sobre la Hermandad.. 49
Ayora y la ordenanza de la infantería 61
Conclusión.. 69
  II. *Las milicias en Castilla: evolución y proyección social de un
modelo de defensa alternativo al ejército de los Austrias*
ANTONIO JIMÉNEZ ESTRELLA (Universidad de Granada)... 72
Introducción.. 72
La iniciativa local en la defensa del territorio: algunas es-
pecificidades regionales 73
La milicia general y su difícil implantación en Castilla....... 84
La milicia y el papel de las oligarquías locales 92
  III. «...A su costa e minsión...». *El papel de los particulares en
la conquista, pacificación y conservación de la Nueva Espa-
ña.* JUAN CARLOS RUIZ GUADALAJARA (El Colegio de San
Luis, A.C.) 104
Presentación: los *bellatores* en la tradición hispánica.......... 104
Dios, el rey y el interés privado.. 107
Los beneméritos de la Nueva España: de la encomienda a
la merced 111
Indios amigos, indios milicianos 115
Caudillos y capitanes a guerra en las fronteras del rey 121
A manera de conclusión 132

IV.   *La defensa del reino frente a la amenaza indígena. La ex-*
      pedición de Vilcabamba (1572). MANFREDI MERLUZZI (Uni-
      versitá degli Studi di Roma Tre) 139
      El contexto: especificidades y peculiaridades de las Indias. 140
          La elevada presencia de «hombres en armas» en Nue-
          va Castilla... 141
          Una amenaza política y militar: el El Estado «Neo-Inca»... 144
      Riesgos y estrategias 144
          El intento de una solución negociada 144
          La reafirmación de la soberanía de la Corona: legitimar los
          derechos... 146
          La elección de la opción militar: el fortalecimiento del po-
          der político del virrey... 148
          Autoridad civil y poder militar: la guardia personal del vi-
          rrey 149
      La organización de la campaña militar 151
          La campaña militar contra Vilcabamba 151
          La capacidad de atraer las elites locales: fuerzas españolas y
          fuerzas indígenas... 154
      Consecuencias políticas: ¿hacia una «pacificación del reino»? 155
          La pacificación del reino.. 157
          Nuevos equilibrios entre Corona, elites indígenas y elites
          españolas: persistencias y cambios................................. 158
V.   *La* milicia, *el rey y la guerra: la Corona de Portugal y el*
      caso del Brasil meridional (siglos XVI-XVIII). ANDRÉ ALE-
      XANDRE DA SILVA COSTA (Universidade Nova de Lisboa). 162
      Introducción... 162
      Los fundamentos jurídicos del servicio en la guerra 166
      La guerra en el reino: la formación de ejércitos y las resis-
      tencias sociales 175
      El sur de Brasil: milicias, poderes municipales y pago de tropas. 179
      Conclusiones 184
VI.   *Huestes, ejércitos y lealtades en la Corona de Aragón (si-*
      glos XVI y XVII). JUAN FRANCISCO PARDO MOLERO (Uni-
      versitat de València)... 192
      La tradición de servicio 193
      La nueva milicia.. 203
      Una nueva foralidad de las armas..................................... 207
      Las fuerzas del reino.. 215
VII. *Las fuerzas no profesionales en los reinos de Sicilia y Nápoles en*
      los siglos XVI-XVII: la nueva milizia *y la* milizia del battaglione.
      VALENTINA FAVARÒ (Università degli Studi di Palermo) y
      GAETANO SABATINI (Università degli Studi di Roma Tre)...... 223

Los precedentes: milicias urbanas y milicias feudales 223
La milicia territorial en los dormitorios de la Península 227
    italiana 229
La *nuova milizia* del reino de Sicilia.................................... 234
La *milizia del battaglione* en el Nápoles español 240
Conclusiones ....
VIII.   *Las milicias del Estado de Milán: un intento de control* 244
      social. DAVIDE MAFFI (Università di Pavia).................... 244
      Unos primeros pasos inciertos 248
      La prueba de fuego (1635-1660).. 254
      Los defensores del sistema. Las elites y las milicias 258
      La última fase del dominio español (1660-1770) ....
IX.   *Defender la patria y defender la religión: las milicias urba-*
      nas en los Paises Bajos españoles, 1580-1700. MANUEL HE-
      RRERO SÁNCHEZ (Universidad Pablo Olavide de Sevilla) y 268
      JOSÉ JAVIER RUIZ IBÁÑEZ (Universidad de Murcia)........... 268
      Introducción.. 270
      Países Bajos borgoñones… y católicos.................................
      La organización de la milicia urbana tras la rebelión de Flan- 278
      des y durante el gobierno de los Archiduques..............
      Las milicias urbanas y estabilidad del régimen español en- 284
      tre 1621 y 1700 289
      Conclusiones ....

Parte segunda

LA MILICIA COMO INSTRUMENTO DE ANÁLISIS

X.   *La milicia burguesa parisina en el siglo XVI: una antro-*
    pología muy política. ROBERT DESCIMON (EHESS) 299
    Los capitanes de la milicia burguesa de París a finales del
    siglo XVI: los juegos del espacio y del cuerpo 304
    La elección de los capitanes: «democracia corporativa»
    y honor de la burguesía 304
    Organización social y proyección geográfica............... 310
    1591 y 1594: las transformaciones en la sociología de
    los capitanes burgueses... 316
XI.   *Milicia cívica y política urbana en Holanda: Leiden, si-*
    glos XVII y XVIII. MAARTEN PRAK (Utrecht University) . 330
    Antecedentes 331
    Las milicias urbanas de Leiden.. 333
    1672: El año del Desastre.. 334

1747-48: milicias en acción.. 337
1785-87: milicias revolucionarias.................................... 342
Conclusión 346

XII.   «*Indios amigos*» *y movilización colonial en las fronteras*
        americanas de la Monarquía católica (siglos XVI-XVII). CHRIS-
        TOPHE GIUDICELLI (Université Paris III) 349
        Ensayo de tipología...................................... 351
            Tropas auxiliares de cuerpos expedicionarios............. 351
            Los indios de encomienda y de reducción.................. 353
            Los rehenes armados..................................... 357
            Los aliados 361
        Milicia y normalización colonial............................ 362
            Interpenetración de las modalidades de diferenciación ... 362
            Indios amigos y transformación colonial................. 364
            Los Pulares, de la barbarie calchaquí a la ejemplaridad
                colonial 367
            Tratados de paz y contratos de amigos 370
            Criollos de paz y mestizos de guerra: la zona gris del
                mestizaje 370
        Conclusiones.. 373

XIII.   *Repúblicas movilizadas al servicio del rey. La Guerra del*
        Mixtón y el Levantamiento de las Alpujarras desde una
        perspectiva comparada. ANA DÍAZ SERRANO (Univer-
        sidad de Murcia).. 378
        Tlaxcala: cabildo de Indios 379
            El Norte de las minas y la guerra 379
            La guerra y la república 382
            Los «nuevos» conquistadores 387
        Murcia. Cabildo castellano................................. 391
            En la frontera: el socorro de costa.................... 391
            Sotos contra Riquelmes 392
            Voces de guerra: la paz en la ciudad 394
        Conclusión... 398

XIV.   *Soldados armados, comunidades armadas: los presidios*
        españoles de Toscana en los siglos XVI y XVII. SIMONE
        MARTINELLI (Università di Roma. La Sapienza)........... 404
        Las milicias profesionales: una tradición que se perpetúa . 404
        Las milicias de los Appiani y las levas locales 408
        La milicia ciudadana de Orbetello......................... 410
        Conclusiones... 412

Parte tercera

LA EVOLUCIÓN DE LAS MILICIAS

XV.   *¿Disciplinadas o republicanas? El modelo ilustrado de mili-*
       cias y su aplicación en los territorios americanos (1750-
       1826) (FEDERICA MORELLI. Università di Torino)   417
       Las milicias coloniales en los siglos XVI y XVII   419
       Reformas borbónicas y milicias   421
       El modelo ilustrado del ciudadano-soldado   424
       Guerras y liberalismo   429
XVI.   *Las milicias urbanas del siglo XVIII: compañías de reser-*
       va y paisanaje (CARMEN CORONA MARZOL. Universi-
       dad Jaume I. Castellón)   437
       Introducción   437
       Permanencia y reforma de las milicias locales   438
       Las voces de la historia: milicias antiguas y milicias ur-
          urbanas   441
       Expansión territorial y volumen de los efectivos   442
       Tipología de las milicias urbanas   446
       El marco legislativo   447
       Adaptación al medio geográfico   450
       Contenidos y funciones   452
       Las condiciones del reclutamiento   453
          Las compañías urbanas de reserva   453
          El paisanaje   455
       Conclusiones   457
XVII. *Las milicias nacionales en la construcción del Estado-*
       Nación en España e Hispanoamérica, siglo XIX: hacia un
       balance historiográfico (VÍCTOR GAYOL. Centro de Es-
       tudios históricos. El Colegio de Michoacán, A.C.)   460
       Presentación   460
       Antecedentes diferenciados   461
       Tiempos y procesos paralelos   463
       Las milicias y la Monarquía en crisis: las guerras de in-
          dependencia   465
       De las guerras de independencia a la institucionaliza-
          ción de las milicias   469
       Milicias y consolidación nacional   473
       Fin de las milicias y profesionalización del ejército en La-
          tinoamérica   474
       Balance   475

XVIII.   *Por el Estado/contra el Estado: las milicias políticas en el pri-*
          mer tercio del siglo XX (CARMEN GONZÁLEZ MARTÍNEZ.
          Universidad de Murcia y SANDRA SOUTO KUSTRÍN. CSIC).   481
          Introducción   481
          El fenómeno de la milicia en el contexto europeo del
              primer tercio del siglo XX   484
          Las milicias políticas en España: de la monarquía autori-
              taria al régimen republicano   489
          Milicias republicanas en la Guerra Civil española   502
XIX.   *La representación de las milicias urbanas en la Monar-*
          quía Hispánica: ¿una ausencia elocuente? (CONCEPCIÓN
          DE LA PEÑA VELASCO. Universidad de Murcia)   516
          Introducción   516
          La representación de las milicias en las Provincias Uni-
              das   518
          Reflexiones sobre una ausencia   528

Epílogo: Pervivencias del ritual miliciano en rituales festivos ac-
          tuales: una línea de trabajo abierta (LIBORIO RUIZ MO-
          LINA. Dtor. Casa Municipal de Cultura de Yecla)...........   535
          Más allá de una sobra del pasado: planteamientos ini-
              ciales..   535
          Definiendo el ritual miliciano   536
          La reinvención de los alardes   537
          La hibridación de los alardes: la fosilización de los ri-
              tuales milicianos..   539

*Este libro se terminó de imprimir
el 30 de octubre de 2009 en
los talleres de Tecnología Gráfica S.L.,
Avenida Gumersindo Llorente, 23.
Madrid.*